KEVIN J. VANHOOZER

HERMENÊUTICA
PURA E SIMPLES

TRANSFIGURANDO O QUE SIGNIFICA
LER A BÍBLIA TEOLOGICAMENTE

THOMAS NELSON
BRASIL®

Invisible College.

Título original: *Mere Christian Hermeneutics: Transfiguring What It Means to Read the Bible Theologically*

As citações bíblicas são da *Nova Versão Internacional* (NVI), da Biblica Inc., salvo indicação contrária.

Tradução	Rodolfo Amorim
Copidesque	Davi Freitas
Revisão	Gabriel Carvalho, Eliel Vieira e Emanuelle Malecka
Índices	Tathy Viana e Davi Barbosa
Design de capa	Kaiky Fernandez
Projeto gráfico e diagramação	Joede Bezerra

Dados Internacionais de Catalogação na Publicação (CIP)
(BENITEZ Catalogação Ass. Editorial, MS, Brasil)

V256h
1.ed. Vanhoozer, Kevin J.

Hermenêutica pura e simples: transfigurando o que significa ler a bíblia teologicamente/ Kevin J. Vanhoozer; tradução Rodolfo Amorim. – 1.ed. – Rio de Janeiro: Thomas Nelson Brasil, 2025.
448 p.; 15,5 x 23 cm.

Título original: Mere christian hermeneutics.
ISBN 978-65-5217-254-9

1. Bíblia – Estudos. 2. Hermenêutica bíblica. 3. Teologia cristã. I. Amorim, Rodolfo. II. Título.

07-2025/32 CDD 220.601

Índice para catálogo sistemático:
1. Hermenêutica bíblica 220.601
Aline Graziele Benitez – Bibliotecária – CRB-1/3129

Os pontos de vista desta obra são de responsabilidade de seus autores e colabora- dores diretos, não refletindo necessariamente a posição da Thomas Nelson Brasil, da HarperCollins Christian Publishing ou de suas equipes editoriais.

Rua da Quitanda, 86, sala 601A - Centro,
Rio de Janeiro/RJ - CEP 20091-005
Tel.: (21) 3175-1030
www.thomasnelson.com.br

Elogios à obra *Hermenêutica pura e simples*

Entre muitos pontos brilhantes neste livro, destaco que *Hermenêutica pura e simples* oferece um paradigma católico reformado para a leitura das Escrituras canônicas divinamente inspiradas no contexto da igreja una, santa, católica e apostólica e dentro de uma estrutura protestante cristológica, historicamente conectada e escatologicamente orientada. E este é apenas um dos temas abordados. Será este o livro mais brilhante de Kevin Vanhoozer até agora? *Tolle, lege, crede*!

– Gregg R. Allison, professor de Teologia Cristã,
Southern Baptist Theological Seminary.

Este é um trabalho que representa o que há de mais avançado em hermenêutica teológica cristã. Vanhoozer não apenas esclarece uma ampla gama de questões contestadas, mas também oferece uma análise cuidadosa, percepções penetrantes e um caminho produtivo a seguir. *Hermenêutica pura e simples* é uma proposta criativa, porém biblicamente disciplinada, digna de intenso engajamento por todos os que levam a sério a leitura das Escrituras como a Palavra de Deus. Esta é uma contribuição brilhante para o promissor projeto teológico "cristão puro e simples" de Vanhoozer. Altamente recomendado!

– Uche Anizor, professor de Teologia, Talbot School of Theology, Biola University.

Kevin Vanhoozer mais uma vez traça conexões profundas entre antigas e novas práticas de leitura, confissões teológicas católicas e reformadas, e percepções hermenêuticas literárias e "literais". O resultado: literal + figural = interpretação transfigural. Este *tour de force* teológico é marcado em abundância por uma incrível sabedoria e generosidade lírica. Estudos de caso sobre a luz das Escrituras levantam, por assim dizer, questões "literalmente fascinantes". Este livro não resolverá todos os debates interpretativos fragmentados da igreja, mas pode iluminar sua peregrinação por meio dos debates acirrados da interpretação bíblica em nosso tempo.

– Richard S. Briggs, diretor, Lindisfarne College of Theology

Em *Hermenêutica pura e simples*, Kevin Vanhoozer constrói uma ponte sobre a divisão moderna entre exegese e teologia. Ele sugere uma reaproximação que conduz ao engajamento com ambas as leituras literais e espirituais ("transfigurais"). Com sua abordagem característica e facilidade com intérpretes antigos e modernos das Escrituras, Vanhoozer problematiza leituras de forma imparcial e busca demonstrar o interesse existencial na interpretação bíblica presente em todos os leitores. Um chamado ousado de um eminente estudioso para que a leitura das Escrituras seja vista como um esforço espiritual.

– Jeannine K. Brown, Cátedra de Fundamentos Bíblicos e Teológicos,
Bethel Seminary.

Por quase três décadas, Kevin Vanhoozer tem sido o principal estudioso evangélico da interpretação teológica cristã das Escrituras. Com este volume, ele enfim entrega o que boa parte de nós esperávamos: o fruto maduro de sua longa labuta. Vanhoozer entende que igreja, teologia e hermenêutica precisam umas das outras como companheiras e servas da palavra viva de Deus. Nesta proposta "católica reformada", vemos todas as peças do quebra-cabeça reunidas por um estudante assíduo e apaixonado pelo poderoso discurso de Cristo. É uma conclusão adequada da trilogia "cristão puro e simples" de Vanhoozer; ela se tornará de imediato um material de referência para pastores, teólogos e estudiosos bíblicos. Acima de tudo, ela direciona o olhar dos leitores para a face de Cristo, brilhando com a luz do Espírito. A glória que uma vez brilhou no Tabor por meio da carne humana de Jesus é a mesma glória que brilha até agora por meio das palavras humanas das Escrituras. Vanhoozer nos ajuda a ver o que era verdade o tempo todo: que a transfiguração encapsula nossa vida com Deus por meio de sua palavra – seja falada em voz alta, escrita a tinta ou encarnada.

– Brad East, professor associado de Teologia, Abilene Christian University.

Hermenêutica pura e simples coloca a interpretação teológica na posição ofensiva. As várias abordagens críticas geradas pela hegemonia historicista dos últimos dois séculos atuam com seus métodos e múltiplos correlatos. A tentação é situar a interpretação teológica dentro dessa briga acadêmica, manobrando-a a favor ou contra essas opções concorrentes. Vanhoozer não joga de acordo com essas regras porque os riscos são muito altos. Se Deus é o agente autorizador de toda a Escritura, Antigo e Novo Testamentos, então tudo muda. Essa confissão de fé coloca todos os métodos e abordagens a serviço desse sistema da natureza das Escrituras. Do ponto de vista de Vanhoozer, a Sagrada Escritura permanece no sopé do monte da transfiguração se os leitores forem canonicamente inconscientes e redentivamente irresponsáveis. *Hermenêutica pura e simples* convoca seus leitores a subir o monte de um texto transfigurado, para ver Jesus exatamente como ele é. A igreja e seus membros – e acadêmicos também! – fariam bem em escalar com o professor Vanhoozer essa montanha. Quem sabe talvez também sejamos transfigurados? Espero que sim.

– Mark Gignilliat, professor de Teologia,
Beeson Divinity School, Samford University.

Com tantos de nós preocupados com a crise enfrentada na formação atual de discípulos, a rica e bela oferta de Kevin Vanhoozer não poderia ser mais oportuna ou significativa. Explorando as robustas imagens bíblicas da transfiguração, Vanhoozer oferece uma visão do engajamento bíblico em que nós mesmos somos transfigurados e conformados à imagem de Cristo quando lemos corretamente as Escrituras. No fundo, Vanhoozer está fazendo um apelo muito necessário para que igrejas e seminários façam tudo o que puderem para criar culturas de leitura teológica nas quais os cristãos são formados por meio das Escrituras para serem cidadãos letrados do evangelho, testemunhando da luz de Cristo no mundo à medida que são transfigurados à semelhança de Cristo. Esse chamado inspirador é uma leitura obrigatória para pastores, professores e administradores de seminários, e todos aqueles que se importam com a formação cristã profunda.

– Kristen Deede Johnson, reitora e vice-presidente de assuntos acadêmicos, Cátedra de Ministérios Educacionais e Liderança, Western Theological Seminary.

Kevin Vanhoozer, um pastor-teólogo destacado de nossa geração, nos convida a considerar a maneira pela qual a transfiguração de Cristo, uma excursão de aprendizado experiencial feita pelos três discípulos mais próximos de Jesus, serve como um símbolo novo e significativo para a hermenêutica cristã. Embora esses discípulos tenham sido pegos de surpresa de muitas maneiras, este livro-texto significativo nos auxilia a encontrar o Deus trino, Pai, Filho e Espírito, não em um topo de montanha literal, mas em ascensões diárias às Escrituras Sagradas, nas quais cada pessoa da Trindade resplandece luz teológica nas páginas de nossa corporificação: aprimorando nossa interpretação bíblica e teológica, transfigurando nossos desejos e transformando nossas atitudes para mais próximo de sua semelhança divina.

– Matthew D. Kim, professor de Pregação e Liderança Pastoral, Cátedra de Pregação e Evangelismo, Truett Seminary, Baylor University.

Os estudiosos bíblicos tratam de todos os tipos de temas teológicos. Por que então o academicismo bíblico histórico-crítico não é suficiente por si só? Neste estudo importante, o eminente teólogo Kevin Vanhoozer responde a essa pergunta. Com o rigor acadêmico e a paciência de um cavalheiro pelos quais é conhecido, ele examina uma vasta gama de abordagens e argumentos. Fascina-me sua ênfase na transfiguração de Cristo, um acontecimento que literalmente revela o poder teofânico e escatológico da Palavra de Deus na história, exigindo os olhos da fé e invocando a comunhão divino-humana.

– Matthew Levering, Cátedra de Teologia, Mundelein Seminary.

Neste livro lúcido e desafiador, a abrangência de Vanhoozer é ampla e instigante. Certamente se tornará um marco nas discussões sobre o que significa ler a Bíblia teologicamente.

– R. W. L. Moberly, professor de Teologia e Interpretação Bíblica, Durham University.

Um livro ambicioso de uma voz confiável, mas sempre revigorante, *Hermenêutica pura e simples* é o chamado claro de Vanhoozer para abraçar a possibilidade ousada da interpretação bíblica fiel. Dado o trabalho de sua vida, Vanhoozer consegue atravessar a complexidade e a dissolução da hermenêutica até alcançar a luz da clareza. Rigoroso o suficiente para servir como um livro didático formativo para teólogos exegéticos iniciantes, e amplo o suficiente para revigorar praticantes maduros do ofício, todos os leitores serão renovados para se ajoelharem diante da voz de Deus nas Escrituras e se tornarem respondentes fiéis, "canonicamente conscientes e redentivamente responsáveis".

Este é um livro lindo que se tornará um gigante porque aponta com muita fidelidade para a luz de Cristo.

– Amy Peeler, Cátedra de Novo Testamento, Wheaton College.

De um gigante no pensamento sistemático sobre a Bíblia vem um volume monumental e generoso que promete conduzir de modo harmonioso estudiosos bíblicos e teológicos de diferentes tradições em uma tarefa que eles compartilham com todos os crentes: ouvir Deus falar nas Escrituras e, assim, ser transformado à semelhança de seu Filho. O título tem pouca relação com modéstia ou limites, mas negocia com o sentido inicial da palavra "puro". Desse modo, Vanhoozer explora como ler as Escrituras corretamente a serviço da entrada na glória de Deus. Esse objetivo ordena sua apresentação em torno da realidade da transfiguração de Cristo, com as Escrituras como a avenida divina para participar dessa verdade transformadora. Criativamente concebido, ricamente articulado e fielmente pungente, o livro de Vanhoozer marca – para protestantes, católicos e evangélicos – tanto um convite de conversão quanto um marco acadêmico.

– Ephraim Radner, professor emérito de Teologia Histórica,
Wycliffe College na University of Toronto.

Que dádiva é este livro para nossa era. Não é apenas uma pesquisa expansiva de um vasto campo, nem apenas um convite para cooperar e chegar a um acordo, nem apenas um conjunto seleto de técnicas e métodos úteis. Além de tudo isso, Vanhoozer expôs aqui uma visão coerente e abrangente para o trabalho interdisciplinar de interpretação das Escrituras. *Hermenêutica pura e simples* atinge as alturas da clareza e lança luz em todas as direções.

– Fred Sanders, professor, Torrey Honors College, Biola University.

Este livro é o que precisamos agora. Antes da virada do século, boa parte de nós nos defrontamos com a conceituação do significado, e *Há um significado neste texto?*, de Kevin Vanhoozer, nos ajudou a encontrar um caminho mediante tudo o que estava acontecendo. Em *Hermenêutica pura e simples*, ele vai além e enfatiza os resultados do estudo das Escrituras no que se refere à retidão, amor e serviço ao Senhor. A ideia de que existe algo como uma hermenêutica cristã pura e simples – uma perspectiva interpretativa compartilhada por todos os cristãos em todos os lugares, da ressurreição à segunda vinda – precisa de atenção. Vanhoozer ajuda os leitores a lidar com a dinâmica e as variações dentro dessa perspectiva compartilhada, mostrando como os quadros de referência e as culturas de leitura alteram a interpretação. Todo estudante e pastor precisa ler *Hermenêutica pura e simples*. Eu sei quanto ele já me ajudou.

– Gary Edward Schnittjer, distinto professor de Antigo Testamento
na Cairn University, coautor de *How to Study the Bible's Use of the Bible*,
autor do premiado *Old Testament Use of Old Testament*.

Vanhoozer é meu escritor moderno favorito sobre hermenêutica, e este é meu livro favorito sobre o assunto. Ele não apenas aborda as questões mais difíceis, mas o faz de uma forma fundamentada no sentido literal e estende essa literalidade a uma leitura teológica transfigurada. Levando em conta a transfiguração, ele nos mostra por que devemos interpretar não apenas pelo método histórico-gramatical, mas também pelo viés teológico-escatológico. Embora a interpretação teológica tenha sofrido com a falta de clareza, este livro mostra por que devemos ler teologicamente e como devemos fazê-lo. Minha esperança é que a hermenêutica evangélica seja transfigurada por esta obra importante e oportuna.

– Patrick Schreiner, professor associado de Novo Testamento e Teologia Bíblica, Midwestern Baptist Theological Seminary.

A interpretação fiel da beleza e profundidade das Escrituras requer sensibilidade a seus elementos literários, teológicos e transformadores; no entanto, intérpretes modernos arraigados na disciplina acadêmica transformaram esses elementos em ferramentas de divisão, obscurecendo a beleza das Escrituras com torres artificiais de conquistas profissionais. Em *Hermenêutica pura e simples*, Kevin Vanhoozer nos lembra de que a interpretação não é um esforço isolado para artesãos concorrentes, mas, sim, um exercício de conhecer e ver Deus na face de Cristo enquanto o povo de Deus lê e é transformado por sua Palavra. Com base em temas bíblicos como ascensão e transfiguração, Vanhoozer constrói de maneira magistral uma proposta para um "sentido literal" totalmente formado que leva a sério as Escrituras em toda a beleza e profundidade como o discurso de Deus para nós. Se levado a sério, *Hermenêutica pura e simples* pode superar as várias divisões que influenciam não apenas a comunidade acadêmica, mas também a igreja global, reunindo o povo de Deus sob a luz de Cristo.

– Brandon D. Smith, presidente da Hobbs School of Theology and Ministry, professor associado de Teologia e Cristianismo Primitivo, Oklahoma Baptist University; cofundador do Center for Baptist Renewal.

Hermenêutica pura e simples explora uma maneira pela qual todos os cristãos – estudiosos bíblicos, teólogos, clérigos e leigos – podem ler as Escrituras teologicamente, da maneira que devem ser lidas, nos próprios termos. Esse modo combina letra e espírito em uma jornada rumo a Cristo até o topo da montanha. Vanhoozer é um guia confiável enquanto os leitores sobem as encostas do monte Tabor para contemplar a carne humana e a glória divina da Palavra de Deus (escrita e encarnada) e, então, buscam refletir essa luz de Cristo para o mundo. Nesta obra excelente e perspicaz, Vanhoozer exorta a igreja a construir, mais uma vez, algo tão desesperadamente necessário: uma cultura de leitura cristã que une em vez de dividir.

– Keith Stanglin, professor de Teologia Histórica, Harding School of Theology, diretor executivo, Center for Christian Studies.

De acordo com Tomás de Aquino, é melhor iluminar do que meramente brilhar, entregar aos outros verdades contempladas do que meramente contemplar. Nas últimas décadas, Kevin Vanhoozer se destacou como uma das luzes mais brilhantes na constelação da teologia cristã e se dedicou a iluminar os outros por meio de seus ensinamentos e escritos. No presente volume, Vanhoozer entrega verdades há muito contempladas ao público leitor, para sua maior iluminação. Com a ajuda de uma distinção clara – entre o sentido literal da Escritura e seu quadro de referência providencial – e uma analogia lúcida – a luz divina de Cristo é para seu corpo o que o sentido "transfigural" da Escritura é para sua letra –, Vanhoozer ilumina um caminho para a leitura da Sagrada Escritura dentro da economia providencial da luz divina que brilha mais plenamente na face de Jesus Cristo e que nos convoca a ouvir sua voz (Mt 17:5). *Hermenêutica pura e simples* é um chamado claro para a interpretação bíblica fiel e frutífera.

– Scott R. Swain, presidente, Cátedra de Teologia Sistemática, Reformed Theological Seminary, Orlando.

Kevin Vanhoozer tem o dom de revitalizar a teologia evangélica com modelos que estimulam a imaginação. Esta obra-prima hermenêutica faz isso de novo! O paradigma da transfiguração estende coerentemente seu pensamento anterior – sobre o significado textual, o drama da doutrina e, portanto, a exegese teológica –, mas lança nova luz sobre um desafio duradouro e uma realidade gloriosa: a extensão canônica e cristológica do sentido literal das Escrituras.

– Daniel Treier, Cátedra Gunther H. Knoedler de Teologia, Wheaton College and Graduate School.

Sou grato a Kevin Vanhoozer por ter moldado as culturas de leitura das quais participo. Esta obra exemplifica todas as razões de minha gratidão: uma atenção meticulosa à natureza teológica da interpretação, uma ênfase clara na necessidade de transformação moral e espiritual do leitor e uma prioridade resoluta na ontologia das Escrituras como guia para a hermenêutica. Não apenas isso, mas aqui ele demonstra e explica: por meio de um envolvimento perspicaz com a transfiguração de Cristo e outros textos bíblicos relacionados de modo figurativo, Vanhoozer nos prova a rica promessa de sua visão teológica. Sou grato por sua influência intuitiva em meu trabalho, e este livro ilustra claramente o porquê.

– Fellipe do Vale, professor assistente de Teologia Bíblica e Sistemática, Trinity Evangelical Divinity School.

HERMENÊUTICA
PURA E SIMPLES

Para Dan Treier

SUMÁRIO

Prefácio . . . 17
Agradecimentos . . . 23

Introdução: um experimento em crítica bíblico-teológica . . . 25
O experimento: dos métodos de crítica à crítica dos métodos . . . 27
Mensagem divina: "Hoje, se vocês ouvirem a sua voz" . . . 30
Responsabilização humana: "Não endureçam o coração" . . . 38
Subindo a montanha: o plano do livro . . . 46

Parte 1: Lendo a Bíblia dentro e fora da igreja
O domínio dividido da Palavra . . . 51

1. Formando culturas de leitura: da alfabetização bíblica à cidadania do evangelho . . . 55
Comunidades, constituições e alianças interpretativas . . . 55
Interpretação bíblica e a formação de cultura cristã . . . 58
Sobre a criação de culturas de leitura: três exemplos históricos . . . 62
Em direção a que tipo de cultura de leitura? . . . 66

2. Exegese em um galpão de ferramentas: um conflito de culturas de leitura . . . 73
C. S. Lewis: levando intérpretes bíblicos para o galpão de ferramentas . . . 74
C. P. Snow: as duas culturas . . . 77
Correntes cruzadas da interpretação bíblica: uma breve história de uma tensão recorrente . . . 79

3. Estudos bíblicos e teologia como culturas de leitura polarizadas: o estado da questão . . . 99
Polarização epocal: quando os intérpretes bíblicos modernos perderam o interesse na teologia . . . 101
Polarização disciplinar: o domínio dividido da interpretação bíblica . . . 110
Além da polarização: levando os estudos bíblicos e a teologia de volta à igreja . . . 124

Parte 2: Entendendo a interpretação literal

A letra do texto 129

4. Definindo *sensus literalis* (parte 1): do sentido gramatical à referência escatológica 131
Filologia: lendo a letra com atenção amorosa 132
Literalidade (parte 1): construindo o sentido da letra 137
Literalidade (parte 2): em direção a qual quadro de referência? 146
Enquadrando a interpretação literal: de imaginários seculares e sagrados 152
Enquadrando Isaías e Hebreus: o literal está sempre limitado à terra? 158

5. Definindo *sensus literalis* (parte 2): do figural ao trans-figural 167
Táticas versus estratégia: onde o conflito realmente está 168
Figuração cristã pura e simples: além da tipologia e da alegoria 177
Exegese escatológico-gramatical e o sentido literal "trans-figural" 191
Um paradigma católico reformado: visão interpretativa cristoscópica 204

Parte 3: transfigurando a interpretação literal

A luz de Cristo 217

6. Lançando luz sobre a literalidade: luz forjada 219
Enquadrando a Criação: sobre ler Gênesis 1:3 literalmente 220
"Que luz se escoa agora do cosmo?" Gênesis 1:3 na história da exegese 229
Tornando conhecido: uma economia da luz ajustada por Deus 241

7. A transfiguração de Cristo: luz revelada 249
O significado da transfiguração e a transfiguração do significado 250
A transfiguração nos Evangelhos Sinóticos 257
A transfiguração na história da exegese 267
Transfiguração transposta: a glória de Cristo no quarto Evangelho 283
A transfiguração como estrutura interpretativa: cinco teses 290

8. Transfigurando o literal: luz refratada 295
"A palavra profética tornada mais segura": transfigurar significa ler de trás para frente? 297
Um conto de duas montanhas: Sinai e Tabor 307

Letra e Espírito: a leitura de Paulo da glória velada de Moisés 313
A letra desvelada: a interpretação transfiguradora glorifica o sentido literal 329

9. Transfigurando o leitor: luz refletida 341
Lutando com textos (e outros leitores): a luta pela compreensão 344
Lutando com Deus? Lendo Jacó em Jaboque 353
Variedades de interpretação espiritual 357
Com rostos desvelados: leitura pela luz do Cordeiro 364

Conclusão: lição beatífica: transfigurando culturas de leitura cristã 379
Resultados do experimento: um breve relatório do topo da montanha 379
"Ouça-o": atendendo (e respondendo) à luz 382
De quem é esta canção? Sobre buscar (e encontrar) Cristo nos lugares "errados" 386
Uma ascensão contínua: a hermenêutica (cristã) pura e simples como testemunho e adoração 390

Bibliografia selecionada 395
Glossário 425
Índice das escrituras 427
Índice de nomes próprios 433
Índice de temas 437

PREFÁCIO

Os filósofos apenas interpretaram o mundo de várias formas.
A questão, no entanto, é transformá-lo.
– Karl Marx

A interpretação bíblica pode transformar o mundo? Isso pode ser um ponto discutível à luz do generalizado analfabetismo bíblico, consequência do declínio da civilização pautada na Bíblia nos Estados Unidos e no Ocidente em geral.[1] Houve um tempo, no entanto, no qual a interpretação bíblica moldou a civilização. O período da Patrística criou uma cultura de leitura que habitava um universo simbólico cristão que não existe mais, graças ao "Big Crunch" da modernidade secular que o achatou.[2] Hoje, há uma necessidade urgente de recuperar as práticas cristãs de leitura teológica da Bíblia, para o bem-estar da igreja, da academia e do mundo.

O Compromisso da Cidade do Cabo, produto do Terceiro Congresso de Lausanne de 2010, emitiu um chamado à ação instando os educadores teológicos a priorizar de novo o estudo da Bíblia "como a disciplina central na teologia cristã".[3] Esse não é um apelo para um retorno à cristandade, muito menos para a supremacia de uma única denominação, de um único sistema de teologia ou método exegético. É um chamado para um retorno ao cristianismo bíblico, a uma abordagem teológica que lê as Escrituras com e para o povo de Deus, de ontem e de hoje, do leste, oeste, norte e sul. É um chamado para respeitar a herança da interpretação literal e espiritual. É um chamado para ver a exegese, a sistemática e a história da igreja igualmente como disciplinas propriamente teológicas. É, eu afirmo, um apelo a uma hermenêutica cristã "pura e simples": uma abordagem à interpretação bíblica baseada em princípios e que (1) pergunta o que estamos fazendo ao ler a Bíblia, particularmente em seu sentido literal; e (2) emerge tanto do consenso histórico sobre os fundamentos da fé como de uma compreensão fundamentada na igreja sobre o propósito primário da Bíblia.

Vivemos do outro lado do "colapso da civilização bíblica", aquela mudança grave

1. Veja Grant Wacker, "The Demise of Biblical Civilization", em Nathan O. Hatch e Mark A. Noll (orgs.), *The Bible in America: Essays in Cultural History* (Oxford: Oxford University Press, 1982), p. 121-38; e Mark A. Noll, *America's Book: The Rise and Decline of a Bible Civilization, 1794–1911* (Oxford: Oxford University Press, 2022).

2. Sobre a contribuição dos pais da igreja para esses desenvolvimentos, veja Lewis Ayres, "Seven Theses on Dogmatics and Patristics in Catholic Theology", *Modern Theology 38*, n. 1 (2022), p. 45.

3. "A Confession of Faith and a Call to Action", Parte IIF, 4(D), https://lausanne.org/statement/ctcommitment#iif-partnering-in-the-body-of-christ-for-unity-in-mission.

e revolucionária na qual as pessoas modernas não leem mais a Bíblia como se esta contasse a história verdadeira acerca do mundo. Dos muitos fatores por trás do colapso da autoridade *de facto* da Bíblia, talvez o mais devastador tenha sido o desacordo interpretativo, não apenas sobre o que ela diz, mas, de modo mais radical, sobre como lê-la.

O cristianismo bíblico importa. Portanto, cabe a nós perguntar o que significa ser "bíblico" e "literal". A construção da palavra fornece uma pista. *Lógico* significa "relacionado a, de acordo com a lógica". *Cômico* significa "relacionado à comédia". *Ético* significa "relacionado ou em conformidade com certos padrões de comportamento". Da mesma forma, ser *bíblico* significa falar, pensar e agir de acordo com as Escrituras, e *literal* significa ler de acordo com a letra. Infelizmente, muitas pessoas, incluindo cristãos confessos, perderam a capacidade de discernir (ou mesmo discutir) se uma ideia ou prática específica é garantida pelas Escrituras – ou de definir o que significa *literal*.

Foi James Barr quem primeiro me alertou sobre a importância de conseguir dizer o que significa ser bíblico, bem como sobre o desafio de definir o que significa ser literal. Simplesmente ter uma visão "elevada" das Escrituras não é garantia de que a interpretação de alguém será sólida, nem citar versículos aqui e ali contribui para uma teologia bíblica, pois os hereges também fazem isso. Barr criticou os chamados fundamentalistas por suas supostas interpretações "literais", mostrando, exemplo após exemplo, quão pobres suas leituras realmente eram, às vezes nem mesmo compreendendo corretamente o gênero do texto (sou eu, Senhor?).[4] Como, então, podemos compreender a Bíblia de forma correta? Existem tantas maneiras de ler, tantas escolas de interpretação bíblica, tantos "métodos para Mateus", para citar um título da série "Methods in Biblical Interpretation" [Métodos na interpretação bíblica].[5] Muitos conhecem conflitos de interpretações, o mais intenso, no entanto, é aquele entre abordagens de interpretação e visões concorrentes acerca do propósito da interpretação bíblica.

O presente livro diz respeito ao significado de ler a Bíblia *teologicamente*. Em 2010, Miroslav Volf declarou que o interesse renovado na interpretação teológica da Bíblia era "o desenvolvimento teológico mais significativo nas últimas duas décadas", comparável à redescoberta da natureza trinitária de Deus no início do século 20.[6] Mais significativo? Talvez, ainda que certamente um dos desenvolvimentos mais controversos e incompreendidos. Eu servi como organizador do premiado *Dictionary for Theological Interpretation of the Bible* [Dicionário para interpretação teológica da Bíblia], mas, apesar de se tratar de um dicionário, definir "interpretação teológica das Escrituras" (daqui por diante ITE) nele se mostrou uma tarefa difícil. Na introdução, eu disse com confiança o que a interpretação teológica *não é*, gesticulei em direção ao que ela

4. Veja, por exemplo, James Barr *Fundamentalism* (Filadélfia: Westminster, 1978); e Barr, *Escaping from Fundamentalism* (Londres: SCM, 1984).

5. Mark Allan Powell (org.), *Methods for Matthew* (Cambridge: Cambridge University Press, 2009).

6. Miroslav Volf, *Captive to the Word of God: Engaging the Scriptures for Contemporary Theological Reflection* (Grand Rapids: Eerdmans, 2010), p. 14.

é (por exemplo, ela se refere a Deus), mas concluí reconhecendo uma miscelânea de abordagens operando sob a rubrica geral.[7] No mínimo, poderíamos dizer que ITE é a "interpretação que mantém as preocupações teológicas em uma posição primária".[8]

Para meu desgosto, a ITE caiu mais como um balão furado do que como uma bomba no parquinho dos exegetas. Teólogos históricos e sistemáticos estavam, de forma geral, entusiasmados, mas boa parte dos (não todos) acadêmicos bíblicos passaram a considerar a interpretação teológica com uma hermenêutica da suspeita. O que havia de novo na ITE era preocupante; o que havia de bom nela era notícia antiga, algo que os estudiosos bíblicos já vinham fazendo. A avaliação a seguir é representativa: "A Interpretação Teológica das Escrituras é, em parte, um movimento divergente, em parte um chamado à reforma na interpretação bíblica, em parte uma série desorganizada de compromissos metodológicos em hermenêutica, em parte um empreendimento sério e, em parte (eu suspeito), uma moda passageira".[9]

Há alguma verdade em cada parte deste veredito. Por exemplo, muitos grupos estavam escalando a montanha da ITE por rotas diferentes. Tendo observado (e experimentado) vários desses caminhos eu concluí, no entanto, que há uma maneira melhor. Como os sherpas tibetanos que servem como guias e portadores de equipamentos de acampamento, cordas, comida e até mesmo cilindros de oxigênio, aqui traço um novo curso, embora ainda não se saiba se estou escalando o Sinai ou o Tabor (ou ambos). Em qualquer caso, é uma montanha com luz no topo.

Há vinte anos escrevi outro livro sobre interpretação bíblica.[10] Seu objetivo principal era responder ao desafio pós-moderno que esvaziava a Bíblia (e a pregação) de autoridade ao afirmar que os textos, incluindo os bíblicos, não têm significado estável, autoritativo ou objetivo.[11] Meu argumento era teológico, mas perseguia dois projetos relacionados simultaneamente, oscilando entre hermenêutica geral e especial, de modo que nem sempre estava claro em qual pista o veículo estava avançando. Eu estava argumentando que todos os livros deveriam ser lidos "teologicamente", ou apenas a Bíblia? Resposta: Eu estava argumentando que *todos* os livros deveriam ser lidos como a Bíblia, ou seja, tentando fazer justiça à "presença real" do significado autoral ao inferir sua intenção comunicativa a partir do que os autores realmente fizeram com suas palavras.

---

7. Kevin J. Vanhoozer, introdução ao *Dictionary for Theological Interpretation of the Bible* (Grand Rapids: Baker Academic, 2005), p. 19-25.

8. Stephen Fowl, "Interpretação Teológica Cristã", em Ian Boxall e Bradley C. Gregory (orgs.), *The New Cambridge Companion to Biblical Interpretation* (Cambridge: Cambridge University Press, 2023), p. 189.

9. D. A. Carson, "Theological Interpretation of Scripture: Yes, But..." em R. Michael Allen (org.), *Theological Commentary: Evangelical Perspectives* (Londres: T&T Clark, 2011), p. 187.

10. Kevin J. Vanhoozer, *Is There a Meaning in This Text? The Bible, the Reader, and the Morality of Literary Knowledge* (Grand Rapids: Zondervan, 1998) [Cf. em português: *Há um significado neste texto?* (São Paulo: Vida, 2005)]. Uma edição de décimo aniversário, com um novo prefácio, foi publicada em 2009.

11. A conceituação de *significado* continua a ser controversa. Para uma discussão recente, veja Steven Cassedy, *What Do We Mean When We Talk About Meaning?* (Oxford: Oxford University Press, 2022).

Inadvertidamente, levei alguns leitores a pensar que estava dizendo que a Bíblia deveria ser lida como qualquer outro livro, de modo que a hermenêutica bíblica era um subconjunto da hermenêutica geral, quando, na verdade, eu estava tentando argumentar o oposto. E isso basta em relação à intenção autoral!

Embora a leitura das Escrituras seja, em muitos aspectos, semelhante à leitura de livros em geral, é, em última análise, marcada por uma dessemelhança ainda maior. O que torna a leitura da Bíblia *semelhante* à leitura de outros livros é que ambos têm criaturas humanas como seus autores; o que a torna *diferente* é que seu autor principal é Deus. Dizer isso é fazer uma confissão de fé. A questão é: para as pessoas de fé, que diferença isso deve fazer? No mínimo, significa que a interpretação bíblica não é simplesmente uma questão de mecânica textual ou perícia acadêmica. A Bíblia é mais – e jamais menos! – do que um pedaço de história e de literatura. Arqueologia, filologia e crítica literária têm um lugar, mas, no final, elas são apenas estações no caminho para a cruz.

O objetivo do presente livro é pensar sobre a interpretação bíblica nos próprios termos teológicos dela. Isso me leva a privilegiar o que chamo de economia da luz, ou seja, a maneira pela qual Deus, que em si mesmo é o Pai das luzes (Tg 1:17), comunica sua luz ao mundo em Cristo (Jo 8:12) até nosso coração (2Co 4:6) pela iluminação do Espírito. Isso, por sua vez, me leva a privilegiar a transfiguração de Jesus como um momento culminante na história da autocomunicação brilhante de Deus. Ao retroceder o olhar para o Antigo Testamento e, então, adiante para a crucificação e exaltação de Cristo, a transfiguração fornece um resumo encapsulado da economia da luz. Com isso, nos fornece uma abordagem distintamente teológica sobre a natureza do texto bíblico, o processo de leitura e seu efeito no leitor. Fui encorajado ao longo do caminho por minha descoberta de que Jerônimo, séculos antes de mim, também havia visto significado hermenêutico na transfiguração (veja o capítulo 7).

Duas outras situações me levaram ao sopé dessa montanha sagrada, histórica e hermenêutica. A primeira foi uma conferência de 2011 coorganizada por Hans Boersma e Matthew Levering, patrocinada pelo Regent College em Vancouver: "O céu na terra? O futuro da interpretação espiritual". A conferência reuniu estudiosos bíblicos católicos romanos e protestantes, assim como teólogos sistemáticos, para discutir a relação entre exegese histórico-gramatical e teológico-espiritual. Brian Daley começou como o palestrante principal católico romano, e eu fechei com a palestra de tom evangélico, "Subindo a montanha, cantando a rocha: interpretação bíblica aterrada, tipificada e transfigurada", a semente do presente livro.[12]

O segundo fator de contribuição não foi um acontecimento único, mas recorrente. Durante anos, ofereci um componente curricular do curso de doutorado intitulado "Prolegômenos teológicos avançados" (é mais emocionante do que parece). Cada aula

---

12. Os artigos da conferência foram publicados em dois lugares, primeiro, em *Modern Theology 28*, n. 4 (2012), depois como um livro coeditado por Hans Boersma e Matthew Levering, *Heaven on Earth? Theological Interpretation in Ecumenical Dialogue* (Oxford: Blackwell, 2013).

inclui alunos de doutorado de quatro disciplinas diferentes: Antigo Testamento, Novo Testamento, História da Igreja e Teologia Sistemática. O objetivo é promover a reflexão interdisciplinar e integrativa perguntando: (1) Em que sentido todas as quatro disciplinas são propriamente *teológicas*? (2) O que cada disciplina contribui para a tarefa comum de ler a Bíblia como Escritura cristã na e com a igreja, ontem e hoje? O fato de o curso, em geral, incluir alunos internacionais, entre eles alguns oriundos de países em desenvolvimento, só o torna mais emocionante. Dada toda essa diversidade, em que consiste nossa unidade?

Tanto a conferência quanto o curso sugeriram a mim a necessidade de uma hermenêutica cristã "pura e simples": uma maneira de pensar sobre hermenêutica que pudesse superar divisões históricas, étnicas, denominacionais e especialmente disciplinares. Seria possível, eu me perguntei, fazer pela hermenêutica bíblica o que C. S. Lewis fez pela crença cristã em seu livro *Cristianismo puro e simples*? Lewis respondeu à pluralidade de tradições cristãs documentando o acordo em larga escala sobre os fundamentos da fé. Lewis comparou esse "cristianismo puro e simples" (como Richard Baxter o chamou) a um saguão que conectava os vários "cômodos" na "casa" de Deus.[13] No presente trabalho, os vários "cômodos" representam diferentes abordagens para a interpretação bíblica e, como Lewis observou sobre o inferno, eles estão trancados por dentro. Eu argumento que os intérpretes precisam deixar seus redutos interpretativos e se misturar no saguão para conversar com aqueles que leem a Bíblia de forma diferente. A noção de uma hermenêutica "pura e simples" fez-me rir e depois suspirar, por conta da pura loucura e da magnitude da tarefa: alcançar a paz interpretativa após séculos de conflito nessa área.[14]

O livro que você está prestes a ler fornece princípios para a interpretação teológica, mas não um método detalhado. Ele não entrega uma pesquisa exaustiva dos tipos de crítica e abordagens interpretativas que reivindicam a rubrica da ITE. Embora envolva diferentes abordagens para interpretação bíblica de uma variedade de épocas e tradições, não o faço para elaborar uma lista de heróis e vilões hermenêuticos, mas para formular uma proposta positiva e integrativa. Minha afirmação fundamental é a de que precisamos de todas as disciplinas teológicas e de vários tipos de crítica bíblica para ler a Bíblia corretamente, de maneira que faça justiça à sua autoria humana e divina.

A interpretação bíblica pode transformar o mundo? Sim, e a transformação particular que tenho em vista é uma transfiguração. A "interpretação transfigural" se refere tanto ao processo de repensar a hermenêutica bíblica à luz da transfiguração de Jesus,

---

13. Veja também C. S. Lewis, *Mere Christianity* (1952; reimpr., São Francisco: Harper SanFrancisco, 2001), p. xv-xvi. [Cf. em português: *Cristianismo puro e simples* (Rio de Janeiro: Thomas Nelson Brasil, 2017)].

14. *Hermenêutica pura e simples* é o terceiro volume do que gosto de pensar como minha "Trilogia puro e simples", que começou com um livro escrito em coautoria com Dan Treier sobre "Evangelicalismo Puro e simples", *Theology and the Mirror of Scripture: A Mere Evangelical Account* (Downers Grove: IVP Academic, 2015) e continuou com um livro sobre "Protestantismo puro e simples", *Biblical Authority after Babel: Retrieving the Solas in the Spirit of Mere Protestant Christianity* (Grand Rapids: Brazos, 2016).

"o resplendor da glória de Deus" (Hb 1:3), quanto à transformação, não menos importante em relação ao leitor, operada por essa maneira de interpretar a Bíblia. A interpretação bíblica transfigural atende tanto ao sentido literal da Bíblia quanto à luz na letra.

Dedico este livro a Dan Treier por ocasião de seu aniversário de cinquenta anos. Ele foi, se não tudo para todas as pessoas, pelo menos muitas coisas para mim: aluno, colega, coeditor, coautor, colaborador, conselheiro, crítico (deste livro também) e, mais importante, amigo. Infelizmente, Dan, ao contrário dos presentes de Natal, este aqui não é passível de troca porque, como você bem sabe, um texto é um discurso autoral, fixado pela escrita e por (como também sabe) extensas revisões.

Domingo da Transfiguração, 2023

AGRADECIMENTOS

A ideia para o presente livro surgiu do convite de Katya Covrett para escrever um livro-texto sobre interpretação teológica das Escrituras: sua natureza, propósito e prática. Katya organizou uma sessão de *brainstorming* com vários estudiosos bíblicos e teólogos, incluindo Dick Averbeck, Mark Gignilliat, Tim Gombis, Michael Graves, Nijay Gupta, Charles Halton, Jon Laansma, Jonathan Lunde e Klyne Snodgrass. Sou grato a Katya pelo convite inicial e por sua contínua, por sinal perseverante, ajuda editorial.

Mickey Klink e Nathan Chambers ofereceram *feedbacks* úteis sobre capítulos específicos. Sou grato por seus comentários caridosos, mas honestos. Doug Sweeney continua sendo minha fonte de referência para todas as coisas de Lutero e Edwards: sou grato por ser direcionado para as fontes primárias certas e, em geral, por sua amizade e encorajamento. O mesmo vale para os colegas do corpo docente que participam de nosso Grupo de Diálogo Interdepartamental Deerfield e ofereceram comentários sobre o capítulo 6 e a conclusão: Fellipe do Vale, Steve Greggo, Donald Guthrie, Dana Harris, Josh Jipp, Michelle Knight, Mimi Larson, Te-Li Lau, David Luy, Craig Ott, Madison Pierce e Lawson Younger.

Sou grato também a Richard Muller por me fornecer, de suas estantes digitais, vários ensaios e livros selecionados sobre o sentido literal, e a Erik Lundeen, que foi gentil o suficiente para me deixar ver sua dissertação sobre a busca de Johannes Oecolampadius pelo sentido literal no século 16, poucos dias após defendê-la com sucesso. Por fim, fico feliz em reconhecer e estender minha gratidão a Arnold Huijgen e Hans Burger por compartilharem rascunhos de seus ensaios sobre a exegese sacramental de Hans Boersma, e a Mike Kibbe e Patrick Schreiner por sua disposição em compartilhar versões de pré-publicação dos respectivos livros futuros sobre a transfiguração de Jesus.

O manuscrito se beneficiou das discussões com meus alunos de doutorado que dedicaram várias sessões de quarta-feira à noite, pessoalmente e depois via Zoom, a uma análise capítulo por capítulo. A Will Bankston, YK Hwang, Wilson Jeremiah, TaeJung Kim, Caleb Lindgren, Roy McDaniel, Kenny Silva e Matt Wiley: obrigado por suas muitas sugestões úteis acerca de estilo e substância. Devo uma porção dupla a Matt porque, como meu monitor, ele leu tudo duas vezes. Por fim, quero agradecer a David McNutt e Matt Estel, meus editores na Zondervan, por suas consultas, comentários e sugestões úteis para melhorar o manuscrito antes de chegarmos à versão final.

INTRODUÇÃO

UM EXPERIMENTO EM CRÍTICA BÍBLICO-TEOLÓGICA

O conhecimento de Deus é uma montanha realmente íngreme e difícil de escalar – a maioria das pessoas mal chega à sua base.
– Gregório de Nissa, *A vida de Moisés*

Se, como Gerhard Ebeling sustentou, a história da igreja e da interpretação bíblica são a mesma coisa, então todos os que se importam com a igreja presente e futura devem se importar com o presente e o futuro da interpretação bíblica.[1] A sã doutrina e a verdadeira adoração dependem tanto da leitura correta da Bíblia como da resposta correta ao que lemos. A fé e a vida cristãs estão inseparavelmente ligadas à Sagrada Escritura – às palavras humanas que, pela sábia determinação de Deus, comunicam a própria palavra divina. Contudo, o que é leitura correta das Escrituras? E onde ela é aprendida: nos seminários ou na igreja? É uma questão de academicismo bíblico, interpretação "espiritual", alguma combinação dos dois, ou algo completamente diferente? Se a Bíblia é a palavra de Deus – um discurso divino, um uso da linguagem para estabelecer relacionamento pessoal –, então a interpretação bíblica é nosso discurso de escuta e resposta.[2]

Talvez possamos, pelo menos, concordar com isto: caso a fidelidade à Bíblia esteja implícita na vida de um cristão, então a hermenêutica – o estudo da natureza, princípios, métodos e propósitos da interpretação – e a teologia, especialmente no que se refere às suposições sobre o relacionamento de Deus com as Escrituras (autoria inspirada) e sua leitura correta (interpretação iluminada), também estão implícitas. Afinal, respondemos a Deus respondendo à pergunta de Jesus: "Quem vocês dizem que eu sou?", e essa resposta só pode ser elaborada a partir das Escrituras canônicas e da narrativa mais ampla da relação de Deus com a história de Israel recontada nelas.[3] Isso dá

1. Gerhard Ebeling, "Church History as the History of the Exposition of Holy Scripture", em *The Word of God as Tradition: Historical Studies Interpreting the Divisions of Christianity* (Filadélfia: Fortress, 1968), p. 11-31.

2. Eugene Peterson descreve a oração como "discurso de resposta". *Answering God: The Psalms as Tools for Prayer* (São Francisco: Harper & Row, 1989), p. 6. Ler a Bíblia corretamente, ouvir a Palavra de Deus, é, de muitas maneiras, como orar. Veja também Daniel J. Brendsel, *Answering Speech: The Life of Prayer as Response to God* (Wheaton: Crossway, 2023), especialmente cap. 4, "Praying in Response to Scripture".

3. Veja também Andrew T. Lincoln e Angus Paddison (orgs.), *Christology and Scripture: Interdisciplinary Perspectives* (Londres: T&T Clark, 2008).

origem a uma urgente pergunta complementar: os seminários e igrejas estão ensinando hermenêutica e ajudando os cristãos a ler a Bíblia de forma proveitosa, de maneira que identifique Cristo corretamente, treine os discípulos no caminho de Cristo com eficácia e, em geral, edifique o corpo de Cristo?[4] Se as Escrituras são a força vital da igreja, a interpretação bíblica é seu sistema de circulação: tradução, pregação, comentário, tradição vivida – todas são formas de interpretação bíblica. Este livro descreve igrejas locais e seminários como "culturas de leitura" e apela a uma leitura distintamente teológica da Bíblia como forma de ser responsável pelo seu significado literal.[5]

Alguns podem se ofender com a ideia de que há uma maneira correta de ler a Bíblia, que esta diz respeito ao sentido literal e que está relacionada à teologia. Afinal, a leitura *correta* implica a existência de uma leitura *errada*, e isso dispara alarmes em uma era que já teve sua cota de opressão colonial totalitária.[6] Além disso, a leitura correta requer um padrão que pode ser usado para julgar – se uma leitura específica está ou não em conformidade. Quem sou eu – quem é alguém – para brincar de juiz e júri, estabelecendo a lei hermenêutica e decidindo se um intérprete é culpado de homicídio "textual" doloso (ou seja, oferecer falso testemunho) ou do delito menor de atravessar fora da faixa "exegética" (ou seja, ignorar a intenção do autor)?

Durante séculos, houve amplo consenso de que a base para a leitura correta, a interpretação teológica e o desenvolvimento doutrinário deveriam se fundamentar no sentido literal da Bíblia. No entanto, não havia consenso quanto à definição deste. Na verdade, a *literalidade* provou ser um dos conceitos mais elusivos na história das ideias. A interpretação "literal" é hoje associada à compreensão de declarações e textos de forma direta e simplista, sem considerar o uso intencional de significados figurativos. Quando jornalistas e outros descrevem os evangélicos atuais como aqueles que acreditam "na verdade literal da Bíblia", é fácil taxá-los de literalistas bíblicos e descartá-los, como se faz com aqueles que defendem outras crenças absurdas, como o terraplanismo.

O relativismo moderno e o indeterminismo pós-moderno convenceram muitos de que a leitura correta está nos olhos de quem vê. O conceito de *ler corretamente* implica um sistema restrito no qual uma leitura específica está certa ou errada. Em contraste, *ler bem* sugere um espectro com um ponto de referência no qual uma leitura específica pode estar mais próxima ou mais distante daquilo que seria a leitura correta. Todos fazem algum tipo de julgamento entre interpretações melhores ou piores. Meu objetivo neste livro é "salvar" o literal, em parte fornecendo uma definição mais rica e

---

4. Veja também Ched Spellman e Jason K. Lee, *The Seminary as a Textual Community: Exploring John Sailhamer's Vision for Theological Education* (Dallas: Fontes, 2021). Curiosidade: Sailhamer tirou a ideia de uma "comunidade textual" de uma palestra que dei em 1990 na Trinity Evangelical Divinity School quando John e eu éramos docentes.

5. Discuto a natureza e a função das culturas de leitura com mais detalhes no capítulo 1. Veja também a entrada no glossário.

6. Veja Iain Provan, *The Reformation and the Right Reading of Scripture* (Waco: Baylor University Press, 2017).

teologicamente adequada. Para definir o sentido literal, no entanto, devemos começar apresentando o que um texto *é*, o que ele *está fazendo* e *para que serve*. Essa análise deve ser feita com categorias informadas pela teologia, não apenas pela filosofia.[7]

O experimento: dos métodos de crítica à crítica dos métodos

Os evangelistas escreveram seus Evangelhos para identificar Jesus como o Cristo. O autor do quarto Evangelho admite ser seletivo em seu material: "Jesus fez também muitas outras coisas. Se todas elas fossem escritas, penso que nem mesmo no mundo inteiro haveria espaço suficiente para os livros que seriam escritos" (Jo 21:25). O mesmo pode ser dito acerca dos livros sobre interpretação bíblica. A baía dos estudos bíblicos está cheia de barcos de pesca, cada um buscando pescar um significado.[8] O que cada um pega depende de vários fatores: onde pescar, quão fundo se está, que isca utilizar, se fará uso de linha, lança ou rede, e assim por diante. O sucesso ou o fracasso também podem depender do grau de paciência de alguém.

Um método exegético é essencialmente uma maneira disciplinada de ler que formaliza um *insight*, uma intuição ou um interesse interpretativo. É uma maneira de responder a uma pergunta específica. Considere, por exemplo, as diferentes maneiras de ler os Evangelhos. Alguns exegetas têm um interesse especial em comparar as semelhanças e diferenças entre Mateus, Marcos e Lucas. Como na famosa rotina dos personagens humoristas Abbott e Costello,[9] eles querem saber quem está na primeira base (ou quem foi o primeiro). Esse interesse alimenta a crítica textual. Aqueles com interesse literário podem praticar a crítica da narrativa, com um olho nas diferentes maneiras como cada Evangelho conta a história de Jesus. As feministas têm um interesse especial na representação das mulheres pelos evangelistas e na maneira pela qual Jesus se relacionou com elas. Outros ainda têm uma inclinação histórica e investigam os costumes sociais e a visão conceitual de mundo comum dos judeus palestinos do primeiro século, como os evangelistas eram identificados. Cada um desses interesses

---

7. Nos séculos 19 e 20, os filósofos assumiram a liderança em fazer da hermenêutica uma teoria de compreensão de todas as expressões da vida humana, não simplesmente de textos escritos. Veja Hans-Georg Gadamer, "The Universality of the Hermeneutical Problem", em *Philosophical Hermeneutics* (Berkeley: University of California Press, 1976), p. 3-17.

8. Estou tomando emprestada a analogia adequada de George Guthrie de "Boats in the Bay: Reflections on the Use of Linguistics and Literary Studies in Biblical Studies", em Stanley E. Porter e D. A. Carson (orgs.), *Linguistics and the New Testament: Critical Junctures* (Sheffield: Sheffield Academic, 1999), p. 23-35.

9. Abott e Costello foram um duo cômico estadunidense composto por Lou Costello e Bud Abbott nos anos 1940 e 1950. Uma de suas rotinas mais famosas é "Who's on first?" (Quem está na primeira base?), em que Abott fazia perguntas sobre a equipe de um time de baseball e Costello respondia identificando os jogadores. A piada estava em que o nome dos jogadores (que incluía "Quem", "Naturalmente", entre outros) causava confusão, por exemplo: (ABOTT) "Você joga a bola para a primeira base." / (COSTELLO) "Então quem pega?" / (ABOTT) "Naturalmente. / (COSTELLO) "Naturalmente." / (ABOTT) "Agora você pegou!" / (COSTELLO) "Eu jogo a bola para Naturalmente." / (ABOTT) "Não! Você joga para Quem" [...]. (N.E.)

interpretativos dá origem a uma forma e prática particulares de crítica bíblica e, no limite, a uma comunidade interpretativa que compartilha esse interesse e prática.

Existem muitos interesses interpretativos. Quando estes são legítimos, geram um método de leitura que contribui de alguma forma para a compreensão genuína de algum aspecto ou dimensão do texto. Um interesse contínuo tem sido o significado do texto, embora haja certa variação no conceito de *significado*. Consequentemente, muitos preferem evitar o termo e, em vez disso, incentivar os demais a expressar o que querem dizer.[10] Como veremos, os rumos do sentido literal estão ligados à confusão feita pelas pessoas sobre o conceito de *significado*.[11]

Textos são realidades complexas e estratificadas, envolvendo palavras, frases, estrutura e gênero. Como consequência, intérpretes devem utilizar múltiplas abordagens metodológicas, trabalhando em diferentes níveis (por exemplo, lexical, semântico, histórico, literário) para fazer justiça aos textos e seus significados. Cada método produz certos *insights*, mas nenhum captura toda a relevância para a compreensão textual. *Verdade e método*, de Gadamer, faz esse ponto de forma convincente: a escolha do método predetermina o tipo de verdade que se descobre.[12] Preferir um método e, com isso, ignorar outros é se arriscar no reducionismo metodológico, um erro míope: utilizar um método de forma exclusiva é limitar o acesso a um tipo de verdade no texto. Intérpretes que insistem que o texto significa apenas o que seu método descobre são como cientistas que reduzem a realidade apenas ao que pode ser percebido por suas teorias e instrumentos. Eles são exploradores que insistem na extensão do mundo apenas até onde suas lanternas iluminam. É presunçoso pensar que qualquer disciplina acadêmica, teoria ou ferramenta crítica capturará o peixe sagrado. Há mais coisas no discurso e no texto do que se sonha na teoria crítica.

"'Tudo me é permitido', mas nem tudo convém" (1Co 10:23). O apóstolo Paulo provavelmente não estava pensando em abordagens interpretativas quando citou esse mote coríntio, mas, ainda assim, ele se mostra adequado. Nem todo método exegético permissível é conveniente – ou edificante. Certas maneiras de ler a Bíblia podem não prejudicar a igreja, mas também não a ajudam a responder à exortação do apóstolo Pedro: "Cresçam, porém, na graça e no conhecimento do nosso Senhor e Salvador Jesus Cristo" (2Pe 3:18). Consequentemente, precisamos não apenas "examinar os espíritos" (1Jo 4:1), mas também examinar a hermenêutica. Precisamos conduzir um experimento em crítica.

---

10. O autor sugere aqui a ironia de que, na língua inglesa, a tentativa de evitar o termo *significado* (*meaning*), pedindo para alguém explicar o que ela "quer dizer" (*mean*) por algo, termina por apelar ao próprio termo *significado* (*meaning*). (N.T.)

11. Veja também George B. Caird, "The Meaning of Meaning", em *The Language and Imagery of the Bible* (Londres: Duckworth, 1980), p. 37-61; e Christopher D. Spinks, *The Bible and the Crisis of Meaning: Debates on the Theological Interpretation of Scripture* (Londres: T&T Clark, 2007).

12. Hans-Georg Gadamer, *Truth and Method*, trad. Joel Weinsheimer e Donald G. Marshall (Londres: Sheed e Ward, 1989) [Cf. em português: *Verdade e método* (Rio de Janeiro: Editora Vozes, 2015)].

Um experimento é um procedimento para testar uma hipótese. C. S. Lewis propôs um experimento para avaliar maneiras de leitura. Seu experimento inverte o procedimento normal de julgar o gosto de uma pessoa pelas coisas que ela lê. Em vez disso, ele propôs julgar a literatura "pela maneira que os homens a leem".[13] Se um ou mais leitores amam um livro, mesmo após leituras repetidas, então este não pode ser tão ruim. A hipótese de Lewis enxerga a "boa literatura como aquela que permite, convida ou até mesmo compele a boa leitura".[14] Lewis reconheceu uma complicação, uma mosca na sopa: "A objeção mais óbvia quanto a avaliar livros pela maneira conforme a qual eles são lidos é o fato de que o mesmo livro pode ser lido de maneiras diferentes".[15] Se isso é verdade para a literatura em geral (e é), quanto mais em relação à Bíblia!

Considere o que chamo de minhas "três leis do movimento hermenêutico": (1) todo tipo de crítica desenvolvida na academia eventualmente é aplicada por alguém à interpretação bíblica; (2) toda tendência cultural ou desenvolvimento social eventualmente move as pessoas a ler a Bíblia a partir daquela perspectiva particular ou com aquele interesse especial (por exemplo, feminismo, pós-colonialismo, libertação etc.); e (3) não há barômetro intelectual e cultural mais revelador do que a interpretação bíblica. Dada essa pluralidade, como podemos discernir quais abordagens à interpretação bíblica são legítimas? Boa parte dos exegetas recorrem aos recursos da hermenêutica geral (ou seja, princípios para interpretação válida de livros *em geral*) ao tentar distinguir a leitura certa da errada.[16] A suposição geral é que a leitura correta decorre de ter o método certo (para ler livros em geral) e que ler a Bíblia não é diferente de ler Platão, Dickens ou Updike.

Meu experimento em crítica bíblico-teológica funciona como uma variação daquele de Lewis. Em vez de julgar "leitores certos" ou "leituras certas" com base nos métodos críticos que utilizam, proponho *julgar a correção dos métodos críticos pelo tipo de leituras teológicas, leitores e culturas de leitura que eles geram.*[17] Defino um método exegético *ruim* como aquele que proíbe, impede ou frustra qualquer leitura teológica da Bíblia. Por outro lado, considero um *bom* método exegético aquele que está aberto, que facilita ou necessita de algum tipo de leitura teológica.[18] Se uma abordagem interpretativa gera uma leitura teológica fiel e uma cultura de leitura que produz leitores

13. C. S. Lewis, *Experiment in Criticism* (Cambridge: Cambridge University Press, 1961), p. 104 [Cf. em português: *Um experimento em crítica literária* (Rio de Janeiro: Thomas Nelson Brasil, 2019), p. 114].

14. Ibidem. Ele também disse: "O livro especialmente ruim é aquele a partir do qual uma boa leitura é impossível", p. 113 (edição em português, p. 124).

15. Ibidem, p. 113 (edição em português, p. 124).

16. Veja, por exemplo, *Validity in Interpretation*, de E. D. Hirsch (New Haven, CT: Yale University Press, 1967).

17. E, como argumentarei na parte 3, pelo tipo de transfigurações que certos tipos de leitura possibilitam.

18. Veja a proposta relacionada de John Frederick e Ryan A. Brandt, "Regula Catholica, Regula Interpretatio: A Summary and Way Forward for Theological Interpretation of Scripture," em Ryan A. Brandy e John Frederick (orgs.), *Theological Interpretation of Scripture as Spiritual Formation* (Leiden: Brill, 2022), p. 305-30.

responsáveis, então ela se qualifica como uma boa interpretação, independentemente de seus méritos ou deméritos hermenêuticos gerais. Por que a ênfase em "teológica"? Primeiro, porque a Bíblia é a palavra de Deus, para o povo de Deus, que ensina sobre Deus e é útil para o treinamento na piedade. Em segundo lugar, porque a reflexão sobre a leitura da Bíblia deve ser informada pela crença dos cristãos, e "não se pode estar comprometido com a ortodoxia e ler as Escrituras como se Deus não existisse".[19]

De acordo com meu experimento – uma crítica teológica de métodos interpretativos – os critérios para a *bondade* interpretativa são uma função não da hermenêutica geral, da crítica literária ou da filosofia, mas de fazer justiça ao que a Bíblia é e para o que ela serve em última análise: um discurso divino, mediado por e fixado na escrita humana, em prol da transformação humana. Essa é a justificativa final para conferir tanto valor quanto lugar hermenêutico à teologia cristã e ao que poderíamos chamar de *crítica teológica*.[20] De novo, meu experimento testa a hipótese de que uma leitura é boa se ela permite que o leitor entenda e faça justiça ao que está lendo: discurso humano, com certeza, mas também a Palavra de Deus. Uma leitura é boa se gera não apenas qualquer resposta do leitor, mas uma resposta responsável, ou, dito de outra forma, se ela gera não um sujeito soberano, mas *responsivo* (perante Deus).

Uma observação de Lewis lança mais luz sobre a razão da teologia ser necessária para a leitura correta das Escrituras. Ele abriu seu estudo do poema épico de Milton, *Paraíso Perdido*, com uma tese importante: "A primeira qualificação para julgar qualquer artefato humano, de um saca-rolhas a uma catedral, é saber em *que* ele consiste – com qual intenção foi feito e como se espera que seja usado".[21] Para conduzir nosso experimento, então, precisamos saber o que o texto *é*, *está fazendo* e *para que serve*. Não podemos saber nenhuma dessas coisas sobre a Bíblia, no entanto, sem recorrer a realidades explicitamente teológicas. Precisamos aceitar a Bíblia pelo que ela realmente é: não meramente "palavra de homens, mas [...] palavra de Deus" (1Ts 2:13).

Mensagem divina: "Hoje, se vocês ouvirem a sua voz"

O primeiro passo na interpretação é determinar *o que* está sendo lido. A leitura correta nunca é menos do que ler de acordo com o tipo textual – ler prosa como prosa, poesia como poesia, história como história e assim por diante. Questões relativas ao gênero literário – identificar o *tipo* do texto – portanto, são significativas. Nossa investigação

19. Seth Heringer, "Preparing to Read: Theological Presuppositions and Biblical Interpretation", *Journal of Theological Interpretation* 17, n. 1 (2023), p. 130-1.

20. Cf. o chamado similar de Joseph Ratzinger por uma "crítica da crítica" em sua "Biblical Interpretation in Crisis: On the Question of the Foundations and Approaches of Exegesis Today", em Richard John Neuhaus (org.), *Biblical Interpretation in Crisis: The Ratzinger Conference on Bible and Church* (Grand Rapids: Eerdmans, 1989), p. 6.

21. C. S. Lewis, *A Preface to Paradise Lost* (Londres: Oxford University Press, 1942), p. 1 [Cf. em português: *Prefácio ao Paraíso Perdido* (Rio de Janeiro: Thomas Nelson Brasil, 2023), p. 17].

começa, no entanto, ainda mais atrás, com a pergunta: o que é um *texto*? Ou, mais especificamente, o que são *textos bíblicos*? A resposta a isso – "a palavra de Deus nas palavras dos homens" – requer que consideremos não apenas Deus, mas três categorias teológicas adicionais: voz divina, discurso divino e promessa divina.

Voz divina: o que a Bíblia *é*

O povo de Israel foi o destinatário inicial do que eles agora chamam de Bíblia hebraica e do que os cristãos chamam de Antigo Testamento. Eles ouviram a voz de Deus, uma coisa assustadora: "O SENHOR, o nosso Deus, mostrou-nos a sua glória e a sua majestade, e nós ouvimos a voz dele vinda de dentro do fogo" (Dt 5:24). A lei que Deus primeiro estabeleceu em discurso foi, então, preservada por escrito, assim como profecias posteriores. Como Paulo disse, aos judeus foram confiadas "as palavras de Deus" (*ta logia tou theou*; Rm 3:2).

De acordo com as Escrituras, Israel foi o destinatário eleito de uma mensagem divina, um discurso dirigido a uma pessoa ou grupo em particular. Um destinatário está em uma relação "Eu-Tu".[22] Os teólogos liberais modernos concordaram com isso, mas enfatizaram o encontro pessoal, não o que foi dito. Eles também estavam inclinados a ver as Escrituras como a tentativa dos autores humanos de expressar o significado de sua experiência religiosa.[23] A visão de James Barr é representativa: "Não temos qualquer ideia de maneiras pelas quais Deus poderia articular diretamente pensamentos ou frases aos homens; isso simplesmente não ocorre".[24] A Bíblia é, nessa visão, menos um discurso divino do que, na melhor das hipóteses, um registro de revelação de autoria humana ou, na pior das hipóteses, uma projeção de ideais religiosos humanos em uma lousa em branco celestial.

Os autores bíblicos discordam: "No passado, Deus falou muitas vezes e de várias maneiras aos nossos antepassados" (Hb 1:1). "A palavra do Senhor veio a" [ou "O Senhor falou a"] é uma das frases mais frequentes no Antigo Testamento (veja Gn 15:1; 1Sm 15:10; 1Rs 18:1; Is 38:4 et al.). É impressionante quantos atos atribuídos a Deus pelos autores bíblicos são *atos de fala*. No entanto, mesmo os evangélicos conservadores às vezes não veem a Bíblia como um anúncio divino. Tornou-se algo corriqueiro ouvir que a Bíblia "foi escrita *para* nós, mas não *a* nós".[25] O apóstolo Paulo, como

22. Martin Buber, *I and Thou* (Nova York: Scribner, 1970), p. 53 [Cf. em português: *Eu e Tu* (São Paulo: Centauro, 1975)].

23. George A. Lindbeck chama essa tendência, típica da "virada para o sujeito" da modernidade, de abordagem "expressiva-experiencial" da religião bíblica e da teologia doutrinária. *The Nature of Doctrine: Religion and Theology in a Postliberal Age* (Filadélfia: Westminster, 1984), p. 31-2.

24. James Barr, *The Bible in the Modern World* (Londres: SCM, 1973), p. 17.

25. Essa ideia ocorre muitas vezes nos escritos de John Walton. Veja, por exemplo, *The Lost World of Genesis One: Ancient Cosmology and the Origins Debate* (Downers Grove: IVP Academic, 2009), p. 9. Walton não pretende questionar o *status* da Bíblia como Palavra de Deus, apenas nos lembrar de que seu público original vem de uma cultura antiga que habitava um mundo conceitual diferente.

qualquer outro autor bíblico, está muito distante histórica e culturalmente – para não mencionar o fato de estar *morto* – para se dirigir a mim pessoalmente: "Ler as cartas de Paulo hoje é literalmente ler a correspondência de outra pessoa de dois mil anos atrás: *não* compartilhamos com Paulo e seus leitores seu momento no tempo".[26] As cartas de Jane Austen para sua irmã Cassandra oferecem vislumbres fascinantes da personalidade de uma de minhas autoras favoritas, mas não são direcionadas a mim. Ler a correspondência de outra pessoa é escutar uma conversa privada. No entanto, não é assim que a igreja lê a Bíblia. Os cristãos que leem Efésios não são espiões da conversa de outra pessoa porque Paulo foi o "instrumento escolhido" de Deus (At 9:15) para comunicar a palavra de Deus – e não apenas para seus destinatários originais.

A voz que Israel ouviu do meio do fogo era "a voz do Deus vivo" (Dt 5:26). Moisés repete o que Deus disse no monte Sinai à primeira geração para uma segunda no livro de Deuteronômio, e há uma expectativa clara de que Deus falará sua palavra da aliança também para as gerações futuras (Dt 4:9-24; 30:1-10). Séculos depois, o rei Dario escreveu: "Pois ele é o Deus vivo e permanece para sempre" (Dn 6:26). Séculos depois disso, Pedro identificou Jesus como "o Cristo, o Filho do Deus vivo" (Mt 16:16). O Cristo ressuscitado é "Senhor de vivos e de mortos" (Rm 14:9), incluindo os intérpretes bíblicos de hoje, razão pela qual John Webster disse que tanto a Bíblia quanto seus leitores pertencem ao "domínio da presença reveladora de Cristo".[27] A Bíblia faz parte do padrão de comunicação e comunhão divina sobre a qual o Senhor ressuscitado preside e na qual ele se apresenta. A Bíblia não é apenas "a manjedoura na qual Cristo jaz"[28], mas uma cama que o Senhor fez para si mesmo. Assim, ao contrário dos autores humanos das Escrituras, que estão mortos e enterrados, o Cristo ressuscitado está vivo – e permanece presente e ativo em sua comunicação.

Søren Kierkegaard estava profundamente ciente de que os leitores da Bíblia estão diante do Deus vivo: "É a mim que ela está falando; é sobre mim que ela está falando".[29] Ler a Bíblia como se fosse endereçada a outra pessoa, portanto, é sucumbir ao cristianismo de terceira pessoa, no qual as palavras e ações de Deus dizem respeito a eles, não a nós. Em contraste, a interpretação bíblica para Kierkegaard, como o próprio discurso, "é irredutivelmente de segunda pessoa".[30] Adotar a leitura da Bíblia em *segunda pessoa*

---

26. Peter Enns, *How the Bible Actually Works* (Nova York: HarperOne, 2019), p. 258 (ênfase do original).

27. John Webster, *The Domain of the Word: Scripture and Theological Reason* (Londres: T&T Clark, 2012), p. 38.

28. Martin Luther, "Preface to the Old Testament", em *Martin Luther's Basic Theological Writings* (organizado por Timothy F. Lull) (Minneapolis: Fortress, 1989), p. 119.

29. Søren Kierkegaard, *For Self-Examination and Judge for Yourself!* (organizado e traduzido por Howard V. Hong e Edna H. Hong) (Princeton, NJ: Princeton University Press, 1990), p. 35 (ênfase original).

30. Ross Inman, "Theology in the Second Person: Christian Dogmatics as a Mode of Prayer", em Oliver D. Crisp, James M. Arcadi e Jordan Wessling (orgs.), *Analyzing Prayer: Theological and Philosophical Studies* (Oxford: Oxford University Press, 2022), p. 122 (ênfase do original). Veja também Joshua Cockayne, *Contemporary with Christ: Kierkegaard and Second-Personal Spirituality* (Waco: Baylor University Press, 2020), especialmente caps. 3, 7.

também é uma convicção orientadora do presente trabalho. Portanto, concordo com Scott Swain: "Ao lidar com a Bíblia de modo interpretativo, não somos sujeitos racionais lidando com um objeto inerte; somos, em vez disso, sujeitos racionais abordados pelo Sujeito divino e chamados à atenção amorosa e à comunhão".[31]

A doutrina da inspiração preserva essa ênfase na Bíblia como anúncio divino, conforme expresso pela descrição, no Credo Niceno, do Espírito Santo como alguém "que falou [lat. *est locutus*] pelos profetas".[32] Localizar a fala do Espírito exclusivamente no passado, no entanto, é subscrever uma imagem deísta da relação de Deus com sua palavra, segundo a qual este oralizou e, então, deixou sua palavra prosseguir, sem ação ou assistência adicional.[33] De acordo com o autor de Hebreus, no entanto, o Espírito Santo *fala* as palavras do salmo 95:7-11, embora elas tenham inicialmente saído da boca de Davi séculos antes: "Assim, como diz o Espírito Santo: 'Hoje, se vocês ouvirem a sua voz'" (Hb 3:7). Os tempos verbais sempre importam, mas especialmente aqui. O autor de Hebreus está escrevendo para cristãos séculos depois, mas insiste que a promessa de entrar no descanso de Deus ainda está de pé (Hb 4:1), mesmo que os destinatários originais a quem foi dirigida não o façam (porque já morreram). Deus, portanto, designa outro dia como *hoje*, a saber, o dia para ouvir e responder à sua voz (Hb 4:7). O "hoje" do autor de Hebreus e seu público inicial está, obviamente, no passado distante. No entanto, Deus continua a se dirigir à igreja por meio desta passagem, de modo que o *hoje* do leitor primário (nosso ontem) se torna *hoje* de novo também para leitores contemporâneos: "O escritor acredita que por meio de seu discurso (um sermão composto de uma série de exposições bíblicas), ele próprio comunica aquela palavra divina e efetua um encontro entre seus ouvintes e o Deus que fala".[34] Se o autor de Hebreus podia considerar o Espírito, que falou por meio de Davi, como falando *hoje* (ou seja, para seu público), então nós também deveríamos.

A Bíblia é o meio de anúncio divino.[35] Ler a Bíblia como a palavra de Deus é, portanto, encontrar algo vivo e eficaz (Hb 4:12): a voz de Deus, este falando pessoalmente, o Deus trino em ação comunicativa fazendo coisas com, em e por meio de palavras humanas. Não somos os primeiros destinatários das Escrituras, nem mesmo seus destinatários imediatos. Mas quando, na adoração comunitária, o leitor proclama

31. Scott R. Swain, *Trinity, Revelation, and Reading: A Theological Introduction to the Bible and Its Interpretation* (Londres: T&T Clark, 2011), p. 7.

32. Um desses profetas é Jeremias: "A ontologia do livro de Jeremias como simultaneamente as palavras de Jeremias e as palavras de Deus define o próprio texto como um local da atividade de Deus." Andrew H. Shead, *A Mouth Full of Fire: The Word of God in the Words of Jeremiah* (Downers Grove: InterVarsity, 2012), p. 284.

33. Deísmo é a ideia de que Deus criou o mundo e depois se retirou, deixando-o entregue a si mesmo e, assim, deixando de agir em relação ao mesmo.

34. Jonathan I. Griffiths, *Hebrews and Divine Speech* (Londres: Bloomsbury T&T Clark, 2014), p. 2.

35. Para mais informações sobre a doutrina das Escrituras, veja meus dois ensaios: "Holy Scripture", em Scott Swain e Michael Allen (orgs.), *Christian Dogmatics: Reformed Theology for the Church Catholic* (Grand Rapids: Zondervan, 2016), p. 30-56; e "Holy Scripture", em Michael Allen (org.), *The New Cambridge Companion to Christian Doctrine* (Cambridge: Cambridge University Press, 2023), p. 119-38.

"A palavra do Senhor", após a leitura das Escrituras, a congregação agradece a Deus por algo presente, não simplesmente por uma relíquia do passado. "Deus é o autor das Escrituras e ainda fala nelas, e não faz sentido que ser o autor das Escrituras e falar por meio delas sejam atividades heterogêneas apenas remotamente conectadas umas às outras."[36] O que Deus *não* está fazendo ao falar "hoje" é adicionar ou distorcer o que os profetas e apóstolos disseram. Como veremos, o Espírito não muda o significado das palavras, mas *revocaliza*, *reativa* e *ressitua* o discurso em e para um novo contexto histórico-redentivo.[37]

Discurso divino (e humano): o que a Bíblia ***está fazendo***

A Bíblia *é* um meio humano, santificado ou separado da criatura pelo qual o Criador "lança sua voz", por assim dizer, na criação.[38] A Escritura não é um objeto inerte a ser estudado, como se a leitura da Bíblia fosse uma relação "Eu-Isso". É, antes, um meio para encontrar o Deus vivo, "o meio primário pelo qual Deus se apresenta a nós".[39] Ler a Bíblia é, portanto, uma questão "Eu-Tu" – mas não é assim que boa parte dos intérpretes bíblicos a veem.

Robert Morgan e John Barton comparam a Bíblia a um cadáver: "Textos, como homens e mulheres mortos, não têm direitos, objetivos ou interesses. Eles podem ser usados da maneira que os leitores ou intérpretes escolherem".[40] Esses autores argumentam um ponto importante: abordagens à hermenêutica bíblica tipicamente refletem os interesses interpretativos dos leitores, que podem ou não corresponder aos dos autores. Também é verdade que textos não são pessoas nem agentes. A rigor, um pedaço de escrita não pode *fazer* nada; ele é apenas uma mensagem adormecida aguardando o beijo principesco do leitor que o trará à vida. Falar sobre o que o texto bíblico está fazendo é descrito com mais precisão como o que *alguém* está fazendo no, com ou por meio do texto: "Os textos são mais bem compreendidos como ações realizadas em vários níveis".[41] O autor é a pessoa que usa o texto para dizer algo, e

---

36. Francis Watson, "Hermeneutics and the Doctrine of Scripture: Why They Need Each Other", *International Journal of Systematic Theology 12*, n. 2 (2010), p. 127.

37. Veja mais Gregory W. Lee: "As locuções que mediam a fala de Deus permanecem canonicamente constantes, mas as ilocuções adotam nova força de acordo com os contornos da história redentora. Deus é fiel à sua Palavra imutável, mas esta Palavra é viva, não estática". *Today When You Hear His Voice: Scripture, the Covenants, and the People of God* (Grand Rapids: Eerdmans, 2016), p. 216-7.

38. É claro que Jesus Cristo é o meio humano definitivo da presença e atividade comunicativa de Deus. Pretendo aqui simplesmente mostrar a doutrina protestante padrão das Escrituras, refletida em múltiplas confissões da era da Reforma. Veja também "John Owen on Communication from God" em J. I. Packer, *The Quest for Godliness: The Puritan Vision of the Christian Life* (Wheaton: Crossway, 1990), p. 81-96 [Cf. em português: *Entre os gigantes de Deus: uma visão puritana da vida cristã* (São José dos Campos: Fiel, 2022)].

39. Timothy Ward, *Words of Life: Scripture as the Living and Active Word of God* (Downers Grove: IVP Academic, 2009), p. 177.

40. Robert Morgan e John Barton, *Biblical Interpretation* (Oxford: Oxford University Press, 1988), p. 7.

41. Charles Altieri, *Act and Quality: A Theory of Literary Meaning and Humanistic Understanding* (Amherst: University of Massachusetts Press, 1981), p. 10.

as *pessoas*, como agentes, têm direitos, objetivos e interesses.[42] A questão pertinente é: qual pessoa, ou pessoas – humanas e divinas, incluindo a terceira pessoa divina, o Espírito Santo –, podem com legitimidade reivindicar direitos autorais sobre determinado texto?

Todo intérprete bíblico presume uma coisa ou outra sobre qual uso é válido, e sobre como Deus se relaciona (ou não) com esse uso. Os signos não têm agência própria. Portanto, um relato teológico do que a Bíblia é, está fazendo e para que serve não deve se contentar em defini-la em termos semióticos. Letras e palavras têm potencial de significado, mas é preciso um agente pessoal utilizando a linguagem para atualizá-las.[43] Os dicionários não definem signos abstratos, mas descrevem o *uso* das palavras. Confessar a Bíblia como a palavra de Deus é reconhecer o *uso* que este faz de palavras e frases humanas como constituintes de seu significado final e intenção comunicativa. Talvez não haja pressuposto teológico mais importante influenciando a leitura de alguém do que este: decidir qual uso das palavras bíblicas determina seu significado.[44]

Ler a Bíblia é defrontar-se com a linguagem, não com um sistema linguístico (assim, o estruturalismo se equivoca), mas com o uso real da linguagem em contexto: *discurso*. A Bíblia é discurso: algo (o sentido) que alguém (o autor) diz (a predicação) a alguém (o destinatário) sobre algo (o referente) de alguma forma (o gênero) em algum momento (a ocasião) para algum propósito (o *telos*).[45] Além disso, a Bíblia é um discurso autoral humano *e divino*. Tudo na interpretação bíblica depende não apenas da semântica – signos e referentes (ou seja, *o que é dito*; *sobre o quê*) – mas também da pragmática ou contexto de uso (*quem* está falando, *quando*, *para quem*, *de que forma* e *para qual propósito*).

Discurso é um conceito central no presente trabalho. Ver o texto como discurso, fixado na escrita, permite que os intérpretes façam justiça ao que o texto *é*: algo que Deus pessoalmente diz e faz. O divino em relação à Bíblia não são as palavras, que são totalmente humanas – não há nada celestial sobre hebraico e grego –, mas o discurso. Deus fala – e ao falar realiza atos comunicativos – no e por meio do discurso humano, sem suprimir ou manipular as capacidades cognitivas e comunicativas dos autores

42. É comum que os editores adicionem, junto ao direitos autorais, algo como a seguinte fórmula: "O direito de [nome do autor] de ser identificado como o autor da obra foi afirmado por ele/ela."

43. De outra forma muito útil, o tratamento de Darren Sarisky, da leitura teológica da Bíblia falha suficientemente em levar em conta a autoria divina, atribuindo agência de fala, em vez disso, ao texto. *Reading the Bible Theologically* (Cambridge, Cambridge University Press, 2009), p. 282.

44. Uma premissa-chave no presente trabalho é que nossas suposições sobre a natureza das Escrituras moldam nossos métodos para interpretá-las. Declarado como uma fórmula: a ontologia (o que pensamos que o texto é) precede a epistemologia (nossos métodos para chegar ao conhecimento do que ele significa).

45. Veja adicionalmente meu ensaio "The Apostolic Discourse and Its Developments" [O Discurso Apostólico e seu desenvolvimento], em Markus Bockmuehl e Alan Torrance (org.), *Scripture's Doctrine and Theology's Bible: Studies in the New Testament's Normativity for Christian Dogmatics* (Grand Rapids: Baker, 2008), p. 191-207.

humanos. A grande vantagem da análise do discurso é que ela incorpora e integra outros tipos de crítica que, deixados por conta própria, focam em apenas um aspecto do fenômeno total do discurso.[46]

A análise do discurso realmente se destaca quando descreve as muitas coisas que os oradores fazem com as palavras e as maneiras como as fazem. Reconhecer que os autores fazem mais com as palavras do que informar lança nova luz sobre a noção de que a palavra de Deus é "viva e eficaz" (Hb 4:12).[47] A Bíblia é a palavra de Deus não apenas porque contém informações reveladas de maneira sobrenatural, mas porque suas palavras humanas são o veículo para uma variedade de atos de fala divinos. A natureza da Bíblia, portanto, exige interpretação teológica à medida que "Deus falando e Deus agindo são muitas vezes uma e a mesma coisa".[48] O que a Escritura é, a voz de Deus, habilita o que ela faz: "Eu, o Senhor, falei e o farei" (Ez 17:24).[49]

Propósito divino: para que *serve* a Bíblia

A Bíblia é Escritura "sagrada" porque Deus a separou para um propósito divino. As "dez palavras" ou mandamentos de Deus (Êx 20:1-17) são palavras separadas que regulam a vida de um povo separado (Êx 19:6). Aliás, em muitas vezes e de muitas maneiras, Deus deu todos os livros da Bíblia para estabelecer e preservar seu povo da aliança como sua posse preciosa (Êx 19:5; Dt 7:6). A promessa de Deus, ainda mais do que a lei de Deus, cria a aliança: "Andarei entre vocês e serei o seu Deus, e vocês serão o meu povo" (Lv 26:12).[50] Essa foi uma reiteração da promessa anterior de Deus a Abraão, de fazer dele uma grande nação (Gn 12:2,3; 17:4-8). Podemos generalizar o ponto: o propósito final da Bíblia é gerar e governar um povo da aliança.[51] Não há, sem dúvida, ato de fala mais pessoal ou íntimo do que a troca de votos em uma cerimônia de casamento, nos quais as palavras proferidas ligam o orador ao destinatário: "Eu aceito"; "Eu prometo". É precisamente isto que o Senhor Deus promete a Israel: ser seu marido fiel, aconteça o que acontecer. A promessa é o ato de fala paradigmático. Ao contrário de declarações,

---

46. George Lindbeck abordou esse tópico em seu importante, embora subestimado ensaio, no qual compara e contrasta a abordagem canônica de Brevard Childs, a abordagem narrativa de Richard Hays e a abordagem do discurso autoral de Nicholas Wolterstorff. "Interpretação canônica pós-crítica: três modos de recuperação", em Christopher Seitz e Kathryn Greene-McCreight (orgs.), *Theological Exegesis: Essays in Honor of Brevard S. Childs* (Grand Rapids: Eerdmans, 1999), p. 26-51.

47. Veja adicionalmente meu livro *Is There a Meaning in This Text? The Bible, the Reader, and the Morality of Literary Knowledge* (Grand Rapids: Zondervan, 1998).

48. Ward, *Words of Life*, p. 26 (ênfase do original).

49. Para mais sobre o discurso divino, veja meu "Triune Discourse: Theological Reflections on the Claim That God Speaks" [Discurso triúno: reflexões teológicas sobre a afirmação de que Deus fala], em David Lauber e Daniel Treier (orgs.), *Trinitarian Theology for the Church: Scripture, Community, Worship* (Downers Grove: InterVarsity, 2009), p. 25-78.

50. De acordo com Anthony Thiselton, foi William Tyndale quem "foi o pioneiro do instinto de considerar a fala de Deus como seu ato, especialmente na promessa". Anthony C. Thiselton, *Promise and Prayer: The Biblical Writings in the Light of Speech-Act Theory* (Eugene: Cascade, 2020), p. 3.

51. Para mais informações sobre o discurso da aliança, veja Swain, *Trinity, Revelation, and Reading*, p. 40-52.

uma promessa não descreve algo, mas compromete o orador a fazer algo: "Quando Deus promete, algo acontece, e a aliança dá substância a isso".[52] Vale a pena ponderar: sem uma promessa anterior, que serve como ancoragem, não haveria aliança entre Deus e Abraão.[53] A única maneira de fazer uma aliança é proferir um juramento com obrigações mútuas (Gn 26:3; cf. Hb 6:17). Assim como os *fiats* verbais de Deus criaram a luz e tudo o mais na natureza (Gn 1:3), a promessa divina de ser o Deus de Israel criou uma aliança eterna (Hb 9:15; 13:20).

Uma das primeiras promessas divinas vem logo no início da história bíblica (Gn 3:15, "a descendência dela, [que uma hermenêutica cristã pura e simples eventualmente identificará como Cristo] que ferirá a sua cabeça [de Satanás]") – é a primeira menção ao evangelho, também conhecida como *protoevangelho*. A última promessa vem no final da história: "Sim, eu [Jesus] venho em breve!" (Ap 22:20b, NBV). Tudo o que Deus faz entre o começo e o fim da história bíblica confirma que ele é tão bom quanto sua palavra. É precisamente porque Deus cumpre suas promessas que suas palavras são *verdadeiras*. Esse também é o critério para discernir um verdadeiro profeta (Dt 18:22) e, por extensão, para discernir que Deus é verdadeiro (2Sm 22:31; Sl 18:30; Rm 3:4).

A promessa divina de criar um povo para si é um tema bíblico central. De acordo com Lutero, "o principal tópico de toda a Sagrada Escritura é conhecer e compreender Deus como aquele que promete".[54] A maneira pela qual Deus cumpre sua promessa a Abraão é, sem dúvida, o arco de toda a história bíblica: Jesus Cristo é o cumprimento inesperado da promessa que está no coração do Antigo Testamento; a vinda do Espírito Santo para unir os crentes a Cristo é o cumprimento surpreendente da promessa divina no coração do Novo Testamento. O Pai cumpre sua promessa ao enviar o Filho; o Filho cumpre sua promessa (de nunca deixar ou abandonar seus discípulos) ao enviar seu Espírito: "Eu envio a vocês a promessa de meu Pai" (Lc 24:49; cf. Jo 14:26; At 1:4; 2:33). A última surpresa, tão grande que levou tempo para os apóstolos entenderem, foi que a promessa não era apenas para os judeus, mas também para os gentios – daí a referência a "promessas superiores" (Hb 8:6).

A Bíblia é um testemunho humano, divinamente inspirado, de um testamento divino – a promessa da aliança de Deus de ser com e para seu povo. O Deus trino, que falou aos profetas de muitas e variadas maneiras, agora usa as Escrituras dessas mesmas formas para anunciar e administrar sua aliança em prol da construção de sua nova comunidade da aliança: a igreja. Em última análise, o objetivo das Escrituras é permitir a comunhão – a comunhão de aliança com o Deus trino que as revela e sobre quem elas falam.

52. Thiselton, *Promise and Prayer*, p. 10.

53. Paulo fala das "alianças da promessa" em Efésios 2:12.

54. Martinho Lutero, *Luther's Works*, vol. 8, *Lectures on Genesis Chapters 45-50* (St. Louis: Concordia, 1968), p. 201.

Responsabilização humana: "Não endureçam o coração"

O presente experimento em crítica bíblica avalia métodos interpretativos pelo tipo de leitores e leituras que geram. Nosso experimento agora requer que estendamos a perspectiva de Lewis sobre a importância de saber o que as coisas são em primeiro lugar, para leitores e o processo de leitura. Devemos, portanto, retornar à questão da identidade de seus destinatários: o "para quem" do discurso bíblico. O discurso divino é direcionado também aos intérpretes bíblicos contemporâneos, ou eles estão simplesmente ouvindo o discurso da aliança de outra pessoa? Levar em consideração o propósito de Deus para a escrita nos permite identificar o "para quem" do anúncio divino: qualquer pessoa disposta a levar essas palavras a sério. Portanto, permitam-me dizer algumas palavras sobre quem são aqueles que leem a Bíblia com a mentalidade adequada, como estes devem ler e para que serve essa leitura.

Quem são os leitores: pessoas responsivas

Muitas abordagens à hermenêutica bíblica retratam o leitor como um sujeito conhecedor soberano, livre para escolher qual método interpretativo empregar. A suposição é que o texto é um corpo passivo no qual o leitor opera; um cadáver no qual o leitor sopra vida. Nosso experimento subverte essa suposição: é o texto bíblico que desperta os leitores adormecidos para a realidade divina e para si mesmos diante de Deus.

A célebre declaração de abertura das *Institutas* de Calvino – de que o autoconhecimento e o conhecimento de Deus estão inter-relacionados – tem significado hermenêutico.[55] Os humanos conhecem a si mesmos como criaturas a quem seu Criador dirige certos atos de fala: perguntas, comandos, advertências, afirmações e, sim, promessas. "A hermenêutica é significativa se e somente se quisermos nos ver como objetos fundamentais do discurso de outro, e não sujeitos em e por intermédio de quem a razão comunga consigo mesma."[56] De acordo com Calvino, as declarações bíblicas fazem mais do que descrever estados de coisas; elas muitas vezes colocam o leitor em situações que exigem uma resposta.[57] Ao nos orientar, a Bíblia também nos questiona – *nos coloca* diante de Deus, nos torna responsáveis perante Deus. Ler as Escrituras em virtude de seu anúncio divino é se aproximar de um lugar sagrado; é subir com Moisés para encontrar-se com Deus.

Ler a Bíblia teologicamente é adotar certa atitude diante do texto. Aqueles a quem Deus se dirige não estão em posição de dominação do texto, por meio do método ou de outra forma. O primeiro pensamento do intérprete bíblico não deve ser "Eu leio,

55. A frase precisa é "Quase toda a sabedoria que temos [...] consiste em duas partes: o conhecimento de Deus e de nós mesmos." João Calvino, *Institutes of the Christian Religion* I.1.1 (organizado por John T. McNeill), 2 vols. (Filadélfia: Westminster, 1960) [Cf. em português: *A instituição da religião cristã* (São Paulo: Ed. UNESP, 2008)].

56. Watson, "Hermeneutics and the Doctrine of Scripture," p. 141.

57. Veja também Gilbert Vincent, *Exigence éthique et interprétation dans l'oeuvre de Calvin* (Genebra: Labor et Fides, 1984).

portanto, eu sou (um sujeito soberano)", mas, sim, "Eu leio, portanto, eu respondo (perante Deus)". Ler a Bíblia envolve "uma prontidão para ser abordado e confrontado".[58] O intérprete bíblico é aquele que está sob o texto, não sobre ele (cf. Ne 8:4,5): "Compreensão é receptividade à comunicação de outro. Sem ser abordado por outro, não pode haver entendimento [...] Ser abordado é ser percebido como alguém que *carece* de conhecimento do que quer que seja comunicado e como alguém que *necessita* desse conhecimento".[59] A melhor maneira de ler a Bíblia teologicamente, diante de Deus, é adotando a postura da oração: de joelhos.

A Escritura requer mais do que analisar verbos, mais do que assentimento intelectual às suas proposições, mais até do que aplicação de seus princípios morais. Não há nada pessoal, ou exigente, no processamento de dados. Cada ato de fala divino – indicativo, interrogativo e imperativo – coloca uma questão tácita ao leitor, a saber: "Como você responderá ao que foi dito e à pessoa que o disse?". Essa *responsividade* é mais radical do que a crítica literária do tipo "resposta do leitor"; enquanto esta envolve interpretação, aquela abarca a totalidade da vida.[60] Se tivermos em mente para que serve a Bíblia, nossa resposta mais importante deve ser profundamente pessoal, e até mesmo existencial: "Que aconteça comigo conforme a tua palavra" (Lc 1:38). Não há álibi. Ao ler a Escritura, um intérprete bíblico se localiza *coram Deo* ("na presença de Deus").

Os capítulos iniciais da Bíblia descrevem Deus se dirigindo às criaturas humanas que com rapidez se desviam de seu caminho para evitar uma resposta: "O SENHOR Deus, porém, chamou o homem e perguntou: 'Onde você está?' Ele respondeu: 'Eu te ouvi no jardim e fiquei com medo porque estava nu; por isso, me escondi'" (Gn 3:9,10). O anúncio divino continua a despir os leitores. Responder à palavra de Deus tem sido, e sempre será, uma questão existencialmente carregada. Os intérpretes bíblicos são responsáveis não apenas pela "correção" de sua leitura, mas pela maneira como respondem ao que leem e a quem o está dizendo. O "Eis-me aqui" de Abraão (Gn 22:1), o "Eis-me aqui" de Isaías (Is 6:8) e o "Que aconteça comigo conforme a tua palavra" de Maria (Lc 1:38) sinalizam uma prontidão para ouvir e obedecer, representando a atitude paradigmática diante do anúncio divino.

Para ler a Bíblia corretamente, é preciso fazer mais do que elevar o significado do texto bíblico ao benefício da própria comunidade interpretativa, uma estratégia que falha em superar a política de identidade. Ler a Bíblia teologicamente é ter sua política, agenda e identidade – o próprio senso de identidade – desnudados diante do texto: "Nu saí do ventre de minha mãe" (Jó 1:21). No outro extremo, Kierkegaard se preocupava que muitos cristãos interpretavam a Bíblia "objetivamente" para se defenderem

---

58. John Webster, *Word and Church: Essays in Christian Dogmatics* (Edimburgo: T&T Clark, 2001), p. 80.

59. Watson, "Hermeneutics and the Doctrine of Scripture," p. 140.

60. Sobre a crítica da resposta do leitor, ver meu "The Reader in New Testament Study" [O leitor nos estudos do Novo Testamento], em Joel B. Green (org.), *Hearing the New Testament: Strategies for Interpretation*, 2ª ed. (Grand Rapids: Eerdmans, 2010), p. 301-28.

contra o potencial transformador do texto: "Estar sozinho com a Sagrada Escritura! Não ouso! Se eu abro – qualquer passagem – ela me prende de imediato; ela me pergunta [...] Você fez o que leu ali? [...] Mas também é possível se defender contra a Palavra de Deus [...] Pegue a Sagrada Escritura, tranque sua porta – mas então pegue dez dicionários, vinte e cinco comentários, então você pode lê-la, tão calma e friamente quanto você lê anúncios de jornal".[61]

Kierkegaard sabia, por experiência própria, quão facilmente a procrastinação espiritual pode se ocultar sob o disfarce do zelo acadêmico. Se até mesmo os acadêmicos discordam sobre o modo de leitura da Bíblia, quem sou eu para preferir minha própria opinião? Uma passagem não pode ter nenhuma reivindicação sobre nós se não formos capazes de determinar o que exatamente ela está dizendo: "Se a trombeta não emitir um som claro, quem se preparará para a batalha?" (1Co 14:8). O conflito de interpretações acadêmicas fornece, para alguns, a desculpa perfeita para não se unirem à causa de Deus, para adiar a necessidade de responder ao anúncio divino.

A verdadeira compreensão, do texto bíblico e de si mesmo, ocorre apenas na presença de Deus, significada por seu rosto ou voz. A Palavra de Deus "me abraça e me contém sempre, já e eternamente, longe de estar sujeita a meu abraço ou contenção".[62] O texto bíblico é um espelho (Tg 1:22-25) no qual vemos nosso verdadeiro rosto, como caídos e potenciais recipientes da graça salvadora. Também vemos o rosto de Deus nos olhando a partir do espelho do texto.[63] Nas palavras de Calvino: "É certo que o homem nunca alcança um conhecimento claro de si mesmo a menos que tenha primeiro olhado para o rosto de Deus".[64] Kierkegaard concordou com Calvino sobre a reciprocidade do autoconhecimento e do conhecimento de Deus, mas insistiu que este vem por meio da leitura das Escrituras: "[Não há] verdadeiro autoconhecimento sem conhecimento de Deus ou sem estar diante de Deus. Estar diante do espelho é estar diante de Deus".[65] A verdadeira compreensão também significa agir a partir do que se vê: "Meus atos se tornam o melhor comentário, o melhor glossário, a explicação mais rigorosa dessas palavras brilhantes que Deus me deu a graça de poder reunir em minha alma e voz".[66]

Adão sabia que era um sujeito responsivo em razão do anúncio do Criador: "Onde você está?" (Gn 3:9). Essa continua sendo uma pergunta penetrante. Ler a Bíblia é entrar em seu mundo, ainda que momentaneamente, um mundo dominado pela palavra de Deus que se dirige a nós, e pelo Deus que aguarda nossa resposta. O exegeta do Novo Testamento Ulrich Luz pode ter razão em se preocupar, no entanto, que "a exegese moderna de nosso texto nos leva a um mundo diferente. Ela não pergunta como

61. Kierkegaard, *For Self-Examination*, p. 31-2.

62. Jean-Louis Chrétien, *Under the Gaze of the Bible* (Nova York: Fordham University Press, 2015), p. 9.

63. Para um desenvolvimento mais amplo da imagem espelhada, veja Kevin J. Vanhoozer e Daniel J. Treier, *Theology and the Mirror of Scripture: A Mere Evangelical Account* (Downers Grove: IVP Academic, 2015).

64. Calvino, *Institutes* I.1.2.

65. Kierkegaard, *For Self-Examination*, p. 234.

66. Chrétien, *Under the Gaze of the Bible*, p. 30.

ouvintes e leitores participam da história; ela primariamente faz perguntas históricas sobre a origem de nossa história".[67] Onde estamos? Que mundo – que história, que texto – nós, leitores, habitamos? Pensar teologicamente sobre o processo de leitura da Bíblia é ver a leitura, em si, como algo que ocorre em solo sagrado, um acontecimento de anúncio divino e resposta humana.

O que os leitores fazem: testemunham fielmente (ou infielmente)

Uma hermenêutica cristã "pura e simples" foca nas coisas pelas quais todos os leitores da Bíblia são responsáveis, independentemente de seus interesses, contextos, métodos, tradições, comunidades interpretativas ou graus acadêmicos. A hermenêutica cristã pura e simples se refere às coisas essenciais que os leitores precisam saber (por exemplo, que o Antigo Testamento e o Novo Testamento pertencem um ao outro) e fazer (por exemplo, orar) para seguir "o caminho que as palavras percorrem" e entender o discurso bíblico.[68] A maneira pela qual os leitores seguem ou não as palavras bíblicas é um indicador de sua compreensão (incluindo autocompreensão) e de seu discipulado. Em resumo, *a hermenêutica pura e simples se refere aos princípios básicos defendidos por todos os cristãos, em todos os lugares e em todos os tempos para ler a Bíblia como a Escritura da igreja.*[69]

Brevard Childs não falou explicitamente de uma hermenêutica cristã pura e simples, mas expressou uma ideia semelhante: "Sinto fortemente que há uma semelhança familiar nas respostas da igreja [à interpretação bíblica], apesar da enorme diversidade presente na tradição exegética cristã".[70] De fato. Ao falar de hermenêutica cristã "pura e simples", tenho em mente o que todos os leitores iluminados pelo Espírito têm em comum, independentemente das diferenças em suas metodologias exegéticas particulares.[71] "Método" (do grego *meta* + *hodos* ["caminho"]) denomina um modo particular de interpretar, de perseguir um interesse interpretativo. Em contraste, a hermenêutica cristã pura e simples é menos um procedimento formal do que um guia

67. Ulrich Luz, *Matthew 8-20* (Minneapolis: Fortress, 2001), p. 403.

68. "O caminho que as palavras percorrem" é a descrição de Bruce D. Marshall do sentido literal. Veja seu "Absorbing the World: Christianity and the Universe of Truths" [Cativando o mundo: o cristianismo e o universo das verdades], em Bruce D. Marshall (org.), *Theology and Dialogue: Essays in Conversation with George Lindbeck* (Notre Dame: University of Notre Dame Press, 1990), p. 94.

69. Brandon D. Smith faz uma observação semelhante, insistindo que três "sensibilidades" pré-modernas – à maneira como as palavras são pronunciadas (sentido literal); à coerência geral da Bíblia (referente cristológico); ao propósito transformador (objetivo santificador) – "orientam uma leitura cristã básica das Escrituras". *Taught by God: Ancient Hermeneutics for the Modern Church* (Brentwood: B&H Academic, 2024), p. 182.

70. Childs, "Allegory and Typology within Biblical Interpretation" [Alegoria e tipologia na interpretação bíblica], em Christopher R. Seitz e Kent Harold Richards (orgs.), *The Bible as Christian Scripture* (Atlanta: Society of Biblical Literature, 2013), p. 310.

71. Cf. Richard Briggs: "A hermenêutica consiste, não menos importante, na negociação de agendas – tipicamente, agendas concorrentes – mantidas por diferentes partes interessadas no texto." "The Hermeneutics of Reading Genesis" [A hermenêutica da leitura de Gênesis], em Stephen C. Barton e David Wilkinson (orgs.), *Reading Genesis after Darwin* (Oxford: Oxford University Press, 2009), p. 58.

metametodológico, uma regra do caminho interpretativo. A responsividade envolve mais do que conseguir justificar a metodologia exegética de alguém. Ela é mais como o barômetro de nossa existência, um indicador de nosso relacionamento com Deus. Não há nada de "puro e simples" (no sentido de inconsequente) nisso.

O autor de Hebreus exorta seus leitores a não endurecerem o coração quando ouvirem a voz de Deus (ou lerem sua palavra). Para ele, a importância hermenêutica diz menos respeito a produzir leituras tecnicamente precisas do que a abordagem do texto na atitude correta. Intérpretes tendem a errar de duas formas igualmente perigosas, cada qual igualmente mortal: uma compartilha do orgulho, a outra, da preguiça.[72] Leitores orgulhosos utilizam textos bíblicos para promover as próprias visões e vozes em vez das do texto. O orgulho também aparece na valorização desmedida que os intérpretes mantêm sobre os próprios métodos enquanto menosprezam os demais. O orgulho não necessita ouvir; ele já sabe. O orgulho interpretativo, portanto, conduz ao falso testemunho e, no limite, à idolatria. A segunda forma de interpretação errada, na outra extremidade do espectro do pecado interpretativo mortal, é a preguiça. Essa também é uma forma de testemunho infiel na qual o intérprete deixa de atender ou responder à convocação da Bíblia. Tanto o orgulho quanto a preguiça são espécies de dureza de coração, para as quais a Bíblia fornece exemplos alarmantes. Considere, por exemplo, o imperativo do Senhor a Israel: "Administrem a verdadeira justiça, mostrem misericórdia e compaixão uns para com os outros. Não oprimam a viúva, nem o órfão, nem o estrangeiro, nem o necessitado" (Zc 7:9,10). O que o Senhor diz aqui estabelece a base para uma comunidade florescente caracterizada pela justiça e pela paz, e é por isso que o que vem a seguir, uma descrição da falta de resposta do povo, é tão chocante: "Eles, porém, recusaram-se a dar atenção; teimosamente, viraram as costas e taparam os ouvidos. Endureceram o coração feito pedra e não ouviram a lei e as palavras que o SENHOR dos Exércitos enviou, pelo seu Espírito, por meio dos antigos profetas" (Zc 7:11,12). Este é o próprio retrato do tipo de leitura de mente fechada e coração endurecido que interrompe o caminho do entendimento.

O Novo Testamento utiliza dois termos gregos relacionados para dureza de coração. O primeiro é derivado da palavra traduzida por pedra (*poros*), e em quatro de suas cinco ocorrências é associado à falta de entendimento (Mc 6:52; 8:17; Jo 12:40; 2Co 3:14), o último em conexão com a leitura de Moisés. O outro termo para dureza ou teimosia do coração é *skleros*,[73] como em *arteriosclerose*: o endurecimento das artérias. Essa é uma doença séria: o acúmulo de gorduras e colesterol nas paredes

72. Refiro-me a eles como os "dois pecados interpretativos mortais" em *Is There a Meaning in This Text?*, p. 462-3.

73. Segundo Louw e Nida o termo aparece em Judas 15, com o significado de "duro" ou possivelmente cruel no modo de ser, e em Mateus 25:24, com o significado de "duro" ou exigente no modo de ser (Cf. em português: *Léxico Grego-Português do Novo Testamento baseado em domínios semânticos* (São Paulo: SBB, 2013).

das artérias pode impedir o fluxo de oxigênio e outros nutrientes para o coração. O acúmulo de resistência à palavra de Deus no coração de alguém é igualmente perigoso. Deuses falsos e hábitos pecaminosos podem restringir o fluxo da verdade e da graça na leitura da Bíblia. Podemos chamar isso de arteriosclerose hermenêutica.

A leitura correta da Bíblia, o tipo que atende e responde ao anúncio divino, exige mais dos leitores do que a utilização de métodos ou procedimentos corretos. A leitura correta é um "processo que requer atenção, vigilância e disponibilidade particulares".[74] Essas não são etapas de um método, mas virtudes interpretativas: disposições da mente e do coração que surgem de um desejo profundo por entendimento e de fazer justiça à voz de outro – um autor. Nenhum método pode garantir a leitura correta, mas requer leitores com o coração certo. Em outro lugar, argumentei sobre a importância das virtudes interpretativas, como honestidade, abertura, atenção e humildade, disposições que conduzem à compreensão textual.[75] Essas virtudes são necessárias para que os leitores prestem um testemunho verdadeiro, e não falso, do discurso autoral e do significado textual; prestar um testemunho verdadeiro é dizer o que se ouviu no texto, e não o que era preferível que ele dissesse.[76] Formar virtudes interpretativas – disposições e hábitos particulares de leitura – é parte importante de nosso experimento em crítica bíblico-teológica, pois estamos examinando abordagens à interpretação bíblica, observando, entre outras coisas, o tipo de leitores que elas formam: "Uma árvore é reconhecida pelo fruto que dá" (Mt 12:33).

Enfatizar a leitura correta em vez da metodologia correta resulta em relações estranhas. Richard Longenecker afirmou a inspiração e a autoridade do Novo Testamento, mas não achava que os leitores de hoje podem ou devem imitar a maneira pela qual os apóstolos liam, preferindo o método histórico-gramatical mais academicamente respeitável. No entanto, ele também afirmou que Paulo nos encoraja a ler as Escrituras "como participantes do drama escatológico da redenção".[77] Essa é quase a mesma linguagem que Peter Martens usa para descrever como, para Orígenes, a interpretação bíblica era um modo de vida: "Orígenes contextualizou o intérprete das Escrituras – compromissos acadêmicos incluídos – dentro do drama cristão da salvação que culminava na visão de Deus".[78] Como veremos, Longenecker e Orígenes pertenciam a duas culturas de leitura muito diferentes. Para os primeiros cristãos, o leitor ideal é aquele que responde ao discurso divino oferecendo testemunho fiel, principalmente participando de maneira ativa do tema dramático e escatológico do texto.

---

74. Chrétien, *Under the Gaze of the Bible*, p. 2.

75. Vanhoozer, *Is There a Meaning in This Text?*, p. 376-7, 466-7.

76. Para saber mais sobre a virtude interpretativa, consulte o capítulo 9.

77. Richard Longenecker, *Biblical Exegesis in the Apostolic Period*, 2ª ed. (Grand Rapids: Eerdmans, 1999), p. xxxv (ênfase original).

78. Peter Martens, *Origen and Scripture: The Contours of the Exegetical Life* (Oxford: Oxford University Press, 2012), p. 6; cf. p. 246.

Para que serve a leitura: comunhão com Deus; treinamento na piedade

No epílogo de *Um experimento em crítica literária*, Lewis opinou que a leitura de boa literatura amplia nosso ser: "Mas, ao ler grande literatura, eu me torno mil homens e, mesmo assim, continuo sendo eu mesmo".[79] Ler as Escrituras corretamente produz um bem ainda maior, tornar-se como *um* homem, Jesus Cristo, por meio de uma *transformação* do eu. Teologicamente falando, a ontologia ou identidade mais profunda de um leitor – o que define uma pessoa no âmago de seu ser – é uma função não de etnia, cultura ou localização social, mas de criaturalidade e localização *pactual*: em Cristo (ou não).

Em sua Oração Sacerdotal, Jesus diz ao Pai: dei a meus discípulos "as palavras que me deste, e eles as aceitaram". Essa recepção não foi um registro passivo de informações, pois Jesus continua dizendo que eles "reconheceram de fato que vim de ti e creram que me enviaste" (Jo 17:8). Nada transforma nosso ser mais do que conhecer a Deus e a si mesmo diante dele. É precisamente para isso que serve, em última análise, a leitura teológica da Bíblia. O anúncio divino exige uma resposta e graciosamente oferece o que exige. Algumas partes da Bíblia foram escritas para demandar crença – por exemplo, que Jesus é o Cristo (Jo 20:31) –, outras, obediência (Dt 8:1). Juntos, os diversos modos de anúncio divino comunicam o bem supremo de conhecer a Deus: a comunhão.

Talvez a maneira mais visível e tangível pela qual o intérprete bíblico entra em um relacionamento correto com Deus seja por meio da oração – falando com Deus. A resposta correta do leitor ao anúncio divino é dialógica: "Eis-me aqui" (Gn 22:1). Como Robert Alter observa, "o diálogo é o centro vital da narrativa bíblica".[80] Boa parte dos acontecimentos mais importantes são transmitidos por meio do diálogo: "Para os escritores bíblicos, então, era claramente de suma importância mostrar as pessoas se relacionando umas com as outras por meio da fala".[81] Isso é especialmente verdade quando Deus é um dos parceiros do diálogo. Quero oferecer uma sugestão, indo além de Alter, para a interpretação bíblica em si. Ler a Bíblia para ouvir a palavra de Deus é intrinsecamente dialógico. Até mesmo a reação de leitores de coração duro é um tipo de resposta ("Não, obrigado"). De acordo com Charles Taylor, o diálogo permite um modo de estar juntos que possibilita uma visão compartilhada do mundo, que ele chama de "atenção conjunta".[82]

Quando os leitores da Bíblia leem corretamente, sua atenção é focada no mesmo tema que o do autor. O conceito de intenção autoral aqui se destaca.

79. Lewis, *Experiment in Criticism*, p. 141 [Cf. em português: *Um experimento em crítica literária* (Rio de Janeiro: Thomas Nelson Brasil, 2019), p. 151-2].

80. Robert Alter, *The Art of Bible Translation* (Princeton: Princeton University Press, 2019), p. 103.

81. Ibidem, p. 103.

82. Charles Taylor, *The Language Animal: The Full Shape of the Human Linguistic Capacity* (Cambridge: Belknap, 2016), p. 65, 90.

Argumentei em outro lugar que isso se refere principalmente não ao que um autor *planejou* fazer (ou seja, o motivo que alguém tem para escrever), mas àquilo a que o discurso autoral está atendendo. *Intencionar* algo é direcionar a *atenção* para isso.[83] Esta é "a concentração de todo o eu em um momento de tempo".[84] O entendimento é uma forma de atenção conjunta, um verdadeiro encontro da mente do autor e do leitor. É um fator-chave na comunhão interpessoal: "'Venham, vamos refletir juntos', diz o SENHOR" (Is 1:18).[85] Ler a Bíblia teologicamente nos permite atender ao mundo e a nós mesmos da maneira pela qual Deus vê o mundo e a nós. De acordo com John Owen, o principal objetivo das Escrituras é "gerar fé nas mentes dos homens, assim como temor, obediência e reverência a Deus, para torná-los santos e justos [...] Ela é dada para nos tornar *humildes, santos, sábios* nas coisas espirituais [...] para nos fazer amar a Deus e viver para ele".[86]

A hermenêutica cristã pura e simples vê a leitura como muito mais do que um processamento de informações. Aqueles que aspiram à leitura correta fariam bem em prestar atenção ao que Agostinho diz sobre o Saltério, entendido como um manual de respostas corretas do leitor, um tutor para a leitura correta: "Se o salmo é oração, orem; se é gemido, vocês também gemem; se é feliz, alegrem-se [...] Tudo o que está escrito aqui é como um espelho erguido para nós".[87] Leitores corretos devem orar e praticar a verdade bíblica: "O *objetivo* das Escrituras é a conversão do afeto humano".[88] A leitura séria e sincera, o tipo de leitura orante que resulta em dizer sim a Deus, envolve, portanto, não apenas assentimento intelectual, mas consentimento de todo o coração às intenções comunicativas de Deus. Os salmos, com o restante da Bíblia, nos ensinam a respeito de Deus e da resposta dos humanos a ele em todo tipo de situação imaginável. É isso que vemos Davi fazendo ao escrever os salmos e o que os leitores fazem quando oram os salmos: "Submeter-se à autoridade de Deus envolve tornar como nossa a vontade de Deus, e viver nossas vidas de acordo com ela".[89] Orar os salmos e o restante das Escrituras nos ajuda a atender e a nos conformar com o real: a vontade de Deus expressa na palavra de Deus.[90]

---

83. Veja também meu *Is There a Meaning in This Text?*, p. 246-67.

84. Craig Dykstra, *Vision and Character: A Christian Educator's Alternative to Kohlberg* (Nova York: Paulist, 1981), p. 51.

85. Veja também Kelly M. Kapic, *Communion with God: The Divine and the Human in the Theology of John Owen* (Grand Rapids: Baker Academic, 2007).

86. John Owen, "The Causes, Ways, and Means of Understanding the Mind of God, as Revealed in His Word" [As causas, os modos e os meios de entender a mente de Deus, conforme revelado em sua Palavra], em *The Reason of Faith* (Glasgow: Falconer, 1801), p. 261-2.

87. Agostinho, *Expositions of the Psalms: 1-32*, trad. Maria Boulding (Nova York, New City, 2000), p. 347 [Cf. em português: *Santo Agostinho: comentário ao Salmos (1-50)* (São Paulo: Paulus, 1997)].

88. Jason Byassee, *Praise Seeking Understanding: Reading the Psalms with Augustine* (Grand Rapids: Eerdmans, 2007), p. 110 (ênfase original).

89. Vincent Brümmer, *What Are We Doing When We Pray?* (Aldershot: Ashgate, 2008), p. 61.

90. Veja também Bruce Waltke e Fred Zaspel, *How to Read and Understand the Psalms* (Wheaton: Crossway, 2023).

Subindo a montanha: o plano do livro

"Vida com Deus na casa de Deus – esse era o objetivo inicial da criação do cosmo."[91] Como um povo profano pode chegar à presença de um Deus santo é a principal complicação na narrativa bíblica, para a qual o evangelho é a solução. Em Cristo, YHWH abriu um caminho para a humanidade habitar na presença divina.[92] O encontro de Moisés com a presença divina no monte Sinai é um ponto-chave na história. É na montanha que o Senhor Deus fala com ele. O tabernáculo perpetua a experiência de Moisés no topo da montanha ao servir como a "tenda do encontro" (Êx 29:44), "uma personificação arquitetônica da montanha de Deus [...] pela qual o santo dos santos corresponde ao cume", com as tábuas da lei, inicialmente dadas no Sinai, agora mantidas na arca da aliança dentro do santo dos santos, a contraparte tipológica do cume.[93]

A história de Israel traça "o movimento do Sinai, onde o foi consagrado a Deus no deserto, até Sião, quando Israel herdou a terra de Canaã".[94] A questão urgente, tanto para Israel quanto para nós, é: "Quem subirá ao monte do Senhor, e como?" Sabemos que o sangue de ovelhas e bodes falhou em tornar Israel justo diante do Senhor: "'Para que me oferecem tantos sacrifícios?', pergunta o SENHOR. 'Estou farto de holocaustos de carneiros e da gordura de novilhos gordos'" (Is 1:11). O povo de Deus continua responsável por sua infidelidade à aliança, e assim o resto do enredo da Bíblia descreve a nova Páscoa que Deus fornece, permitindo que as pessoas habitem em sua presença.

Subir a montanha para encontrar Deus é uma metáfora bíblica. Jesus também sobe a montanha em certos pontos-chave de seu ministério (Mt 5:1; 14:23; 15:29). Os Salmos dos Degraus (Sl 120—134) provavelmente eram cantados por peregrinos a caminho do templo no monte Sião, e o termo hebraico para "subida" sugere tanto "degraus" quanto "subir".[95] Essa é uma imagem convincente para também ler a Bíblia. O salmista pergunta: "Quem poderá subir ao monte do SENHOR? Quem poderá permanecer no seu Lugar Santo?" (Sl 24:3). A resposta – "Aquele que tem mãos limpas e coração puro, que não recorre aos ídolos nem jura por deuses falsos" (v. 4) – também se destaca como uma descrição do leitor das Escrituras de mente e coração retos. Essa e outras passagens encorajaram os primeiros teólogos cristãos a comparar o processo de interpretação bíblica à ascensão da montanha. O clássico *A vida de Moisés*, de Gregório de Nissa, relata o progresso da peregrinação ascensional de Moisés à montanha de Deus, uma jornada da alma por toda uma vida em direção à visão de Deus. Ler a Bíblia para ouvir a palavra de Deus requer uma ascensão semelhante.

---

91. L. Michael Morales, *Who Shall Ascend the Mountain of the Lord? A Biblical Theology of the Book of Leviticus* (Downers Grove: InterVarsity, 2015), p. 17.

92. Este é também o tema principal e a teologia do livro de Levítico segundo Morales, *Who Shall Ascend*, p. 23.

93. Ibidem, p. 96.

94. Ibidem, p. 224.

95. Veja David C. Mitchell, *The Songs of Ascents: Psalms 120 to 134 in the Worship of Jerusalem's Temples* (Newton Mears: Campbell, 2015), cap. 3.

Séculos depois, o apóstolo Pedro teve uma experiência semelhante no topo da montanha. Ele foi um dos três discípulos que, com Tiago e João, acompanharam Jesus até uma alta montanha, na qual este ouviu a voz de Deus e foi transfigurado. Os Evangelhos descrevem a resposta de Pedro a esse acontecimento como estranha e inapropriada – um momento definitivamente constrangedor.[96] Embora os comentaristas difiram sobre a natureza do erro de Pedro, o texto deixa claro que nem Pedro nem os outros dois discípulos interpretaram corretamente o acontecimento. Lucas comenta que Pedro "não sabia o que estava dizendo" (Lc 9:33); enquanto Marcos disse: "Ele não sabia o que dizer" (Mc 9:6). Se a capacidade de resposta é uma medida de compreensão, temos de concluir que, pelo menos neste ponto, Pedro não tinha resposta para o que acabara de ver.[97]

Convido os leitores a se juntarem a mim na subida da montanha. Talvez não haja melhor imagem para descrever o que significa a leitura teológica da Bíblia, em particular quando meus estudos de caso primários – Moisés no monte Sinai e Jesus no monte Tabor – apresentam relatos de humanos tendo experiências da gloriosa presença de Deus no topo da montanha. Subir a montanha é traçar um caminho para as Escrituras Sagradas, até o lugar no qual Deus fala e os humanos ouvem. O objetivo final é subir, com Moisés, Pedro e o resto do povo de Deus, o monte da transfiguração de Jesus, para ali vê-lo em toda a glória. Não escalamos essa montanha apenas "porque ela está lá", mas porque não há nenhum outro lugar, e ninguém mais, a quem possamos ir para ouvir sobre a salvação em Cristo. Como Pedro diz a Jesus: "Tu tens as palavras de vida eterna" (Jo 6:68).

Estruturei o argumento na forma de duas subidas, ambas estando relacionadas com a transfiguração, de maneiras diferentes. Antes de começarmos nossa caminhada, a parte 1 analisa o terreno e as maneiras pelas quais os primeiros escaladores tentaram essa subida. Os capítulos de 1 a 3 exploram a maneira pela qual os hábitos de leitura da Bíblia deram origem a "culturas de leitura" díspares e a maneira pela qual essas culturas de leitura foram dicotomizadas tanto no período medieval (por exemplo, escolástica versus monástica) quanto na modernidade (por exemplo, exegese versus teologia). Esses capítulos mais diagnósticos nos ajudam a entender como chegamos aonde estamos, leitores da Bíblia formados por culturas de leitura desordenadas, presos entre as correntes transculturais da igreja e da academia. Argumento que a leitura nesses propósitos culturais cruzados não serviu à cruz de Cristo.

As partes 2 e 3 fazem diferentes subidas na montanha da interpretação bíblica, embora se cruzem em vários pontos-chave. O foco da parte 2 é a letra do texto bíblico ("o que alguém diz"). O objetivo é definir e então seguir o sentido literal, algo de grande interesse tanto para exegetas quanto para teólogos. A interpretação bíblica é

96. Veja também o capítulo 7.

97. Pedro mais tarde relembra a transfiguração de Jesus com maior compreensão (ver 2Pe 1:16-18).

desafiadora, não apenas por causa das inúmeras interpretações conflitantes, muitas das quais dividiram a igreja, mas também por causa do conflito entre métodos interpretativos, interesses e comunidades (a saber, históricas, étnicas, denominacionais e disciplinares). Consequentemente, o objetivo secundário é reconciliar essas comunidades interpretativas alienadas, pois sua segregação não serviu bem à causa da interpretação literal – ou à igreja.

Os capítulos 4 e 5 apresentam uma proposta construtiva acerca do sentido e da interpretação literais. Esclareço a distinção pré-crítica entre interpretação "literal" e "figural", diferenciando interpretação literal de interpretação literalista, e recupero a prática, comum aos intérpretes medievais e da era da Reforma, de oferecer descrições densas e teologicamente ricas do sentido literal. Identifico quadros de referência divergentes como uma das causas primárias da confusão acerca do sentido literal e insisto que uma hermenêutica cristã pura e simples faça justiça ao tema teológico das Escrituras: sobre *o que trata* a letra. O objetivo é honrar tanto o princípio filológico, defendido por exegetas que seguem o caminho que as palavras percorrem em seu contexto histórico-gramatical, quanto o princípio cristológico, favorecido por teólogos que seguem o caminho que as palavras percorrem no contexto canônico em direção a seu referente escatológico. Para esse fim, argumento que descrições teológicas do sentido literal exigem que os intérpretes adotem tanto quadros de referência histórico-gramaticais quanto o que chamo de quadros de referência escatológico-gramaticais. Isso conduz à primeira maneira pela qual a proposta é *trans-figural*, a saber, seguindo a maneira pela qual certas trajetórias *atravessam* ("trans") tempos e testamentos, ligando pessoas, lugares e acontecimentos bíblicos ("figuras").

A parte 2 lê a letra do texto com um quadro de referência "trans-figural" que atende à letra em seus múltiplos contextos: gramatical, literário, canônico, histórico-redentivo e escatológico. O objetivo geral é reconciliar as várias culturas de leitura ou comunidades interpretativas que são opostas ou indiferentes umas às outras: Ocidente versus Oriente, eclesial (monástica) versus acadêmica (escolástica), teologia sistemática versus academicismo bíblico, pré-moderna versus moderna. O que encontramos no ápice da parte 1 é o princípio *formal* da hermenêutica cristã pura e simples: um sentido literal trans-figurado.

A parte 3 repete nossa subida, mas dessa vez por um caminho diferente e em companhia dos discípulos no monte Tabor. O foco agora é a luz de Cristo, o tema da Escritura ("sobre *o que* algo é dito") e o *princípio material* da hermenêutica cristã pura e simples, a saber, o conhecimento de Deus concentrado e comunicado na face resplandecente de Jesus Cristo. Consequentemente, os capítulos 6 a 9 traçam a economia da luz – a maneira ordenada pela qual Deus comunica o conhecimento salvador de si mesmo desde a criação por meio de Cristo até a consumação.

A transfiguração de Jesus é um recurso hermenêutico subestimado que a teologia ocidental tem negligenciado em grande parte (sendo Jerônimo a única exceção proeminente). Os capítulos da parte 3 situam a transfiguração de Jesus na economia mais ampla da luz, isto é, a maneira ordenada como Deus comunica seu autoconhecimento por meio da história redentora, transferindo assim os pecadores do domínio das trevas para o reino da verdadeira luz do mundo (Jo 1:9; 9:5; Cl 1:13). A transfiguração de Jesus se apresenta como um episódio crucial nessa economia da luz. Essa transfiguração ocorre em um momento-chave, situado entre a criação da luz que Deus chamou à existência (Gn 1:3) e a glória de Deus que proverá luz na nova Jerusalém (Ap 21:23), e é talvez o acontecimento revelador mais importante na economia da luz entre a criação e a consumação. É também um acontecimento que expõe os limites do que uma mentalidade crítica moderna pode (ou não pode) ver: a glória de Deus na face de Cristo.

A transfiguração é um excelente estudo de caso para nosso experimento em crítica bíblico-teológica.[98] Primeiro e acima de tudo, *ela fornece um ponto de vista único para pensar sobre os fins e os meios da hermenêutica cristã em termos distintamente cristológicos.* Longe de ser uma estranha nota de rodapé de importância marginal à pessoa e obra de Jesus, a transfiguração produz uma percepção fundamental sobre a totalidade da Bíblia, nos mostrando a conexão entre a letra do texto à luz de Cristo e a descrição gráfica do efeito da leitura correta das Escrituras no leitor: ver Jesus, "o ponto focal que reúne todos os raios de luz que emanam das Escrituras".[99] Segundo, a transfiguração localiza os leitores entre uma mentalidade crítica, que tende a ignorar o sobrenatural, e uma mentalidade pré-crítica, que, imagina-se, enxerga um significado que não está lá. Enquanto a parte 1 segue a letra do texto até o que ele é, a parte 2 explora como a luz de Cristo transfigura tanto a letra quanto o leitor, direcionando ambos para seu fim apropriado: a glória de Deus.

"Interpretação Transfigural" é uma abreviação para a tentativa de combinar exegese acadêmica, com sua atenção filológica à letra, e interpretação espiritual, com sua preocupação em ler de tal forma que os leitores entendam de maneira que os conforme à imagem de Cristo. É uma tentativa de ler a Bíblia teologicamente, na, com e para a igreja, sem deixar de aproveitar os *insights* modernos colhidos na academia. Para antecipar: a interpretação transfigural atende à letra do texto para discernir nele a luz de Cristo. O que as gerações anteriores chamavam de sentido espiritual é, de acordo com a visão aqui apresentada, o sentido "transfigural", ou seja, a glória do sentido literal. Ver Cristo na letra não é ver algo "diferente" no texto, como na interpretação "alegórica"; em vez disso, é ver "quanto mais" há no referente literal. A interpretação transfigural representa todo o processo hermenêutico de glorificar a letra bíblica em prol da glorificação do leitor.

---

98. A questão é se o academicismo bíblico moderno consegue perceber o que Thomas Schreiner argumenta ser o centro da teologia de Paulo, a saber, a glória de Deus em Cristo. *Paul, Apostle of God's Glory in Christ: A Pauline Theology*, 2ª ed. (Downers Grove: IVP Academic, 2020).

99. Dane C. Ortlund, "Christocentrism: An Asymmetrical Trinitarianism?" [Cristocentrismo: um trinitarianismo assimétrico?], *Themelios 34*, n. 3 (Novembro de 2009), p. 318.

As partes 2 e 3 tratam, portanto, da subida ao monte da "transfiguração", mas cada uma por um caminho diferente. Em cada caso, o objetivo é ouvir a palavra de Deus (anúncio divino) com entendimento (responsividade). O resultado é a transfiguração da hermenêutica bíblica, que se torna mais glorioso do que outros tipos de interpretação textual. Afinal, parte da glória peculiar da interpretação bíblica é a reconciliação das disciplinas até então alienadas de estudos bíblicos e teologia, inicialmente parceiras e não competidoras. Exegetas e teólogos devem reconhecer a importância da colaboração para manter juntos os princípios filológicos e cristológicos necessários para a leitura correta da Bíblia. O objetivo final é formar leitores que não sejam simplesmente pessoas "finamente conscientes e ricamente responsáveis"[100], nas quais nada está perdido, mas, ao contrário, pessoas que sejam *canonicamente conscientes e redentivamente responsáveis* – atentas e responsivas ao anúncio divino nas palavras dos profetas e apóstolos, a chama divina no meio de um livro incandescente, a luz de Cristo na letra do texto.

Venham, subamos ao monte do SENHOR (Is 2:3; Mq 4:2).

100. A frase é de um romance de Henry James (*The Princess Casamassima*), citado repetidamente por Martha Nussbaum em seu *Love's Knowledge: Essays on Philosophy and Literature* (Oxford: Oxford University Press, 1990), p. 37, 84, 136, 148.

PARTE 1

LENDO A BÍBLIA DENTRO E FORA DA IGREJA

O DOMÍNIO DIVIDIDO DA PALAVRA

Nenhum estilo, forma ou padrão de interpretação bíblica merece necessariamente a designação teológica. Talvez o máximo que podemos dizer é que interpretação teológica é qualquer forma de atividade de leitura humana que busca discernir Cristo nas e mediante as Escrituras [...] Uma hermenêutica eclesial, portanto, é necessariamente uma hermenêutica de discipulado, uma forma de leitura que toma forma na esteira do anúncio de Cristo e anseia por isso sempre e renovadamente.

– Derek W. Taylor, *Reading Scripture as the Church*

Aprender a ler é o primeiro e mais importante passo na educação de uma criança e a principal porta de entrada para aprender sobre todo o resto. Ler informa mas também forma, e é por isso que os filhos de Deus ao longo dos tempos têm buscado descobrir o que a Bíblia significa, por que ela importa e como devem responder ou participar da história bíblica.[1] A leitura séria e contínua da Bíblia, ao mesmo tempo reflexiva e prática, é a alma da teologia e o coração pulsante do corpo de Cristo, a igreja.

A hermenêutica é a arte e a ciência da interpretação – o estudo dos princípios e das práticas necessários para a compreensão textual. É uma disciplina de segunda ordem que pergunta: "*O que exatamente estamos fazendo quando lemos, entendemos, ou aplicamos textos?*".[2] Se a hermenêutica bíblica é científica, isso não se deu ao fato de empregar os mesmos princípios e procedimentos que a hermenêutica filosófica, literária,

1. Lewis Ayres argumenta que o cristianismo primitivo e o desenvolvimento da doutrina são, em grande parte, a história de como os cristãos adotaram um conjunto de práticas de leitura encontradas nas antigas tradições gregas e latinas de comentários literários. Lewis Ayres, "'There's Fire in That Rain': On Reading the Letter and Reading Allegorically" [Há fogo naquela chuva: sobre a leitura da carta e a leitura alegórica], *Modern Theology 28*, n. 4 (2012), p. 618-9.

2. Anthony C. Thiselton, *Hermeneutics: An Introduction* (Grand Rapids: Eerdmans, 2009), p. 4 (ênfase original).

ou jurídica. A Bíblia não é simplesmente um representante de um conjunto maior. Se a hermenêutica bíblica é científica, é somente porque seus procedimentos estão de acordo com a natureza do que está tentando interpretar.[3] Ler a Bíblia como a Palavra de Deus, portanto, envolve a ciência de Deus (ou seja, teologia) e a vida ou cultura à qual essa ciência, esse projeto de buscar conhecer a Deus, se origina. A hermenêutica bíblica não é um foguete, mas uma ciência teológica; a Bíblia não é um manual para ir aos céus, mas uma história sobre o céu descendo à terra.[4]

A teologia cristã inicia reconhecendo tanto a diferença quanto a relação entre Deus e o mundo, a saber, a distinção Criador-criatura, às vezes referida simplesmente como "a distinção cristã".[5] Ela é expressa no primeiro mandamento: "Não tenha outros deuses além de mim" (Êx 20:3). Isso inclui Hermes, o lendário deus mensageiro, de quem deriva o termo *hermenêutica*. Para evitar a idolatria metodológica, "Deus" deve qualificar a "hermenêutica", e não vice-versa. Subordinar a tarefa da fé em busca de entendimento (teologia) a uma ciência independentemente de entendimento textual (hermenêutica) é elevar Hermes acima de sua posição. Intérpretes cristãos não devem adorar outros deuses nos lugares altos da teoria da interpretação.

Este é um livro sobre a leitura teológica da Bíblia – e o pensamento teológico sobre a leitura da Bíblia. A última tarefa envolve o pensamento sobre autores, textos, temas e leitores em relação a Deus e à palavra de Deus. Como aprendemos a ler em comunidade, também devemos pensar teologicamente sobre a *cultura*, o terreno de cultivo dos hábitos de leitura.[6] Talvez mais do que outros livros didáticos de hermenêutica, também pensaremos teologicamente sobre o "imaginário social" que cativou o academicismo ocidental moderno. Por imaginário social, quero dizer a história que enquadra nossas crenças e práticas cotidianas, as "maneiras como as pessoas imaginam sua existência social"[7] – e suas culturas de leitura. Por "cultura de leitura", tenho algo mais específico em mente do que uma comunidade que valoriza e gosta de ler. Pense em uma cultura de leitura como o espaço social no qual a leitura acontece com os valores, as práticas e os objetivos que caracterizam esse espaço. Uma cultura de leitura

---

3. Para colocar com base em uma fórmula: ontologia (o que algo é) determina a epistemologia (como é conhecido). Para essa compreensão da ciência, veja meu "T. F. Torrance: Christ the Key to Creation and Theological Science" [T. F. Torrance: Cristo, a chave para a criação e para a ciência teológica], em Geoffrey H. Fulkerson e Joel Thomas Chopp (orgs.), *Science and the Doctrine of Creation* (Downers Grove: IVP Academic, 2021), p. 121-47.

4. John Wesley, expressando seu desejo de ser "um homem de um livro", disse: "Quero saber uma coisa, o caminho para o céu", mas ele estava falando em um registro soteriológico, não astronômico. Veja *The Works of John Wesley*, vol. 1 (Nashville: Abingdon, 1984), p. 104-5.

5. Ver Robert Sokolowski, *The God of Faith and Reason: Foundations of Christian Theology* (Washington, DC: Catholic University of America Press), p. 23-6.

6. Um dos primeiros a apelar para a leitura das Escrituras em comunidade foi Stephen E. Fowl, em *Engaging Scripture: A Model for Theological Interpretation* (Oxford: Blackwell, 1998).

7. Charles Taylor, *A Secular Age* (Cambridge: Belknap, 2007), p. 171 [Cf. em português: *Uma era secular* (São Leopoldo: Unisinos, 2010)].

forma leitores. Portanto, ela envolve *pessoas* (acadêmicos, pastores e leigos) e *lugares* (casa, academia e igreja).

Nem toda cultura de leitura reconhece a Bíblia como a Palavra de Deus. Estudantes em universidades seculares que se matriculam em aulas de "A Bíblia como literatura" pertencem a um tipo de cultura de leitura, enquanto participantes da Bible Study Fellowship, a outro bem diferente. O que está em jogo, em última análise, é se reconhecemos a Bíblia como o árbitro final da verdade em vez de outros textos, e em que medida o fazemos, principalmente quando o assunto é Deus. O que está em jogo, em suma, é nada menos que a civilização bíblica. Minha preocupação final, então, é reformar igrejas e seminários para que se tornem o tipo de cultura de leitura que pode formar leitores para habitar o estranho mundo novo que foi trazido à existência pelo evangelho de Jesus Cristo.[8]

Este livro é para aqueles que, como eu, se importam com a alfabetização bíblica e estão preocupados com o conflito das interpretações bíblicas. É para aqueles que, como eu, estão confusos sobre a natureza e o método da interpretação literal. É para aqueles que, como eu, querem viver sob o senhorio de Cristo em todas as áreas de sua vida, incluindo seu estudo bíblico. O presente livro adota uma abordagem distintamente cristã e teológica para a teoria e prática da interpretação bíblica. Ler a Bíblia de forma cristã e teológica é entrar em solo sagrado, o domínio da palavra viva e eficaz de Deus. Ao contrário da leitura de outros textos, ler a palavra de Deus envolve um *estar sob* e um *seguir a* fiel e obediente.

Embora a hermenêutica bíblica não seja uma ciência de foguetes, ela envolve ciência política. Isso porque ler a Bíblia como Escritura na igreja, a *pólis* ou cidade de Deus, tem relação com a formação de leitores em "concidadãos dos santos e membros da família de Deus" (Ef 2:19), homens e mulheres que são capazes, sempre e em todos os lugares, de habitar a cidade de Deus, praticando a presença de Deus em Cristo por meio do Espírito para a glória de Deus. Nenhum projeto é mais teológico do que isso.

Os capítulos na parte 1 preparam o cenário ao apresentar várias questões-chave relativas a ler a Bíblia teologicamente. Em particular, examino a tensão de longa data entre dois tipos de culturas de leitura, uma mais orientada para a letra (e o sentido literal), a outra para o Espírito (e o sentido espiritual). Contudo, começamos com culturas de leitura, alfabetização bíblica e o objetivo da leitura.

---

8. A leitura de *The Culture of Theology*, de John Webster (Grand Rapids: Baker Academic, 2019 [Cf. em português: *A cultura da teologia* (São Paulo: Vida Nova, 2023)] provou ser uma ferramenta formativa para meu próprio pensamento.

CAPÍTULO 1

FORMANDO CULTURAS DE LEITURA

DA ALFABETIZAÇÃO BÍBLICA À CIDADANIA DO EVANGELHO

Interpretação teológica é ler a Bíblia com um interesse pela verdade duradoura de seu testemunho acerca da natureza de Deus e da humanidade, com vistas a permitir a transformação da humanidade à semelhança de Deus.
– R. W. L. Moberly[1]

A NOÇÃO DE UMA CULTURA DE LEITURA – um conjunto de práticas interpretativas compartilhadas por uma comunidade e que formam seus membros – chama a atenção para a maneira pela qual a alfabetização é constitutiva da boa cidadania. Desde a Atenas antiga, um dos propósitos da educação tem sido preparar os cidadãos para participar da democracia. Há coisas que as pessoas precisam saber para exercer os privilégios e responsabilidades proporcionais a ser um cidadão francês, nigeriano ou coreano. Chame essa informação necessária de *alfabetização cultural*.[2] Enquanto alfabetização significa saber ler e escrever, a alfabetização cultural diz respeito à capacidade de dizer e fazer coisas proporcionais à boa cidadania. Por exemplo, todo estadunidense precisa compreender o significado de "todos os homens são criados iguais" e como o princípio de serem "dotados por seu Criador com certos direitos inalienáveis" deve ser vivido com outros em instituições justas.

Comunidades, constituições e alianças interpretativas

O documento mais importante para a alfabetização cultural estadunidense é, claro, a Constituição. Para se tornarem cidadãos dos Estados Unidos, os imigrantes devem ler, escrever e falar inglês, passar por um teste de civismo e, o mais intimidador de tudo, "entender e concordar com a Constituição dos EUA".[3] Essa é uma tarefa difícil, prin-

1. R. W. L. Moberly, "What Is Theological Interpretation of Scripture?" [O que é a interpretação teológica das Escrituras?], *Journal of Theological Interpretation 3*, n. 2 (2009), p. 162 (ênfase do original).
2. Veja E. D. Hirsch Jr., *Cultural Literacy: What Every American Needs to Know* (Nova York: Vintage Books, 1988).
3. *The USCIS Policy Manual*, vol. 12, cap. 7, "Attachment to the Constitution", disponível em: https://www.uscis.gov/policy-manual/volume-12-part-d-chapter-7.

cipalmente quando até mesmo as melhores referências jurídicas, os juízes da Suprema Corte, nem sempre concordam sobre o que isso significa, ou mesmo sobre como ler "as Escrituras dos Estados Unidos".[4]

Interpreting the Bible and the Constitution [Interpretando a Bíblia e a Constituição], de Jaroslav Pelikan, é um fascinante estudo comparativo das Escrituras normativas: cristãs e estadunidenses. Como historiador da doutrina, o interesse principal de Pelikan era "o problema fundamental da relação entre a autoridade do texto inicial e a autoridade da doutrina em desenvolvimento na vida e história contínuas da comunidade".[5] Os paralelos são realmente notáveis. Existem tomos densos sobre interpretação constitucional que colocam "originalistas" (aqueles que insistem em interpretar a Constituição para descobrir a intenção autoral inicial) contra aqueles que afirmam uma "Constituição viva", insistindo que o significado se desenvolve ao longo do tempo e, portanto, requer levar em conta os precedentes históricos, ou seja, a tradição.[6] O que me interessa nesse debate é o papel da comunidade interpretativa em promover a alfabetização.

A Bíblia, como a Constituição, é o documento fundador de uma comunidade histórica – o povo de Deus – cujos membros são cidadãos de uma "nação santa" (1Pe 2:9). Pelikan viu quatro comunidades interpretativas competindo pelo direito de se gabar sobre quem está lendo a Constituição corretamente, e em cada caso, elas têm contrapartes na igreja: (1) "Nós, o povo" (cidadãos, a congregação), (2) acadêmicos (professores de direito, exegetas bíblicos), (3) profissionais praticantes (advogados, pastores), (4) uma hierarquia autoritativa (juízes da Suprema Corte; sessões, sínodos e bispos). Os reformadores protestantes insistiram que a responsabilidade de ler a Bíblia para determinar o que Deus está dizendo não deveria ser reservada a uma elite. A noção de Martinho Lutero acerca do sacerdócio de todos os crentes era um chamado não para a anarquia interpretativa, mas para a ampla alfabetização bíblica. Cada cristão, como cidadão do céu (Fp 3:20), tem o privilégio e a *responsabilidade* de ler a Bíblia, não como indivíduos isolados, mas como indivíduos reunidos, em comunidade.[7] Ainda assim, todo cidadão precisa ter certo conhecimento essencial: é o que permite que os estadunidenses sejam estadunidenses, os franceses sejam franceses e os cristãos sejam cristãos. Claro, a Bíblia é totalmente diferente da Constituição porque sua

---

4. Veja Thomas C. Grey, "The Constitution as Scripture" [A Constituição como Escritura], *Stanford Law Review 37*, n. 1 (1984), p. 1-25.

5. Jaroslav Pelikan, *Interpreting the Bible and the Constitution* (New Haven: Yale University Press, 2004), p. 75.

6. Para uma pesquisa geral de abordagens, veja Lackland H. Bloom, *Methods of Interpretation: How the Supreme Court Reads the Constitution* (Oxford: Oxford University Press, 2009). Para um exame da ideia de que o que é autoritativo é a intenção original dos autores ou pais fundadores, veja o livro vencedor do Prêmio Pulitzer de Jack N. Rakove, *Original Meanings: Politics and Ideas in the Making of the Constitution* (Nova York: Vintage Books, 1996).

7. Veja também meu *Biblical Authority after Babel: Retrieving the Solas in the Spirit of Mere Protestant Christianity* (Grand Rapids: Brazos, 2016), p. 155-60.

autoridade não vem de "Nós, o povo", mas do "Eu sou o SENHOR, o seu Deus" (Êx 6:7).[8] A igreja não é uma democracia, mas uma Cristocracia, pois Cristo é a cabeça de seu corpo político (Ef 5:23; Cl 1:18).

A Bíblia não utiliza o termo *alfabetização cultural*, mas a ideia aparece com destaque quando Israel foi constituído pela primeira vez como uma "nação santa" (Êx 19:6). Havia certas coisas que todo israelita precisava saber. Por exemplo, a Páscoa era o "Quatro de Julho" da nação incipiente, uma celebração da independência do Egito: "Quando os seus filhos perguntarem: 'O que esta cerimônia *significa* para vocês?', respondam-lhes: 'É o sacrifício da Páscoa ao SENHOR, que passou sobre as casas dos israelitas no Egito e salvou as nossas casas quando matou os egípcios" (Êx 12:26,27, grifo meu). Após receber a Lei no monte Sinai, Moisés pede a obediência de Israel aos estatutos e regras pelos quais eles devem viver como uma nação santa: "Pois que grande nação tem deuses tão próximos como o SENHOR [...]? Ou que grande nação tem estatutos e preceitos tão justos como esta lei que hoje apresento a vocês?" (Dt 4:7,8). Moisés então instrui Israel a ensinar os decretos divinos a seus filhos: "No futuro, quando os seus filhos perguntarem a vocês: 'O que *significam* estes testemunhos, estatutos e ordenanças que o SENHOR, o nosso Deus, ordenou a vocês?', vocês lhes responderão: 'Fomos escravos do faraó no Egito, mas o SENHOR nos tirou de lá com mão poderosa [...] O SENHOR nos ordenou que obedecêssemos a todos estes estatutos e que temêssemos ao SENHOR, o nosso Deus, para que sempre fôssemos bem-sucedidos e preservados em vida, como hoje se pode ver." (Dt 6:20,21,24, grifo meu).

A questão do significado e o conhecimento central do que significa ser parte do povo de Deus surgem de novo quando Israel está prestes a entrar na terra prometida, quando o Senhor de forma milagrosa separa o Jordão como havia separado o mar Vermelho anteriormente. Josué ordena a doze homens, um de cada tribo, que cada um pegue uma pedra do meio do leito do rio e a coloque em Gilgal, onde o povo montou acampamento: "Ele disse aos israelitas: 'No futuro, quando os filhos perguntarem aos seus pais: 'Que *significam* essas pedras?', expliquem a eles: 'Aqui Israel atravessou o Jordão em terra seca, porque o SENHOR, o seu Deus, secou o Jordão diante de vocês até que o tivessem atravessado [...] para que todos os povos da terra saibam que a mão do SENHOR é poderosa e para que vocês sempre temam ao SENHOR, o seu Deus" (Js 4:21-24, grifo meu).

Todas as três perguntas sobre significado – sobre a Páscoa, os Dez Mandamentos, o memorial em Gilgal, respectivamente – dizem respeito ao que os israelitas precisam saber na condição de cidadãos competentes de sua nação santa. Cada uma se refere a acontecimentos fundamentais na história de Israel. Curiosamente, as respostas

8. Para um tratamento dos dois significados diferentes do "Nós, o povo" que tem atormentado a interpretação constitucional, veja Randy E. Barnett, *Our Republican Constitution: Securing the Liberty and Sovereignty of We the People* (Nova York: HarperCollins, 2016).

a essas três perguntas ("O que *x* significa?") exigem conhecer uma história maior. O significado da Lei é inseparável de seu lugar na narrativa sobre os poderosos atos de libertação de Deus. Ser um membro culturalmente alfabetizado do antigo Israel, então, era entender a si mesmo como parte de um povo da aliança constituído – chamado à existência – pela graça de Deus: "Hoje o SENHOR declarou que vocês são o povo dele, o seu tesouro pessoal" (Dt 26:18).

A igreja, como Israel, é um povo eleito – "geração eleita, reino de sacerdotes, nação santa" (1Pe 2:9) – comprometido a uma nova aliança, baseada não na lei, mas no evangelho (Lc 22:20; 2Co 3:6). Os membros da igreja podem dizer: "a nossa cidadania, porém, está nos céus" (Fp 3:20), porque sua identidade mais profunda não é o lugar terreno no qual habitam, mas seu ser em Cristo. Paulo pede a seus leitores que vivam como cidadãos do evangelho: "vivam de maneira digna do evangelho de Cristo" (Fp 1:27).[9] Não importa seu local de origem, os cristãos são agora "concidadãos dos santos e membros da família de Deus" (Ef 2:19), com todos os privilégios e responsabilidades a eles pertinentes. A Bíblia é o documento da aliança, a constituição da igreja, porque, no poder do Espírito, é o texto fundador que *constitui* a assembleia reunida como uma nação santa: um povo sob Deus – e a palavra de Deus. Ser um cidadão do evangelho que sabe o que constitui sua nação santa é, portanto, ser uma pessoa do livro. A alfabetização bíblica e a alfabetização cultural cristã se mantêm ou caem juntas.

Interpretação bíblica e a formação de cultura cristã

Avance rapidamente pela história de Israel, desde a entrada na terra prometida, passando pelo exílio seguinte e pelo retorno, até chegar ao judaísmo palestino do primeiro século. A questão do significado da lei ainda era primordial e, de acordo com Josefo: "Os fariseus [...] [eram] considerados os intérpretes mais precisos das leis".[10] Eles eram especialistas na *letra* da lei, tanto porque muitas vezes a interpretavam meticulosamente como porque eram proficientes em inventar brechas legais para contorná-la. Foi um desses doutores – um especialista na lei mosaica, talvez um fariseu (cf. Lc 7:30) – que colocou a cultura bíblica de Jesus à prova, perguntando: "Mestre, que farei para herdar a vida eterna?" Jesus responde também com uma pergunta, devolvendo a questão da cultura bíblica ao doutor: "O que está escrito na lei? [...] Como você a interpreta?" (Lc 10:26). Curiosamente, o grego omite o objeto direto. Jesus está, portanto, perguntando: "Como você lê?" ou, como diz uma versão, "Como lês?" (Lc 10:26 – ACF). Essa maneira de colocar a questão pode indicar que Jesus está preocupado

9. O verbo que Paulo usou aqui (*politeuesthe*) poderia ser traduzido de modo literal como "viva como cidadão" ou "deixe sua cidadania ser".

10. Josefo, *Jewish War II*, viii.14.165, Loeb Classical Library (Cambridge: Harvard University Press, 1927).

não apenas com um detalhe técnico, mas com a abordagem fundamental do doutor à interpretação bíblica. Então, "Como você lê?" com a pergunta anterior de Jesus a seus discípulos, "Quem vocês dizem que eu sou?" (Lc 9:20), podem ser as duas perguntas mais importantes pelas quais todo cristão professo é responsável.

Interpretações legalistas da cultura judaica do primeiro século falharam em capturar o verdadeiro significado da lei mosaica. A posse preciosa de Deus havia se tornado não uma nação santa, mas hipócrita, cuja vida comunitária testemunhava sua má compreensão de seu texto constitucional, como Jesus deixou claro: "Vocês estudam cuidadosamente as Escrituras porque consideram que nelas têm a vida eterna. E são as Escrituras que testemunham a meu respeito" (Jo 5:39). Foram essas diferenças hermenêuticas que levaram as autoridades judaicas a tentar matar Jesus, pois sua maneira de ler as Escrituras desafiava e subvertia as convenções religiosas, em particular a autoridade interpretativa judaica.

As Escrituras, inspiradas por Deus, têm um propósito dado por ele mesmo: são proveitosas "para o ensino, para a repreensão, para a correção e para a instrução na justiça, a fim de que o homem de Deus seja apto e plenamente preparado para toda boa obra" (2Tm 3:16,17). Toda a Escritura é proveitosa para a formação de cidadãos competentes do céu. A vocação adequada do intérprete bíblico é ler as Escrituras para se tornar sábio para a salvação, bem como apto para viver e representar o reino dos céus. Essa era a ênfase característica da hermenêutica patrística.[11] Ler a Bíblia teologicamente, então, é lembrar o que a Bíblia é e para que ela serve: é a palavra de Deus que forma o povo de Deus. "Antes vocês não eram povo, mas agora são povo de Deus" (1Pe 2:10). A Bíblia fornece um lembrete de quem Deus é, o que Deus fez, quem somos diante de Deus e o que devemos fazer por Deus.

O que a identificação como povo de Deus envolve e requer? Os ingredientes mais importantes incluem uma história compartilhada (memória), uma vida comum (identidade) e maneiras de ler as Escrituras normativas (compreensão). Ler a Bíblia teologicamente é tanto uma prática característica da cultura cristã quanto um meio de formar e reformar a cultura cristã, a maneira pela qual o povo de Deus busca "habitar o mundo trazido à existência pelas boas novas surpreendentes de Jesus Cristo, o mundo da nova criação".[12] Entre as práticas centrais que precisam ser cultivadas em e para uma cultura cristã "estão as práticas textuais, hábitos de leitura".[13] A cultura envolve pessoas em um lugar específico se engajando em práticas específicas que refletem suas crenças e valores. O que distingue uma cultura propriamente cristã é sua preocupação em habitar um espaço formado pela palavra de Deus. Além disso, as

---

11. Veja Richard S. Briggs, "Premodern Interpretation and Contemporary Exegesis" [Interpretação pré-moderna e exegese contemporânea], em Ian Boxall e Bradley C. Gregory (orgs.), *The New Cambridge Companion to Biblical Interpretation* (Cambridge: Cambridge University Press, 2023), p. 301-17.

12. Webster, *Culture of Theology*, p. 43 [Cf. em português: *A cultura da teologia* (São Paulo: Vida Nova, 2023)].

13. Ibidem, p. 45.

práticas que compõem uma cultura cristã não são meramente naturais, mas resultam de uma obra triúna da graça.

Uma cultura cristã, vista teologicamente, é mais do que um fenômeno deste mundo. Ela não é um projeto meramente humano, mas uma obra do Filho e do Espírito, as "duas mãos" de Deus. É uma resposta humana a um anúncio divino que interrompe a velha maneira de fazer as coisas, como fez a voz do Jesus ressuscitado quando ele parou um jovem em seu caminho, dizendo: "Saulo, Saulo, por que você me persegue?" (At 9:4). Os cristãos leem seus textos constitucionais de forma similar, o Antigo e o Novo Testamentos, na presença de seu Senhor ressuscitado, de quem são as palavras. Os hábitos cristãos de leitura da Bíblia são, portanto, parte de uma cultura "escatológica". A hermenêutica cristã pura e simples se relaciona à leitura da Bíblia naquele espaço escatológico peculiar que define e gera a cultura cristã: *a presença de Cristo no poder de seu Espírito*. Ler a Bíblia corretamente – como o que ela é, a palavra de Deus – envolve, portanto, uma cultura de leitura criada e sustentada pela palavra de Deus. As implicações são surpreendentes. Afinal, se culturas meramente humanas de leitura – sejam acadêmicas, recreativas, literárias ou religiosas – são capazes de formar leitores, quanto mais uma hermenêutica cristã pura e simples, inserida em um espaço escatologicamente carregado, poderia ser transformadora.

Essas ideias eram familiares aos primeiros cristãos que liam a Bíblia para serem edificados em Cristo. O texto era para eles "a forma verbal da pedagogia divina",[14] proveitosa para o treinamento em retidão e cidadania do evangelho. Ter em mente essa função pedagógica da interpretação bíblica é o pano de fundo necessário para entender a igreja primitiva como uma cultura de leitura e os primeiros capítulos da história da interpretação bíblica. Nunca seremos capazes de simpatizar com intérpretes patrísticos ou medievais, ou mesmo lê-los corretamente, a menos e até que apreciemos sua preocupação em ler as Escrituras de maneiras que edifiquem a igreja. Mesmo se decidirmos que não podemos ler a Bíblia exatamente como fizeram, ainda podemos aprender com os pais da igreja qual deve ser o *objetivo* de nossa leitura.

A interpretação patrística e medieval nos lembra de que a Bíblia tem potencial formativo. O valioso trabalho de Frances Young *Biblical Exegesis and the Formation of Christian Culture* [Exegese bíblica e a formação de culturas cristãs] demonstra que, em muitos aspectos, "a Igreja primitiva era mais como uma escola do que uma religião no mundo social da antiguidade".[15] Os cristãos continuaram a utilizar ferramentas da cultura clássica, mas agora aplicados não à literatura clássica, mas sim à literatura bíblica. "A Bíblia substituiu Homero como o texto religioso ou filosófico autoritativo."[16] As histórias sobre Abraão

---

14. John J. O'Keefe e R. R. Reno, *Sanctified Vision: An Introduction to Early Christian Interpretation of the Bible* (Baltimore: Johns Hopkins University Press, 2005), p. 22.

15. Frances Young, *Biblical Exegesis and the Formation of Christian Culture* (Cambridge: Cambridge University Press, 1997), p. 244.

16. Ibidem, p. 75.

e Davi substituíram as de Aquiles e Ulisses como o currículo central no qual o aprendizado moral era baseado – *paideia* cristã, treinamento de crianças no modo cristão. Aqui, nos padrões de leitura das Escrituras na igreja primitiva, está a base da civilização bíblica.

De acordo com Young, foi Orígenes quem primeiro "profissionalizou" a interpretação bíblica e transformou as Escrituras na "base para um sistema educacional completo com níveis primário, secundário e terciário".[17] Esse mesmo Orígenes é, ironicamente, o bode expiatório do academicismo bíblico moderno, o pai abusivo que violenta o texto bíblico com seus voos fantasiosos. O que a maioria das pessoas sabe sobre Orígenes é que ele associou o sentido literal ao "corpo" do texto, em outras palavras, ao nível mais baixo, e então sugeriu que esse nível de significado é apropriado apenas para bebês em Cristo – o ensino fundamental interpretativo, por assim dizer (cf. Hb 5:12,13). Orígenes associou a "alma" do texto ao significado moral ou espiritual, apropriado para os mais maduros – aqueles na faculdade interpretativa. O mais alto grau de educação hermenêutica, a pós-graduação em interpretação, por assim dizer, é o nível do "espírito" e envolve discernir verdades espirituais. O uso que Orígenes faz da bênção de Paulo – "Que todo o espírito, a alma e o corpo de vocês sejam preservados irrepreensíveis na vinda do nosso Senhor Jesus Cristo" (1Ts 5:23) – como texto de prova para sua alegorização tripla também não lhe rendeu nenhum amigo.

Retornaremos a Orígenes e aos vários níveis de significado no devido tempo. Seria uma pena, no entanto, se aqueles inclinados a rejeitar Orígenes jogassem fora seu bebê pedagógico com a água do banho alegórica. Uma vez que ler a Bíblia é formativo, e não meramente informativo, as perguntas gêmeas: "Por que estou lendo a Bíblia?" e "Que tipo de pessoa devo ser para lê-la dentro do propósito para o qual foi escrita?" não são apenas relevantes, mas essenciais para a hermenêutica cristã pura e simples. Como Webster disse: "É mais importante expor uma antropologia do leitor do que estabelecer um conjunto de diretrizes metodológicas para a leitura".[18] Pretendo perseguir ambos os fins, pois meu experimento em crítica bíblico-teológica também é um experimento em cultura cristã, especificamente, na cultura de *leitura* cristã. Ele pergunta: que tipo de leituras, *e leitores*, certas formas de exegese e interpretação produzem?

Aprendemos a ler em comunidade. Os valores e práticas desta constituem sua cultura de leitura. Explorar a história da interpretação bíblica é, portanto, uma experiência transcultural. Nem todos os cristãos leem a Bíblia da mesma forma ou valorizam as mesmas práticas de leitura. Para muitos estudiosos bíblicos, isso é principalmente uma prática acadêmica. Em contraste, para os pais da igreja, isso era uma pedagogia orientada principalmente por propósitos: "O propósito da exegese bíblica, implícita e explícita, era formar a prática e a crença do povo cristão, individual e coletivamente".[19] Uma das razões pelas quais ler os pais da igreja pode, muitas vezes, ser desorientador é

17. Ibidem, p. 292.
18. Webster, *Culture of Theology*, p. 73.
19. Young, *Biblical Exegesis and the Formation of Christian Culture*, p. 299.

que os primeiros cristãos "*englobavam* os interesses que tendemos a separar em academicismo, teologia, práxis e espiritualidade."[20]

Uma das características mais significativas, embora menos apreciadas, dessa síntese patrística foi "que ela fornecia uma literatura que moldava o discurso cristão *e alimentava a imaginação cristã*".[21] Nas palavras do estudioso patrístico Lewis Ayres, "as Escrituras são um recurso providencialmente ordenado para a modelagem e reforma da imaginação e do desejo do cristão".[22] O ponto não deve ser ignorado: o imaginário social predominante na igreja primitiva era escriturístico, não secular. E é aí, espero mostrar, que realmente reside o conflito entre as culturas de leitura pré-modernas, modernas e pós-modernas: *nas diferenças dos respectivos imaginários sociais.* A própria maneira pela qual os cristãos modernos pensam sobre a leitura da Bíblia é condicionada pelo imaginário social predominante que, por sua vez, orienta as práticas de leitura dominantes na sociedade, na academia e até mesmo na igreja. Por essa razão, a igreja primitiva apresenta um desafio aos cristãos contemporâneos: pensar teologicamente sobre a leitura da Bíblia; especificar qual papel é desempenhado por Deus na interpretação bíblica. De novo, o desafio é ver a cultura de leitura que nos moldou para o que ela é e reconhecer a influência do imaginário social predominante nessa cultura. Pois ler as Escrituras teologicamente requer uma imaginação ativa e alerta, canonicamente formada, um aprendizado como se estivéssemos na sociedade da literatura bíblica – não a sociedade profissional (SLB) que atende por esse nome. Mas, em vez disso, a unidade na diversidade da literatura que inclui o cânone cristão e a nuvem de testemunhas que leram esses autores como coerentes em Cristo.[23]

Sobre a criação de culturas de leitura: três exemplos históricos

Considere três breves exemplos de diferentes eras de interpretação bíblica. Cada um ilustra a importância desta na formação da cultura cristã.[24]

---

20. Ibidem (ênfase do original). Com algumas exceções significativas (por exemplo, os puritanos), aqueles que falam de formação espiritual em conexão com a interpretação bíblica tendem a ser católicos romanos e ortodoxos orientais. Angela Harvey descreve a própria abordagem à leitura espiritual como "ortodoxa wesleyana". Veja seu livro *Spiritual Reading: A Study of the Christian Practice of Reading Scripture* (Eugene, OR: Cascade, 2015). A ausência de um relato protestante reformado é notável. Preencher essa lacuna é um dos fardos do presente trabalho.

21. Ibidem (grifo meu).

22. Lewis Ayres, "The Soul and the Reading of Scripture: a Note on Henri de Lubac" [A alma e a leitura das Escrituras: uma nota sobre Henri de Lubac], *Scottish Journal of Theology 61*, n. 2 (2008), p. 189.

23. Veja também o útil livro de David I. Starling, *Hermeneutics as Apprenticeship: How the Bible Shapes Our Habits and Practices* (Grand Rapids: Baker Academic, 2016).

24. O espaço me impede de fazer justiça completa a qualquer um deles. Cada um foi objeto de amplo escrutínio acadêmico e múltiplas monografias, e não pretendo ter descoberto algo original. Tentei aqui e ao longo deste trabalho fazer a devida diligência tanto às fontes primárias quanto às secundárias. O fato de o argumento do presente livro ser normativo, e não descritivo, não é desculpa para atropelar a história ou tratar textos clássicos de forma desleixada. No entanto, a natureza de meu tópico – ler a Bíblia teologicamente na e para a igreja católica [no sentido de "universal"] – requer certo alcance sintético ambicioso.

Agostinho (século 5)

No mundo antigo, "ser educado [...] era ser um leitor".[25] A obra *Augustine the Reader* [Agostinho, o leitor], de Brian Stock, é toda sobre a tentativa de Agostinho "estabelecer a base teórica para uma cultura de leitura".[26] Para Agostinho, o pastor-teólogo completo, o propósito do ensino cristão (doutrina) é o discipulado, e o fim apropriado da interpretação bíblica é a formação da comunidade. A obra *A doutrina cristã* de Agostinho influenciou a maneira pela qual os cristãos liam suas Bíblias por mais de mil anos.[27] Uma boa exegese requeria a formação moral e espiritual do leitor, não simplesmente a escolha de um método certo. Na verdade, o objetivo da interpretação – ler de maneiras que promovam o amor a Deus e ao próximo – era mais importante do que o método específico: "Portanto, qualquer um que pense ter compreendido as escrituras divinas ou qualquer parte delas, mas não pode, por seu entendimento, construir essa dupla caridade a Deus e ao próximo, ainda não conseguiu entendê-las."[28] Nenhuma quantidade de precisão técnica pode compensar as interpretações bíblicas que buscam conhecimento técnico, mas não amor: "O leitor, então, tem o próprio *telos*: o relacionamento adequado com Deus e com seu próximo."[29]

A interpretação bíblica pode mudar o mundo? No mínimo, ela pode formar uma cultura. Esse era o propósito de Agostinho ao escrever seu manual para interpretação bíblica: incutir certos hábitos de leitura em sua congregação – uma regra para leitura que floresceria em uma regra para a vida comunitária.

Hugo de São Vítor (século 12)

O tratado de Hugo de São Vítor, *Didascalicon*, ou, *Sobre a arte de ler*, é para o século 12 o que *A doutrina cristã* de Agostinho foi para o século 5: um manual de interpretação bíblica e aprendizado cristão que marcou época e formou cultura. Para Hugo, todo aprendizado em outras áreas era preparatório para a vocação primária do cristão: ler a Bíblia. O fruto da leitura das Escrituras é duplo "porque tanto instrui a mente com conhecimento quanto a equipa com moral".[30] O que Hugo deseja que os

25. William Harmlesss (org.), *Augustine in His Own Words* (Washington: Catholic University of America Press, 2010), p. 156.

26. Brian Stock, *Augustine the Reader: Meditation, Self-Knowledge, and the Ethics of Interpretation* (Cambridge, MA: Belknap, 1996), p. 1.

27. Veja Grover Zinn, "The Augustinian Tradition of Sacred and Secular Reading Revised" [A tradição agostiniana da leitura do sagrado e do secular], em Edward English (org.), *Reading and Wisdom: The De doctrina christiana of Augustine in the Middle Ages* (Notre Dame: University of Notre Dame Press, 1995), p. 61-83.

28. Agostinho, *On Christian Teaching* 1.36.40, trad. R. P. H. Green (Oxford: Oxford University Press, 1999), p. 27.

29. James A. Andrews, *Hermeneutics and the Church: In Dialogue with Augustine* (Notre Dame: Notre Dame University Press, 2012), p. 291. Sobre a importância da intenção autoral para Agostinho, veja *On Christian Doctrine* 1.36.40-1.

30. *The Didascalicon of Hugh of Saint Victor: A Medieval Guide to the Arts*, trad. Jerome Taylor (Nova York: Columbia University Press, 1991), p. 127.

leitores aprendam é o próprio Cristo (cf. Ef 4:20): "Aprender e, especificamente, ler, são ambos simplesmente formas de uma busca por Cristo, o Remédio, por Cristo, o Exemplo e a Forma que a humanidade caída, que a perdeu, espera recuperar".[31]

Hugo comparou o aprendizado das Escrituras à construção de uma catedral. A alfabetização bíblica é, portanto, um tipo de "projeto de construção, um processo de edificação da pessoa inteira".[32] A comparação é adequada, pois Hugo acreditava que "o tema da totalidade das Escrituras Divinas é a obra da restauração do homem".[33] Um estudioso chama Hugo de "segundo Agostinho" e de "reformador": "Hugo concebe a existência cristã nesta vida como um vislumbre da construção de uma morada, uma *aedificatio* para a presença de Deus dentro das pessoas humanas, por meio de sua reforma (*reformatio*) à imagem de Deus".[34] Ser "reformado", neste contexto, significa ser reconstruído à imagem de Cristo, conformado, em grande parte pela reparação da alma por meio de um aprendizado das Escrituras, à sua forma. Para Hugo, "a interpretação bíblica não é meramente *sobre* a obra restauradora de Deus, é ela própria essa obra de restauração".[35] Hugo era representante da cultura monástica do século 12 que buscava a formação espiritual principalmente por meio da leitura e meditação nas Escrituras, culturas de leitura que davam igual atenção à gramática (o conhecimento das letras) e à espiritualidade (a busca por Deus).[36]

Os reformadores (século 16)

A interpretação bíblica pode mudar o mundo? Sim, porque já mudou. A Reforma é uma demonstração óbvia da maneira pela qual uma cultura de leitura (a Reforma Protestante) pode efetuar mudanças sociais, intelectuais e políticas. Lutero e Calvino estavam ansiosos para traduzir a Bíblia para as línguas vernáculas de seus povos, a fim de que o poder formativo do evangelho fosse acessível a todos: "O estudo da Bíblia foi concebido para ser transformador no nível mais básico da pessoa humana, *coram Deo*. Foi concebido para conduzir à comunhão com Deus".[37] Na época da morte de Lutero, em meados do século 16, havia cerca de meio milhão de cópias de sua tradução alemã impressas, uma força cultural explosiva que eventualmente alterou a face da Europa: "Foi por meio da produção textual que Lutero

---

31. Ivan Illich, *In the Vineyard of the Text: A Commentary on Hugh's Didascalicon* (Chicago: University of Chicago Press, 1993), p. 10.

32. Ian Christopher Levy, *Introducing Medieval Biblical Interpretation: The Senses of Scripture in Premodern Exegesis* (Grand Rapids: Baker Academic, 2018), p. 148.

33. Extraído de *De sacramentis christianae fidei*. Citado em Boyd Taylor Coolman, *The Theology of Hugh of St. Victor: An Interpretation* (Cambridge: Cambridge University Press, 2010), p. 13.

34. Coolman, *Theology of Hugh of St. Victor*, p. 3.

35. Paul Rorem, *Hugh of Saint Victor* (Oxford: Oxford University Press, 2009), p. 121.

36. Os dois valores culturais se uniram em sua prática cultural de *lectio divina* ("leitura divina"), uma maneira de ler com oração e contemplação. Falarei mais sobre a cultura monástica e seu contraste com a cultura "escolástica" nos capítulos seguintes.

37. Timothy George, *Reading Scripture with the Reformers* (Downers Grove: IVP Academic, 2011), p. 21.

esperava reformar a vida religiosa alcançando, para além das estruturas da igreja, um movimento religioso popular."[38]

Os reformadores continuaram a valorizar as artes liberais à medida que contribuíam para a alfabetização bíblica. Em seu tratado de 1520, *À nobreza cristã da nação alemã*, Lutero clamou por reformas na igreja, mas também na academia: "Acima de tudo, o ensino mais importante e mais usual, tanto nas universidades quanto nas escolas inferiores, deve se preocupar com as Escrituras Sagradas".[39] Calvino também acreditava na educação para todos, encorajando – e não obrigando! – os pais em Genebra a ensinar o catecismo aos filhos.[40] A Academia de Genebra, fundada em 1559, foi a primeira universidade protestante, e o ensino de Calvino na academia era parte de seu dever como pastor. Além disso, a estrutura curricular da academia "enviava a mensagem de que a exegese bíblica, conforme ensinada nas aulas de teologia, não era uma disciplina acadêmica separada do trabalho diário do clero, mas, sim, uma parte integrante dele".[41] Os professores (os "doutores" da igreja) deveriam treinar os pastores na leitura da Bíblia, e os pastores deveriam ensinar suas congregações.

Em Genebra, Calvino tinha o título de "Leitor", e ele fez jus ao nome, escrevendo comentários sobre quase todos os livros do cânone cristão. Ele comparou a leitura a enxergar (através dos "óculos" das Escrituras), ouvir e até comer (cf. Jr 15:16), tal é seu poder de penetrar o coração.[42] Em seu prefácio de 1559 para as *Institutas*, "Ao Leitor", Calvino explicou que o propósito de sua instrução doutrinária era tornar suave o caminho da leitura da Bíblia para que os leitores "pudessem ter fácil acesso a ela e avançar sem tropeçar".[43] O conhecimento da sã doutrina era central para a tarefa de leitura da Bíblia: "Havia uma relação simbiótica entre as *Institutas* e os comentários, pois ambos serviam ao propósito de elucidar o texto bíblico, mas a partir de

---

38. Brian Cummings, *The Literary Culture of the Reformation: Grammar and Grace* (Oxford: Oxford University Press, 2002), p. 16.

39. Citado em *Martin Luther: Selections* (organizado por John Dillenberger) (Garden City: Anchor Books, 1961), p. 475. Veja também Lutero, "To the Councilmen of All Cities in Germany That They Establish and Maintain Christian Schools" [Aos conselheiros de todas as cidades da Alemanha para que estabeleçam e mantenham escolas cristãs], em *Martin Luther's Basic Theological Writings* (organizado por Timothy E. Lull) (Minneapolis: Fortress, 1989), p. 704-35.

40. Ver adicionalmente Randall C. Zachmann, *John Calvin as Teacher, Pastor, and Theologian: The Shape of His Writings and Thought* (Grand Rapids: Baker Academic, 2006).

41. Karin Maag, "Calvin and Students", em Herman J. Selderhuis (org.), *The Calvin Handbook* (Grand Rapids: Eerdmans, 2009), p. 167.

42. João Calvino, *Institutes of the Christian Religion* (organizado por John T. McNeill), 2 vols. (Filadelfia: Westminster, 1960), I.6.1.

43. Calvino, *Institutes*, p. 4 [Cf. em português: *Institutas* (São Paulo: Ed. Unesp, 2008]. A abordagem dele a leitura pode ter sido influenciada pela tradição monástica de *lectio divina*. Veja Wesley A. Kort, "Calvin's Theory of Reading" [A teoria de leitura de Calvino], *Christianity & Literature 62*, n. 2 (2013), p. 190. Kort acrescenta: "Assim como Lutero tirou a 'vocação' do mosteiro e a aplicou à vida de todos os cristãos, Calvino tomou a disciplina da *lectio divina* [...] e fez dela um ato central e definidor da vida e da identidade cristãs" (p. 191).

perspectivas diferentes".[44] O próprio Calvino descreveu a teologia doutrinária como "uma chave para abrir um caminho para todos os filhos de Deus em uma compreensão boa e correta das Sagradas Escrituras".[45]

Por fim, embora Calvino fizesse parte do movimento humanista que, incluindo a Bíblia, buscava fazer justiça aos textos literários em suas línguas originais, ele acreditava que a leitura das Escrituras faz exigências únicas ao leitor. Este deve abordar as Escrituras como Moisés fez com a sarça ardente, "como se ali as palavras vivas de Deus fossem ouvidas".[46] Gilbert Vincent argumenta que, para Calvino, havia uma dimensão ética na interpretação bíblica; os leitores devem responder não apenas a pedaços de informação, mas ao acontecimento que abalou o mundo, o fato de serem abordados por Deus.[47] Além de dar sentido ao conteúdo textual (a letra), os leitores precisam lidar com a voz de Deus e a reivindicação de senhorio que essa voz faz sobre sua vida: "Neste texto somos aprisionados e abordados por Deus".[48] O acontecimento da abordagem divina criou uma cultura escatológica de leitura, feita por aqueles "sobre quem tem chegado o fim dos tempos" (1Co 10:11) – e aqueles a quem o Rei dos tempos falou.[49] O ponto central é que, para Calvino, o contexto do leitor inclui "ser abordado por Deus".

Em direção a que tipo de cultura de leitura?

Desde o tempo do antigo Israel, o povo de Deus tem lido e respondido à palavra de Deus escrita de maneiras que são formativas da cultura – aquele complexo total de crenças, valores e práticas. Leitores patrísticos, medievais e da Reforma igualmente valorizavam as artes liberais e especialmente a gramática. Por sinal, os focos gêmeos da leitura da Bíblia eram *Deus* e a *gramática*.

O primeiro desafio dos cristãos primitivos foi falar corretamente acerca de Deus em relação ao testemunho bíblico sobre Jesus Cristo. Deus é um, mas a Escritura atribui qualidades divinas ao Filho e ao Espírito, e atribui a eles ações das quais somente Deus é capaz (por exemplo, criação). Sob pressão canônica, o Concílio de Niceia do

44. Bruce Gordon, *Calvin* (New Haven: Yale University Press, 2009), p. 108. Cf. Kort: "Para Calvino, o objetivo principal da teologia e da doutrina é esclarecer e proteger o ato de ler as Escrituras." "Calvin's Theory of Reading", p. 198.

45. Calvino, "Subject Matter of the Present Work," *Institutes*, 7.

46. Calvino I.7.1. Ao dizer "como se", Calvino não estava dizendo que devemos simplesmente imaginar que a Bíblia é a palavra de Deus. Em vez disso, como explica Kort, Calvino usa o *latim sicut* para expressar "uma hesitação diante da atualidade da palavra viva de Deus na leitura das Escrituras". "Calvin's Theory of Reading", p. 195.

47. Veja Gilbert Vincent, *Exigence éthique et interprétation dans l'oeuvre de Calvin* (Geneva: Labor et Fides, 1984).

48. Webster, *Culture of Theology*, p. 71.

49. Webster definiu uma cultura escatológica como uma cultura "que é gerada, sustentada e aperfeiçoada, e também exposta a questionamentos radicais, pela presença totalmente gratuita de Deus no Jesus ressuscitado por meio da obra do Espírito Santo". *Culture of Theology*, p. 53.

século 4 formulou uma gramática trinitária do discurso bíblico: o Deus que a Bíblia descreve é um em natureza e três em pessoa (Pai, Filho e Espírito).[50] O Concílio de Calcedônia (451 d.C.) formulou uma regra gramatical para falar sobre Jesus Cristo de acordo com a lógica implícita no testemunho bíblico sobre ele: o Filho de Deus é uma pessoa (divina) com duas naturezas (divina e humana).[51] Essas regras gramaticais para falar (e pensar) corretamente sobre Deus também funcionam como regras para a leitura correta. A essas duas regras, poderíamos adicionar o que é indiscutivelmente a primeira regra da gramática de Deus: nunca confunda o Criador com nada relacionado às criaturas. Poderíamos agrupar essas três regras relativas à Trindade, à Cristologia e à distinção Criador-criatura sob a rubrica da doutrina cristã "pura e simples" de Deus.

No contexto do cristianismo primitivo, "gramática" significa mais do que o estudo das partes do discurso. Ela é a primeira das artes liberais e está na interseção entre alfabetização, interpretação bíblica, educação e cultura. *Grammata* é a palavra grega para "letras", um termo abrangente para "artes e letras" ou simplesmente humanidades: "Em vez de uma disciplina entre muitas, a *grammatica* tinha uma função essencialmente constitutiva, tornando possível certo tipo de alfabetização e cultura literária."[52] A gramática era "a base da alfabetização",[53] e estudar *grammatica* era estudar as artes da fala e leitura. Os historiadores podem, portanto, falar das eras patrística, medieval e até mesmo da Reforma da igreja como culturas "gramaticais": o conjunto de práticas de leitura, incluindo os bens dessas práticas, que eram parte integrante de seus respectivos modos de vida.[54]

O termo pré-moderno *grammatica* é, portanto, muito mais amplo do que sua contraparte moderna: "gramática". *Grammatica* abrange tudo o que diz respeito à alfabetização, incluindo os princípios para interpretação textual: "*grammaticus* [...] designa um homem 'que sabe como ler' – isto é, não apenas como decifrar as letras, mas como entender os textos".[55] Em nítido contraste, a gramática moderna se refere exclusivamente ao estudo dos elementos, estrutura e regras sintáticas de determinada língua. Os estudantes de gramática do grego do Novo Testamento em aulas de exegese

50. C. Kavin Rowe corretamente observa: "Esta pressão [canônica] nos leva à conclusão de que YHWH não é o Pai sozinho. Leia canonicamente, então, a plena unidade de Deus expressa por intermédio do nome *kyrios* é a do Pai, do Filho e do Espírito." "Biblical Pressure and Trinitarian Hermeneutics" [Pressão bíblica e hermenêutica trinitariana], *Pro Ecclesia 11*, n. 3 (2002), p. 303-4.

51. R. B. Jamieson e Tyler R. Wittman, *Biblical Reasoning: Christological and Trinitarian Rules for Exegesis* (Grand Rapids: Baker Academic, 2022).

52. Martin Irvine, *The Making of Textual Culture: "Grammatica" and Literary Theory 350-1100* (Cambridge: Cambridge University Press, 2006), p. xiv. Jean Leclercq concordou: "Assim, a gramática é o primeiro estágio e a fundação da cultura geral." *Love of Learning and Desire for God: A Study of Monastic Culture* (Nova York: Fordham University Press, 1982), p. 17.

53. Cummings, *Literary Culture of the Reformation*, p. 20.

54. O termo "cultura gramatical" vem de Irvine, *Making of Textual Culture*, p. 1.

55. Leclercq, *Love of Learning and Desire for God*, p. 17. Veja também o diagrama das divisões da *grammatica* em Irvine, *Making of Textual Culture*, p. 6.

normalmente têm em mente o último. Para eles, a gramática é o equivalente linguístico da química orgânica, à medida que ambas estudam os constituintes básicos das respectivas disciplinas: sintaxe em um caso, moléculas no outro.

Aqui está uma verdade universal: todo leitor cristão pertence a alguma cultura de leitura. Estas diferem umas das outras, pelo menos em parte, pela maneira que entendem e relacionam *Deus* e *gramática*. Na Idade Média, por exemplo, as pessoas liam textos em voz alta; elas ouviam as "vozes das páginas" que, no caso do texto bíblico, eram vozes que transmitiam a voz de Deus.[56] Em culturas de leitura monástica, alguns monges buscavam Deus com tanto fervor que, em sua devoção obstinada, às vezes ignoravam a letra: "*Mea grammatica Christus est*" ("Minha gramática é Cristo"), declarou Pedro Damião.[57] Os reformadores eram igualmente devotados a Cristo, embora não estivessem dispostos a cortar laços com as letras bíblicas, as âncoras que os mantinham firmes no testemunho profético e apostólico.

Nos tempos modernos, o pêndulo oscilou para o outro lado. O lugar de destaque nos estudos bíblicos hoje oscila para entender corretamente a gramática. Isso ocorre, em parte, porque muitas pessoas aprendem a ler a Bíblia em uma cultura acadêmica na qual a linguística é tão considerada quanto a piedade. A linguística moderna fornece novas ferramentas para analisar o significado das frases. Alguns intérpretes bíblicos não apenas leem, mas *fazem esquemas e esboços*, produzindo ilustrações visuais, em geral com a ajuda de softwares cada vez mais poderosos que esclarecem o fluxo do argumento e o significado dos pensamentos transmitidos. Quando aplicado além do nível da sentença, no entanto, essa prática pode ser menos útil. É difícil capturar a maneira pela qual diferentes gêneros literários podem influenciar o significado e os relacionamentos das sentenças (tente diagramar o livro de Provérbios ou *Huckleberry Finn*). Fora dos estudos bíblicos, normalmente não falamos em "fazer a exegese" de contos ou romances escritos em nossa língua nativa, nem diagramamos sentenças ao ler as *Crônicas de Nárnia*, de C. S. Lewis, muito menos *Moby Dick*. Ainda assim, todos os leitores atuais habitam algum tipo de cultura de leitura cujos valores e objetivos geram e governam formas particulares de leitura.

Para pintar esse cenário com pinceladas largas: leitores modernos objetificam a gramática, vendo a linguagem a uma distância crítica, como algo que pode ser estudado de forma neutra, até mesmo impessoal. O que conjunções, tempos verbais e orações subordinadas têm a ver com Jerusalém? Em seu estudo da gramática grega, Daniel Wallace fala do "significado não afetado", ou seja, "o significado da construção em um vácuo – além de intrusões contextuais, lexicais ou outras intrusões gramaticais".[58] Wallace continua observando, corretamente, que não podemos deixar o assunto neste lugar:

56. Leclercq, *Love of Learning and Desire for God*, p. 15.

57. Citado em Leclercq, p. 260.

58. Daniel B. Wallace, *Greek Grammar beyond the Basics: An Exegetical Syntax of the New Testament* (Grand Rapids: Zondervan, 1996), p. 2.

"A natureza da linguagem é tal que a gramática *não pode ser isolada de outros elementos*, como contexto, lexema ou outras características gramaticais".[59] Uma abordagem reducionista que presta atenção apenas à morfologia e à sintaxe, abstraindo pedaços da linguagem do contexto vivido em que as pessoas os utilizam, pode tecnicamente ser considerada gramatical, mas não é propícia à compreensão textual. Existe certo tipo de exegese que mata para dissecar. É importante, então, não dar a impressão de que o conhecimento da gramática, concebido de forma restrita, é o princípio e o fim da leitura. Uma cultura de leitura gramatical e reducionista forma leitores para serem meros técnicos de textualidade, não sujeitos que respondem ao texto.[60] Como, então, devemos integrar nossos interesses duais em *Deus* e na *gramática*? Que *outros* tipos de atenção à letra do texto são necessários para fazer justiça à Bíblia como a palavra de Deus em palavras humanas? O presente livro é uma resposta estendida a essa importante questão.

O primeiro passo para formar uma cultura de leitura que esteja de acordo com a Sagrada Escritura é reconhecer a existência e a influência das culturas de leitura. Pois alguns leitores podem resistir à ideia de que pertencem a qualquer cultura que possa influenciar sua leitura além da cultura "científica" da erudição bíblica. A cura para essa ingenuidade é uma boa dose de história da igreja. Viajar é igualmente educativo. Aqueles que têm olhos para ver e ouvidos para ouvir entendem com rapidez que a cultura não diz respeito apenas *àquelas* pessoas *de lá*, mas a todos nós. A interpretação bíblica de cada pessoa é culturalmente condicionada, no mínimo pela cultura de leitura à qual pertence.

Deixe-me agora expor minha hipótese de trabalho: *o tipo de exegese que fazemos depende da natureza da cultura de leitura na qual fomos socializados*. Lembre-se, uma cultura de leitura é uma comunidade que valoriza e pratica certa maneira de ler. Culturas de leitura geram interpretações e, mais importante, formam leitores para se conformarem aos padrões e práticas de sua comunidade. A distinção entre alfabetização como competência linguística (ou seja, a capacidade de falar e entender uma língua específica) e alfabetização como competência literária (ou seja, o resultado de uma socialização bem-sucedida nos hábitos e práticas de uma comunidade de leitura específica) pode ser útil. *Os leitores são considerados "alfabetizados" se alcançam competência nas práticas de leitura de uma comunidade específica.*

Rudolf Bultmann elaborou a famosa pergunta: "É possível a exegese sem pressupostos?"[61] Minha pergunta é um pouco diferente: *é possível a exegese sem culturas de leitura?* Os intérpretes bíblicos fazem bem em examinar não apenas os pressupostos que

---

59. Wallace, p. xiii (ênfase original).

60. Lembro-me da distinção de meu professor de piano da faculdade, John Nordquist, entre aqueles que tocam notas e aqueles que as amam. Esse comentário realizou um batismo de minha imaginação, pois comecei a ver a leitura de partituras musicais como uma forma de interpretação textual.

61. Rudolf Bultmann, "Is Exegesis without Presuppositions Possible?" [É possível a exegese sem pressupostos?], em *Existence and Faith* (Londres: Hodder and Stoughton, 1961), p. 289-96.

trazem para o texto, mas também as maneiras como seus pressupostos e suas práticas interpretativas foram formados pela cultura de leitura particular que habitam. Isso importa porque as maneiras como os cristãos leem a Bíblia eventualmente moldam a cultura cristã. Uma cultura de leitura desordenada formará uma cultura cristã desordenada (e vice-versa). Esse é um tipo de círculo hermenêutico: *culturas de leitura formam leitores, e leitores formam (ou transmitem) culturas de leitura.*

Nem todas as culturas de leitura são criadas iguais, como nos lembra o comentário sóbrio de Jesus, quando disse a seus ouvintes que estes não conseguiam entendê-lo porque eram incapazes de ouvir o que ele lhes dizia (Jo 8:43). O objetivo da hermenêutica cristã pura e simples é garantir que as culturas de leitura formem leitores que possam atender e ouvir as palavras de Jesus. Uma cultura de leitura da Bíblia corretamente ordenada é aquela que ordena com correção os interesses interpretativos conjugados na *gramática* e em *Deus*. Fazer justiça a cada um não implica necessariamente dar a todos ao mesmo tempo, mas, sim, dar a cada um o que lhe é *devido*. O esclarecimento do trato com a letra do texto (gramática) e sua relação com a luz de Cristo (Deus) ocupará a maior parte de nossa atenção.

Em seu livro didático, amplamente utilizado, Michael Gorman tenta equilibrar gramática e Deus ao definir a exegese bíblica como leitura acadêmica: "a análise histórica, literária e teológica cuidadosa de um texto".[62] Ele também menciona "leitura atenta", aquela "consideração deliberada, palavra por palavra e frase por frase, de todas as partes de um texto para entendê-lo como um todo".[63] Essa leitura honra a letra e forma um tipo de cultura de leitura que não deve ser desprezada. A questão urgente, no entanto, diz respeito ao papel da teologia. Diferentes culturas de leitura sintonizam os leitores para atender a coisas diferentes. Como os seminários e igrejas estão formando leitores da Bíblia para atender não apenas à gramática, mas a Deus? O que, se houver algo, é distintamente teológico acerca da interpretação bíblica?

Ler a Bíblia "como qualquer outro texto" é fazer-lhe uma injustiça, porque em aspectos importantes, ela *não* é como qualquer outro texto, pois Deus está envolvido na produção (escrita) e recepção (leitura) da Bíblia de uma forma qualitativamente diferente de seu envolvimento com outros textos. Embora a leitura da Bíblia seja em alguns aspectos semelhante à leitura de outros livros, em geral ela é marcada por uma dessemelhança ainda maior: "O que torna a Bíblia *semelhante* a outros livros é o fato de que ela tem autores; o que torna a Bíblia *diferente* de outros livros é que seu autor principal é Deus".[64]

---

62. Michael Gorman, *Elements of Biblical Exegesis: A Basic Guide for Students and Ministers*, 3ª ed. (Grand Rapids: Baker Academic, 2020), p. 4.

63. Gorman, p. 4. Matthew Malcolm vê a exegese de forma semelhante, "como uma interpretação intencional, atenta e respeitosa de um texto escrito específico". *From Hermeneutics to Exegesis: The Trajectory of Biblical Interpretation* (Nashville: B&H Academic, 2018), p. 6.

64. Kevin J. Vanhoozer, *Is There a Meaning in This Text? The Bible, the Reader, and the Morality of Literary Knowledge* (Grand Rapids: Zondervan, 1998), p. 4.

Leitores alfabetizados – aqueles que alcançam o entendimento – prestam atenção ao que é dito e se tornam responsáveis por isso. Deus é espírito, e aqueles que leem sua palavra devem ler em espírito e em verdade (cf. Jo 4:24). O tipo de alfabetização bíblica que edifica cidadãos de uma nação santa, em última análise, atende à *gramática* da palavra *de Deus*. Além disso, fazer justiça a esse "de Deus" significa atender à letra tanto no contexto canônico quanto histórico.[65] Isso dá origem a um tipo diferente de cultura de leitura, que valoriza a atenção à totalidade das Escrituras, bem como às suas partes individuais. Uma cultura de leitura cristã, portanto, promoverá um hábito que pode parecer paradoxal para alguns à primeira vista: *uma leitura canônica rigorosa*.[66]

Ler a Bíblia teologicamente exige mais do que uma leitura canônica rigorosa. A leitura teológica da Bíblia envolve atenção não apenas a seu contexto histórico inicial ou mesmo ao conteúdo teológico, mas também à maneira pela qual o texto efetua uma ruptura da palavra de Deus no próprio contexto do leitor, tornando este um daqueles "sobre quem tem chegado o fim dos tempos" (1Co 10:11). A questão que permanece é o modo pelo qual os leitores devem responder e ser formados pelo que Webster chamou de "cultura escatológica" trazida à existência pela palavra viva e eficaz de Deus, que invade e interrompe nossos lugares mundanos.[67] Ler a Bíblia teologicamente é habitar um contexto no qual Deus irrompe.

Meu propósito neste primeiro capítulo foi chamar a atenção para a importância de culturas de leitura e para o fato de que os cristãos pertencem a uma dessas culturas peculiares e *escatológicas*. Devemos, portanto, entender autores, textos, leitores e o próprio processo de leitura em relação a Deus e ao evangelho de Deus. Este é nosso contexto teológico apropriado. Portanto, é importante não confundir a cultura escatológica que todos os cristãos compartilham com culturas étnicas, nacionais, disciplinares ou denominacionais particulares. O objetivo é uma hermenêutica cristã *pura e simples* que esteja de acordo com nossa cultura cristã escatológica, uma hermenêutica que formará leitores para ler canonicamente, em espírito e em verdade – leitores que sabem que são responsáveis perante Deus por suas interpretações e por sua vida.

65. Assim como a gramática inglesa estuda as partes do discurso e as regras implícitas em frases corretamente formadas em inglês, uma gramática canônica estuda o discurso profético e apostólico, as regras implícitas em seu discurso sobre Deus, bem como as regras para relacionar os temas do Antigo e do Novo Testamento.

66. Falarei mais sobre isso nos capítulos 4 a 6.

67. Webster, *Culture of Theology*, p. 53.

CAPÍTULO 2

EXEGESE EM UM GALPÃO DE FERRAMENTAS

UM CONFLITO DE CULTURAS DE LEITURA

Ah, claro, há outro significado, outra interpretação da palavra "pai", que insiste que meu pai, embora um monstro, embora um vilão para seus filhos, ainda é meu pai simplesmente porque ele me gerou. Mas esse significado é, por assim dizer, místico.
– Fiódor Dostoiévski, *Os Irmãos Karamazov*

O CAPÍTULO 1 CHAMOU A ATENÇÃO PARA alguns fatores que muitas vezes são mantidos nos bastidores da (e fora dos livros didáticos sobre) interpretação bíblica: (1) que o propósito final da interpretação bíblica é a formação de uma cultura cristã, a educação e edificação de uma comunidade biblicamente alfabetizada que consiga demonstrar seu entendimento adotando um modo de vida compatível com sua cidadania evangélica; (2) que há várias maneiras de ser bíblico, expressas em diferentes tipos de "culturas de leitura", cada uma das quais forma leitores para atender à letra do texto de diferentes maneiras; e (3) que pensar teologicamente sobre a leitura da Bíblia como a palavra viva e eficaz de Deus traz à tona o contexto escatológico único do leitor, bem como a possibilidade de uma cultura de leitura distinta e escatologicamente carregada. Resulta disso uma nova, surpreendente e talvez controversa interpretação do *contexto do leitor*, que normalmente é considerada uma função de raça/etnia, gênero, classe – uma questão sociopolítica e não teológica.

Este capítulo estabelece mais dois entendimentos que todo leitor deve ter acerca da interpretação bíblica. Primeiro, que ao longo da história da igreja tem havido uma tensão recorrente entre dois tipos de culturas de leitura, uma recorrência fácil de ignorar porque os termos que descrevem essa tensão variam. Além disso, que, quando essa tensão se torna muito pronunciada, o resultado é uma polarização patológica na qual cada cultura desvaloriza ou talvez descarte a contribuição da outra. Essa exclusão não serve à causa nem da alfabetização bíblica nem de Cristo.

Aqui, forneço um esboço desse desenvolvimento patológico, com a intenção de estabelecer um curso mais esperançoso. No entanto, às vezes, para seguir em frente, é útil saber a forma pela qual chegamos até onde estamos, em nosso impasse atual. Daí o breve excurso seguinte sobre a história da interpretação bíblica. Argumentarei nos capítulos seguintes que a tensão que este capítulo identifica pode ser restauradora e não debilitante. Minha esperança é que as culturas de leitura atualmente divididas transformem suas espadas interpretativas em arados e suas lanças metodológicas em podadeiras, que disciplinas não se armem contra outras disciplinas, nem treinem seus alunos a continuarem com as guerras territoriais. Minha esperança, em resumo, é que os estudiosos bíblicos e teólogos abracem, em vez de excluir, as abordagens uns dos outros. Antes que possam fazer isso, no entanto, precisamos levar ambas as partes para o galpão de ferramentas.

C. S. Lewis: levando intérpretes bíblicos para o galpão de ferramentas

O galpão de ferramentas em questão é aquele apresentado por Lewis em seu curto, mas perspicaz ensaio de quatro páginas: "Meditação em um galpão de ferramentas".[1] Imagine entrar em um galpão de ferramentas escuro. Há uma rachadura no topo que deixa entrar um raio de luz. Quando se olha *para* o raio de sol, tudo o que se pode ver são partículas de poeira flutuando nele. Lewis contrastou *olhar para* o feixe com *olhar ao longo* dele, o que acontece quando se entra na luz e se vê, não partículas de poeira, mas folhas verdes do lado de fora do galpão de ferramentas e, além delas, o próprio sol. Lewis extraiu uma moral importante dessa metáfora simples: "Olhar ao longo do feixe e olhar para o feixe são experiências muito diferentes".[2]

Uma vez que se compreende a distinção entre olhar *para* e *ao longo*, disse Lewis, encontra-se isso em todos os lugares. Um jovem apaixonado vê sua amada, e, de repente, tudo está certo com o mundo. Um neurocientista olhando *para* o amor do jovem a partir de fora enxerga outra coisa. A "gramática" da neurociência enquadra o amor do jovem quanto a estímulos visuais e reação bioquímica. Lewis observou: "Você tem uma experiência de uma coisa quando olha ao longo dela, e outra quando olha para ela".[3] Curiosamente, Lewis não aplicou sua pequena parábola à leitura, mas nós podemos. Alguns leitores olham *para* o texto; outros olham *ao longo* dele.

Olhar *para* o texto é manter uma distância crítica. Significa ler com certo distanciamento. "Olhar para" é um tipo de leitura rigorosa, mas que favorece a análise. Aqueles que adotam uma atitude crítica ou analítica permanecem fora do mundo do texto, olhando para dentro. Lewis pensou que essa mentalidade crítica era uma das marcas registradas da modernidade, com sua valorização da objetividade científica. Olhar *para* privilegia um quadro de referência *externo*, para melhor trazer certas

1. Em C. S. Lewis, *God in the Dock: Essays on Theology and Ethics* (Grand Rapids: Eerdmans, 1970), p. 212-5 [Cf. em português: *Deus no banco dos réus* (Rio de Janeiro: Thomas Nelson Brasil, 2018)].
2. Lewis, "Meditation in a Toolshed", em *God in the Dock*, p. 212.
3. Ibidem, p. 213.

características textuais em foco. Leitores que olham *para* o texto a partir de seu ponto de vista crítico muitas vezes supõem que seu quadro de referência é superior às visões "internas": "As pessoas que olham *para* as coisas tiveram tudo à sua maneira; as pessoas que olham *ao longo* das coisas foram simplesmente intimidadas. Chegou-se até a ser dado como certo que a descrição externa de uma coisa de alguma forma refuta ou 'desmascara' a descrição fornecida de dentro".[4]

Lewis pode não ter pensado sobre hermenêutica enquanto meditava em seu galpão de ferramentas, mas sua distinção *para* e *ao longo* lembra a preocupação semelhante de Søren Kierkegaard sobre a leitura das Escrituras na modernidade.[5] O texto relevante aqui é *For Self-Examination* [Em prol do autoexame], uma reflexão sobre os requisitos para ser um verdadeiro cristão, incluindo o que todo cristão deve saber sobre a leitura da Bíblia como Escritura. Kierkegaard ponderou a comparação em Tiago 1:22-27 entre uma pessoa que vê e se lembra de sua imagem em um espelho e uma pessoa que ouve e pratica a palavra de Deus. De acordo com Kierkegaard, a parábola de Tiago "adverte contra o erro de observar apenas o espelho em vez de se ver no espelho".[6] Deixar de se ver no espelho das Escrituras – de aprender a verdade sobre sua natureza, identidade e destino – é perder metade da sabedoria cristã, cuja soma, de acordo com Calvino, é "o conhecimento de Deus e de nós mesmos".[7] Os leitores que olham apenas *para* o texto não se verão nele.

Sem dúvida, olhar *para* o espelho das Escrituras pode ser informativo. No entanto, não importa quão de perto examinemos o espelho em si – sua forma, superfície, tamanho – o propósito do espelho é frustrado a menos e até que vejamos rostos. As parábolas de Lewis e Kierkegaard servem como advertências proféticas contra a priorização de certo tipo crítico de *olhar para*. Kierkegaard via a própria maneira "não científica" de ler a Bíblia como um corretivo para os hábitos de leitura do academicismo bíblico moderno. De fato, Lewis e Kierkegaard ressoariam com o *cri de coeur* de Paul Ricoeur: "Além do deserto da crítica, desejamos ser chamados de novo".[8] Essa é uma expressão pungente de um importante filósofo hermenêutico do século 20 sobre o desejo de encontrar algo no texto além do que pode ser examinado criticamente, classificado ou explicado por teorias críticas. Para modificar o ditado de Ricoeur: "Além do deserto da crítica, desejamos olhar *ao longo*".

---

4. Ibidem, p. 213.

5. Veja também Timothy Houston Polk, *The Biblical Kierkegaard: Reading by the Rule of Faith* (Macon: Mercer University Press, 1997); Hugh S. Pyper, *The Joy of Kierkegaard: Essays on Kierkegaard as a Biblical Reader* (Nova York: Routledge, 2014); Joel D. S. Rasmussen, "Kierkegaard the Reader of Scripture" [Kierkgaard, o leitor das Escrituras], em Aaron P. Edwards e David J. Gouwens (orgs.), *T&T Clark Companion to the Theology of Kierkegaard* (Londres: T&T Clark, 2020), p. 111-38.

6. Søren Kierkegaard, *For Self-Examination and Judge for Yourself!*, ed. e trad. Howard V. Hong e Edna H. Hong (Princeton: Princeton University Press, 1990), p. 25.

7. João Calvino, *Institutes of the Christian Religion* (organizado por John T. McNeill), 2 vols. (Philadelphia: Westminster, 1960), I.1.1.

8. Paul Ricoeur, *The Symbolism of Evil* (Boston: Beacon, 1969), p. 349.

O homem não pode viver apenas olhando *para* o pão. O desejo de Ricoeur de ir além do *olhar para* algo criticamente é parte integrante de seu anseio por uma "segunda ingenuidade", uma fé pós-crítica que não renuncia ao momento crítico – a suspeita de que as aparências podem enganar e não refletir a realidade – mas que vai além dela. Em uma passagem pungente, Ricoeur invocou o exemplo de Moisés, que antes de morrer conseguiu pelo menos vislumbrar a terra prometida, um significado que sobrevive ao "deserto da crítica". Ricoeur acreditava que o aprendizado moderno tornava a primeira ingenuidade, uma confiança no sentido literal da Bíblia e nas narrativas históricas, impossível. Sua segunda ingenuidade descobre significado no texto lido como uma narrativa simbólica ou metafórica em vez de uma literal e histórica. Acredito que Ricoeur estava certo no que afirmou (o desejo de ser chamado de novo), mas errado no que negou (a verdade do sentido literal da Bíblia).[9] Acredito que a história da Bíblia é verdadeira não porque eu olhei *para* ela (criticamente) e considerei sua história confiável, mas, sim, porque ao olhar *ao longo* dela, consigo ver todo o resto, até a mim mesmo.[10]

Quanto ao dilema – olhar *para* ou *ao longo*, ser crítico ou ingênuo –, as histórias são para Lewis a solução parcial.[11] É graças à imaginação narrativa – um tipo de pensamento que reúne o que a razão analítica divide – que os leitores conseguem olhar *ao longo* do texto e entrar em seu raio de luz: seu mundo narrado. A imaginação é uma faculdade cognitiva que se destaca em fazer e descobrir conexões significativas entre as coisas.[12] Pensar biblicamente convida e inclui tanto um momento crítico e analítico que se destaca em olhar *para*, quanto um momento imaginativo e sintético que nos permite olhar *ao longo*. Ambos os tipos de pensamento são ingredientes da sabedoria interpretativa.

O próprio Lewis era um leitor exemplar, mais preocupado em "receber" uma obra literária em seus próprios termos do que em impor a ela sua própria teoria e prática críticas.[13] É precisamente isso que significa ser *chamado* além do deserto da crítica. O primeiro apelo que a Bíblia, ou qualquer obra literária, faz ao leitor é por atenção respeitosa: "Olhar. Ouvir. Receber".[14] Nós "recebemos" uma obra quando "exercemos

---

9. Veja também meu *Biblical Narrative in the Philosophy of Paul Ricoeur: An Essay in Hermeneutics and Theology* (Cambridge: Cambridge University Press, 1990).

10. De C. S. Lewis, "Is Theology Poetry?," [Teologia é poesia?] em *Weight of Glory: And Other Addresses* (Nova York: HarperCollins, 2001), p. 116-40 [Cf. em português: *O peso da glória* (Rio de Janeiro: Thomas Nelson Brasil, 2017].

11. O que chamo de imaginação literária ou história, Lewis em seu ensaio denominou mito.

12. Para um relato mais amplo da imaginação e seu papel na teologia, veja meu "The Discarded Imagination: Metaphors by Which a Holy Nation Lives" [A imaginação descartada: metáforas pelas quais uma nação santa vive], em Kevin J. Vanhoozer, *Pictures at a Theological Exhibition: Scenes of the Church's Worship, Witness, and Wisdom* (Downers Grove: IVP Academic, 2016), p. 17-46.

13. Para um apelo sustentado a C. S. Lewis como um guia especializado para ler a Bíblia, veja John C. Collins, *Reading Genesis Well: Navigating History, Poetry, Science, and Truth in Genesis 1-11* (Grand Rapids: Zondervan, 2018), esp. p. 25-9, 62-7.

14. C. S. Lewis, *An Experiment in Criticism* (Cambridge: Cambridge University Press, 1961), p. 19 [Cf. em português: *Um experimento em crítica literária* (Rio de Janeiro: Thomas Nelson Brasil, 2019), p. 28].

nossos sentidos e imaginação, além de vários outros poderes de acordo com um padrão criado pelo artista".[15] Esse "de acordo com" é outra maneira de dizer "olhando ao longo", ou *olhando na direção indicada pelo texto do autor*. Para entender o que está escrito, os leitores devem seguir o caminho das palavras do autor. Receber uma obra é entrar em sua maneira de enxergar. O primeiro mandamento da interpretação bíblica é, portanto, "Olhe ao longo do feixe de luz textual".

É importante não confundir a segunda ingenuidade – a imaginação fiel – com credulidade ou pensamento *acrítico*. A lição do galpão de ferramentas não é que uma maneira de olhar é certa e a outra errada: "É preciso olhar *ao longo* e *para* tudo".[16] A visão cristã do mundo é apresentada nas Escrituras como uma história unificada. E, ainda assim, na história a encarnação acontece. O Verbo se fez carne em um tempo e lugar específicos na história – *sem deixar de ser narrativa*, isto é, apresentado em forma de história; portanto, não podemos entender a encarnação de Jesus sem levar em conta o cenário em uma narrativa muito mais longa (o Antigo Testamento). Para ser verdadeiramente cristão (ou bíblico), "devemos tanto concordar com o fato histórico quanto receber a narrativa (embora tenha se tornado realidade) com o mesmo abraço imaginativo que concedemos a todas as narrativas".[17] Como a distinção entre olhar *para* e *ao longo* tem relação com a leitura de culturas?

C. P. Snow: as duas culturas

A razão pela qual podemos encontrar exemplos de olhar *para* e *ao longo* a "todo momento", como Lewis observou, é que esses exemplos se desenvolveram em duas culturas diferentes de leitura. Tomemos, por exemplo, a famosa *Rede Lecture* de C. P. Snow de 1959, "The Two Cultures", que distingue entre as artes e a ciência, duas maneiras diferentes de pensar e vivenciar o mundo. Snow falou da experiência pessoal de cada uma: "Por formação, eu era um cientista: por vocação, um escritor".[18] Embora tivesse um pé em ambos os campos, ele sentia como se estivesse se movendo entre dois grupos, "comparáveis em inteligência, idênticos em raça, não muito diferentes em origem social, ganhando aproximadamente as mesmas rendas, que quase deixaram de se comunicar, que em relação ao clima intelectual, moral e psicológico tinham tão pouco em comum que [...] pareciam separados por um oceano".[19]

O conceito de "duas culturas" era a maneira de Snow dar sentido a seu contexto intelectual de meados do século 20: "Este é um problema de todo o Ocidente.

15. Ibidem, p. 88.
16. Lewis, "Meditation in a Toolshed", p. 215.
17. Lewis, "Myth Became Fact," [Mito que se tornou realidade] em *God in the Dock*, p. 67.
18. C. P. Snow, *The Two Cultures* (Cambridge: Cambridge University Press, 1993), p. 1. Snow estudou espectroscopia infravermelha no Laboratório Cavendish de Cambridge, mas depois se tornou romancista.
19. Ibidem, p. 2.

Acredito que a vida intelectual de toda a sociedade ocidental está cada vez mais sendo dividida em dois grupos polares".[20] Snow chamou o primeiro grupo de "intelectuais literários" e o segundo de "cientistas físicos".[21] Cada um tinha seus próprios valores, maneiras, jargões e metodologia. O problema era que os dois grupos eram incapazes de se comunicar um com o outro. Embora Snow não tenha usado o termo, é justo descrever esses dois grupos como culturas de leitura. As ciências naturais e as humanidades leem o mundo de maneiras distintas, de acordo com regras, convenções e até gramáticas diferentes.

Tomadas em conjunto, as duas maneiras de Lewis e as duas culturas de Snow levantam uma questão crucial: a interpretação bíblica é uma instância de olhar *para* ou *ao longo*? A hermenêutica bíblica deveria dar origem a uma cultura de leitura mais parecida com as ciências ou com as artes (ou nenhuma delas)? Enquanto os leitores pré-modernos da Bíblia estavam mais preocupados em se tornar o tipo certo de pessoa do que com a metodologia, a virada do século 17, para a ciência empírica, e a virada do Iluminismo do século 18, para a racionalidade, estabeleceram novos padrões para pessoas do conhecimento responsáveis.[22] No século 19, o *Oxford English Dictionary* definia ciência como o uso de processos físicos e experimentais para conhecer o mundo material. Todo empreendimento intelectual, incluindo o estudo da Bíblia, era agora obrigado a mostrar que empregava métodos críticos que pudessem produzir conhecimento genuíno, se quisesse ser considerado uma ciência.

Estudiosos bíblicos e teológicos não estavam imunes a esses desenvolvimentos. Boa parte dos exegetas e teólogos do século 19 estavam ansiosos para vestir o manto da ciência, em parte para dar certo prestígio às suas leituras. Muitos críticos bíblicos modernos aceitaram a nova ciência, voltando sua atenção para a análise histórica, literária e cultural, procedimentos que visavam olhar *para*.[23] A fim de não ficarem para trás, certos teólogos alegaram que também empregavam um método científico. O teólogo de Princeton do século 19, Charles Hodge, sustentou que a Bíblia "é para o teólogo o que a natureza é para o homem da ciência. É seu depósito de fatos".[24] Exegetas e teólogos modernos poderiam, portanto, alegar, com alguma garantia, que as

---

20. Ibidem, p. 3.

21. Mais recentemente, Iain McGilchrist argumentou que as duas culturas são sintomas de uma dualidade mais fundamental, o cérebro dividido, composto de hemisférios esquerdo e direito, com maneiras muito diferentes de processar informações e vivenciar o mundo. Veja seu *The Master and His Emissary: The Divided Brain and the Making of the Western World*, exp. ed. (New Haven Yale University Press, 2019). Agradeço a Matt Wiley por chamar minha atenção para este livro e o paralelo com as "duas culturas" de Snow.

22. Veja também Lawrence M. Principe, *Scientific Revolution: A Very Short Introduction* (Oxford: Oxford University Press, 2011); e John Robertson, *The Enlightenment: A Very Short Introduction* (Oxford: Oxford University Press, 2015).

23. Para uma pesquisa sobre diferentes formas de crítica bíblica e sobre o impacto de outras disciplinas no academicismo bíblico, veja J. W. Rogerson e Judith M. Lieu (orgs.), *The Oxford Handbook of Biblical Studies* (Oxford: Oxford University Press, 2008).

24. Charles Hodge, *Systematic Theology vol. 1* (Grand Rapids: Eerdmans, 1979), p. 10 [Cf. em português: *Teologia sistemática* (São Paulo: Hagnos, 2001)].

respectivas disciplinas constituíam uma "ciência da Bíblia". Como o próximo capítulo mostrará, as duas disciplinas seguiram caminhos separados, semelhantes à divergência das duas culturas de Snow, e com o mesmo resultado desanimador: "Entre as duas, um abismo de incompreensão mútua – às vezes hostilidade e antipatia, mas acima de tudo falta de entendimento. Elas têm uma curiosa imagem distorcida uma da outra".[25]

Em retrospecto, o contraste das duas culturas de Snow, embora de algum valor pedagógico, é, em última análise, muito simplista e ultrapassado. Para começar, há atualmente tantas subdisciplinas especializadas na academia que talvez devêssemos falar não de duas, mas de cento e duas culturas. Ainda assim, um bom exemplo poderia ser a distinção grosseira e pronta entre dois tipos de cultura que há nas universidades modernas: as humanidades se concentram na leitura de livros que tratam da condição humana (literatura); as ciências naturais leem o mundo físico (o "livro da natureza"). No entanto, a pluralidade de disciplinas e abordagens à leitura apenas exacerba o problema: a que tipo de cultura de leitura os leitores cristãos devem pertencer?

Os membros das disciplinas teológicas fariam bem em dar ouvidos ao conselho do historiador intelectual Stefan Collini aos acadêmicos: "As divisões rígidas entre disciplinas, a falta de compreensão mútua, os sentimentos equivocados de superioridade ou desdém em vários grupos profissionais – esses devem ser vistos como *problemas*, e não aceitos de forma fatalista como parte da ordem imutável das coisas".[26]

Concordo. O restante deste capítulo, portanto, visa colocar as disputas contemporâneas sobre como interpretar a Bíblia em uma perspectiva histórica mais ampla. Esse é o primeiro passo para resolver as guerras culturais de leitura que dividiram, e continuam a dividir, os intérpretes bíblicos – e a igreja, no passado e no presente.

Correntes cruzadas da interpretação bíblica: uma breve história de uma tensão recorrente

Até agora, este capítulo estabeleceu que há uma distinção entre olhar *para* textos e olhar *ao longo* deles, e que essas duas maneiras têm algumas afinidades com as duas "culturas" das ciências naturais e das humanidades. No entanto, as origens dessa dualidade são muito mais antigas. Na verdade, há boas razões para acreditar que essas duas culturas de leitura são tão antigas quanto a própria interpretação bíblica.

A hermenêutica diz respeito ao quê, como e por que da interpretação textual: que tipo de texto estamos lendo? Como deve ser lido? Por que estamos lendo? A pergunta sobre o *quê* é facilmente respondida: os intérpretes bíblicos estão lendo os livros da Bíblia. Embora haja alguma dúvida quanto aos limites externos do cânone, há um

25. Snow, *Two Cultures*, p. 4. Retornarei à exegese e à teologia como duas culturas de leitura contrastantes no capítulo 4.
26. Ibidem, p. lx–lxi.

consenso generalizado de que os sessenta e seis livros da Bíblia protestante constituem o núcleo comum. As comunidades cristãs divergem sobre as formas de leitura e a que propósito(s) a leitura serve. As diversas culturas de leitura que estamos considerando, então, diferem principalmente sobre o *como* e o *porquê* da leitura, e sobre qual pergunta é mais importante. Priorizar o *como* gera um tipo diferente de cultura de leitura do que priorizar o *porquê*. O primeiro foca no *processo*; o último, no *propósito*. Tenho me esforçado para trazer essa dinâmica à tona porque, como acontece com tantos outros aspectos da cultura, provavelmente não estaremos cientes dela até que encontremos pessoas de outra cultura, ou nos tornemos viajantes de um lugar ou tempo para outro. Vale a pena chamar a atenção para várias culturas de leitura, pois muitas pessoas simplesmente presumem que sua maneira de ler a Bíblia é normal, se não normativa.

Deixe-me sugerir, provisoriamente, que há uma semelhança familiar entre olhar *para* as ciências e o *como*, por um lado, e olhar *ao longo* as humanidades e a questão do *porquê*, por outro. Meu objetivo é fornecer um relato do que significa ler a Bíblia teologicamente que faça justiça a ambas as questões. No capítulo anterior, sugeri que leitores pré-modernos como Agostinho, Hugo de São Vítor e Calvino compartilhavam esse objetivo. Antes que possamos nos apressar para formular uma "hermenêutica pura e simples" (uma abordagem para ler as Escrituras com a qual todos os cristãos devem concordar), precisamos identificar e lidar com os conflitos que caracterizaram a história da interpretação bíblica. Estes não dizem respeito simplesmente a diferentes leituras do mesmo texto bíblico, mas a diferentes maneiras de ler esses textos. Foram as práticas associadas a essas maneiras díspares que deram origem a culturas de leitura que, apesar de seu interesse comum na mesma página sagrada (o *quê*), não estão na mesma página no que diz respeito ao processo (o *como*) e ao propósito (o *porquê*). De novo, nada é mais persuasivo para desiludir as pessoas da noção de que sua maneira de ler a Bíblia é normal ou normativa (ou que elas não têm cultura de leitura) do que familiarizá-las com a história da interpretação bíblica.

Este não é o lugar para elaborar uma pesquisa exaustiva, nem sou a pessoa para fazê-lo. Muitos livros de referência excelentes estão disponíveis para esse fim.[27] Meu propósito é mais modesto e focado: traçar uma tensão recorrente entre duas correntes de leitura

27. Recomendo em particular Keith D. Stanglin, *The Letter and Spirit of Biblical Interpretation: From the Early Church to Modern Practice* (Grand Rapids: Baker Academic, 2018). Veja também Alan J. Hauser e Duane F. Watson (orgs.), *A History of Biblical Interpretation, vol. 1, The Ancient Period* (Grand Rapids: Eerdmans, 2003); Karlfried Froelich, *Biblical Interpretation in the Early Church* (Philadelphia: Fortress, 1984); Christopher A. Hall, *Reading Scripture with the Church Fathers* (Downers Grove: InterVarsity, 1988); Brandon D. Smith, *Taught by God: Ancient Hermeneutics for the Modern Church* (Brentwood: B&H Academic, 2024); John L. Thompson, *Reading the Bible with the Dead: What You Can Learn from the History of Exegesis that You Can't Learn from Exegesis Alone* (Grand Rapids: Eerdmans, 2007); Donald K. McKim (org.), *Dictionary of Major Biblical Interpreters* (Downers Grove: IVP Academic, 2007); Paul M. Blowers e Peter W. Martens (orgs.), *The Oxford Handbook of Early Christian Biblical Interpretation* (Oxford: Oxford University Press, 2019); e Richard A. Muller e John L. Thompson (orgs.), *Biblical Interpretation in the Era of the Reformation: Essays Presented to David C. Steinmetz in Honor of His Sixtieth Birthday* (Grand Rapids: Eerdmans, 1996).

transculturais – o que o Novo Testamento descreve como o contraste entre "letra" e "espírito" – por meio dos principais períodos da história da igreja pré-moderna (patrística, medieval, Reforma).[28] Como o próximo capítulo revelará, essa tensão eventualmente atingiu um ponto de ruptura quando, na modernidade, os estudos bíblicos e a teologia sistemática se separaram e seguiram caminhos disciplinares separados.

Antioquia e Alexandria

Ao pesquisar a história da interpretação bíblica, é importante não agrupar todas as abordagens da igreja primitiva sob a mesma rubrica "pré-moderna". Quer as descrevamos como "escolas", "trajetórias" ou "tradições", Antioquia e Alexandria passaram a representar culturas de leitura contrastantes dentro do cristianismo primitivo.[29] Bernard Ramm dividiu sua própria pesquisa das escolas históricas de interpretação em "alegóricas" e "literais", e é aqui que encontramos Alexandria e Antioquia, respectivamente.[30] No entanto, também é importante não reduzir tudo na interpretação bíblica cristã primitiva a um conto de duas cidades. Cada um estava interessado em fazer justiça tanto ao sentido literal quanto espiritual das Escrituras, diferenciando-se pela ênfase de Antioquia à "letra" e de Alexandria ao "espírito" da letra.[31] A generalização de John Cavadini é útil: "Para os pais, o sentido literal das Escrituras era *ordenado em direção ao(s)* sentido(s) espiritual(ais)".[32] Seja como for, as respectivas ênfases sustentadas por Antioquia e Alexandria estão, respectivamente, nas nascentes do que eventualmente se tornariam culturas de leitura opostas.

A origem da interpretação alegórica

Se ainda podemos falar de uma "escola" de Alexandria, Orígenes pode muito bem reivindicar ser seu diretor. Estudiosos bíblicos modernos são muitas vezes mais inclinados a identificá-lo como um pai abusivo da igreja por causa de seus "crimes contra a textualidade" (ou seja, voos alegóricos de fantasia). O incontestável é sua

28. Por "pré-moderno" (ou "pré-crítico"), estou me referindo ao período anterior ao Iluminismo europeu do final do século 17, um movimento intelectual e social complexo caracterizado pelo prêmio que dava à razão autônoma, desacorrentada da tradição e autoridade religiosa, e ao pensamento crítico. É importante, desde o início, não tornar esse contraste muito claro ou simplista. Boa parte dos intérpretes buscaram fazer justiça a ambos os aspectos. Para um exame de como a declaração de Paulo, "A letra mata, mas o Espírito vivifica" (2Co 3:6), foi interpretada ao longo dos séculos, veja Paul S. Fiddes e Günter Bader (orgs.), *The Spirit and the Letter: A Tradition and a Reversal* (Londres: Bloomsbury T&T Clark, 2013).

29. Peter W. Martens descreve Antioquia e Alexandria como duas "culturas exegéticas" em "Introduction to the Divine Scriptures", em Adrian, *An Antiochene Handbook for Scriptural Interpretation* (Oxford: Oxford University Press, 2017), p. 15-6.

30. Bernard Ramm, *Protestant Biblical Interpretation*, 3ª ed. (Grand Rapids: Baker, 1970), p. 24-50.

31. Veja também, Brian E. Daley, *God Visible: Patristic Christology Reconsidered* (Oxford: Oxford University Press, 2020).

32. John C. Cavadini, "From Letter to Spirit: The Multiple Senses of Scripture" [Da letra ao Espírito: os múltiplos sentidos da Escritura], em Paul M. Blowers e Peter W. Martens (orgs.), *The Oxford Handbook of Early Christian Biblical Interpretation* (Oxford: Oxford University Press, 2019), p. 127.

influência no cristianismo primitivo. Ele escreveu o que foram indiscutivelmente os primeiros tratados abrangentes de crítica textual, hermenêutica e teologia.[33] Frances Young descreve Orígenes como "o primeiro exegeta acadêmico das Escrituras",[34] acrescentando que "ele criou o academicismo cristão".[35] A obra de Orígenes, portanto, é um estudo de caso de abertura adequado para nosso experimento em crítica bíblico-teológica.[36]

A "escola" de Orígenes era um centro de aprendizado cristão que atendia neófitos (novos cristãos se preparando para serem batizados) e estudantes se preparando para se tornarem professores. Havia apenas um livro didático primário, a Escritura, e Orígenes o estudava com ferramentas e princípios similares aos usados com os clássicos greco-romanos da Antiguidade. Muitas dessas técnicas "gramaticais" – estabelecer um texto confiável, esclarecer termos difíceis, determinar alusões a outros textos – são a abordagem padrão até hoje. Menos familiar é a estrutura interpretativa neoplatônica para leitura da Bíblia que Orígenes herdou de Fílon de Alexandria.[37] A palavra que melhor descreve a leitura de Orígenes, tão controversa quanto bíblica (Paulo a utiliza em Gl 4:24), é *alegórica*. Portanto, devemos ter cuidado ao defini-la.

A etimologia é grega: *allos* ("outro") e *agoreuein* ("falar em público"; cf. gr. *agora*[38]). Alegorizar é falar de uma coisa (um significado oculto ou simbólico) no que se refere a outra (o significado superficial). Estritamente falando, uma alegoria significa algo *diferente* do que uma pessoa *diz*. Essa desconexão ou "alteridade" é típica da escrita e interpretação alegóricas. *O Peregrino,* de John Bunyan, é uma alegoria da vida cristã. Em um nível (o terreno), é a história da jornada de um indivíduo de um lugar para outro, mas em *outro* nível (o espiritual), é uma história sobre a vida cristã. De forma semelhante, "a interpretação alegórica (*allegoresis*) é entendida como a explicação de uma obra [...] como se houvesse outro sentido ao qual ela se referisse".[39]

33. A *Héxapla* de Orígenes aparentemente colocou seis versões diferentes do texto do Antigo Testamento lado a lado para comparação crítica. A maioria de suas obras existentes são homilias, partes de comentários e a totalidade de sua obra-prima *On First Principles* (em tradução latina).

34. Frances Young, "Divine Discourse: Scripture in the Economy of Revelation" [O discurso divino: as Escrituras na economia da salvação], em Paul M. Blowers e Peter W. Martens (orgs.), *The Oxford Handbook of Early Christian Biblical Interpretation* (Oxford: Oxford University Press, 2019), p. 80.

35. Frances Young, "The Interpretation of Scripture" [A Interpretação das Escrituras], em G. R. Evans (org.), *The First Theologians: An Introduction to Theology in the Early Church* (Oxford: Blackwell, 2004), p. 27.

36. A obra de Orígenes é, como veremos, um para-raios hermenêutico para os exegetas bíblicos modernos, e a igreja rejeitou alguns de seus ensinamentos doutrinários, como sua noção da preexistência da alma. Seria um erro, no entanto, desconsiderar muito rapidamente tudo o que ele tem a dizer sobre exegese, pois nenhuma abordagem interpretativa é infalível.

37. Ver também Joseph Wilson Trigg, *Origen: The Bible and Philosophy in the Third-Century Church* (Atlanta: John Knox, 1983), especialmente cap. 3, "Platonism."

38. Um tipo de centro comercial com vários lugares ou postos para a realização de negócios. Confira Mc 7:4; At 17:17. (N.R.)

39. Rita Copeland e Peter T. Struck, "Introduction", em *The Cambridge Companion to Allegory* (Cambridge: Cambridge University Press, 2010), p. 2.

A interpretação alegórica é anterior à teologia cristã, pois era parte integrante da cultura helenística e, portanto, da hermenêutica "geral".[40] Era comum ler as histórias dos deuses de Homero para encontrar um significado mais profundo do que a letra da superfície, especialmente quando esse significado parecia falso ou pouco edificante. No entanto, quando lidas alegoricamente, tendo significado simbólico em outro nível, essas histórias eram repositórios de verdades filosóficas. Orígenes estava ciente tanto dessa prática de leitura helenística quanto do fato de que Fílon fez uso dela com o propósito de tornar as Escrituras judaicas mais atraentes para leitores gregos educados. O principal *insight* (platônico) era: assim como o reino visível das coisas terrenas é apenas uma sombra do reino invisível das coisas essenciais, a letra do texto tem uma verdade oculta correspondente.

Orígenes cristianizou práticas de leitura alegórica, reivindicando um precedente paulino. Paulo usa o termo *allegoreo* e interpreta a história de Hagar e Sara alegoricamente, como representando a escravidão e a liberdade que caracterizam a antiga e a nova alianças, respectivamente (Gl 4:22-31): "O hábito de ler o Antigo Testamento neste princípio [alegoricamente] era, para Orígenes, uma das marcas distintivas da maneira cristã de ler as Escrituras em oposição à dos judeus".[41] Os judeus, disse Orígenes, não conseguiam ir além da "letra", que mata, para o "espírito", que dá vida (2Co 3:6). No entanto, os apóstolos nunca estabeleceram regras para interpretação alegórica, explicando o caminho da letra para o espírito (o "outro" significado). Essa foi a lacuna que Orígenes procurou retificar no livro 4, capítulo 2, de *Tratado sobre os princípios*.

Orígenes declarou que a Bíblia tem três tipos de significado, correspondendo à tríplice divisão de corpo, alma e espírito (1Ts 5:23).[42] Considere, por exemplo, como Orígenes alegorizou as instruções em Êxodo 12:9 sobre o cordeiro da Páscoa: "Não comam a carne crua, nem cozida em água, mas assada no fogo". Cristo é o verdadeiro cordeiro da Páscoa, morto antes da fundação da terra (Ap 13:8). Cristo também é o Logos, portanto, "O que é a carne das palavras divinas senão as Escrituras divinas?"[43] Ler literalmente é comer o texto cru; ler moralmente é fervê-lo em água. Nenhuma dessas leituras come o texto pascal da forma como deveria ser comido, a saber, cozido no

40. A hermenêutica geral diz respeito aos princípios de interpretação textual que podem ser aplicados a todo e qualquer texto; a hermenêutica especial diz respeito aos desafios únicos de interpretar tipos particulares de textos (por exemplo, legais, religiosos). Uma questão perene para intérpretes bíblicos é se a leitura da Bíblia requer uma hermenêutica especial além da geral.

41. G. R. Evans, *The Language and Logic of the Bible: The Earlier Middle Ages* (Cambridge: Cambridge University Press, 1984), p. 115.

42. Orígenes, *On First Principles* 4.2.4, trad. G. W. Butterworth (Notre Dame: Ave Maria, 2013). Orígenes também apelou para a tradução (errada) da Septuaginta de Provérbios 22:20,21, que fala em retratar o significado das Escrituras "de uma forma tripla" (4.2.4).

43. Orígenes, *Treatise on the Passover and Dialogue with Heraclides and His Fellow Bishops on the Father, the Son and the Soul*, trad. Robert J. Daly (Mahwah: Paulist, 1992), 26.5.

fogo (ou seja, lido espiritualmente).[44] Alguns estudiosos acham que Orígenes distinguiu três níveis de leitores (iniciantes, experientes, especialistas). É mais provável que ele estivesse pensando sobre os mesmos leitores progredindo de um nível de significado para o outro.[45] Orígenes abandonou a divisão tripartite em sua leitura real e se concentrou na dupla distinção entre interpretação literal e espiritual: "Na prática, há dois níveis de significado".[46] O primeiro diz respeito à história; o último, ao mistério da salvação. Nas palavras de Orígenes: "Esses mistérios que foram dados a conhecer e revelados a eles pelo Espírito, os profetas retrataram de modo figurativo por meio da narração do que pareciam ser feitos humanos e da transmissão de certas ordenanças e preceitos legais".[47]

O objetivo da interpretação espiritual é ler o sentido espiritual, que Orígenes identificou como a intenção do Espírito Santo, o autor supremo das Escrituras. O teólogo acreditava que o Espírito Santo inseria certas "pedras de tropeço" no sentido literal para forçar os leitores "a uma estrada mais alta e elevada".[48] Em seu comentário sobre o salmo 1, Orígenes comparou a letra do texto a uma "porta trancada" que somente "a chave de Davi" (ou seja, a profecia cumprida) pode abrir.[49] O sentido espiritual é, portanto, a pérola de grande valor escondida na casca da letra, "uma espécie de cobertura externa e véu para significados espirituais".[50] Para sondar as profundezas da letra, é preciso ter o Espírito de Cristo, pois "o Espírito sonda todas as coisas, até mesmo as coisas mais profundas de Deus" (1Co 2:10).

Orígenes manteve unidos letra e espírito por meio de uma analogia encarnacional. Enquanto as Formas de Platão permanecem no céu, o Filho de Deus assumiu a forma humana. Jesus veio em carne, mas escondida naquela carne estava sua divindade, o sentido espiritual, por assim dizer: "A Encarnação [...] fornece a Orígenes a garantia do acesso alegórico cristão à verdade".[51] O próprio Jesus se refere ao "sinal do profeta Jonas" (Mt 12:39) – sua saída do ventre de um grande peixe após três dias – que Orígenes interpretou como indicativo da ressurreição de Jesus. O sentido espiritual da história de Jonas, portanto, *significa* algo *diferente* da história pessoal de Jonas:

---

44. Veja a discussão em Daniel Boyarin, "Origen as Theorist of Allegory: Alexandrian Contexts" [Orígenes como teórico da alegoria: contextos alexandrinos], em Rita Copeland e Peter T. Struck (orgs.), *The Cambridge Companion to Allegory* (Cambridge: Cambridge University Press, 2010), p. 52–3. Retornaremos à compreensão de Orígenes do sentido literal no próximo capítulo.

45. Veja Karen J. Torjesen, *Hermeneutical Procedure and Theological Method in Origen's Exegesis* (Berlin: de Gruyter, 1985).

46. Young, "Interpretation of Scripture", p. 855.

47. Orígenes, *On First Principles* 4.2.7 [Cf. em português: *Tratado sobre princípios* (São Paulos: Paulus, 2012)].

48. Ibidem 4.2.9.

49. Orígenes, *Philocalia*, frag. 2.1.1–10. Citado em Brian E. Daley, "Finding the Right Key: The Aims and Strategies of Early Christian Interpretation of the Psalms" [Encontrando a chave certa: objetivos e propósitos da interpretação cristã primitiva dos Salmos], em Brian E. Daley e Paul R. Kolbet (orgs.), *The Harp of Prophecy: Early Christian Interpretation of the Psalms* (Notre Dame: University of Notre Dame Press, 2015), p. 14-5.

50. Orígenes, *On First Principles* 4.2.8.

51. Boyarin, "Origen as theorist of allegory", p. 51.

"A verdade dos acontecimentos registrados como tendo ocorrido [...] não pode ser vista completamente no mero texto e na narrativa histórica; pois cada acontecimento [...] é claramente também um símbolo de algo".[52] O estudioso patrístico Jean Daniélou observou que, para Orígenes, "A Bíblia é uma vasta alegoria, um tremendo sacramento no qual cada detalhe é simbólico".[53]

Essas alegações podem desencadear em estudiosos bíblicos, para cunhar um termo, uma "fobia alegórica" aguda: o medo de que a interpretação alegórica imponha significados aos textos, que ela *invente* em vez de *descobrir*, e que o *outro* significado esteja apenas vagamente ou talvez arbitrariamente amarrado à letra do texto. Iain Provan é um desses estudiosos bíblicos que fica horrorizado com o tratamento de Orígenes do Antigo Testamento. Em sua obra magistral *The Reformation and the Right Reading of Scripture* [A Reforma e a leitura adequada da Escritura], Provan distingue entre quatro tipos de hermenêutica antes de estabelecer um quinto caminho próprio. Orígenes é o ancestral do quarto caminho, cujo movimento característico é uma recuperação da "síntese platônica-cristã" da igreja primitiva.[54] Provan levanta duas objeções principais a esse modo de leitura: (1) Ele menospreza a letra do texto e a intenção comunicativa do autor humano: "Em grande medida, para Orígenes, o sentido literal das Escrituras não tem grande valor", a ponto de poder muito bem falar da *insuficiência* do sentido literal das Escrituras.[55] (2) Ele minimiza a intenção comunicativa e o contexto canônico em favor de "ideias filosóficas e éticas que derivam de outro lugar", especificamente, uma versão do platonismo que circula na cultura do entorno.[56]

Como Provan deixa claro, o desafio para aqueles que adotam o modo de leitura de Orígenes é evitar que a alegoria saia do controle, tornando-se uma "alegoria desenfreada".[57] Considere, por exemplo, a afirmação do Papa Inocêncio III de que o verdadeiro significado das luzes "maiores" e "menores" que Deus fez no primeiro dia (Gn 1:14-19) eram, respectivamente, não o sol e a lua, mas, sim, o papa e o rei. É difícil não ver essas leituras alegóricas como um reflexo da vontade interpretativa de poder, isto é, ler a Bíblia de uma forma que promova o interesse próprio. Como Bernard Ramm observou, "A Bíblia tratada alegoricamente torna-se massa de modelar nas mãos do exegeta".[58] E massa de modelar para *distração*, dados os voos interpretativos aparentemente fantasiosos aos quais os alegoristas são, às vezes, propensos.

52. Orígenes, *Contra Celsum* 2.69, rev. ed., trad. Henry Chadwick (Cambridge: Cambridge University Press, 1980), p. 118.

53. Jean Daniélou, *Origen* (Londres: Sheed and Ward, 1955), p. 184.

54. Provan chama essa quarta via de "Protestantismo Contrarreformacional", uma maneira inteligente de se referir a certos protestantes (Provan tem em mente Hans Boersma, entre outros) que parecem estar prestes a vender seu direito de primogenitura da Reforma (por exemplo, *sola scriptura*; interpretação literal) por um prato de lentilhas medieval.

55. Iain Provan, *The Reformation and the Right Reading of Scripture* (Waco: Baylor University Press, 2017), p. 176.

56. Ibidem, p. 178.

57. Stanglin, *Letter and Spirit of Biblical Interpretation*, p. 194

58. Ramm, *Protestant Biblical Interpretation*, p. 30.

Em forte contraste com o estudioso bíblico Provan, o teólogo Hans Boersma elogia Orígenes, "o brilhante intérprete bíblico do século 3", por tomar sua deixa metafísica de Platão e de Paulo, insistindo "que as coisas invisíveis de Deus são entendidas por meio de coisas que são visíveis".[59] A noção de Orígenes, de que ascendemos das sombras terrenas para as realidades celestiais, não pressupõe um dualismo platônico antibíblico, diz Boersma, mas um platonismo "suave" que reconhece a participação real das coisas criadas na realidade de Deus. Orígenes sabia o que Boersma gostaria que os estudiosos bíblicos contemporâneos soubessem: "*que a Bíblia não pode ser interpretada sem compromissos metafísicos anteriores, e que precisamos do platonismo cristão como uma lente interpretativa para sustentar o ensino das Escrituras*".[60]

Não nos despedimos de Orígenes por aqui. Ele figura de maneira proeminente nos capítulos seguintes, tanto como filólogo quanto como alguém preocupado com a formação de intérpretes ideais. Mas ele já nos ajudou a identificar duas questões com as quais todas as abordagens para a leitura teológica da Bíblia devem eventualmente lidar: (1) a natureza e a função da letra do texto e (2) a necessidade de ir além da letra para o Espírito de forma não arbitrária.

A alternativa antioquena

Outra cultura de leitura, com ênfases diferentes, desenvolveu-se entre um grupo de cristãos em um lugar distante de Alexandria, tanto geográfica quanto intelectualmente. A disposição de Orígenes na identificação do significado dos textos bíblicos de modo diferente de seu sentido literal alarmou um grupo de teólogos sírios dos séculos 4 e 5 na cidade de Antioquia. A "escola" de Antioquia adotou uma abordagem mais conservadora à interpretação bíblica: "Fundamentalmente, os antioquenos abordavam os textos filologicamente, reagindo contra a identificação de alegoria nos casos em que o texto não sugeria a sua aplicação."[61]

Diodoro de Tarso enfatizou a importância de entender o contexto histórico e o significado simples, palavra por palavra, do texto, declarando: "Nós preferimos *historikon* [história, factualidade] à *allegorikon* [alegoria]".[62] João Crisóstomo era tipicamente antioqueno em sua sóbria, contida, gramatical, "exposição factual do texto".[63] Diodoro entendeu que a interpretação alegórica implicava um divórcio completo do

---

59. Orígenes, *Commentary on the Canticle of Canticles*, 3.12. Citado em Hans Boersma, *Scripture as Real Presence: Sacramental Exegesis in the Early Church* (Grand Rapids: Baker Academic, 2017), p. 5. Para uma abordagem similar, veja Craig Carter, *Interpreting Scripture with the Great Tradition: Recovering the Genius of Premodern Exegesis* (Grand Rapids: Baker Academic, 2018).

60. Hans Boersma, *Five Things Theologians Wish Biblical Scholars Knew* (Downers Grove: IVP Academic, 2021), p. 40 (ênfase do original).

61. Young, "Interpretation of Scripture," p. 853.

62. De seu *Quaestiones on the Octateuch*. Citado em R. C. Hill, "Diodore of Tarsus," em Donald K. McKim (org.), *Dictionary of Major Biblical Interpreters* (Downers Grove, IL: IVP Academic, 2007), p. 375.

63. Jaroslav Pelikan, *The Preaching of Chrysostom: Homilies on the Sermon on the Mount* (Philadelphia: Fortress, 1967), p. 19.

sentido histórico. No entanto, estudiosos recentes o criticam por ler Orígenes de forma pouco caridosa. Seja como for, os antioquenos expressaram uma preocupação legítima sobre o *locus* da verdade das Escrituras e a extensão na qual ela deve ser encontrada no terreno, por assim dizer, enraizada no texto e nos acontecimentos históricos, em vez de em algum outro lugar (ou seja, alegoricamente).

Três conceitos figuram de modo proeminente na abordagem antioquena: *historia*, *theoria* e tipologia. Cada um é uma abreviação para a maneira particular como os antioquenos buscavam distinguir sua abordagem da alegorização, preservando ao mesmo tempo a relação entre letra e espírito. Os antioquenos viam as leituras alegóricas de Orígenes como minando a *historia* bíblica, o significado claro da narrativa histórica: "Antioquia não pode tolerar a interpretação arbitrária de textos proféticos e outros que foram desconectados de suas raízes históricas. O texto deve ser uma janela, não um espelho deformado".[64] Uma das mais duras diatribes antioquenas contra os alegoristas é encontrada, curiosamente, no comentário de Teodoro de Mopsuéstia sobre a leitura de Paulo em Gálatas 4, a respeito de Hagar e Sara (Gn 16—21).[65] Teodoro começou aludindo a "pessoas" que subvertem o significado das Escrituras: "Ao se dissociar de tudo o que está ali colocado, eles fabricam de si mesmos certas ficções tolas e dão à sua loucura o nome de alegoria". Ele admitiu que Paulo usa o termo *allegoreo*, mas insistiu que ele pretende algo diferente de Orígenes: "Pois o apóstolo não elimina a narrativa, nem se livra do que aconteceu há muito tempo".[66] Ambas as partes do raciocínio de Teodoro merecem nossa atenção.

Primeiro, Paulo não "se livra do que aconteceu há muito tempo". Teodoro insistiu na base histórica do ocorrido com Sara e Hagar (embora possa ter exagerado na extensão da negação de Orígenes): "Pois eles dizem que nem mesmo Adão realmente existiu como tal, uma vez que lhes parece que deveriam interpretar os textos bíblicos tanto quanto possível 'espiritualmente' – eles querem que sua loucura seja chamada de interpretação espiritual. Então, dizem que o paraíso não existia como tal, nem a serpente como a serpente. Eu gostaria de dizer a eles que, ao fragmentar a *historiam*, eles não têm mais uma *historiam*".[67]

Teodoro não é, obviamente, um crítico histórico moderno: a ênfase principal da *historia* está menos no que pode ser demonstrado empiricamente como o caso, com base em evidências, do que no tema sobre o qual a narrativa trata.

Segundo, Paulo "não elimina a narrativa". Pelo menos foi assim que o tradutor, Rowan Greer, traduziu *historiam*: narrativa. Greer alertou contra a leitura de ideias modernas de "histórico" ou "literal" em nossa compreensão da exegese patrística.

64. Robert C. Hill, *Reading the Old Testament in Antioch* (Atlanta: Society of Biblical Literature, 2005), p. 144.

65. Veja também o resumo da leitura de João Crisóstomo de Gálatas 4 em Smith, *Taught by God*, p. 48-53.

66. Teodoro de Mopsuéstia, *Commentary on the Minor Pauline Epistles* (traduzido por Rowan A. Greer) (Atlanta: Society of Biblical Literature, 2010), p. 113.

67. Ibidem, p. 115.

Traduzir *historia* como narrativa ou história confere uma guinada diferente à objeção antioquena à interpretação alegórica. Não é simplesmente que os alegoristas negam os aspectos fáticos. Em vez disso, nas palavras de Greer, "Seu erro é fragmentar a narrativa e interpretar suas partes componentes sem referência à narrativa como um todo".[68] Os antioquenos, ao insistirem que a *historia* ou narrativa era "verdadeira", isso não significava exatamente o que um historiador moderno quer dizer.[69]

Isso nos leva ao segundo termo técnico que caracteriza a cultura de leitura antioquena, *theoria* (do verbo grego *theoreo* = "discernir ou contemplar"). *Theoria* descreve a maneira antioquena de se envolver na interpretação espiritual. É difícil precisar exatamente o que *theoria* é ou envolve. A principal afirmação é que *theoria* não é uma *fuga* do sentido literal, mas uma visão mais profunda dele. Teodoreto assegurou a seus leitores que ele e seus companheiros antioquenos não "confiavam na letra que mata", mas, ao contrário disso, afirmou: "ao entrar nela, buscamos o significado do Espírito e, iluminados por ele, tomamos espiritualmente os ditos do Espírito".[70] Considere a forma pela qual Diodoro empregou o termo para descrever o que Paulo está fazendo em Gálatas 4:

> Trataremos [do texto] histórica e literalmente e não ficaremos no caminho de uma percepção espiritual e mais elevada [*theoria*]. O sentido histórico, aliás, não está em oposição ao sentido mais elevado [*theoria*]; pelo contrário, prova ser a base e o fundamento dos significados mais elevados. Uma única coisa deve ser evitada, no entanto: nunca deixar o processo de discernimento [*theoria*] ser visto como uma subversão do sentido subjacente, uma vez que isso não seria mais discernimento [*theoria*], mas alegoria; o que é alcançado em resistência ao conteúdo não é discernimento [*theoria*], mas alegoria. O apóstolo [Paulo] [...] nunca anulou o sentido histórico ao introduzir o discernimento, apesar de chamar o discernimento [*theoria*] de alegoria.[71]

A *theoria* tenta manter juntos o sentido literal subjacente e o sentido espiritual mais elevado. Mas como? Não há consenso acadêmico.[72] Uma das questões disputadas

---

68. Ibidem, p. xiv.

69. Do mesmo modo, James L. Kugel e Rowan A. Greer: "A *historia* era o significado narrativo óbvio do texto e não deve ser confundida com o uso moderno de 'história' como um discurso sobre a reconstrução do que realmente aconteceu usando os textos como evidência histórica." *Early Biblical Interpretation* (Filadélfia: Westminster, 1986), p. 195.

70. Teodoreto, *Praef. Patrologia graeca* 81.37. Citado em Hill, *Reading the Old Testament in Antioch*, p. 152.

71. Diodoro de Tarso, *Commentary on Psalms 1-51*, trad. Robert C. Hill (Atlanta: Society of Biblical Literature, 2005), p. 4.

72. Bradley Nassif analisa o academicismo acerca da exegese antioquena de 1880 a 1993 em "The 'Spiritual Exegesis' of Scripture: The School of Antioch Revisited" [A exegese espiritual da Escritura: a escola de Antioquia revisitada], *Anglican Theological Review 75*, n. 4 (1993), p. 437-70. Richard J. Perhai analisa o academicismo acerca da *theoria* antioquena desde 1991 em *Antiochene Theoria in the Writings of Theodore of Mopsuestia and Theodoret of Cyrus* (Minneapolis: Fortress, 2015), p. 113-204.

é se os profetas pretendiam que suas palavras tivessem um segundo referente cristológico, ou se essa referência a Cristo, e a própria *theoria*, é uma manobra hermenêutica do leitor, talvez o resultado da iluminação do Espírito. De acordo com Richard Perhai, *theoria* se assemelha mais à interpretação tipológica: "Tipologizar não nega que os acontecimentos originais ocorreram. Não exige que o tipo seja (totalmente) realizado inicialmente na Escritura, embora esteja lá de modo latente como uma 'prefiguração'".[73] Nessa visão, então, o sentido espiritual não flutua acima, mas é inerente e adere ao sentido literal ou *historia* (a sequência narrativa de acontecimentos). Os estudiosos concordam pelo menos que os antioquenos oferecem um corretivo à exegese alegórica "ao estabelecer a intenção inicial do autor bíblico dentro das circunstâncias históricas de sua época, ao mesmo tempo que buscam, quando relevante, a relevância soteriológica mais completa (*theoria*) de cada texto, relacionando-o com a totalidade da história da salvação com Cristo como sua origem e finalidade".[74]

Reconsiderando a distinção

Até este ponto, temos pressuposto que Antioquia e Alexandria representam culturas de leitura opostas, uma abordagem tipológica versus uma abordagem alegórica para a interpretação bíblica.[75] Entretanto, será que são realmente assim? Os antioquenos estavam tão preocupados em interpretar espiritualmente, como os alexandrinos, quanto em evitar alegorizar, de modo diferente dos alexandrinos. Isso torna mais desafiadora a tentativa de distinguir essas duas culturas de leitura.

Os pais da igreja em Antioquia e Alexandria começavam com o sentido simples ou literal: "a maneira pela qual as palavras funcionam". Além disso, ambas as culturas de leitura tentavam relacionar os aspectos literais e espirituais do texto bíblico. É aqui que começamos a ver uma divergência: cada uma tomava "a maneira pela qual as palavras funcionam" e então avançavam com isso – embora em direções diferentes. Lewis Ayres, um importante estudioso patrístico, distingue essas duas maneiras de ler como "gramatical" e "figural".[76] A percepção principal, no entanto, é esta: tanto a *theoria* antioquena quanto a *allegoria* alexandrina contam como

73. Perhai, *Antiochene Theoria*, p. 71. Bradley Nassif concorda que a *theoria* muitas vezes se assemelha à tipologia, mas ao mesmo tempo outras vezes tem uma semelhança maior com um método literal de exegese messiânica.

74. Bradley Nassif, "Antiochene Theoria in John Chrysostom's Exegesis" [A *theoria* antioquena na exegese de João Crisóstomo], em Vahan S. Hovhanessian (org.), *Exegesis and Hermeneutics in the Churches of the East* (Nova York: Peter Lang, 2009), p. 54.

75. Retornaremos à questão da tipologia no capítulo 4, quando a examinaremos com mais profundidade. Por enquanto, é salutar relembrar o comentário de Andrew Louth de que a distinção tipologia/alegoria é mais bem caracterizada pela distinção de Henri de Lubac entre *allegori facti* (uma associação de acontecimentos) e *allegori verbi* (uma associação puramente verbal). Veja Andrew Louth, *Discerning the Mystery: An Essay on the Nature of Theology* (Oxford: Clarendon, 1983), p. 119.

76. Lewis Ayres, *Nicaea and Its Legacy: An Approach to Fourth-Century Trinitarian Theology* (Oxford: Oxford University Press, 2004), p. 34.

estratégias "figurais". Portanto, em vez de descartar de maneira apressada certas interpretações espirituais como "alegóricas", Ayres prefere falar a respeito de "exegese figural e má exegese figural".[77] Essa é uma proposta terminológica útil. Ela nos convida a pensar com mais profundidade sobre a diferença entre uma boa e uma má exegese figural, e não simplesmente descartar interpretações das quais não gostamos, rotulando-as de alegóricas.

Além de respeitar a letra e praticar a interpretação figural, os antioquenos e os alexandrinos liam a Bíblia para promover a cultura cristã. Essas três semelhanças levaram um historiador de exegese a concluir que "a escola de interpretação antioquena tem mais em comum com Orígenes do que com a exegese moderna, histórico-crítica".[78] Embora exemplos de Orígenes aparentemente menosprezando a letra possam ser encontrados, sua intenção mais profunda era honrá-la: "Orígenes argumenta que leitores alegóricos devem procurar a importância espiritual (ou seja, a *real*) *da* letra, em vez de um significado *no lugar da* letra".[79] Quanto a seu suposto uso do neoplatonismo para descobrir verdades superiores, alguns estudiosos veem a cristologia desempenhando esse papel, não a filosofia: "A interpretação alegórica de Orígenes do AT é simplesmente uma interpretação cristológica".[80]

Pelos motivos anteriormente expostos, estudiosos recentes alertam contra uma distinção muito nítida entre as duas culturas de leitura. Todos ainda concordam que os antioquenos denunciaram as interpretações alegóricas de Orígenes nas Escrituras. Quanto à natureza exata e ao grau da discordância, e à alternativa antioquena, no entanto, a opinião acadêmica varia. As posições extremas – de que basicamente não há diferença entre as duas; de que os antioquenos são precursores da exegese histórico-gramatical como a conhecemos hoje – devem ser evitadas.

O contraste entre *theoria* e *allegoria* é uma distinção sem divergência? Frances Young faz um argumento convincente de que o contraste típico Alexandria/Antioquia é muito rígido e simplista. Para Young, a distinção real diz respeito a como percebemos a relação entre o que o texto diz ("letra") e sobre o que o texto é ("espírito"). Consequentemente, a questão real é esta: Como essas duas antigas culturas de leitura diferem na formação de leitores para passar da letra ao espírito?

Os alexandrinos veem as palavras como símbolos que se referem a verdades superiores – mas é preciso ter a chave do código: "Para Orígenes, o platônico, tanto a ordem criada quanto o texto das Escrituras eram simbólicos do mundo eterno das realidades espirituais. Ele entendia os símbolos em relação à representação em algo em outra coisa, de modo que as palavras das Escrituras se tornavam um tipo de código a

77. Ibidem, p. 38.

78. Stanglin, *Letter and Spirit of Biblical Interpretation*, p. 68.

79. David Dawson, Christian Figural Reading and the Fashioning of Identity (Berkeley: University of California Press, 2001), p. 54.

80. Stanglin, *Letter and Spirit of Biblical Interpretation*, p. 63.

ser decifrado pela leitura alegórica”.[81] Nessa visão, a maneira pela qual as palavras funcionam para seu significado espiritual superior é uma função não das palavras em si, mas de um código simbólico externo ao texto bíblico.

Em contraste, os leitores antioquenos seguem a maneira pela qual as palavras funcionam ao atender ao texto em si, tomado como um todo narrativo coerente. Há um significado espiritual, mas ele reflete o significado mais profundo do texto em si, e não algo externo a este: “O ‘ikon’ [ícone] se assemelhará à pessoa ou acontecimento que representa, mas símbolos não são representações nesse sentido; símbolos são ‘tokens’ ou ‘sinais’ cuja relação análoga com o simbolizado é menos clara”.[82] Se fundirmos as categorias de Young com as de Ayres, podemos descrever as duas culturas de leitura nestes termos: simbólico-figural (Alexandria) versus icônico-figural (Antioquia). Somente a primeira, simbólico-figural, é uma alegoria verdadeira, porque o texto se refere a algo *diferente* do que diz: “A objeção à alegoria alexandrina é que ela trata os textos como uma coleção de símbolos arbitrários, não como ‘espelhando’ em sua coerência narrativa as verdades que podem ser discernidas dentro dela”.[83] Essa é, na verdade, uma diferença real, mas não tão simplista quanto “letra versus espírito”, nem “tipologia versus alegoria”, que expõe o que está em sua raiz.

A percepção crucial de Young é que “a questão interpretativa chave diz respeito à *identificação* adequada desse referente”.[84] A ideia de um quadro de referência – as suposições interpretativas que permitem aos leitores identificar sobre *o que os autores estão falando* – aparecerá em grande escala nos capítulos posteriores. Por enquanto, basta apontar que os intérpretes pré-modernos empregavam quadros de referência que diferiam uns dos outros em alguns aspectos, mas em outros se sobrepunham uns aos outros de maneira importante, distinguindo-os dos quadros de referência modernos. Em outras palavras: de modo diverso dos leitores modernos, todos os pais da igreja liam espiritualmente, mas não da mesma maneira. Uma hermenêutica cristã pura e simples por fim precisará justificar a mudança do sentido (literal) para o referente (espiritual): “As diferenças residem no tipo de referência considerada convincente e no alcance da referência cruzada permitida”.[85] Os antioquenos insistiam que qualquer interpretação espiritual precisava ser garantida pela própria narrativa. Esta, então, era a força e a função da *theoria* antioquena: um discernimento espiritual dos padrões e tipos que compõem a narrativa bíblica unificada.[86]

81. Young, “Alexandrian and Antiochene Exegesis” [Exegeses alexandrina e antioquena], em Hauser e Watson, *A History of Biblical Interpretation*, p. 351.

82. Frances Young, *Biblical Exegesis and the Formation of Christian Culture* (Cambridge: Cambridge University Press, 1997), p. 210.

83. Young, *Biblical Exegesis and the Formation of Christian Culture*, p. 175.

84. David Dawson, *Christian Figural Reading and the Fashioning of Identity* (Berkeley: University of California Press, 2002), p. 5.

85. Young, *Biblical Exegesis and the Formation of Christian Culture*, p. 136.

86. A abordagem transfigural que adoto no presente trabalho pode ser vista como uma interpretação evangélica protestante de uma hermenêutica essencialmente antioquena.

Tenho usado Antioquia e Alexandria figurativamente para representar duas maneiras de passar da letra para o espírito, do que o texto diz para o que ele trata. O que diferencia as duas culturas de leitura é a maneira pela qual cada uma "enquadra" o texto para determinar seu referente. No que diz respeito à *cultura de leitura*, a noção de um *quadro de referência* pode ser nova para boa parte dos leitores, incluindo estudantes de hermenêutica. Ambos são essenciais para meu argumento e para a hermenêutica cristã pura e simples. Ler com um quadro de referência é examinar o texto a partir de um ângulo particular, propor certo conjunto de perguntas a ele e filtrar as percepções dos leitores sobre aquilo de que o texto trata. Para citar Walter Moberly, um estudioso do Antigo Testamento que faz uso frequente da ideia: "As perguntas que alguém faz e as respostas que parecem plausíveis são inseparáveis do quadro de referência mais amplo e das suposições dentro das quais alguém trabalha".[87] Proponho que aceitemos a distinção de Young e definamos a interpretação alegórica como aquela que utiliza algum código *diferente* (*allos*) do próprio texto bíblico como o quadro de referência pelo qual se move da letra para aquilo de que o texto "realmente" trata, o significado "espiritual". Na interpretação simbólico-figural, então, algo diferente da narrativa textual serve como quadro de referência – como aquilo por intermédio do qual olhamos para discernir sobre o que o texto está falando (ou seja, seu referente).

Antioquia e Alexandria não representam um contraste fácil entre letra e espírito, mas diferentes culturas de leitura, cada uma com o próprio quadro de referência diferente. Cultura continua sendo o termo operacional porque envolve um conjunto de crenças, valores e práticas, particularmente sobre quadros de referência (ou seja, maneiras de ver o mundo). Como veremos ao longo do presente trabalho, podemos em grande parte distinguir uma cultura de leitura de outra identificando o(s) quadro(s) de referência aos quais elas dão prioridade. O quadro de referência mais importante para os antioquenos, por exemplo, é a *historia*, ou a narrativa do próprio texto, considerada um todo unificado.

A próxima parada nesse ponto é Agostinho, a figura-chave da ponte que liga as eras patrística e medieval. Seu manual hermenêutico, *De Doctrina Christiana*, combina o melhor de Antioquia e Alexandria e resume o que ele queria que os líderes cristãos soubessem sobre ler e ensinar a Bíblia aos fiéis.[88] Ele também preparou o cenário e os parâmetros para a interpretação bíblica ao longo da era medieval no Ocidente.[89]

---

87. R. W. L. Moberly, "Pentateuch" [Pentateuco], em Katherine Doob Sakenfeld (org.), *The New Interpreter's Dictionary of the Bible*, vol. 4, Me-R (Nashville: Abingdon, 2009), p. 434.

88. A tradução de R. P. H. Green é um bom lugar para começar. Veja *Augustine, On Christian Teaching* (Oxford: Oxford University Press, 1997).

89. De acordo com Stanglin, "A história da interpretação bíblica no Ocidente medieval começa e termina com Agostinho." *Letter and Spirit of Biblical Interpretation*, p. 78. Levy concorda: "Foi [o *De Doctrina Christiana* de Agostinho] que permaneceu como o principal paradigma interpretativo durante a Idade Média." Levy, *Introducing Medieval Biblical Interpretation*, p. 19.

Para os propósitos atuais precisamos apenas esboçar a estratégia de Agostinho para passar da letra ao espírito, isto é, da formulação do texto para o assunto do texto ou, nos próprios termos de Agostinho, do "sinal" para a "coisa".[90] Para simplificar o que poderia ser uma história muito longa, a principal preocupação de Agostinho era fornecer orientação para pastores que precisavam preparar e pregar sermões, o principal meio para edificar a igreja na fé: "O sermão, no modelo de Agostinho, é paradigmático para a interpretação teológica, porque é direcionado à comunidade eclesial para engendrar o duplo amor a Deus e ao próximo".[91] Tendo recebido uma educação clássica, Agostinho sabia que uma das prioridades na interpretação é determinar sobre o que o texto fundamentalmente trata. Seu clássico hermenêutico *De Doctrina Christiana* estabelece o que Agostinho entendia acerca do seguinte: a Escritura trata fundamentalmente do amor de Deus derramado em Cristo. Chegar a saber do que se trata a Escritura também fornece um critério para distinguir interpretações legítimas e ilegítimas. Quando confrontado por uma pluralidade de possibilidades, prefira a leitura que melhor promova o amor a Deus e ao próximo.[92] Contra essa leitura não há lei; por sinal, essas interpretações cumprem o motivo pelo qual a lei foi dada em primeiro lugar (Mt 22:37-40): "Portanto, qualquer um que pensa ter compreendido as divinas Escrituras ou qualquer parte delas, mas não pode mediante esse entendimento construir esse duplo amor a Deus e ao próximo, ainda não conseguiu entendê-las".[93]

A abordagem de Agostinho combina a atenção antioquena ao sentido literal com a preocupação alexandrina pela substância espiritual. Se o significado literal não é edificante, Agostinho acreditava ter licença para fornecer uma interpretação espiritual. Agostinho interpretou a observação de Paulo de que "a letra mata, mas o Espírito vivifica" (2Co 3:6) da seguinte forma: "Não devemos tomar no sentido literal nenhuma frase figurativa que no sentido próprio de suas palavras produziria apenas disparates, mas devemos considerar o que mais ela significa, nutrindo o homem interior por nossa inteligência espiritual".[94] Embora Agostinho admitisse que os intérpretes têm a obrigação de recuperar a intenção comunicativa do autor,[95] quando isso não é possível, ou quando esta não é clara, a coisa a se fazer é ler de tal forma que edifique a fé, a esperança e o amor cristãos.

---

90. Veja Richard A. Norris, "Augustine and the Close of the Ancient Period of Interpretation" [Agostinho e o fim do período antigo de interpretação], em *History of Biblical Interpretation*, Hauser e Watson, p. 380-408.

91. James A. Andrews, *Hermeneutics and the Church: In Dialogue with Augustine* (Notre Dame: Notre Dame University Press, 2012), p. 11. Andrews define "sermão" como "a entrega retórica daquilo que alguém compreende a partir do texto bíblico a fim de evocar a resposta apropriada" (p. 225).

92. Agostinho creditou a Ambrósio, bispo de Milão, por ajudá-lo a superar imagens literais indignas de Deus (por exemplo, como tendo braços), introduzindo-o ao significado alegórico mais profundo.

93. Agostinho, *On Christian Teaching* 1.36.40, trad. Green, p. 27.

94. Agostinho, "On the Spirit and the Letter" [Sobre o Espírito e a letra], em Philip Schaff (org.), *Nicene and Post-Nicene Fathers Series 1*, vol. 5 (Edinburgh: T&T Clark, 1995), p. 6 (IV).

95. Agostinho, *De Doctrina Christiana* 3.27.38, trad. Edmund Hill (Nova York: New City, 2014) [Cf. em português: *A doutrina cristã* (São Paulo: Paulus, 2002]).

Monástico e escolástico

Neste capítulo, tenho rastreado as raízes de duas culturas de leitura que persistem até hoje. Aprendemos que os intérpretes patrísticos tinham ideias diferentes sobre o *como* da interpretação bíblica, mas não sobre o *porquê*. Agostinho expressou isso bem ao concluir que o *propósito* da interpretação bíblica – edificar a igreja de maneiras variadas – supera as divergências sobre o processo. As diferenças acerca do processo e do propósito tornaram-se mais pronunciadas no estudo da Bíblia durante a Idade Média. A localização mais uma vez foi o fator-chave, embora o foco agora não fosse as cidades, mas as instituições, especificamente o mosteiro e a universidade: duas culturas de leitura que começaram a se distanciar cada vez mais.

A ascensão dos mosteiros: lectio divina

Um ponto de discórdia entre culturas de leitura diz respeito a quadros de referência: a maneira pela qual alguém se move da gramática (letra) para Deus (espírito). Um segundo ponto de discórdia diz respeito às razões pelas quais os cristãos leem a Bíblia. Concordo com Moberly: "A questão crucial, anterior às questões de método e definição do contexto para elas, é a de propósito e meta. Para simplificar, *como usamos a Bíblia depende do motivo para o qual usamos a Bíblia*".[96]

Considere, por exemplo, a diferença entre ler a Bíblia como um exercício em devoções diárias e recorrer a ela no contexto de disputas doutrinárias. Vale a pena manter a diferença em mente, pois ela ajuda a explicar, em parte, a distância que os leitores modernos experimentam quando encontram interpretações patrísticas e medievais. É revelador que, por séculos após Agostinho, o principal contexto para ler a Bíblia era o mosteiro; a universidade veio depois.

No mosteiro, os monges combinavam seu estudo de gramática com a devoção a Deus. O mosteiro medieval era talvez a cultura de leitura por excelência, auxiliada e instigada pela oração.[97] Um ditado bem conhecido atribuído a Cipriano de Cartago recomenda a oração e a leitura como representativas da rotina diária do monge: "Às vezes você fala com Deus, às vezes ele fala com você".[98] O objetivo dessa cultura de leitura monástica era a maturidade espiritual, não a descoberta de um significado singular: "Teóricos e professores da *lectio divina* se preocupam mais com o processo de leitura do que com seu resultado".[99] A *lectio* envolvia leitura em voz alta, com um comentário contínuo que permitia ao mestre explicar palavras difíceis e fornecer outros

---

96. R. W. L. Moberly, *The Old Testament of the Old Testament: Patriarchal Narratives and Mosaic Yahwism* (Minneapolis: Fortress, 1992), p. 2. Young concorda: "O uso que se dá a uma obra literária certamente influencia a maneira pela qual ela é entendida." *Biblical Exegesis and the Formation of Christian Culture*, p. 215.

97. "A atividade da leitura é encontrada no próprio coração da cultura monástica." Duncan Robertson, *Lectio Divina: The Medieval Experience of Reading* (Collegeville: Liturgical, 2011), p. 6.

98. Citado em Robertson, p. xi.

99. Ibidem, p. xv.

comentários, incluindo referências à *Glossa ordinaria* ou coleção de observações úteis (glosas) de autores anteriores. "A *lectio* se divide em oração e estudo."[100] A *escada dos monges,* de Guigo II, descreve essa prática de leitura em prol da santificação em quatro estágios, como quatro degraus em uma escada pelos quais os monges se aproximam de Deus: *lectio divina* (leitura divina), *meditatio* (repetição e reflexão sobre a leitura), *oratio* (oração) e *contemplatio* (comunhão com Deus).[101] A interpretação bíblica nessa cultura de leitura monástica era em grande parte um exercício de piedade em prol da sabedoria e não do conhecimento.

Contrastando a teologia monástica e escolástica, o Papa Bento XVI discursou em 2009 caracterizando a prática da primeira como "amor às palavras e desejo por Deus".[102] A formulação é quase idêntica ao clássico de Jean Leclercq, *The Love of Learning and the Desire for God: A Study of Monastic Culture.* O monge São Bento representou para Leclercq o epítome da cultura de leitura monástica: "Encontramos em modo embrionário os dois componentes da cultura monástica: estudos empreendidos e, então, não precisamente desprezados, mas renunciados e transcendidos, em prol do reino de Deus".[103]

A ascensão das universidades: sacra doctrina

As primeiras escolas monásticas também fomentaram outro tipo de cultura de leitura. Nos séculos 10 e 11, algumas das grandes catedrais atraíram estudantes que vinham aprender a ler as Escrituras com um mestre. Essas escolas catedrais foram as precursoras das grandes universidades europeias. Embora tudo estivesse na família (de Deus), os monges nos mosteiros muitas vezes criticavam os monges dessas escolas ("homens educados" ou "escolásticos") por perderem de vista o objetivo pedagógico maior da leitura da Bíblia: a formação de almas maduras.

É difícil definir a essência do "escolasticismo". Assim como nas "escolas" de Alexandria e Antioquia, não devemos insistir em definições rígidas ou identificar a escolástica com um único método. O que podemos dizer com confiança é que a escolástica formou um tipo diferente de cultura de leitura, capacitando leitores a terem sensibilidades diferentes do que teriam desenvolvido em uma cultura de leitura monástica.[104] Enquanto a *lectio divina* promovia uma cultura de leitura da Bíblia em um contexto litúrgico voltado para o desenvolvimento da espiritualidade, os leitores nas

---

100. Ivan Illich, *In the Vineyard of the Text: A Commentary on Hugh's Didascalicon* (Chicago: University of Chicago Press, 1993), p. 65.

101. Para uma apologia contemporânea da *lectio divina*, veja Angela Harvey, *Spiritual Reading: A Study of the Christian Practice of Reading Scripture* (Eugene: Cascade, 2015). Curiosamente, ela faz uma distinção "entre interpretação e leitura [...] para considerar a leitura como primariamente [...] uma atividade interior, enquanto a interpretação é direcionada mais para a comunicação" (p. 4-5).

102. Bento XVI, "Monastic Theology and Scholastic Theology," 28 de outubro de 2009, https://www.vatican.va/content/benedict-xvi/en/audiences/2009/documents/hf_ben-xvi_aud_20091028.html.

103. Leclercq, *Love of Learning and Desire for God*, p. 12.

104. Veja também Ulrich G. Leinsle, *Introduction to Scholastic Theology* (Washington: Catholic University of America Press, 2010).

escolas frequentavam as Escrituras como *sacra pagina* no contexto da sala de aula, para o bem do desenvolvimento da doutrina, usando os padrões acadêmicos reconhecidos e os métodos científicos da época.

Uma das características da cultura de leitura escolástica era a prática da *quaestio* e da *disputatio*. À medida que um mestre lia e comentava um texto bíblico, surgiam questões que diziam menos respeito à gramática e mais à lógica do argumento, particularmente quando o que um autor bíblico dizia parecia contradizer outro. Por exemplo, Gênesis 2:3 afirma que no sétimo dia Deus "descansou de todo o trabalho que realizara", mas Jesus diz em João 5:17: "O meu Pai trabalha até agora". (A "resposta" a essa *quaestio* distingue o trabalho de criar e o trabalho de sustentar/dirigir a criação.) Outros lugares que levantaram questões estavam relacionados com as implicações do que foi dito. Por exemplo, o que Jesus quis dizer em Mateus 26:26 quando, na Última Ceia, declarou: "Isto é o meu corpo"? (A resposta a essa *quaestio* continua sendo uma questão de disputa protestante.) De qualquer forma, as questões mais persistentes e penetrantes eram deixadas de lado para tratamento diferenciado, talvez em uma *disputatio* (debate público) sobre um tópico doutrinário. Essas tentativas, talvez as ancestrais da teologia analítica atual, buscavam resolver contradições no texto, ou entre os pais da igreja, traçando distinções linguísticas ou lógicas, como Aristóteles havia sugerido em seu tratado *De interpretatione*.[105] A abordagem escolástica estava, à sua maneira, interessada também no sentido literal, particularmente no que se referia ao esclarecimento e às implicações de seu significado.

Com o tempo, à medida que as questões se tornavam mais complexas e organizadas, as disputas ganharam vida própria. A obra *Livros das sentenças*, a compilação de Pedro Lombardo feita no século 12, com respostas importantes para as questões perenes que surgem da leitura da Bíblia, foi selecionada a partir de séculos de tradição da igreja e eventualmente se tornou, com a Bíblia, o livro-texto padrão de teologia na universidade medieval.[106] Ela consistia em milhares de citações declarando as opiniões de várias autoridades religiosas (por exemplo, Gregório, Hilário, Agostinho). Ao contrário das Escrituras, no entanto, as *Sentenças* não seguiam uma ordem cronológica, mas tópica. Por centenas de anos, todo aspirante a teólogo (até mesmo Martinho Lutero) precisava escrever um comentário sobre os *Livros das Sentenças* de Lombardo. Essa prática deu origem a um novo gênero de teologia com o próprio objetivo e lógica: "Ler a Bíblia e lidar com questões teológicas sempre andaram de mãos dadas, mas na

---

105. Aristóteles observou que muitas vezes uma contradição aparente na verdade equivale apenas a um equívoco. Elimine a ambiguidade, e o problema desaparece. Para sua análise dos males da equivocação, veja seu *On Interpretation* 6. Para mais sobre teologia analítica, veja Thomas H. McCall, *An Invitation to Analytic Christian Theology* (Downers Grove: InterVarsity, 2015); Oliver D. Crisp e Michael C. Rea (orgs.), *Analytic Theology: New Essays in the Philosophy of Theology* (Oxford: Oxford University Press, 2009).

106. Veja também Philipp W. Rosemann, T*he Story of a Great Medieval Book: Peter Lombard's Sentences* (University of Toronto Press, 2013).

universidade estava agora emergindo uma distinção entre a página sagrada (*sacra pagina*) das Escrituras e o ensinamento sagrado da Igreja (*sacra doctrina*) como campos diferentes de investigação e estudo".[107]

Pedro Abelardo compilou um livro didático semelhante, *Sic et Non* ("Sim e Não"), de 158 perguntas (por exemplo, "A fé humana deve ser completada pela razão, ou não?"; "Deus é um ser único e unitário, ou não?"), mas com o objetivo de mostrar as opiniões divergentes dos pais da igreja.[108] Tendo exposto essas opiniões contraditórias, ele então fornecia regras para resolvê-las, como reconhecer que o mesmo termo pode ter vários significados. No século 13, essa prática de focar em questões conceituais em vez de lexicais havia se tornado a própria disciplina acadêmica. A teologia universitária abraçou as artes da linguagem, mas foi além delas, desenvolvendo um novo interesse na dialética (a ciência da argumentação) em vez da retórica e, no processo, introduzindo uma leitura *raciocinada* cujo objetivo era resolver problemas lógicos – chame-a de teologia analítica.[109] Nessa cultura de leitura acadêmica, a limpeza conceitual está próxima da piedade.

A obra de Tomás de Aquino representa, em seu auge, a universidade medieval do século 13. Embora Tomás também tenha escrito comentários, ele é conhecido principalmente por sua *Summa Theologica*, uma catedral do intelecto, um catálogo abrangente de perguntas e respostas sobre Deus e as obras divinas, ordenadas por tópicos, ou seja, de acordo com a razão e a lógica. É uma síntese impressionante da fé cristã, baseada nas Escrituras e a interpretação desta pelos pais da igreja, tudo envolto em categorias aristotélicas. Essa obra criou um pacote teológico coerente, mas completamente diferente do que seus contemporâneos estavam produzindo nos mosteiros. Aqui está o ponto: a universidade medieval estava formando leitores para realizar diferentes tipos de perguntas, com diferentes quadros de referência, do que aqueles tipicamente feitos no mosteiro.

Reconsiderando a distinção

G. R. Evans, contemplando a separação dos caminhos monástico e escolástico, conclui que deve haver um lugar tanto para a *lectio* quanto para a *disputatio*, tanto para um aspecto subjetivo quanto para um aspecto objetivo da interpretação bíblica. Evans associa os monges ao primeiro tipo em vista de seu "cultivo da capacidade de resposta em si mesmos e nos outros", enquanto "os acadêmicos se concentram no lado objetivo e técnico da crítica bíblica".[110] O Papa Bento XVI se recusou de modo similar a tomar partido, pedindo em vez disso que a fé e a razão entrassem em diálogo recíproco:

---

107. Stanglin, *Letter and Spirit of Biblical Interpretation*, p. 102.

108. Veja Pedro Abelardo, *Sic et Non: A Critical Edition* (organizado por Blanche Beatrice Boyer e Richer Peter McKeon) (Chicago: University of Chicago Press, 1978).

109. Veja também G. R. Evans, *Old Arts and New Theology: The Beginnings of Theology as an Academic Discipline* (Oxford: Oxford University Press, 1980).

110. G. R. Evans, *The Language and Logic of the Bible: The Earlier Middle Ages* (Cambridge: Cambridge University Press, 1984), p. 165.

"A fé está aberta ao esforço de compreensão pela razão; esta, por sua vez, reconhece que a fé não a mortifica, mas, pelo contrário, a impele em direção a horizontes mais vastos e elevados".[111] No entanto, nem todos veem o casamento da fé e da razão em termos tão otimistas: "A leitura escolástica torna-se então uma tarefa profissional para acadêmicos – estes que, por sua definição como profissionais clericais, não são um exemplo edificante para o homem comum".[112]

À luz dessas correntes de leitura transculturais de longa data, as questões urgentes para os intérpretes bíblicos hoje são estas: em que tipo de cultura de leitura fomos, ou estamos sendo socializados? Deveríamos estar tentando preservar, desmantelar ou repensar o contraste que diferencia Antioquia de Alexandria e mosteiros de universidades? Que tipos de cultura de leitura as igrejas e seminários locais deveriam ser, e que tipo de leitores eles deveriam estar tentando cultivar? Com essas questões em mente, agora nos voltamos para a sequência de nossa história: o que ocorreu com essas duas antigas culturas de leitura e com a tensão entre elas?

111. Bento XVI, "Monastic and Scholastic Theology."
112. Illich, *In the Vineyard of the Text*, p. 81.

CAPÍTULO 3

ESTUDOS BÍBLICOS E TEOLOGIA COMO CULTURAS DE LEITURA POLARIZADAS

O ESTADO DA QUESTÃO

A teologia é, portanto, mais propriamente um convite para ler e reler as Escrituras, para ouvir e ser envolvido pelo desafio das Escrituras a uma atenção arrependida e não manipuladora à Palavra de Deus.

– John Webster, ***Holy Scripture***

A VISÃO GERAL DA HISTÓRIA DA INTERPRETAÇÃO bíblica que vimos anteriormente é incompleta: ela não mencionou a Reforma e o que ocorreu depois. Fornecer um levantamento exaustivo da história da exegese não é possível e não é minha intenção. Em vez disso, escolhi esboçar, em pinceladas bastante amplas, a trajetória de duas culturas de leitura, cada uma interessada em gramática e em Deus e, portanto, na interpretação literal e na espiritual. Essas duas correntes também fluem pela história da igreja protestante: o "escolasticismo protestante pós-Reforma" é algo real.[1] E como muitos estudos recentes mostraram, há uma continuidade significativa entre os princípios interpretativos dos exegetas protestantes modernos (ou seja, séculos 16 e 17) e seus antepassados pré-modernos. Assim como intérpretes patrísticos e medievais, os reformadores e seus sucessores imediatos confessavam a unidade das Escrituras, concordavam que passagens mais claras explicam aquelas que são mais obscuras (a *analogia scripturae*), buscavam ajuda adicional na tradição do consenso (*analogia fidei*) e concordavam que Cristo é o tema final (*scopus*) das Escrituras. "Por causa da importância contínua e assumida dessas características para a tarefa exegética, é apropriado considerar a exegese protestante inicial como mais próxima em espírito do período medieval do que do período moderno posterior."[2]

1. A melhor fonte única é Richard A. Muller, *Post-Reformation Reformed Dogmatics: The Rise and Development of Reformed Orthodoxy*, ca. 1520 a ca. 1725, 4 vols., 2ª ed. (Grand Rapids: Baker Academic, 2003).

2. Veja Keith D. Stanglin, *The Letter and Spirit of Biblical Interpretation: From the Early Church to Modern Practice* (Grand Rapids: Baker Academic, 2018), p. 147. Stanglin também reconhece certas descontinuidades, como a diminuição da autoridade da tradição e a maior ênfase no sentido literal e na intenção autoral humana entre os protestantes (p. 147-50).

Especialistas tendem a ser guardiães de suas eras particulares; afinal, um bom historiador da igreja é um defensor do passado. Consequentemente, quando se trata de comparar os períodos medieval e moderno da interpretação bíblica, G. R. Evans, um medievalista, talvez possa ser perdoado por elogiar monges e teólogos na Idade Média. Apesar de suas diferenças, esses dois grupos desfrutavam de um consenso sobre a natureza divina da Bíblia, em nítido contraste com os modernos, sobre os quais Evans diz: "Nenhum consenso foi ainda alcançado sobre a maneira pela qual a Bíblia deve ser abordada e as perguntas que devem ser feitas acerca dela".[3] De fato, essa falta contemporânea de consenso sobre a melhor forma de abordar a interpretação bíblica é o assunto do presente capítulo.

O que significa ser bíblico? Como a pesquisa anterior mostrou, essa é uma questão polarizadora, que levou a culturas de leitura contrastantes. Três tipos de polarização são de interesse particular à medida que cada um contribui para a formação de uma cultura de leitura. Curiosamente, a divisão entre protestantes e católicos romanos não é uma parte importante da história. Embora seja grande na história da igreja, essa não é uma das três fontes de polarização que considero aqui. Por que não? Porque as mesmas três formas de polarização – epocal (pré-moderno/moderno), institucional (igreja/academia) e disciplinar (estudos bíblicos/teologia) – criaram fraturas de estresse no catolicismo romano assim como o fizeram em outros lugares.[4]

O resultado mais significativo da tensão que temos examinado não é denominacional, mas epocal: pré-moderno versus moderno. Esclarecer o que torna a interpretação bíblica moderna será, portanto, nossa primeira tarefa. Pois é na modernidade que a tensão entre as culturas de leitura escolástica e monástica resulta em uma segunda polarização, entre academia e igreja, e entre o que Michael Legaspi chama de "Bíblia acadêmica" e a "Escritura cristã" da igreja.[5] A terceira, e talvez a mais dolorosa polarização, entre estudos bíblicos e teologia, é um produto das duas primeiras. No entanto, é preciso ter cuidado para não simplesmente projetarmos a distinção igreja/academia naquela entre estudos bíblicos e teologia. Não há correspondência de um para um. Boa parte dos estudiosos bíblicos e teólogos têm um pé em cada campo. Há pessoas de fé trabalhando na academia. Contudo, o centro de gravidade da interpretação bíblica

---

3. G. R. Evans, *The Language and Logic of the Bible: The Earlier Middle Ages* (Cambridge: Cambridge University Press, 1984), p. 168.

4. Veja, por exemplo, Joseph Ratzinger, "Biblical Interpretation in Crisis: On the Question of the Foundations and Approaches of Exegesis Today" [Interpretação bíblica em crise: sobre a questão dos fundamentos e das abordagens da exegese hoje] em Richard John Neuhaus (org.), *Biblical Interpretation in Crisis: The Ratzinger Conference on Bible and Church* (Grand Rapids: Eerdmans, 1989); e meu "Expounding the Word of the Lord: Joseph Ratzinger on Revelation, Tradition, and Biblical Interpretation" [Expondo a Palavra do Senhor: Joseph Ratzinger sobre Apocalipse, tradição e interpretação bíblica], em Tim Perry (org.), *The Theology of Benedict XVI: A Protestant Appreciation* (Bellingham: Lexham, 2019), p. 66-86.

5. Michael Legaspi, *The Death of Scripture and the Rise of Biblical Studies* (Oxford: Oxford University Press, 2011), p. viii.

"séria" tomou um rumo escolar acentuado. A localização dessa terceira polarização situa-se dentro da igreja e da academia, entre os estudos bíblicos e teologia. O foco principal do presente capítulo é justamente essa última polarização disciplinar – as culturas de leitura contrastantes de estudos bíblicos e teologia. A maioria dos cristãos frequentadores de igrejas não têm a mínima ideia de que estudiosos bíblicos e teólogos falam línguas diferentes, têm interesses interpretativos diferentes ou habitam culturas de leitura diferentes, mas isso é verdade. Seus campos se tornaram especializações diferentes, cada uma com os próprios periódicos, jargões, programas de graduação e sociedades profissionais.[6]

Começamos examinando as consequências para a interpretação bíblica da mudança "epocal" para a modernidade. Em seguida, examinamos a maneira pela qual a modernidade exacerba a tensão entre as duas culturas de leitura que pesquisamos no capítulo 2. O capítulo conclui com um chamado claro a todos os intérpretes bíblicos para retornarem à igreja, tornando-se participantes ativos em uma cultura de leitura eclesial na qual o propósito da leitura das Escrituras é claro, mesmo que o processo não o seja.

Polarização epocal: quando os intérpretes bíblicos modernos perderam o interesse na teologia

Não posso esperar explicar de modo satisfatório as origens do mundo moderno, mas tentarei descrever as principais mudanças que mais influenciaram as culturas de leitura disciplinares que conhecemos hoje como estudos bíblicos e teologia. Anteriormente, mencionei o "fim da civilização bíblica". Pense nisso como uma revolução nos paradigmas hermenêuticos, o que Hans Frei chamou de "grande reversão" na hermenêutica que ocorreu no século 18.[7] Antes disso, a narrativa bíblica era a estrutura interpretativa com a qual quase todos no Ocidente davam sentido ao mundo. Após a modernidade, no entanto, muitos ocidentais veem a Bíblia como meramente outro objeto mundano a ser explicado pelas várias ciências (por exemplo, arqueologia, história antiga, antropologia cultural, sociologia, estudos religiosos. O quadro resultante: os teólogos perderam o interesse na exegese bíblica, e os exegetas bíblicos perderam o interesse na teologia.

Scot McKnight, em seu *Five Things Biblical Scholars Wish Theologians Knew*, identifica corretamente uma fonte da mudança de paradigma: "Os quadros são importantes".[8] A pessoa que "enquadra" uma discussão define as regras básicas de como

6. Por sinal, a fragmentação é, na verdade, mais radical. Hoje em dia, não basta dizer que alguém é um estudioso bíblico ou teólogo: há múltiplas subespecialidades sob cada um desses títulos.

7. Hans Frei, *The Eclipse of Biblical Narrative: A Study in Eighteenth and Nineteenth Century Hermeneutics* (New Haven: Yale University Press, 1974), p. 130.

8. Scot McKnight, *Five Things Biblical Scholars Wish Theologians Knew* (Downers Grove: IVP Academic, 2021), p. 149.

um tópico será discutido. Enquadrar uma questão é influenciar como as pessoas a veem e podem responder a ela. Chamaremos aquilo que enquadra uma discussão sobre textos e seu significado de *quadro de referência*. Esse é essencialmente o conjunto de suposições e valores que influencia a perspectiva do leitor – a maneira pela qual um leitor olha para o texto. Não posso exagerar a importância de ler com o quadro de referência certo, pois este molda tanto as perguntas que um leitor traz ao texto quanto o que ele vê no texto. Talvez agora possamos apreciar o impacto formativo das culturas de leitura: *as culturas de leitura instilam certas intuições e práticas interpretativas, treinando os leitores para utilizar certos quadros de referência em vez de outros.* Quadros importam.

Adeus à alegorização?

Os estudiosos modernos são rápidos em condenar alegorias antigas como voos egoístas e arbitrários de imaginação exegética. Após citar a interpretação de Agostinho acerca da parábola de Jesus sobre o bom samaritano – na qual o viajante representa Adão; os ladrões, o Diabo e seus asseclas; o sacerdote que passa, o ministério do Antigo Testamento; o próprio samaritano, Jesus; e o estalajadeiro, o apóstolo Paulo – C. H. Dodd fez um comentário mordaz: "Para a pessoa comum inteligente [...] essa mistificação deve parecer bastante perversa".[9]

Orígenes fez uma leitura semelhante da parábola – e recebeu uma reprimenda semelhante do academicismo bíblico moderno. De acordo com Orígenes, "O homem que estava descendo é Adão. Jerusalém é o paraíso, e Jericó é o mundo. Os ladrões são poderes hostis. O sacerdote é a Lei, o levita representa os profetas, e o samaritano é Cristo".[10] Orígenes continuou a fazer identificações ainda mais surpreendentes, sugerindo que a estalagem para a qual o samaritano levou o homem é a igreja, o estalajadeiro é o apóstolo Paulo, e a promessa de retorno do samaritano é uma referência à segunda vinda de Jesus. Os exegetas modernos são tipicamente desdenhosos dessas leituras alegóricas detalhadas. O estudioso do Novo Testamento Craig Blomberg mostra-se claramente indignado com o que considera uma leitura arbitrária e anacrônica: "Ninguém na audiência inicial [de Jesus] [...] jamais conseguiria associar o estalajadeiro do samaritano ao apóstolo Paulo!"[11]

Para boa parte dos estudiosos bíblicos modernos, a interpretação bíblica pré-moderna é uma cultura de leitura *estrangeira*, tão estranha que nos perguntamos se os pré-modernos e os modernos realmente compartilham "um só Senhor, uma só fé, um só batismo" (Ef 4:5). A lógica antiga que dava sentido às associações alegóricas antes mencionadas escapa à maioria dos modernos. As diferenças são profundas,

9. C. H. Dodd, *The Parables of the Kingdom* (London: Nisbet, 1935), p. 13.

10. Orígenes, *Homilies on Luke 34.3-4* (traduzido por Joseph T. Lienhard) (Washington: Catholic University of America Press, 1996).

11. Craig Blomberg, *Interpreting the Parables* (Downers Grove: InterVarsity, 1990), p. 32.

até as intuições básicas sobre a natureza e o valor da interpretação bíblica. A observação de Jonathan Haidt sobre o motivo pelo qual "boas pessoas" estão cada vez mais polarizadas em relação à política e à religião pode se aplicar aqui também. De acordo com Haidt, "*As intuições vêm primeiro, o raciocínio estratégico em segundo*".[12] O contexto de suas observações são intuições morais e raciocínio, mas também pode ser verdade para intuições hermenêuticas e raciocínio exegético. Por exemplo, os modernos têm as próprias ideias sobre o que constitui as intuições exegéticas sólidas: não retidão moral, mas *retidão interpretativa*. A incompreensão moderna das culturas de leitura pré-modernas ("O que eles estavam pensando?") tem menos relação com raciocínio do que com intuições interpretativas contrastantes. De onde vêm as intuições interpretativas? Elas vêm da socialização em uma cultura de leitura particular. A conclusão deve ser óbvia: a estranheza que os modernos muitas vezes sentem quando encontram a interpretação bíblica pré-moderna não deve levá-los à rejeição sumária dessas leituras como primitivas, muito menos perversas. Em vez disso, a humildade interpretativa deve levá-los a investigar com mais profundidade as diferentes intuições hermenêuticas e concepções do bem interpretativo que deram origem às formas pré-modernas de leitura da Bíblia em primeiro lugar.

John O'Keefe e R. R. Reno são leitores modernos que simpatizam com as preocupações dos estudiosos bíblicos com a alegorização – até certo ponto. Pois eles não acham que os pais da igreja estavam fora de si. Em vez disso, eles sentem a necessidade de ir mais longe para entender a lógica por trás da interpretação alegórica: "Para nós [...] o primeiro passo para entender a exegese patrística foi um momento de autocrítica [...] Lentamente, começamos a perceber que a questão-chave residia em nossos preconceitos sobre o que é significativo nos textos".[13] Um momento de autocrítica é precisamente o que Haidt recomenda também, pois sem ele somos apenas o que C. S. Lewis chama de esnobes cronológicos, que assumem a superioridade da modernidade simplesmente porque ela é mais nova que o passado.[14] É difícil, no entanto, sair do quadro de referência habitual para olhar, não para o texto, mas para a maneira pela qual normalmente o abordamos.

Os antigos habitavam um quadro de referência "saturado" no qual as coisas terrenas e naturais são sinais transitórios de um reino eterno e sobrenatural de realidades superiores. Os defensores argumentam que os teólogos antigos e medievais usavam uma estrutura metafísica de dois mundos (Ur-Platonismo) para interpretar as Escrituras: "A síntese platônica-cristã tornou possível considerar a criação, a história e o Antigo Testamento como

---

12. Jonathan Haidt, *The Righteous Mind: Why Good People Are Divided by Politics and Religion* (Nova York: Vintage Books, 2013), p. xx (ênfase do original).

13. John J. O'Keefe e R. R. Reno, *Sanctified Vision: An Introduction to Early Christian Interpretation of the Bible* (Baltimore: Johns Hopkins University Press, 2005), p. 7.

14. C. S. Lewis, *Surprised by Joy: The Shape of My Early Life* (Nova York: Harcourt, Brace, Jovanovich, 1966), p. 207-8 [Cf. em português: *Surpreendido pela alegria* (Rio de Janeiro: Thomas Nelson Brasil, 2021), p. 231].

portadores sacramentais de uma realidade maior".[15] Hans Boersma, em seu *Five Things Theologians Wish Biblical Scholars Knew* [Cinco coisas que teólogos gostariam que estudiosos bíblicos soubessem] – o volume complementar de McKnight –, faz dois pontos pertinentes à presente discussão em um capítulo intitulado "No Plato, No Scripture". Em primeiro lugar, ele afirma que o platonismo cristão é o andaime metafísico necessário para dar sentido aos principais ensinamentos das Escrituras, e não simplesmente uma das muitas possibilidades.[16] Segundo, ele aponta que a alternativa ao platonismo cristão nada mais é do que uma metafísica *alienígena*, ainda menos hospitaleira à mensagem bíblica.

Na preocupação de dar adeus à interpretação alegórica é, então, que os modernos podem ter inadvertidamente convidado algo ainda mais sinistro para a casa do intérprete. Pelo menos o quadro de referência pré-moderno permitia que os intérpretes bíblicos lessem de modo sobrenatural, para o mistério além da história, enquanto os quadros de referência modernos tendem a filtrar esse mistério sobrenatural. Que quadro de referência nós, que somos modernos, habitamos, nos levando a pensar em interpretações alegóricas como tão estranhas, se não perversas?

Instalando um quadro de referência imanente: o imaginário social moderno (parte 1)

A Secular Age [Uma era secular], de Charles Taylor, é bem conhecido e corretamente admirado por sua percepção incisiva sobre as raízes da modernidade. A questão que motiva sua investigação diz respeito aos quadros de referência: "Por que é tão difícil acreditar em Deus no Ocidente moderno, enquanto em 1500 era praticamente impossível não acreditar?"[17] Minha pergunta é semelhante: Por que é tão difícil interpretar a Bíblia espiritualmente no Ocidente moderno enquanto de 330 a, digamos, 1830 era praticamente impossível não fazê-lo desse modo?[18] A resposta está menos relacionada com a ascensão da ciência ou dos argumentos contra a existência de Deus do que com algo mais radical: um "desencantamento" epocal, no qual a imagem tida como certa de uma criação sobrenaturalmente saturada e significativa foi substituída pela imagem de uma ordem impessoal de matéria em movimento sem sentido. Taylor descreve a modernidade como uma revolução em nosso imaginário social, "a maneira pela qual imaginamos coletivamente, mesmo pré-teoricamente, nossa vida social no mundo ocidental contemporâneo".[19] O imaginário social está profundamente implicado em nossas discussões anteriores sobre

---

15. Hans Boersma, *Heavenly Participation: The Weaving of a Sacramental Tapestry* (Grand Rapids: Eerdmans, 2011), p. 38. Veja também Craig A. Carter, *Interpreting Scripture with the Great Tradition: Recovering the Genius of Premodern Exegesis* (Grand Rapids: Baker Academic, 2018), p. 66-84.

16. Hans Boersma, *Five Things Theologians Wish Biblical Scholars Knew* (Downers Grove: IVP Academic, 2021), p. 62.

17. Charles Taylor, *A Secular Age* (Cambridge: Belknap, 2007), p. 539.

18. Meu *terminus ad quem*, 1830, é apenas uma aproximação. É difícil fornecer uma data exata, pois a perda de um quadro de referência sobrenatural para interpretar a Bíblia, e tudo o mais, foi um processo gradual.

19. Taylor, *A Secular Age*, p. 146.

culturas de leitura, intuições interpretativas e quadros de referência. Na verdade, ele é mais fundamental do que esses três, pois é o que os integra. Taylor define o imaginário social como o conjunto de suposições históricas que fundamentam nossa compreensão compartilhada da realidade e sustentam nossas práticas cotidianas. É aquela imagem tida como certa da maneira pela qual o mundo funciona. Essa imagem não é algo explicitamente ensinado, mas capturado; não uma teoria que se aprende em sala de aula, mas na rua: "ela é transportada em imagens, histórias".[20]

Como um paradigma científico, um imaginário social não é facilmente desalojado. Isso ocorre porque em geral não é algo que olhamos para ser avaliado de forma crítica, mas aquilo que nosso olhar *atravessa*: é a janela que emoldura nossa visão de mundo. Uma mudança de imaginário social é uma mudança epocal, uma mudança na visão de mundo. Essa mudança requer um abalo nas fundações do imaginário.[21] Em um sentido real, um imaginário social é a história tida como certa na qual os indivíduos vivem, se movem e pensam seu ser comunitário. Pense no imaginário social como o sistema operacional, por assim dizer, da existência humana. Vivemos em uma era secular, diz Taylor, porque habitamos um imaginário social secular (lat.: *saeculum* = mundo). Uma imagem voltada a este mundo mantém nossa imaginação cativa.

Ao descrever a secularidade, Taylor introduz outra ideia que está relacionada com o que dissemos sobre as culturas de leitura e os quadros de referência: as janelas por meio das quais os leitores veem o texto bíblico. O "quadro imanente" é o termo de Taylor para a imagem de um mundo autoencerrado da natureza que os modernos habitam: o mundo *incurvatus in se*, um cosmo espaço-temporal curvado sobre si mesmo e, portanto, isolado do sagrado ou do outro mundo.[22] Na casa do intérprete secular, o quadro imanente é uma janela emoldurada de referência que, em vez de deixar a luz entrar, mantém a maior parte dela do lado de fora. Não há espaço para o sobrenatural ou espiritual na estalagem imanente. Habitar o quadro imanente é estar consciente apenas do que aparece ou ocorre no nexo causal fechado do espaço-tempo. Em um quadro imanente, nenhum momento é mais importante do que outro, e a vida é apenas "um desastre após o outro".[23] O tempo nessa visão é *desligado* da eternidade, menos eclesial do que o tempo de Eclesiastes: "O que foi tornará a ser, o que foi feito se fará novamente; não há nada novo debaixo do sol" (Ec 1:9). *Qohelet* [O pregador] aqui dá voz a algo como o quadro imanente, uma visão de mundo pela qual chegamos "a entender nossa existência em uma ordem imanente autossuficiente".[24] É, em uma palavra, existência sem transcendência.

---

20. Ibidem, p. 172.
21. As parábolas de Jesus que subvertem o mundo são um exemplo de tal "abalo".
22. Martinho Lutero usou *incurvatus in se* ("voltado para si mesmo") para descrever a preocupação egocêntrica do pecador consigo mesmo, em contraste com a orientação externa de alguém que ama a Deus e aos outros.
23. Um provérbio do início do século 20 de atribuição incerta.
24. Taylor, *A Secular Age*, p. 543.

É difícil exagerar o impacto do quadro imanente na interpretação bíblica moderna. Antes de tudo, ele acabou com a imagem tradicional do relacionamento Deus/mundo, gerando assim uma nova cultura de leitura "crítica" (veja mais adiante). Baruch Espinosa foi um dos primeiros intérpretes bíblicos a apreciar a natureza revolucionária desse novo quadro de referência. Ele rejeitou a autoria divina da Bíblia e, em vez disso, a examinou apenas como um produto humano composto em um quadro imanente e, portanto, sujeito às mesmas forças históricas e culturais de qualquer outro livro. Além disso, dado o quadro imanente, não pode haver propósito último na leitura, nenhum bem transcendente, como o conhecimento de Deus, ou a piedade, a ser almejado.[25]

Matthew Levering se preocupa que mesmo estudiosos bíblicos modernos crentes possam inadvertidamente reduzir a história bíblica ao que pode caber em um quadro de referência imanente: "Uma vez que o 'histórico' é entendido como um *continuum* temporal unicamente linear, então uma separação da exegese histórica da exegese patrística-medieval se torna inevitável".[26] Terraplanistas, conheçam os "textoplanistas" – intérpretes que forçam a história bíblica em quadros de referência imanentes, limitando-se assim a explicações voltadas a este mundo acerca do que realmente aconteceu na história de Israel e de Jesus. Levering concorda com os estudiosos modernos sobre a necessidade de estudar a Bíblia em seus contextos originais, mas protesta quando esses contextos imanentes são tudo o que os intérpretes consideram.[27]

O grande mérito do relato de Taylor sobre a secularidade é o destaque do importantíssimo papel do imaginário social na determinação dos quadros de referência que os intérpretes usam para dar sentido à realidade – e à Bíblia. O grande mérito do relato de Levering é seu lembrete de que a exegese sempre pressupõe alguma compreensão da história. De sua parte, Levering insiste que "o histórico inclui uma participação em realidades conhecidas pela fé".[28] Dadas as próprias alegações da Bíblia sobre a ação divina no mundo, não há razão para reduzir a dimensão vertical, aberta ao transcendente da história, a uma estrutura horizontal fechada de causa e efeito deste mundo: "A perda de uma estrutura participativa corta o sentido literal/histórico do sentido espiritual, tornando cada vez mais difícil ver no sentido literal/histórico qualquer coisa além de um conjunto de conceitos imanentemente fechados".[29] Não precisamos seguir Levering ao ver a relação da história com o transcendente como "participativa" (é assim que o faz Platão), mas devemos segui-lo ao insistir que múltiplos quadros de referência são necessários para entender a história bíblica corretamente, incluindo quadros de referência

25. Em contraste, o capítulo 9 defende que o fim ou *telos* da interpretação bíblica é a transfiguração do leitor em maior semelhança com Cristo.

26. Matthew Levering, *Participatory Biblical Exegesis: A Theology of Biblical Interpretation* (Notre Dame: University of Notre Dame Press, 2008), p. 4.

27. Ibidem, p. 1.

28. Ibidem, p. 7.

29. Ibidem, p. 145.

que sejam abertos à transcendência. Devemos concordar, em outras palavras, que os atos poderosos de Deus na história rompem totalmente o quadro imanente.

A crítica e a grande reversão hermenêutica: o imaginário social moderno (parte 2)

Além de encerrar a história em um quadro imanente, o novo imaginário social secular também forneceu um novo quadro de referência para conceber o conhecimento. A famosa "revolução copernicana", de Immanuel Kant, realizou um experimento mental com o próprio pensamento: a visão "ingênua" retrata o conhecimento como a mente registrando sensações, conformando-se passivamente aos objetos. Kant comparou essa epistemologia ingênua (pré-crítica) à visão ingênua (pré-científica) de que o sol e as estrelas giram em torno de seus espectadores na Terra. Como Copérnico demonstrou, essa hipótese falha em explicar o movimento desses corpos celestes. A visão copernicana inverte a imagem: é a Terra que se move em torno do sol (não vice-versa); o sol e as estrelas permanecem em repouso. A proposta igualmente marcante de Kant foi uma "revolução copernicana" na epistemologia: o conhecimento ocorre não quando a mente se conforma passivamente a seu objeto, mas quando este se conforma à estrutura de nossa mente. Kant argumentou que as categorias da mente ordenam e dão sentido à nossa experiência.[30] Ele também insistiu que só podemos conhecer o que experimentamos. Como a experiência é limitada ao quadro imanente (o nexo causal espaço-tempo), e porque Deus não é um item no mundo, Kant concluiu que não pode haver conhecimento de Deus. A religião é útil como um suporte à moralidade mas, como todo o restante, é um fenômeno humano sujeito ao escrutínio crítico e, portanto, permanece "dentro dos limites da simples razão".[31]

A revolução copernicana de Kant importa porque é o epítome do pensamento crítico, o ímpeto do imaginário social secular e a fundação da crítica bíblica. Ser "crítico" é estar ciente dos limites do conhecimento humano e desconfiar das aparências superficiais e da opinião ingênua que se disfarçam de conhecimento e verdade. Kant não foi o primeiro pensador crítico, é claro, mas há bons motivos para considerá-lo o Pai da Crítica, visto que critica a própria razão, ou seja, ele determina seus limites legítimos. O manifesto de Kant "O que é o Esclarecimento" levou os pensadores modernos a "ousarem raciocinar" por si mesmos, e não se esconderem atrás das saias do dogma e da tradição da igreja.[32] Outros estudio-

---

30. Immanuel Kant, *Critique of Pure Reason*, 2ª ed. (traduzido por Norman Kemp Smith) (Londres: Macmillan, 1933), p. 22.

31. Veja Immanuel Kant, "Religion within the Boundaries of Mere Reason (1783)" [Religião dentro dos limites da mera razão], em *Religion and Rational Theology*, *The Cambridge Edition of the Works of Immanuel Kant* (traduzido e organizado por Allen W. Wood e George Di Giovanni) (Cambridge: Cambridge University Press, 1996).

32. Veja Immanuel Kant, *Foundations of the Metaphysics of Morals*, e *What Is Enlightenment?*, trad. Lewis White Beck (Nova York: Liberal Arts, 1959), p. 85-91 [Cf. em português: *Fundamentação da metafísica dos costumes* (Lisboa: Edições 70, 2009)].

sos, como Espinoza, haviam sido críticos da Bíblia.[33] Era patentemente óbvio para ele que Moisés não poderia ter escrito o Pentateuco, pela simples razão de que o Deuteronômio registra sua morte. Contudo, foi Kant quem fundamentou esse movimento característico da crítica em uma filosofia crítica. Pois a crítica moderna é, antes de tudo, *um estilo de pensamento* que atravessa as disciplinas acadêmicas, "um estilo de interpretação movido por um espírito de desencanto".[34] Menos de um século após Kant, essa mentalidade crítica estava viva e bem, tendo criado uma cultura de leitura que dominou o campo dos estudos bíblicos, melhor expressa pelo credo crítico de W. K. Clifford: "É errado sempre, em todos os lugares, e para qualquer um acreditar em qualquer coisa com base em evidências insuficientes".[35] Da mesma forma, Van Harvey, um historiador do século 20, argumentou ser *imoral* para um historiador acreditar em algo a menos que haja evidências suficientes. Alguém pode acreditar nas narrativas patriarcais ou na história da jornada de Israel para e do Egito? A resposta moderna e crítica é *não* – pelo menos não sem evidências suficientes. Como Espinoza observou astutamente, uma coisa é estabelecer o "sentido da Escritura", outra bem diferente é determinar "a verdade das coisas".[36] Chegamos a conhecer o primeiro lendo a Bíblia, mas chegamos a conhecer o último somente quando examinamos o que lemos à luz da razão crítica.

A crítica moderna – o trabalho de suspeita da razão – é o estilo perfeito de pensamento dada a autoridade do quadro imanente da modernidade. Houve um tempo no qual a interpretação de Agostinho a respeito da parábola do bom samaritano parecia correta e adequada, quando os relatos bíblicos da ação de Deus no mundo não eram problemáticos. Esses tempos acabaram. O imaginário secular moderno agora nos inclina a procurar explicações naturais, tanto para as histórias de milagres que a Bíblia relata quanto para a própria Bíblia. O mandato da crítica bíblica moderna é fornecer um relato exaustivo do texto, considerando-o como um documento condicionado histórico e culturalmente. De novo, o reflexo da mente crítica é desconfiar das aparências para penetrar na realidade. Muitos críticos bíblicos passaram suas carreiras tentando reconstruir o que *realmente* aconteceu, em vez de aceitar o que os textos relatam ter acontecido.[37]

---

33. Uma das primeiras obras a empregar um quadro de referência mais secular para ler a Bíblia foi o *Theological-Political Treatise* (Cambridge: Cambridge University Press, 2007), de Baruch Espinoza, de 1670.

34. Rita Felski, *The Limits of Critique* (Chicago: University of Chicago Press, 2015), p. 2.

35. W. K. Clifford, "The Ethics of Belief" [A ética da crença], em *Lectures and Essays* (London: Macmillan, 1886), p. 346.

36. Espinoza, *Theological-Political Treatise*, p. 100.

37. Veja, por exemplo, Thomas L. Thompson, *The Historicity of the Patriarchal Narratives: The Quest for the Historical Adam* (Harrisburg: Trinity Press International, 2002); John van Seters, *In Search of History: Historiography in the Ancient World and the Origins of Biblical History* (New Haven Yale University Press 1983); Israel Finkelstein e Amihai Mazar, *The Quest for the Historical Israel: Debating Archaeology and the History of Early Israel* (organizado por Brian B. Schmidt) (Atlanta: Society of Biblical Literature, 2007); William G. Dever, *What Did the Biblical Writers Know and When Did They Know It? What Archaeology Can Tell Us about the Reality of Ancient Israel* (Grand Rapids: Eerdmans, 2001).

Eles fazem isso a partir de um quadro de referência imanente (isto é, historicista) que insiste em explicar acontecimentos em relação apenas a seus contextos históricos imediatos.[38] No imaginário social moderno, a Bíblia é como Sansão sem suas tranças, tão fraca (e historicamente condicionada) quanto qualquer outro livro (cf. Jz 16:7).

Nesse ínterim, os teólogos modernos estavam perdendo o interesse pela teologia. Aqueles que aceitaram a crítica de Kant à razão, como Friedrich Schleiermacher, fizeram da experiência religiosa, em vez da revelação, o foco de seu estudo.[39] Com o eclipse da narrativa bíblica, precisamos também mencionar o "eclipse da agência de Deus".[40] Assim, os teólogos modernos "mudaram de tema": o objeto de seu estudo não era mais Deus (teologia propriamente dita), mas a experiência religiosa humana (antropologia). Os passageiros dessa ferrovia são recebidos no terminal pelos braços abertos de Ludwig Feuerbach.[41]

Os teólogos perderam o interesse em teologia ao passar a dar mais atenção à experiência religiosa em geral e menos ao testemunho dos profetas e dos apóstolos.[42] Em algum momento do século 17, a conversa se afastou das especificidades do cristianismo doutrinário em direção a argumentos filosóficos a favor (e contra) a existência de Deus. Na origem do ateísmo moderno, argumentou Michael Buckley, está a apologética filosófica.[43] Como defender o teísmo pode contar como evidência de que os pensadores modernos estavam perdendo o interesse em teologia? Porque mostra (1) que eles estavam substituindo o Deus genérico dos filósofos pelo Deus trino do evangelho, e (2) que eles pensavam que argumentos racionais e evidências objetivas (por exemplo, *design* na natureza) poderiam resolver o assunto. Em suma, a luta entre ateísmo e teísmo não era mais uma questão de fé biblicamente informada, mas de razão filosoficamente julgada.

---

38. Um bom exemplo de historicismo é o trabalho de Ernst Troeltsch, que insistiu em explicar a vida de Jesus e a ascensão do cristianismo primitivo em razão de seus contextos históricos imediatos. Veja seu *The Social Teaching of the Christian Churches*, 2 vols. (Nova York: Harper Row, 1960).

39. Para Schleiermacher, as doutrinas não são descrições da natureza divina, mas "relatos das afeições religiosas cristãs expressas na fala". *The Christian Faith* (Edimburgo: T&T Clark, 1928), p. 76.

40. Mark Allan Bowald, *Rendering the Word in Theological Hermeneutics: Mapping Divine and Human Agency* (Aldershot: Ashgate, 2007), p. 13-23.

41. Feuerbach é o grande mestre dos mestres da suspeita hermenêutica, pois interpreta declarações sobre Deus como códigos para aquilo que os humanos, em última análise, veneram. A essência da religião, e seu segredo, é que declarações teológicas são, na verdade, declarações antropológicas, expressões de qualidades que consideramos divinas. Veja mais em Ludwig Feuerbach, *The Essence of Christianity*, trad. George Eliot (Buffalo: Prometheus Books, 1989); e Van Harvey, *Feuerbach and the Interpretation of Religion* (Cambridge: Cambridge University Press, 1995).

42. Sou grato a Nicholas Lash, "When Did the Theologians Lose Interest in Theology?" [Quando os teólogos perderam o interesse na teologia?], em seu *The Beginning and End of "Religion"* (Cambridge: Cambridge University Press, 1996), p. 132-49, pelo material deste parágrafo.

43. "A teologia alienou a própria natureza ao gerar uma filosofia que funcionava como apologética." Michael J. Buckley, *At the Origins of Modern Atheism* (New Haven: Yale University Press, 1987), p. 358.

Vale a pena mencionar uma última característica do relato de Taylor sobre a secularização. A suposta superioridade do imaginário historicista moderno é, ele afirma, equivocada. O que tornou a imagem secular mais crível não foi a prova científica, como se a física pudesse refutar Deus. Pelo contrário, o que torna o imaginário secular moderno convincente é sua pretensão de ser *eticamente* superior – daí a pretensão de Clifford e Harvey de ser *moralmente* errado acreditar em coisas sem evidências suficientes. Em outras palavras, no imaginário secular, a suspeita – uma desconfiança das aparências – é uma *virtude*: "É vista como a atitude da maturidade, é claro, da masculinidade, contra medos infantis e sentimentalismo".[44] No entanto, descrever a fé nesses termos *já* é habitar o imaginário secular. Aqueles que conhecem a coisa real conhecem melhor (cf. 2Ts 1:4; Tg 1:3).[45]

Polarização disciplinar: o domínio dividido da interpretação bíblica

O capítulo 2 descreveu como a antiga tensão entre as formas de ler a Bíblia cresceu em intensidade durante a era medieval e, por fim, atingiu um ponto de ruptura, com estudiosos bíblicos e teólogos seguindo seus diferentes caminhos disciplinares na academia moderna. Esses dois caminhos (chame-os, por falta de termos melhores, de "histórico" e "teológico") se distanciaram ainda mais no século 20, embora recentemente tenha havido sinais encorajadores de uma reaproximação.[46] Ainda assim, ao lado da grande reversão na hermenêutica, devemos também mencionar o grande divórcio entre os estudos bíblicos e os teológicos, as duas principais disciplinas no domínio da palavra.[47]

Estudiosos bíblicos e teólogos sistemáticos têm buscado os respectivos interesses interpretativos nos últimos dois séculos e, durante grande parte desse período, não têm se falado. Há um muro de divisão disciplinar de indiferença, se não de hostilidade declarada. Mesmo quando o tópico é teologia, estudiosos bíblicos e teólogos adotam abordagens diferentes e falam as próprias línguas, seguindo caminhos traçados pela primeira vez por J. P. Gabler no século 18, quando este distinguiu a tarefa

44. Taylor, *Secular Age*, p. 365.

45. Nicholas Hardy argumenta que a crítica bíblica nunca atingiu a neutralidade a que aspirava, mas, em vez disso, serviu aos interesses de várias instituições eclesiásticas e políticas. Veja seu *Criticism and Confession: The Bible in the Seventeenth Century Republic of Letters* (Oxford: Oxford University Press, 2017).

46. Além das conferências de St. Andrews sobre Escritura e teologia (veja a seguir), eu destacaria a fundação em 2007 do *Journal of Theological Interpretation*, cujo propósito é permitir que intérpretes bíblicos empreguem quadros de referência teológicos.

47. Myk Habets argumenta que os estudos bíblicos e a teologia sistemática representam abordagens diferentes para a interpretação teológica das Escrituras. Preocupações hermenêuticas gerais (ou seja, aquelas que pertencem à tríade autor-texto-leitor) dominam a abordagem bíblica, em contraste com o que Habets chama de *Interpretação Teológica* das Escrituras típica de teólogos sistemáticos ("*Theological* Theological Interpretation of Scripture", *International Journal of Systematic Theology 23*, n. 2 [2021], p. 235-58).

histórica descritiva da "teologia bíblica" (ou seja, dizer o que os autores bíblicos pensavam sobre Deus) da tarefa normativa da "teologia dogmática" (ou seja, dizer o que as pessoas hoje deveriam pensar sobre Deus).[48] O objetivo de Gabler era louvável: ele queria ter certeza de que os teólogos dogmáticos não estivessem simplesmente escolhendo textos bíblicos que apoiariam suas posições preferidas. Gabler atribuiu ao teólogo "bíblico" a tarefa de descrever as ideias religiosas dos autores bíblicos nos próprios termos e contextos históricos. Os teólogos bíblicos não deveriam utilizar a Bíblia para provar esta ou aquela declaração confessional. A consequência não intencional dessa divisão disciplinar do trabalho, no entanto, é que atualmente "exegetas cooperam mais naturalmente com filólogos, sociólogos e historiadores do que com teólogos sistemáticos".[49]

Igrejas e seminários devem lidar com o fato de que tanto os estudos bíblicos quanto a teologia sistemática foram influenciados pela modernidade de tal forma que se tornaram culturas de leitura separadas. Há pressão na academia, principalmente das ciências e outros campos de estudo, para que estudiosos bíblicos e teólogos aceitem os parâmetros da estrutura imanente: historicismo para exegetas; racionalismo para teólogos. Mesmo dentro dessa estrutura imanente comum, exegetas e teólogos continuam a trabalhar com diferentes estruturas de referência que os levam a colocar diferentes tipos de perguntas ao texto bíblico. Para generalizar (e viver perigosamente): desde o início dos tempos modernos até por volta da década de 1970, os exegetas bíblicos empregavam uma série de métodos críticos que focavam em algum aspecto do mundo "por trás" do texto. Por sua vez, os teólogos direcionavam sua atenção para algum aspecto do mundo "na frente" do texto. Alguns exemplos terão de ser suficientes, mas um pouco de contexto sobre esses "mundos" preposicionais pode ajudar a mostrar o que está em jogo.

A distinção entre os mundos "por trás", "de/dentro" e "na frente de" em relação ao texto tornou-se comum na hermenêutica bíblica. Essas expressões correspondem a abordagens interpretativas, típicas da hermenêutica geral, que são centradas

---

48. Veja a tradução e o comentário de John Sandys-Wunsch e Laurence Eldredge, "J. P. Gabler and the Distinction between Biblical and Dogmatic Theology: Translation, Commentary, and Discussion of His Originality" [J.P. Gabler e a distinção entre teologia bíblica e dogmática: tradução, comentário e discussão de sua originalidade], *Scottish Journal of Theology 33* (1980), p. 133-58. Veja também a distinção relacionada de Krister Stendahl entre "o que significava" e "o que significa" em seu "Biblical Theology, Contemporary" [Teologia bíblica contemporânea], no *Interpreter's Dictionary of the Bible* (Nashville: Abingdon, 1962), 1: p. 418-32. Discuto ambas as definições de teologia bíblica, com a de Geerhardus Vos, em meu "Staurology, Ontology, and the Travail of Biblical Narrative: Once More unto the Biblical Theological Breach" [Teologia da cruz, ontologia e o trabalho da narrativa bíblica: mais uma vez até a brecha teológica bíblica], *Southern Baptist Journal of Theology 23*, n. 2 (2019), p. 7-33.

49. Arnold Huijgen, Koert van Bekkum, e Hans Burger, "Biblical Exegesis and Systematic Theology: Toward Mutual Benefit" [Exegese bíblica e teologia sistemática: para benefício mútuo], *Journal of Reformed Theology 16* (2022), p. 174-5.

respectivamente no autor, no texto ou no leitor.[50] O mundo do texto é feito de palavras e tem uma coerência própria, graças à sua estrutura literária e seu enredo. Os exegetas distinguem esse mundo narrado *dentro* do texto do mundo histórico *por trás* do texto. Este inclui o contexto sociocultural dos autores e editores que o produziram. Por fim, o mundo *na frente* do texto é o de seus leitores, que trazem o mundo do texto para sua vida, mesmo que apenas por um momento. Essa pluralidade de mundos textuais levanta uma questão interessante a ser abordada no próximo capítulo: em qual "mundo" encontramos o significado literal do texto?

O mundo *por trás* do texto bíblico: leitura com quadros de referência históricos

Uma característica do imaginário secular moderno é a consciência histórica: aquela percepção sempre presente de que os humanos pensam e fazem de acordo com os condicionamentos de seu contexto social. Quando estudiosos bíblicos modernos leem textos bíblicos, eles querem aprender o máximo possível sobre as várias forças – estruturas sociais, práticas culturais, poderes políticos e assim por diante – que podem ter contribuído para sua composição e conteúdo. Consciência histórica e pensamento crítico são as fontes gêmeas da abordagem "histórico-crítica". O pressuposto central é que, para chegar ao significado textual, os leitores devem ir *por trás* do texto (a sua aparência superficial) para entender a ocasião histórica, contexto cultural, fontes, autores e público inicial. A intuição interpretativa por trás da crítica histórica parece sólida: para compreender alguém desconhecido, é útil conhecer sua história e contexto.

O *contexto* tem grande importância em livros didáticos hermenêuticos. Foi dito que "as três regras mais importantes na interpretação são contexto, contexto e contexto".[51] No entanto, o que *é* um contexto? Até que ponto ele se estende? E quantos tipos de contextos existem? Os exegetas modernos tendem a ler a Bíblia com um quadro histórico de referência. Assim, o lugar de destaque vai para o contexto inicial, incluindo cultura material, artefatos, línguas e literaturas cognatas que juntos compõem o mundo *por trás* do texto.[52] A falta de interesse pré-crítico, ou de conhecimento, acerca do contexto inicial é uma das principais razões pelas quais os críticos bíblicos modernos tendem a descartá-los.

Muito depende de qual contexto um intérprete decide privilegiar, e por quê. John Monson diz que o estudo do contexto original "oferece um ponto de vista para avaliar

---

50. W. Randolph Tate, *Biblical Interpretation: An Integrated Approach*, rev. ed. (Peabody: Hendrickson, 1997), p. xx. Jonathan Pennington descreve os três mundos como "três avenidas". *Reading the Gospels Wisely: A Narrative and Theological Introduction* (Grand Rapids: Baker Academic, 2012), cap. 6. Paul Ricoeur se referiu ao "mundo do/dentro do texto" para indicar uma forma de ser no mundo que tem o potencial de reconfigurar a existência do leitor. Veja também meu *Biblical Narrative in the Philosophy of Paul Ricoeur: A Study in Hermeneutics and Theology* (Cambridge: Cambridge University Press, 1990), p. 87-90.

51. Muitas vezes atribuído a J. Vernon McGee.

52. Veja também W. W. Hallo e KL Younger, eds., *The Context of Scripture*, 3 vols. (Leiden: Brill, 1997–2002).

as leituras díspares do texto bíblico e identificar aquelas que estão fundamentadas no solo físico e cultural dos autores bíblicos. Ele representa uma visão potencialmente mais objetiva ('restrita') do mundo do texto, mas fora dos limites deste – uma visão que só se tornou disponível durante o século passado".[53]

O contexto que determina o significado pertence exclusivamente ao mundo *por trás* do texto? Monson está disposto a reconhecer um contexto canônico que estende a noção de contexto inicial "para incluir a ocasião em que os textos originais foram compilados em forma de livro e, em seguida, enfim, em forma canônica, de modo a abordar audiências posteriores com o testemunho divino".[54] Outros estudiosos bíblicos não são tão hospitaleiros. Eles não veem nenhuma boa razão pela qual outros livros no cânon devam ser tratados de forma diferente de quaisquer outras fontes contemporâneas.[55] Pois, dentro da estrutura imanente, não se pode apelar à agência de Deus, e a única outra explicação sobre por que alguns livros estão "dentro" e outros "fora" é que as pessoas responsáveis pela compilação do cânon tinham mais poder político do que seus oponentes.[56]

Alguns historiadores fazem afirmações muito modestas sobre o mundo por trás do texto; outros constroem as próprias metanarrativas. N. T. Wright se identifica como um historiador cujo mandato é entender os autores do Novo Testamento à luz do próprio contexto histórico (judaísmo do Segundo Templo). Para ele, a alternativa de lê-los em seus termos no próprio mundo é interpretá-los mal.[57] Na opinião de Wright, é precisamente isso que os teólogos patrísticos e da Reforma fizeram com doutrinas como a justificação pela fé: "Se você quer entender como as ideias e frases são usadas no primeiro século, é mais útil olhar para o primeiro século, não para o quarto século [ou seja, Niceia] (ainda menos para o século 16 d.C. [ou seja, a Reforma]!)".[58] Wright fala em nome do academicismo bíblico moderno quando observa que foi "a fuga da

53. John Monson, "Contextual Criticism as a Framework for Biblical Interpretation" [Crítica contextual como uma estrutura para a interpretação bíblica], em Daniel Block (org.), *Israel: Ancient Kingdom or Late Invention?* (Nashville: Broadman & Holman, 2008), p. 54.

54. John Monson, "Original Context and Canon" [Contexto original e cânon], em Andrew T. Abernethy (org.), *Interpreting the Old Testament Theologically: Essays in Honor of Willem A. VanGemeren* (Grand Rapids: Zondervan, 2018), p. 32.

55. James Barr, *Holy Scripture: Canon, Authority, Criticism* (Louisville: Westminster John Knox, 1983), p. 67.

56. Para exemplos de argumentos nesse sentido, veja Bart Ehrman, *Lost Christianities: The Battles for Scripture and the Faiths We Never Knew* (Oxford: Oxford University Press, 2003); Bart Ehrman, *Lost Scriptures: Books That Did Not Make It into the New Testament* (Oxford: Oxford University Press, 2003); Elaine Pagels, *The Gnostic Gospels* (Nova York: Random House, 1979).

57. John H. Walton adota uma abordagem semelhante ao Antigo Testamento e se concentra em interpretá-lo à luz do ambiente cognitivo, seu antigo contexto do Oriente Próximo. Veja seu *Ancient Near Eastern Thought and the Old Testament: Introducing the Conceptual World of the Hebrew Bible*, 2ª ed. (Grand Rapids: Baker Academic, 2018).

58. N. T. Wright, "Historical Paul and 'Systematic Theology': To Start a Discussion" [O Paulo histórico e a Teologia Sistemática: para iniciar um debate], em Carey Walsh e Mark W. Elliott (orgs.), *Biblical Theology: Past, Present, and Future* (Eugene: Cascade, 2016), p. 153.

história pelos teólogos que causou o dano real".[59] Para entender o mundo *por trás* do texto do Novo Testamento, Wright reconstrói a história que orienta a visão de mundo de seus autores. Essa história de que a morte de Jesus cumpre a esperança de Israel por um novo êxodo, visto como um retorno final do exílio, talvez seja menos importante do que o fato de Wright achar necessário reconstruí-la e sua escolha de privilegiar o contexto do judaísmo do Segundo Templo ao fazê-lo. Na visão de Wright, a leitura correta depende da reconstrução do quadro de referência inicial que dá sentido a Jesus como o clímax da história de Israel.

Richard Hays, um colega estudioso do Novo Testamento, questiona se o privilégio interpretativo pertence a um quadro de referência histórico que funciona independentemente de sua contraparte credal.[60] Hays diz que Wright reúne sua evidência histórica apenas para fazer "um salto de indução altamente intuitivo e sintético que gera uma hipótese dominante".[61] Essa é sua metanarrativa reconstruída supostamente operando por trás do texto – a história de aliança, exílio e retorno de Israel – distinta das narrativas particulares dos Evangelhos individuais. É, diz Hays, "uma construção criticamente abstrata".[62] Hays se preocupa que as vozes dos evangelistas individuais desapareçam, engolidas pela história "real" que Wright alega ter descoberto no mundo por trás do texto. Hays também se pergunta se a história que Wright reconstrói historicamente a partir do mundo por trás do texto "força obsessivamente todas as evidências no molde único do padrão de exílio e retorno".[63] Hays observa que Wright consegue ler até mesmo a parábola do filho pródigo "como uma história sobre o exílio e a restauração de Israel".[64] Hays confessa: "Não importa quantas vezes eu leia o tratamento elegante de Tom à essa parábola, eu simplesmente não consigo me persuadir de que é isso que Jesus quis dizer".[65] O que diremos, então? Tendo começado *por trás* do texto para esclarecê-lo, agora somos aperfeiçoados por algo *diferente* do texto?

Wright acredita que pode corrigir a tradição da igreja trabalhando por trás do texto, mas Hays rebate, perguntando: "Por que não reconhecer que a tradição da igreja pode fornecer auxílio em vez de obstáculo na busca pelo entendimento do testemunho do Novo Testamento sobre a identidade de Jesus?"[66] De sua parte, Hays pensa que um quadro de referência histórico por si só é inadequado; leitores do Novo Testamento não

---

59. N. T. Wright, "Responding to Exile" [Respondendo ao exílio], em James M. Scott (org.), *Exile: A Conversation with N. T. Wright* (Downers Grove: IVP Academic, 2017), p. 324.

60. Richard B. Hays, "Knowing Jesus: Story, History and the Question of Truth" [Conhecendo Jesus: narrativa, história e a questão da verdade], em Nicholas Perrin e Richard B. Hays (orgs.), *Jesus, Paul and the People of God: A Theological Dialogue with N. T. Wright* (Downers Grove: IVP Academic, 2011), p. 44. Falarei mais sobre quadros de referência credais abaixo.

61. Ibidem, p. 46.

62. Ibidem, p. 49.

63. Ibidem, p. 55.

64. Ibidem, p. 55.

65. Ibidem, p. 55.

66. Ibidem, p. 57.

acertarão nem mesmo sua investigação histórica se negligenciarem a forma canônica da história.[67] Essa é uma discordância importante. Hays também cita o falecido teólogo Robert Jenson, jogando gasolina no que já é um fogo ardente: "Mas e se o dogma da igreja fosse um princípio hermenêutico necessário da leitura histórica, precisamente porque descreve a verdadeira ontologia do ser histórico?"[68] E se? O ponto saliente é simplesmente este: ao tentar reconstruir o mundo por trás do texto, os historiadores também podem ser tentados a especular e oferecer um relato narrativo do que realmente aconteceu que esteja em desacordo com a narrativa bíblica. Essas reconstruções históricas/especulativas podem acabar sendo uma forma distintamente moderna de alegorização, isto é, de dizer que o texto realmente *significa* (ou trata de) algo *diferente* do que ele claramente diz. Como veremos na próxima seção, teólogos sistemáticos também especulam; portanto, não estou em posição de atirar a primeira pedra. Mas esse debate não é sobre superioridade disciplinar. A hermenêutica cristã pura e simples não deve colocar a teologia contra a história, ou a doutrina contra a interpretação histórico-gramatical. A causa da leitura teológica da Bíblia não é servida por contrastes simplistas.

Interpretar a Bíblia com um quadro de referência histórico, atento aos contextos originais dos autores, produziu dividendos exegéticos inegáveis. No mínimo, precisamos saber algo sobre os contextos originais para entender o alcance semântico dos termos hebraicos e gregos que compõem o texto: "Há valor na análise histórica da linguagem bíblica porque o valor semântico dos termos altera ao longo do tempo, e o trabalho histórico destaca precisamente isto: significado é uso, e este varia em diferentes contextos históricos".[69] Uma das cinco coisas que o exegeta Scot McKnight deseja que os teólogos saibam é que "a teologia precisa de estudos bíblicos historicamente moldados".[70] A revelação divina não ocorre em um vácuo, mas em contextos históricos e culturais concretos. McKnight desafia a maneira individualista como o termo neotestamentário *evangelho* tem sido entendido no contexto do evangelicalismo moderno. Ele critica o popular quadro de referência "soteriano", segundo o qual o evangelho é sobre a possibilidade de salvação de um indivíduo do pecado e da culpa por meio da fé na morte expiatória de Cristo. Uma leitura atenta dos Evangelhos em seu contexto original descobre, em vez disso, o que McKnight chama de "evangelho do Rei Jesus", ou seja, a proclamação de que o projeto de Deus é estabelecer seu reino na Terra, que tem menos relação com a salvação de indivíduos do que com o estabelecimento de uma ordem social marcada pela justiça e pela *shalom*.[71] Os estudos bíblicos, portanto, ajudam a fornecer o quadro de referência adequado para o próprio evangelho.

---

67. Ibidem, p. 61.

68. Robert W. Jenson, "Identity, Jesus, and Exegesis" [Identidade, Jesus e exegese], em Richard B. Hays e Beverly Roberts Gaventa (orgs.), *Seeking the Identity of Jesus: A Pilgrimage* (Grand Rapids: Eerdmans, 2008), p. 50.

69. Darren Sarisky, *Reading the Bible Theologically* (Cambridge: Cambridge University Press, 2019), p. 185.

70. Este é o capítulo 3 em McKnight, *Five Things Biblical Scholars Wish Theologians Knew*.

71. Veja Scot McKnight, *The King Jesus Gospel: The Original Good News Revisited* (Grand Rapids: Zondervan 2011).

De novo, tudo depende do quadro de referência de cada um. O problema nos estudos bíblicos modernos não é com o quadro histórico como tal, mas com sua *imanência* – a visão de mundo fechada em si mesma que exclui Deus e a ação divina. Isso tem implicações materiais e metodológicas desastrosas.[72] Ler a Bíblia no quadro imanente altera o tema: os estudiosos bíblicos não leem mais as Escrituras para conhecer a Deus, mas, em vez disso, para entender os pensamentos dos autores bíblicos sobre Deus. Quando a teologia moderna se torna um tipo de antropologia religiosa, a divisão disciplinar apenas se aprofunda: "Onde o tema da exegese bíblica e da teologia dogmática não é considerado o mesmo, não existe base real para interação mútua entre as duas disciplinas".[73]

Em um quadro de referência imanente, a Bíblia tem apenas uma história natural. C. S. Lewis estava bem familiarizado com o naturalismo, que ele descreve como uma "ressaca" de nossa "noitada" com a modernidade: "Todos nós temos o naturalismo em nossos ossos e mesmo a conversão não elimina de imediato a infecção de nosso sistema".[74] O naturalismo metafísico é a crença de que apenas o mundo físico – matéria em movimento – é real. Seu primo de primeiro grau, o naturalismo metodológico, insiste que a doutrina cristã não tem influência nas opiniões de alguém acerca da natureza do texto bíblico ou como este deve ser lido. É simplesmente ilegítimo ler a Bíblia como algo diferente das palavras de autores humanos cultural e historicamente condicionados. A estrutura histórica imanente, assim entendida, é excludente porque elimina qualquer consideração do transcendente, incluindo a autoria divina. O problema com o naturalismo não está no que ele afirma, mas no que nega: "a leitura teológica não nega a realidade das características imanentes do mundo ou os ganhos que foram feitos pela consciência histórica. O que ela faz, no entanto, é negar a supremacia e a finalidade da estrutura imanente".[75] Se apenas quadros de referência imanentes são hermeneuticamente aceitáveis, então a única coisa que os estudos bíblicos têm a dizer à teologia é: "Fique longe!"

O mundo *na frente* do texto bíblico: leitura com quadros conceituais, confessionais e contextuais

Apesar de minha intenção de promover uma cultura de leitura teológica, seria um erro supor que os teólogos são automaticamente os heróis do livro. Os teólogos modernos "mudaram de tema" e também são cúmplices do fim da interpretação literal da Bíblia.

---

72. Veja Brad East, "The Hermeneutics of Theological Interpretation: Holy Scripture, Biblical Scholarship and Historical Criticism" [A hermenêutica da interpretação teológica: Sagrada Escritura, estudos bíblicos e crítica histórica], *International Journal of Systematic Theology 19*, n. 1 (2017), p. 30-52.

73. C. Kavin Rowe e Richard Hays, "Biblical Studies", em John Webster, Kathryn Tanner e Iain Torrance (orgs.), *Oxford Handbook of Systematic Theology* (Oxford: Oxford University Press, 2007), p. 452.

74. C. S. Lewis, *Miracles: A Preliminary Study* (Nova York: Macmillan, 1947), p. 197 [Cf. em português: *Milagres* (Rio de Janeiro: Thomas Nelson Brasil, 2021)].

75. Sarisky, *Reading the Bible Theologically*, p. 364.

Eles também abordam a Bíblia com quadros de referência tirados de algum lugar diferente do texto bíblico (em geral da filosofia). Muitos saquearam com avidez os egípcios – e os gregos, alemães, franceses e outros – por vários esquemas conceituais para tornar a Bíblia e a fé cristã mais inteligíveis a seus contemporâneos. Agostinho fez algo semelhante com Platão, assim como Tomás de Aquino com Aristóteles. Em todos os casos, os teólogos interpretaram a Bíblia cientes de seu contexto contemporâneo e do mundo de seus leitores *na frente* do texto.

A *Teologia sistemática* de Paul Tillich é um caso em questão. Ele estava notavelmente sintonizado com o mundo na frente do texto. Seu "método de correlação" começa determinando quais perguntas os homens e mulheres modernos estão fazendo, para então mostrar como a Bíblia as responde.[76] Ele ouviu a cultura de meados do século 20 e detectou uma ansiedade subjacente, uma sensação de que as pessoas são ameaçadas pelo fim de sua existência finita (morte) e falta de sentido, as duas formas de "não ser" para as quais ele achava que a Bíblia fornece uma solução. Para esse problema, as Escrituras fornecem uma resposta – quando lida com uma estrutura de referência existencialista. Tillich acreditava que as pessoas modernas não acreditavam mais seriamente em um Deus "lá fora". Para ele, Deus não é um objeto de conhecimento, mas o "fundamento de nosso ser".[77] Tillich leu os Evangelhos não como registros factuais ou evidências para reconstruir o passado, mas como expressões simbólicas da compreensão da existência dos discípulos à luz de sua experiência religiosa da cruz e ressurreição de Jesus, que simbolizam o "poder do novo ser".[78]

A teologia sistemática de Tillich serve de alerta. Embora obtenha notas elevadas para inteligibilidade contemporânea, ele falha no teste de fidelidade bíblica. O problema teológico mais gritante é que não está claro se Jesus precisa realmente ter ressuscitado dos mortos para servir como símbolo do poder do novo ser.[79] Como ele leu a Bíblia como um mito simbólico, reconstruir o que está por trás do texto (e o que realmente aconteceu) é secundário. O que mais importa é trazer a Bíblia para o mundo do século 20, no qual ela é lida não como um relato do projeto de construção de Deus (para formar um povo para si mesmo), mas da busca humana pela realidade última.[80] Embora os Evangelhos pareçam recontar a história de Jesus, no quadro de referência de Tillich eles se tornam parábolas ontológicas: histórias simbólicas sobre a relação do ser humano finito com o ser em si. A teologia dele acaba sendo mais uma interpretação

---

76. Paul Tillich, *Systematic Theology*, vol. 1 (Chicago: University of Chicago Press, 1951), p. 59-65 [Cf. em português: *Teologia sistemática* (São Leopoldo: Ed. Sinodal, 2025)].

77. Em consonância com seu método de correlação, "Deus" é a resposta à questão da precariedade de nosso ser.

78. Para uma avaliação mais completa da Cristologia de Tillich como excessivamente dependente do mundo de meados do século 20 na frente do texto, veja Colin J. D. Greene, *Christology in Cultural Perspective: Marking Out the Horizons* (Grand Rapids: Eerdmans, 2003), p. 128-32.

79. Veja David Kelsey, *The Fabric of Paul Tillich's Theology* (New Haven, CT: Yale University Press, 1967).

80. Veja Paul Tillich, *Biblical Religion and the Search for Ultimate Reality* (Chicago: University of Chicago Press, 1955).

alegórica, na qual o que a Bíblia realmente trata (existencialismo) é *diferente* do que seus autores parecem estar dizendo.[81]

David Tracy argumenta que o que torna a teologia "moderna" é sua disposição de empregar uma variedade de quadros de referência filosóficos para dar sentido à Bíblia na situação contemporânea: "O que a modernidade fornece para nomear Deus [...] é uma série de debates aparentemente intermináveis sobre o 'ismo' correto, isto é, o conjunto correto de proposições abstratas que nomeiam e pensam Deus".[82] Isso está de acordo com a própria concepção de Tracy acerca da teologia como a correlação de *theos* (Deus) com *logos* (conceito), falando de Deus a partir de um quadro filosófico particular de referência e inteligibilidade. É precisamente com isso que os estudiosos bíblicos se preocupam – a teologia sendo "sistemática" à medida que usa esquemas conceituais extraídos de outro lugar diferentes do texto bíblico para tornar a Bíblia inteligível aos leitores diante do texto. Há uma miríade desses esquemas ou sistemas de ideias (*-ismos*): seu nome é "Legião", principalmente porque eles têm ambições imperiais. Alguns dos principais esquemas conceituais que os teólogos modernos se apropriaram com mais frequência incluem o marxismo, o feminismo e o panenteísmo.[83] Os críticos da teologia sistemática podem sentir vontade de perguntar: "O que mais há de novo? Não é desde *sempre* que os teólogos impuseram quadros de referência extraídos da frente do texto?" Pense, por exemplo, na apropriação indiscriminada de Aristóteles por Tomás de Aquino (ajustado para a revelação).

Outros se preocupam com teólogos impondo quadros de referência confessionais, e não filosóficos. Uma razão pela qual calvinistas e arminianos encontram apoio bíblico para as respectivas tradições é porque ambas as partes leem a Bíblia com grades teológicas já estabelecidas. Quando exegetas bíblicos olham de soslaio para a "interpretação teológica das Escrituras", esse é, muitas vezes, o motivo. Sua preocupação é exacerbada

---

81. David Bentley Hart vira a sabedoria convencional de cabeça para baixo, sugerindo que teólogos modernos como Tillich são os verdadeiros alegoristas: "Historiadores ou hermenêuticos muitas vezes afirmam que o que mais afasta os leitores modernos dos métodos dos exegetas pré-modernos é a paixão destes pela alegoria. Mas isso é falso. Na verdade, nós hoje somos muito mais culturalmente predispostos do que nossos antepassados a uma alegorização incessante dos contos que narramos ou dos livros que lemos, não importa quão elaborados ou tediosos sejam os resultados [...] O mesmo crítico que poderia executar um recuo sensibilizado diante das extravagâncias de uma leitura figurativa patrística do Livro de Números pode não sentir o menor desânimo diante da transformação de Próspero em uma acusação irônica do colonialismo, ou de Horatio Hornblower em um emblema inflexivelmente ereto do "significante fálico". O que torna as alegorias espirituais dos antigos exegetas pagãos, judeus e cristãos tão alarmantes para as sensibilidades modernas não é que fossem alegorias, mas que fossem tão desconcertantemente espirituais. "Ad Litteram", em *A Splendid Wickedness and Other Essays* (Grand Rapids: Eerdmans, 2016), p. 274-7.

82. David Tracy, "Literary Theory and the Return of the Forms for Naming and Thinking God in Theology" [A teoria literária e o retorno das formas para nomear e pensar Deus na teologia], *Journal of Religion 74* (1994), p. 307.

83. Tracy descreve o panenteísmo – a visão de que tudo está em Deus, que é maior que o mundo – como "a única conquista permanente das teologias modernas de Deus". "The Return of God in Contemporary Theology" [O retorno de Deus na teologia contemporânea], em *On Naming the Present: God, Hermeneutics, and Church* (Maryknoll: Orbis, 1994), p. 41.

quando leem afirmações como esta: "A interpretação adequada se mostra tal quando nossa leitura das Escrituras concorda com o que a igreja ensina".[84] Essas declarações parecem resolver a tensão entre estudos bíblicos e teologia ao exigir uma rendição incondicional por parte do academicismo bíblico. Para muitos ouvidos protestantes, isso parece interpretar as coisas de forma errada: a doutrina da igreja deve concordar com as Escrituras, e não o contrário. Seja como for, estudiosos bíblicos se preocupam que tanto teólogos protestantes quanto católicos romanos tendem a interpretar a Bíblia com quadros de referência credais e confessionais e não textuais.

A preocupação é válida. No entanto, não é mais problemático empregar quadros de referência confessionais ou credais em vez de quadros de referência históricos, desde que eles habilitem, em vez de desabilitar, a compreensão do que a Bíblia diz. Pode ser argumentado que o quadro de referência credal niceno faz precisamente isso ao especificar a divindade do Filho e a natureza trinitária de Deus. Reno diz: "Desafio qualquer um a identificar uma maneira de pensar sobre Deus, história e destino humano que seja ao mesmo tempo mais metafisicamente autoconsciente do que a tradição nicena e mais completa e constantemente investida de substância exegética".[85] Para os protestantes, pelo menos, os quadros de referência eclesiásticos, incluindo Niceia, têm apenas autoridade ministerial, não magistral. Todos são, em última análise, responsáveis pela maneira a qual as palavras bíblicas são ditas. Os quadros de referência são inevitáveis na interpretação bíblica e, como vimos, o perigo da especulação, até mesmo da alegorização, espreita tanto nos quadros históricos quanto nos conceituais/confessionais.

Mais um conjunto de quadros interpretativos que privilegiam o mundo na frente do texto merece menção: aqueles que se submetem ao contexto presente. Na academia moderna e pós-moderna, contextos antigos e contemporâneos competem pela atenção dos críticos bíblicos. Uma vez que estamos na "era do leitor", a vantagem mudou para os quadros contextuais presentes.[86] As abordagens histórico-críticas continuam a ter ampla representação no academicismo bíblico. No entanto, a tendência nas últimas décadas tem sido em direção ao que, por falta de um termo melhor, poderíamos chamar de *quadros de referência de identidade*. Esses quadros interpretativos privilegiam os múltiplos mundos diante do texto representados pelos próprios intérpretes contemporâneos. Por exemplo, o interesse interpretativo que governou as leituras teológicas liberacionistas latino-americanas da Bíblia na década de 1960 não era "ir para o céu", mas "justiça na terra", um quadro de referência que privilegiava a perspectiva dos pobres.

---

84. R. R. Reno, *The End of Interpretation: Reclaiming the Priority of Ecclesial Exegesis* (Grand Rapids: Baker Academic, 2022), p. xv.

85. Ibidem, p. 23.

86. Para uma análise mais aprofundada dessa virada para o leitor na hermenêutica contemporânea, veja meu *Is There a Meaning in This Text? The Bible, the Reader, and the Morality of Literary Knowledge* (Grand Rapids: Zondervan, 1998), cap. 4, e meu "The Reader in New Testament Interpretation", em Joel Green (org.), *Hearing the New Testament: Strategies for Interpretation*, 2ª ed. (Grand Rapids: Eerdmans, 2010), p. 259-88.

A preocupação em ler a Bíblia de maneira a defender vários grupos de pessoas (como éticos, de gênero ou pessoas com deficiência) e a promover a justiça social no mundo na frente do texto gerou múltiplos quadros contextuais de referência. Cada um, à sua maneira, representa um quadro de referência "pós-colonial" voltado para corrigir uma injustiça percebida contra um grupo de pessoas marginalizadas ou oprimidas.[87]

Enquanto a modernidade libertou os intérpretes dos grilhões da tradição autoritária, a pós-modernidade busca libertar os intérpretes da ilusão da "visão de lugar nenhum",[88] ou seja, a ideia de que a metodologia científica oferece aos intérpretes o tipo de objetividade sobre o significado textual que as ciências naturais têm nos próprios domínios. Na esteira da resistência pós-moderna, no entanto, a nova tendência é elevar a "visão *daqui*" – o mundo diante do texto de determinado grupo de pessoas. A importância desse desenvolvimento não pode ser exagerada. Em geral, o contexto que boa parte dos intérpretes bíblicos contemporâneos privilegiam não é o do autor inicial, mas seu particular. O que importa para muitos leitores contemporâneos é o mundo na frente do texto: ler a Bíblia no próprio contexto de maneira que promova os interesses da identidade pessoal e/ou comunitária.[89] Esse desejo de fazer com que textos antigos abordem questões contemporâneas pode facilmente levar à suposição cínica de que a interpretação sempre diz mais sobre o leitor do que sobre o texto.

A guerra dos mundos: prioridades de leitura polarizadas

Os intérpretes bíblicos hoje estão presos em um cenário de "guerra dos mundos". De um lado, estão os múltiplos mundos *na frente* do texto, como acabamos de ver. Eles estão em órbitas completamente diferentes dos mundos *por trás* do texto. Nem mencionamos ainda o mundo *do* ou *dentro* do texto, ou seja, o mundo narrativo construído pelos autores, projetado pelo texto e encontrado pelos leitores.[90]

A tensão que temos rastreado levou a teologia e os estudos bíblicos a seguirem caminhos separados. A fragmentação das disciplinas teológicas se tornou ainda mais

---

87. Para mais sobre interpretação bíblica pós-colonial, veja R. S. Sugirtharajah, *Postcolonial Criticism and Biblical Interpretation* (Oxford: Oxford University Press, 2002). Para uma crítica equilibrada de abordagens contextuais à interpretação bíblica, veja Taimaya Ragui, *Confessing Community: An Entryway to Theological Interpretation in North East India* (Minneapolis: Fortress, 2023).

88. Tomo essa frase do livro de Thomas Nagel, *The View from Nowhere* (Oxford: Oxford University Press, 1986), que explora a tensão entre ver o mundo de forma objetiva ("de lugar nenhum em particular"), por um lado, e ser honesto sobre a localização particular de alguém, por outro. Essa mesma tensão caracteriza a interpretação bíblica, embora, como estou sugerindo aqui, o pêndulo tenha oscilado ultimamente para o lado da particularidade e localização: "a visão daqui, bem aqui".

89. Cada uma das várias identidades acima mencionadas e muitas outras não mencionadas aqui têm os próprios grupos de trabalho nas reuniões anuais da Sociedade de Literatura Bíblica e da Academia Americana de Religião.

90. Um exemplo seminal de uma abordagem literária à interpretação bíblica é Robert Alter, *The Art of Biblical Narrative* (Nova York: Basic, 1981). Veja também Meir Sternberg, *The Poetics of Biblical Narrative: Ideological Literature and the Drama of Reading* (Bloomington: Indiana University Press, 1985).

evidente na modernidade.[91] As divisões entre as culturas de leitura que existem hoje são tanto entre as disciplinas teológicas quanto dentro delas. Quando Markus Bockmuehl foi nomeado professor de Novo Testamento na Universidade de Oxford, sua palestra inaugural soou como uma nota melancólica, perguntando se ainda havia algum consenso a ser alcançado sobre o objeto dos estudos do Novo Testamento.[92] O que os estudiosos desse assunto devem estar observando em seu estudo? Como devem observar? E com que propósito estão lendo o Novo Testamento? Perguntas semelhantes podem ser feitas sobre os estudos do Antigo Testamento ou a teologia sistemática. Respostas contrárias proliferam. Alguns leitores considerarão esse tom apocalíptico – minha colocação do relógio do juízo final disciplinar para 23h59 – exagerado. Por alguns padrões, as disciplinas bíblico-teológicas estão florescendo, particularmente se o número de artigos de periódicos acadêmicos e publicações de dissertações de doutorado servirem de indicação. Nesse cálculo, o moderno complexo industrial de comentários acadêmicos nunca foi tão saudável ou produtivo.

No entanto, o que motiva essa produção acadêmica pródiga não serve necessariamente à igreja ou ao seminário. A educação teológica é apenas um gongo barulhento ou um címbalo que retine se não estiver ajudando os alunos a ler bem a Bíblia para entender Deus verdadeiramente. Como vimos, os estudos bíblicos e a teologia sistemática geraram duas culturas de leitura opostas com objetivos, interesses e procedimentos diferentes. Para complicar ainda mais as coisas, cada cultura de leitura está escrevendo comentários bíblicos.[93] Os pastores agora enfrentam o desafio de decidir que tipo de comentários devem ler como auxilio na preparação de seus sermões e em sua compreensão do cristianismo bíblico. Eles devem privilegiar o mundo "por trás" do texto e olhar para ele com uma estrutura histórica de referência, ou devem conceder privilégio interpretativo a algum mundo "na frente" do texto bíblico derivado de sua tradição eclesial ou das filosofias e correntes culturais predominantes da época?[94]

Como vimos, a atual situação polarizada não ocorreu da noite para o dia, mas foi o resultado de um desenvolvimento de séculos. Culturas complementares de leitura medieval se enrijeceram em culturas intelectuais separadas, que Oliver Crisp define como uma disciplina "que se identifica como tendo uma abordagem distinta para seu

91. Veja também Edward Farley, *Theologia: The Fragmentation and Unity of Theological Education* (Minneapolis: Fortaleza de Augsburg, 1994).

92. Markus Bockmuehl, "The Troubled Fortunes of New Testament Scholarship" [As fortunas problemáticas das bolsas de estudos do Novo Testamento], em *Seeing the Word: Refocusing New Testament Study* (Grand Rapids: Baker, 2006), p. 27-74.

93. As séries de comentários que surgem de estudos bíblicos são numerosas demais para serem mencionadas. O que é digno de nota, no entanto, é o surgimento de séries de comentários escritas principalmente por teólogos. Veja, por exemplo, a (agora extinta) série *Brazos Theological Commentary on the Bible* (Baker Academic) e a série *International Theological Commentary* (T&T Clark).

94. Como já discutimos, também há conflitos entre os *vários* mundos na frente do texto.

tema e uma abordagem metodológica particular".[95] A principal vítima desse conflito transcultural pode não ser pastores precisando de ajuda, mas o próprio tema do texto bíblico, que as disciplinas enquadram de maneiras díspares, muitas vezes polarizadoras. Em seu zelo pelos próprios quadros de referência, os estudos bíblicos e a teologia sistemática talvez tenham perdido de vista o quadro da própria Bíblia que, como veremos, é uma função do sentido literal. A vítima final dessa guerra fria hermenêutica, dessa guerra disciplinar dos mundos textuais, pode provar ser o mundo *do* texto. E agora estou me referindo não apenas ao mundo narrativo *dentro* do texto, mas ao texto como anúncio divino, que pertence a uma cultura escatológica – o domínio da palavra viva e eficaz de Deus – exigindo um quadro de referência teológico. De novo, um quadro de referência teológico não elimina o histórico mas, em vez disso, vê o histórico como um campo de ação divina, incluindo a ação comunicativa divina.[96]

Minha preocupação daqui para frente está em como superar a polarização disciplinar debilitante que pode ter começado como uma tensão construtiva mas, na modernidade, resultou em uma divisão patológica do trabalho exegético. Os autores de um ensaio de 2022 exageram apenas um pouco: "É notável que nenhuma metodologia elaborada para cooperação entre estudos bíblicos e teologia sistemática exista até o momento".[97] Walter Brueggemann acha que a tensão veio para ficar: "Não pode haver, em meu julgamento, nenhuma resolução final da tensão entre a tarefa sistematizadora da teologia e o trabalho disruptivo da interpretação bíblica".[98] A tensão construtiva se transforma em uma polarização doentia, no entanto, quando os intérpretes bíblicos equivocam-se ao pensar com base em um disciplinar "eles contra nós". Será preciso mais do que boa vontade individual para reparar a ruptura pois, como tenho argumentado, o problema é de culturas de leitura conflitantes. À medida que "estudos bíblicos" e "teologia" têm dimensões institucionais (por exemplo, departamentos acadêmicos; sociedades profissionais; periódicos), aqueles que foram treinados na academia foram socializados no que equivale a identidades políticas rivais que disputam poder institucional (por exemplo, para definir currículos). O caminho à frente exigirá a reforma das instituições que fomentam as culturas de leitura que formam leitores da Bíblia.[99]

A política de identidade que tenho em vista aqui não diz respeito tão somente a grupos historicamente marginalizados ou de interesse especial, mas aos poderes que moldam as intuições interpretativas de exegetas e teólogos e, portanto, as respectivas

95. Oliver Crisp, *Analyzing Doctrine: Toward a Systematic Theology* (Waco: Baylor University Press, 2019), p. 28.

96. Relaciono isso com a tipologia e a interpretação tipológica com mais detalhes em um capítulo posterior.

97. Huijgen, Van Bekkum e Burger, "Biblical Exegesis and Systematic Theology", p. 187. Os autores continuam oferecendo sete teses como "uma base para desenvolver uma cooperação tão frutífera". Tento fazer o mesmo nas partes 2 e 3 do presente trabalho.

98. Walter Brueggemann, *Theology of the Old Testament: Testimony, Dispute, Advocacy* (Minneapolis: Augsburg, 1997), p. 107.

99. Faculdades bíblicas, seminários e escolas de teologia: isso significa vocês!

autoconcepções como intérpretes bíblicos. Claro, muitas correntes – familiar, étnica, geográfica, denominacional e profissional, por exemplo – alimentam a identidade de uma pessoa, embora nem sempre sejam operativas na leitura da Bíblia. Um dos efeitos infelizes da especialização moderna é que exegetas e teólogos agora definem suas abordagens à interpretação bíblica em contraste uns com os outros, a ponto de muitas vezes parecerem representar opostos polares. Estudiosos bíblicos treinados para olhar o texto bíblico por meio de um quadro de referência histórico podem considerar uma afronta pessoal quando um teólogo elogia o modo alegórico de Agostinho ler os Salmos. Por outro lado, um teólogo pode ressentir-se da sugestão de que ler a Bíblia com pressupostos trinitários é "eisegese".[100]

A obra *Why We're Polarized* [Por que estamos polarizados], de Ezra Klein, não é sobre interpretação bíblica – o título se refere às fissuras políticas dos Estados Unidos –, mas muitas de suas percepções, no entanto, se aplicam. Por exemplo: "O imperativo psicológico mais importante que a maioria de nós carrega diariamente é proteger a nossa ideia de quem somos".[101] Poucas coisas despertam uma identificação tão apaixonada com nossa tribo interpretativa quanto a percepção de que estamos sendo atacados, ou a perspectiva de que nossa tribo está perdendo poder e influência. Acredito firmemente que a autoconcepção primária de estudiosos bíblicos e teólogos deve ser sua identidade comum "em Cristo", não suas identidades tribais, sejam disciplinares ou denominacionais. Vale a pena citar o conselho de Klein aos republicanos e democratas: "O caminho da sabedoria na política de identidade é estar atento a quais de nossas identidades estão sendo ativadas, para podermos nos tornar intencionais sobre quais identidades trabalhamos para ativar".[102]

Não precisamos alegorizar *Exclusão e abraço* de Miroslav Volf para apreciar como suas reflexões sobre identidade, alteridade e reconciliação se aplicam às culturas polarizadas de leitura da Bíblia atualmente. A história da interpretação bíblica inclui mais do que sua cota justa de exclusões: anátemas mútuos. Os críticos bíblicos modernos já achavam fácil descartar a alegorização medieval – até que David Steinmetz assumiu o caso desta, argumentando pela superioridade da exegese pré-crítica: "A teoria medieval dos níveis de significado no texto bíblico, com todos os defeitos indubitáveis, floresceu porque é verdadeira, enquanto a teoria moderna de um único significado, com todas as virtudes demonstráveis, é falsa".[103] À luz dessas alegações polarizadoras (superioridade implica inferioridade), é tentador para estudiosos bíblicos e teólogos pensar considerando "eles versus nós". No entanto, como Volf utilmente aponta, há uma distinção entre diferenciação saudável e exclusão doentia: "Somos quem somos não porque estamos separados dos outros que estão próximos de nós, mas porque somos *tanto* separados

100. Extraio ambos os exemplos da experiência pessoal.

101. Ezra Klein, *Why We're Polarized* (Nova York: Avid Reader, 2020), p. 96.

102. Ibidem, p. 262.

103. David Steinmetz, "The Superiority of Pre-critical Exegesis" [A superioridade da exegese pré-crítica], *Theology Today 37* (1980), p. 38.

quanto conectados, *tanto* distintos *quanto* relacionados; os limites que marcam nossas identidades são barreiras e pontes".[104] Pode ser mais confortável permanecer dentro da própria cultura interpretativa, mas isso não serve nem à causa da verdade nem a Cristo: "Certo tipo de distância do grupo social primário de alguém – recusa em se identificar totalmente com ele ou com qualquer um de seus projetos políticos [leia-se: *exegéticos*] – é essencial para que a fé cristã não receba uma forma excludente".[105]

Nossa atual situação polarizada levanta sérias questões sobre as culturas de leitura nas quais pastores e suas congregações são formados. Localizar pastores na igreja e teólogos na academia resultou em uma anemia teológica no pastorado e uma anemia eclesial entre teólogos acadêmicos. Em jogo está a autoconcepção e o senso de vocação do pastor: "Não esperamos que os pastores sejam *teólogos*, certamente não acadêmicos, pelo menos não de uma variedade profissional".[106] Na modernidade, a localização social da academia não é apenas distante daquela da congregação local, mas mundos diferentes, suscitando assim várias questões urgentes: em que tipo de cultura de leitura a academia socializa os futuros pastores? O que significa interpretação literal no contexto da academia moderna? Como os leitores podem fazer justiça à gramática e a Deus? A interpretação espiritual é desejável e, em caso positivo, ainda é possível?

Felizmente, há sinais positivos de que a maré está começando a mudar. O diálogo e a cooperação entre estudiosos bíblicos e teólogos não são tão raros hoje como eram há cinquenta anos. A Universidade de St. Andrews sediou várias conferências que reuniram estudiosos bíblicos e teólogos sistemáticos para pensar sobre um livro bíblico específico. Em sua introdução ao volume sobre o Evangelho de João, Richard Bauckham escreve: "As duas disciplinas são parceiras naturais que perderam os meios de comunicação efetiva entre si, tão absorvidas se tornaram nos próprios problemas".[107] Portanto, o momento é propício para construir pontes hermenêuticas. O que a igreja precisa agora é de integração disciplinar, não de segregação. Intérpretes da palavra, uni-vos!

Além da polarização: levando os estudos bíblicos e a teologia de volta à igreja

Nossa breve pesquisa sobre o estado da questão – a relação entre as duas culturas de leitura de estudos bíblicos e teologia sistemática – está próxima do fim. A questão, em

---

104. Miroslav Volf, *Exclusion and Embrace: A Theological Exploration of Identity, Otherness, and Reconciliation* ed. rev. (Nashville: Abingdon, 2019), p. 59 [Cf. em português: *Exclusão e abraço* (São Paulo: Mundo Cristão, 2021)].

105. Ibidem, p. 319 (ênfase do original).

106. Gerald Hiestand e Todd Wilson, *The Pastor Theologian: Resurrecting an Ancient Vision* (Grand Rapids: Zondervan, 2015), p. 11. Veja também Kevin J. Vanhoozer e Owen Strachan, *The Pastor as Public Theologian: Recovering a Lost Vision* (Grand Rapids: Baker Academic, 2015).

107. Richard Bauckham, "Introduction", em Richard Bauckham e Carl Mosser (orgs.), *The Gospel of John and Christian Theology* (Grand Rapids: Eerdmans, 2008), p. x. As seguintes Conferências de St. Andrews sobre Escritura e Teologia produziram três outros volumes, sobre Gênesis, Gálatas e Hebreus.

resumo, é: "Para onde vai a interpretação bíblica?" O título de Volf, *Exclusão e abraço*, fornece a resposta e um caminho positivo a seguir: não exclusão, mas abraço – mas não tão forte a ponto de sufocar. Não é uma questão de um lado perder, muito menos desaparecer. É, antes, uma questão de "abrir espaço em si mesmo para o outro".[108] O que Volf diz sobre indivíduos alienados tentando se reconciliar também se aplica às duas culturas que temos descrito: "Não quero ser apenas eu mesmo: quero que o outro seja parte de quem eu sou e quero ser parte do outro".[109] Isso pode exigir que tanto exegetas quanto teólogos leiam apenas suas autoconcepções. Também envolve reformar as respectivas culturas para que cada uma promova o tipo de leitores abertos às contribuições disciplinares uns dos outros.

Podemos falar – e ouvir – uns aos outros? Essa é uma questão real. Mesmo os cristãos que compartilham a mesma estrutura confessional podem se ver pensando sobre exegese de forma muito diferente, dependendo da cultura de leitura disciplinar na qual foram socializados. Boas cercas podem fazer bons vizinhos, mas para amar nossos vizinhos precisamos fazer mais do que ficar em nossos próprios quintais. Para ter uma conversa genuína, devemos aprender as virtudes dialógicas – paciência, abertura, caridade e humildade – particularmente quando nossos interlocutores têm diferentes intuições interpretativas. O Papa Francisco identifica a falta de diálogo como a raiz de muita exclusão, e isso se aplica a culturas polarizadas de leitura da Bíblia: "A atitude de ouvir [...] nos estimula a derrubar muros de mal-entendidos e a criar pontes de comunicação, superando o isolamento e o fechamento em nosso pequeno mundo".[110]

A obra *A Time to Build* [É tempo de construir], de Yuval Levin, não é sobre interpretação bíblica, mas suas lições, no entanto, se aplicam. Levin, como Klein (veja anteriormente), está preocupado com a polarização tóxica na política estadunidense, embora seu diagnóstico seja diferente. De acordo com Levin, o problema fundamental é que ambos os partidos rivais veem as instituições sociais "não como moldes que devem estruturar seu comportamento e caráter, mas como plataformas que lhes permitem maior exposição individual e os capacitam a aprimorar suas marcas pessoais".[111] Enquanto Levin está preocupado com a nação estadunidense, minha preocupação é com a polarização na igreja, uma nação santa (1Pe 2:9).

Exegetas e teólogos precisam voltar à igreja. O que isso significa? A questão não é se estudiosos bíblicos e teólogos individuais têm uma fé pessoal (para o bem da discussão atual, vamos supor que tenham). A questão, em vez disso, diz respeito ao tipo

108. Volf, *Exclusion and Embrace*, p. 98.

109. Ibidem p. 143.

110. "Audience with volunteers of 'Telefono Amico Italia'", *Summary of Bulletin: Holy See Press Office*, 13 de março de 2017, https://press.vatican.va/content/salastampa/en/bollettino/pubblico/2017/03/11/1710 11a.html.

111. Yuval Levin, *A Time to Build: From Family and Community to Congress and the Campus, How Recommitting to our Institutions Can Revive the American Dream* (Nova York: Basic Books, 2020), p. 6.

de prática de leitura na qual exegetas e teólogos foram socializados. A igreja não é simplesmente um espaço seguro no qual estudiosos bíblicos e teólogos podem se tornar amigos, embora também deva ser. *A igreja deve ser a comunidade que gera e governa os objetivos e interesses interpretativos de estudiosos bíblicos e teólogos.* Nem toda cultura de leitura eclesial utilizará a mesma estrutura confessional, mas qualquer que seja sua inclinação denominacional (ou não-denominacional) particular, cada igreja deve, no mínimo, formar leitores para ler com um interesse distintamente teológico: conhecer e amar a Deus. Ler a Bíblia na igreja deve influenciar os tipos de perguntas e quadros de referência que os estudiosos bíblicos e teólogos priorizam e trazem para o texto.

A descrição de Levin sobre as instituições é instrutiva: "Quando falo de instituições [...] quero dizer as formas duráveis de nossa vida em comum. Elas são as estruturas e os arcabouços do que fazemos juntos".[112] A igreja é uma instituição nesse sentido orgânico. Ela forma discípulos maduros e cidadãos do evangelho por meio da pregação, da administração dos sacramentos e das obras de misericórdia, todas procedentes da fé em Cristo. Tragicamente, no entanto, a igreja é uma das instituições, como governos, grandes empresas e a mídia, nas quais as pessoas perderam a confiança. Levin sugere, um tanto contraintuitivamente, que a atual polarização na política estadounidense não decorre dessas instituições serem muito poderosas, mas muito fracas: elas não têm a capacidade de formar pessoas em cidadãos que saibam como trabalhar juntos para realizar tarefas sociais importantes. Levin propõe que, em vez de abandonar, precisamos fortalecer essas instituições históricas, justamente em prol de uma melhor formação pessoal: "O progresso duradouro acontece de alma para alma, mas é por isso que só pode acontecer por meio das instituições da sociedade, que tocam e formam cada um de nós".[113]

A igreja é uma dessas instituições formativas; a academia é outra. A questão hoje para academias e igrejas (e seus seminários) não é simplesmente "O que elas estão ensinando?", mas, sim, "Que tipo de alunos (e leitores) estão formando?" De acordo com Levin, na academia "um progressismo que se inclina para a política de identidade é a ortodoxia reinante".[114] Como vimos, a política de identidade gera uma mentalidade eu/outro que pode ter uma tendência polarizadora. Levin corretamente vê que o propósito das instituições sociais é formar pessoas com as virtudes necessárias para suas vocações particulares: "Ser um profissional não é apenas ter certo emprego, mas quase se tornar certo tipo de ser humano".[115] Se isso é verdade para profissionais em geral, quanto mais para estudiosos bíblicos e teólogos. Estudiosos bíblicos e teólogos devem ir à igreja para entender que, em última análise, não servem a um grupo de interesse especial (ou seja, a própria guilda), mas à igreja – todo o povo de Deus.

112. Ibidem, p. 19.
113. Ibidem, p. 41.
114. Ibidem, p. 105.
115. Ibidem, p. 69.

Voltar à igreja significa lembrar-se do que a Bíblia e a igreja são e para que servem: "Vocês, porém, são geração eleita, reino de sacerdotes, nação santa, povo que pertence a Deus, para anunciar as grandezas daquele que os chamou das trevas para a sua maravilhosa luz" (1Pe 2:9). Estudiosos bíblicos e teólogos sistemáticos precisam voltar à igreja para serem lembrados de que, na análise final, estão do mesmo lado porque servem ao mesmo Senhor e à sua causa, a saber, o plano de Deus de fazer todas as coisas novas em Cristo, por meio do Espírito: "Onde o tema da exegese bíblica e da teologia dogmática é considerado o mesmo, as duas disciplinas são necessariamente inseparáveis".[116] A distinção entre estudiosos bíblicos e teólogos não é redundante, pois os exegetas se concentram em entender os autores bíblicos nos próprios termos, enquanto os teólogos reafirmam o que os profetas e apóstolos dizem para torná-lo inteligível e aplicável no presente: "No entanto, em continuidade com a igreja antiga, não há divisão final entre interpretação bíblica e reflexão teológica, pois elas estão unidas na tarefa comum de atender ao tema das Escrituras".[117]

A polarização da exegese e da teologia não serviu à igreja, mas não há necessidade de difamar nenhum dos lados. Se precisamos ter vilões, consigo pensar em apenas dois: "textoplanistas" (estudiosos bíblicos que negam qualquer dimensão de profundidade à referência histórica, descartando assim a possibilidade de ação divina) e "textolibertos" (teólogos cujas estruturas interpretativas flutuam livres do texto por completo, descartando assim a possibilidade da autoridade bíblica). Felizmente, a maioria deles pertence a pequenas seitas acadêmicas, socialmente isoladas da população em geral. Cristãos puros e simples, independentemente de sua localização disciplinar ou confessional, devem "*se comprometer a agir de outra forma* no futuro".[118]

A hermenêutica cristã pura e simples estabelecida no presente trabalho clama por reforma em ambas as culturas de leitura, à medida que em uma, os estudos bíblicos, a teologia chega tarde demais, enquanto na outra, a teologia sistemática, a Escritura figura muito pouco. O caminho a seguir pede que exegetas e teólogos voltem à igreja – e que o façam sem se esquecerem do que aprenderam na escola.[119] Para esse fim, voltamo-nos agora para explorar o que significa ler o sentido literal da Bíblia com um quadro de referência distintamente teológico. A interpretação histórico-gramatical tradicional tem um lugar na hermenêutica cristã pura e simples? Absolutamente! Ela tem o lugar somente para si? Não exatamente. Ela tem um lugar de destaque, com poder para vetar outras formas de interpretação? Continue lendo.

116. Rowe e Hays, "Biblical Studies", p. 452.

117. Ibidem, p. 452.

118. Volf, *Exclusion and Embrace*, p. 341 (ênfase do original).

119. Veja também Daniel J. Treier, *Introducing Theological Interpretation of Scripture: Recovering a Christian Practice* (Grand Rapids: Baker Academic, 2008).

PARTE 2

ENTENDENDO A INTERPRETAÇÃO LITERAL

A LETRA DO TEXTO

Meu Deus, meu Deus, tu és um Deus direto, não posso dizer um Deus literal, um Deus que seria entendido literalmente e de acordo com o sentido claro de tudo o que dizes, mas tu igualmente o és [...] um Deus também figurativo, metafórico, um Deus em cujas palavras há tamanha altura de figuras.

– John Donne, *Devotions upon Emergent Occasions* (1624), Expostulation XIX

Até este ponto sinalizamos o problema de culturas de leitura conflitantes. O perdedor tem sido o texto bíblico, que muitas vezes foi pego em um fogo cruzado intercultural, um conflito sobre que quadro(s) de referência é(são) legítimo(s) e por quê. Negociar essas tensões – estudos bíblicos versus teologia sistemática; pré-moderno versus moderno versus pós-moderno; o Ocidente versus o restante do mundo – exige, em primeiro lugar, determinar o que entendemos por texto bíblico. Em segundo lugar, é necessário esclarecer o que queremos dizer com sentido "literal" e interpretação "literal". Por fim, especificar um quadro de referência que permitiria uma interpretação literal enriquecida a qual, sem distorcer a letra do texto, possibilitasse também a leitura "espiritual". Tanto a igreja quanto os seminários que treinam seus pastores deveriam ser culturas de leitura que formam leitores para fazer justiça à letra do texto na presença de Cristo, aquele cuja voz está falando na Bíblia, o tema dela e a quem ela pertence em última análise.

Tendo estabelecido na parte 1 a importância de culturas de leitura, os capítulos da parte 2 examinam os critérios para a leitura correta. O foco aqui está na norma da interpretação teológica das Escrituras, a saber, o sentido literal, e em especificar o que significa ler "de acordo com a letra". O ônus desses dois capítulos é especificar o sentido literal e distingui-lo do literalismo populista e de outros equívocos. Os quadros de referência mais uma vez desempenham um papel importante. Para fazer justiça à letra do texto como discurso humano-divino, seu tema e contexto canônico, aqueles que leem a Bíblia teologicamente devem, em última análise, adotar um quadro de referência escatológico e um estilo de exegese escatológico-gramatical. Fazer isso abre novas possibilidades para uma leitura ao mesmo tempo literal e figural/espiritual, recuperando assim uma maneira "cristoscópica" de leitura da Bíblia em seu sentido canônico simples que os reformadores têm em comum com os pais da igreja e com os leitores cristãos em todos os lugares e em todos os tempos.

C A P Í T U L O 4

DEFININDO *SENSUS LITERALIS* (PARTE I)

DO SENTIDO GRAMATICAL À REFERÊNCIA ESCATOLÓGICA

O problema do literal pode ser o problema mais fundamental na teoria da interpretação.
– Brian Cummings[1]

ESTE CAPÍTULO EXPLORA O QUE É INDISCUTIVELMENTE de maior interesse para estudiosos bíblicos e teólogos sistemáticos, embora talvez por razões diferentes: o sentido literal. Boa parte dos exegetas entendem suas vocações no que se refere a fazer justiça à letra do texto – a maneira pela qual as palavras funcionam. Muitos teólogos concordam com Tomás de Aquino sobre a base adequada para a doutrina cristã ser o sentido literal das Escrituras: "Todos os sentidos são embasados em um – o literal – do qual somente qualquer argumento pode ser extraído".[2] Tanto exegetas quanto teólogos muitas vezes supõem que sabemos o que "literal" significa. Mas não sabemos. Na história das ideias, a literalidade é um "conceito essencialmente contestado".[3]

Há uma necessidade urgente de esclarecer o significado do sentido literal e de distinguir a interpretação literal das alternativas não literais e literalistas. Determinar o significado do *sensus literalis* é, diz Brevard Childs, "uma das questões candentes da teologia".[4] A razão pela qual um consenso não foi alcançado, eu afirmo, está relacionada com decisões anteriores de privilegiar certos quadros de referência em detrimento

1. Brian Cummings, "Literally Speaking, or, the Literal Sense from Augustine to Lacan", *Paragraph 21*, n. 2 (1998), p. 200.

2. Tomás de Aquino, *Summa Theologica* I.1.10 [Cf. em português: *Suma teológica* (São Paulo: Ed. Loyola, 2003), 9 vols.].

3. Veja também W. B. Gallie, "Essentially Contested Concepts" [Conceitos essencialmente contestados], *Proceedings of the Aristotelian Society 54* (1956), p. 167-98. Um conceito essencialmente contestado é aquele que "inevitavelmente envolve disputas intermináveis sobre seus usos apropriados por parte de seus usuários" (p. 169).

4. Brevard Childs, "The *Sensus Literalis* of Scripture: An Ancient and Modern Problem" [O *sensus literalis* da Escritura: um problema antigo e moderno], em Herbert Donner, Robert Hanhart e Rudolf Smend (orgs.), *Beiträge zur alttestamentlichen Theologie: Festschrift für Walther Zimmerli Zum 70. Geburtstag* (Göttingen: Vandenhoeck & Ruprecht, 1977), p. 92. Surpreendentemente, não há uma única monografia que forneça um levantamento histórico abrangente e uma análise conceitual do que significa "literal".

de outros, decisões muitas vezes tomadas por padrão, uma função da cultura de leitura particular à qual se pertence e pelo imaginário social que a sustenta.

Começamos nossa investigação sobre o significado do literal com o indiscutível interesse principal do exegeta: a filologia, isto é, a prática de dar atenção amorosa às palavras e à forma pela qual as palavras funcionam. Em seguida, ofereço uma tipologia quíntupla de abordagens à literalidade e recomendo um modelo sintético que convém a uma hermenêutica cristã pura e simples. A próxima seção analisa ainda mais aquele fator importante, mas muitas vezes insuficientemente reconhecido, na interpretação literal que apresentei no capítulo 3: *o quadro de referência*. Minha afirmação fundamental é que as divergências em relação à interpretação literal estão relacionadas com os diferentes quadros de referência que os leitores empregam. Essas decisões procedem tanto do imaginário social de alguém quanto da filologia propriamente dita, uma afirmação que demonstro contrastando o quadro *imanente* (e o imaginário secular moderno que o gerou) com uma tentativa recente de recuperar um quadro de referência *transcendente* (associado a um imaginário sacramental pré-moderno). Isso leva a um exame das diferenças que os quadros de referência fazem para a leitura do Antigo Testamento e à questão: os cristãos devem ter um quadro de referência que os capacite a ver o Antigo Testamento como literalmente acerca de Jesus Cristo? O capítulo conclui observando a maneira pela qual o livro de Hebreus lê o sentido literal das Escrituras cristologicamente, graças a um quadro de referência tão escatológico quanto histórico.

Filologia: lendo a letra com atenção amorosa

Filologia – "o amor às palavras" (*philia* + *logos*) – refere-se a todo o empreendimento de atender e compreender uma obra de discurso escrito.[5] O que significa amar as palavras e dar atenção amorosa à maneira pela qual as palavras aparecem nos textos bíblicos? As guerras culturais de leitura que examinamos na parte 1 equivalem a diferenças de opinião precisamente sobre esse ponto. *Ad fontes*: às fontes originais, sim! Mas com que quadro(s) de referência?

Filologia geral e especial

Erasmo foi um filólogo renascentista que se preocupava em entender o texto bíblico corretamente. Ele dedicou seu conhecimento de hebraico, grego e latim à publicação da primeira edição crítica do Novo Testamento grego. Embora não tenha usado o termo *discurso*, sua compreensão de como as palavras funcionam concorda com o que dissemos antes sobre a Bíblia como divina/humana: "Ocorre que muita luz é lançada sobre a compreensão do sentido das Escrituras se pesarmos não apenas o que é dito,

5. "O amor das palavras" é a definição da última linha da obra de James Turner, *Philology: The Forgotten Origins of the Modern Humanities* (Princeton and Oxford: Princeton University Press, 2014), p. 386.

mas também por quem é dito, a quem é dito, em que palavras é dito, em que momento e em que ocasião; o que ocorre e o que se segue".[6]

Este é um ponto filológico crucial: o tópico do intérprete não são palavras isoladas, mas discurso – *o que alguém diz a outro sobre algo em algum momento, de alguma forma, para algum propósito*. Já discutimos o autor divino e o propósito do discurso bíblico. O presente capítulo se concentra em dois outros elementos: o *que* alguém diz (o "sentido" do discurso) e *aquilo* sobre o que se diz (o "referente" do discurso).

Antes de examinarmos as noções de sentido e referência, vale observar que os debates disciplinares em teologia – especialmente sobre como ler a Bíblia – encontram paralelos nas discussões mais amplas das humanidades. O historiador de ideias James Turner lamenta a maneira pela qual a filologia, que (como a teologia) costumava ser um empreendimento unificado, se transformou em uma série de estudos díspares que seguiram os próprios caminhos disciplinares. Turner quer que essas especializações acadêmicas afastadas se reúnam em uma "família filológica".[7] Somente essa reunião pode efetivamente fundamentar as ciências humanas e resistir à invasão das ciências naturais, que no final do século 19 suplantaram a filologia como o paradigma do conhecimento. Ah, humanidades! Ah, compreensão textual! Ele lamenta a perda de um conjunto de princípios acordados para amar palavras e compreender textos, em grande parte porque vê a filologia como central para muitos campos do conhecimento, a "rainha das ciências".[8] O paralelo com a maneira pela qual estudiosos bíblicos e teólogos se distanciaram é impressionante. Turner reconhece que ambas as histórias – a dissolução da interpretação bíblica e da interpretação textual em geral – estão interligadas, unidas pela filologia.[9]

Três tendências depuseram a regente. Primeiro, a ciência moderna, com seus testes empíricos e sucesso instrumental, deslocou as humanidades como paradigma do conhecimento na universidade. Segundo, os filósofos analíticos começaram a entender seu estudo como contrário à filologia. "A filosofia era lógica, dedutiva, precisa em conclusões [...] A filologia era interpretativa, empírica, tratando em probabilidades."[10] Por fim, ocorreu a dissolução da filologia em feudos disciplinares divergentes, cada um com os próprios métodos, jargões e sociedades profissionais. "Estudiosos nas humanidades modernas [...] buscam legitimidade demonstrando controle especializado de territórios separados."[11] O que Turner vê como um enfraquecimento das humanidades, a perda da filologia como disciplina integrativa, foi, em minha opinião, um fator que

6. Desidério Erasmo, *Ratio seu Methodus compendio perveniendi ad veram theologiam*, citado em John Barton, *The Nature of Biblical Criticism* (Louisville: Westminster John Knox, 2007), p. 128.

7. Turner, *Philology*, p. 383.

8. Ibidem, p. x.

9. Bernard Ramm destacou o "princípio filológico" em seu relato do sistema protestante de hermenêutica (*Protestant Biblical Interpretation*, p. 113-5).

10. Turner, *Philology*, p. 381.

11. Michael L. Legaspi, "The Consolation of Philology" [A consolação da Filologia], *First Things*, outubro de 2015, p. 66.

contribuiu para o enfraquecimento das *divindades*, o termo acadêmico britânico para o estudo da teologia e a tarefa de entender a palavra de Deus. Ler a Bíblia teologicamente envolve mais do que filologia, mas não menos.

Turner acha que tudo ficaria bem nas humanidades se fosse possível recuperar seu dinamismo filológico. Michael Legaspi não está tão confiante. As humanidades exigem mais do que estudar textos em seus contextos históricos: "O academicismo inevitavelmente serve a uma visão maior da vida. Ele é o fruto da cultura à qual os estudiosos pertencem".[12] É por isso que começamos nosso experimento em crítica bíblico-teológica observando culturas de leitura concorrentes. Pois o que está no cerne de uma cultura de leitura é também o que está no centro das duas cidades de Agostinho: um objeto de amor que orienta e motiva a obra daquela cidade. No centro das humanidades está o amor pelas palavras. O filólogo pergunta: "O que eu amo quando amo essas palavras?" Agostinho perguntou: "O que eu amo quando amo meu Deus?" Os cristãos que querem ler a Bíblia teologicamente perguntam: "O que eu amo quando amo as palavras bíblicas como a palavra de Deus?"

Ordenando corretamente o amor às palavras e à Palavra

Os estudiosos bíblicos se consideram mais inclinados à filologia do que os teólogos porque os estudos bíblicos prestam mais atenção aos detalhes do texto do que a dogmática.[13] Amar as palavras é amar tudo o que diz respeito a elas: suas etimologias, seus cognatos, suas formas gramaticais, seu *Sitz im Leben* [em alemão: contexto vital] histórico e assim por diante. Somente um estudioso bíblico como James Barr poderia escrever um livro inteiro sobre palavras bíblicas para o tempo.[14] Em nossos tempos cada vez mais especializados, no entanto, muitos campos acadêmicos são dedicados ao estudo da linguagem: linguística comparativa, estruturalista, evolucionista e cognitiva, para citar apenas alguns.[15] Nossa pergunta – o que amamos quando amamos as palavras bíblicas como a palavra de Deus? – torna-se mais urgente dada essa infinidade de abordagens.

Para estudantes sérios da Bíblia, o primeiro passo para dar atenção amorosa às palavras bíblicas é aprender a lê-las no hebraico e grego originais. Uma coisa é conhecer uma língua estrangeira; outra bem diferente é saber o que os falantes e escritores estão fazendo com ela. Precisamos de uma diversidade de métodos exegéticos para fazer justiça às várias dimensões do discurso bíblico. Por exemplo, a percepção de que Mateus usou o

---

12. Ibidem, p. 67.

13. Sobre o amor como algo que envolve atenção, veja Iris Murdoch, que definiu a atenção como o "olhar amoroso dirigido a uma realidade individual". Iris Murdoch, *Sovereignty of Good* (Londres: Routledge & Kegan Paul, 1970), p. 30. Veja também Martha Nussbaum, que apela a uma leitura "finamente consciente e ricamente responsável". Martha C. Nussbaum, *Love's Knowledge: Essays on Philosophy and Literature* (Oxford: Oxford University Press, 1990), p. 84.

14. James Barr, *Biblical Words for Time* (London: SCM, 1962).

15. Para a amplitude dos tópicos sob "ciências da linguagem", veja Patrick Colm Hogan (org.), *The Cambridge Encyclopedia of Language Sciences* (Cambridge: Cambridge University Press, 2010).

Evangelho de Marcos ao compor o próprio evangelho levou à crítica da redação: o estudo de como as mudanças editoriais comunicam a própria intencionalidade e inclinação teológica. Em contraste, a crítica da tradição surge da percepção de que certos textos bíblicos tomaram forma ao longo do tempo, e que muitos "intermediários" deixaram marcas no final, legando ao leitor o desafio de discernir e classificar as várias camadas dessa transmissão e as várias circunstâncias que levaram a esses desenvolvimentos.[16] Essas abordagens críticas podem ser formas de atenção amorosa. "Prestar atenção a algo é abordá-lo com um olhar justo e amoroso, e com isso percebê-lo em sua particularidade e complexidade ilimitadas e assim como ele realmente é."[17] É importante ter em mente, no entanto, que o discurso escrito é multifacetado. Vários métodos críticos podem ser válidos, mas eles podem estar buscando agendas diferentes, interesses interpretativos diferentes, amores diferentes. O que precisamos é de uma abordagem integrativa que busque todas as linhas relevantes de investigação. Chame isso de crítica *filológica*.

C. S. Lewis foi um filólogo *par excellence*. Sua atenção amorosa a todas as coisas lexicais está em exibição em seu *Studies in Words* [Estudos em palavras], no qual ofereceu diversos relatórios de campo a partir de suas observações ao longo da vida sobre palavras em seu "habitat nativo".[18] De acordo com Lewis: "A linguagem existe para comunicar o que ela pode comunicar",[19] ainda que os leitores devam estar atentos às inúmeras maneiras pelas quais os autores usaram palavras em diferentes momentos e para diferentes propósitos. O contexto é muito importante: "Quando alguém fala sobre as Estações da Cruz, não pensamos em estações ferroviárias nem em nossa estação na vida".[20] Se não estivermos alertas e atentos à intenção comunicativa particular de um autor, estamos sujeitos a ler as palavras como se as tivéssemos escrito e, nesse caso, "O que obtemos ainda pode ser [...] um poema; mas será nosso poema e não o dele".[21] Isso pode ser um lapso perdoável em uma redação de inglês do ensino médio, mas é uma ofensa séria quando, ao ler as Escrituras, alguém substitui a palavra de Deus pela própria palavra. Para Lewis, a vocação do filólogo era modesta e direta: "Descubra o que o autor realmente escreveu, o que as palavras difíceis significavam e a que as alusões se referiam, e você terá feito muito mais por mim do que uma centena de novas interpretações [...] jamais poderiam fazer".[22]

---

16. Para crítica da redação, tradição e outras formas de crítica, veja também Richard N. Soulen e R. Kendall Soulen, *Handbook of Biblical Criticism*, 4ª ed. (Louisville: Westminster John Knox, 2011).

17. Bridget Clarke, "Iris Murdoch and the Prospects for Critical Moral Perception" [Iris Murdoch e as Perspectivas para a percepção moral crítica], em Justin Broackes (org.), *Iris Murdoch, Philosopher* (Oxford: Oxford University Press, 2012), p. 236.

18. C. S. Lewis, *Studies in Words*, 2ª ed. (Cambridge: Cambridge University Press, 1967), p. 2.

19. Ibidem, p. 313.

20. Ibidem, p. 11.

21. Ibidem, p. 11.

22. Lewis, *Experiment in Criticism*, p. 121. [Cf. em português: *Um experimento em crítica literária* (Rio de Janeiro: Thomas Nelson Brasil, 2019)].

De forma apropriada, Lewis apontou que "sentido" deriva do latim *sentire* ("perceber, sentir, saber") e sugeriu que, quando se refere a significado e interpretação, a palavra é provavelmente um uso figurativo de literalmente encontrar o próprio caminho. Os estudiosos bíblicos estão ansiosos para que os teólogos respeitem o princípio filológico: amar e fazer justiça aos textos bíblicos, atendendo a seu sentido literal, seguindo o caminho das palavras. Do ponto de vista do estudioso bíblico, a interpretação teológica se equivoca, ou se perde, sempre que importa preocupações doutrinárias que são estranhas à intenção comunicativa do autor histórico. Essas incursões correm o risco de violar o princípio filológico acima mencionado por Lewis.

A etimologia de filologia (o *philo* ou amor ao *logos*) sugere outro possível significado do termo. O prólogo do Evangelho de João apresenta Jesus como o *logos* que estava com Deus no princípio, era Deus e que se tornou carne (Jo 1:1-18). Além disso, o Logos que se tornou carne utiliza *logoi* (palavras) humanas para falar sobre si mesmo. "Em João, Jesus é o que *é* falado ao mesmo tempo que é o *que* fala."[23] Como alguém responde às palavras da Palavra é, para João, uma questão de vida ou morte eterna. Além disso, o amor pela Palavra implica manter ou obedecer às suas palavras (Jo 14:21,24). De acordo com John Webster, a Sagrada Escritura é um discurso humano separado, designado pelo próprio Filho como um meio de sua autocertificação: "Aqui, também, na questão de sua vinda para ser conhecido, ele é 'antes de todas as coisas' (Cl 1:17)". Se a linguagem existe para comunicar o que pode comunicar, então os teólogos cristãos afirmam que a linguagem bíblica existe para comunicar Cristo.[24] O que os filólogos das Escrituras amam nas palavras bíblicas é que *elas são as palavras que a Palavra fala.*

Não é minha intenção prolongar as guerras culturais de leitura que alienaram os estudos bíblicos e a teologia sistemática. Pelo contrário, meu objetivo é resolver o conflito interpretativo (bem-aventurados os pacificadores hermenêuticos). O caminho a seguir é mostrar que os dois princípios, filológico e cristológico, estão em relação complementar, e não competitiva, um com o outro. Não precisa haver contradição entre amar as palavras bíblicas e a Palavra viva, nem entre amar a letra textual e a luz de Cristo que brilha por intermédio dela.[25]

Não precisamos presumir que os estudiosos bíblicos são os únicos que atendem às palavras bíblicas com atenção amorosa. Tanto os estudiosos bíblicos quanto os teólogos podem, assim, dar atenção amorosa à letra, mas podem fazê-lo de maneiras diferentes e em níveis diferentes. Vale a pena repetir o ponto: tanto os estudiosos bíblicos quanto os teólogos podem ser bíblicos. Há uma diferença entre a forma pela qual as palavras funcionam (sentido) e o destino ao qual elas eventualmente chegam (referente).

---

23. Robert H. Gundry, *Jesus the Word according to John the Sectarian* (Grand Rapids: Eerdmans, 2002), p. 49.

24. John Webster, *The Domain of the Word: Scripture and Theological Reason* (London: T&T Clark, 2012), p. 35.

25. A parte 3 dará um relato mais sistemático da leitura da Bíblia na economia da luz.

Como Peter Leithart observa: "Nós alcançamos as riquezas da Escritura precisamente nos deleitando na letra".[26] Se há um conflito entre as respectivas culturas de leitura, então, ele diz respeito a como melhor atender à letra do texto, ou como ordenar os amores filológicos e cristológicos de alguém. Mais especificamente, amar a letra significa atender ao que é dito (sentido), ou sobre o que algo é dito (referente)?

Literalidade (parte 1): construindo o sentido da letra

Teólogos ao longo da história da igreja reconheceram o sentido literal como a pedra de toque autoritativa em disputas doutrinárias. As questões-chave sempre foram "Onde está escrito?" e "O que diz?" Pio XII, em sua importante encíclica papal de 1943 sobre academicismo bíblico, *Divino Aflante Spiritu*, concordou com Aquino quando descreveu a descoberta e exposição do sentido literal como o "principal e maior esforço" do exegeta.[27] Católicos romanos e protestantes concordam: a verdade teológica deve estar de acordo com "a forma pela qual as palavras funcionam".[28] Identificar a Escritura como discurso divino fixado pela escrita é concordar com Warfield: "O que a Escritura diz, Deus diz".[29] Até mesmo teólogos do século 20 como Dietrich Bonhoeffer insistiram: "A formulação exata das palavras deve ser levada a sério".[30] Autoridade desprovida de conteúdo significativo é só latido, sem mordida. O que os cristãos acreditam – sã doutrina – depende do que a Bíblia diz. Uma coisa é ter uma visão elevada da Escritura, mas outra bem diferente é lê-la corretamente; infelizmente, uma não leva necessariamente à outra.

O desafio de ler "de acordo com a letra"

Apesar do amplo acordo de que a literalidade importa para a exegese e a teologia, não temos consenso sobre o que significa ler "de acordo com a letra". Nossa primeira tarefa é dizer o que a interpretação literal *não* é. Isso envolve distinguir *literal* de *literalista*. Muito dessa distinção depende do tipo de interpretação literal associada à filologia das formas mais populares de literalismo que produzem interpretações excessivamente literalistas, surdas para a maneira pela qual as palavras realmente funcionam.

---

26. Peter Leithart, *Deep Exegesis: The Mystery of Reading Scripture* (Waco: Baylor University Press, 2009), p. vii.

27. *Divino Afflante Spiritu*, §23, disponível em https://www.vatican.va/content/pius-xii/en/encyclicals/documents/hf_p-xii_enc_30091943_divino-afflante-spiritu.html.

28. Lewis Ayres, *Nicaea and Its Legacy: An Approach to Fourth-Century Trinitarian Theology* (Oxford: Oxford University Press, 2004), p. 32, que usa a frase da tradução de Eugene Rogers da *circumstantia litterae* de Tomás de Aquino (*De Potentia* q. 4, a.1, c). William Tyndale já havia se referido "à forma pela qual as palavras funcionam" no prólogo de sua tradução do Pentateuco.

29. B. B. Warfield, "Inspiration" [A inspiração], em James Orr (org.), *The International Standard Bible Encyclopedia*, vol. 3 (Chicago: Howard-Severance, 1915), p. 1473-83.

30. Dietrich Bonhoeffer, *Theological Education at Finkenwalde: 1935-1937*, (organizado por Mark Brocker e H. Gaylon Barker) (Minneapolis: Fortress, 2013), p. 541.

Ler *ad litteram* significa ler "de acordo com a letra" (do latim: *littera*).[31] A. J. Jacobs ilustra uma versão extrema do que isso pode significar em sua sátira best-seller, *The Year of Living Biblically: One Man's Humble Quest to Follow the Bible as Literally as Possible* [O ano de viver biblicamente: A humilde busca de um homem para seguir a Bíblia da forma mais literal possível].[32] A maior parte do livro relata situações absurdas nas quais ele se envolve ao aplicar estritamente regras destinadas ao antigo Israel na Manhattan moderna, por exemplo, "apedrejar" blasfemadores – com pedrinhas. O livro reforça o preconceito popular contra o literalismo bíblico: ele é irrelevante, fora de contexto e, ironicamente, *iletrado* – uma maneira grosseira e inculta de ler de acordo com a letra tão estritamente que acaba se tornando uma espécie de analfabetismo.[33] Uma interpretação "literalista" tenta seguir a forma pela qual as palavras funcionam *sem atender ao contexto de seu uso*. Trata-se, portanto, de uma forma superficial de leitura, o que explica sua conotação negativa. Os problemas surgem quando deixamos de distinguir o literalismo do sentido literal.

Os primeiros cristãos às vezes associavam interpretações literalistas a leitores judeus incapazes de ver além da letra para aquilo ao qual apontava: Jesus Cristo. Por outro lado, Lutero defendia o sentido literal em contraste com leituras alegóricas, que ele temia que transformassem as Escrituras em um nariz de cera, facilmente distorcido. No entanto, simplesmente contrastar literal com literalista ou alegórico não chega a dizer o que o sentido literal *é*. Curiosamente, a invectiva dos reformadores contra a alegorização não os impediu de ler o Antigo Testamento cristologicamente, um paradoxo que levou um historiador da Reforma a concluir: "O literalismo protestante não é nem de longe tão literal quanto deseja que sejamos".[34] Hoje em dia, as pessoas costumam usar *literal* para dar ênfase, muitas vezes de uma forma não literal, como em "A palestra de Vanhoozer foi literalmente eletrizante" (não, não foi) ou "A palestra de Vanhoozer foi tão complicada que eu literalmente morri de tédio" (não, você não morreu). Assim, todos usam o termo, mas poucos conseguem dizer exatamente o que *literal* significa. Como Agostinho em relação ao tempo: sabemos o que é (literalidade) – até que alguém nos pergunte.[35]

---

31. De acordo com David Bentley Hart, os exegetas antigos e medievais liam as Escrituras "com uma atenção rigorosamente escrupulosa ao que estava escrito na página, em cada detalhe e com cada matiz discernível de significado". "Ad Litteram", em *A Splendid Wickedness and Other Essays* (Grand Rapids: Eerdmans, 2016), p. 275.

32. A. J. Jacobs, *The Year of Living Biblically: One Man's Humble Quest to Follow the Bible as Literally as Possible* (Nova York: Simon & Schuster, 2007). O livro também gerou "Living Biblically" [Vivendo biblicamente], uma *sitcom* de televisão de curta duração da CBS que foi ao ar em 2018.

33. Adrian Thatcher vai além, argumentando que a interpretação literal produz efeitos não apenas cômicos, mas trágicos, incluindo punição corporal, racismo e colonialismo. "The Literal Sense of Scripture: A Hermeneutical Disaster" [O sentido literal das Escrituras: um desastre hermenêutico], *Modern Believing 53*, n. 1 (2012), p. 5-12.

34. Brian Cummings, "Protestant Allegory" [A alegoria protestante], em Rita Copeland e Peter T. Struck (orgs.), *The Cambridge Companion to Allegory* (Cambridge: Cambridge University Press, 2010), p. 185.

35. Agostinho, *Confessions*, Livro XI, 14.17 [Cf. em português: *Confissões* (São Paulo: Penguin-Companhia, 2017)]: "Sem dúvida, nós o compreendemos quando dele falamos, e compreendemos também o que nos dizem quando dele nos falam. Por conseguinte, o que é o tempo? Se ninguém me pergunta, eu sei; porém, se quero explicá-lo a quem me pergunta, então não sei".

Frances Young descarta *literal* como um termo "completamente ambíguo", de nenhuma ajuda para nos permitir entender como os intérpretes bíblicos leem de acordo com a letra: "A inadequação do termo 'literal' para fazer distinções significativas na história da exegese é igualada por sua inadequação para entender o que está acontecendo nas discussões modernas, especialmente no nível popular".[36] Isso nos leva a perguntar: a interpretação literal realmente existe? Chama a atenção sua ausência na *Oxford Encyclopedia of Biblical Interpretation*, que examina mais de cinquenta abordagens interpretativas – incluindo étnicas (como afro-americana, latina, coreana), confessionais (como wesleyana, luterana, pentecostal), libertadoras (como feminista, transgênero, mulherista), críticas (como histórica, narrativa, da deficiência) e temáticas (como economia, oralidade, cultura pop) –, mas não inclui a leitura "literal".[37] Parece que a declaração de Brevard Childs permanece tão verdadeira hoje quanto no momento que a emitiu pela primeira vez, cinco décadas atrás: "Existem poucos problemas mais desconcertantes e, ainda assim, importantes na história da interpretação bíblica do que a questão de definir o que se entende por *sensus literalis* de um texto".[38]

Modelos de literalidade: uma tipologia quíntupla

No uso popular, "literal" expressa o significado direto de uma declaração. Em tratamentos acadêmicos, a interpretação literal normalmente se concentra na dimensão verbal, autoral ou histórica de uma declaração.[39] O contraste em ambos os casos é com a fala "figurada", que tem outro significado além do literal. A realidade é mais complexa. A melhor maneira de entender os vários usos de "literal" é estabelecer uma tipologia quíntupla, de acordo com a qual o literal é o sentido (1) verbal, (2) autoral, (3) histórico, (4) literário ou (5) "governado".

Sentido verbal

O *Catecismo da Igreja Católica* define o sentido literal como "o significado transmitido pelas palavras da Escritura e descoberto pela exegese".[40] Grupos de letras adquirem significados convencionais quando se tornam palavras reconhecíveis em uma língua específica: a palavra *pain* significa uma coisa em inglês (dor), mas outra em francês ("pão"). O significado literal é o significado do dicionário, uma descrição de como os falantes normalmente utilizam uma palavra em um idioma específico.

---

36. Frances Young, "Literal Meaning" [O significado literal], em *Dictionary for Theological Interpretation of the Bible*, p. 401.

37. Veja Steven L. McKenzie (org.), *The Oxford Encylopedia of Biblical Interpretation*, 2 vols. (Oxford: Oxford University Press, 2013).

38. Childs, "The Sensus Literalis of Scripture", p. 80.

39. Veja, por exemplo, Kathryn Greene-McCreight, "Literal Sense" [O sentido literal], em *Dictionary for Theological Interpretation of the Bible*, p. 455-6.

40. *Catechism of the Catholic Church* (Nova York and London: Doubleday, 1995), art. 116 [Cf. em português: *Catecismo da Igreja Católica* (São Paulo: Ed. Loyola, 2002)].

Embora seja tentador definir o sentido literal considerando o significado verbal, essa estratégia se baseia em uma suposição equivocada, a saber, que cada palavra tem um significado básico, independente do contexto – seu significado "próprio". Na realidade, a maioria das palavras tem uma gama de usos possíveis: o "alcance semântico" de um termo é a soma total de significados potenciais que determinada palavra tem em determinado momento. O tempo é um fator relevante, pois o uso verbal não está gravado em pedra. As palavras têm histórias, com contextos diversos e usos múltiplos, e tentar controlar seu funcionamento é tão inútil quanto tentar direcionar o vento (como estamos vendo no caso de *literal*).

Sentido autoral

É importante não confundir o significado da frase com o significado pretendido pelo falante. A expressão inglesa *"He's hot"* [literalmente, "ele é/está quente"] pode parecer uma predicação direta, mas o que realmente significa depende do contexto de sua declaração — que pode ser um hospital ["ele está febril"], um torneio de tênis ["ele é um tenista em destaque"], um cassino ["ele está em uma maré de sorte"] ou um encontro universitário ["ele é atraente"]. A informação codificada verbalmente (a frase) subdetermina o sentido literal (o que um falante está fazendo com ela). Frases sozinhas em geral não são suficientes para entender como as palavras funcionam.

Ler de acordo com a letra nessa segunda visão é uma função do uso da linguagem por pessoas em contextos particulares.[41] A alegação central é a de que o significado é uma ação comunicativa proposital: autores *atualizam* o potencial semântico das palavras ao usá-las de maneiras particulares. O significado é, portanto, uma espécie de ação intencional por agentes pessoais. "Todas as ações têm intenções [...] e todas as intenções vislumbram alguma ação."[42] No entanto, a intenção psicológica sozinha (*intencionar a*) não é suficiente. O significado é uma questão não de consciência, mas de ação comunicativa intencional: trata-se do que os autores fazem com as palavras. Se o sentido literal inclui não apenas o que um autor diz de forma explícita, mas também implica (o termo técnico é "implicatura") um tópico de discussão em andamento.[43] Ainda assim, aqueles inclinados a identificar o sentido literal com a intenção autoral concordam que a interpretação é uma questão de inferência da intenção comunicativa do autor a partir da maneira pela qual um autor colocou as palavras em movimento, direcionando-as para "funcionar" numa acepção particular.

41. Veja também Dan Sperber e Deirdre Wilson, "Pragmatics", em Frank Jackson e Michael Smith (orgs.), *The Oxford Handbook of Contemporary Philosophy* (Oxford: Oxford University Press, 2007), p. 468-95.

42. John Farrell, *The Varieties of Authorial Intention: Literary Theory beyond the Intentional Fallacy* (Londres: Palgrave Macmillan, 2017), p. 21.

43. H. P. Grice cunhou o termo implicatura em seu ensaio "Logic and Conversation" [Lógica e conversação], em *Studies in the Ways of Words* (Cambridge: Harvard University Press, 1989), p. 22-40.

Alguns descreveriam como literais apenas aqueles atos de fala em que as palavras seguem o modo convencional; outros insistem que o sentido literal é apenas o sentido pretendido pelo autor, ou os sentidos, sejam ou não convencionais.[44] Em qualquer caso, essa combinação do verbal (palavras) e situacional (o contexto particular de seu uso), o semântico e o pragmático, dá origem ao que se tornou uma definição padrão do sentido literal: "O sentido que o autor humano intencionava diretamente e que as palavras escritas transmitiam".[45] Isso se aproxima do que Lutero tinha em mente quando, em debate com Erasmo, rejeitou a alegorização: "Em vez disso, devemos nos ater em todos os lugares ao sentido simples, puro e natural das palavras que esteja de acordo com as regras da gramática e o uso normal da linguagem".[46]

Boa parte dos intérpretes bíblicos – incluindo católicos romanos, evangélicos e protestantes tradicionais – concordam que o sentido literal das Escrituras "é aquele que foi expresso diretamente pelos autores humanos inspirados".[47] Afirmar a inspiração bíblica é afirmar que "esse sentido também é intencionado por Deus, como autor principal".[48] É um ponto importante, ao qual retornaremos a seguir: saber se Deus acomoda sua intenção de modo que esta corresponda integralmente à do autor humano, ou se a intenção autoral divina faz com que as palavras *prossigam além* do que seus autores humanos poderiam ter intencionado. Seja como for, se o significado literal é uma função da intenção autoral, ele é fixo para todos os tempos, pois "ações tomadas no passado, incluindo declarações artísticas, não podem mudar, por mais que nossa compreensão delas o [possa]".[49]

Sentido histórico

Uma terceira perspectiva identifica o sentido literal com o referente histórico, o objeto físico ou acontecimento no mundo em direção ao qual as palavras se movimentam (ou seja, apontam, significam). Vincent Crapanzano, um antropólogo, diz que uma cultura de literalismo permeia a vida religiosa e secular dos Estados Unidos na modernidade, particularmente em dois lugares: o evangelicalismo conservador e a Suprema Corte. Ele descreve o literalismo como um estilo de interpretação, caracterizado por um foco na função referencial da linguagem, uma correlação inequívoca

---

44. John Lennox usa o termo literalístico para designar o sentido comum (ou seja, verbal) de uma palavra e literal para o sentido pretendido pelo autor. *Seven Days That Divide the World: The Beginning according to Genesis and Science* (Grand Rapids: Zondervan, 2011), p. 25.

45. Raymond E. Brown, "Hermeneutics" [A hermenêutica], em Brown (org.), *New Jerome Biblical Commentary* (Englewood Cliffs: Prentice Hall, 1990), p. 1148.

46. Martinho Luthero, "On the Bondage of the Will" [Sobre a escravidão da vontade], em *Luther and Erasmus: Free Will and Salvation*, trad. E. Gordon Rupp e Philip S. Watson (Philadelphia: Westminster, 1959), p. 221.

47. J. L Houlden (org.), *The Interpretation of the Bible in the Church* (London: SCM, 1995), p. 52.

48. Houlden, p. 52.

49. Farrell, *Varieties of Authorial Intention*, p. 241.

de palavra e coisa, um único significado de senso comum das palavras e uma ênfase no "originalismo".[50]

James Barr definiu o literal considerando fisicalidade: "A fisicalidade proporciona uma correspondência simples, de senso comum, um-para-um, entre as entidades referidas e as palavras do texto".[51] Isso se encaixa bem no imaginário social moderno, no qual o real é o empírico. Curiosamente, Barr pensava que fundamentalistas e modernistas concordam que o significado literal é igual à correspondência histórica, embora aqueles acreditem que a Bíblia é literalmente verdadeira, enquanto estes reservam o julgamento ou adotam uma visão mais cética. De sua parte, Rowan Williams, ex-arcebispo da Cantuária, se opõe a essa "redução desastrosa" do sentido literal para uma correspondência um-para-um com o fato histórico.[52]

"Tomar a Bíblia literalmente" significava algo diferente para os leitores cristãos pré-modernos, para quem a história significava a história verdadeira do que Deus havia dito e feito na história. Embora reconhecessem que as pessoas, coisas e acontecimentos que compõem a história bíblica podem significar *mais* do que história, eles não significam *menos*. Os leitores pré-modernos nem sequer pensavam em distinguir uma realidade histórica *por trás* do relato textual. Por exemplo, compreendia o sentido literal de Gênesis como *historia*, um relato verdadeiro do que aconteceu, a base para outras verdades trans-históricas (ou seja, sentidos espirituais). Da mesma forma, em *Cidade de Deus*, Agostinho argumentou que o relato de Gênesis sobre o Éden pode ser entendido em um sentido espiritual como Paraíso sem sacrificar a verdade histórica do que aconteceu em um lugar real na Terra. Embora Agostinho estivesse aberto a interpretar o rio que fluía do Éden para se tornar quatro rios como uma referência às quatro virtudes clássicas ou aos quatro Evangelhos, ele insistiu também em seu significado literal: "Ninguém, então, nos proíbe de entender o Paraíso de acordo com estas, e talvez outras interpretações alegóricas mais apropriadas, ao mesmo tempo que acreditamos na verdade dessa história tal como nos é apresentada numa narrativa mais fiel dos acontecimentos".[53]

Sentido literário

Mais recentemente, Hans Frei enfatizou a natureza literária ou narrativa da história bíblica, em grande parte como uma reação à tendência da identificação do sentido literal pela crítica bíblica moderna com seu referente histórico.[54] Frei pensou que o

50. Vincent Crapanzano, *Serving the Word: Literalism in America from the Pulpit to the Bench* (Nova York: New Press, 2000), p. 2-3.

51. James Barr, "Literality" [Literalidade], *Faith and Philosophy 6* (1989), p. 415.

52. Rowan Williams, "The Literal Sense of Scripture" [O sentido literal das Escrituras], *Modern Theology 7* (1990), p. 124.

53. Agostinho, *The City of God against the Pagans*, Livro XIII, 21, trad. R. W. Dyson (Cambridge: Cambridge University Press, 1998), p. 568-9 [Cf. em português: *A cidade de Deus* (São Paulo: Paulus, 2023), 2 vols.].

54. Curiosamente, o termo francês *histoire* pode significar "estória" ou "história".

interesse moderno em "o que *realmente* aconteceu" inclina os leitores a tratar a narrativa bíblica como uma fonte, não uma história com a própria integridade literária. Paul Noble explica: "Para os reformadores, o sentido literal era um sentido *literário*; mas para os estudiosos críticos tornou-se 'literalista'".[55] Frei insistiu que o sentido literal da narrativa bíblica é a própria história, não alguma verdade ou moral à qual a história pode se referir ou representar.[56] Seu ponto é sutil, mas importante. Para Frei, o sentido literal está vinculado à forma literária. O significado literal da narrativa bíblica é a própria história, uma função do mundo *dentro*, e não *por trás*, do texto.[57] Como tal, é semelhante à história (e não a uma versão *light* da história).

Brevard Childs identificou o literal também com o literário, embora a forma que tinha em mente não fosse narrativa, mas o cânone cristão em sua totalidade, a "forma final" dos textos bíblicos: "Estou convencido de que quando os reformadores falaram do sentido literal do texto bíblico como normativo (*sensus literalis*) eles tinham em mente o sentido canônico, e não uma projeção hipotética daquilo que os estudiosos pensavam que aconteceu inicialmente".[58] Childs, como Frei, insistiu que o sentido literal é aquele do qual os textos bíblicos dão testemunho em sua forma literária. De acordo com Frei: "Calvino, como Lutero, via Cristo como o assunto de toda a Bíblia".[59] Childs concordou: "Para Calvino, o *sensus literalis* É Jesus Cristo".[60] Interpretar literalmente, de acordo com esta quarta perspectiva, é apreender o conteúdo do texto em, sob e mediante sua forma literária.

Sentido simples ou "regulado"

A rigor, o *cânone* se correlaciona com uma comunidade específica para a qual seus textos são considerados autoritativos: a igreja. Nosso modelo final para entender a literalidade, portanto, coloca a ênfase na comunidade de fé, a localização social do cânone bíblico, e não sua forma literária. Esse modelo vincula o sentido literal ao uso comum não de seu autor, mas dos destinatários: "O sentido simples é a 'maneira pela qual as palavras funcionam' *para uma comunidade à luz das técnicas dessa comunidade para seguir o argumento dos textos*".[61] O sentido literal se torna o sentido "simples", tomado como óbvio por uma comunidade interpretativa específica que lê a Bíblia como

---

55. Paul R. Noble, "The *Sensus Literalis*: Jowett, Childs, and Barr", [O *sensus literalis*: Jowett, Childs e Barr] *Journal of Theological Studies 54* (1993), p. 15.

56. Veja Hans Frei, *The Eclipse of Biblical Narrative: A Study in Eighteenth and Nineteenth Century Hermeneutics* (New Haven: Yale University Press, 1974).

57. Retornaremos ao relato de Frei sobre a narrativa bíblica na seção seguinte.

58. Brevard Childs, "The Old Testament as Scripture of the Church" [O Antigo Testamento como a Escritura da Igreja], *Concordia Theological Monthly 43* (1972), p. 721.

59. Frei, *Eclipse of Biblical Narrative*, p. 20.

60. Citado em Daniel R. Driver, Brevard Childs, *Biblical Theologian: For the Church's One Bible* (Grand Rapids: Baker Academic, 2010), p. 92 (ênfase do original).

61. Ayres, *Nicaea and Its Legacy*, p. 32 (grifo meu).

sua Escritura canônica. A literalidade é, portanto, uma combinação do sentido verbal e da leitura regulada, o termo de Katherine Greene-McCreight para a leitura de acordo com a regra de fé de uma comunidade.[62]

O que conta como literal nesse modelo é uma função de *práticas de leitura reguladas*. Todavia, o desacordo sobre a melhor forma de descrever a natureza e a autoridade dessas regras complica o quadro. De um lado estão aqueles que privilegiam os instintos arraigados da comunidade interpretativa: "O sentido simples é uma leitura consensual".[63] Por exemplo, Lewis Ayres define o sentido literal como "aquilo que resulta da atribuição às palavras, frases e outras unidades textuais do significado comumente dado a elas por leitores razoavelmente bem-educados em uma comunidade de leitura".[64] O consenso da comunidade se torna o fator estabilizador e a regra para determinar o sentido literal. Ayres sustenta que a igreja primitiva canonizou não apenas um conjunto particular de textos, mas "um conjunto particular de métodos de leitura".[65] Poderíamos dizer dessa primeira opção que o sentido literal é o sentido *eclesial* simples. A fraqueza dessa posição é dupla, no entanto: (1) É difícil determinar *quais* práticas da comunidade de leitura devem prevalecer. (2) Existe o risco de que as leituras da comunidade sejam simplesmente profecias autorrealizáveis, surdas à possibilidade de que possam ter interpretado mal o texto: "o sentido claro de um texto não é considerado aqui como se fosse algo 'em si mesmo', além de uma prática interpretativa de uso de textos [...] O sentido claro é, em si, um produto de uma tradição interpretativa".[66]

Talvez para evitar essas fraquezas potenciais, Brevard Childs propôs uma maneira alternativa de relacionar a regra de fé ao sentido literal das Escrituras. O cânon (grego *kanon* = "regra") não é simplesmente uma lista de livros autoritativos, mas também "a regra que delineia a área na qual a igreja ouve a palavra de Deus".[67] O cânon fornece a regra para a própria leitura, fornecendo o contexto necessário para discernir *do que ele se trata*: "A exegese não se limita a registrar apenas o sentido verbal do texto, mas avança por intermédio do texto para o tema (*res*) ao qual aponta".[68] A Bíblia de dois testamentos, portanto, cumpre os próprios padrões a respeito do testemunho legal (cf. Dt 19:15).

---

62. Kathryn Greene-McCreight, *Ad Litteram: How Augustine, Calvin, and Barth Read the "Plain Sense" of Genesis 1–3* (Nova York: Peter Lang, 1999), p. ix.

63. Kathryn Tanner, "Theology and the Plain Sense" [A teologia e o sentido pleno], em Garrett Green (org.), *Scriptural Authority and Narrative Interpretation* (Philadelphia: Fortress, 1987), p. 63.

64. Lewis Ayres, "The Word Answering the Word: Opening the Space of Catholic Biblical Interpretation" [A Palavra respondendo à Palavra: abrindo espaço para a interpretação bíblica católica], em R. David Nelson, Darren Sarisky e Justin Stratis (orgs.), *Theological Theology: Essays in Honour of John Webster* (Londres: Bloomsbury T&T Clark, 2015), p. 41n7.

65. Ayres, "Word Answering the Word", p. 40.

66. Tanner, "Theology and the Plain Sense", p. 64. Para mais informações sobre os problemas associados à adoção de uma regra de fé extracanônica ou "comunitária", veja John C. Peckham, *Canonical Theology: The Biblical Canon, Sola Scriptura, and Theological Method* (Grand Rapids: Eerdmans, 2016), p. 124-30.

67. Brevard Childs, *Biblical Theology in Crisis* (Philadelphia: Westminster, 1970), p. 99.

68. Brevard Childs, "Toward Recovering Theological Exegesis" [Rumo à recuperação da exegese teológica], *Ex Auditu 16* (2000), p. 123.

Quando lidos canonicamente, o Antigo e o Novo Testamentos testemunham o plano do Pai de criar uma nação santa no Filho por meio do Espírito.

Séculos antes, Agostinho fez um ponto semelhante: "Encontramos espalhados pelas Escrituras, e marcados por acadêmicos expositores católicos delas, um tipo de regra canônica, à qual nos apegamos com mais firmeza, sobre como nosso Senhor Jesus Cristo deve ser entendido como o Filho de Deus".[69] Assim, tanto Childs quanto Agostinho previram um modelo de leitura cuja norma é o próprio texto, e não o consenso da comunidade. O que rege, ou seja, guia e governa nossa leitura da Bíblia nessa perspectiva é o próprio cânone. A regra da fé não é uma invenção, mas uma descoberta da comunidade, e o que ela descobre é a essencialidade do cânone.[70] Embora a ideia de deixar a doutrina "regular" a leitura das Escrituras possa soar antibíblica, a intenção é precisamente o inverso: "Ser guiado sob a autoridade da sã doutrina, então, significa praticamente a mesma coisa que a leitura literal *canônica*, usar a Escritura para interpretar a Escritura. Simplificando, ser regulado é ser bíblico e vice-versa".[71] Há, portanto, um sentido no qual "leitura regulada" é simplesmente outra maneira de descrever o raciocínio bíblico.[72]

A leitura regulada, nesse segundo sentido, é uma maneira de ler as Escrituras *biblicamente* e dar destaque ao uso *canônico* das palavras na determinação de seu sentido literal. Isso se aproxima do que John Peckham chama de "canonicidade intrínseca", na qual a Escritura é entendida "como o corpus de escritos comissionados por Deus para ser a 'regra' ou 'padrão' da fé e prática cristãs".[73] O que, em última análise, regula a leitura – e, portanto, o que constitui o "sentido claro" – acaba sendo uma função da *sola Scriptura*.[74] Greene-McCreight chega a uma conclusão semelhante em seu estudo sobre a maneira pela qual Agostinho, Calvino e Barth entenderam o sentido claro: "A leitura regulada é um dispositivo explicativo 'intrabíblico' e não extratextual. Ou seja, a compreensão prévia acerca do que 'trata' os textos bíblicos é retirada da Escritura e não de um conjunto de compromissos filosóficos ou científicos externos e reaplicados à Escritura. [...] A leitura regulada, portanto, permite que a Escritura interprete a si mesma".[75]

Os dois tipos de leitura regulada que acabamos de examinar – chame-os de *comunal* e *canônico* – estão em tensão um com o outro. Olivier-Thomas Venard os

---

69. Agostinho, *The Trinity* (Hyde Park: New City, 2015), II.1.2 (98) [Cf. em português: *A Trindade* (São Paulo: Paulus, 1995)].

70. Veja também Ched Spellman, *Toward a Canon-Conscious Reading of the Bible: Exploring the History and Hermeneutics of the Canon* (Sheffield: Sheffield Phoenix, 2014).

71. David Graham, "Defending Biblical Literalism: Augustine on the Literal Sense" [Defendendo o literalismo bíblico: Agostinho sobre o sentido literal], *Pro Ecclesia 25*, n. 2 (2016), p. 179.

72. Para um argumento do tamanho de um livro nesse sentido, veja R. B. Jamieson e Tyler R. Wittman, *Biblical Reasoning: Christological and Trinitarian Rules for Exegesis* (Grand Rapids: Baker Academic, 2022).

73. Peckham, *Canonical Theology*, p. 19.

74. Peckham: "O praticante do *sola Scriptura* canônico propõe o próprio cânon como regra, não porque ele ingenuamente pense que o cânon não requer interpretação, mas porque não acredita que nenhuma regra ou intérprete normativo (além de Deus) poderia realmente eliminar a diversidade hermenêutica" (Canonical Theology, p. 134).

75. Greene-McCreight, *Ad Litteram*, p. 248.

compara a duas assíntotas, duas linhas que se aproximam da mesma curva, mas nunca se encontram.[76] Greene-McCreight fala de forças compensatórias: "A preocupação em honrar o sentido verbal puxa o leitor para a 'exegese estática' [...] enquanto a leitura regulada puxa o leitor para uma exegese 'dinâmica' (limitada)".[77] A questão de Hans Frei sobre o sentido literal continua tão adequada e urgente como sempre: ele se estica, ou se quebra?[78]

Literalidade (parte 2): em direção a qual quadro de referência?

A pesquisa anterior começou examinando o sentido literal e terminou com uma consideração acerca da referência literal. O que, em última análise, regula a leitura e a interpretação literal é o quadro de referência particular que filtra o sentido das palavras, permitindo que o objeto do discurso entre em foco. A razão pela qual não temos um consenso quanto à literalidade "é que os intérpretes ao longo dos séculos veem esse mesmo 'sentido literal' por meio de um conjunto diferente de óculos".[79] Considere, por exemplo, o contraste entre a exegese confessional e a científica (ou, como Don Collett as chama, razão nicena e científica), respectivamente: "É útil pensar nesses dois quadros de referência como regras contrastantes de fé para relacionar o sentido literal da Escritura à realidade teológica da qual ela fala".[80] A presente seção se baseia nessa percepção crucial de que a interpretação literal está vinculada a quadros de referência.

O que os leitores tomam como sentido "claro" ou literal depende de qual quadro de referência particular eles empregam. Segue-se que ler "de acordo com a letra" sempre envolve algo além da letra. Exegese sem pressupostos não é possível, pois a interpretação literal sempre envolve um quadro de referência, quer o reconheçamos ou não. Diferentes quadros de referência – sejam críticos, confessionais ou contextuais – funcionam como regras de fé alternativas.[81] Em forma de tese: A "leitura regulada" regente é a escolha do quadro de referência, e este influencia nossa leitura "de acordo com a letra". Neste capítulo e no próximo, defendo que precisamos de

76. Veja seu ensaio "Les deux asymptotes" [As duas assíntotas], em Olivier-Thomas Venard (org.), *Le sens littéral des Écritures* (Paris: Cerf, 2009).

77. Greene-McCreight, *Ad Litteram*, p. 246.

78. Hans Frei, "The 'Literal Reading' of Biblical Narrative in the Christian Tradition: Does It Stretch or Will It Break?" [A leitura literal da narrativa bíblica na tradição cristã: alonga-se ou quebra?], em Frank McConnell (org.), *The Bible and the Narrative Tradition*, (Oxford: Oxford University Press, 1986), p. 36-77.

79. G. T. Sheppard e Anthony Thiselton, "Biblical Interpretation in the Eighteenth and Nineteenth Centuries" [A interpretação bíblica nos séculos 18 e 19], em Donald K. McKim (org.), *Dictionary of Major Biblical Interpreters*, 2ª ed. (Downers Grove: InterVarsity, 2007), p. 45.

80. Don C. Collett, *Figural Reading and the Old Testament: Theology and Practice* (Grand Rapids: Baker Academic, 2020), p. 161.

81. Nos dois capítulos seguintes, defendo a superioridade de um quadro de referência propriamente teológico, gerado e governado por um imaginário bíblico e uma regra canônica de fé.

todos os cinco modelos de literalidade discutidos anteriormente para fazer justiça à Bíblia como discurso humano-divino.[82]

Sobre a própria ideia de um quadro de referência

A ideia de um "quadro de referência" é notável por sua ausência na maioria dos livros didáticos de hermenêutica, mas sua influência é enorme e inegável. É a lente através da qual o sentido simples entra em cena, permitindo que os leitores digam de que tratam as palavras que estão lendo (ou seja, a dimensão referencial do discurso). O conflito sobre a interpretação literal se resume a escolhas sobre quadros de referência divergentes. Alguma análise desse conceito importante é, portanto, necessária.

Sentido e referência

Devemos a distinção conceitual entre sentido e referência a um ensaio de Gottlob Frege, o pai da filosofia analítica, escrito em 1892.[83] O sentido de uma palavra ou texto pertence ao conceito mental de um objeto; o *referente* é o objeto do mundo real ao qual esse sentido ou conceito corresponde. "A estrela da manhã" e "a estrela vespertina" se referem ao planeta Vênus, mas sob descrições muito diferentes.

Minha definição de discurso, entendida como o que alguém diz a outro sobre algo, em determinado momento, de certa forma e com um propósito, envolve mais, e não menos, do que sentido e referência.[84] O termo alemão de Frege para referência, *Bedeutung*, deriva do verbo *deuten* ("apontar para"). Ele nos lembra de que o discurso é sempre sobre algo. Como Agostinho sabia, os sinais indicam coisas. Enquanto o *sentido* é "o que alguém diz", a *referência* é aquilo sobre o que algo é dito. Significado literal e interpretação envolvem tanto sentido (o que é dito) quanto referência (aquilo sobre o qual algo é dito). O *sentido* literal é a *maneira* pela qual as palavras funcionam; o *referente* literal é *aquilo* para que as palavras funcionam.

Quadros de referência em geral

Frances Young argumenta que a verdadeira fonte da confusão sobre a interpretação "literal" é, e sempre foi, o desacordo sobre como responder à pergunta "A que o texto se refere?"[85] Era realmente disso que os debates patrísticos sobre interpretação literal e alegórica tratavam: a questão da referência.[86] Esse é um *insight* crucial e importante.

---

82. Minha afirmação abrangente será que o significado literal é equivalente ao significado do discurso. Cada um dos cinco modelos chama a atenção para vários aspectos do discurso.

83. Gottlob Frege, "On Sense and Reference" [Sentido e referência], em Peter Geach e Max Black (orgs.), *Translations from the Philosophical Writings of Gottlob Frege*, 3ª ed. (Oxford: Blackwell, 1980), p. 56-78.

84. Observe que essa definição inclui as várias dimensões do discurso, incluindo seu conteúdo, autor, destinatário, referente, modo, ocasião e objetivo.

85. Young, "Literal Meaning", p. 401.

86. Frances M. Young, *Biblical Exegesis and the Formation of Christian Culture* (Cambridge: Cambridge University Press, 1997), p. 119-38.

O sentido do discurso é relativamente fácil de identificar usando as ferramentas da filologia (*hapax legomena* – termos que ocorrem apenas uma vez – são a exceção à regra porque é mais difícil ter uma noção de seu alcance semântico). Discernir sobre o *que* é um discurso, no entanto, requer mais do que habilidades de dicionário.

No contexto da física, um quadro de referência é um sistema de coordenadas que permite aos observadores determinar onde um objeto está, em que direção está indo e quão rápido.[87] No contexto da experiência cotidiana, a Terra é nosso quadro de referência, por isso falamos do nascer e do pôr do sol, ou seja, em relação ao horizonte da Terra. Um quadro de referência é aquele conjunto de ideias e suposições que orientam e influenciam a maneira pela qual damos sentido às coisas. No contexto da interpretação literária, um quadro de referência se refere a todas as coisas que influenciam a resposta do leitor à letra do texto e, portanto, ao que o leitor vê ali.

Pense em um quadro de referência como o que estrutura a casa do intérprete. É o conjunto de suposições com as quais ele está mais "em casa". Um quadro de referência é algo que habitamos e olhamos, uma janela que se abre para o texto. As janelas limitam o que pode ser visto e enquadram a maneira pela qual vemos o mundo lá fora. É precisamente isto que um quadro de referência faz: ele predispõe os leitores a prestar atenção à letra de certas maneiras em vez de outras, dando a eles uma noção inicial do que olhar e ouvir.

Diferentes quadros de referência privilegiam certos contextos e não outros. Tenho falado de "a maneira pela qual as palavras funcionam", uma paráfrase de *circumstantia litterae* ("as circunstâncias das letras") de Tomás de Aquino.[88] Ver algo em contexto é identificar as circunstâncias relevantes que tornam essa coisa inteligível. Se o sentido literal diz respeito à maneira pela qual as palavras seguem ou funcionam, então o contexto especifica o tipo de solo sob seus pés – as circunstâncias de um discurso particular. Por exemplo, se os leitores habitam um quadro de referência que privilegia o discurso autoral, eles privilegiarão o contexto histórico inicial do autor.

Para entender melhor o papel dos quadros de referência na interpretação textual, considere o romance *Emma*, de Jane Austen, de 1816. Os críticos literários concordam com o enredo básico: a garota quer que outra garota conheça o garoto; a garota tenta fazer o par ideal; a garota encontra seu par. A história básica – o que é dito, o sentido – é direta. Porém, não é assim em relação à referência. Os críticos literários debatem sobre o assunto que *Emma* realmente aborda: masculinidade, *status* social, libertação feminina? Outra coisa? Uma coleção de ensaios críticos dedica metade do livro a ajudar os leitores a situar *Emma* em seu meio cultural inicial. O quadro de referência aqui para esses ensaios é decididamente sócio-histórico. Um autor atende ao contexto cultural

87. As leis da física são invariantes, mas nossas observações são relativas a nosso próprio quadro de referência. Como Einstein apontou, se estivéssemos viajando na velocidade da luz, o tempo pareceria parar.

88. Tomás de Aquino, *De Potentia* 4.1, https://isidore.co/aquinas/QDdePotentia4.htm.

de Austen: o ensaio inclui fotografias de vários objetos referidos na história, como "um pianoforte quadrado de grandes proporções". Outros ensaios adotam quadros de referência muito diferentes, refletindo os interesses variados (e contextos) dos leitores do século 21. Vários críticos leram *Emma* à luz dos debates atuais sobre gênero, com um interesse particular na representação da masculinidade no romance (por meio da caracterização do pai de *Emma* e do Sr. Knightley). Um crítico adota um quadro de referência marxista e se concentra nas realidades sociais de classe e *status*. Outro lê o romance com um interesse primordial na questão: "Jane Austen é feminista?"[89]

A disputa crítica sobre o significado de *Emma* continua. Vale notar que o inglês de Austen não é o problema; sua prosa é um exemplo de correção gramatical. A verdadeira questão está no tema que *Emma* realmente aborda: masculinidade, feminilidade, classe social, namoro e casamento, ou algo mais? O conflito de interpretações sobre *Emma* se resume a quadros de referência contrastantes. Os críticos modernos refletem valores e interesses modernos, e provavelmente as várias teorias literárias predominantes nas escolas que os socializaram em culturas de leitura acadêmica. E este é o ponto-chave: quadros de referência são funções de culturas de leitura, e estas, como vimos, são cultivadas pelos imaginários sociais predominantes. Todos os três – quadro de referência, cultura de leitura e imaginário social – moldam as expectativas que os leitores trazem aos textos, tanto quanto a "o que *há*" (no mundo) quanto a "o que está *lá*" (no texto).

Enquadrando o problema: "Queremos ver Jesus" (João 12:21)

Walter Moberly, um estudioso do Antigo Testamento, menciona quadros de referência com tanta frequência em sua *Old Testament Theology* [Teologia do Antigo Testamento] que esse termo tem uma entrada em seu índice de assuntos.[90] Isso é compreensível, pois tudo na exegese do Antigo Testamento depende do que se pensa sobre o que ele diz. Como Heiko Oberman explicou: "Desde o início da história da Igreja Cristã, o Antigo Testamento tem apresentado o principal problema exegético aos intérpretes bíblicos".[91] Para entender por que isso ocorre, basta perguntar se os leitores cristãos estão certos em ver Cristo no Antigo Testamento.

O que deve governar uma leitura cristã do Antigo Testamento? Que quadro(s) de referência podemos usar legitimamente, e de onde vem sua legitimidade? A questão tem se mostrado controversa desde a igreja primitiva: os cristãos podem ler as Escrituras hebraicas como testemunho de Jesus Cristo sem fazer violência à letra do texto? Para ser franco, o Antigo Testamento é *literalmente* sobre Jesus Cristo?

---

89. Veja também os ensaios em Alistair M. Duckworth (org.), *Emma: A Case Study in Contemporary Criticism* (Boston: Bedford e Nova York: St. Martin's, 2002).

90. Veja as várias entradas em "quadro de referência" em Walter Moberly, *Old Testament Theology: Reading the Hebrew Bible as Christian Scripture* (Grand Rapids: Baker Academic, 2013), p. 316.

91. Heiko Oberman, *Forerunners of the Reformation: The Shape of Late Medieval Thought Illustrated by Key Documents* (Philadelphia: Fortress, 1981), p. 281.

Estamos em transição de *Emma* para Ester, e todos os outros livros do Antigo Testamento, mas a questão é a mesma: qual quadro de referência nos permite ver do que esses textos realmente tratam? Um bom argumento pode ser feito para ler o Antigo Testamento dentro de um quadro de referência judaico: à medida que o Antigo Testamento é Escritura hebraica, ele pertence antes de tudo à sinagoga judaica, para ser interpretado de acordo com a regra de fé do judaísmo. No entanto, os cristãos patrísticos e medievais muitas vezes rejeitavam as leituras judaicas como "toda letra, nenhum espírito". Essa desconsideração deixa muitos estudiosos bíblicos e teólogos contemporâneos desconfortáveis; alguns não estão mais inclinados a se apropriar das Escrituras hebraicas para propósitos cristãos após o Holocausto. O próprio Moberly reconhece que o Antigo Testamento era originalmente a Escritura de Israel (ou seja, a Bíblia hebraica), mas leva com igual seriedade a realidade de que esses documentos também são parte da Escritura cristã.

O texto do Antigo Testamento fornece o próprio quadro de referência, ou os cristãos são livres para usar os próprios, baseados na fé? As leituras cristãs impõem algo estranho a um texto desamparado do Antigo Testamento, suplantando antigos quadros de referência do Oriente Próximo por outros? Moberly se pergunta se ler o Antigo Testamento em um quadro de referência cristão sufoca a própria voz do Antigo Testamento: "A fé cristã não ouvirá apenas o que quer ouvir?"[92] Boa parte dos estudiosos bíblicos compartilha exatamente esta preocupação: que as leituras teológicas cristãs do Antigo Testamento ignoram o sentido literal, recusando-se a permitir que os textos falem por si mesmos. Hays descreve corretamente a preocupação: "A crítica histórica moderna julga de modo característico [...] que as leituras cristológicas do Novo Testamento das Escrituras de Israel são simplesmente um grande erro: elas distorcem e deturpam o sentido inicial dos textos".[93] O clima crítico moderno exige que os leitores descartem o quadro de referência da fé para interpretar o texto de acordo com a letra em seu contexto histórico inicial.[94] Se a Bíblia é como qualquer outro texto antigo, então essa abordagem crítica e seu quadro de referência fazem todo o sentido.

Por outro lado, caso consideremos que científico significa o método de alguém de acordo com a natureza do objeto que está sendo examinado, então nos cabe esclarecer o que é a Bíblia (ontologia), a quem ela é direcionada (público) e para que serve (teleologia). Se a Bíblia é na verdade um discurso divino, então qualquer quadro de referência que silencie a voz de Deus corre o risco de ser menos do que totalmente científico.

---

92. Moberly, *Old Testament Theology*, p. 30.

93. Richard B. Hays, *Reading Backwards: Figural Christology and the Fourfold Gospel Witness* (Waco: Baylor University Press, 2014), p. 3.

94. Veja também o útil resumo de Stanglin sobre os princípios da exegese histórico-crítica em Keith D. Stanglin, *The Letter and Spirit of Biblical Interpretation: From the Early Church to Modern Practice* (Grand Rapids: Baker Academic, 2018), p. 178-85.

A mera suposição hermenêutica cristã que adotei no presente trabalho vê o Antigo Testamento e o Novo Testamento como discurso divino unificado. O ponto teologicamente saliente é este: *Deus* é alguém que fala, por meio dos profetas; *o povo de Deus*, alguém a quem se fala; a *comunhão pactual* entre o Senhor divino e os servos humanos, o propósito final. O que está atualmente em pauta é saber de que trata este discurso, e em particular o Antigo Testamento.

A regra de fé proposta por Irineu serve como um quadro de referência que ajuda os leitores a conectar o Antigo e o Novo Testamentos para entender com precisão sobre o que as Escrituras são (sua *hipótese*).[95] Alguns estudiosos bíblicos reclamam que a regra é uma tradição extratextual que sufoca o testemunho discreto dos autores do Antigo Testamento.[96] Eu prefiro uma interpretação mais caridosa, a saber, que a regra serve como um "*resumo executivo* do ensino bíblico".[97] Ela não é um suplemento, mas uma função do texto das Escrituras, construído como um todo canônico. Especificamente, a regra lembra aos leitores de que os dois testamentos pertencem um ao outro, testemunhas gêmeas do plano de salvação de Deus resumido em Jesus Cristo.

Poderiam os leitores cristãos de hoje legitimamente abordar o Antigo Testamento com a regra na mão, e, como os gregos que abordaram Filipe, dizer: "Queremos ver Jesus" (Jo 12:21)? Ou a leitura cristológica entra em conflito com a letra do texto do Antigo Testamento e sua interpretação literal? Essa é uma alternativa gritante, até porque escolher um quadro de referência é algo pelo qual os leitores são responsáveis, em última análise, perante o próprio Jesus: "Porque, se cressem em Moisés, creriam em mim, pois ele escreveu a meu respeito" (Jo 5:46). Seguir Jesus inclui seguir a maneira pela qual ele leu o Antigo Testamento, um *discipulado hermenêutico*, por assim dizer? O que está em jogo é uma decisão menos sobre métodos exegéticos do que uma decisão sobre o que a Bíblia é fundamentalmente: "A busca por um quadro de interpretação não é tanto por método quanto por uma maneira de encontrar coerência entre as Escrituras hebraicas e a história cristã".[98]

Concordo com o desejo de Moberly ao empregar mais de um quadro de referência e reter os *insights* filológicos e históricos duradouros do academicismo bíblico moderno. O caminho a seguir, acredito, é fazer deste o penúltimo, colocando preocupações

---

95. Estou atribuindo a regra da fé a Irineu, mas, na verdade, não existe uma versão oficialmente autorizada. Havia várias versões da regra de fé circulando na igreja primitiva, mas todas concordavam com os fundamentos doutrinários (ou seja, ortodoxia) e, como tal, podiam ser vistas como uma expressão inicial da teologia cristã pura e simples. Veja mais em Everett Ferguson, *The Rule of Faith: A Guide* (Eugene: Cascade, 2015).

96. Para um exemplo desta reclamação, ver J. R. Daniel Kirk, "Colonizing Biblical Interpretation" [Colonizando a interpretação bíblica], *Storied Theology*, 22 de abril de 2016, http://www.patheos.com/blogs/storiedtheology/2016/04/22/colonizing-biblical-interpretation/.

97. V. Philips Long, "Irenaeus, Scripture, and the 'Rule of Truth': Of Kings, Foxes, and Mosaics" [Irineu, as Escrituras e a regra da verdade: de reis, raposas e mosaicos], *Crux 54*, n. 2 (2018), p. 20.

98. Rowan Greer, em James L. Kugel e Rowan A. Greer, *Early Biblical Interpretation* (Philadelphia: Westminster, 1986), p. 151.

legítimas "dentro de um quadro de referência que coloque questões diferentes aos textos".[99] O objetivo é uma descrição densa do discurso bíblico que consiga fazer justiça a tudo o que os autores, humanos e divinos, estão dizendo e fazendo no texto. Portanto, precisamos de tantas formas de crítica e quadros de referência quantos forem necessários para fazer justiça e entender o que a Bíblia é, está fazendo e para que serve. É algo multifacetado e multicamadas compreender o que a Bíblia é; o que ela, portanto, exige, também é uma resposta interpretativa multicamadas.

Enquadrando a interpretação literal: de imaginários seculares e sagrados

Aprender a ler é ser socializado em um sistema de crenças, valores e convenções – uma cultura de leitura – que dá sentido aos textos graças a quadros de referência específicos. Esses quadros são primos de primeiro grau de quadros fiduciários (Polanyi), paradigmas (Kuhn) e estruturas de plausibilidade (Berger).[100] Trocar um quadro de referência por outro requer que as pessoas adotem, mesmo que temporariamente, novos óculos cognitivos, uma nova maneira de enxergar o mundo. Requer, em suma, uma conversão da imaginação. Em grande medida, a história da interpretação literal é a história de imaginários sociais em mudança, momentos marcantes nos quais o que muda não é a imagem (ou seja, o que a Bíblia diz), mas o que enquadra e dá significado a essa imagem.

A moldura imanente e o imaginário social secular

O capítulo anterior introduziu a primeira dessas mudanças: do início da modernidade para a estrutura imanente. Não precisamos repetir essa história aqui. O que é de interesse imediato, no entanto, é a maneira pela qual a estrutura imanente molda o que os leitores entendem como literal. De acordo com Hans Frei, a modernidade inicial experimentou algo como uma revolução copernicana na interpretação bíblica: "Não é exagero dizer que em todo o espectro teológico a grande reversão havia ocorrido; a interpretação era uma questão de encaixe da história bíblica em outro mundo com outra história, em vez de incorporar esse mundo à história bíblica".[101]

Frei não usou a terminologia de Charles Taylor para descrever essa reversão hermenêutica, mas poderia ter feito isso, pois identificou o momento em que o Ocidente trocou um imaginário social (bíblico, sobrenatural) por outro (secular, naturalista). O "eclipse da narrativa bíblica" de Frei foi essencialmente o momento no qual

---

99. Moberly, *Old Testament Theology*, p. 4.

100. Veja Michael Polanyi, *Personal Knowledge: Towards a Post-Critical Philosophy* (Chicago: University of Chicago Press, 1962); Thomas Kuhn, *The Structure of Scientific Revolutions* (Chicago: University of Chicago Press, 1962); Peter Berger e Thomas Luckmann, *The Social Construction of Reality: A Treatise in the Sociology of Knowledge* (New York: Anchor, 1967).

101. Frei, *Eclipse of Biblical Narrative*, p. 130.

o quadro de referência bíblico para interpretar a realidade ficou obscuro. Doravante, as histórias que determinam as estruturas de plausibilidade da cultura ocidental vêm das ciências naturais e sociais, não do Antigo e Novo Testamento.

A rubrica de Frei – o eclipse da narrativa bíblica – foi bem escolhida. A palavra de Deus não é mais uma lâmpada para pés seculares, nem uma luz para nosso caminho moderno. Com poucas exceções, imagens e histórias bíblicas não mais informam, muito menos governam, o imaginário secular moderno. O que causou o eclipse? Apenas isto: uma imagem secular nos levou cativos. A análise de Frei corrobora o que tenho dito sobre a centralidade dos quadros de referência. O que Frei objetava na teologia moderna é a maneira pela qual ela separa o sentido literal de sua referência. Ler com um quadro de referência imanente é assumir que o texto é sobre o que está *por trás* dele (os fatos historicamente reconstruídos) ou *acima* dele (a verdade mitológica ou filosófica): "Em ambos os casos, história, alegoria ou mito, o *significado* das histórias era enfim algo diferente das próprias histórias ou representações".[102]

Frei entendeu corretamente que o quadro de referência imanente tem implicações para a interpretação literal e a cristologia. As narrativas do evangelho não são sobre figuras historicamente reconstruídas *por trás* do texto, ou alguma qualidade moral/religiosa simbolizada por Jesus como o quadro imanente o quer. Em vez disso, quando interpretados literalmente – isto é, de acordo com o próprio quadro de referência narrativo –, os Evangelhos são sobre Jesus, cuja história eles contam. A percepção e contribuição especial de Frei foi sua insistência de que a narrativa bíblica fornece o próprio quadro de referência *intratextual*. Segue-se que não há acesso ao tema do texto separado da própria narrativa.[103] O sentido literal e a cristologia, portanto, permanecem ou caem juntos: "Foi em grande parte por causa dessa centralidade da história de Jesus que a tradição interpretativa cristã no Ocidente de forma gradual atribuiu clara primazia ao sentido literal na leitura das Escrituras".[104]

O quadro transcendente e o imaginário social sacramental

Frei não foi o único teólogo a se irritar com as restrições de leitura da Bíblia com o quadro de referência imanente da modernidade. Uma reação particularmente robusta

---

102. Frei, *Eclipse of Biblical Narrative*, p. 11 (ênfase do original).

103. Para Frei, as leituras "intratextuais" fazem da narrativa o próprio quadro de referência, enquanto a "extratextualidade" toma algo fora do texto (por exemplo, a história do antigo Oriente Próximo ou o existencialismo) como quadro de referência para interpretar o texto.

104. Frei, "'Literal Reading' of Biblical Narrative", p. 39. O próprio relato de Frei sobre o *status* referencial de Jesus é um tanto obscuro. Frei é reticente em dizer muito mais sobre a realidade ou ressurreição além de insistir que, no mundo narrado dos Evangelhos, Jesus Cristo está vivo. Seus críticos se preocupam que Frei tenha libertado a interpretação literal de seu cativeiro em um tipo de estrutura imanente (a histórica) apenas para aprisioná-la em outra (a literária). Veja, por exemplo, Jason A. Springs, *Toward a Generous Orthodoxy: Prospects for Hans Frei's Postliberal Theology* (Eugene: Wipf & Stock, 2016), especialmente cap. 4, "But Did It Really Happen? Frei and the Challenges of Critical Realism and Historical Reference", p. 85-104.

reinstala o que poderíamos chamar de quadro transcendente, em grande parte por causa das pressuposições platônicas às quais está associado. Embora se esforce para ser teológico, resta saber se ele também falha em fazer justiça ao sentido literal. No mínimo, isso fornece mais evidências do impacto dos quadros de referência na interpretação literal da Bíblia.

Exegese sacramental: além da interpretação literal?

Entre os proponentes da interpretação teológica das Escrituras estão certos protestantes que desejam recuperar um quadro de referência pré-moderno, um quadro metafísico que descrevem como "ontologia sacramental" (Hans Boersma) ou "platonismo cristão" (Craig Carter). Eles estão envolvidos com a *nouvelle théologie*, um movimento católico romano de meados do século 20 liderado por Jean Daniélou e Henri de Lubac, que buscava recuperar práticas de leitura patrísticas para compensar o desencanto da crítica bíblica moderna.

Alguns estudiosos colocam a culpa pela perda do sentido em relação ao sagrado na conta do apelo da Reforma à interpretação literal.[105] Boersma lamenta o "abandono dos reformadores de uma mentalidade sacramental pré-moderna na qual as realidades da existência deste mundo apontavam para uma realidade maior e eterna na qual eles compartilhavam sacramentalmente".[106] O que os modernos chamam de secular – o reino fechado do espaço-tempo – é para Boersma algo que "participa" do "tempo superior da eternidade de Deus".[107] A realidade terrena em suas partes e como um todo é, para Boersma, um tipo de sacramento que participa da realidade celestial: "Minhas convicções cristãs platonistas me convencem de que tudo a nosso redor é sacramental, no sentido de que tudo o que Deus criou aponta para ele e o torna presente".[108] Em um quadro de referência cristão platonista, a ordem criada "representava sacramentalmente a realidade sobrenatural do mistério de Deus".[109] Boersma está certo em ver que a melhor maneira de se opor à realidade do imaginário secular moderno é propor uma alternativa, no caso dele, um imaginário social *sacramental*. Essa é uma tentativa ousada

105. Veja Brad S. Gregory, *The Unintended Reformation: How a Religious Revolution Secularized Society* (Cambridge: Belknap, 2012), e minha tentativa de refutar a acusação em Kevin J. Vanhoozer, *Biblical Authority after Babel: Retrieving the Solas in the Spirit of Mere Protestant Christianity* (Grand Rapids: Brazos, 2016), p. 10-3.

106. Hans Boersma, *Heavenly Participation: The Weaving of a Sacramental Tapestry* (Grand Rapids: Eerdmans, 2011), p. 2.

107. Hans Boersma e Matthew Levering, "Spiritual Interpretation and Realigned Temporality" [Interpretação espiritual e temporalidade realinhada], *Modern Theology 28*, n. 4 (2012), p. 589. Veja também Levering, *Participatory Biblical Exegesis: A Theology of Biblical Interpretation* (Notre Dame: Notre Dame University Press, 2011).

108. Hans Boersma, *Scripture as Real Presence: Sacramental Exegesis in the Early Church* (Grand Rapids: Baker, 2017), p. 1.

109. Hans Boersma, *Nouvelle Théologie and Sacramental Ontology: A Return to Mystery* (Oxford: Oxford University Press, 2009), p. 7.

de reencantar nossa era secular substituindo por um quadro de referência *transcendente* e sobrenaturalmente saturado. Os instintos cristãos de Boersma são certeiros, embora precisemos prosseguir com cautela, pois não é evidente que seu quadro de referência platônico-sacramental seja gerado e governado pelo próprio texto bíblico.

O problema com os métodos histórico-gramaticais, de acordo com Boersma, é sua cumplicidade com o mundo desencantado da modernidade secular, ou seja, sua tendência a reconhecer apenas o aspecto plano, linear e temporal da história. Em uma série de livros, Boersma fala de "hermenêutica sacramental", "exegese sacramental" e "leitura sacramental". O que torna a interpretação bíblica em algo sacramental é sua insistência em uma relação ontológica entre o natural e o sobrenatural. A Bíblia também é sacramental, uma realidade temporal que media a Palavra eterna de Deus. Boersma observa a intercambialidade dos termos latinos *mysterium* e *sacramentum*, citando a noção de De Lubac de que o Novo Testamento é o mistério oculto dentro do "sacramento" do Antigo Testamento.[110]

Como, então, Boersma relaciona a filologia à cristologia e explica a relação entre a letra bíblica e o Senhor de quem ela fala? Sua abordagem sacramental se presta à alegorização, "um tipo de interpretação sacramental que busca o significado mais profundo e oculto sob o significado literal ou histórico do texto".[111] O que legitima a interpretação alegórica, para Boersma, não é a filosofia, mas a cristologia. Embora tanto a ontologia platônica quanto a sacramental tenham interesse na "participação celestial", o cristianismo insiste que a transcendência da qual participamos não é o Ser em geral, mas o Logos eterno de Deus, a segunda pessoa da Trindade. O Antigo Testamento é literalmente sobre Jesus Cristo? A resposta curta de Boersma é um "sim" qualificado. O sentido literal é "o ponto de partida (*sacramentum*) de uma busca pela realidade maior e mais cristológica (*res*) do evangelho".[112]

O exegeta seriamente literal contra-ataca

Em mais uma retomada da tensão entre estudos bíblicos e teologia que temos rastreado, dois estudiosos do Antigo Testamento distinguem os próprios quadros de referência do sacramentalismo de Boersma. Christopher Seitz se orienta pelo foco de Irineu na história da salvação. No Antigo Testamento, Deus estava "demonstrando antecipadamente, por tipos, coisas que viriam".[113] Seitz acredita que Irineu ficou mais próximo do texto com sua ênfase nas promessas divinas cumpridas posteriormente do que a noção

110. Ibidem, p. 155.

111. Boersma, *Heavenly Participation*, p. 140. Vale a pena notar que Boersma acredita que a teologia da Ceia do Senhor está intimamente ligada à visão da interpretação bíblica. De maneira um tanto surpreendente, ele associa (e critica) a noção de que Cristo é "realmente presente" na Eucaristia com uma compreensão "realista" da Escritura que exagera o significado literal ou histórico, em detrimento do significado espiritual mais profundo.

112. Boersma, *Heavenly Participation*, p. 152.

113. Irineu, *On the Apostolic Preaching*, trad. John Behr (Crestwood: St. Vladimir's Seminary Press, 1997), p. 70.

de Boersma, da presença sacramental de Deus. O contraste saliente é entre a ação de Deus *antecipada* e *a partir de cima*. Outro ponto de tensão diz respeito à relação entre filologia e cristologia. Boersma se opõe ao "literalismo cristológico" de Seitz, a crença "de que é por meio de uma leitura literal do Antigo Testamento que chegamos à realidade ontológica (isto é, a fé cristológica e trinitária da igreja)".[114] Ao contrário, é "somente *porque o crente já conhece a realidade ontológica* [...] que ele agora consegue discernir a presença de Cristo também dentro do Antigo Testamento como sua verdade alegórica mais profunda".[115] A diferença é reveladora. Enquanto Seitz vê o sentido literal do cânon pressionando e impulsionando o leitor para Cristo, o clímax da aliança, Boersma insiste que os leitores podem encontrar Cristo no Antigo Testamento somente porque já o encontraram no Novo Testamento: "Cristo é o primeiro, a Escritura o segundo. [...] Embora os tipos históricos possam *cronologicamente* prenunciar Cristo, *ontologicamente* eles o seguem e são modelados nele".[116] Para Boersma, ver Cristo no Antigo Testamento não se trata de um literalismo cristológico, mas de uma alegorização cristológica.[117]

Outro estudioso do Antigo Testamento, Iain Provan, distingue sua maneira "seriamente literal" de ler a Bíblia do "protestantismo contrarreformacional" de Boersma. O que particularmente incomoda Provan é a maneira pela qual Boersma eleva a grande tradição da igreja ao "contexto em que todas as Escrituras [...] devem ser lidas".[118] Provan se ressente da maneira pela qual Boersma usa o sentido literal como um mero trampolim para uma peregrinação interpretativa espiritual em vez de "o significado textual único e fixo" que foi a pedra de toque dos reformadores e seus herdeiros. Provan fala por muitos estudiosos bíblicos quando expressa sua preocupação de que "leitores espirituais" muitas vezes falham em pensar bem sobre o "literal".[119]

Provan também se opõe à maneira pela qual Boersma privilegia o quadro de referência platônico cristão, pois isso coloca em questão a autoridade e a clareza das Escrituras: "As 'profundezas espirituais' dos textos bíblicos não estão 'escondidas' neles".[120] Ele também se preocupa que a "ontologia sacramental" possa ser outro termo para "analogia do ser".[121] Embora a intenção de Boersma seja recuperar uma imagem centrada em Cristo da realidade criada como existente por meio, para e em Cristo (Cl 1:16),

---

114. Hans Boersma, *Five Things Theologians Wish Biblical Scholars Knew* (Downers Grove: InterVarsity, 2021), p. 26.

115. Ibidem, p. 28.

116. Ibidem, p. 13, 33.

117. Boersma usa esse contraste para descrever a posição de De Lubac (alegorização cristológica), que também é a própria visão (*Five Things Theologians Wish Biblical Scholars Knew*, p. 28).

118. Iain Provan, *The Reformation and the Right Reading of Scripture* (Waco: Baylor University Press, 2017), p. 17.

119. Ibidem, p. 93.

120. Ibidem, p. 638.

121. Este é um ponto que me foi sugerido por Philip Cary em correspondência pessoal datada de 20 de agosto de 2019.

nem tudo na criação faz parte da economia da graça salvadora da mesma forma que o batismo e a ceia do Senhor. Daniel Treier formula corretamente o problema: "Se tudo se torna 'sacramental', então nada é sagrado".[122] Eu argumentei em outro lugar que o apóstolo Paulo distinguiu entre ser "em geral" (ontologia) e ser "em Cristo" (soteriologia).[123] Todas as criaturas estão em algum tipo de relação com seu Criador, mas apenas os eleitos estão incluídos na vida e na comunhão do Deus trino. Concordo com Jeremy Mann: "As ontologias sacramentais em geral falham em capturar a história dinâmica do mundo criado [isto é, criação, queda, redenção, consumação] no arco das Escrituras".[124]

A narrativa bíblica levanta questões que somente a ontologia teológica pode responder.[125] Portanto, simpatizo com a tentativa de Boersma e Carter de recuperar um quadro de referência que coloque as realidades teológicas em foco. No entanto, também simpatizo com exegetas seriamente literais que rejeitam alegações exageradas sobre a necessidade de ler a Bíblia em um quadro de referência platônico para ser cristão, particularmente quando "a Bíblia não usa a linguagem do 'ser' de maneiras frequentes, sustentadas e teóricas".[126] A questão urgente é: "*Qual* quadro de referência melhor concorda com o testemunho bíblico da realidade de Deus, sua relação com o mundo e presença nas Escrituras?"

Vários teólogos, respondendo a Boersma, destacam o contraste entre a dinâmica vertical do platonismo cristão com sua atração ascendente (ou seja, participação em Deus) e a dinâmica mais horizontal da história da salvação com sua atração escatológica.[127] Minhas próprias simpatias são com a última. Assim também, acredito, são as do autor de Hebreus (veja a seguir). Por "escatológico", quero dizer o que diz respeito ao fim da história, a doutrina das "últimas coisas" *e* tudo o que vier a acontecer

122. Daniel J. Treier, "Heavenly Participation: The Weaving of a Sacramental Tapestry – A Review Essay" [Participação celestial: a tessitura de uma tapeçaria sacramental – um ensaio revisional], *Christian Scholar's Review 41* (2011), p. 71.

123. Kevin J. Vanhoozer, "The Origin of Paul's Soteriology: Election, Incarnation, and Union with Christ in Ephesians 1:4 (with special reference to Evangelical Calvinism)" [A origem da soteriologia paulina: eleição, encarnação e união com Cristo em Efésios 1:4 (com referência especial ao calvinismo protestante)], em Benjamin E. Reynolds, Brian Lugioyo, e Kevin J. Vanhoozer (orgs.), *Reconsidering the Relationship between Biblical and Systematic Theology in the New Testament* (Tübingen: Mohr Siebeck, 2014), p. 177-212.

124. Jeremy R. Mann, "Sacramental Ontology and Calvin: Toward a Re-enchanted World" [Calvino e a ontologia sacramental: na direção de um mundo reencantado], *Bulletin of Ecclesial Theology 4*, n. 2 (2017), p. 31. Para mais análises e avaliações da ontologia sacramental, veja Jeremy Mann, "Is the World Sacramental? Ontology, Language, and Scripture" [O mundo é sacramental? Ontologia, linguagem e Escritura], em Gerald Hiestand e Todd Wilson (orgs.), *Creation and Doxology: The Beginning and End of God's Good World* (Downers Grove, IL: IVP Academic, 2018), p. 79-98.

125. Veja meu "Staurology, Ontology, and the Travail of Biblical Narrative: Once More unto the Biblical Theological Breach", *Southern Baptist Journal of Theology 23*, n. 2 (2019), p. 7-33.

126. Daniel J. Treier, "'Christian Platonism' and Christological Interpretation" ["Platonismo cristão" e interpretação cristológica], *Reformed Faith & Practice 5*, n. 3 (2020), p. 43.

127. Veja os ensaios por Hans Burger e Arnold Huijgen em Tomas Bokedal, Ludger Jansen e Michael Borowski (orgs.), *Scripture and Theology: Historical and Systematic Perspectives* (Berlin: de Gruyter, 2023).

quando o Deus que está fora da criação irromper nela. A escatologia não diz respeito simplesmente ao fim da história, mas à presença e atividade de Deus no meio desta. A narrativa bíblica relata o que o Deus eterno está fazendo em nosso tempo para trazer um novo tempo. O conceito de uma escatologia inaugurada – o tema característico do Novo Testamento de que o reino de Deus é "já/ainda não" – nos lembra de que Deus não está simplesmente acima do mundo, em um reino celestial de Formas Platônicas, mas entra em nosso mundo para torná-lo celestial (ou seja, preenchido com sua presença).

O que a Bíblia *é* e sobre o que ela *trata* são realidades igualmente escatológicas e divinas que nenhuma estrutura de referência imanente pode trazer ao foco. Uma hermenêutica cristã pura e simples, portanto, lê a Bíblia tendo em mente a natureza escatológica tanto de sua *forma* (anúncio divino) quanto de seu *conteúdo* (tema divino). Passamos agora a considerar o modo pelo qual o Antigo e o Novo Testamentos fazem o mesmo. Tanto Isaías quanto o livro de Hebreus nos fariam ver Jesus atendendo à letra do texto com uma estrutura de referência escatológica, em uma cultura de leitura escatológica e para um propósito escatológico.

Enquadrando Isaías e Hebreus: o literal está sempre limitado à terra?

Enquadrando Isaías: os profetas do Antigo Testamento dizem mais do que podem saber?

No início de seu ministério público, Jesus entrou em uma cultura de leitura judaica (uma sinagoga) e leu Isaías 61: "O Espírito do Soberano SENHOR está sobre mim, porque o SENHOR me ungiu para levar boas-novas aos pobres" (v. 1). O Evangelho de Lucas relata o que aconteceu em seguida: "Então, fechou o livro [...] todos tinham os olhos fitos nele, e ele começou a dizer-lhes: 'Hoje se cumpriu a Escritura que vocês acabaram de ouvir'" (4:20,21). Que comentário surpreendente! Jesus estava interpretando Isaías ou usando o texto para os próprios propósitos? Que quadro de referência Jesus poderia estar usando para chegar a essa conclusão?

Childs e Moberly leram Isaías como estudiosos em dívida com os estudos bíblicos modernos e como santos que leram com convicção cristã que Isaías está se referindo a Jesus Cristo: "A comunidade cristã tem afirmado de modo consistente ao longo de sua história [...] que aquilo *de que literalmente trata* a Bíblia, tomada como um todo, *é Jesus Cristo*".[128] Mas (para ecoar Nicodemos), "Como pode ser isso?" (Jo 3:9).

Em 2001, Childs publicou "um comentário técnico e moderno" sobre o livro de Isaías que o deixou dolorosamente ciente de quantas questões hermenêuticas e

128. Richard Burnett, "John Calvin and the Sensus Literalis" [João Calvino e o *sensus literalis*], *Scottish Journal of Theology 57*, n. 1 (2004), p. 2.

teológicas não havia abordado.[129] Uma questão específica é se os leitores do século 21 poderiam ler em continuidade com aqueles pais da igreja e outros cristãos anteriores? Existe uma "semelhança familiar" entre as leituras cristãs de Isaías ao longo dos séculos? Essas questões levaram Childs a escrever *The Struggle to Understand Isaiah as Christian Scripture* [A luta para entender Isaías como Escritura cristã].[130] A maior parte do livro analisa como os cristãos leram Isaías desde os tempos do Novo Testamento, passando pelos períodos patrístico, medieval e da Reforma, até o presente. Ele observou que os críticos bíblicos modernos não conseguem lutar com Isaías como Escritura cristã, preferindo adotar uma estrutura de referência puramente histórica. Por exemplo, em seu comentário publicado em 1821, Wilhelm Gesenius apresentou inúmeras queixas críticas contra interpretações cristãs tradicionais, como a identificação do servo em Isaías 42—53 com Jesus. Até mesmo comentaristas conservadores como A. B. Davidson lutaram com isso, insistindo que Jesus é o *cumprimento* do servo do Senhor (Is 53), mas não o *referente* do discurso do profeta: "Dificilmente se pode duvidar que o pensamento do profeta seja nacional [...] o servo é uma criação da mente do profeta, o próprio Israel ideal".[131]

Walter Brueggemann, o símbolo do leitor pós-moderno de Childs, "repudia categoricamente qualquer alegação de que o livro de Isaías prediz ou antecipa Jesus Cristo".[132] De acordo com Brueggemann, diz Childs, não há "nenhuma conexão ontológica" entre os dois testamentos. O uso do Antigo Testamento pelo Novo Testamento é um salto de imaginação criativa, pois "não repousa em nenhuma base textual derivada do próprio Antigo Testamento. Em vez disso, os escritores do Novo Testamento têm de forma consistente aplicado uma interpretação cristã em suas leituras do Antigo Testamento".[133] Childs refutou a acusação, observando que a regra de fé de Irineu fornece uma estrutura de referência que permite aos leitores ver como Cristo é o que torna os dois testamentos uma só Escritura.[134] Cada testamento retém a própria integridade, mas juntos eles formam uma unidade integral mantida unida pela realidade que sustenta seu testemunho conjunto: a pessoa e a obra de Jesus Cristo.[135] Para Childs, a regra de fé é, antes de tudo, *intrínseca* ao cânone, não uma imposição coercitiva: "A forma canônica fornece a estrutura maior da Escritura – uma regra de fé – dentro da qual a função interpretativa da exegese é guiada".[136] Há a possibilidade, é claro, de ler o Antigo Testamento como a Bíblia hebraica, em distinção ao Novo Testamento, com

129. Brevard S. Childs, *Isaiah* (Louisville: Westminster John Knox, 2001).

130. Idem, *The Struggle to Understand Isaiah as Christian Scripture* (Grand Rapids: Eerdmans, 2004).

131. A. B. Davidson, "The Book of Isaiah Ch. XLff", *The Expositor*, 2, vol. 8 (Londres: Hodder and Stoughton, 1884), p. 358-59.

132. Childs, *Struggle to Understand Isaiah*, p. 294.

133. Ibidem, p. 294.

134. Ibidem, p. 304.

135. Ibidem, p. 313.

136. Ibidem, p. 317.

uma estrutura de referência judaica, mas fazer isso é adotar uma história da religião e não uma estrutura teológica: "Ambas as tarefas são legítimas, mas são diferentes em objetivo e procedimento".[137]

Qual tarefa aqueles que valorizam a interpretação literal devem perseguir? Eles podem seguir o exemplo de Jerônimo e ver Isaías, o homem, como um evangelista e seu texto como um "quinto evangelho", com base no fato de que "ele descreve todos os mistérios de Cristo e da igreja tão claramente que você não pensaria que está profetizando sobre o que está por vir, mas, sim, compondo uma história do que já aconteceu"?[138] Curiosamente, é Jon Levenson, um estudioso bíblico judeu moderno, que lança luz sobre o que está em jogo na escolha do quadro de referência: "O problema é que, ao tornar o contexto *histórico* soberano e regulador, a crítica histórica destrói o contexto *literário* que é a Bíblia (judaica ou cristã) como um todo e, muitas vezes, até mesmo o contexto literário menor que é o livro, o capítulo ou o que quer que seja".[139] Levenson aqui aponta que, em um sentido real, judeus e cristãos estão lendo textos diferentes. Para os leitores judeus, o contexto canônico de Isaías não inclui os Evangelhos; para os cristãos, ele deve incluí-los.

As implicações para a interpretação literal são enormes. Levenson percebe corretamente a conexão orgânica entre o quadro de referência e o contexto, sendo a concepção de "literal" variável de acordo com o contexto, e a existência de outros contextos relevantes além daquele da situação histórica inicial. A interpretação literal – fazer justiça à letra do texto – requer, portanto, uma *descrição densa*: uma leitura que leva em conta todos os contextos relevantes que têm influência sobre o que os autores querem dizer com suas palavras (ou seja, quem, o quê, onde, quando, como e o porquê do discurso): "Se alguém quiser responder à questão acerca do que a pessoa S está fazendo, ele deve selecionar um nível ou modo de descrição entre várias alternativas disponíveis".[140] Moberly conclui corretamente que essas leituras multicontextuais e multicamadas são preferíveis a um *sensus plenior* ("significado mais completo").[141]

Como poderíamos oferecer descrições densas das passagens vexatórias de Isaías a respeito do servo do Senhor (Is 52:13—53:12)? É difícil identificar alguém que se encaixe nessa descrição *dentro* do próprio quadro histórico referencial de Isaías. Por outro lado,

---

137. Childs, *Struggle to Understand Isaiah*, p. 321.

138. Jerônimo, prólogo de sua tradução latina de Isaías, em *Biblia Sacra Vulgata*, 5ª ed. (Stuttgart: German Bible Society, 2007), citado em Moberly, *Old Testament Theology*, p. 146-7.

139. Jon Levenson, *The Hebrew Bible, the Old Testament, and Historical Criticism: Jews and Christians in Biblical Studies* (Louisville: Westminster John Knox, 1993), p. 100.

140. René van Woudenberg, *The Epistemology of Reading and Interpretation* (Cambridge: Cambridge University Press, 2021), p. 209.

141. Moberly, *Old Testament Theology*, p. 158. Em outro lugar, ele diz que "o *status* canônico dos documentos bíblicos requer que os intérpretes cristãos sejam capazes de ler o texto em mais de um contexto". Moberly, "Biblical Hermeneutics and Ecclesial Responsibility" [Hermenêutica bíblica e responsabilidade eclesial], em Stanley E. Porter e Matthew R. Malcolm (orgs.), *The Future of Biblical Interpretation: Responsible Plurality in Biblical Hermeneutics* (Downers Grove: IVP Academic, 2013), p. 150.

os críticos bíblicos modernos zombam da sugestão de que Isaías poderia falar de coisas *além* do próprio quadro de referência. Então, Isaías está se referindo a Cristo? Sim e não, responde Moberly. Sim, se lermos no contexto do cânone cristão; mas não, se lermos com base no próprio quadro histórico de referência. Moberly acha que Isaías é "literalmente" sobre Cristo, ou não? É difícil dizer. Como um estudioso bíblico treinado, ele está ansioso para não introduzir nos textos do Antigo Testamento ideias que não estão lá. Como cristão, está ansioso para ler os textos do Antigo Testamento como testemunho do mesmo Deus que o Novo Testamento nomeia Pai de Jesus Cristo. Ele espera, assim, fazer justiça tanto à "letra" do texto por meio do uso de métodos acadêmicos quanto ao "espírito" do texto ao ler o Antigo e o Novo Testamentos juntos no quadro de referência cristão, a saber, a regra da fé. No entanto, a questão permanece: Isaías é *literalmente* sobre Jesus Cristo?[142]

Como Moberly, não desejo desconsiderar o quadro de referência de Isaías. A voz do autor inicial deve ser ouvida. Nem o sentido nem o alcance semântico das palavras hebraicas mudam quando se tornam parte das Escrituras cristãs. Ao mesmo tempo, os cristãos acreditam que os profetas *disseram* mais do que poderiam *saber* conscientemente sobre "o tempo e as circunstâncias para os quais apontava o Espírito de Cristo, que neles estava, quando lhes predisse os sofrimentos de Cristo" (1Pe 1:11). Os profetas sabiam *o que estavam dizendo*, mas não sabiam exatamente *a quem* ou *a que* se referiam. Eles entendiam o sentido de seu discurso, mas não seu referente final. Essa maneira de ver o assunto explica por que ainda precisamos do trabalho duro da filologia para esclarecer o sentido das palavras, e outros quadros de referência além do existente em Isaías para entender o *referente* de seu discurso que suas palavras indicam em última instância. A rigor, então, o "mais completo" não é o sentido, mas a referência, de seu discurso – não o *sensus*, mas o *referens plenior*.[143] Qualquer quadro de referência que silencie o discurso divino é, em última análise, menos do que totalmente crítico.

Uma analogia final pode ajudar a trazer meu próprio discurso, sobre o que estou falando, para um foco mais nítido. Na década de 1990, uma série de livros *Magic Eye* [Olho mágico] chegou ao topo das listas de best-sellers, estimulada pelo subtítulo: "Uma nova maneira de olhar o mundo". O termo técnico para essas ilustrações é "estereograma": uma imagem aparentemente aleatória que, quando vista da maneira certa, com ambos os olhos, revela uma imagem 3D. A maneira *literalista* de olhar para a imagem vê apenas a superfície composta de padrões repetidos, não significando nada.

---

142. Em outro lugar, em um estudo sobre Abraão e Jesus, Moberly de novo lida com a interpretação cristológica. Walter Moberly, *The Bible, Theology, and Faith: A Study of Abraham and Jesus* (Cambridge: Cambridge University Press, 2000). Estranhamente, não há discussão sobre a declaração de Jesus em João 8:56: "Abraão, o pai de vocês, regozijou-se porque veria o meu dia; ele o viu e se alegrou". Perguntamo-nos qual quadro de referência Jesus tinha em mente.

143. Cf. a noção relacionada de *referências plenior* de Elliot Johnson em seu "Author's Intention and Biblical Interpretation" [A intenção do autor e a interpretação bíblica], em Earl Radmacher e Robert D. Preus (orgs.), *Hermeneutics, Inerrancy, and the Bible* (Grand Rapids: Zondervan, 1984), p. 428.

Aqueles que olham para a imagem dessa maneira veem a letra, por assim dizer, mas não *sobre o que ela é*. Para ver dessa maneira, os espectadores precisam do quadro de referência (estereoscópico) certo. O ponto essencial, a não ser esquecido, é que a imagem 3D, o referente, está realmente presente e, quando entra em foco, não resta dúvida sobre o que se está vendo. Algo semelhante acontece, eu afirmo, quando lemos o Antigo Testamento com um quadro de referência cristão (a regra da fé).[144] A imagem de Cristo, a referência final das Escrituras, está realmente lá, e é claramente visível – mas somente quando olhamos ao longo da letra do texto com o quadro de referência correto.

Enquadrando Hebreus: em direção a que tipo de participação celestial?

O livro de Hebreus serve como um estudo de caso adequado para pensar sobre quadros de referência históricos/teológicos, e para o diálogo entre estudos bíblicos e teologia sistemática.[145] Ele oferece ao leitor um mergulho exegético de alta complexidade, desafiando os intérpretes a explicar como o autor relaciona os sentidos literal e espiritual das Escrituras, além de especificar qual quadro de referência é empregado para a leitura do Antigo Testamento.

Nenhum texto bíblico soa mais platônico do que Hebreus. Considere a maneira pela qual o autor compara e contrasta o sacerdote e o tabernáculo terrestres de Israel com suas contrapartes celestiais, afirmando que um é "cópia e sombra daquele que está nos céus [...] segundo o modelo [*typos*]" mostrado a Moisés (Hb 8:5). Luke Timothy Johnson associa *typos* ("tipo") com as formas eternas de Platão, o modelo espiritual de uma representação material (menos real), um contraste que ilustra "a visão de mundo platônica de Hebreus".[146] James W. Thompson concorda, argumentando que o autor de Hebreus trabalha com "uma metafísica platônica".[147] Os cristãos-platônicos acreditam que têm forte garantia de Hebreus para ver pessoas e acontecimentos do Antigo Testamento como "sacramentos que participam da realidade do Novo Testamento".[148] Ainda a ser determinada, no entanto, está a natureza da participação da Terra no céu: ela é sacramental e/ou platônica e, se não, a única alternativa é um sentido literal meramente ligado à terra?

Em um nível estritamente lexical, é digno de nota que *upodeigma* ("cópia" em Hb 8:5) "nunca é utilizado por nenhum autor antigo, muito menos por Fílon ou Platão, em

---

144. No capítulo seguinte, descrevo esse quadro de referência correto não como estereoscópico, mas "cristoscópico". Para obter instruções sobre como visualizar imagens 3D do Magic Eye, consulte https://www.magiceye.com/faq/.

145. Veja Richard Bauckham, Daniel R. Driver, Trevor A. Hart e Nathan MacDonald (orgs.), *The Epistle to the Hebrews and Christian Theology* (Grand Rapids: Eerdmans, 2009); e Jon C. Laansma e Daniel J. Treier (orgs.), *Christology, Hermeneutics, and Hebrews: Profiles from the History of Interpretation* (London: Bloomsbury T&T Clark, 2012).

146. Luke Timothy Johnson, *Hebrews: A Commentary* (Louisville: Westminster John Knox, 2006), p. 202.

147. J. W. Thompson, *The Beginnings of Christian Philosophy: The Epistle to the Hebrews* (Washington: Catholic Biblical Association of America, 1982), p. 52.

148. Benjamin J. Ribbens, "Hebrews as Participatory Exegesis" [Hebreus como exegese participatória], *Journal of Theological Interpretation 15*, n. 1 (2021), p. 102.

referência a uma cópia platônica".[149] Se um esquema platônico de participação estivesse em vista, o autor de Hebreus poderia ter descrito o tabernáculo terrestre como uma *mimese* do celestial. Como Robert Gundry aponta, a lei, os sacerdotes e os sacrifícios do Antigo Testamento eram sombras não de alguma realidade atemporal, mas do "mundo que há de vir" (Hb 2:5; cf. 10:1). Portanto, é mais acurado ver essas sombras terrenas como prenúncios.[150] C. K. Barrett concordou em ver a relação entre o terreno e o celestial em termos temporais em vez de espaciais: "Jesus é principalmente [...] um ator no drama escatológico da redenção em vez de um mediador entre os mundos real e fenomenal".[151]

O dualismo em questão não é a distinção de Platão entre o reino terreno de sombras/aparências e o reino celestial de ideias/coisas reais, mas a distinção paulina entre duas eras, esta e a vindoura.[152] Esse é um dualismo apocalíptico e escatológico cujas raízes estão no Antigo Testamento, mas que só atingem sua plena concretização na história redentora de Jesus Cristo.[153] Nessa estrutura, o céu e a terra não são polarizados antiteticamente, pois Cristo aparecerá na terra de novo (Hb 9:28). Em um quadro de referência apocalíptico, a destruição do mundo atual é seguida por uma nova criação.[154] Hebreus não menciona de forma explícita um novo céu e uma nova terra, mas descreve o Filho como "herdeiro de todas as coisas" (Hb 1:2) e menciona "o mundo que há de vir" (Hb 2:5).[155] Jesus é aquele que traz o reino de Deus o céu, a esfera do reinado divino – à terra, cumprindo assim a profecia messiânica do Antigo Testamento.[156]

149. Kenneth Schenck, *A Brief Guide to Philo* (Louisville: Westminster John Knox, 2005), p. 84.

150. Robert H. Gundry, "To Plato or Not to Plato?" [A Platão ou não a Platão], *Books & Culture 17* (March/April 2011), p. 25-6.

151. C. K. Barrett, "The Eschatology of the Epistle to the Hebrews" [A escatologia da Epístola aos Hebreus], em W. D. Davies e D. Daube (orgs.), *The Background of the New Testament and Its Eschatology* (Cambridge: Cambridge University Press, 1956), p. 389.

152. Para uma declaração inicial da distinção, veja Geerhardus Vos, *The Pauline Eschatology* (Grand Rapids: Baker, 1979). O apocalíptico judaico é sem dúvida um melhor quadro de referência para ler Hebreus do que o platonismo cristão. Veja Jihye Lee, *A Jewish Apocalyptic Framework of Eschatology in the Epistle to the Hebrews* (Londres: Bloomsbury T&T Clark, 2021). Sobre o apocalíptico judaico de forma mais geral, veja John J. Collins, *The Apocalyptic Imagination: An Introduction to Jewish Apocalyptic Literature*, 3ª ed. (Grand Rapids: Eerdmans, 2016); Benjamin E. Reynolds e Loren T. Stuckenbruck (orgs.), *The Jewish Apocalyptic Tradition and the Shape of New Testament Thought* (Minneapolis: Fortress, 2017); e Christopher Rowland, *The Open Heaven: A Study of Apocalyptic in Judaism and Early Christianity* (Nova York: Crossroad, 1982).

153. Veja também Brian D. Ingraffia, *Postmodern Theology and Biblical Theology: Vanquishing God's Shadow* (Cambridge: Cambridge University Press, 1996).

154. Há atualmente um debate animado sobre o "Paulo apocalíptico", que em parte diz respeito ao quadro de referência que Paulo usa na teologização. Veja Jamie Davies, *The Apocalyptic Paul: Retrospect and Prospect* (Eugene: Cascade, 2022). Não tomo posição sobre esse debate aqui, embora eu diria que o apocalíptico como gênero literário é mais restrito do que um quadro de referência escatológico, embora compatível com ele.

155. Veja também Edward Adams, "The Cosmology of Hebrews" [A cosmologia de Hebreus], em *The Epistle to the Hebrews and Christian Theology*, p. 122-39.

156. Veja ainda Joshua W. Jipp, que afirma que "a realeza messiânica de Jesus funciona como uma raiz metafórica ou pressuposto básico para a leitura do Novo Testamento". Joshua W. Jipp, *The Messianic Theology of the New Testament* (Grand Rapids: Eerdmans, 2020), p. 313.

Nesse quadro de referência, simultaneamente messiânico e escatológico, a participação no reino dos céus é menos platônica do que pactual, uma questão de confissão, celebração e conformação ao reinado de Deus *na terra*, o domínio do Rei messiânico.

Ligado à terra ou a Cristo? A orientação escatológica do sentido literal da Bíblia

Este capítulo confirmou que na raiz de diferentes entendimentos do literal estão decisões sobre o que significa atender com amor à letra do texto e sobre quais quadros de referência devem ter prioridade. Afirmei que a influência de nossa escolha de quadros é muitas vezes oriunda da cultura de leitura na qual fomos socializados e o imaginário social predominante que molda os valores, as crenças e as práticas dessa cultura de leitura. A interpretação bíblica é, portanto, consideravelmente mais complexa do que aprender os passos de um método exegético específico. Pois por trás de abordagens críticas e métodos interpretativos espreitam revoluções copernicanas subterrâneas que influenciam o imaginário social. Para estudiosos modernos socializados na leitura do quadro de referência imanente, a maneira pela qual as palavras funcionam é deste mundo, uma questão de história natural apenas, tornando difícil, se não impossível, ver Cristo no Antigo Testamento. O autor de Hebreus, com o resto dos profetas e apóstolos, vê as coisas com um quadro de referência diferente que inclui um eixo horizontal e vertical. O platonismo carece da importantíssima dimensão escatológica: a noção de que Deus, que transcende o tempo, entrou nele, vocal e corporalmente, para redimi-lo e renová-lo. Essa verdade cristológica – que o Verbo por meio do qual todas as coisas foram criadas entrou nele e falou – tem consequências filológicas.

Deus comissionou e inspirou as palavras dos profetas e apóstolos que, em última análise, apontam para Jesus Cristo. Fazer justiça à letra do texto, portanto, significa situá-lo em um quadro de referência escatológico, governado por um imaginário bíblico: a história de Deus formando uma nação santa (Êx 19:6; 1Pe 2:9), tornando todas as coisas sujeitas a Cristo (1Co 15:28) e a terra seu estrado (Is 66:1; cf. Mt 5:35; Hb 10:13). O discurso bíblico é messiânico do reino. Cristo é a realização do propósito eterno de Deus "de fazer convergir em Cristo todas as coisas nos céus e na terra" (Ef 1:10). Tudo isso para dizer: o assunto escatológico do texto exige um quadro de referência escatológico. Caso contrário, ele não entrará em foco, mas permanecerá como variadas linhas indistintas que não formam nenhum padrão coerente.

Há outra razão para ler com um quadro de referência escatológico. Hebreus é o discurso de Deus ao seu povo. Assim, interpretá-lo nos próprios termos requer mais do que focar no mundo por trás, dentro ou na frente do texto. Nenhum desses mundos captura o contexto de "ser abordado por Deus". A presença divina nas Escrituras é comunicativa, uma presença falante que, como o reino que proclama, irrompe no mundo do autor e do leitor igualmente. É escatológico porque é uma quebra (e fala) no tempo e no espaço de alguém que está além deles. O mundo *de* Hebreus não é a realidade histórica por trás dele, nem o mundo narrativo dentro dele, nem o contexto contemporâneo do leitor. Em vez disso, o mundo de Hebreus é o mundo no qual se entra ao lê-lo, o mundo real, no qual Deus está escatologicamente presente, dirigindo-se ativamente ao leitor por meio da letra do texto: "Hoje, se vocês ouvirem a sua voz" (Hb 3:7,15; 5:7).[157] *A Palavra de Deus não é simplesmente o conteúdo da Bíblia, mas a voz de Deus falando conosco nela e por meio dela.* Portanto, não se diga dos leitores cristãos de Hebreus que Cristo "veio para o que era seu, mas os seus não o receberam" (Jo 1:11).

O discurso de Hebreus é ligado a Cristo, não meramente ligado à terra. Cristo é tanto o orador final quanto o referente do texto, o que requer interpretação teológica para articular como isso é feito dessa forma. Ao mesmo tempo, embora Cristo seja o assunto do texto, ele não é, estritamente falando, uma parte do texto: "Sua natureza não é textual, mas pessoal [...] Cristo é o centro das Escrituras, não em termos semânticos ou temáticos, mas em um sentido distintamente teológico".[158] Cristo é o centro *externo* das Escrituras, e isso significa (1) que Cristo não é simplesmente um personagem no texto, mas também seu editor e comissionador; e (2) que Cristo não é simplesmente uma figura na história, mas o Filho eterno de Deus que vem a nosso mundo na própria maneira e tempo.[159]

Pode ser útil fazer uma distinção entre um *contexto* escatológico e um *quadro de referência* escatológico. Lemos a Bíblia hoje em um contexto escatológico porque ela nos expõe ao anúncio divino; lemos a Bíblia com um quadro de referência escatológico porque ela relata acontecimentos pertencentes ao fim dos tempos. Quanto ao contexto escatológico, Paulo diz aos próprios leitores que os acontecimentos na história de Israel "aconteceram a eles como exemplos e foram escritas como advertência para nós, sobre quem tem chegado o fim dos tempos" (1Co 10:11). Se a escatologia diz respeito à irrupção da era por vir a esta, então a identificação de Paulo de seus leitores como aqueles "sobre quem o fim dos tempos tem chegado" os situa, e a nós, diretamente em um contexto escatológico.

157. "A Carta aos Hebreus existe nessa esfera, dos apóstolos que participam da história da revelação como suas testemunhas e ministros, e a dos intérpretes que participam da história da revelação como seus destinatários e ouvintes" (John Webster, "One Who Is Son: Theological Reflections on the Exordium to the Epistle to the Hebrews" [Aquele que é Filho: reflexões teológicas sobre o exórdio à Epístola aos Hebreus], em *Epistle to the Hebrews and Christian Theology*, p. 70).

158. Arnold Huijgen, "Reinventing the Quadriga: Connecting Biblical Exegesis and Systematic Theology through the Anagogical-Eschatological Sense of Scripture", [Reinventando a quadriga: conectando a exegese e a teologia sistemática mediante o sentido analógico-escatológico das Escrituras], em Tomas Bokedal, Ludger Jansen e Michael Borowski (orgs.), *Scripture and Theology: Historical and Systematic Perspectives* (Berlim: de Gruyter, 2023), p. 406.

159. Para Cristo como o "centro externo" da Escritura, ver Ingolf Dalferth, "Die Mitte ist außen: Anmerkungen zum Wirklichkeitsbezug evangelischer Schriftauslegung", [O meio está do lado de fora: notas sobre a referência à realidade da interpretação da escrita protestante], em Christof Landmesser (org.), *Jesus Christus als die Mitte der Schrift: Studien zur Hermeneutik des Evangeliums* (Berlim: de Gruyter, 1997), p. 173-98.

Quanto à leitura com um quadro de referência escatológico, isso deriva da própria leitura de Jesus acerca do Antigo Testamento: "*Hoje* se cumpriu a Escritura que vocês acabaram de ouvir" (Lc 4:21, grifo meu). Isso está de acordo com as reivindicações hermenêuticas mais amplas de Jesus: "[As Escrituras] testemunham a meu respeito" (Jo 5:39); "Moisés [...] escreveu a meu respeito" (Jo 5:46). As Escrituras do Antigo Testamento dão testemunho de Jesus porque *todo* discurso bíblico é orientado para o cumprimento em Cristo. Jesus está escatologicamente presente em toda a Escritura. Todos concordam que o sentido literal tem relação com a *história* da Bíblia. A surpresa é entender como essa *história* tem uma orientação escatológica. A escatologia é o verdadeiro norte da história bíblica e do sentido literal.

Tudo o que dissemos até este ponto é apenas um aperitivo para o prato principal, a ser servido no capítulo seguinte: uma recuperação de uma abordagem expansiva para a interpretação literal que reconcilia o que foi separado: sentido verbal e referente cristológico. Levar o sentido literal com toda a seriedade significa usar todos aqueles quadros de referência que são necessários para entender a Bíblia como discurso humano e divino: não apenas *o que* é dito, mas *por quem*, sobre *o quê* e *para quem* é dito. O objetivo é estabelecer os contornos de uma "hermenêutica cristã pura e simples" compartilhada por leitores patrísticos, medievais e da Reforma, uma maneira de atender ao sentido literal que coloca em foco o referente já/ainda não da história redentora. Somente esse quadro de referência escatológico permite que tanto a filologia quanto a cristologia se tornem aquilo que apropriadamente são. O sentido literal, vinculado a Cristo e que ganha nitidez nesse horizonte, torna-se a norma suprema da doutrina cristã e o alvo da interpretação teológica das Escrituras. Tanto estudiosos bíblicos quanto teólogos sistemáticos fazem contribuições vitais para esclarecer *o que é dito* (sentido) e *aquilo sobre o que* é dito (referência), respectivamente. Cada um é necessário para uma interpretação seriamente literal que segue a maneira pela qual as palavras bíblicas funcionam, por intermédio da história e todo o caminho até seu cumprimento escatológico, uma maneira de ler que no próximo capítulo eu chamo de exegese escatológico-gramatical.

CAPÍTULO 5

DEFINDO *SENSUS LITERALIS* (PARTE 2)

DO FIGURAL AO TRANS-FIGURAL

A interpretação figurada não é um método, mas uma maneira de ler a Bíblia que reconhece a unidade das Escrituras e a presença de Cristo em toda parte.
– Peter Leithart[1]

O sentido literal das Escrituras é o fundamento e a fonte de toda interpretação, mas o sentido cristológico é o ápice e a coroa de toda interpretação.
– Martinho Lutero, *Palestras em Gálatas* 4:4-5

Este capítulo continua minha tentativa de definir o sentido literal de uma forma que permita que estudiosos bíblicos e teólogos superem suas diferenças disciplinares e cheguem à mesma página sagrada. O fundamento de minha tese é que o significado literal da Bíblia exige uma leitura teológica que seja uma resposta fiel e obediente ao chamado de seu autor divino, não uma imposição externa e estranha. Concordo com Childs: "O próprio texto bíblico exerce pressão teológica sobre o leitor, exigindo que a realidade que sustenta as duas testemunhas [Antigo e Novo Testamentos] não seja mantida separada e deixada fragmentada, mas esteja criticamente em acordo".[2]

O capítulo anterior argumentou que a atenção amorosa à letra do texto bíblico significa fazer justiça ao que ele é e ao que trata – a irrupção da Palavra de Deus na história – e que isso envolve a leitura no contexto escatológico (do leitor). O sentido literal é o "sentido claro" – sim, mas claro *para quem*? Essa é uma boa pergunta, pois nos lembra de que esse *para alguém* é parte do discurso. O que é claro para um leitor em particular dependerá do quadro de referência que ele traz ao texto, razão pela qual a ideia de uma "hermenêutica cristã pura e simples" parecerá ingênua para muitos leitores. Portanto, começamos com um relato de onde realmente está a raiz do conflito da interpretação bíblica, consideravelmente mais profundo do que disputas sobre os méritos relativos deste

1. Peter Leithart, *Deep Exegesis: The Mystery of Reading Scripture* (Waco: Baylor University Press, 2009), p. 18.
2. Brevard Childs, "Towards Recovering Theological Exegesis" [Para recuperar a exegese teológica], *Ex Auditu 16* (2000), p. 127.

ou daquele método. Esse também não é um conflito que pode ser resolvido tão somente por um intérprete decidindo "ser um observador neutro, prescindindo de qualquer tipo de compromisso de fé para chegar à verdade".[3] Os capítulos anteriores mostraram que por trás de profissões de suposta neutralidade estão compromissos mais profundos com um quadro de referência e imaginário social muitas vezes não reconhecido.

A título de prévia, aqui está meu credo hermenêutico cristão puro e simples. Acredito (1) que há realmente uma maneira distintamente cristã de ler as Escrituras como um cânone unificado; (2) que ela aparece em todos os períodos da história da igreja, mesmo que nem sempre seja a abordagem acadêmica dominante; (3) que ela aparece de maneira exemplar nos reformadores protestantes, que eram tanto herdeiros de modos de leitura patrísticos e medievais quanto precursores dos nossos;[4] (4) que essa maneira "católica reformada" de ler orientada ao sentido claro traça o movimento de figuras tipológicas mediante o cânone, produzindo um sentido literal *canônico claro, trans-figural*.[5]

Este capítulo apresenta uma prática de leitura católica (ou seja, pura e simplesmente cristã) influenciada pela Reforma, um modo literal *cum* figural de interpretação governado por um imaginário social gerado e dirigido pela própria Escritura. O domínio desse imaginário escritural é a igreja, a criatura da Palavra, aquela que é a resposta comunitária.[6] Segue-se que a interpretação literal significará algo diferente na igreja do que na academia, graças aos respectivos quadros de referência que cada um privilegia. É na igreja, aquela cultura de leitura que reconhece a necessidade de ler a Bíblia em contexto canônico para ouvir o anúncio divino, que Cristo passa a ser visto como o referente literal da Bíblia.

Táticas versus estratégia: onde o conflito realmente está

Por que os intérpretes se enfurecem?[7] Uma grande parte do presente trabalho – grande demais! – lidou com o conflito de intérpretes, interpretações e abordagens interpretativas.

---

3. John Barton, *The Old Testament: Canon, Literature, and Theology; Collected Essays of John Barton* (Nova York: Routledge, 2016), p. 204.

4. Veja também Hans Moscicke, que fala de uma "hermenêutica ecumênica". "The Theological Pressuppositions of Ancient Christian Exegesis: G. K. Beale and Henri de Lubac in Conversation" [Pressuposições teológicas da exegese cristã antiga: G. K. Beale e Henri de Lubac em diálogo], *Journal of Theological Interpretation 10*, n. 1 (2016), p. 125-43. Christopher Seitz fala de "catolicidade canônica", com a qual ele quer dizer uma abordagem à interpretação bíblica que se concentra na tipologia e caracteriza leitores católicos romanos (por exemplo, Paul Beauchamp) e protestantes (por exemplo, Brevard Childs). Christopher Seitz, *Convergences: Canon and Catholicity* (Waco: Baylor University Press, 2020).

5. Estou tentando recuperar uma antiga prática de leitura em uma nova chave teológica: uma *interpretação trans-figural* que segue o modo pelo qual as palavras (e figuras) bíblicas funcionam, por meio do cânon, até seu referente cristológico final.

6. John Webster vê o domínio da Palavra como constituído pela presença comunicativa e atividade do Deus trino. Webster, *Domain of the Word*, p. 3.

7. Cf. Salmos 2:1.

Paul Ricoeur descreveu a leitura em geral como "uma luta com o texto"[8] e com outros leitores que abordam o texto com diferentes questões ou interesses. Ricoeur dedicou um livro inteiro a esse último tópico: *The Conflict of Interpretations* [O conflito de interpretações].[9] Infelizmente, a história da igreja está repleta de exemplos do conflito – disciplinar, teórico, ideológico e denominacional – de interpretações bíblicas.

Qual é a verdadeira fonte desse conflito? Onde os leitores da Bíblia discordam e por quê? De acordo com Sandra Schneiders: "Todos podem concordar que o objetivo da interpretação do Novo Testamento é chegar a uma compreensão do significado do texto. Mas aí o acordo termina, porque o conceito do próprio significado [...] é discutível".[10] Pode ser útil destrinchar ainda mais a ideia de conflito interpretativo, usando uma distinção entre "táticas" e "estratégia" que se originou, de maneira apropriada, com o famoso tratado de Carl von Clausewitz de 1832, *On War* [Sobre a guerra].[11] Isso é apropriado à medida que o conflito de interpretações tornou o sentido literal uma vítima da guerra.

Táticas exegéticas: meios interpretativos

Uma guerra é uma série de "engajamentos". Clausewitz observou que uma coisa é executar esses engajamentos ou batalhas, outra é coordená-los para vencer a guerra: "Uma foi chamada de *tática*, e a outra de *estratégia* [...] Tática ensina *o uso das forças armadas no engajamento*; estratégia, *o uso de engajamentos para o objetivo da guerra*".[12] Tática exige ciência (por exemplo, o uso de engenharia em uma guerra de cerco), enquanto estratégia exige pensamento mais holístico e de longo prazo. Tática diz respeito ao que fazer "no terreno" para atingir objetivos imediatos (meios); estratégia é uma questão de objetivos e metas abrangentes (fins).

A distinção é importante se quisermos determinar onde realmente reside o conflito de interpretações. Admitamos que ler as Escrituras envolve uma luta com a finalidade do entendimento. Ler a Bíblia é entrar em um engajamento interpretativo. Os estudos bíblicos modernos se concentraram amplamente em táticas exegéticas e não estratégias – pelo menos até o advento das abordagens libertárias e de defesa. O academicismo bíblico convencional "foi guiado por sua adoção de [...] um método, a saber, a crítica histórica, em vez de uma teoria hermenêutica desenvolvida".[13] Se um estudioso bíblico usa, digamos, crítica da fonte, forma ou redação, estamos falando de tática, não

8. Mario J. Valdés (org.), *A Ricoeur Reader: Reflection and Imagination* (Nova York: Harvester Wheatsheaf, 1991), p. 494. Retornarei a essa ideia no capítulo 9.

9. Paul Ricoeur, *The Conflict of Interpretations: Essays in Hermeneutics* (organizado por D. Ihde) (Evanston: Northwestern University Press, 1974).

10. Sandra Schneiders, *The Revelatory Text: Interpreting the New Testament as Sacred Scripture*, 2ª ed. (Collegeville: Liturgical, 1999), p. 13.

11. Carl von Clausewitz, *On War* (organizado e traduzido por Michael Howard e Peter Paret) (Princeton: Princeton University Press, 1984).

12. Clausewitz, p. 128.

13. Schneiders, *Revelatory Text*, p. 23.

estratégia; em todos os três casos, o objetivo é entender algum aspecto do mundo por trás do texto.

Táticas e estratégias são igualmente importantes para alcançar a vitória na guerra, mas aquelas devem servir a objetivos estratégicos. A estratégia é magisterial, as táticas ministeriais.[14] A moral deve ser clara. Intérpretes seriamente literais não prevalecerão no conflito de interpretações até que comecem a pensar tendo em vista a estratégia e não apenas tática. O estrategista mantém em mente o objetivo da luta, e isso determina todo o resto: onde despejar seus recursos, quais batalhas lutar. A hermenêutica cristã pura e simples é principalmente sobre estratégia. É aqui que o conflito de interpretações realmente reside.

Estratégias hermenêuticas: fins interpretativos

O que é provavelmente a citação mais conhecida de Clausewitz identifica o que está em jogo no conflito de interpretações: "A guerra é uma mera continuação da política por outros meios".[15] A política diz respeito às formas como o poder e a autoridade são utilizados para alcançar determinados objetivos em benefício de um grupo específico de pessoas que vivem em um mesmo território, como uma cidade (do grego *polis*), uma região ou um país. Se a fonte mais profunda do conflito de interpretações é menos sobre táticas (ou seja, procedimentos exegéticos) do que sobre estratégia, então uma hermenêutica cristã pura e simples deve atender aos fins dessa interpretação. Em particular, devemos garantir que as táticas interpretativas sirvam a fins interpretativos – e cuidar para que estes não sejam egoístas.

As pessoas leem a Bíblia com uma ampla gama de interesses interpretativos: para aprender mais sobre o Antigo Oriente Próximo; para reconstruir a história da composição de um texto; para aprender a maneira pela qual as pessoas em culturas antigas tratavam mulheres, crianças e pessoas com deficiência. Nenhum desses interesses acadêmicos é explicitamente político, teológico ou propício ao conflito. No entanto, é possível ler a Bíblia estrategicamente, de maneira que apoie os interesses de *poder* da própria comunidade, ou seja, para fins políticos. O conflito de interpretações hoje é em grande parte sobre política de identidade – que tipo de pessoas desejamos nos tornar ou desejamos que os outros se tornem – e como isso se relaciona com o que Deus está fazendo em Cristo. Portanto, precisamos atualizar a análise de Frei a respeito do eclipse da interpretação literal: enquanto os primeiros modernos privilegiavam um quadro de referência imanente que encolhia o sentido literal para o referente empírico no mundo por trás do texto, os modernos tardios são mais inclinados a privilegiar um quadro de referência imanente, lendo para transformar o mundo na frente do texto. Ambas as estratégias infelizmente eclipsam o sentido literal.

---

14. Michel de Certeau utilizou a distinção tática/estratégia de forma diferente em *The Practice of Everyday Life*, 3ª ed. (Berkeley: University of California Press, 1984). Ele via as "táticas" como formas subversivas com que as pessoas comuns lidam com ou subvertem "estratégias" postas em prática por instituições sociais.

15. Clausewitz, *On War*, p. 87.

"Deixe meu povo ir": objetivo libertador, interpretação emancipatória

A política de identidade domina grandes faixas da interpretação bíblica. A quarta edição revisada de um dos livros-texto padrão em hermenêutica agora inclui uma seção intitulada "Exegesis: Identity and Advocacy" [Exegese: identidade e defesa]. Ler a Bíblia de uma forma que promova os interesses do gênero, da etnia e da classe social de alguém se tornou, para muitos, sua estratégia interpretativa exclusiva: "Abordagens interpretativas intimamente relacionadas à identidade do leitor naturalmente dão lugar à defesa".[16] Várias abordagens libertárias, pós-coloniais e feministas à interpretação bíblica se concentram em promover formas de liberdade e florescimento humanos, não em reconstruir "o que realmente aconteceu".[17] Por exemplo, Elizabeth Schüssler Fiorenza nega o *status* revelador a qualquer texto bíblico que não seja emancipatório para as mulheres, considerando qualquer interpretação que não se aplique dessa maneira como antiética.[18]

Tanto o título quanto o argumento do livro de David Janzen, *The Liberation of Method* [A libertação do método], resumem o objetivo estratégico da política de identidade interpretativa.[19] Em vez de perguntar se uma leitura está em conformidade com este ou aquele método crítico, Janzen acha que deveríamos perguntar se uma leitura contribui para a emancipação de minorias oprimidas e para uma maior justiça para todos. A melhor maneira de garantir justiça, ele argumenta, é privilegiar leituras que vêm do mundo dos dois terços e das várias cores na *Rainbow Coalition* ou na comunidade LGBTQIA+ cujas vozes foram suprimidas ou excluídas da discussão. O objetivo estratégico é a libertação, e a leitura ética é aquela que promove a emancipação dos oprimidos, independentemente de estar ou não em conformidade com os métodos exegéticos tradicionais.

A ideia de que precisamos de "libertação" dos métodos ocidentais é um tanto irônica, pois o Iluminismo foi em si um chamado à libertação: "Ao longo do período moderno, o apelo ao sentido literal muitas vezes incorporou um impulso emancipatório que busca libertar a Bíblia da sobreposição da interpretação e do controle eclesial".[20] O cardeal Ratzinger (mais tarde Papa Bento XVI) emitiu um chamado

16. Veja John H. Hayes e Carl R. Holladay, *Biblical Exegesis: A Beginner's Handbook*, 4ª ed. (Louisville: Westminster John Knox, 2022), cap. 11, "Exegesis: Identity and Advocacy", p. 185.

17. Veja também R. S. Sugirtharajah (org.), *Exploring Postcolonial Biblical Criticism: History, Method, Practice* (Oxford: Wiley-Blackwell, 2011); e Alejandro F. Botta e Pablo R. Andinach, eds., *The Bible and the Hermeneutics of Liberation* (Atlanta: Society of Biblical Literature, 2009); Elisabeth Schüssler Fiorenza, *Bread Not Stone: The Challenge of Feminist Biblical Interpretation*, ed. rev. (Boston: Beacon, 1995).

18. Elisabeth Schüssler Fiorenza, "The Ethics of Interpretation: Decentering Biblical Scholarship" [A ética da interpretação: a descentralização das bolsas de estudos bíblicos], *Journal of Biblical Literature 107* (1988), p. 101-15.

19. David Janzen, *The Liberation of Method – The Ethics of Emancipatory Biblical Interpretation* (Minneapolis: Fortress, 2021).

20. Richard N. Soulen e R. Kendall Soulen, "Literal Sense", em *Handbook of Biblical Criticism*, 4ª ed. (Louisville: Westminster John Knox, 2011), p. 118.

semelhante para uma libertação da ilusão de que o academicismo bíblico (ou seja, a “metodologia”) é neutro e científico. Precisamos, ele disse, de uma “crítica da crítica”.[21] *Politicizing the Bible* [Politizando a Bíblia], de Scott Hahn, argumenta que os intérpretes “modernos” não eram acadêmicos desinteressados, mas reformadores de um tipo que desejavam refazer a sociedade de modo liberal, ou seja, libertando-a do domínio da igreja e da opinião teológica recebida.[22] Se isso estiver certo, então o que é “moderno” sobre a interpretação bíblica não é simplesmente sua investigação científica do texto, mas a subordinação dessa interpretação para fins políticos e, em última análise, a um “magistério secular”.[23] Assim como ocorre com as culturas, dá-se com as eras: cada uma tem os próprios *insights* e pontos cegos. Ratzinger não pretendia que sua “crítica da crítica” fosse uma política de terra arrasada que não deixasse de pé nada da modernidade. Ele simplesmente queria apontar os interesses sociopolíticos por trás do pensamento crítico “livre”.

Se, por meu experimento em crítica bíblico-teológica, devemos julgar formas de crítica pelo tipo de leitores que elas geram, pode ser que nem o método histórico-crítico nem seus sucessores ideológicos obtenham notas de aprovação. A política democrática moderna (como a exegese crítica moderna) é amplamente processual e não teleológica, mais focada em preservar a operação suave da liberdade (ou seja, falta de restrição) do que em reconhecer seu fim ou propósito apropriado (ou seja, *para que* serve a liberdade). D. C. Schindler, um crítico da modernidade, descreve esse objetivo libertador como uma fuga da realidade, pela qual quer dizer a ordem criada, o único critério objetivo para avaliar o que é verdadeiramente bom para os seres humanos.[24] Quando a democracia (liberdade *em relação a* um estado autoritário) não corresponde à natureza criada (liberdade *para*), ela se torna diabólica (do grego: *dia-ballo*, “dividir”), rasgando o tecido da sociedade enquanto os indivíduos seguem o próprio caminho, na interpretação e em todos os outros lugares. Essa é a Cidade

---

21. Joseph Cardinal Ratzinger, “Biblical Interpretation in Crisis: On the Question of the Foundations and Approaches of Exegesis Today” [Interpretação bíblica em crise: sobre a questão dos fundamentos da abordagem exegética hoje], em Richard John Neuhaus (org.), *Biblical Interpretation in Crisis: The Ratzinger Conference on Bible and Church* (Grand Rapids: Eerdmans, 1989), p. 6. Veja também Jeffrey L. Morrow, “The Politics of Biblical Interpretation: A ‘Criticism of Criticism’” [A política da interpretação bíblica: a “crítica da crítica”] *New Blackfriars 91* (2010), p. 528-45.

22. Veja Scott W. Hahn e Benjamin Wiker, *Politicizing the Bible: The Roots of Historical Criticism and the Secularization of Scripture, 1300-1700* (Nova York: Crossroad, 2013); e Scott W. Hahn e Jeffery L. Morrow, *Modern Biblical Criticism as a Tool of Statecraft* (1700–1900) (Steubenville: Emmaus Academic, 2020).

23. Hahn e Morrow, *Modern Biblical Criticism*, p. 229. Os autores atribuem esse ponto a Jon Levenson, que afirmou que “a crítica histórica é a forma de estudos bíblicos que corresponde ao ideal político liberal clássico [...] a realização do projeto do Iluminismo no reino do academicismo bíblico”. Jon Levenson, *The Hebrew Bible, the Old Testament, and Historical Criticism: Jews and Christians in Biblical Studies* (Louisville: Westminster John Knox, 1993), p. 118.

24. D. C. Schindler, *Freedom from Reality: The Diabolical Character of Modern Liberty* (Notre Dame: University of Notre Dame Press, 2017).

do Homem de Agostinho, um lugar marcado pelo amor a si mesmo (e aos que lhe são semelhantes), pelo orgulho de identidade e pela autodefesa. É uma estratégia que leva à guerra – e a um eclipse do sentido literal em favor de um quadro de referência libertador.

"Um em Cristo": objetivo incorporativo, interpretação conciliatória

Leitores cristãos puros e simples têm uma estratégia interpretativa diferente, um novo quadro de referência e uma nova meta para o florescimento humano: "Permaneçam firmes na liberdade para a qual Cristo nos libertou" (Gl 5:1). A política de identidade é atualmente divisiva porque a suposição secular predominante é que a liberdade é autônoma, uma vontade de poder para fazer o que é certo aos próprios olhos. Em contraste, a Bíblia descreve a liberdade como a ação segundo a natureza criada e a palavra de Deus. Disputas sobre métodos interpretativos são apenas ondulações superficiais de correntes cruzadas que giram nas águas mais profundas de disputas sobre a natureza e o destino humanos. O verdadeiro conflito da interpretação bíblica está em duas coisas: nas diferenças sobre o que a Bíblia realmente trata e nos quadros de referência que nos dão acesso a essa realidade.

Ainda podemos falar do fim da interpretação bíblica no que se refere à política de identidade, mas na comunidade cristã, a *polis* de Deus, a identidade não é construída socialmente, mas divinamente concedida, uma questão da imagem de Deus e formação para a semelhança de Cristo. A igreja existe para conformar indivíduos em suas assembleias reunidas à sua nova identidade "em Cristo" (2Co 5:17), cidadãos de uma nação santa (1Pe 2:9), pessoas que sabem como representar o reino de Deus em todos os lugares para todos em todos os momentos. O objetivo estratégico primário para a igreja como uma cultura de leitura é se tornar "sábia para a salvação por meio da fé em Cristo Jesus" (2Tm 3:15), sendo edificada "à medida da plenitude de Cristo" (Ef 4:13).[25] Ler a Escritura teologicamente é manter um objetivo incorporado: edificar o corpo de Cristo (Ef 4:12). Uma maneira de fazer isso é render os próprios interesses interpretativos aos do texto ("sempre sendo reformados pela palavra de Deus"). Outra maneira é colocar o interesse de todo o corpo à frente do individual. Agostinho expressou algo semelhante quando identificou o amor a Deus e ao próximo como o objetivo da leitura das Escrituras – e da política da Cidade de Deus.[26] A estratégia geral é a formação individual e comunitária para a semelhança de Cristo.

---

25. Rebekah Eklund faz uma observação semelhante, argumentando que os cristãos leem a Bíblia para o bem do "conhecimento transformador de Deus: o aumento da sabedoria". "The Goods of Reading: Theological Interpretation and Scripture Reasoning" [Os benefícios da leitura: interpretação teológica e a lógica das Escrituras], *Journal of Scriptural Reasoning* 9, n. 1 (2010), disponível em: https://jsr.shanti.virginia.edu/back-issues/vol-9-no-1-december-2010-the-fruits-of-scriptural-reasoning/the-goods-of-reading-theological-interpretation-and-scriptural-reasoning/. Acesso em 10 fev. 25.

26. Agostinho, *On Christian Teaching*, trad. R. P. H. Green (Oxford: Oxford University Press, 2008), 1.86.

Um objetivo incorporado – a união em primeiro lugar e acima de tudo com Cristo e, portanto, uns com os outros – está no cerne da hermenêutica cristã pura e simples. Esse objetivo dá origem a uma interpretação "conciliatória" diferente, um processo que visa alcançar a unidade por meio do recurso a concílios.[27] Reunir-se para resolver diferenças com os outros é sempre preferível a recorrer à guerra. Esse é também o padrão que observamos no Novo Testamento. Quando os primeiros cristãos discordavam sobre a exigência aos convertidos gentios, eles se reuniam para um concílio em Jerusalém. Houve debate, com certeza, mas não divisão. Os lados variados eventualmente chegaram a uma mente comum: "Pareceu bem ao Espírito Santo e a nós [...]" (At 15:28).

Política de identidade, no sentido de elaborar a identidade cristã em Cristo em nosso lugar e tempo particulares, está no cerne da leitura da Bíblia como Escritura cristã. O fardo dessa digressão na política de identidade é nos lembrar de que a identidade em Cristo é a província de toda a igreja (ou seja, universal), não de nenhum grupo de interesse especial. Intérpretes e comunidades interpretativas não são gladiadores competindo em uma arena por poder e prestígio, mas delegados em uma mesa redonda, um conselho reunido para descobrir o que o Espírito está dizendo à igreja.[28] O conflito de interpretação facilmente se torna tóxico, especialmente no contexto da política de identidade. As diferenças na igreja acerca da interpretação bíblica devem, portanto, ser trabalhadas em conselhos que transformem a espada da toxicidade no arado da catolicidade.[29]

Visão teológica: rumo a um imaginário escritural católico reformado

A hermenêutica cristã pura e simples é fundamentalmente uma questão de estratégia, não de tática. A ênfase está menos em usar métodos particulares em detrimento de outros do que em ordenar quaisquer procedimentos exegéticos que se utilizem para os fins teológicos corretos. A finalidade interpretativa se torna desordenada quando buscamos ler a Bíblia como algo diferente do que ela é: discurso humano-divino. No entanto, a visão é mais profunda do que táticas e estratégias, uma compreensão de todo o processo de interpretação, que descrevi como a resposta humana ao discurso divino. O conflito mais profundo de interpretações está aqui, na decisão de alguém em descrever todo o processo de interpretação bíblica em termos teológicos ou não.

Apesar das diferenças constantes sobre táticas e estratégias, existe um terreno hermenêutico comum sobre o qual os cristãos, do passado e do presente, podem unir-se, independentemente de seus contextos, países ou confissões particulares. É uma visão

---

27. Tanto "conselho" como "conciliar" derivam do latim *concilium*, que significa "assembleia".

28. Veja David K. Strong e Cynthia A. Strong, "The Globalizing Hermeneutic of the Jerusalem Council" [A hermenêutica globalizante do concílio de Jerusalém], em Craig Ott e Harold A. Netland, eds. *Globalizing Theology: Belief and Practice in an Era of World Christianity* (Grand Rapids: Baker Academic, 2006), p. 127-30.

29. Veja também Kevin J. Vanhoozer, *Biblical Authority after Babel: Retrieving the Solas in the Spirit of Mere Protestant Christianity* (Grand Rapids: Brazos, 2016), p. 230-1.

teológica comum caracterizada pela "catolicidade reformada",[30] abreviação para a maneira pela qual as comunidades cristãs ao longo dos séculos e culturas sempre leram as Escrituras, uma maneira que os reformadores protestantes recuperaram e sintetizaram, embora de forma imperfeita.

A regra da fé, esse resumo quase credal das obras de salvação do Deus trino em Jesus Cristo,[31] expressa a visão teológica por trás da catolicidade reformada. Já descrevi a regra como um resumo executivo das Escrituras. Meu foco aqui será, portanto, no imaginário escritural que essa regra pressupõe e do qual depende uma visão teológica do sentido literal. Pois, como já vimos, o imaginário social secular obscurece a visão dos intérpretes bíblicos ao exilar Deus, a noção de ação divina e do reino do discurso acadêmico. Lembre-se de que um imaginário social é a história tácita que enquadra nosso pensamento e nossa experiência cotidianos. A narrativa bíblica entra em eclipse, e a interpretação bíblica em desordem, quando as pessoas não veem mais Deus, o mundo e a si mesmas por sua luz.

George Lindbeck, um luterano, forneceu um relato perspicaz de como a fé da igreja católica está ligada ao imaginário bíblico:

> Desde os primórdios até bem depois da Reforma, aqueles para quem o estudo das Escrituras era a alma da teologia [...] liam-na como um todo centrado em Cristo e tipologicamente unificado com aplicações figurativas a toda a realidade. *Seu mundo era para os crentes o mundo verdadeiramente real dentro do qual eles pensavam e viviam.* Era principalmente um meio para entender outras coisas em vez de um objeto de estudo (embora também fosse isso).[32]

Essa alegação está relacionada à visão teológica correta e o quadro de referência para a interpretação literal. Nas palavras de Lindbeck: "Um mundo escritural consegue, portanto, absorver o universo. Ele fornece a estrutura interpretativa dentro da qual os crentes buscam viver suas vidas e entender a realidade".[33] De outro local no espectro protestante, James McClendon, um batista, disse algo semelhante:

> A visão batista é a maneira a Bíblia é lida por aqueles que (1) aceitam o sentido claro da Escritura como seu sentido dominante e reconhecem sua continuidade com a história que conta, e que (2) reconhecem que encontrar o ponto da história os leva à sua aplicação, e que também (3) veem o passado, o presente e o futuro ligados por uma visão de "isto é aquilo" e "então é agora", um tropo de identidade

30. Veja Michael Allen e Scott R. Swain, *Reformed Catholicity: The Promise of Retrieval for Theology and Biblical Interpretation* (Grand Rapids: Baker Academic, 2015).

31. Veja também Allen e Swain, p. 108-9.

32. George Lindbeck, "Two Kinds of Ecumenism: Unitive and Interdenominational" [Dois tipos de ecumenismo: unitivo e interdenominacional], *Gregorianum 70* (1989), p. 657-58 (grifo meu).

33. George Lindbeck, *The Nature of Doctrine: Religion and Theology in a Postliberal Age* (Philadelphia: Westminster, 1984), p. 117.

mística que liga a história agora à história de então, e a história de então e agora ao futuro de Deus ainda por vir.[34]

Essa é apenas a ponta do iceberg católico: há um amplo consenso cristão de que a narrativa bíblica relata a verdadeira história de Deus, do mundo e da humanidade. Esse imaginário bíblico foi precisamente o que caiu em eclipse quando estudiosos bíblicos e teólogos trocaram a própria estrutura da Bíblia por estruturas extratextuais de significado e verdade extraídas de outro lugar, em geral um *ismo* filosófico temporariamente na moda (por exemplo, deísmo, existencialismo). A perda desse consenso católico na modernidade levou Lindbeck a pedir uma "recuperação pós-crítica da hermenêutica bíblica clássica", uma recuperação da imaginação narrativa do cânone bíblico que molda o mundo e a identidade.[35] Lida como a verdadeira história do mundo, "a Bíblia tinha poder de consenso e formação de comunidade".[36] Moral da história: a catolicidade é uma função do imaginário bíblico. Ler com esse imaginário é parte integrante de uma hermenêutica e identidade cristã pura e simples.

O que Lindbeck disse sobre a narrativa bíblica serve como a história pela qual vemos todo o resto (o sentido que pretendo ao falar de um imaginário bíblico) e se aproxima da definição de teologia bíblica de James Hamilton: "O mundo tem uma história verdadeira. A Bíblia a conta. [...] Fazer teologia bíblica é pensar sobre toda a história da Bíblia".[37] Essa história constitui um "universo simbólico": "o conjunto de imagens, padrões, tipos, símbolos e significantes que abastecem as mentes dos autores bíblicos".[38] Hamilton vê a tarefa da teologia bíblica como a capacitação dos leitores a habitar o universo simbólico da Bíblia. Isso envolve ver as conexões entre acontecimentos em sua história unificada, bem como a relação da história da Bíblia com as histórias de nossa própria vida. Essa é precisamente a função de um imaginário social. O conflito de abordagens interpretativas não está no nível de táticas, mas de estratégia e visões concorrentes que animam e controlam o processo de interpretação bíblica. A raiz do conflito está no nível do imaginário social, que pode ser secular ou bíblico, isto é, teológico e centrado em Deus.

Tendo localizado onde o conflito realmente está – nas visões rivais da identidade cristã e nos imaginários sociais concorrentes – agora nos voltamos para examinar como esse conflito influencia a maneira pela qual os cristãos pensam sobre a literalidade e leem no sentido literal.

---

34. James W. McClendon, *Systematic Theology, vol. 2: Doctrine* (Nashville: Abingdon, 1994), p. 45.

35. George A. Lindbeck, "Postcritical Canonical Interpretation: Three Modes of Retrieval" [Interpretação canônica pós-crítica: três modelos de recuperação], em Christopher Seitz e Kathryn Greene-McCreight (orgs.), *Theological Exegesis: Essays in Honor of Brevard S. Childs* (Grand Rapids: Eerdmans, 1999), p. 26.

36. Lindbeck, "Two Kinds of Ecumenism", p. 658.

37. James M. Hamilton, *What Is Biblical Theology? A Guide to the Bible's Story, Symbolism, and Patterns* (Wheaton: Crossway, 2014), p. 12.

38. Hamilton, p. 64. É interessante notar que Hamilton evita o termo *figuras*, embora se encaixe aqui.

Figuração cristã pura e simples: além da tipologia e da alegoria

O imaginário escritural – o universo simbólico da narrativa bíblica que conecta o Antigo ao Novo Testamento e os constitui uma história unificada – é um pré-requisito para ler a Bíblia teologicamente. É também uma marca registrada da hermenêutica cristã pura e simples, aquela prática canônica e consensual – ou seja, católica reformada – de ler a Bíblia como Escritura cristã. O que é essa prática e como ela se relaciona com a interpretação literal? No capítulo 4, argumentei que o quadro de referência correto é menos platônico e sacramental (acima/abaixo) do que paulino e escatológico (já/ainda não). Aqui exploro por que esse quadro de referência exige uma leitura "figural". Minha tese é dupla: (1) a interpretação figural da Bíblia corresponde e desdobra o próprio imaginário bíblico (a história da ação salvadora do Deus trino no mundo); (2) a interpretação figural é menos uma tática exegética do que uma estratégia hermenêutica informada por uma visão teológica.

Tipos de leitura figural: pressupostos e prática

Embora Hamilton veja uma conexão próxima entre o universo simbólico da Bíblia (teologia bíblica) e a interpretação "figural", é revelador que ele fuja do termo pois, em suas palavras, "*figural* agora parece ser usado para se referir a conexões forjadas pelo intérprete *sem contar* detalhes exegéticos no texto".[39] Sua hesitação é compreensível e reflete as preocupações que o academicismo bíblico moderno tem com interpretações pré-modernas. E, no entanto, nenhum termo descreve melhor o coração e a alma da interpretação bíblica cristã pura e simples do que *figural*. Essa interpretação figural é uma prática de leitura tão universal (católica) quanto a interpretação literal. E aí está o paradoxo: *uma hermenêutica cristã pura e simples pode ser literal e figural?* Antes de podermos responder, devemos definir nossos termos, e isso envolve esclarecer a distinção entre alegoria e tipologia, as duas principais espécies de interpretação figural. O fardo desta seção é mostrar por que a leitura figural é essencial para uma interpretação seriamente literal.

Todos os leitores encontram regularmente figuras de linguagem pelas quais falamos de uma coisa considerando outra. A Bíblia está cheia de símiles, símbolos e metáforas que falam de Deus como um pastor (Sl 80:1), escudo (Sl 84:11), fortaleza (2Sm 22:2) e assim por diante. O tipo de figuras com as quais estamos atualmente preocupados diz respeito menos à fala do que a pessoas, coisas e acontecimentos. Uma figura, no sentido em que estou usando o termo aqui, é o resultado de uma intenção divina de estabelecer uma relação entre duas ou mais coisas, de modo que a primeira represente ou indique a última: "Um acontecimento ou declaração figura outra quando, embora permaneça

39. Hamilton, p. 62 (ênfase do original).

inalteravelmente o que é, anuncia ou comunica algo diferente de si mesmo".[40] Os agentes da fala humana fazem coisas com palavras, mas Deus se comunica fazendo coisas com *coisas*. A *figuração* – a criação de figuras – é uma maneira de ver e experimentar as coisas como parte de um padrão unificado da atividade divina na história. Essas figuras são a cola que unifica a narrativa bíblica e lhe dá coerência. Por exemplo, em Romanos 9 e 11, Paulo usa "Israel" para se referir não apenas à comunidade étnica histórica cuja história o Antigo Testamento conta, mas também à nova comunidade definida pela fé em Cristo. Israel *figura* a igreja. Essa figuração é mais do que retórica: Paulo está dizendo que "Deus expandiu Israel ao incluir gentios de uma forma que preserva a continuidade da identidade dessa comunidade com o Israel composto de judeus".[41]

Deus é o agente figurativo primário. É Deus quem expande o significado de "Israel" mesmo permanecendo fiel à comunidade inicial.[42] Aqui, então, está o princípio cristão puro e simples da interpretação figural: *Leitores humanos entendem as figurações de Deus após ele*. A leitura figural que examino aqui é, portanto, uma prática distintamente cristã decorrente de convicções teológicas distintamente cristãs, em particular, uma afirmação da autoria divina da história.

O pressuposto fundamental: uma ordenação providencial do tempo, da palavra e da coisa

O primeiro princípio da leitura figural, a providência divina, é tão teológico – e tão histórico – quanto possível. Para repetir, as figuras bíblicas são mais do que formas de discurso; em vez disso, são elementos na gramática divina da história. A interpretação figural pressupõe que os padrões significativos que conectam pessoas, coisas e acontecimentos na história bíblica são fundamentados nos padrões divinamente intencionados que compõem a realidade histórica. Chame isso de "realismo figural". Esse realismo aposta em reivindicações teológicas sobre a história do mundo real. E isto, enfim, é a razão de o imaginário social ser tão importante: ler figurativamente é manter uma visão de mundo particular na qual a ação divina se destaca. Deus, ao falar, forma as coisas *e as conexões entre elas*, mesmo as que estão há séculos de distância. Além disso, essas coisas (figuras) são moldadas por histórias, no sentido de que sua existência tem um começo, meio e fim, todos os quais são divinamente criados. O realismo figural afirma uma ordem inteligível para a realidade criada porque Deus fala inteligivelmente e é fiel à sua palavra. A interpretação figural é a maneira cristã pura e simples de discernir essa ordem, estabelecida na fala – "figurada" – nos textos bíblicos.

---

40. Paul Griffiths, *Song of Songs* [Cântico dos Cânticos], *Brazos Theological Commentary on the Bible* (Grand Rapids: Brazos, 2011), p. lvii.

41. John David Dawson, *Christian Figural Reading and the Fashioning of Identity* (Berkeley: University of California Press, 2002), p. 21.

42. Este é um ponto-chave em Gregory W. Lee, *Today When You Hear His Voice: Scripture, the Covenants, and the People of God* (Grand Rapids: Eerdmans, 2016), p. 192-217.

As Escrituras de modo consistente descrevem Deus agindo na história para revelar sua vontade, realizar seus planos e cumprir suas promessas. A doutrina da providência divina é um tipo de regra gramatical para seguir o itinerário que as palavras bíblicas seguem quando falam do relacionamento Deus/mundo. Habitar o imaginário das Escrituras é olhar ao longo do texto bíblico e acreditar, com os autores bíblicos, que Deus está trabalhando o propósito de sua vontade no próprio tempo e maneira, prefigurado na história de Israel, mas definitivamente revelado apenas na pessoa, história e obra de Jesus Cristo.

O realismo figural ilumina não apenas a conexão entre o Antigo e o Novo Testamento, mas também a conexão entre o texto bíblico e a realidade vivida pelo leitor. Por exemplo, o "êxodo" não se refere simplesmente a um acontecimento passado (a libertação de Israel da escravidão no Egito por Deus), mas a um padrão característico de ação salvadora divina que culmina no que Deus está fazendo em Cristo, razão pela qual Lucas descreveu a morte iminente de Jesus como uma "partida" ou *exodos* (Lc 9:31), a realização final da libertação que o êxodo de Israel do Egito prenunciou e prefigurou. As figuras bíblicas compõem não apenas um universo simbólico, mas uma narrativa coerente, conectada não apenas cronologicamente, mas por "afiliação providencial ao longo do tempo, à medida que testemunhas posteriores e anteriores são canonicamente associadas".[43] O êxodo de Israel e o êxodo de Jesus se tornam figuras por meio das quais Paulo lê a própria vida, levando-o a declarar: "Estou crucificado com Cristo" (Gl 2:20). Outras figuras bíblicas, como as peregrinações de Israel pelo deserto, aparecem com destaque em hinos como "Guide Me, O Thou Great Jehovah" [Guia-me, ó Quão Grande Jeová], de William Williams, no qual o cantor contemporâneo *é* Israel vagando pelo deserto.[44] A Palavra de Deus escrita continua a ter poder figurativo à medida que constitui um quadro de referência sempre relevante que dá sentido a quem somos e onde estamos como leitores das Escrituras.

Uma prática católica reformada: interpretação figural hoje

Em uma era secular que lê o mundo e a Bíblia dentro de um quadro de referência imanente, a interpretação figural parece completamente fictícia: uma construção humana imaginativa. Não é de admirar, então, que minha descrição de uma prática de leitura católica (universal) cristã tenha enfrentado grandes dificuldades. É uma queda fatídica, pois os leitores, em última análise, não conseguem entender o verdadeiro significado literal da Bíblia a menos que e até que possam ler figuralmente. Percebo que essa é uma afirmação controversa. Boa parte dos protestantes evangélicos colocam interpretações

---

43. Christopher Seitz, *Prophecy and Hermeneutics: Toward a New Introduction to the Prophets* (Grand Rapids: Baker, 2007), p. 122.

44. Veja a discussão em Bruce Hindmarsh, "*Lectio Evangelica*: Figural Interpretation and Early Evangelical Bible Reading" [*Lectio evangelica*: interpretação figural e primitiva leitura evangélica da Bíblia], em Timothy Larsen (org.), *Every Leaf, Line, and Letter: Evangelicals and the Bible from the 1730s to the Present* (Downers Grove: IVP Academic, 2021), p. 43-5.

alegóricas, espirituais e figurativas na mesma cesta "não textual". Na próxima seção proponho, portanto, um critério para distinguir a "boa" da "má" figuração. A tarefa imediata, no entanto, é explicar por que a leitura figural importa.

A redescoberta desse tipo de leitura no século 20 deve muito a Erich Auerbach, um crítico literário que detectou no Antigo Testamento um estilo diferente do que viu em outras histórias antigas como a de Homero: "A interpretação figural estabelece uma conexão entre dois acontecimentos ou pessoas de tal forma que o primeiro significa não apenas a si mesmo, mas também o segundo, enquanto o segundo envolve ou cumpre o primeiro".[45] Auerbach citou a maneira pela qual o sacrifício de Isaque prefigurou o sacrifício de Cristo, observando como essa figuração não pode ser contida por uma estrutura imanente: "uma conexão é estabelecida entre dois acontecimentos que não estão ligados temporal nem causalmente – uma conexão impossível de ser estabelecida pela razão na dimensão horizontal".[46]

O crédito pela descoberta de Auerbach e por trazer à tona o significado da figuração para a Cristologia vai para Hans Frei. A luta dele para entender o eclipse da narrativa bíblica na crítica bíblica moderna resultou em um foco mais nítido a respeito da natureza da leitura pré-crítica. Foi precisamente o sentido de que os textos bíblicos compunham uma história unificada, graças à figuração, que se perdeu quando os críticos leram as Escrituras como feitas pelo homem e não dadas por Deus: "O meio interpretativo para uni-las [as várias histórias bíblicas] era fazer das histórias bíblicas anteriores figuras ou tipos de histórias posteriores e de seus acontecimentos e padrões de significado".[47] De maneira significativa, Frei via a figuração como uma extensão da interpretação literal: "Era literalismo no nível de todo o estudo bíblico e, portanto, da representação de toda a realidade histórica".[48] O colapso da interpretação figural comprometeu a capacidade de a Bíblia funcionar como Escritura cristã.[49]

O cânone é o espaço literário que gera e governa as extensões figurais do sentido literal: "*Assim como o Filho e o Pai são um, assim também o é o testemunho deles do Antigo e do Novo Testamento*".[50] Christopher Seitz insiste que as figuras do Antigo Testamento

---

45. Erich Auerbach, *Mimesis: The Representation of Reality in Western Literature* (Princeton: Princeton University Press, 1968), p. 73 [Cf. em português: *Mimesis: a representação da realidade na literatura ocidental* (São Paulo: Perspectiva, 2021)]. Veja também seu ensaio seminal, "Figura", em *Scenes from the Drama of European Literature* (Gloucester: Peter Smith, 1973), p. 11–76; e James W. Skillen, "Reengaging Figural Interpretation: The Impact of Erich Auerbach" [Reengajando a interpretação figural: o impacto de Erich Auerbach], *Calvin Theological Journal 52*, n. 2 (2017), p. 181-203.

46. Ibidem, p. 73.

47. Hans Frei, *The Eclipse of Biblical Narrative: A Study in Eighteenth and Nineteenth Century Hermeneutics* (New Haven: Yale University Press, 1974), p. 2.

48. Ibidem, p. 2.

49. Veja também *Christian Figural Reading and the Fashioning of Identity*, de Dawson, um livro importante que envolve Auerbach, Frei e Daniel Boyarin e argumenta contra uma compreensão supersessionista da leitura figural, segundo a qual as leituras cristãs "substituem" os significados e a identidade judaicos ao alegorizá-los. Dawson defende a leitura figural de Orígenes como um contraexemplo.

50. Christopher R. Seitz, *Figured Out: Typology and Providence in Christian Scripture* (Louisville: Westminster John Knox, 2001), p. 6 (ênfase do original).

não estão confinadas a um passado distante, mas são voltadas para o futuro, tendo "uma dimensão extensional decorrente do sentido histórico e literal".[51] O testemunho discreto do Antigo Testamento diz respeito à leitura orientada para adiante, não como previsões, mas como prefigurações de Cristo, "revelações de Cristo [...] no próprio sentido literal da escritura".[52] Desde o início, Seitz parece sugerir, Deus estava agindo e sendo autor de maneiras figurais, orientando pessoas, lugares e objetos do Antigo Testamento para seu cumprimento escatológico em Jesus Cristo. Portanto, segue-se que "a primeira testemunha [isto é, o Antigo Testamento] não está sendo adaptada. [...] A primeira testemunha foi assim formada por Deus em seu sentido literal com antecedência; ela é pré-formada".[53]

Sim e não, diz Richard Hays, um estudioso do Novo Testamento, que concorda que os autores do Novo Testamento leem o Antigo Testamento figuralmente, mas discorda que eles estavam estendendo a leitura literal prospectivamente. Pelo contrário, os autores do Novo Testamento estavam lendo *retrospectivamente*: a correspondência figural "é necessariamente retrospectiva, em vez de prospectiva".[54] Hays acha que os Evangelhos nos ensinam a ler o Antigo Testamento "em busca de significados figurais latentes insuspeitos pelo autor e leitores originais".[55] A maioria do que as gerações anteriores identificaram como profecias messiânicas são, na visão de Hays, exemplos de leitura figural retrospectiva, pois a maneira pela qual Jesus as cumpre tipicamente "vem como uma surpresa poética, uma surpresa que *reconfigura* nossa compreensão dos textos precursores e transforma qualquer intenção consciente dos autores do Antigo Testamento".[56] Hays por fim localiza associações figurais "não na intencionalidade humana [seja do autor ou leitor], mas na misteriosa providência de Deus, que é, em última análise, o autor das correspondências tecidas nesses textos e acontecimentos, correspondências que só poderiam ser *percebidas* em retrospecto".[57] No que diz respeito à ontologia, Hays é um realista figural, enquanto, em termos epistemológicos, ele se posiciona como um relativista figural.[58]

O relato recente mais completo sobre interpretação figural é *Figural Reading and the Old Testament: Theology and Practice* [Leitura figurada e o Antigo Testamento: teologia e prática], de Don Collett. Ele insiste que ler o Antigo Testamento como

---

51. Christopher R. Seitz, *The Elder Testament: Canon, Theology, Trinity* (Waco: Baylor University Press), p. 6.

52. Ibidem, p. 27.

53. Seitz, *Elder Testament*, p. 46.

54. Richard B. Hays, *Reading Backwards: Figural Christology and the Fourfold Gospel Witness* (Waco: Baylor University Press, 2014), p. 2. Sendo precisos: o ato de capturar a conexão figural deve ser retrospectiva. Ver Richard B. Hays, *Echoes of Scripture in the Gospels* (Waco: Baylor University Press, 2016), p. 347-8.

55. Hays, *Reading Backwards*, p. 15.

56. Hays, "Figural Exegesis and the Retrospective Recognition of Israel's Story" [Exegese figural e o reconhecimento retrospectivo da história de Israel], *Bulletin for Biblical Research 29* (2019), p. 43.

57. Richard B. Hays, *Echoes of Scripture in the Gospels* (Waco: Baylor University Press, 2016), p. 359 (grifo meu).

58. Por "relativista", quero dizer apenas que Hays pensa que os humanos podem vir a conhecer associações figurativas retrospectivamente, isto é, em relação à sua posição pós-ressurreição.

Escritura cristã não requer a noção de Hays de leitura retrospectiva, que "efetivamente apaga o sentido figural do Antigo Testamento como um meio canônico para intermediar seu sentido cristológico".[59] Não há nada deficitário no testemunho do Antigo Testamento sobre Jesus Cristo se aquele for "literalmente" sobre Jesus. No entanto, para cumprir essa alegação, Collett precisa resgatar o sentido literal de sua escravidão à historicidade moderna – e, ele acredita, da noção da intenção inicial do autor histórico. A tese dele é que a interpretação figural é "uma espécie de leitura histórica enraizada no sentido literal da Escritura".[60] Todavia, esse sentido de Collett não é meramente o histórico ou pretendido pelo autor. Em vez disso, está "incorporado em uma 'regra' criacional e providencial para a leitura da forma canônica, final ou 'completa' das Escrituras".[61] Vale a pena explicar essa "regra" com mais detalhes.

O quadro de referência de Collett é decididamente teológico, refletindo o relato de Gênesis sobre o tempo como criado e providencialmente ordenado por Deus: "O sentido teológico da Escritura é mediado por palavras inspiradas em determinado contexto histórico *e* pela relação dessas palavras com uma rede maior, providencialmente construída, de coisas figurativamente relacionadas".[62] O significado figural de uma pessoa, uma coisa ou um acontecimento é uma função de seu lugar final na ordem proposital de Deus. Por exemplo, quando os irmãos de José o venderam como escravo, eles pretendiam o mal, "mas Deus o planejou para o bem" (Gn 50:20). De forma reveladora, Collett define *história* como "a realidade de uma existência vivida sob a providência de Deus".[63] Isso está a mundos de distância da maneira pela qual os secularistas, e alguns estudiosos bíblicos e teólogos modernos, definiriam a história dentro do quadro imanente. Collett resume sua visão em uma bela frase: "Significado [...] não é uma questão de consciência humana, mas uma questão de providência".[64] Claro, se tudo está potencialmente conectado a tudo, graças à onipotência criativa de Deus, o quadro de referência cresce exponencialmente, tornando mais difícil a aterrissagem em um significado determinado: "O que o texto significa nunca pode ser delimitado apenas por esses contextos [históricos] em razão da natureza eterna e da voz do Senhor trino que fala neles e por meio deles".[65]

59. Don C. Collett, *Figural Reading and the Old Testament: Theology and Practice* (Grand Rapids: Baker Academic, 2020), p. 145.

60. Ibidem, p. 2.

61. Ibidem, p. 3.

62. Ibidem, p. 107.

63. Ibidem, p. 15.

64. Ibidem, p. 109.

65. Ibidem, p. 55. Collett se baseia na complexa obra de Ephraim Radner, *Time and the Word: Figural Reading of the Christian Scriptures* (Grand Rapids: Eerdmans, 2016). Radner argumenta que a leitura figural "não é realmente um 'método'" (p. 7), mas, ao contrário, uma maneira de identificar sobre o que a Bíblia está falando (ou seja, uma teoria da referência): "isto é aquilo". Para um resumo e avaliação, veja Daniel J. Treier, "Keeping Time: Human Finitude and Figural Interpretation" [Mantendo o tempo: finitude humana e a interpretação figural], *Pro Ecclesia 27* n. 3 (2018), p. 289-99.

Deus fala por meio da "*pessoa* real de Davi, do *evento* redentor do Êxodo, das *instituições* sagradas do tabernáculo e do templo".[66] Todas essas são realidades históricas; Collett claramente quer enraizar a leitura figurativa no sentido literal. Mas o que ele quer dizer com *literal*? Embora o significado de uma figura esteja relacionado a seu contexto histórico inicial, o termo operativo não é proveniência, mas providência: "O sentido literal fala de si mesmo (isto é, o contexto histórico e inicial nativo do próprio dia), mas ao mesmo tempo também fala de algo 'outro' – a saber, a realidade teológica que deu origem ao sentido histórico-literal em primeiro lugar".[67] O "lar" do significado literal é, para Collett, parcialmente verbal, mas principalmente externo (o propósito providencial de Deus) e, portanto, apenas parcialmente mental ou intencional (ou seja, residindo na consciência autoral). Jesus diz: "Ele [Moisés] escreveu a meu respeito" (Jo 5:46), mas os autores do Antigo Testamento tinham Jesus "em mente"? Collett desloca o centro de gravidade semântico da consciência de Moisés para suas palavras: "O sentido cristológico do Antigo Testamento não está fundamentado nas intenções conscientes dos autores bíblicos, mas nas palavras inspiradas que escreveram".[68] Collett quer fazer do significado uma função da providência divina, não da subjetividade humana. Só lamento que ele não forje um vínculo mais forte entre a providência divina e a autoria divina: Deus faz coisas com coisas *e palavras*.

Estudiosos bíblicos contemporâneos e teólogos igualmente sentem a necessidade de retornar à leitura figural para recuperar a unidade das Escrituras e explicar a maneira pela qual o Antigo Testamento prefigura Cristo. Duas questões disputadas se destacam: (1) Quem é o agente da figuração (autores do Antigo Testamento, autores do Novo Testamento, o autor divino); e (2) como as figuras se relacionam com o sentido literal? Já respondi à primeira: a figuração é uma função da autoria divina, primeiro da história, depois dos textos bíblicos. Collett enfatiza corretamente a providência de Deus sobre a história, mas precisa dizer mais sobre a providência de Deus e sobre a filologia para fazer justiça ao sentido literal. Passamos agora a abordar a segunda questão: se, e como, o Antigo Testamento pode ser lido de forma figurada e responsável, *baseada no texto*.

Entendendo alegoria e tipologia: uma distinção sem diferença?

Estamos tentando estabelecer um modo cristão puro e simples de leitura que seja tão literal quanto figural, mas as definições continuam a nos confundir. Da igreja primitiva até os tempos pós-Reforma, havia um consenso de que o Antigo Testamento fala de Cristo com base em figuras que significam algo diferente do que elas dizem diretamente. Não devemos minimizar o perigo da figuração arbitrária, o bicho-papão dos estudiosos bíblicos modernos. A interpretação figural não deve ser um estratagema para permitir a entrada da alegorização desenfreada pela porta dos fundos da hermenêutica.

66. Ibidem, p. 46.
67. Ibidem, p. 29.
68. Ibidem, p. 130.

O caminho a seguir é revisitar uma distinção mais antiga entre tipologia e alegoria como modos de interpretação figural.

Ambos os termos têm *boa fé* bíblica. "Tipo" (do grego, *typos*; do latim, *figura*) ocorre várias vezes (Rm 5:14; 1Co 10:6; Hb 8:5), e Paulo usa o termo alegoria (grego *allegoria*) uma vez (Gl 4:24).[69] Os primeiros leitores cristãos foram rápidos em justificar a própria alegorização apelando ao exemplo de Paulo. Devemos ser cautelosos, no entanto, para não identificar, de modo muito rápido, palavras antigas com conceitos modernos. É difícil determinar se os primeiros cristãos, ansiosos por descobrir Cristo no Antigo Testamento, distinguiam leituras tipológicas de alegóricas na própria mente. Aqui podemos relembrar nossa conclusão no capítulo 2 de que o que distingue a tipologia da alegoria é o uso que esta faz de algo diferente da narrativa bíblica (*historia*), como o platonismo cristão, como um quadro de referência para estabelecer conexões entre as coisas. Todos sabem que os reformadores tinham uma resistência relevante à alegoria. Se a leitura figural é equivalente à alegorização, é extremamente difícil imaginar que aquela possa ser um ingrediente da hermenêutica cristã pura e simples. E, no entanto, esses mesmos reformadores protestantes, campeões do sentido literal, também leem figuralmente. Quem pode entender algo assim?

Brigas sobre palavras? Uma distinção se desenrola

Em meados do século 20, vários estudiosos fizeram um esforço concentrado para "salvar" a interpretação figural, distinguindo entre tipologia e alegoria. Gerhard von Rad afirmou que os tipos do Antigo Testamento que prefiguram Cristo não são arbitrários nem místicos, mas "simplesmente correspondem à crença de que o mesmo Deus que se revelou em Cristo também deixou suas pegadas na história do povo da aliança do Antigo Testamento".[70] Leonhard Goppelt definiu tipos como pessoas, instituições ou acontecimentos que são "representações divinamente ordenadas [...] de realidades futuras que serão ainda maiores ou mais completas",[71] acrescentando que a tipologia era como os autores do Novo Testamento interpretavam o Antigo Testamento. Por exemplo, João Batista identificou Jesus tipologicamente quando disse: "É o Cordeiro de Deus, que tira o pecado do mundo!" (Jo 1:29).

Hays vê a tipologia não como um método de exegese, mas como uma forma de pensar. Os "tipologistas" pensam em padrões narrativos, com um imaginário bíblico no qual os atos salvadores de Deus na história são notas promissórias, antecipando atos

69. A interpretação alegórica que Paulo faz de Hagar e Sara como duas montanhas e duas alianças (Hagar = Sinai = antiga aliança = carne versus Sara = Jerusalém celestial = nova aliança = Espírito) é bem conhecida pelas dificuldades que apresenta. A principal dificuldade pode ser terminológica. Embora Paulo use o termo ἀλληγορούμενα ("alegoricamente") em Gálatas 4:24, o que ele faz é descrito mais precisamente como tipológico.

70. Gerhard von Rad, "Typological Interpretation of the Old Testament" [Interpretação tipológica do Antigo Testamento], *Interpretation 15* (1961), p. 36.

71. Leonhard Goppelt, *Typos: The Typological Interpretation of the Old Testament in the New Testament* (Grand Rapids: Eerdmans, 1982), p. 18.

futuros sobre os quais se pode dizer: "Quanto mais!" Vários estudiosos bíblicos embarcaram na onda tipológica. A tipologia não era apenas uma alegoria, mas seu esquema de promessa/cumprimento abriu caminho para que o sentido espiritual (o cumprimento) fosse compatível com a crítica histórica.[72] A tipologia forneceu uma maneira de relacionar passado, presente e futuro "com base em correspondência e escalada históricas nas quais a prefiguração divinamente ordenada encontra um complemento no acontecimento seguinte e maior".[73]

Nesse ínterim, no mundo francófono, os historiadores da igreja estavam disputando a melhor forma de descrever a interpretação patrística das Escrituras. Jean Daniélou sugeriu que a prática exegética dos pais continha recursos para lidar com a "crescente ruptura entre exegese e teologia" que era característica do academicismo católico romano e protestante de meados do século 20.[74] Daniélou distinguiu a tipologia, uma forma distintamente cristã de leitura figural, da alegoria, uma tradição de leitura figural com raízes em fontes helenísticas e rabínicas. Seu propósito declarado era distinguir "o que nos Pais da Igreja pertence à tradição eclesiástica e é tipologia, estritamente falando, e o que tem sua origem em fontes estranhas, especialmente na alegoria de Fílon".[75] O que distingue os dois tipos de figuração é a maneira pela qual cada um se relaciona, ou deixa de se relacionar, com a história da salvação. Os tipos são "uma figura de acontecimentos por vir".[76] A tipologia denota uma relação entre duas pessoas, coisas ou acontecimentos, cada um dos quais pertence à mesma história sagrada; a alegoria, não.

Henri de Lubac, um medievalista, se opôs à distinção de Daniélou, alegando que ela não era nem escritural nem uma descrição precisa da interpretação patrística. Quando os pais da igreja usavam o termo *alegoria* ou interpretavam alegoricamente, estavam seguindo o apóstolo Paulo, não Fílon. Além disso, o termo *tipologia* é de safra recente, datando apenas de 1840 ou posterior, e, portanto, não estava disponível no período patrístico.[77] Em resposta, Daniélou reconheceu a relativa juventude do termo, mas insistiu que a distinção conceitual que ajuda a identificar é na verdade antiga: "Afinal, o principal é tornar a distinção entre as duas coisas bem clara – o que Henri de

---

72. Para uma pesquisa sobre os desenvolvimentos no academicismo bíblico, veja David L. Baker, *Two Testaments, One Bible: The Theological Relationship between the Old and New Testaments*, 3ª ed. (Downers Grove, IL: IVP Academic, 2010), p. 169-89; Mitchell L. Chase, *40 Questions about Typology and Allegory* (Grand Rapids: Kregel, 2020), p. 107-16; e Tibor Fabiny, "Typology: Pros and Cons in Biblical Hermeneutics and Literary Criticism" [Tipologia: prós e contras na hermenêutica bíblica e crítica literária], em *Figura and Fulfillment: Typology in the Bible, Art, and Literature* (Eugene: Wipf & Stock, 2016), p. 138-55.

73. E. Earle Ellis, *The Old Testament in Early Christianity: Canon and Interpretation in the Light of Modern Research* (Grand Rapids: Baker, 1992), p. 106.

74. Jean Daniélou, "Les orientations présentes de la pensée religieuse" [As orientações atuais do pensamento religioso], *Études 249* (1946), p. 8.

75. Jean Daniélou, *From Shadows to Reality: Studies in the Biblical Typology of the Fathers* (Londres: Burns & Oates, 1960), p. viii.

76. Daniélou, *From Shadows to Reality*, p. 12.

77. Andrew Louth, *Discerning the Mystery: An Essay on the Nature of Theology* (Oxford: Clarendon, 1983), p. 118.

Lubac talvez não consiga fazer completamente".[78] As "duas coisas" às quais Daniélou se refere são dois tipos de leitura figurativa: a boa ("tipologia") e a não tão boa ("alegoria"). Daniélou fornece uma ilustração útil de uma "boa" interpretação figurativa: "No êxodo, na morte e ressurreição de Cristo e no batismo, é a mesma ação redentora que se realiza em diferentes níveis da história – o da figura, da realidade e do sacramento".[79]

Quando Daniélou e Henri de Lubac escreveram livros sobre Orígenes, a discordância não foi amenizada, pois um reivindicava um exemplar de tipologia, enquanto o outro, um campeão da alegoria. Como vimos, Orígenes é por sinal uma figura para-raios na história da interpretação bíblica.[80] R. P. C. Hanson distinguiu dois tipos de alegoria, a helenística e a "palestina", e associou Orígenes ao tipo considerado inferior, o helenístico, cuja ligação entre o acontecimento inicial e seu referente não literal era arbitrária.[81] Daniélou sustentou que, além de sua conexão frouxa com a estrutura da história da salvação, a alegoria leva a interpretações com muitos detalhes fantasiosos, enquanto a tipologia limita seu poder de invenção figural ao permanecer enraizada em seu centro de gravidade, a narrativa contínua que culmina no evangelho de Jesus Cristo. Ironicamente, o que está em questão nessa disputa entre as duas espécies de interpretação figural é a literalidade da ação divina relatada na Bíblia.

A disputa sobre a interpretação figural continua. Frances Young reconhece que o termo *tipologia* é uma construção moderna, mas pensa que ainda é útil.[82] Encontramos a tipologia, ela sugere, no contexto da coerência narrativa geral. As referências alegóricas, em contraste, são desvinculadas; elas se referem a algo diferente ou externo à história da qual fazem parte. De acordo com Young, a tipologia "requer um espelhamento do suposto significado mais profundo no texto tomado como um todo coerente, enquanto a alegoria envolve o uso de palavras como símbolos ou fichas, referindo-se de forma arbitrária a outras realidades pela aplicação de um código e, assim, destruindo a coerência narrativa, ou a superfície, do texto. [...] A tipologia permanece fiel à narrativa, enquanto a alegoria traduz a narrativa em proposições".[83]

Podemos reafirmar a formulação de Young sobre a distinção em razão do presente trabalho: a tipologia emprega uma estrutura de referência baseada em texto para ler a narrativa bíblica, enquanto a alegoria emprega uma estrutura de referência retirada de outro lugar alheio ao texto.[84] O consenso emergente é que "a tipologia e a alegoria

---

78. Jean Daniélou, *Origen* (Nova York: Sheed and Ward, 1955), p. 327.

79. Jean Daniélou, *The Bible and the Liturgy* (Notre Dame: University of Notre Dame Press, 1956), p. 87.

80. Veja Dawson, *Christian Figural Reading and the Fashioning of Identity*, caps. 5, 6.

81. R. P. C. Hanson, *Allegory and Event: A Study of the Sources and Significance of Origen's Interpretation of Scripture* (Richmond: John Knox, 1959).

82. Frances M. Young, *Biblical Exegesis and the Formation of Christian Culture* (Cambridge: Cambridge University Press, 1997), p. 152.

83. Ibidem, p. 162.

84. Essa formulação da distinção entre tipologia/alegoria lembra a de George Lindbeck entre teologia intratextual e extratextual em seu livro *The Nature of Christian Doctrine* (Louisville: Westminster John Knox, 1984).

são formas *concorrentes* de exegese não literal, sendo a primeira vista como a variedade bem-sucedida, e a segunda, como sua gêmea malsucedida".[85] Dois pontos merecem ser observados: primeiro, há uma tendência infeliz entre os estudiosos modernos de confundir literal com literalista; segundo, mesmo aqueles que afirmam a visão consensual nem sempre concordam sobre a maneira de traçar a distinção.

Tipologia perdida? A distinção se torna estranhamente obscura

A aliança entre estudiosos bíblicos e patrísticos de meados do século 20, que buscavam defender a distinção entre tipologia e alegoria, começou a se desfazer no final do século, quando recebeu crítica por ambos os lados, em grande parte por causa de pesquisas posteriores sobre a alegoria cristã primitiva: "'Tipologia' é uma construção moderna. Os exegetas antigos não distinguiam entre tipologia e alegoria, e muitas vezes é difícil fazer a distinção, uma se misturando à outra com muita facilidade".[86] Isso é particularmente verdadeiro para Orígenes, que queria dizer algo diferente com "tipologia" e "alegoria" do que esses termos passaram a significar no século 20.

Thomas Luxon culpa os reformadores por turvarem as águas ao fazerem o que pensa ser nada mais do que uma distinção retórica: "A tipologia [...] é uma alegoria que nega que seja alegoria".[87] O que impulsiona essa negação, diz Luxon, é a distinção dualística do cristianismo entre esta era e a vindoura, a carne e o espírito. O pensamento dualístico requer um discurso alegórico: se o céu vindouro é a realidade verdadeira, então as realidades terrenas são apenas alegorias obscuras – figuras obscuras do mundo eterno vindouro. A tipologia é simplesmente uma esquiva protestante, "um eufemismo para a alegoria projetado para marcar o compromisso contínuo do protestantismo com estruturas alegóricas de pensamento", ou seja, um quadro de referência dualista de dois mundos.[88] Como sugeri anteriormente em conexão com o platonismo cristão, no entanto, é uma questão em aberto se os conceitos terra/céu devem ser concebidos verticalmente, considerando acima e abaixo, e não redentiva-historicamente, no que se refere ao já/ainda não.[89]

Surpreendentemente, Brevard Childs propôs uma vez abandonar por completo a distinção e reivindicar a alegoria como o melhor termo genérico para a interpretação figurativa cristã, que descreveu como "a luta para discernir o mistério

---

85. Peter Martens, "Revisiting the Allegory/Typology Distinction: The Case of Origen" [Revisitando a distinção alegoria/tipologia: o caso de Orígenes], *Journal of Early Christian Studies 16*, n. 3 (2008), p. 295.

86. Young, *Biblical Exegesis*, p. 152.

87. Thomas Luxon, *Literal Figures: Puritan Allegory and the Reformation Crisis in Representation* (Chicago: University of Chicago Press, 1995), p. 22.

88. Luxon, p. 40.

89. Cf. Collett: "O movimento para distinguir tipologia de alegoria em meados do século 20 foi uma tentativa de traduzir a natureza vertical da outra fala *teológica* em alegoria e figura em uma forma horizontal de outra fala *histórica*, tornando assim as figuras bíblicas seguras para consumo público por intérpretes bíblicos modernos" (*Figural Reading and the Old Testament*, p. 48n72). Luxon parece estar fazendo um ponto semelhante sobre os reformadores protestantes.

de Cristo".[90] Childs creditou a própria mudança de coração e mente no que diz respeito à alegoria ao capítulo de Andrew Louth, "Return to Allegory" [Retorno à alegoria], parte de seu livro *Discerning the Mystery* [Discernindo o mistério].[91] A questão-chave para qualquer forma de exegese, diz Louth, é se ela nos permite ouvir a voz de Deus nas Escrituras. A alegoria é "um meio de garantir que não evitemos a 'dificuldade ontológica' fundamental que nos abre para o mistério supremo de Cristo contido nas Escrituras".[92] A interpretação alegórica é, portanto, a busca pela referência "outra", "mais elevada", "mais profunda" ou "espiritual" – a verdade do tema teológico. Portanto, "o cerne do problema da alegoria gira em torno da natureza do aspecto referencial do texto bíblico".[93] A importância dos quadros de referência tem sido um tema recorrente do presente trabalho. Aqui, também, acredito que explicamos melhor a diferença entre os dois modos de leitura figural especificando os respectivos quadros de referência.

Pode ser útil fazer uma pausa e relembrar onde estamos e por que estamos aqui. Estamos tentando expor uma hermenêutica cristã pura e simples, uma maneira figural de ler a Bíblia que (assim estou afirmando) desfruta de continuidade católica ao longo de muitos séculos, culturas e declarações confessionais que parecem nos dividir. Aqueles que negam a distinção tipologia/alegoria tendem a ver a leitura figural cristã como alegórica. Podemos descrever essa situação como "tipologia perdida". Os novos proponentes da descrição da leitura figural como alegórica insistem que não estão fugindo *da* história, e sim, mais *para as* profundezas da história: "O sentido alegórico representa nossa tentativa de compreender o mistério que discernimos aqui".[94] Os novos alegoristas temem que, sem algum tipo de interpretação espiritual, "o texto bíblico só pode ser um objeto de interesse arqueológico".[95]

Como vimos, nada incomoda mais os intérpretes literais sérios do que as listas arbitrárias de correspondências que a interpretação alegórica aparentemente licencia ("Isso significa *o quê*?"). Os estudiosos bíblicos querem saber se os alegorizadores têm algo como um controle de tráfego aéreo para conter os voos da imaginação exegética. Os alegorizadores cristãos não são livres para "descobrir" de modo indefinido, pois as Escrituras lhes apresentam um campo magnético de figuras, com Cristo como o "polo

90. Brevard S. Childs, "Allegory and Typology in Biblical Interpretation" [Alegoria e tipologia na interpretação bíblica], em Christopher R. Seitz e Kent Harold Richards (orgs.), *The Bible as Christian Scripture* (Atlanta: Society of Biblical Literature, 2013), p. 304.

91. Childs se refere ao "brilhante capítulo de Louth" em "Allegory and Typology in Biblical Interpretation", p. 304.

92. Andrew Louth, *Discerning the Mystery*, p. 112.

93. Childs, "Allegory and Typology in Biblical Interpretation", p. 304.

94. Louth, *Discerning the Mystery*, p. 117. Louth acrescenta: "O que Daniélou chama de 'tipologia' eles [os pais da igreja e os teólogos medievais] chamam de 'alegoria'" (p. 118). Louth diz que a distinção é mais bem caracterizada por Henri de Lubac, que distinguiu entre *allegoria facti* e *allegoria verbi*, estipulando que esta se torna apenas um jogo de palavras vazio, a menos que seja baseada na primeira.

95. Young, *Biblical Exegesis*, p. 3.

magnético" e a regra de fé como o "campo de força".[96] Como Jason Byassee coloca em seu estudo da interpretação alegórica dos Salmos de Agostinho, "*Cristo* é o fiador contra os voos alegóricos da imaginação, o 'controle' que fixa nossas leituras no chão".[97]

Estudos recentes sobre Orígenes, nosso arqui-alegorizador, concentram-se no papel da edificação do leitor.[98] É quase como se Orígenes estivesse conduzindo o próprio experimento em crítica bíblico-teológica, julgando a validade de interpretações alegóricas com base em quão bem elas equipavam o leitor para progredir em direção à perfeição da alma: "Ao examinar esse drama como estava inscrito nas páginas das Escrituras, intérpretes ideais também participaram dele".[99] Martens está ansioso para apresentar a interpretação figural de Orígenes como "um modo de vida".[100] Para crédito de Orígenes, ele pretendia que sua alegorização promovesse uma cultura de leitura governada pelo imaginário bíblico, uma cultura de leitura que promoveria leitores que se veem como o povo de Deus em uma jornada de volta a Deus culminando na visão de Deus.[101] A questão permanece: a *alegoria* é a melhor maneira de interpretar a leitura figural que eu considero que caracteriza uma hermenêutica cristã pura e simples?

Guardando o bom depósito conceitual: uma distinção reconquistada

Embora Young pense que a distinção alegoria/tipologia não mapeie com precisão as diferentes formas de leitura figural na igreja primitiva, como, por exemplo, entre as escolas de Alexandria e Antioquia, ela continua a pensar que o termo *tipologia*, embora anacrônico, é uma "ferramenta heurística" útil para diferenciar modos patrísticos de leitura.[102] As diferenças cruciais entre formas de leitura figural "residem na maneira pela qual a correspondência e as divergências são concebidas".[103] A própria Young distingue entre duas maneiras pelas quais os textos se referem às coisas. Na *mimese* "simbólica", o leitor precisa de um código extratextual para descobrir a referência. A correspondência figural aqui depende de algo *fora* do próprio texto. No entanto, na *mimese* "icônica", a relação de correspondência é intratextual à medida que o outro significado (o referente "espiritual") está organicamente relacionado à coerência narrativa ou ao mundo do

96. Louth, *Discerning the Mystery*, p. 121.

97. Jason Byassee, *Praise Seeking Understanding: Reading the Psalms with Augustine* (Grand Rapids: Eerdmans, 2007), p. 40.

98. Veja também, Karen J. Torjesen, *Hermeneutical Procedure and Theological Method in Origen's Exegesis* (Berlin: W. de Gruyter, 1983); e Peter W. Martens, *Origen and Scripture: The Contours of the Exegetical Life* (Oxford: Oxford University Press, 2012).

99. Martens, *Origen and Scripture*, p. 6.

100. Ibidem, p. 1.

101. Treier observa uma preocupação semelhante na tipologia bíblica. Referindo-se à declaração paulina de que os acontecimentos a Israel são exemplos, "tipos", para nós (leitores de Paulo), Treier diz: "Um acontecimento somente é escrito para permitir seu encorajamento de nossa resposta adequada a Deus." "Tipology" [Tipologia], em Kevin J. Vanhoozer (org.), *Dictionary for Theological Interpretation of the Bible* (Grand Rapids: Baker, 2005), p. 826.

102. Young, *Biblical Exegesis*, p. 193.

103. Ibidem, p. 191.

texto (*historia*).[104] No conceito reconstituído de tipologia de Young (*mimese* icônica), o quadro de referência está integralmente relacionado ao próprio texto, enquanto isso não acontece na alegoria (*mimese* simbólica).

Não há limite para brigas sobre palavras. Aqueles que negam qualquer distinção entre modos de figuração – entre interpretação figural legítima e ilegítima – correm o risco de perder a possibilidade de associar corretamente o figural/espiritual ao sentido literal. Em última análise, a decisão de classificar a tradição católica reformada de leitura como tipológica ou alegórica envolve uma disputa sobre o destino e a legitimidade do sentido literal. Em prol da fidelidade bíblica e da ortodoxia cristã, devemos ser capazes de distinguir uma leitura figural garantida, ou "boa", de sua contraparte injustificada, ou "ruim". E, para fazer isso, precisamos ter mais do que descrições de como alguém lê a Bíblia. Critérios avaliativos são necessários se quisermos fornecer um relato normativo, em vez de descritivo, da interpretação figural. Até mesmo Orígenes distinguiu entre exegese figurativa própria e imprópria, e uma distinção desse tipo é também o que Daniélou e outros tentaram articular ao diferenciar tipologia de alegoria.[105] Uma coisa é insistir que preservemos os *termos* da distinção, no entanto, outra bem diferente é preservar a *distinção* em si.[106] Minha afirmação é que leitores cristãos puros e simples sempre trabalharam com alguma distinção desse tipo, mesmo que ela nem sempre tenha sido formulada da mesma maneira.

Para o bem da boa descrição histórica, Martens, o estudioso de Orígenes, propõe que descontinuemos o uso de "alegoria" e "tipologia" como rótulos, em grande parte porque são anacrônicos.[107] Ele, no entanto, reconhece que teólogos patrísticos como Orígenes fizeram uma distinção conceitual entre modos melhores e piores de leitura figural. Martens, portanto, exorta os intérpretes contemporâneos a encontrar rótulos alternativos para esses modos e, além disso, a "desenvolver uma conversa em torno dos critérios para interpretação escritural não literal [isto é, 'figural'] bem-sucedida".[108] Apoio a moção com algumas emendas. Em primeiro lugar, precisamos expandir a discussão para além dos teólogos patrísticos, porque os intérpretes bíblicos em todas as

104. Benjamin Ribbens compara a *mimese* icônica a olhar "*ao longo* do texto". "Typology of Types: Typology in Dialogue" [A tipologia dos tipos: tipologia em diálogo], *Journal of Theological Interpretation 5*, n. 1 (2011), p. 86. Ribbens continua identificando três outros subtipos de *mimese* icônica.

105. Martens lista cinco diretrizes tácitas na obra de Orígenes com as quais distinguir a leitura figural adequada da imprópria. Veja Martens, "Revisiting Allegory and Typology", p. 310-2.

106. Como observa David Yeago, é possível formular o mesmo julgamento utilizando conceitos diferentes. "The New Testament and the Nicene Dogma: A Contribution to the Recovery of Theological Exegesis" [O Novo Testamento e o dogma niceno: uma contribuição para a recuperação da exegese teológica], *Pro Ecclesia 3* (1994), p. 152-64. Similarmente, sugiro que podemos preservar a mesma distinção com termos diferentes.

107. Para um contra-argumento, consulte "Typology and Allegory" [Tipologia e alegoria] de Brent Parker, "Is There a Distinction? A Brief Examination of Figural Reading" [Há uma distinção? Um breve exame da leitura figural], *Southern Baptist Journal of Theology 21*, n. 1 (2017), p. 57-83, no qual ele apresenta quatro razões para manter a terminologia, bem como a distinção.

108. Martens, "Revisiting Allegory and Typology", p. 316.

épocas tiveram de distinguir entre leitura figural apropriada e inapropriada. Alguma distinção desse tipo sempre foi um elemento fundamental da hermenêutica cristã pura e simples, pois a leitura figural não é uma licença para o relativismo interpretativo. Segundo, não estou convencido de que toda leitura figural seja uma forma de interpretação não literal, embora prontamente conceda que ela seja não *literalista*. O tipo de leitura figural que defendo, minha alternativa cristã pura e simples à interpretação tipológica e alegórica, é *trans-figural*. Resta apenas mostrar sua compatibilidade com a interpretação literal, uma tarefa para a qual nos voltamos agora.

Exegese escatológico-gramatical e o sentido literal "trans-figural"

A interpretação figural característica da tradição católica não nega o sentido literal, mas é, antes, seu prolongamento e culminância. Afinal, tanto os intérpretes medievais quanto os reformadores buscaram maneiras de reconhecer a plena "espiritualidade da letra".[109] A prática católica reformada de leitura que apresento aqui tenta fazer justiça aos aspectos figural/espiritual e literal do texto bíblico. O qualificador "reformado" de catolicidade chama a atenção para um conjunto de ênfases compartilhadas pelos reformadores – atenção amorosa e obediente à letra do texto bíblico (gramática), a importância da autoria divina (figuração), contexto canônico (a Escritura interpreta a Escritura) e a história redentora centrada em Cristo – e não em uma confissão protestante específica.

Para fazer justiça ao sentido literal da Bíblia, devemos interpretar as figuras bíblicas que compõem o mundo do texto com um quadro de referência escatológico, lembrando que estamos lidando com o discurso autoral divino sobre o curso da história redentora. De antemão, a "boa" leitura figural adensa, estende ou aprofunda o sentido literal; esta, quando "ruim", afina, limita ou subverte o sentido literal. O que chamarei de interpretação *trans-figural* não deriva da hermenêutica geral ou filosófica, mas de um fenômeno exclusivamente escriturístico, a saber, a maneira pela qual as figuras bíblicas se conectam "através" (do latim, *trans*) dos tempos e testamentos para compor uma narrativa coerente e unificada centrada em Jesus Cristo. Seguir a maneira pela qual as palavras bíblicas se apresentam é ser pego em sua transfiguração divina: "Este movimento *através* do texto da Bíblia, não além dele, é o que faz com que os primeiros comentários pareçam tão diferentes e estranhos aos leitores modernos".[110] Para antecipar: minha afirmação é que aquilo que as pessoas muitas vezes chamam de sentido espiritual (ou seja, "boa" figuração) é na verdade a *plenitude escatológica* do

---

109. Christopher Ocker, *Biblical Poetics before Humanism and Reformation* (Nova York: Cambridge University Press, 2002), p. 219.

110. Mark Gignilliat e Jonathan T. Pennington, "Theological Commentary" [Comentário teológico], em Craig G. Bartholomew e Heath A. Thomas (orgs.), *A Manifesto for Theological Interpretation* (Grand Rapids: Baker Academic, 2016), p. 241.

sentido histórico-literal. Não é o quadro de referência meramente histórico, mas o histórico-escatológico que permite que o sentido literal alcance aquilo que lhe é próprio – ou melhor, alcance toda a glória.

O sentido literal e o realismo trans-figural

Uma hermenêutica cristã pura e simples promove uma leitura literal tanto literária quanto letrada, atenta tanto para a maneira pela qual um autor se refere à realidade quanto para a natureza da realidade referida.[111] Eu argumentei que leitores figurais *descobrem* um significado divinamente intencionado já presente, embora de maneira tácita, no Antigo Testamento. Quando Paulo diz que as peregrinações de Israel no deserto "ocorreram como exemplos [*typoi*] para nós" (1Co 10:6), ele não está simplesmente extraindo uma moral de uma história, como se fosse um Esopo apostólico. Pelo contrário, ele está falando de *tipificação*, "um padrão ou arquétipo que prefigura um cumprimento posterior no qual ambos lançam luz sobre o outro".[112] C. H. Dodd sugeriu que os autores do Novo Testamento provavelmente aprenderam a ler o Antigo Testamento com Jesus.[113] Estava Jesus respeitando o sentido literal do Antigo Testamento ou estava usando-o para dizer algo que seus autores não estavam dizendo quando, na estrada para Emaús, interpretou aos discípulos "o que constava a respeito dele em todas as Escrituras" (Lc 24:27)?

As associações tipológicas da Bíblia, observadas pela primeira vez pelo próprio Jesus, não são inventadas, aleatórias ou artificiais. De novo, elas são o resultado da intenção figural divina anterior. Jesus não era um antirrealista criativo quando se trata da semântica de linguagem e literatura bíblica. Ele não estava evocando associações entre a história de Israel e a própria que não tinham base em algo real. Em vez disso, Jesus torna conhecido o plano de salvação, e as correspondências que o constituíam, as quais foram estabelecidas "antes da criação do mundo" (Ef 1:4).

Os ouvintes de Jesus nem sempre entendiam: "Jesus usou essa comparação, mas eles não compreenderam o que lhes estava falando" (Jo 10:6). O problema estava relacionado com seu vocabulário ou pronúncia, mas o significado ainda escapava a seus ouvintes. Em uma ocasião, Jesus cita Zacarias 9:9: "Não tenha medo, ó Filha de Sião; eis que o seu rei vem, montado em um jumentinho" (Jo 12:15). João observa: "Seus discípulos não entenderam, naquele momento, que se tratava do cumprimento de uma profecia. Depois que Jesus foi glorificado, porém, eles se lembraram do que havia acontecido e perceberam que era a respeito dele que essas coisas tinham sido escritas" (v. 16, NVT).

---

111. Cf. a distinção similar entre literal-factual e literal-literário em Richard S. Briggs, *Theological Hermeneutics and the Book of Numbers as Christian Scripture* (Notre Dame: University of Notre Dame Press, 2018), p. 58. Em outro lugar, defini o sentido literal como "o sentido de um ato literário". Kevin J. Vanhoozer, *Is There a Meaning in This Text? The Bible, the Reader, and the Morality of Literary Knowledge* (Grand Rapids: Zondervan, 1998), p. 312.

112. Kimlyn J. Bender, *1 Corinthians* (Grand Rapids: Brazos, 2022), p. 167.

113. C. H. Dodd, *According to the Scriptures: The Substructure of New Testament Theology* (Londres: Nisbet, 1952), p. 126-7.

O fato de os discípulos terem entendido a figura somente mais tarde não está relacionado com seu significado verbal, que não mudou; ao contrário, dizia respeito à incapacidade dos discípulos em seguir as palavras de Jesus até seu referente apropriado. Este é um ponto que vale a pena enfatizar: o que mudou não foi o significado de Jesus, mas o entendimento dos discípulos.

Como vimos, a interpretação figural permite que os leitores explorem a rica rede de conexões significativas entre pessoas, coisas e acontecimentos bíblicos que são a infraestrutura narrativa do imaginário bíblico. Semelhante à tipologia, é uma forma de pensar bíblica e teologicamente, isto é, pensar os pensamentos de Deus depois dele mesmo, rastreando como seu propósito eterno se realizou em Jesus Cristo (Ef 3:11).[114] Olhar *ao longo* do texto bíblico é ler figuralmente, traçando as correspondências entre as prefigurações do Antigo Testamento e seu cumprimento em Cristo. Como rotulamos essa "boa" leitura figural importa menos do que conseguir dizer o que a torna boa. Minha alternativa cristã pura e simples tanto à alegoria quanto à tipologia é descrever o tipo certo de leitura figural como *trans-figural.* Resta apenas mostrar como a maneira pela qual as *figuras* funcionam se conecta à "maneira pela qual as palavras funcionam" – o sentido literal.

A compreensão textual é a capacidade de seguir o que foi dito para aquilo *sobre* o qual foi dito. Seguir a maneira pela qual as palavras bíblicas funcionam pela história, ao longo dos séculos, de antecipações obscuras a revelações brilhantes, da figura ao figurado, é ler *trans-figuralmente* (= "através de figuras"). Daí minha tese: *a interpretação trans-figural segue a maneira pela qual as palavras bíblicas funcionam por intermédio ou além das figuras para as realidades que essas figuras prenunciam e antecipam.*

Deve ser óbvio que a leitura trans-figural requer um imaginário escritural biblicamente informado. De que outra forma alguém pode seguir as figurações de Deus após ele? O ponto crucial no que diz respeito ao sentido literal é que a interpretação trans-figural segue trajetórias figurais que estão realmente lá, na história, no mundo aberto pela letra do texto bíblico, que também é o mundo real.[115] Parafraseando o poeta Gerard Manley Hopkins: o mundo da Bíblia é carregado com a grandeza de Deus – e suas figurações.[116] A realidade deste mundo, figurações divinas e tudo, não pode ser apreendida por quadros de referência somente imanentes, ou por métodos de leitura histórico-críticos. Essa realidade através de figuras só entra em cena graças a um imaginário escriturístico. Minha conclusão provisória é que o sentido literal do texto,

---

114. "A tipologia não é um método de interpretação bíblica, mas uma maneira de pensar" (David L. Baker, descrevendo a posição de Goppelt, em Baker, *Two Testaments, One Bible: The Theological Relationship between the Old and New Testaments*, 3ª ed. (Downers Grove: IVP Academic, 2010), p. 173.

115. Poderíamos chamar essas trajetórias figurais de tipologias ou alegorias, desde que as reconheçamos como verbais, históricas e divinamente intencionadas.

116. Uma alusão ao famoso verso de abertura do poema de Gerard Manley Hopkins "God's Grandeur": "O mundo está carregado com a grandeza de Deus" (em *Gerard Manley Hopkins, Poems and Prose* [Londres: Penguin Classics, 1985], p. 27).

sobre o que o autor divino da Bíblia está realmente falando, exige interpretação figural – ou, como estou chamando agora, *trans-figural*. Pois, a menos que consigamos seguir a maneira pela qual as palavras funcionam, de figura para figurado, não entenderemos nem verificaremos o sentido literal.[117] Minha afirmação, então, é que a *interpretação trans-figural adensa, estende e aprofunda o sentido literal, precisamente por seguir a maneira pela qual as palavras funcionam, de figura para o que é figurado.*

O sentido literal: discurso autoral divino e intencionalidade canônica

Todos os elementos necessários para definir o sentido literal estão agora disponíveis, como a letra do texto, o discurso, o contexto, o quadro de referência, a estratégia hermenêutica e a visão interpretativa, embora ainda precisemos entender de que forma eles se encaixam. Para ver como isso acontece, é necessário retornar à noção de discurso autoral divino e a seu(s) contexto(s).

A questão a esclarecer é se a leitura trans-figural do discurso divino implica uma mudança de significado. Pretendo mostrar que não. Seguindo a forma pela qual as palavras e figuras do autor divino funcionam, de seu sentido inicial até seu destino, essa leitura nem acrescenta nem distorce o sentido verbal (ou seja, o *algo* de algo dito). O alcance semântico das palavras bíblicas é fixo, determinado por seu uso inicial em determinado momento. O que muda, porque é transfigurado, é o referente, ou seja, aquilo sobre o que algo é dito, e também a compreensão do leitor.[118] O ponto decisivo, a não ser perdido, é este: o conteúdo verbal de uma frase sempre subdeterminará sua referência até que saibamos *a quem o discurso* pertence. O que está enfim em questão na interpretação trans-figural e sua relação com o sentido literal é a natureza da Bíblia como discurso. O significado literal é uma função não simplesmente das palavras usadas, mas da maneira pela qual o autor usa as palavras. Segue-se, então, que a interpretação literal deve atender não apenas ao sentido verbal, mas a todos os aspectos do discurso bíblico, em particular *quem* está falando (o autor), *sobre o quê* (o referente) e *para quem* (o público).

A literalidade diz respeito à *maneira pela qual as palavras funcionam*. Definir um texto como "discurso fixado pela escrita"[119] nos lembra de especificar *como* e *por que* as palavras estão funcionando exatamente dessa maneira, *para onde* estão indo e *quem* as está conduzindo naquela direção. Os antioquenos, é claro, sabiam que o sentido literal "cobria todo o significado do escritor, incluindo suas metáforas e figuras".[120] Quando Paulo se refere à milagrosa água potável de Israel retirada de uma rocha no início e no

---

117. Minha afirmação é que a leitura trans-figural é comum nos períodos patrístico, medieval e da Reforma, bem como em seus descendentes evangélicos (para um exemplo deste último, veja Hindmarsh, "Lectio Evangelica", p. 32-54).

118. Note também que a mudança específica em questão não altera mas, em vez disso, acrescenta ou "engrossa" o referente inicial.

119. Paul Ricoeur, *Hermeneutics and the Human Sciences: Essays on Language, Action, and Interpretation* (Cambridge: Cambridge University Press, 1981), p. 145.

120. Beryl Smalley, *The Study of the Bible in the Middle Ages* (Oxford: Basil Blackwell, 1952), p. 14.

fim de suas peregrinações pelo deserto (Êx 17:6; Nm 20:11), e então diz: "essa rocha era Cristo" (1Co 10:4), ele não muda o sentido verbal de nenhuma das passagens do Antigo Testamento. Em vez disso, identifica seu referente final. Esse referente final (Cristo) deixa claro sobre o que o conteúdo semântico (uma rocha que fornece água) sempre foi, em última análise, mesmo que os ouvintes originais (como os discípulos de Jesus) não pudessem apreciá-lo na época.[121] Sabemos que Jesus se via como a fonte de água que concede vida (Jo 4:10; cf. Jo 7:38,39; 19:34; Ap 22:1). Se a literalidade é uma função da maneira pela qual as palavras seguem, então a interpretação trans-figural permite que a letra do texto complete seu curso.[122]

Tudo depende de *quem* está fazendo o quê com as palavras bíblicas. Quem, na análise final, é o autor da Bíblia? Há um espectro de posições. Em uma ponta estão aqueles que, mesmo que afirmem a inspiração bíblica, vinculam o sentido literal à intenção comunicativa do autor humano inicial. Esses leitores "buscam a mente de Deus na mente dos autores humanos das Escrituras, e não em outro lugar".[123] Um crítico chama essa maneira de pensar de "instrumentalização do sentido literal", pois, nessa visão, a letra é um meio de recuperar a consciência inspirada do autor humano.[124] Na outra ponta do espectro estão aqueles que querem localizar o significado não na consciência dos autores inspirados (ou seja, o que estavam cientes no momento da composição), mas nas próprias palavras inspiradas, em seu contexto canônico providencialmente arranjado. Eu quero examinar ambos os extremos do espectro, embora meu objetivo seja propor uma alternativa mais próxima do meio.

Duas obras recentes, ambas de estudiosos do Antigo Testamento, explicam o que significa ler o Antigo Testamento teologicamente como Escritura cristã. Cada uma quer casar interpretação literal e espiritual de forma responsável, por meio de uma referência à Bíblia como um todo canônico, mas cada uma aparentemente desconhece o trabalho da outra. Também é interessante como cada uma aspira ao manto da hermenêutica da Reforma, no entanto, luta para fornecer um relato adequado acerca da *origem* da intenção comunicativa que chega por meio do nível canônico, e como isso se dá.

A "quinta maneira" de ler a Bíblia de Iain Provan, chamada de "interpretação seriamente literal", afirma estar em continuidade fundamental com os reformadores. Ele também permite a leitura figural que, seguindo Frei, ele descreve como "literalismo no

121. Veja também Darrell L. Bock, "Single Meaning, Multiple Contexts and Referents" [Significado único, múltiplos contextos e referentes], em Kenneth Berding e Jonathan Lunde (orgs.), *Three Views on the New Testament Use of the Old Testament* (Grand Rapids: Zondervan, 2007), p. 125.

122. Para uma análise mais aprofundada dessa passagem, veja meu "Ascending the Mountain, Singing the Rock: Biblical Interpretation Earthed, Typed, and Transfigured" [Subindo a montanha, cantando a rocha: interpretação aterrada, tipificada e transfigurada], *Modern Theology 20*, n. 4 (2012), p. 781-803.

123. Iain Provan, *The Reformation and the Right Reading of Scripture* (Waco: Baylor University Press, 2017), p. 91.

124. Collett, *Figural Reading and the Old Testament*, p. 128.

nível da totalidade da história bíblica".[125] Essa é uma afirmação significativa que não se encaixa com perfeição na tipologia de literalidade que examinamos no capítulo anterior. Provan corretamente defende uma literalidade além do nível da frase. Por exemplo, o salmo 2 provavelmente funcionou como um salmo de coroação real, a ser cantado quando um novo rei era coroado no antigo Israel. No entanto, quando lido no contexto da totalidade do livro dos Salmos, provavelmente datado do período pós-exílico, o salmo 2 fala sobre um rei que ainda está por vir. No contexto mais amplo da totalidade do Saltério o significado literal do salmo 2 tem relação com a esperança messiânica.[126] Assim, parece que mesmo um intérprete seriamente literal como Provan está disposto a aceitar "um duplo sentido literal".[127] Aqui está sua principal afirmação: "Ler literalmente é ler textos bíblicos não apenas como foram primeiramente proferidos ou escritos por seus autores, mas também como foram colocados em entidades literárias maiores e em conversação com outros textos que também fazem parte da totalidade da coleção canônica das Escrituras".[128]

Este é um ponto crucial tão católico quanto reformado: ler o Antigo Testamento de forma cristã é lê-lo como Escritura canônica, um todo unificado e integral.

A menção do cânon levanta várias questões. Primeiro, por que deveríamos ler os textos díspares que compõem o Antigo Testamento, escritos por pessoas diferentes em épocas diferentes, como um todo significativo? Poderíamos apelar às intenções dos canonizadores anônimos responsáveis pela forma final das Escrituras, como Childs fez, mas isso suscita uma segunda pergunta: O que torna as intenções *deles* tão especiais? Por que essas intenções de um grupo desconhecido de canonizadores deveriam criar o contexto que determina o sentido literal, a norma da doutrina cristã? A identidade desconhecida dos canonizadores suscita uma terceira questão: qual intenção comunicativa estamos buscando quando lemos palavras bíblicas em contexto canônico? Afinal, os textos por si só carecem de intenção comunicativa; eles não são pessoas ou agentes comunicativos.[129] Portanto, não está totalmente claro quem Provan pensa ser o autor do sentido cristológico canonicamente pretendido dos textos do Antigo Testamento.[130]

125. Frei, *Eclipse of Biblical Narrative*, p. 2, citado em Provan, *Reformation and the Right Reading of Scripture*, p. 100.

126. Veja Provan, *Reformation and the Right Reading of Scripture*, p. 95.

127. Ibidem, p. 96.

128. Ibidem, p. 102.

129. Esse é um ponto controverso. Alguns teóricos literários contemporâneos falam da *intentio operis* ("a intenção da obra"). Veja Umberto Eco, *The Limits of Interpretation* (Bloomington: Indiana University Press, 1990) [Cf. em português: *Os limites da interpretação* (São Paulo: Perspectiva, 2021)].

130. Isso explica por que Provan conclui que os reformadores não praticam o que pregam quando se trata de interpretação literal. Provan reclama que Lutero "muitas vezes corta a intenção comunicativa do texto" (*Reformation and the Right Reading of Scripture*, p. 219), e até mesmo Calvino "às vezes falhou em seguir [seu método hermenêutico declarado] na prática" (p. 220). Quanto à defesa de Provan da ideia de intenções comunicativas canônicas (veja p. 618), não estou tão persuadido quanto ele parece estar pelo argumento em Charles J. Scalise, *Hermeneutics as Theological Prolegomenon: A Canonical Approach* (Macon: Mercer University Press, 1994), que se baseia principalmente em fontes filosóficas, como Ricoeur e Gadamer, em vez de fontes propriamente teológicas.

A questão permanece: qual intenção comunicativa informa as Escrituras canônicas e supervisiona sua forma final?

Don Collett chega à mesma conclusão inconclusiva de Provan, embora por um caminho diferente. Como Provan, Collett quer preservar o sentido literal da Bíblia e estendê-lo, ao vinculá-lo não à consciência autoral humana, mas "ao perfil canônico e à forma figural de suas palavras".[131] Isso permite que os autores do Antigo Testamento falem mais do que sabem: o elo entre suas palavras e Cristo é real, mas é um elo forjado não mentalmente (ou seja, na mente dos autores humanos), mas figuralmente, ou seja, em uma história divinamente ordenada (providencial). Localizar a literalidade na consciência autoral humana (o passo em falso fatídico do academicismo bíblico moderno, na opinião de Collett) limita o referente ao que os autores humanos estavam cientes no momento da escrita, efetivamente causando um curto-circuito na interpretação figural.[132]

Provan e Collett não recorrem explicitamente à intencionalidade autoral divina nas respectivas explicações a respeito da extrapolação dos limites daquilo que os autores humanos poderiam saber no momento da escrita. Provan apela à intencionalidade canônica, enquanto Collett recorre à relação figural, providencialmente ordenada, entre palavras inspiradas e realidades. Além disso, Collett se preocupa que o *sensus plenior* (a ideia de que Deus intenciona um significado "mais completo" não pretendido pelo autor humano) funcione em detrimento do sentido literal, à medida que a literalidade é "chutada para o andar de cima, por assim dizer, para o reino oculto da autoria e intenção divinas".[133] Como, ele se pergunta, podemos acessar a intenção autoral divina? Essa é a pergunta certa. Para dar sentido à intencionalidade canônica (Provan) e à maneira pela qual as palavras inspiradas do Antigo Testamento testemunham Cristo (Collett), precisamos de um relato coerente e robusto acerca da intenção comunicativa autoral divina e do contexto apropriado para discerni-la.[134]

À semelhança do que faz Provan, Mark Gignilliat defende uma noção de intencionalidade canônica. Ao contrário de Provan e Collett, no entanto, Gignilliat reconhece todo o cânon como a palavra de Deus e "identifica a voz autoral do texto com sua forma final".[135] É porque Deus é o autor primário das Escrituras canônicas que podemos

---

131. Collett, *Figural Reading and the Old Testament*, p. 129.

132. A construção do eu autoral que sustenta a hermenêutica de Descartes, Locke e Schleiermacher substitui uma versão particular da intencionalidade autoral pela intencionalidade providencial em ação na história da formação das Escrituras" (Collett, *Figural Reading and the Old Testament*, p. 128).

133. Collett, p. 140.

134. Minha proposta se assemelha ao critério proposto por Jean Gerson no século 15 para discernir o que ele chamou de "sentido literal teológico", uma função não apenas da gramática superficial, mas da intenção comunicativa do Espírito Santo. Veja mais Karl Froehlich, "'Always to Keep the Literal Sense in Holy Scripture Means to Kill One's Soul': The State of Biblical Hermeneutics at the Beginning of the Fifteenth Century" ["Manter sempre o sentido literal das Escrituras Sagradas é matar a própria alma": o estado da hermenêutica bíblica no início do século 15], em Earl Miner (org.), *Literary Uses of Typology from the Late Middle Ages to the Present* (Princeton: Princeton University Press, 1977), p. 20-48.

135. Mark S. Gignilliat, *Reading Scripture Canonically: Theological Instincts for Old Testament Interpretation* (Grand Rapids: Baker Academic, 2019), p. 44.

"ir além dos horizontes epistêmicos dos autores e editores" e discernir associações figurais divinamente pretendidas.[136] Reconhecer a Bíblia como discurso divino fornece o elo perdido entre a intenção canônica e a literalidade.

A abordagem de "processo canônico" de Bruce Waltke para interpretar os Salmos se move em uma direção semelhante. Os Salmos, especialmente, mas não exclusivamente os salmos messiânicos, falam de um filho de Davi que é também o Senhor de Davi (Mt 22:41-45), um "quebra-cabeça que encontra sua resolução apenas em Jesus Cristo".[137] Waltke acha que o rei davídico que aparece tão proeminentemente nos Salmos é uma figura de Cristo. A leitura dele não é uma alegoria indisciplinada nem uma leitura histórica estrita, mas, sim, uma abordagem de "processo canônico", reconhecendo "que a intenção do texto se tornou mais profunda e clara à medida que os parâmetros do cânone foram expostos".[138] Significativamente, Waltke sustenta "que a intenção autoral original não foi alterada no desenvolvimento progressivo do cânone, mas aprofundada e esclarecida".[139] Ele distingue sua abordagem do *sensus plenior* porque acredita que o processo canônico se *aprofunda* em vez de se desviar do significado original. À medida que o cânone se desenvolveu, "representações menores e anteriores foram combinadas para formar unidades maiores que são mais significativas do que suas partes componentes".[140] Waltke, como Gignilliat, reconhece que a leitura no contexto canônico, em última análise, só faz sentido na suposição de autoria divina.

Lembre-se da identificação que Tomás de Aquino fez do sentido literal com o *circumstantia litterae* ("a maneira pela qual as palavras funcionam"). Quando Deus, o autor divino do cânone, "faz as palavras funcionarem de certa maneira", ele não altera o sentido delas (ou seja, de que maneira funcionam); em vez disso, ele as faz funcionar *mais adiante*.[141] A intenção transfigurativa de Deus faz as palavras percorrerem a segunda milha semântica, permitindo que signifiquem não apenas cordeiros e tabernáculos, mas a morte sacrificial de Jesus Cristo. No entanto, essa intenção entra em foco apenas no contexto canônico.[142] A intenção transfigurativa de Deus não viola o significado

---

136. Gignilliat, *Reading Scripture Canonically*, p. 92. Gignilliat também chama a atenção para a maneira pela qual o cânon pressiona o leitor a identificar YHWH como o Deus trino, o sujeito e orador do Antigo Testamento (p. 93).

137. Bruce K. Waltke e Fred G. Zaspel, *How to Read and Understand the Psalms* (Wheaton: Crossway, 2023), p. 30.

138. Ibidem, p. 525.

139. Ibidem, p. 526.

140. Ibidem, p. 529.

141. Curiosamente, a palavra francesa para significado, *sens*, também significa "direção", o que talvez explique por que podemos pensar no sentido literal no que se refere à "maneira pela qual as palavras funcionam". Significado e intenção autoral compartilham uma dimensão de direcionamento: dizem respeito à direção em que a consciência se inclina ao se ocupar com determinado objeto.

142. John Piper levanta um ponto interessante sobre autores humanos significando mais do que poderiam estar cientes: "Você faz isso toda vez que usa a pequena abreviação etc." John Piper, *Reading the Bible Supernaturally: Seeing and Savoring the Glory of God in Scripture* (Wheaton: Crossway, 2017), p. 318. Piper também reconhece que Deus, o autor divino, às vezes se refere a mais do que os autores humanos estavam cientes. E, embora Piper não use o termo, ele diz algo que se aproxima do que quero dizer com intenção trans-figural divina: "Deus sempre tem mais em mente para comunicar do que os autores humanos" (p. 321).

verbal (ou seja, a letra), mas o direciona e orquestra. Portanto, não há necessidade de distinguir intencionalidade canônica e intenção autoral (contra Provan), ou ordenação providencial e intenção autoral (contra Collett) quando Deus é o agente autoral do cânone. O que Deus intenciona, em última análise, que seu discurso signifique fica claro apenas no contexto canônico:

> Para o leitor cristão figural do texto bíblico, Deus é tanto o ator quanto o intérprete dos acontecimentos descritos pelo texto. Eles têm significado e significância porque são o idioma no qual Deus age e fala. Embora alguém possa se referir a uma figura "anunciando" seu cumprimento, é Deus, em última análise, quem faz o anúncio, pois uma pessoa ou um acontecimento é uma *figura* precisamente porque inicia uma declaração divina estendida que abrange pessoas e acontecimentos seguintes.[143]

Minha reivindicação, então, é dupla: (1) a intenção autoral divina entra em foco no contexto canônico, e (2) essa intencionalidade canônica é sinônimo da intenção trans-figural de Deus. A interpretação trans-figural segue a maneira pela qual Deus faz as palavras bíblicas funcionarem e as figuras as acompanharem: além da intenção autoral humana, por intermédio da história, mediante o cânone e seus referentes originais a seus referentes últimos. É semelhante ao "sentido profético literal" de Jacques Lefèvre d'Étaples, a saber, "a intenção do profeta e do Espírito Santo falando nele".[144] Quando os profetas dizem mais do que podem saber, eles não estão falando bobagens, mesmo que não consigam identificar o referente futuro. Quando lidos no contexto canônico, o que realmente estavam falando o tempo todo entra em foco. Podemos descrever esse sentido literal divinamente pretendido como o *totus sensus*: o significado total do autor divino, incluindo a intenção figural e trans-figural.[145]

Ler canonicamente significa interpretar cada parte da Escritura à luz do todo, traçando trajetórias figurais que ligam a figura ao figurado, ou seja, ler de forma trans-figurativa. Lemos de maneira teológica "buscando o sentido literal por meio do diálogo com Deus".[146] O autor divino cria conexões figurais, revelando progressivamente sua mente. O plano de salvação de Deus para reunir todas as coisas sob uma só cabeça, Cristo (Ef 1:10), idealizado "antes da fundação do mundo", é revelado trans-figuralmente,

---

143. Dawson, *Christian Figural Reading and the Fashioning of Identity*, p. 85.

144. James Samuel Preus, *From Shadow to Promise: Old Testament Interpretation from Augustine to the Young Luther* (Cambridge: Belknap, 1969), p. 137.

145. Vern S. Poythress oferece um modelo sugestivo para relacionar a autoria humana e divina: "A intenção de Isaías era que entendêssemos tudo o que Deus pretendia com suas palavras" ("Divine Meaning of Scripture" [O significado divino da Escritura], *Westminster Theological Journal 48* (1986), p. 259.

146. Richard S. Briggs, "Premodern Interpretation and Contemporary Exegesis" [Interpretação pré-moderna e exegese contemporânea], em Ian Boxall e Bradley C. Gregory (orgs.), *The New Cambridge Companion to Biblical Interpretation* (Cambridge: Cambridge University Press, 2023), p. 312

em contexto canônico. Também poderíamos descrever isso como "leitura canônica rigorosa".[147] É necessário atender aos detalhes e ao quadro geral simultaneamente. A leitura canônica rigorosa envolve a leitura do texto bíblico, do texto inteiro e nada além do texto. Essa é a melhor maneira de verificar o significado literal divinamente pretendido. Na verdade, podemos até descrever o sentido literal como o "sentido canônico claro". Pelo menos um concílio da igreja tornou isso explícito. A Declaração de Jerusalém de 2008 afirma que a Bíblia deve ser "lida, pregada, ensinada e obedecida *em seu sentido simples e canônico*, respeitando a leitura histórica e consensual da igreja".[148] É "simples" porque revela o mistério da história redentora com palavras humanas e figuras simples; é "canônico" porque a intenção comunicativa divina entra em cena apenas no contexto da totalidade da história redentiva, conforme estabelecido nas Escrituras canônicas. O sentido literal é canonicamente simples para aqueles que, no espírito da catolicidade reformada, leem a letra do texto trans-figuralmente e entendem que toda a Bíblia é, em última análise, acerca de Jesus Cristo.

O sentido literal como escatológico-gramatical

Se a interpretação trans-figurada é a leitura orientada para a intenção autoral divina no contexto canônico, com um olho exegético fixo no que as palavras significavam em seu contexto inicial, enquanto o outro segue a intenção autoral divina por meio das figuras canônicas até que ela seja por fim entendida em Cristo, então qual é exatamente o sentido literal? Há muito a considerar ao fornecer uma definição. Primeiro, devemos evitar traçar um contraste rígido e rápido entre literal e espiritual, pois algum tipo de interpretação espiritual é parte integrante de uma mera hermenêutica cristã que lê o Antigo Testamento como discurso vinculado a Cristo.[149] Segundo, e relacionado ao primeiro, devemos evitar definir literal em contraste com gramatical. Palavras, e as relações entre palavras, importam. Terceiro, devemos evitar definir o sentido literal sem ação autoral, pois o sentido (algo dito) é um componente integral do discurso. Quarto, devemos evitar definir o sentido literal sem autoria divina ou limitá-la às restrições semânticas e contingências históricas dos autores humanos da Bíblia. Quinto, não devemos definir o sentido literal sem o contexto canônico, pois é um dos contextos relevantes pelos quais determinamos o que o autor divino estava fazendo com seu discurso humano divinamente inspirado. Por último, devemos evitar definir o sentido

---

147. Veja também Frank Lentricchia e Andrew Dubois (orgs.), *Close Reading: The Reader* (Durham: Duke University Press, 2003). A parte 3 da presente obra é, em parte, pretendida como um exemplo estendido de leitura canônica atenta, atendendo em particular à economia de luz que abrange o Antigo e o Novo Testamento e culmina em Cristo.

148. Art. 2º da Declaração de Jerusalém, produto da primeira reunião da Conferência Global do Futuro Anglicano (GAFCON).

149. A interpretação figural é "espiritual" por pelo menos duas razões: primeiro, porque ela busca um significado e uma verdade mais elevados do que os da história; segundo, porque o Espírito Santo é necessário para ver que o Antigo Testamento é uma testemunha da realidade de Jesus Cristo.

literal sem o quadro de referência escatológico que permite o tema final do discurso bíblico entrar em foco.

Esse último ponto vale a pena ser explorado mais a fundo, pois diz respeito à referência que, como Young corretamente nos adverte, é o que o debate entre tipologia e alegoria realmente era: como passar da palavra (o que é dito) para a coisa (aquilo sobre o que algo é dito) para determinar, em última análise, sobre o que o discurso do autor é. Nem todo quadro de referência faz justiça à linha de fundo da história redentiva, sobre o cumprimento divino das promessas de aliança ou seu cumprimento escatológico em Cristo. A interpretação trans-figural especifica o tipo de leitura figural que respeita o sentido literal seguindo a direção da letra de seu sentido inicial e referente histórico para seu referente escatológico final. A dinâmica trans-figural é horizontal, não vertical: há uma diferença importante entre o movimento escatológico histórico-salvador e o movimento ascendente platônico.[150] Nesse aspecto, pelo menos, a interpretação trans-figural e tipológica têm algo em comum.[151] Ambas são leituras figurais que levam "em consideração as correspondências [...] entre acontecimentos ou pessoas em uma estrutura escatológica",[152] o que Provan chama de "o já e o ainda não da hermenêutica bíblica".[153] A escatologia amplia, mas não nega, o quadro de referência histórico tipicamente associado à interpretação literal: "'Estrutura escatológica' se refere à realidade canônica dos textos bíblicos, pois eles falam além de sua particularidade histórica para realidades escatológicas finais na economia redentiva de Deus".[154] A interpretação trans-figural toma seu rumo a partir da letra do texto, seguindo a intenção autoral divina em seu contexto canônico, em sua trajetória histórico-redentiva até seu destino cristológico. A interpretação trans-figural, portanto, lê em direção ao sentido literal construído como o sentido do discurso autoral divino.

Como a interpretação trans-figural, e a abordagem à hermenêutica cristã pura e simples que ela representa, se posicionam em relação a tentativas anteriores de relacionar modos de leitura literal e espiritual, como a *quadriga* medieval? Esta também

150. Veja Hans Burger, "Quadriga without Platonism: In Search for the Usefulness of the Fourfold Sense of Scripture in Dialogue with Hans Boersma" [Quadriga sem platonismo: em busca do sentido quádruplo das Escrituras em diálogo com Hans Boersma], em Tomas Bokedal, Ludger Jansen, e Michael Borowski (orgs.), *Scripture and Theology: Historical and Systematic Perspectives* (Berlin: de Gruyter, 2023).

151. Lembre-se de que "trans-figural" é minha alternativa sugerida aos tipos de interpretação figurativa "tipológica" e "alegórica".

152. Mark S. Gignilliat, "Paul, Allegory, and the Plain Sense of Scripture: Galatians 4:21-31" [Paulo, a alegoria e o sentido pleno das Escrituras: Gálatas 4:21-31], *Journal of Theological Interpretation 2*, n. 1 (2008), p. 140.

153. Da palestra de Provan, "Seriously Literal Interpretation" na *London School of Theology* (February 13, 2017) como reportado em Joseph Hartropp, "How to Read the Bible: Take It Literally but Take It Seriously" [Como ler a Bíblia: tome-a literalmente, mas tome-a com seriedade], *Christianity Today*, 14 de fevereiro de 2017, disponível em https://www.christiantoday.com/article/how.to.read.the.bible.take.it.literally.but.take.it.seriously/104700.htm. Veja também sua afirmação de que o literal e o tipológico (meu "trans-figural") são "dois aspectos da mesma maneira de ler". Iain Provan, *The Reformation and the Right Reading of Scripture* (Waco: Baylor University Press, 2017), p. 100.

154. Gignilliat, "Paul, Allegory, and the Plain Sense of Scripture", 140n22.

era um quadro de referência cristão, que via cada texto bíblico como uma parte significativa de um todo cristológico: o que Deus fez, está fazendo e fará em Cristo.[155] De acordo com Peter Leithart, "A quadriga encarna a escatologia já/ainda não do Novo Testamento na prática hermenêutica".[156] Aliás, dos três sentidos espirituais tradicionais, aquele com o qual minha proposta trans-figural tem a afinidade mais próxima é o anagógico ou escatológico amplamente concebido. O sentido "já" da letra bíblica indica uma realidade "ainda não" totalmente realizada. Portanto, concordo com Arnold Huijgen: "Quando o sentido escatológico da Escritura é tomado como o primeiro dos sentidos espirituais [...] a dinâmica histórica do drama entre Deus e seu povo no Antigo Testamento e a tensão escatológica entre o presente e o ainda não no Novo Testamento podem unir os estudos bíblicos e a teologia sistemática".[157]

Qual é, então, o sentido literal que, segundo Aquino, sozinho merece estabelecer a doutrina cristã? Qualquer definição que ofereçamos deve tomar cuidado para não negligenciar os vários aspectos do discurso bíblico: o espiritual/cristológico, gramatical, autoral/histórico humano, autoral/sobrenatural divino, canônico e escatológico. Também deve fazer esforços para distinguir "literal" de "literalista". Minha definição proposta vai contra o que a maioria dos leitores modernos quer dizer quando falam em ler a Bíblia "literalmente". Minha definição busca fazer justiça a tudo o que a Bíblia é e faz: *o significado literal da Escritura é o significado da letra, visto como discurso autoral humano-divino, quando lido em contexto canônico com um quadro de referência escatológico.*[158] Dois itens nessa definição merecem um exame mais aprofundado.

Note, primeiro, como tudo começa com a letra do texto. O sentido "espiritual" não paira sobre e além da letra (é assim que a figuração "ruim" se encontra); em vez disso, o sentido espiritual pertence ao escatológico, ele próprio uma função do fim da história. A intenção divina trans-figural direciona o sentido gramatical da letra de seu referente histórico imediato para seu referente escatológico. Consequentemente, a interpretação

155. Peter Leithart apresenta um ponto semelhante ao chamar os leitores das Escrituras a prestar atenção a quatro coisas: quem faz o quê a quem; o que a passagem diz sobre Jesus; o que a passagem diz sobre você em Jesus; o que a passagem diz sobre seu futuro em Jesus. Peter Leithart, Theopolitan Reading (West Monroe: Athanasius, 2020), p. 112-3.

156. Peter Leithart, "The Quadriga or Something Like It: A Biblical and Pastoral Defense" [A quadriga ou algo semelhante: um defesa bíblica e pastoral], em Mark Husbands e Jeffrey P. Greenman (orgs.), *Ancient Faith for the Church's Future* (Downers Grove: IVP Academic, 2012), p. 121.

157. Arnold Huijgen, "Reinventing the Quadriga: Connecting Biblical Exegesis and Systematic Theology through the Anagogical-Eschatological Sense of Scripture" [Reinventando a quadriga: ligando a exegese bíblica e a teologia sistemática mediante o sentido anagógico-escatológico da Escritura], em Tomas Bokedal, Ludger Jansen e Michael Borowski (orgs.), *Scripture and Theology: Historical and Systematic Perspectives* (Berlim: de Gruyter, 2023), p. 404.

158. Vale a pena notar que os cristãos não leem o sentido literal das Escrituras da mesma forma que qualquer outro livro. Este capítulo fornece um relato teológico do sentido literal da Bíblia, não um relato hermenêutico geral. Não peço desculpas por isso, pois a hermenêutica geral nos leva apenas até certo ponto na interpretação das Escrituras. Para retornar à nossa metáfora dos barcos de pesca: a hermenêutica geral pode lançar as redes no mar do Antigo Testamento, mas nunca pegará o peixe sagrado.

literal ou trans-figural, que são noções equivalentes, segue o sentido gramatical da letra de seu referente histórico imediato ao longo da linha direta de seu quadro de referência histórico-redentivo até a plenitude de seu referente escatológico final. Essa é uma leitura tão literal (isto é, ligada à letra) quanto espiritual (isto é, ligada a Cristo). *O sentido espiritual, por esse motivo, é a plenitude escatológica do sentido literal.*

Embora "trans-figural" capture a complexidade da interpretação literal, também poderíamos chamar o tipo de leitura literal que estou defendendo de exegese *escatológico-gramatical*. Esse termo tem várias vantagens. Primeiro, ele nos lembra de que tudo começa com a letra do texto e com a maneira pela qual os autores, humanos e divinos, fazem as palavras funcionarem. Segundo, ele nos lembra de que entenderemos o que a Bíblia é, em última análise, apenas quando a lermos com um quadro de referência escatológico. O problema com a exegese histórico-gramatical é que esta pode ser realizada com um quadro de referência imanente.[159] Esse não é o caso da exegese escatológico-gramatical, que se recusa a ser restringida pelo quadro imanente. A exegese escatológico-gramatical consegue, portanto, oferecer uma descrição *densa* do sentido literal da Bíblia.[160]

Uma segunda característica notável de minha definição proposta é seu canônico embutido. O que canoniza o discurso bíblico é a "superintenção" divina que faz das palavras humanas as palavras de Deus.[161] No entanto, o significado divinamente intencionado – sobre o que a palavra de Deus é, em última análise – torna-se aparente apenas quando os textos bíblicos são lidos juntos em contexto canônico. Para ter certeza, o próprio Deus não é limitado pelo contexto da maneira pela qual os autores humanos são; sua palavra autoral é "viva e eficaz" (Hb 4:12), mas não é flutuante. Contudo, sem contexto, a Palavra de Deus não poderia, por assim dizer, ser estabelecida e adquirir seu significado "canônico simples" determinado. O significado literal (em oposição ao literalista) é o significado trans-figural.

Ler literalmente, portanto, segundo a intenção do autor divino, é ler trans-figurativamente, prestando atenção à forma como as letras atravessam o cânon desde sua situação histórica inicial e seus referentes até seu cumprimento escatológico. A leitura trans-figural, portanto, serve à causa do significado literal *teologicamente espesso* (em oposição a um teologicamente fino e *literalista*). Agora podemos fornecer um relato resumido do sentido literal da Bíblia e da exegese escatológico-gramatical que concorda

159. Essa é também a fraqueza do "sentido literal-gramatical" de Carl Henry. Carl F. H. Henry, *God, Revelation, and Authority*, vol. 2, *God Who Speaks and Shows, Fifteen Theses, Part One* (Waco: Word, 1976), p. 15.

160. Eu não me oporia a rotulá-lo de "cristológico-gramatical", mas prefiro escatológico-gramatical tanto porque contrasta com (mas não contradiz) histórico-gramatical, quanto porque chama a atenção para a leitura com um quadro de referência escatológico em vez de imanente. Um quadro de referência escatológico é aquele que vê a história como aberta e receptiva à ação e irrupção divina.

161. Uma *superintenção* é a intenção comunicativa do autor divino de dizer ou fazer algo com o discurso humano das Escrituras que não vá contra o significado inicial, mas o leve além, estendendo-o das figuras ao que é figurado.

com a leitura teológica da Bíblia. O sentido literal é gramatical, de acordo com a letra, quando lido em um quadro de referência escatológico (histórico-redentivo), em contexto canônico, para a intenção trans-figural do autor divino ou sentido canônico simples. A principal lição: o sentido literal da Escritura necessita de uma interpretação *teológica* adequada e uma estratégia hermenêutica que visa seguir a figuração divina para onde ela conduz.

Passamos agora a considerar alguns exemplos representativos de interpretação literal "cristã pura e simples". Embora não mencionem explicitamente a exegese escatológico-gramatical ou o sentido trans-figural, algo muito parecido com essas noções, no entanto, caracteriza sua prática interpretativa.

Um paradigma católico reformado: visão interpretativa cristoscópica

Falar de hermenêutica cristã pura e simples é afirmar que, apesar das aparências, todos os lados nas disputas sobre interpretação bíblica, isto é, todos os participantes *ortodoxos*, compartilham uma quantidade significativa de terreno comum – ou melhor, terreno *sagrado*: suposições teológicas relativas à natureza divinamente inspirada do discurso bíblico e seu assunto centrado em Cristo. A hermenêutica cristã pura e simples é uma proposta de leitura da Bíblia em uma cultura de leitura específica: a igreja una, santa, católica e apostólica. Claro, nem toda interpretação bíblica é criada igual. Embora católico signifique "universal", não devemos inferir que tudo vale, ou que toda interpretação seja tão boa quanto outra qualquer. Devemos qualificar a catolicidade por *reformada*, com a qual quero dizer o conjunto de ênfases compartilhadas pelos reformadores protestantes, incluindo a atenção amorosa e obediente à letra do texto bíblico (gramática), a importância da autoria divina (figuração), o contexto canônico (a Escritura interpreta a Escritura), a história redentiva centrada em Cristo e a disposição de ter sua interpretação desafiada e, se necessário, corrigida pelo texto (*semper reformanda*).

Os reformadores protestantes são intérpretes literais representativos, até mesmo exemplares, da Bíblia. Eles não são, obviamente, os únicos intérpretes cristãos; aliás, essa reivindicação de exclusividade iria contra o meu argumento e também contra o próprio conceito de cristianismo puro e simples. Além disso, uma das coisas que recomenda os reformadores como modelos é sua preocupação em ler em continuidade com os pais da igreja que, como vimos, também valorizavam o que descrevi aqui como interpretação literal. Os reformadores representam a tradição de leitura católica da igreja em uma chave protestante.

Deixe-me aqui levantar uma possível objeção. Ao nomear homens brancos europeus mortos como intérpretes exemplares, não estou revelando meus próprios preconceitos ocidentais, racistas e sexistas, confirmando assim as suspeitas pós-modernas de que a interpretação bíblica equivale a nada mais do que uma vontade de poder político, um desejo de formar comunidades que servirão a meus próprios interesses? Estou criando uma catolicidade à minha própria imagem? Essa é uma questão importante.[162]

Em resposta, deixe-me dizer, primeiro, que acredito que nenhuma cultura, denominação ou grupo de pessoas tem o monopólio do evangelho ou de sua interpretação. Acredito na "pluralidade pentecostal", a ideia de que são necessários muitos métodos exegéticos e muitas comunidades interpretativas de diferentes épocas e lugares para atingir uma compreensão plena das Escrituras.[163] Segundo, os reformadores viveram em um momento *kairos* na história da interpretação bíblica, entre o pré-moderno e o moderno, e acredito que eles muitas vezes representam o melhor das duas eras. Terceiro, embora professassem a autoridade suprema da Bíblia, os reformadores também prezavam a tradição, tanto que alegavam ser mais verdadeiramente católicos, mais alinhados com seus antepassados patrísticos e medievais do que seus equivalentes romanos.[164] Por fim, os reformadores preservam uma tensão saudável entre valorizar a letra (filologia) e o espírito do texto (cristologia). A alegação, em resumo, é que os reformadores protestantes liam a Bíblia de maneira que seus antepassados patrísticos e medievais podiam reconhecer, mesmo que a retórica utilizada (por exemplo, o "odeio alegorias" de Lutero) sugerisse uma descontinuidade radical. Os reformadores abandonaram a elegância externa da alegorização medieval, não seu coração pulsante. A visão que animava sua leitura das Escrituras era a de ouvir e encontrar o Deus de sua salvação, de vir a conhecer Deus como se face a face, no rosto de Jesus Cristo refletido no espelho do texto. Portanto, discordo daqueles que dizem que os reformadores caíram no "erro protestante" de eliminar o figurado em favor do sentido literal.[165] Os reformadores tinham mais em comum com a igreja medieval tardia do que com a academia moderna. Em outras palavras, não foram os reformadores protestantes que originaram o sentido literal moderno ao ler a Bíblia dentro de um quadro de referência imanente. De novo, ao falar de catolicidade "reformada", estou me referindo a uma maneira de ler a Bíblia que coloca a ênfase em discernir a intenção trans-figural divina, em contexto canônico, com um quadro de referência escatológico.

Uma hermenêutica cristã pura e simples não se esforça pelo mais baixo, mas pelo *mais rico* denominador comum. "Puro e simples" contrasta com "paroquial". A ênfase

---

162. A objeção lembra os comentários de C. S. Lewis sobre o "Bulverismo", a tentativa de falsificar um argumento, não abordando o argumento em si, mas apontando de onde ele veio: "Você diz isso porque é um [preencha a etnia, sexo, classe ou tradição confessional de sua escolha]." Nas palavras de Lewis: "O bulverismo tenta mostrar que o outro homem tem causas e não razões." "'Bulverism' or, the Foundation of 20th Century Thought" ["Bulverismo" ou a base do pensamento do século 20], em C. S. Lewis, *God in the Dock: Essays on Theology and Ethics* (Grand Rapids: Eerdmans, 1970), p. 275.

163. Veja meu *Is There a Meaning in This Text?*, p. 419-20.

164. Assim como Provan, uso o termo "reformado" para indicar uma abordagem consistente com os princípios e práticas magisteriais da Reforma, e não algo exclusivamente (ou meramente) protestante – tampouco no sentido mais estrito de calvinista ou confessionalmente reformado. Provan, *Reformation and the Right Reading of Scripture*, p. 21.

165. Collett também levanta essa questão, mas responde com um não qualificado (*Figural Reading and the Old Testament*, p. 113).

está no essencial, não no excêntrico. Como Provan, estou buscando uma "maneira para *todos* os leitores cristãos da Escritura abordá-la".[166] Ao contrário de Provan, no entanto, dou mais crédito à forma pela qual os reformadores realmente leem. Enquanto Provan pensa que a prática de interpretação literal dos reformadores nem sempre correspondeu a seus princípios,[167] tendo a pensar o inverso: as leituras dos reformadores demonstram mais unanimidade do que seus princípios hermenêuticos. Eles mostram mais do que podem dizer: sua prática exegética demonstra mais concordância sobre interpretação literal do que eles poderiam articular.[168]

Este capítulo, expondo a interpretação trans-figural, estabeleceu o que considero ser uma prática católica reformada. Argumentei que ler trans-figuralmente é ler de acordo com o sentido escatológico-gramatical da letra, isto é, uma *literalidade teologicamente ampliada*. É teológica porque atende à intenção comunicativa autoral divina conforme discernida no contexto canônico. É estendida porque incorpora a referência escatológica mais remota, bem como o original mais imediato e histórico. Os reformadores são representativos da visão teológica cristã pura e simples que vê todo o processo de interpretação bíblica como resposta à Palavra com a qual Deus se dirige a nós nas Escrituras. Essa "Palavra", é claro, é Jesus Cristo. Quando os reformadores liam de acordo com o sentido *literal teológico* das Escrituras, eles, como seus antepassados, liam cristologicamente.

Voltamo-nos agora para alguns breves exemplos de prática católica reformada na leitura teológica de acordo com esse sentido literal espesso e trans-figural. Meu objetivo ao fazê-lo, além de fornecer exemplos da melhor prática interpretativa, é mostrar que não inventei algo novo. A interpretação bíblica trans-figural não é uma novidade, mas um renascimento de uma prática que é tão protestante quanto católica.[169]

Martinho Lutero

Lutero é bem conhecido por sua aversão a alegorias, mas ele insistiu que o Antigo Testamento é sobre Cristo. Ele tinha afinidades com a tendência medieval tardia de "dobrar" os significados espirituais no literal, "em direção a um sentido literal cada vez mais 'gordo'; o significado que era tradicionalmente atribuído a um dos três sentidos espirituais estava agora sendo atribuído ao *sensus literalis*".[170] O resumo de

166. Provan, *Reformation and the Right Reading of Scripture*, p. 21 (ênfase do original).

167. Ibidem, p. 216-20.

168. Eu diria algo semelhante sobre Provan. Concordamos sobre como ler a Bíblia, mas oferecemos relatos ligeiramente diferentes do que estamos fazendo. Especificamente, ele postula uma equivalência entre a intenção autoral humana e divina, razão pela qual precisa falar da intenção canônica do "texto" (em vez da do autor divino). Em contraste, sustento que a intenção canônica é unicamente a do autor divino, a qual não se identifica nem se limita à intenção do autor humano.

169. Veja também Allen e Swain, *Reformed Catholicity*; e Matthew Barrett, *The Reformation as Renewal: Retrieving the One, Holy, Catholic, and Apostolic Church* (Grand Rapids: Zondervan, 2023).

170. Erik Herrmann, "Luther's Absorption of Medieval Biblical Interpretation" [A absorção de Lutero da interpretação bíblica medieval], em Robert Kolb, Irene Dingel e L'Ubomir Batka (orgs.), *The Oxford Handbook of Martin Luther's Theology* (Oxford: Oxford University Press, 2014), p. 82.

Richard Muller é adequado: "As dimensões doutrinárias, morais e escatológicas da *quadriga* não foram perdidas, mas foram encontradas mais precisamente alojadas no sentido literal".[171]

Enquanto Nicolau de Lira via um "duplo sentido literal" (*duplex sensus literalis*) na profecia do Antigo Testamento – um referente histórico imediato e um referente espiritual/escatológico/cristológico diferido –, Lutero postulou um único sentido literal pelo qual o texto do Antigo Testamento se refere diretamente a Jesus Cristo, embora no modo de promessa.[172] Onde Nicolau via referências a Salomão e a Cristo em 1Crônicas 17:13 e 22:10 ("Eu serei o seu Pai, e ele será o meu filho"), Lutero insistia que essas passagens se referiam literalmente apenas a Cristo: "Esse sentido histórico era basicamente orientado para o futuro".[173] Não há necessidade de figuras ou tipos: "Para Lutero, o próprio Cristo estava verdadeiramente presente, mesmo que ainda não encarnado, na era do Antigo Testamento".[174] Por essa razão, Lutero hesitou em reconhecer o significado figurativo no Antigo Testamento: "Enquanto a alegoria erradica a historicidade dos acontecimentos do Antigo Testamento, a tipologia anula a presença histórica de Cristo no Antigo Testamento".[175]

Lutero não viu contradição entre os princípios filológicos e cristológicos. Na verdade, ele "acreditava que Cristo era o *sensus literalis* da Escritura com base na promessa messiânica da Bíblia".[176] Podemos dizer que Lutero praticou a exegese escatológico-gramatical sob um nome diferente: "É convicção de Lutero que a fixação da Escritura em Jesus Cristo como seu assunto central é uma realidade sobre o referente do sentido literal do texto bíblico em sua 'letra'".[177] Assim, Lutero serve como um intérprete trans-figural paradigmático do sentido literal da Bíblia *avant la lettre*: "A principal contribuição de Lutero para a hermenêutica está na fusão do literal e do espiritual em um relacionamento novo e dinâmico".[178]

---

171. Richard Muller, "Biblical Interpretation in the Sixteenth and Seventeenth Centuries" [Interpretação bíblica nos séculos 16 e 17], em Donald K. McKim (org.), *Dictionary of Major Biblical Interpreters*, (org.) Donald K. McKim (Downers Grove: IVP Academic, 2007), p. 26.

172. Jacques Lefèvre d'Etaples também sustentou um "sentido literal duplo", em seu caso, um sentido histórico literal e um sentido profético literal. Este teve um cumprimento "espiritual", mas permanece literal porque era "a intenção do profeta e do Espírito Santo falando nele" (Preus, *From Shadow to Promise*, p. 137).

173. Lee-Chen A. Tsai, "The Development of Luther's Hermeneutics in His Commentaries on the Psalms" (tese de PhD não publicada, University of Aberdeen, 1989), p. 186. Veja também Brian T. German, *Psalms of the Faithful: Luther's Early Reading of the Psalter in Canonical Context* (Bellingham: Lexham, 2017).

174. Erik Lundeen, "In Search of the Literal Sense: Johannes Oecolampadius (1482–1531) and the Exegetical Tradition on Isaiah" (tese de PhD não publicada, Baylor University, 2022), p. 270.

175. Heinrich Bornkamm, *Luther and the Old Testament* (Minneapolis: Fortress, 1969), p. 250.

176. William M. Marsh, *Martin Luther on Reading the Bible as Christian Scripture: The Messiah in Luther's Biblical Hermeneutic and Theology* (Eugene: Pickwick, 2017), p. xi.

177. Ibidem, p. 193.

178. Arthur S. Wood, *Luther's Principles of Biblical Interpretation* (Londres: Tyndale, 1960), p. 34. Veja também a útil discussão em Todd R. Hains, *Martin Luther and the Rule of Faith: Reading God's Word for God's People* (Downers Grove: IVP Academic, 2022), p. 8-20.

Johannes Oecolampadius

O comentário do Reformador da Basileia Johannes Oecolampadius sobre Isaías (1525) "nos dá um exemplo de um grande reformador que não deixou que o interesse no *sensus literalis* minasse a sensibilidade à profundidade bíblica".[179] Embora o próprio Oecolampadius tenha descrito sua leitura como "alegórica", ela "mostra fascinantes afinidades hermenêuticas com os desenvolvimentos do século 20 na teologia bíblica Vosiana e na interpretação tipológica".[180] Essa confusão sobre a natureza da leitura figural de Oecolampadius faz dele um excelente estudo de caso de interpretação literal trans-figural.

Para Oecolampadius, o referente histórico imediato do Antigo Testamento dá origem não a três sentidos espirituais, mas a um cumprimento escatológico triádico: "No Novo Testamento, a história redentora tem três etapas fundamentais: (1) a obra de Cristo na terra, (2) a aplicação da redenção à igreja e (3) a consumação quando Cristo retornar".[181] As "alegorias" de Oecolampadius são, na verdade, correspondências trans-figurais rigorosamente regulamentadas e divinamente pretendidas, descobertas enquanto ele atendia à linha histórico-redentiva no contexto canônico. Ao contrário de Lutero, Oecolampadius não via Cristo como o único referente literal da profecia do Antigo Testamento. As referências de Isaías a Ciro (Is 44:28; 45:1) referem-se literalmente a Ciro e figurativamente a Cristo. Similarmente, Isaías 40—48 é sobre o retorno dos judeus de seu exílio na Babilônia sob Ciro *e* a libertação de seu povo do pecado e da morte por Cristo.

As credenciais católicas reformadas de Oecolampadius são impecáveis. Além de seu amplo conhecimento prático de vários pais da igreja e seu conhecimento tanto do hebraico quanto do grego, ele foi assistente de Erasmo, amigo de Melanchthon, conhecido do hebraísta Johannes Reuchlin, colega de Zuínglio e autor de vários comentários bíblicos apreciados por Calvino e Bucer. No entanto, mais do que qualquer outra coisa, é a insistência de Oecolampadius de que Cristo é o *scopus* ou objetivo das Escrituras, que ele toma dos teólogos patrísticos gregos (e de Erasmo), que o torna meu venerável patrono hermenêutico cristão puro e simples.[182]

Atanásio usou o termo grego *skopos* "para descrever a perspectiva geral ou quadro de referência com o qual as Escrituras devem ser corretamente interpretadas [...] o padrão básico de significado percebido quando o intérprete não apenas olha para as

179. Vern Poythress, "Typology and Christocentricity in the Hermeneutics of Johannes Oecolampadius" [Tipologia e cristocentrismo na hermenêutica de Johannes Oecolampadius], *Westminster Theological Journal 81* (2019), p. 295.

180. Poythress, p. 295. "Vosiana" aqui significa à maneira de Geerhardus Vos (1862–1949), o pai de uma abordagem distintamente reformada da teologia bíblica.

181. Ibidem, p. 302.

182. Erik Lundeen dedica o capítulo 2 de sua dissertação à influência de Erasmo. Lundeen, "In Search of the Literal Sense". Jeff Fisher diz que a fonte primária foram os pais da igreja oriental. *A Christoscopic Reading of Scripture: Johannes Oecolampadius on Hebrews* (Göttingen: Vandenhoeck & Ruprecht, 2016), p. 59-66.

palavras escritas, mas por intermédio delas para o centro objetivo de referência".[183] Para Atanásio, "o significado das palavras escritas não é encontrado nas letras como tais, mas nas ações divinas que elas expressam".[184] Identificar o escopo do discurso bíblico é compreender a que, enfim, se refere o discurso divino nas Escrituras. Oecolampadius encontrou o conteúdo espiritual (isto é, cristológico) dentro de um "sentido literal expandido [que] continha as verdades sobre o que os cristãos deveriam acreditar, fazer e esperar".[185] Chamar Cristo de meta ou *scopus* do discurso divino é entender que "tudo escrito nas Escrituras era sobre ele e para o benefício de sua igreja".[186] A fórmula de Oecolampadius, *Scriptura scopus Christus* [O escopo das Escrituras é Cristo],[187] constitui uma declaração de visão teológica. Ela fornece uma estrutura para entender tudo o que concerne, em última análise, ao processo de interpretação bíblica e por que isso importa. Lemos a palavra de Deus para ficarmos de frente com a Palavra de Deus.

Em seu estudo do comentário de Oecolampadius sobre Hebreus, Jeff Fisher rotula a abordagem como "cristoscópica".[188] Como o termo sugere, tem relação com ver (*escópico*) Cristo como o referente final da letra textual. É uma maneira particular de ser cristocêntrico, que vê Cristo como a referência, o tema ou o "sobre o quê" do discurso bíblico. A interpretação cristoscópica não é nem míope nem reducionista, pois Oecolampadius tinha em mente a pessoa e a obra de Jesus Cristo em relação ao reino e à glória de Deus. A leitura cristoscópica é outra maneira de descrever o que chamei de exegese escatológico-gramatical: "Oecolampadius integrou os sentidos tradicionais 'anagógico', 'eclesiológico-escatológico' e tropológico no sentido 'espiritual' direcionado a Cristo e seu reino".[189] Em suma, Oecolampadius utiliza *skopos* para descrever um significado "teologicamente literal" que corresponde à intenção autoral divina no contexto canônico.[190]

---

183. Thomas F. Torrance, como citado em Kathryn Greene-McCreight, "He Spoke through the Prophets" [Ele falou por intermédio dos profetas], em Christopher R. Seitz (org.), *Nicene Christianity: The Future for a New Ecumenism* (Grand Rapids: Brazos, 2001), p. 171.

184. Thomas F. Torrance, *Divine Meaning: Studies in Patristic Hermeneutics* (Edimburgo: T&T Clark, 1995), p. 232.

185. Fisher, *Christoscopic Reading of Scripture*, p. 37.

186. Ibidem, p. 53.

187. De seu comentário em Hebreus, citado em Fisher, p. 53n3.

188. Ibidem, p. 30.

189. Peter Opitz, "Exegetical and Hermeneutical Work of Oecolampadius, Zwingli and Calvin" [A obra exegética e hermenêutica de Oecolampadius, Zuínglio e Calvino], em *Hebrew Bible, Old Testament: The History of Its Interpretation*, vol. 2, ed. Magne Saebø (Göttingen: Vandenhoeck & Ruprecht, 2008), p. 411.

190. Como observa Paul Blowers: "*Skopos* levanta a questão do significado 'intencionado', que [...] não pertence propriamente aos autores originais das Escrituras [...] mas a Deus, o verdadeiro autor das Escrituras, que guia o público de sua Palavra, *de forma teleológica*, rumo ao grande cumprimento de toda 'profecia' escritural no mistério de Jesus Cristo". "Eastern Orthodox Biblical Interpretation" [Interpretação bíblica ortodoxa oriental], em Alan J. Hauser e Duane F. Watson (orgs.), *A History of Biblical Interpretation*, vol. 2 (Grand Rapids: Eerdmans, 2003), p. 178.

João Calvino

Indiscutivelmente, nenhum intérprete bíblico atravessa as eras pré-moderna e moderna mais do que João Calvino. Foi Calvino, por exemplo, que expressou dúvidas sobre identificar o sentido literal de certos salmos com a leitura cristológica. Isso levou Philip Schaff a declarar Calvino o fundador da exegese moderna.[191] Aliás, alguns contemporâneos de Calvino o acusaram de historicizar tanto as interpretações bíblicas que acabava por descristianizá-las, o que levou o luterano Aegidius Hunnius a escrever um tratado contra o "Calvino judaizante".[192] Ao comentar Salmos 22:1 ("Meu Deus! Meu Deus! Por que me abandonaste?"), Calvino passou consideravelmente mais tempo relacionando o versículo a Davi do que a Cristo, em grande parte pelo desejo de honrar o sentido natural (ou seja, literal) e oferecer interpretações que pudesse defender aos judeus de sua época.[193]

Por outro lado, seria impreciso, ou pelo menos incompleto, colocar Calvino do lado da interpretação histórica em vez da teológica. Calvino admitiu que as Escrituras hebraicas "deveriam ser lidas com o objetivo de encontrar Cristo nelas".[194] Ele também tinha um respeito saudável, embora não acrítico, pela exegese patrística. Calvino afirmou com a tradição da igreja a unidade do Antigo e Novo Testamentos: "O contexto de qualquer livro é o restante da Sagrada Escritura. Nenhum livro pode ser interpretado como se estivesse fora da Bíblia".[195] Tenho dificuldade em pensar em um endosso mais claro da leitura em contexto canônico do que esse. Por essas razões, Sujin Pak classifica Calvino como um exegeta pré-crítico, mas adverte que ele "também não pode ser tão facilmente distanciado dos princípios modernos da exegese".[196]

Tudo depende do que identificamos como o quadro de referência preferido de Calvino. Seu respeito pela filologia e reverência por Cristo o incitaram a forjar uma *via media* exegética. Como David Puckett observa: "A abordagem judaica nega a honra devida a Jesus Cristo, enquanto a abordagem cristã priva o Antigo Testamento de sua significância para seu público original. Por isso, é necessária uma posição mediadora".[197] Calvino mediou a filologia e a cristologia lendo com um quadro de referência escatológico no qual, graças à intenção trans-figural divina, figuras históricas como Davi servem como figuras de Cristo. Além disso, Calvino via a substância do Antigo e Novo

---

191. Veja Philip Schaff, "Calvin as a Commentator" [Calvino como comentador], *Presbyterian and Reformed Review 3* (1892), p. 462-9.

192. Veja também G. Sujin Pak, *The Judaizing Calvin: Sixteenth-Century Debates over the Messianic Psalms* (Oxford: Oxford University Press, 2010), cap. 5.

193. Veja também Barbara Pitkin, *Calvin, the Bible, and History: Exegesis and Historical Reflection in the Era of Reform* (Oxford: Oxford University Press, 2020).

194. João Calvino, *Gospel according to John 1—10, Calvin's New Testament Commentaries*, vol. 4 (Grand Rapids: Eerdmans, 1995), p. 139.

195. T. H. L. Parker, *Calvin's Old Testament Commentaries* (Louisville: Westminster John Knox, 1993), p. 81.

196. Pak, *Judaizing Calvin*, p. 8.

197. David L. Puckett, *John Calvin's Exegesis of the Old Testament* (Louisville: Westminster John Knox, 1995), p. 120.

Testamentos – a aliança da graça resumida em Cristo – como essencialmente a mesma,[198] permitindo-lhe assumir uma "coerência natural entre a leitura literal e figurativa, e [...] a necessidade de cada uma ser suplementada pela outra".[199] Para Calvino, a história da salvação do Antigo Testamento é tão cristoscópica quanto o Novo Testamento.[200]

Como vimos, a interpretação trans-figural não distorce, mas *estende* o sentido literal. De acordo com Erik Lundeen, Calvino manteve uma noção semelhante – um "sentido literal único e extenso" que admitia múltiplos referentes.[201] Por exemplo, em seu comentário sobre Gálatas 4:24 (a interpretação "alegórica" de Paulo sobre Sara e Hagar), Calvino disse que a intenção real de Paulo no texto de Gênesis não era uma alegoria, mas uma "anagogia". Scott Manetsch esclarece o pensamento de Calvino: "Paulo não distorceu o significado genuíno da narrativa do Antigo Testamento, pois a casa de Abraão (por meio de Sara e Isaque) era *literalmente* a igreja de Deus. [...] Paulo estava, tecnicamente falando, [...] desenhando uma figura que estava de acordo com o sentido literal".[202] O próprio comentário de Calvino sobre Gálatas 4:22 é revelador: "Uma interpretação mística desse tipo (*anagoge*) não era inconsistente com o significado verdadeiro e literal".[203]

Há um parentesco fascinante entre a *anagoge* de Calvino, o sentido espiritual anagógico da *quadriga* medieval (tradicionalmente aquela que corresponde a algum referente futuro ou celestial) e o que no presente livro estou chamando de quadro de referência escatológico: "O sentido anagógico, propriamente dito, lidava com realidades celestiais ou escatológicas. A *anagoge* de Calvino, em contraste, em geral apontava para Cristo e as realidades do Novo Testamento, papel que tradicionalmente cabia ao sentido alegórico".[204] Em seu comentário sobre Zacarias, Calvino descreveu como Israel derrotou seus inimigos, acrescentando: "Esta é uma *anagoge* – isto é, uma vez que tenhamos mantido o sentido literal do profeta, podemos então facilmente passar para o reino espiritual de Cristo".[205] Esse é apenas outro exemplo de leitura trans-figural para o sentido literal. O que tenho chamado de exegese escatológico-gramatical tem precedente protestante.

---

198. Veja Calvino, *Institutes* I.10.23.

199. Frei, *Eclipse of Biblical Narrative*, p. 27.

200. Veja também Pitkin, *Calvin, the Bible, and History*, p. 26.

201. Veja a tabela 7.1, resumindo quatro visões diferentes de referência literal sustentadas pelos reformadores, em Lundeen, "In Search of the Literal Sense", p. 267.

202. Scott Manetsch, "John Calvin and the Theological Interpretation of Scripture" [João Calvino e a interpretação teológica das Escrituras], em *Hearing and Doing the Word: The Drama of Evangelical Hermeneutics* (Londres: T&T Clark, 2021), p. 167.

203. João Calvino, *Commentary on the Epistles of Paul to the Galatians and Ephesians*, trad. William Pringle (Edimburgo: Thomas Clark, 1854), p. 136.

204. Lundeen, "In Search of the Literal Sense", p. 292n82. Cf. Randall C. Zachmann, "Anagoge stresses the elevation from the temporal sign to the spiritual reality it represents" [Anagoge enfatiza a elevação do sinal temporal para a realidade espiritual que ele representa] "Calvin as Analogical Theologian" [Calvino como teólogo analógico], *Scottish Journal of Theology 51*, n. 2 (1998), p. 162.

205. Calvino, *Ioannis Calvini opera quae supersunt omnia*, vol. 44 (orgazinado por G. Baum, E. Cunitz e E. Reuss) (Brunswick: Schwetschke, 1890), p. 283, citado e traduzido por Lundeen, "In Search of the Literal Sense", p. 294.

Considere, por fim, o comentário de Calvino sobre Gênesis 3:15: "E agora precisamos passar da serpente para o próprio autor do mal; e isso não é apenas uma comparação, mas uma verdadeira *anagoge* literal".[206] Essa transferência de figura para figurado faz sentido porque os cristãos de hoje participam da mesma história redentora que os personagens bíblicos. O que legitima essa transferência – ou *trans-figuração* – é a convicção cristã de Calvino de que o Antigo e o Novo Testamentos compartilham um assunto comum, a saber, a salvação em Cristo. Essas correspondências anagógicas fazem parte da compreensão de Calvino do sentido literal, sendo evidência da elasticidade do conceito *literal*.[207] Os reformadores, disse David Steinmetz, defendiam "uma letra carregada de significado espiritual, uma letra cheia de significados anteriormente relacionados pela *quadriga* à alegoria ou tropologia".[208] Barbara Pitkin concorda, agrupando Calvino com outros intérpretes católicos reformados que tendem a "preencher de forma exagerada esse sentido literal único com significados espirituais".[209]

Martin Bucer

É apropriado que concluamos nossa amostragem de intérpretes católicos reformados com Martin Bucer, não porque ele seja o mais conhecido ou o mais prolífico, mas, ao contrário, porque é um excelente representante da hermenêutica cristã pura e simples. Bucer foi tanto uma figura de conexões quanto um construtor de pontes.[210] Ele atravessou disciplinas acadêmicas, notadamente estudos bíblicos e teologia, e períodos históricos, situando-se entre o final da Idade Média e o início da era moderna.[211] Ele trabalhou duro para forjar acordos doutrinários entre facções protestantes que estavam se afastando cada vez mais. Ele foi chamado de "um mentor hermenêutico apto para nossa era", tanto porque exemplifica a maneira pela qual os estudos bíblicos e a teologia devem trabalhar juntos quanto porque nos lembra de que ambos existem, em última análise, para servir à igreja.[212]

---

206. Citado em Parker, *Calvin's Old Testament Commentaries*, p. 72.

207. Ver Richard Burnett, "John Calvin and the *Sensus Literalis*" [João Calvino e o *sensus literalis*], *Scottish Journal of Theology 57*, n. 1 (2004), p. 1-13.

208. David C. Steinmetz, "Divided by a Common Past: The Reshaping of the Christian Exegetical Tradition in the Sixteenth Century" [Divididos por um passado comum: a redefinição da tradição exegética cristã no século 16], *Journal of Medieval and Early Modern Studies 27* (Primavera de 1997), p. 249.

209. Pitkin, *Calvin, the Bible and History*, p. 8.

210. Pak observa que Bucer foi "uma figura mediadora significativa entre as exegeses de Lutero e Calvino" (*Judaizing Calvin*, p. 7).

211. Martin Greschat observa que as interpretações bíblicas de Bucer são "notavelmente modernas e progressivas". *Martin Bucer: A Reformer and His Times* (Louisville e Londres: Westminster John Knox, 2004), p. 82. Wesley Hill, avaliando as palestras de Bucer sobre Efésios, conclui que ele "continua sendo um pioneiro e modelo". "The Text of Ephesians and the Theology of Bucer", em Michael Allen e Jonathan A. Linebaugh (orgs.), *Reformation Readings of Paul: Explorations in History and Exegesis* (Downers Grove: IVP Academic, 2015), p. 161.

212. Brian Lugioyo, "Martin Bucer's Reading of Ephesians", em Michael Allen and Jonathan A. Linebaugh (orgs.), *Reformation Readings of Paul: Explorations in History and Exegesis* (Downers Grove: IVP Academic, 2015), p. 124.

O objetivo de Bucer como intérprete era "determinar com a maior clareza possível o que o respectivo autor bíblico pretendia dizer".[213] Para esse fim, ele leu hebraico e interpretou salmos messiânicos em diálogo com a exegese judaica para aprender mais sobre o contexto histórico e o sentido claro (*peshat*) do texto do Antigo Testamento. Conhecer a gramática e o contexto histórico é essencial, mas também o reconhecimento do objetivo ou *scopus* de uma passagem: porque Bucer se apegou à unidade dos dois povos do Antigo e Novo Testamentos, "a igreja é um ator tão central em suas interpretações desses salmos [messiânicos] quanto Cristo".[214] As leituras cristológicas de Bucer a respeito dos salmos messiânicos, portanto, descobriram a igreja, o *corpo* de Cristo, como parte do sentido literal estendido. As bênçãos que Deus conferiu aos santos da antiguidade aplicam-se por "transferência" à igreja e podem, portanto, ser lidas figuralmente.[215] Aliás, Pak argumenta que, para Bucer, "o significado central de toda a Escritura [era] a restauração do povo de Deus por meio do ato salvador de Cristo".[216]

As *Injunções de Cambridge*, promulgadas por Thomas Cromwell em 1535 e marco decisivo na Reforma Inglesa, determinaram que todas as aulas de teologia deveriam basear-se exclusivamente na Bíblia – "de acordo com a letra" – em vez dos ensinamentos tradicionais dos livros didáticos padrão, como *As Sentenças* de Pedro Lombardo. Bucer, portanto, teve de exibir todos os poderes interpretativos católicos reformados em suas palestras de 1550-51 sobre Efésios na Universidade de Cambridge, nas quais se moveu perfeitamente da filologia para a cristologia, demonstrando suas credenciais humanistas e católicas ao dar igual atenção à exegese e à teologia.

Bucer acreditava que Efésios se dirige não apenas aos cristãos do primeiro século, mas também ao próprio público inglês do século 16 e, na verdade, a todas as futuras gerações de crentes. Ele insistiu que, para ler as Escrituras corretamente, devemos orar e ouvir o Espírito "tão conscientemente quanto possível".[217] O conhecimento técnico da gramática por si só não pode produzir uma compreensão correta do que o Espírito está dizendo à igreja.

Bucer leu Efésios como fornecendo um compêndio de doutrina cristã – tudo o que os crentes precisam saber sobre os principais tópicos (*loci*) do mistério da salvação em Cristo e a vida cristã resultante. O objetivo de Paulo (*scopus*) "é o aumento da piedade, não apenas no conhecimento, mas também na prática, tanto entre os efésios quanto entre nós".[218] Bucer descobriu *loci* doutrinários específicos (por exemplo, eleição, eclesiologia) em cada capítulo, mas a única doutrina essencial que permeia toda a epístola

---

213. Greschat, *Martin Bucer*, p. 82.

214. Pak, *Judaizing Calvin*, p. 57.

215. Assim David F. Wright, "Bucer, Martin", em Donald K. McKim (org.), *Dictionary of Major Biblical Interpreters*, 2ª ed. (Downers Grove: InterVarsity, 2007), p. 252.

216. Pak, *Judaizing Calvin*, p. 62.

217. Bucer, citado em N. Scott Amos, *Bucer, Ephesians and Biblical Humanism: The Exegete as Theologian* (Switzerland: Springer, 2015), p. 99.

218. Bucer, citado em Amos, p. 125.

é "o mistério de Cristo" (Ef 3:4). Ao comentar essa frase, Bucer esclareceu a gramática e outras questões filológicas e então desvendou o significado do argumento de Paulo. O método humanista *loci* atendia às necessidades da exegese e da teologia igualmente: "O intérprete identificaria os pontos principais (*loci*) que um autor fez em sua obra e então os reuniria para chegar a um entendimento do argumento do autor".[219]

As palestras de Bucer sobre Efésios servem como um lembrete pungente e encorajador: é possível fazer teologia em parceria, não competição, com a exegese; é possível fazer teologia na universidade de uma forma que sirva à igreja. Como Bucer declarou, "A verdadeira teologia não é teórica ou especulativa, mas ativa e prática. Por sinal, o fim disso é agir, isto é, viver uma vida piedosa".[220] Por todas essas razões, as palestras de Bucer sobre Efésios, realizadas em Cambridge, representaram, por um breve momento, o que poderia parecer combinar em uma pessoa o que descrevi aqui como duas culturas de leitura contrastantes: a escolástica e a monástica. Essas palestras também fornecem um excelente exemplo da leitura trans-figural que tenho defendido: uma interpretação literal em uma chave católica reformada que segue a maneira pela qual as letras funcionam, da história ao mistério desdobrado. Em Bucer, como em outros intérpretes católicos reformados, vemos o exegeta como verdadeiro teólogo, e o teólogo como verdadeiro exegeta.[221]

Resumo

Na conclusão de seu clássico *The Study of the Bible in the Middle Ages* [O estudo da Bíblia na Idade Média], Beryl Smalley comparou Hugo e André de São Victor a "homens construindo no local de uma cidade enterrada, sem saber da civilização que jazia sob seus pés".[222] Ela estava aludindo à perda de séculos de interpretação literal (antioquena) que eles redescobriram. O sentido literal foi perdido e encontrado em mais de uma ocasião, embora, mesmo quando foi encontrado, nem sempre levava a Cristo.

Os próprios reformadores disputavam acerca do sentido e da interpretação literal. Tentei aqui fornecer um relato que faça sentido de sua prática comum, mesmo que eles a descrevessem em termos diferentes. Embora os conceitos que apresentei possam ser novos e desconhecidos, a posição subjacente que argumentei – uma hermenêutica cristã pura e simples – está alinhada com a tradição católica reformada. Mesmo um teólogo protestante pós-Reforma como Francis Turretin poderia concordar com Tomás de Aquino, até certo ponto: "O sentido literal não é tanto aquele derivado de palavras próprias e não figurativas [...] mas aquele pretendido pelo Espírito Santo e expresso em

---

219. Amos, p. 133-4. Amos contrasta o método de Bucer com o de Calvino. Enquanto Bucer incorporou uma discussão dos *loci* em sua exposição, Calvino manteve suas discussões separadas, reservando reflexão teológica estendida para suas *Institutas* (Amos, p. 134-8).

220. Bucer, comentário em João 14, traduzido e citado em Amos, p. 7.

221. Essa é também a tese de Amos, p. 5.

222. Smalley, *Study of the Bible*, p. 357.

palavras próprias ou figurativas".[223] Há também um amplo consenso de que, embora o sentido literal seja um, ele tem aspectos duais, pois a letra (discurso) do autor divino abrange o mistério de Cristo. Mais uma vez, o que conta não é apenas o significado gramatical superficial, mas o que o autor disse/fez.[224] Não devemos confundir nem fundir o *sensus literalis* (sentido literal) com a *littera* (sentido da letra), a maneira pela qual as palavras funcionam sob a direção do autor com o significado gramatical superficial.

Chegamos agora ao fim da parte 2, e de nossa primeira subida ao monte da interpretação. Passamos do literal para o figural e trans-figural em um argumento direcionado "para dar ao sentido literal um conteúdo mais completo, *sensus literalis plenior*".[225] Forneci uma definição do sentido literal e pedi desculpas pela interpretação literal, mas apresentei mais teoria do que prática, uma falha comum em muitos relatos sobre o que significa ler de forma teológica. Por consequência, os capítulos da parte 3 focam em uma figura em particular, a luz, e traçam sua trans-figuração mediante o cânone, da criação à consumação. Assim começa nossa segunda ascensão ao monte da interpretação bíblica. Ela também será trans-figural, mas por uma razão diferente. O destino dessa segunda subida, seguindo a figura da luz, é aquele que é a luz encarnada, sua transfiguração e a nossa transfiguração nele.

---

223. Francis Turretin, *Institutes of Elenctic Theology*, vol. 1 (traduzido por George Musgrave Giger; organizado por James T. Denison Jr.) (Phillipsburg: P&R, 1992), p. 150.

224. Isso certamente era verdade para Lutero: "O verdadeiro significado do texto nunca poderia ser reduzido sua definição literal, mas sempre tinha que incluir como o texto funcionava em seus ouvintes e leitores." Timothy J. Wengert, *Word of Life: Introducing Lutheran Hermeneutics* (Minneapolis: Fortress, 2019), p. xii.

225. Clifton Bruno, "Discerning the Literal Sense: Bringing Together Biblical Scholarship and Dogmatic Theology" [Discernindo o sentido literal: reunindo a teologia dogmática e o academicismo bíblico], *Nova et vetera 19*, n. 1 (2021), p. 256.

PARTE 3

TRANSFIGURANDO A INTERPRETAÇÃO LITERAL

A LUZ DE CRISTO

A Encarnação é a primeira etapa de um processo que deve atingir sua plenitude na transfiguração, isto é, na penetração do mundo pela luz de Cristo.

– Jean Daniélou[1]

Não é apenas que lemos a transfiguração, mas também que, em algum sentido importante, a transfiguração nos "lê".

– Stephen Barton[2]

Trate a Escritura de Deus como o rosto de Deus.

– Agostinho[3]

A hermenêutica cristã pura e simples convoca igrejas e seminários a promover culturas de leitura que possam superar a divisão moderna do academicismo bíblico e da teologia para formar cidadãos alfabetizados no evangelho. Meu objetivo principal na parte 1 foi mudar a maneira pela qual os intérpretes pensam sobre si mesmos como leitores e sobre a compreensão da Bíblia como Escritura cristã. Os leitores não são sujeitos autônomos que usam ferramentas ou métodos críticos em um texto inerte. Em vez disso, os leitores são sujeitos responsáveis por ouvir, fazer justiça e responder ao anúncio divino que acompanha o discurso humano da Bíblia. A parte 1 estava mais preocupada em promover certas sensibilidades exegéticas do que em fornecer um método exegético específico.

1. Jean Daniélou, *Salvation of the Nations* (Londres: Sheed and Ward, 1950), p. 50.

2. Stephen Barton, "The Transfiguration of Christ according to Mark and Matthew: Christology and Anthropology" [A transfiguração de Cristo segundo Marcos e Mateus: cristologia e antropologia], em Friedrich Avemarie e Hermann Lichtenberger (orgs.), *Auferstehung–Resurrection* (Tübingen: Mohr Siebeck, 2001), p. 232.

3. Agostinho, *Sermão* 22.7, em *The Works of Saint Augustine*, vol. 2, trad. Edmund Hill (Hyde Park: New City, 2009), p. 46.

A parte 2 estabeleceu um relato e uma definição cristã pura e simples do sentido literal. Teólogos de todo o espectro católico-protestante concordam que o sentido literal é autoritativo. O desafio é dizer o *que* é o sentido literal. Como vimos, uma compreensão profunda do sentido literal requer gramática, um quadro de referência escatológico, uma estratégia hermenêutica trans-figural, um contexto canônico e uma visão cristoscópica. Nossa primeira escalada na montanha da interpretação bíblica foi trans-figural, empregando um imaginário bíblico, um quadro de referência escatológico e uma estratégia hermenêutica que seguiu a forma pela qual as figuras bíblicas funcionam – até Jesus Cristo. Minha definição proposta do sentido literal – *o significado do discurso autoral humano-divino quando lido em contexto canônico e visto por meio de um quadro de referência escatológico* – constitui a norma autoritativa da teologia cristã, o *princípio formal* da hermenêutica cristã pura e simples.

Agora voltamos nossa atenção na parte 3 para o *princípio material* da hermenêutica cristã pura e simples: a luz de Cristo ou, mais expansivamente, o conhecimento de Deus na face de Cristo. Essa segunda ascensão ao monte da interpretação também é "trans-figural", embora seja a transfiguração de Jesus, um acontecimento da natureza criada em uma "economia de luz" trina abrangente, o centro das atenções. A Bíblia e a interpretação bíblica agora aparecem como ingredientes em uma obra mais ampla de Deus, uma obra de iluminação, na qual o Pai comunica a luz de seu autoconhecimento no esplendor do Filho por meio do brilho do Espírito: *luz de luz para luz*.[4] Não é mais um quadro de referência à maneira pela qual o Deus trino comunica a sua luz para aqueles que andam na escuridão, mas, em vez disso, comunica uma estrutura abrangente para entender igualmente a composição e interpretação da Bíblia. Intérpretes que leem as Escrituras corretamente participam dessa missão trina e desse ministério de iluminação, demonstrando sua compreensão da luz de Cristo colhida da letra do texto ao andar como filhos da luz (Ef 5:8). A palavra é uma lâmpada para nosso caminho, sim, mas "O Senhor é a minha luz e a minha salvação" (Sl 27:1). Mas começamos do começo, com a luz de Gênesis e a gênese da luz.

---

4. Como veremos, a economia da luz é outra maneira de pensar sobre a economia da revelação, embora, por causa da estreita conexão entre luz e vida (Jo 1:4), ela também se refira à economia da redenção.

CAPÍTULO 6

LANÇANDO LUZ SOBRE A LITERALIDADE

LUZ FORJADA

Agora, quando Deus disse: "Haja luz", e a luz foi feita, ele disse isso em certo dia ou antes do começo dos dias? Se ele disse isso pela Palavra, coeterna com ele, certamente não falou no tempo. Por outro lado, se ele falou no tempo, não falou por sua Palavra eterna, mas por uma criatura sujeita ao tempo; e assim a luz não poderia ser a primeira criatura.

– Agostinho, *The Literal Meaning of Genesis*, livro I, cap. IX, 15.

Os versículos iniciais de Gênesis imediatamente colocam à prova interpretativa tudo o que temos dito sobre sentido literal, interpretação literal e quadros de referência. Desde a igreja primitiva, as narrativas da criação desafiaram as melhores referências teológicas a fazer-lhes justiça. Mais recentemente, Gênesis 1—3 tem figurado de modo proeminente no diálogo entre ciência e teologia. Livros inteiros foram escritos sobre a leitura de Gênesis "depois de Darwin".[1] Nossa preocupação particular, no entanto, é Gênesis 1:3: "Deus disse: 'Haja luz'. E houve luz", e como isso pode estar associado à luz de Cristo, nosso foco particular na parte 3. A história da luz – como ela veio a ser, o que ela é, o que faz, como se relaciona com Jesus Cristo – fornece um estudo de caso exegético adequado para nossa abordagem à interpretação literal e um quadro de referência teológico para entender o que significa ler a Bíblia teologicamente. Minha esperança é que interpretar Gênesis 1:3 e a natureza da luz da qual ele fala lançará alguma luz sobre a literalidade em si.

Meu objetivo imediato é duplo: fornecer uma interpretação literal de "Haja luz" e, ao fazê-lo, iluminar a literalidade. Consequentemente, começamos com algumas observações sobre os quadros de referência que os intérpretes contemporâneos comumente empregam para ler Gênesis e o que eles muitas vezes perdem: o significado dos atos de fala *literais* de Deus. Em seguida, ofereço uma breve visão geral da história da

1. Stephen C. Baron e David Wilkinson (orgs.), *Reading Genesis After Darwin* (Oxford: Oxford University Press, 2009).

interpretação de Gênesis 1:3 antes de fornecer minha própria interpretação de "Haja luz", o momento inicial em uma economia de luz seguinte da qual os intérpretes bíblicos são lampejos significativos, mesmo que apenas momentâneos.

Enquadrando a Criação: sobre ler Gênesis 1:3 literalmente

Refletir sobre o significado da criação da luz por Deus levanta pelo menos três questões: (1) O que significa tomar o relato da criação "literalmente", e como uma leitura literal pode se relacionar com a ciência moderna? (2) Deus literalmente *fala* para que a luz seja criada, e em caso positivo, o que podemos aprender sobre a natureza da ação divina? (3) A que essa luz falada se refere literalmente, e como ela pode se relacionar com a afirmação de que "Deus é luz" (1Jo 1:5)? A presente seção examina as duas primeiras perguntas. A resposta à terceira pergunta surge na seção final, informada e estimulada pela análise da história da exegese realizada na segunda seção.

Do que trata literalmente Gênesis 1?

Se, como Tomás de Aquino afirmou, apenas o sentido literal é a base adequada da doutrina cristã, então a questão crucial no que diz respeito à doutrina da criação é simplesmente esta: o que Gênesis 1 significa literalmente? Sobre o que é, em última análise, a narrativa da criação? A maneira pela qual os intérpretes respondem depende do quadro de referência que adotam, o que, por sua vez, determina os tipos de perguntas que fazem. Basta examinar a vasta gama de interpretações para entender que é dessa forma.[2] As perguntas que os intérpretes modernos normalmente fazem dizem respeito à possibilidade de Gênesis contradizer ou concordar com a ciência moderna. A suposição padrão é que Gênesis 1—2 se relaciona com as origens cosmológicas. Isso então conduz a debates sobre a duração dos seis dias, ou se Gênesis 1 dá um relato cronológico e científico preciso do início dos céus e da terra.

Esse material está bem explorado e não quero ficar atolado em questões relativas, por exemplo, à duração dos seis dias.[3] Estou especialmente interessado na criação da luz, por considerá-la (1) uma pista sobre o que Gênesis realmente é, e (2) o ato de abertura na história maior da luz que abrange as Escrituras. O que está realmente em jogo, teologicamente falando, diz menos respeito à duração dos dias da criação e mais a Deus, o Criador. O que importa teologicamente é que Deus (literalmente) criou por meio da fala, e que é por meio dessa fala literal que se manifesta a ação divina. *Essas duas verdades teológicas são essenciais para ler o restante das Escrituras corretamente.*

---

2. Para uma pesquisa sobre abordagens interpretativas, veja Kyle R. Greenwood (org.), *Since the Beginning: Interpreting Genesis 1 and 2 through the Age* (Grand Rapids: Baker Academic, 2018).

3. Concordo com Henri Blocher que é "essencial livrar-se de uma vez por todas do sentimento profundo de que a linguagem figurativa seria inferior à linguagem literal, de algum modo menos digna de Deus". Henri Blocher, *In the Beginning: The Opening Chapters of Genesis* (Downers Grove: IVP Books, 1984), p. 49.

Para avaliar o desafio interpretativo, no entanto, consideremos com brevidade três abordagens e os respectivos quadros de referência, que figuraram proeminentemente em interpretações recentes de Gênesis 1. Fazer isso também serve como uma espécie de revisão sumária da maneira pela qual os quadros de referência influenciam o que os leitores consideram ser o sentido literal.

1. Os "criacionistas da Terra Jovem" leem Gênesis 1 como uma narrativa histórica factualmente verdadeira que, como tal, faz afirmações científicas sobre o tempo e o mecanismo das origens do cosmo.[4] A suposição de que Gênesis narra a verdade literal sobre como o mundo foi feito leva os criacionistas a concluir que Gênesis 1 entra em conflito, em vez de se harmonizar, com a ciência moderna. Em sua maneira de pensar, a única alternativa para uma leitura literalista direta (ou seja, gramatical) é a ladeira escorregadia da interpretação figural, na qual a literalidade começa a deslizar e é impossível de ser contida. Se Deus não criou o universo em seis dias de 24 horas, por que não descartar a verdade literal de tudo o mais em Gênesis e nos Evangelhos também?

A preocupação com a historicidade da ressurreição é compreensível. No entanto, considerar toda narrativa bíblica como história sem adornos é simplista e corre o risco de cair em uma leitura equivocada não pela via alegorizante, mas excessivamente literalista. Existem outras maneiras de se referir ao real e fazer afirmações acerca da verdade histórica além da cronologia direta. A identificação do gênero literário é o início da sabedoria interpretativa.[5]

2. Na outra ponta do espectro estão os críticos bíblicos modernos que leem Gênesis 1—2 como literatura antiga – mito, não ciência moderna. Nessa visão, o quadro de referência dos autores bíblicos reflete as suposições cosmológicas do Antigo Oriente Próximo de seus dias. A Bíblia deve, portanto, ser lida como qualquer outro texto pré-científico que trate das origens do mundo. "Seja o que for que os primeiros capítulos de Gênesis ofereçam, há uma coisa que eles certamente não oferecem, a saber, um relato literal de acontecimentos que realmente aconteceram antes e durante o início da história humana."[6]

3. Os "conciliadores" assumem uma posição intermediária, intencionalmente lendo Gênesis de maneiras que evitem conflitos com a ciência moderna. Por exemplo,

---

4. Assim Todd Beall: "Genesis 1 deveria ser lido [...] como narrativa histórica intencionada para ser tomada literalmente." "Reading Genesis 1—2: A Literal Approach" [Lendo Gênesis 1–2: uma abordagem literal], em J. Daryl Charles (org.), *Reading Genesis 1—2: An Evangelical Conversation* (Peabody, MA: Hendrickson, 2013), p. 45.

5. Veja também a crítica literalista de Kenneth L. Gentry à visão da estrutura literária: *As It Is Written. The Genesis Account: Literal or Literary? Dismantling the Framework Hypothesis* (Green Forest: Master Books, 2016), bem como James B. Jordan, *Creation in Six Days: A Defense of the Traditional Reading of Genesis One* (Moscou: Canon, 1999).

6. Kenton Sparks, "Genesis 1—11 as Ancient Historiography" [Gênesis 1—11 como historiografia antiga], em Charles Halton (org.), *Genesis: History, Fiction, or Neither? Three Views on the Bible's Earliest Chapters*, (Grand Rapids: Zondervan, 2015), p. 111. Veja também John Walton, "Reading Genesis 1 as Ancient Cosmology" [Lendo Gênesis 1 como cosmologia antiga], em *Reading Genesis 1—2*, p. 141; e Nathan J. Chambers, "Interpretive Categories and the Ancient Near Eastern Context" [Categorias interpretativas e o contexto do Oriente Antigo Próximo], em *Reconsidering Creation Ex Nihilo in Genesis 1* (Winona Lake: Eisenbrauns, 2020), cap. 1.

os proponentes da teoria dia-era tomam os seis dias de modo figurativo, como referências a vastos períodos de tempo, longos o suficiente para explicar a idade antiga do universo e permitir a evolução das espécies (por exemplo, "criacionismo da Terra Antiga").[7] Os conciliadores aceitam o consenso científico quanto à idade da Terra e o quadro de referência fisicalista que o acompanha.

Cada uma das abordagens acima lê Gênesis 1 com um olho na ciência moderna. Alguém se pergunta, no entanto, se os quadros de referência permitem que os leitores penetrem nas articulações e medulas teológicas dos versículos iniciais, que são tanto, se não mais, sobre Deus, o Criador, do que sobre o cosmo que ele cria. Concordo com Derek Kidner, que disse: "Não é por acaso que *Deus* é o sujeito da primeira frase da Bíblia. [...] A passagem, na verdade o Livro, é sobre ele antes de tudo; lê-lo com qualquer outro interesse primário [...] é interpretá-lo mal".[8] Precisamos de um quadro de referência que faça justiça a todos os aspectos de Gênesis 1: suas reivindicações históricas, sua maneira literária de fazer essas reivindicações *e* seu assunto teológico.[9] Para ler bem Gênesis 1, devemos "negociar entre quadros de referência históricos, literário-canônicos e teológicos".[10]

Deus falou "literalmente"?

Gênesis 1 é histórico à medida que faz alegações de verdade sobre algo que aconteceu, mesmo que não possa ser verificado independentemente. Gênesis 1 é literário "porque comunica doutrina de forma artística".[11] Por exemplo, Gênesis 1 é uma prosa exaltada que narra os atos de fala de Deus "no princípio". Gênesis 1 também é teológico, porque o que exalta sua prosa não é simplesmente sua forma poética, mas seu conteúdo exaltado. "Deus fala e age em majestade para criar o mundo e tudo o que nele há".[12]

Perguntas motivadas pela leitura de Gênesis 1 em relação a um quadro de referência científico desviaram nossa atenção. O ponto crucial na narrativa da criação não é a duração dos dias ou se as Escrituras entram em conflito com a ciência moderna. A alegação essencial é que Deus falou, chamando à existência todas as coisas, visíveis e invisíveis. Gênesis 1 é *literalmente* sobre a criação. É a história de Deus agindo com liberdade. Para ler bem e literalmente Gênesis 1:1-3, devemos, portanto, empregar um quadro de referência teológico. Quando fazemos isso, duas verdades entram em foco.

---

7. Veja, por exemplo, Hugh Ross, *Navigating Genesis: A Scientist's Journey through Genesis 1—11* (Covina: RTB, 2014). Veja também artigos a favor e contra o criacionismo da Terra Jovem e da Terra Antiga em Paul Copan, Tremper Longman III, et. al. (orgs.), *Dictionary of Christianity and Science* (Grand Rapids: Zondervan, 2017), p. 131-47.

8. Derek Kidner, *Genesis* (Downers Grove: InterVarsity, 1979), p. 43.

9. Para uma tentativa de fazer exatamente isso em um livro, veja Peter J. Leithart, *Creator: A Theological Interpretation of Genesis 1* (Downers Grove: IVP Academic, 2023). Veja também C. John Collins, *Reading Genesis Well: Navigating History, Poetry, Science, and Truth in Genesis 1—11* (Grand Rapids: Zondervan, 2018).

10. Chambers, *Reconsidering Creation Ex Nihilo in Genesis 1*, p. 235.

11. Bruce K. Waltke, *Genesis: A Commentary* (Grand Rapids: Zondervan, 2001), p. 31.

12. Vern S. Poythress, *Interpreting Eden: A Guide to Faithfully Reading and Understanding Genesis 1—3* (Wheaton: Crossway 2019), p. 127.

A primeira é que Deus é o Criador, um agente pessoal; a criação é seu ato livre. A segunda verdade é implícita pela primeira: Deus cria falando; a criação é seu ato de fala. Essas duas verdades são, por sua vez, fundamentais para uma leitura teológica adequada das Escrituras: Deus age; Deus fala. Essas são as bases gêmeas de uma hermenêutica cristã pura e simples.

Enquadrando a Criação

Antes de comentar sobre a criação da luz, um comentário sobre as palavras de abertura de Gênesis é útil. Há três interpretações principais da frase "No princípio, Deus criou os céus e a terra". Gênesis 1:1 pode descrever (1) um começo absoluto (ou seja, uma afirmação sobre origens cosmológicas); (2) um começo relativo (os proponentes dessa visão muitas vezes traduzem como "No princípio, *quando* Deus criou [...]"; ou (3) um começo temático que serve como um título ou resumo do que está por vir no resto do capítulo. Esse é um ponto crucial interpretativo notoriamente difícil, e este não é o lugar para uma discussão exaustiva. O que se segue são algumas razões para preferir uma combinação da primeira e terceira visões, segundo as quais o que Deus faz no princípio prepara o cenário para tudo o mais que se segue.[13]

O verbo *bara'* ("criou") é usado exclusivamente com Deus como sujeito, e sua forma de tempo perfeito sugere um ato concluído.[14] Uma comparação com outros relatos da criação do Antigo Oriente Próximo deixa claro que, além de qualquer outra coisa que possa estar fazendo, Gênesis está desmistificando, por assim dizer, mitos como *Enuma Elish* que retratam os deuses lutando com matéria recalcitrante para criar. Ler dentro de um contexto canônico fornece mais corroboração. O salmista declarou: "Pela palavra do SENHOR foram feitos os céus [...] Pois ele falou, e tudo se fez" (Sl 33:6,9). O Novo Testamento diz: "Toda boa dádiva e todo dom perfeito vêm do alto e descem do Pai das luzes" (Tg 1:17). Gênesis 1 indica que "o primeiro modo de existência da criatura é a receptividade – o recebimento do ser e da vida".[15] Por fim, a leitura em contexto canônico com um quadro de referência escatológico nos lembra de que Gênesis 1 é o começo de uma longa história que termina com Apocalipse, confirmando a soberania de Deus sobre o sacerdócio real que é a peça central do reino criado (Êx 19:6; 1Pe 2:9; Ap 5:10).[16]

---

13. Os seguintes fornecem defesas mais completas da primeira visão (tradicional): Chambers, *Reconsidering Creation Ex Nihilo in Genesis 1*, cap. 4; C. John Collins, *Genesis 1—4: A Linguistic, Literary, and Theological Commentary* (Phillipsburg: P&R, 2006), p. 50-5; Poythress, *Interpreting Eden*, p. 291-321; Victor P. Hamilton, *The Book of Genesis, Chapters 1—17, NICOT* (Grand Rapids: Eerdmans, 1990), p. 103-7.

14. Veja Collins, *Reading Genesis Well*, p. 160-1.

15. Simon Oliver, "Every Good and Perfect Gift Is from Above: Creation *Ex Nihilo* before Nature and Culture" [Cada dom perfeito e bom vem do alto: criação *ex nihilo* antes da natureza e da cultura], em Andrew B. Torrance e Thomas H. McCall (orgs.), *Knowing Creation: Perspectives from Theology, Philosophy, and Science*, vol. 1 (Grand Rapids; Zondervan, 2018), p. 44.

16. Veja também Mark Smith, *The Priestly Vision of Genesis 1* (Minneapolis: Fortress, 2010).

O que está principalmente em jogo em Gênesis 1:1-3 é a identidade e a natureza de Deus, sua transcendência absoluta e autoridade sobre todas as coisas. Deus criou o mundo do nada (*ex nihilo*), ou precisou lutar com um meio preexistente? A filologia sozinha não pode fornecer uma resposta definitiva. Exegetas bíblicos que insistem em ler apenas com um quadro de referência do Antigo Oriente Próximo afirmam que o conceito de criação *ex nihilo* "ainda não era uma ideia teológica significativa".[17] No entanto, Janet Soskice corretamente nos encoraja a ampliar nosso quadro de referência no que diz respeito ao que conta como bíblico: "*Creatio ex nihilo*, se não 'na Bíblia', é certamente bíblico. É uma parte da metafísica cristã baseada nas Escrituras".[18] Os cristãos estão certos em ler Gênesis 1:1-3 no contexto canônico e sentir a pressão canônica de passagens como Romanos 4:17 ("Deus [...] chama as coisas que não existem como se existissem") e Hebreus 11:3 ("Pela fé, entendemos que o universo foi formado pela palavra de Deus"). A doutrina da criação *ex nihilo* importa porque é fundamentalmente uma afirmação teológica, e não cosmológica. Ela afirma "que Deus, sem compulsão ou necessidade, criou o mundo do nada – realmente nada – sem matéria, espaço ou tempo preexistentes".[19] A criação *ex nihilo* importa porque a principal preocupação de Gênesis 1 é estabelecer uma distinção categórica entre o Deus criador e o mundo criado.

Ler Gênesis 1 sem reconhecer uma criação *ex nihilo* implícita é correr o risco de errar em todos os outros lugares da interpretação bíblica.[20] Pois interpretar mal a relação entre Deus e o mundo é identificar de modo errado o protagonista divino da história. Ao contrário de Marduk, o deus do mito criacional babilônico, YHWH não precisa se envolver em uma disputa de queda de braço com Leviatã ou com qualquer outra coisa nos céus e na terra. "Criação *ex nihilo* significa que Deus não precisa estabelecer sua identidade contra nenhuma realidade externa."[21] A doutrina da criação *ex nihilo*, portanto, fornece um quadro teológico útil de referência – e regra para ler o restante da Bíblia.

Os seis dias descrevem as *obras* distintivas de Deus (ou seja, as separações de luz/escuridão, céu/água, água/terra). Gênesis 1:1 anuncia uma distinção mais radical, aquela entre o ser incriado de Deus e os seres criados que ele fala à existência. "Apenas Deus confere forma e ser. [...] Essa é a grande doutrina da passagem."[22] Gênesis 1:3

---

17. James E. Atwell, *The Sources of the Old Testament: A Guide to the Religious Thought of the Hebrew Bible* (Londres: T&T Clark, 2004), p. 4.

18. Janet Soskice, "Why Creatio *Ex Nihilo* for Theology Today?" [Por que *creatio ex nihilo* para a teologia hoje?], em Gary A. Anderson e Markus Bockmuehl (orgs.), *Creation ex nihilo: Origins, Development, Contemporary Challenges*, (Notre Dame: Notre Dame University Press, 2018), p. 40.

19. Ibidem, p. 38.

20. Sobre se a criação *ex nihilo* é explícita ou implícita em Gênesis 1, veja a discussão útil sobre implicatura na teoria da relevância e Gênesis 1 em John W. Hilber, *Old Testament Cosmology and Divine Accommodation: A Relevance Theory Approach* (Eugene: Cascade, 2020), p. 175-81.

21. Chambers, *Reconsidering Creation Ex Nihilo in Genesis 1*, p. 229.

22. Blocher, *In the Beginning*, p. 66-7. Os seis dias são acomodações divinas para modos humanos de pensar, figuras de linguagem que o autor divino pretendia que fossem vistas como períodos de duração indeterminada, talvez dias de 24 horas, talvez não.

("E Deus disse: 'Haja luz'. E houve luz") apoia a criação *ex nihilo*. "A ideia de criação pela palavra preserva antes de tudo a distinção essencial mais radical entre Criador e criatura. A criação [...] é, antes de tudo, um produto de sua vontade pessoal."[23] Em suma, Gênesis 1:1 identifica Deus como todo-suficiente, "de tal modo que o mundo depende dele, e não ele do mundo".[24] Isso é suficiente no que concerne à natureza de Deus, o Criador. Voltamo-nos agora para examinar o momento e os meios da própria criação.

Deus fala literalmente?

Como boa parte dos comentaristas observa, o foco de Gênesis 1:3 e, na verdade, de todo o primeiro capítulo, está em Deus *dizendo*, como indicado pelo refrão que marca todos os seis dias: "Então, Deus disse". *Deus dizendo* é sem dúvida o principal acontecimento em Gênesis 1; toda a ordem criada é um subproduto de *Deus dizendo*. Portanto, é imperativo que os leitores de Gênesis 1 usem um quadro de referência que destaque e dê sentido aos atos de fala de Deus.[25] Nós, como leitores, devemos tomar *literalmente* a descrição de Deus falando? Agostinho fez uma série de perguntas sobre isso: Deus disse isso no tempo ou na eternidade? Por conta própria ou por meio de uma criatura? De forma audível ou inaudível? Em que idioma? E a quem foi dirigido? Imediatamente após essa enxurrada, ele comentou: "Mas talvez esta seja uma maneira absurdamente material de pensar e especular sobre o assunto".[26] Afinal, Agostinho sabia, a partir de João 1:1, que o Filho é o Verbo que estava com Deus no princípio, e isso o levou a sugerir que a palavra de Deus era menos um som material e mais "uma declaração imaterial de Deus em sua Palavra eterna".[27]

O verdadeiro ponto de interesse teológico, em minha opinião, está na questão: Deus *literalmente faz* alguma coisa? Afinal, *dizer* é um verbo, uma palavra de atividade que indica alguma forma de ação. Os leitores devem, portanto, lidar com a questão logicamente anterior: O que significa para Deus agir literalmente, fazer alguma coisa? Essa é uma questão teológica tão crucial quanto a própria distinção Criador/criação. Se Deus não age, então não há nada para narrar, e precisaríamos ler a história do Gênesis como um mito, uma expressão simbólica de uma verdade universal, não um acontecimento histórico. Lida nos próprios termos, no entanto, seja prosaica ou poética, a

23. Gerhard von Rad, *Genesis: A Commentary* (Louisville: Westminster John Knox, 1973), p. 49-50.

24. Collins, *Reading Genesis Well*, p. 209.

25. Críticos às fontes mais antigas postulam duas fontes por trás de Gênesis 1:1—2:4, que Herbert May chama de "Atos" e "Palavras". Segundo sua perspectiva, a fonte de "Atos" remonta ao período pré-exílico; os redatores exílicos e pós-exílicos, ao reagirem contra o dualismo babilônico, passaram a enfatizar que Deus era a própria fonte da luz, insistindo, por isso, que ela veio à existência por sua palavra. Veja Herbert Gordon May, "The Creation of Light in Genesis 1:3-5" [A criação da luz em Gênesis 1:3-5], *Journal of Biblical Literature 58*, n. 3 (1939), p. 203-11.

26. Agostinho, *The Literal Meaning of Genesis 1.2.5*, trad. John Hammond Taylor, vol. 1 (Nova York: Paulist, 1982).

27. Ibidem 1.4.9.

narrativa da criação é um relato de algo que realmente aconteceu. "O cosmo começa com um grande som, não um *Big Bang*, mas um *Big Be*!"[28]

Esses sons, além disso, continuam. Não haveria história da aliança se o Deus eterno não tivesse se comunicado, em palavras faladas e escritas, como as Escrituras o representam fazendo. Se Deus não falasse literalmente, não há como explicar como poderia tornar seus propósitos conhecidos. Podemos ir mais longe. Pois, a menos que Deus fale literalmente, ele não pode ter feito a maioria das ações que a Bíblia o descreve realizando: entregar o mandato de procriação a Adão e Eva, prometer fazer de Abraão uma grande nação, estabelecer a lei pela qual Israel deveria manter a aliança, profetizar um futuro Messias, declarar pecadores inocentes e assim por diante. Não poderia haver aliança sem um ato de fala que estabelecesse uma aliança, uma promessa ou juramento inicial (cf. Gn 26:3; Hb 6:17). Não é coincidência, então, que "a palavra do Senhor" que fez os céus (Sl 33:6), governou Israel (Dt 5:22), guiou reis (1Sm 15:1), veio aos profetas (Jr 1:4) e multiplicou discípulos (At 6:7) seja um tema bíblico chave com a própria força causal: "[Minha palavra] não voltará para mim vazia, mas fará o que desejo" (Is 55:11). Falar é uma forma de ação, uma maneira de fazer certas coisas, tanto que "Deus falando e Deus agindo são muitas vezes uma e a mesma coisa".[29]

A expressão divina "Haja luz" é, no entanto, um ato de fala de uma ordem distinta. Embora os humanos possam, sob certas condições, realizar ações por meio de palavras (como ao declarar: "Eu agora vos declaro marido e mulher"), somente Deus pode criar e dar forma a coisas que antes não existiam pelo simples ato de fala (Rm 4:17). Ao contrário das declarativas humanas, as declarativas de Deus também são generativas. Nas palavras de Lutero: "Ele criou o mundo e todas as coisas com a maior facilidade, a saber, falando. Consequentemente, não há mais esforço para Deus em sua criação do que há para nós em mencioná-la".[30] Deus, então, é um agente da fala, mas devemos ter cuidado para reconhecer a assimetria entre a agência da fala divina e humana.

Isso nos traz de volta à pergunta inicial: Deus, *de fato*, fala literalmente ou faz alguma coisa? Em outras palavras, qual é a interpretação correta de Gênesis 1:3: "E Deus disse: 'Haja luz'. E houve luz"? Dizer é uma ação, e ações ocorrem no tempo, mas Deus diz *fiat lux* antes que o tempo existisse. Graças ao "aspecto" gramatical,

---

28. Peter J. Leithart, *Creator: A Theological Interpretation of Genesis 1* (Downers Grove: IVP Academic, 2023), p. 196. Em português, um "grande 'Haja!'". (N. E.)

29. Timothy Ward, *Words of Life: Scripture as the Living and Active Word of God* (Downers Grove: InterVarsity, 2009), p. 26. Veja também meu "The Bible – Word of God?" [A Bíblia: Palavra de Deus?], em Lydia Jaeger (org.), *Reading the Bible Today* (Grand Rapids: Zondervan, 2024).

30. Martinho Lutero, citado *em Luther's Works, vol. 1 Lectures on Genesis Chapters 1-5* (organizado por Jaroslav Pelikan) (St. Louis: Concordia, 1958), p. 22. Veja também Christoph Schwöbel, "'We Are All God's Vocabulary': The Idea of Creation as a Speech-Act of the Trinitarian God and Its Significance for the Dialogue between Theology and Sciences" [Somos todos o vocabulário de Deus: a ideia da criação como discurso-ato do Deus trino e seu significado para o diálogo entre teologia e ciências], em Andrew B. Torrance e Thomas H. McCall (orgs.) *Knowing Creation: Perspectives from Theology, Philosophy, and Science*, vol. 1 (Grand Rapids; Zondervan, 2018), p. 47-68.

o hebraico bíblico chega o mais perto linguisticamente possível de expressar uma "ação pura" atemporal.[31] Várias traduções em inglês foram propostas para capturar essa atemporalidade, incluindo "Deus diz: Haja luz. E a luz é" ou "E Deus disse: Luz, seja. E a luz foi".[32]

James Barr representou uma geração de estudiosos bíblicos e teólogos modernos para quem toda a ideia de ação divina se tornou problemática em uma era científica na qual o Deus das lacunas tem cada vez menos espaço para manobrar: "Não temos nenhuma ideia de maneiras pelas quais Deus pode comunicar diretamente pensamentos ou frases articuladas aos homens; isso simplesmente não ocorre".[33] Outros, observando os problemas que a noção de causalidade divina levanta para a ciência moderna, perguntam: "O 'Deus que age' realmente age?"[34] Outros ainda, refletindo sobre "Deus é espírito" (Jo 4:24), insistem de maneira similar: "A linguagem [...] não pode ser literalmente predicada de espírito puro".[35] Como podemos tomar *Deus dizendo* literalmente se ele não tem partes do corpo, como uma língua e uma boca? E como podemos tomar a ação divina em geral literalmente, dado o quadro de referência naturalista predominante de nossa era científica?

Mais uma vez, muito depende de como concebemos a literalidade e de continuarmos a distinguir interpretações literais de literalistas. A questão urgente para intérpretes literais é simplesmente esta: Qual conjunto de suposições os leitores devem trazer para Gênesis 1 para entender corretamente as intenções comunicativas dos autores (humanos e divinos)? Não é preciso ser moderno para evitar leituras excessivamente literalistas. Lutero é um caso em questão: "Não que Deus realmente tenha falado, pois ele não tem boca, língua, dentes ou lábios como nós. Mas aquele que criou e formou a boca de todos os homens também pode produzir a fala e a voz".[36] William Alston elucidou a percepção de Lutero, distinguindo utilmente o literal do literalista graças a uma distinção entre analogia e univocidade. Alston começou definindo a ação, humana ou divina, como "uma mudança provocada por uma volição ou intenção".[37] Ele então mostrou que empregar cordas vocais não é necessário para falar. Deus *literalmente* – real e verdadeiramente – fala, mas não *univocamente*, da maneira pela qual nós, homens

---

31. Para uma explicação mais completa, veja Jonathan Yovel, "The Creation of Language and Language without Time: Metaphysics and Metapragmatics in Genesis 1" [A criação da linguagem e da linguagem sem tempo: metafísica e metapragmática em Gênesis 1], *Biblical Interpretation 20* (2012), p. 205-25.

32. Ibidem, p. 219.

33. James Barr, *The Bible in the Modern World* (London: SCM, 1973), p. 17.

34. Frank B. Dilley, "Does the 'God Who Acts' Really Act" [O "Deus que Age" realmente age?], em Owen C. Thomas (org.) *God's Activity in the World: The Contemporary Problem* (Chico: Scholars, 1983), p. 45-60.

35. Sandra Schneiders, *The Revelatory Text: Interpreting the New Testament as Sacred Scripture* (Collegeville: Liturgical, 1999), p. 28.

36. Lutero, "How Christians Should Regard Moses" [Como os cristãos devem considerar Moisés], em *Martin Luther's Basic Theological Writings* (organizado por Timothy F. Lull) (Minneapolis: Fortress 1989), p. 136-7.

37. William Alston, *Divine Nature and Human Language: Essays in Philosophical Theology* (Ithaca: Cornell University Press, 1989), p. 96.

e mulheres, fazemos, com línguas, dentes e cordas vocais. Deus pode fazer o que os humanos fazem, mas à própria maneira divina. "'Deus fala' é uma afirmação literal, mas analógica. É analógica porque o discurso divino é semelhante e diferente do discurso humano; mas isso não é metáfora, porque a realização de atos ilocucionários pertence apropriada e primariamente a Deus e apenas derivativamente [...] às criaturas humanas."[38]

Deus, portanto, *diz* (mas não como os humanos poderiam), "Haja luz", e por consequência, houve luz. Deus produziu efeitos no mundo real ao "falar o que pensa". O epítome da agência pessoal é a formação e promulgação das intenções divinas, fazendo assim uma diferença fora de si mesmo. A "fala-ação" de Deus é menos uma descrição antropomórfica da agência divina do que uma descrição teomórfica da nossa. Imagens criaturais de Deus só podem produzir *alguns* efeitos por meio da fala, mas a fala de Deus é universalmente eficaz. Os atos de fala humanos podem falhar, pois avisos são ignorados, promessas não são cumpridas e declarações pretensamente verdadeiras se revelam falsas. Mas não é assim com a palavra de Deus. Os atos divinos de fala se cumprem e, como Gênesis 1 continua a mostrar, ordenam a criação. A fala de Deus gera e governa. Essa fala-ação peculiar de Deus decorre da distinção singular Criador-criatura. Que Deus *fala* a luz ao ser, com tudo o mais, atesta seu senhorio soberano: a criação é uma obra divina intencional e inteligível, não um transbordamento (emanação) do próprio ser de Deus. O *fiat lux* de Deus é a criação *ex nihilo* em ação e em operação.

Que Deus fale literalmente é fundamental para o presente projeto de duas maneiras. Primeiro, em um nível formal, os atos divinos de fala servem como critério e norma para o sentido canônico simples da Escritura (ou seja, o que Deus está fazendo com palavras bíblicas no contexto canônico). Segundo, no nível material, o que Deus faz ao falar – os vários tipos de discurso divino, incluindo o Verbo se tornando carne (Jo 1:14) – é o que a Bíblia trata *literalmente*. Não conseguimos interpretar a Escritura de maneira literal a menos que leiamos a narrativa bíblica como um relato dos atos comunicativos no mundo espaço-temporal que ele, em um primeiro momento, falou, chamando à existência.[39] É certamente significativo que tanto a criação quanto a redenção envolvam atos de fala divinos. "Paulo usa a criação como uma metáfora para o que acontece a uma pessoa na conversão [e] a metáfora denota algo real em um nível mais profundo do que o meramente físico."[40] Deus justifica *declarando* alguém justo: "Quando o juiz no tribunal justifica alguém, ele cria o *status* que o réu vindicado

---

38. Merold Westphal, "On Reading God the Author" [Sobre ler Deus, o autor], Religious Studies 37 (2001), p. 273. Para uma discussão mais completa dessas questões, vejo meu *Remythologizing Theology: Divine Action, Passion, and Authorship, Cambridge Studies in Christian Doctrine*, ser. 18, repr. ed. (Cambridge: Cambridge University Press, 2012), p. 207-11.

39. O verdadeiro conflito na interpretação de Gênesis 1 não é entre teologia e ciência, mas entre diferentes entendimentos da ação divina. Veja Collins, *Reading Genesis Well*, p. 282-3.

40. John C. Lennox, *Seven Days That Divide the World: The Beginning according to Genesis and Science* (Grand Rapids: Zondervan, 2011), p. 102.

agora tem, por um ato de *declaração*".[41] Criação e redenção são coisas que Deus faz com palavras, atos de fala poderosos e interjeições divinas que criam o ser a partir do não-ser. Passamos agora a considerar precisamente o que Deus traz à existência ao dizer: "Haja luz".

"Que luz se escoa agora do cosmo?" Gênesis 1:3 na história da exegese

A luz é a única entidade mencionada no relato de Gênesis criada estritamente por decreto, e não a partir de algo a mais, como ocorre, por exemplo, em: "Que a terra faça brotar vegetação" (Gn 1:11). O que, então, é essa luz?[42] Não há melhor maneira de entrar no conflito de interpretações do que vivenciá-lo, e a melhor maneira de fazê-lo é pesquisar a história das interpretações bíblicas.[43] O que se segue é um trecho dessa história, uma pesquisa muito resumida de vários comentários sobre Gênesis 1:3, abrangendo desde o século 4 até o século 21. Tenho dois propósitos: primeiro, explorar mais a fundo a centralidade das suposições interpretativas e quadros de referência; segundo, avançar nossa compreensão tanto da luz quanto da literalidade. Mergulhar na história da exegese de "Haja luz" esclarecerá, eu confio, a respeito da natureza da luz e sobre a própria interpretação literal.[44]

Basílio de Cesareia

O *Hexameron* de Basílio de Cesareia (330-379) foi o primeiro tratado cristão (inicialmente uma série de homilias quaresmais) sobre os seis dias da criação (do grego: *hexa-*: "seis"). Ele é muitas vezes citado como um exemplo de uma abordagem mais literal do Gênesis em comparação com Orígenes. Na verdade, Basílio faz uma diatribe antialegórica que culmina com um tipo de discurso "Eu *não* tenho um sonho". Basílio disse: "Quando ouço 'grama', penso em grama".[45] Seu literalismo contrasta fortemente

41. N. T. Wright. *Justification: God's Plan and Paul's Vision* (Downers Grove: InterVarsity, 2009), p. 69.

42. Para uma abordagem de "história das ideias" para a luz, veja Bruce Watson, *Light: A Radiant History from Creation to the Quantum Age* (Nova York: Bloomsbury, 2016). Veja também os capítulos na parte 1 em Gerald O'Collins e Mary Ann Meyers (orgs.), *Light from Light: Scientists and Theologians in Dialogue* (Grand Rapids: Eerdmans, 2012).

43. Uma referência geral recomendada é a obra de Keith D. Stangli, *The Letter and Spirit of Biblical Interpretation: From the Early Church to Modern Practice* (Grand Rapids: Baker Academic, 2018). Para uma pesquisa abrangente de interpretações de Gênesis 1 e, em particular, a duração dos seis dias, veja Andrew J. Brown, *The Days of Creation: A History of Christian Interpretation of Genesis 1.1—2.3* (Reino Unido: Deo, 2014).

44. Um fato curioso é que em suas *Lectures on Genesis*, Lutero mencionou a afirmação de Jerônimo de que os rabinos judeus proibiam qualquer pessoa com menos de trinta anos de ler ou expor Gênesis 1 para outros (Lutero, *Lectures on Genesis*, p. 3). Felizmente, eu satisfaço essa condição. Aqueles que querem uma história mais completa da interpretação são aconselhados a começar com "On the Creation" de Fílon, em *The Works of Philo: Complete and Unabridged*, trad. C. D. Yonge (Peabody: Hendrickson, 1993). Um judeu alexandrino mergulhado na filosofia helenística, Fílon trouxe um quadro de referência neoplatônico para suportar sua leitura de Gênesis.

45. Basílio de Cesareia, *Hexaëmeron 1—9*, em *St Basil: Exegetic Homilies, Fathers of the Church 46*, trad. Agnes Clare Way (Washington, DC: Catholic University of America Press, 1963), 9.1, p. 135.

com os "intérpretes de sonhos" (alegoristas) que "concedem às Escrituras uma dignidade da própria imaginação".[46] No entanto, Basílio corretamente insistiu que Gênesis 1 está menos preocupado com o mundo da natureza do que com a majestade do Pai Todo-Poderoso, criador do céu e da terra. O que então vem à tona em sua interpretação literal é, em última análise, um quadro de referência teológico.

Grama é grama, mas o que Basílio pensou quando ouviu: "Haja luz"? De acordo com Andrew Louth, Basílio usou a ciência de sua época para preencher o esboço simples que encontrou em Gênesis, algo que pôde fazer "porque ele é incisivo que o relato bíblico não é científico".[47] A criação da luz é o momento no qual Deus "iluminou" o mundo, "fez a luz circular [...] distribuindo seu esplendor rapidamente em todas as direções".[48] Deus não criou o sol e a lua até o quarto dia, disse Basílio, para que os ignorantes "não considerassem o sol como a origem e o pai da luz".[49] Conhecendo a propensão humana à adoração ao sol, Deus o criou no quarto dia e o posicionou nos céus para colocá-lo em seu lugar (literalmente!). O sol não é a luz primordial, apenas "um veículo para aquela luz inicial".[50]

Basílio mencionou outras luzes que são veículos para a "verdadeira luz do mundo", a saber, Jesus Cristo (Jo 8:12). Por exemplo, o apóstolo Paulo fala dos santos como "luminares das almas que eles instruíram", provavelmente uma alusão à sua noção relacionada de que os crentes "brilham como estrelas no mundo" (Fp 2:15).[51] Basílio compreendeu, portanto, a importância de distinguir a luz divina primordial das várias luzes criadas, analisando a luz em uma série de matizes conceituais: "Que o Pai da luz verdadeira, que adornou o dia com a luz celestial, que fez brilhar o fogo que nos ilumina durante a noite, que nos reserva na paz de uma era futura uma luz espiritual e eterna, ilumine seus corações no conhecimento da verdade".[52] Agostinho pegou o último elo, entre luz e iluminação intelectual, e seguiu com ele.

---

46. Basílio, p. 136. Vale mencionar que Basílio se torna mais alegórico em sua interpretação dos Salmos. Veja também Stephen M. Hildebrand, *Basil of Caesarea* (Grand Rapids: Baker Academic, 2014), p. 44-52. Veja também a alegação de John A. McGuckin de que Basílio não está castigando a interpretação espiritual em geral, apenas a "alegorização excessiva de detalhes de tal forma que a importância moral do *skopos* abrangente do texto se perde em uma confusão de detalhes secundários". "Patterns of Biblical Exegesis in the Cappadocian Fathers: Basil the Great, Gregory the Theologian, and Gregory of Nyssa" [Padrões da exegese bíblica nos pais capadócios: Basílio, o Grande; Gregório, o Teólogo e Gregório de Nissa], em *Orthodox and Wesleyan Scriptural Understanding and Practice*, ed. ST Kimbrough (Nova York: St. Vladimir's Seminary Press, 2005), p. 45. Para uma refutação vigorosa da afirmação de que Basílio é um literalista, veja Craig D. Allert, *Early Christian Readings of Genesis One: Patristic Exegesis and Literal Interpretation* (Downers Grove: IVP Academic, 2018), p. 161-202.

47. Andrew Louth, "The Six Days of Creation according to the Greek Fathers" [Os seis dias da criação de acordo com os pais gregos], em Stephen C. Baron e David Wilkinson (orgs.), *Reading Genesis after Darwin* (Oxford: Oxford University Press, 2009), p. 48.

48. Basílio, *Hexaëmeron* 2.7.

49. Ibidem, 6.2.

50. Ibidem, 6.2.

51. Ibidem, 6.2.

52. Ibidem, 2.8.

Agostinho

Ninguém se esforçou com mais vigor ou mais frequência para esclarecer o sentido literal de Gênesis 1 do que Agostinho.[53] Suas duas primeiras tentativas não foram bem-sucedidas, pela própria admissão: "Eu queria testar minhas capacidades neste trabalho verdadeiramente mais difícil e desgastante [da interpretação literal]. Mas ao explicar as Escrituras, minha inexperiência desmoronou sob o peso de uma carga tão pesada e, antes de terminar um livro, descansei desse trabalho que não pude suportar".[54] A terceira tentativa de Agostinho, *The Literal Meaning of Genesis*, na qual ele trabalhou por cerca de quatorze anos, é amplamente reconhecida como uma de suas obras exegéticas mais significativas, embora cubra apenas os três primeiros capítulos (ou seja, os seis dias e o primeiro pecado). Além de seus três comentários oficiais sobre Gênesis, ele também expôs sobre os dias da criação em *Confissões* (livros 11—13) e *Cidade de Deus* (livro 11).[55]

Como o título de sua terceira tentativa indica, o principal objetivo de Agostinho era oferecer uma interpretação literal da narrativa da criação – "um registro fiel do que aconteceu".[56] Em geral, Agostinho buscava o significado pretendido pelo autor (Moisés), embora admitisse que muitas vezes era difícil determinar, caso em que confiou na analogia das Escrituras e da tradição católica: "Escolhamos aquela [interpretação] que parece certamente o significado intencionado pelo autor. Mas se isso não estiver claro, então pelo menos devemos escolher uma interpretação de acordo com o contexto das Escrituras e em harmonia com nossa fé".[57]

O que mais impressiona os leitores modernos são as variadas perguntas que Agostinho fez: A luz é algo material ou espiritual? A luz foi a primeira coisa criada, ou foram "os céus e a terra" (Gn 1:1)? Qual é a conexão entre a luz criada no primeiro dia e as luzes criadas no quarto dia (Gn 1:14)? Claramente, a natureza e o papel da luz são um importante ponto crucial interpretativo. Agostinho se esforçou para entender como poderia haver luz antes da criação dos luminares (sol, lua, estrelas) no quarto dia, que tipo de luz pré-solar era, e para onde essa luz foi durante a noite dos três primeiros dias. Ele sabia, é claro, que o sol não desaparece realmente à noite: "Sempre há dia em um lugar e noite em outro".[58]

---

53. Para um relato desses esforços, veja Yoon Kyung Kim, *Augustine's Changing Interpretations of Genesis 1—3: From De Genesi Contra Manichaeos to De Genesi Ad Litteram* (Lewiston: Mellen, 2006). Veja também Gavin Ortlund, *Retrieving Augustine's Doctrine of Creation: Ancient Wisdom for Current Controversy* (Downers Grove: IVP Academic, 2020) [Cf. em português: *Agostinho e a doutrina da Criação: uma sabedoria antiga para uma controvérsia atual* (São Paulo: Vida Nova, 2023)].

54. Agostinho, *The Retractions* [Retratações], trad. M. Inez Bogan, *Fathers of the Church*, vol. 60 (Washington: Catholic University of America Press, 1968), 1.17, p. 76.

55. Veja Roland J. Teske, "Genesis Accounts of Creation" [Relatos de Gênesis da Criação] em Allan D. Fitzgerald (org.), *Augustine through the Ages: An Encyclopedia* (Grand Rapids: Eerdmans, 1999), p. 379-81.

56. Agostinho, *Literal Meaning of Genesis* 1.1.19.

57. Ibidem 1.21.41.

58. Ibidem 1.10.21.

Qual é, então, a natureza dessa luz que precede a luz solar? Se a "terra" mencionada em Gênesis 1:1 se refere a todo o universo material, que Deus então separou nas águas abaixo e no céu acima (Gn 1:6-8), então "os céus" mencionados no versículo 1 não podem se referir ao céu "lá em cima". Agostinho concluiu que "os céus" se referem à ordem criada imaterial ou espiritual, permitindo-lhe preencher uma lacuna de outra forma intrigante na narrativa de Gênesis, que em nenhum lugar trata de modo explícito da criação de anjos.[59] Se os anjos não são eternos, então deve ter havido um tempo no qual eles não existiam e, portanto, um tempo em que começaram a existir. Agostinho apelou para Jó 38:7: "Enquanto as estrelas matutinas juntas cantavam e todos os anjos se regozijavam?"[60] Agostinho pensou que os anjos foram criados no primeiro dia para serem habitantes da "cidade celestial" acima.[61] Seguindo essa linha de raciocínio, inferiu que a luz criada com os anjos nos céus não é física, mas imaterial ou espiritual. Portanto, a luz criada no primeiro dia não é física, nem pode ser equiparada à "verdadeira Luz coeterna com o Pai", ou seja, o Verbo que estava com Deus no princípio.[62]

A leitura de Agostinho era complexa e às vezes confusa, mas para seu crédito ele por fim especificou o significado literal da luz espiritual que Deus falou, chamando à existência no primeiro dia: a iluminação, por Deus, do intelecto dos anjos. Agostinho contrastou essa interpretação literal (na qual a luz *figura* o conhecimento) como preferível à interpretação literalista da luz como algo físico. "Haja luz" refere-se a Deus capacitando os anjos a conhecer seu plano para a criação. "Os anjos primeiro viram a criatura na Palavra de Deus, e assim a criatura foi inicialmente produzida no conhecimento dos anjos."[63] A interpretação de Agostinho, embora pareça implausível para alguns, pode parecer mais convincente quando lida em conjunto com João 1:3: "Todas as coisas foram feitas por intermédio dele [o Logos]". A noção parece ser que Cristo é o modelo de cada coisa criada, a soma total das ideias divinas expressas na criação. Havia luz no primeiro dia em que os anjos "viram pela primeira vez na Palavra divina aquelas obras que seriam feitas antes que realmente fossem feitas".[64] Em resumo, a luz que Deus criou antes do sol é o que os anjos passam a conhecer ao contemplar a Palavra por meio da qual todas as coisas foram feitas, a Palavra que também é "a luz do mundo" (Jo 8:12).

Identificar a luz que Deus falou, chamando à existência, como conhecimento angélico também ajudou Agostinho a explicar como poderia haver tarde e manhã antes que o sol fosse criado no quarto dia. Os seis dias correspondem a um tempo de ensino

59. Ibidem 1.17.32. Agostinho chegou a essa posição pela primeira vez em suas *Confissões*, livro 12.
60. Pelo menos foi isso que Agostinho leu na tradução latina da versão LXX de Jó 38:7.
61. Agostinho, *Literal Meaning of Genesis* 5.19.37. Veja também Agostinho, *City of God* 11.9.
62. Ibidem 1, 17, 12.
63. Ibidem 4.31.48.
64. Ibidem 4.32.49.

para os anjos, podendo ser entendidos como "dias escolares" celestiais, por assim dizer. Tarde e manhã se referem aos dois modos desse conhecimento angélico, respectivamente. De manhã (ou seja, "dia"), os anjos veem a essência das coisas na Palavra de Deus, então, à noite, Deus cria essas coisas e os anjos as conhecem como elas existem. "O conhecimento que os anjos têm das ideias espirituais e eternas é como o dia, enquanto o conhecimento que eles têm da criação limitada pelo tempo é como a noite."[65] Os seis dias da criação são uma acomodação divina, a maneira de Deus falar sobre a compreensão progressiva dos anjos do que era, na verdade, uma obra instantânea de criação.[66]

Podemos nos perguntar de que modo igualar a criação da luz com a iluminação da inteligência angélica poderia contar como interpretação literal e não alegórica. Agostinho antecipou a objeção: "Essas interpretações, é claro, são diferentes de nossa compreensão comum da luz no sentido material. Mas não é verdade que a luz material seja literalmente 'luz', e a luz mencionada em Gênesis seja 'luz' metafórica".[67] Agostinho levantou aqui a possibilidade intrigante de que a luz mais verdadeira e literal seja a luz da mente, não dos olhos. Afinal, ainda hoje falamos de ver como algo físico (ocular) ou espiritual (intelectual). Nas palavras de um dos defensores contemporâneos de Agostinho, "Como a Palavra divina é incontida em palavras humanas, conclui-se de modo paradoxal que mesmo o sentido literal do texto transcende sua letra. [...] Os leitores cristãos das Escrituras, portanto, não podem deixar de ascender do literal para o figural".[68] A leitura de Agostinho de Gênesis 1:3 sugere que a luz mais verdadeira e literal é espiritual (ou seja, iluminação intelectual). A luz física é, paradoxalmente, apenas um tipo ou sombra comparada à coisa real. E a luz mais verdadeira é, claro, o próprio Cristo. "Ele é literalmente a Luz, mas metaforicamente uma pedra."[69] Agostinho rejeitou, portanto, a interpretação literalista de Gênesis 1:3, preferiu a leitura figurativa e estava aberto à possibilidade trans-figural de que a criação da luz prefigurava a encarnação da "luz do mundo".

Tomás de Aquino

No século 12, havia duas visões concorrentes sobre Gênesis 1: a teoria da criação instantânea de Agostinho e a alternativa propagada por Gregório, Jerônimo, Beda

65. Allert, *Early Christian Readings of Genesis One*, p. 284.

66. Veja também o tratamento similar de Agostinho acerca do conhecimento angélico em *City of God* 11.7.

67. Agostinho, *Literal Meaning of Genesis* 4.28.45. Veja também Elizabeth Klein, *Augustine's Theology of Angels* (Cambridge: Cambridge University Press, 2018), p. 5.

68. David Graham, "Defending Biblical Literalism: Augustine on the Literal Sense" [Defendendo o literalismo bíblico: Agostinho sobre o sentido literal], *Pro Ecclesia* 25, n. 2 (2016), p. 174, 193. Para um argumento de que o que Agostinho tomou como sentido literal inclui vários níveis, envolvendo um sentido espiritual, veja Kim, *Augustine's Changing Interpretations of Genesis* p. 1-3, p. 163-7.

69. Agostinho, *Literal Meaning of Genesis* 4.28.45. Agostinho estava se referindo a João 8:12 ("Eu sou a luz do mundo") e a Marcos 12:10 ("A pedra que os construtores rejeitaram tornou-se a pedra angular"), respectivamente.

e outros, que reconhecia uma criação inicial ("no princípio"), uma obra de "distinção" (dias um a três) e uma obra de "adorno" (dias quatro a seis).[70] A discussão de Tomás de Aquino sobre os seis dias, que ele modelou segundo o último esquema, merece exame, dados seus comentários sobre a natureza do sentido literal e a natureza da luz.

Foi Tomás de Aquino, podemos lembrar, que insistiu que os teólogos apelassem ao sentido literal para estabelecer a doutrina.[71] No entanto, porque Deus é o autor supremo das Escrituras, que "por um ato compreende todas as coisas por seu intelecto", Tomás não estava disposto a limitar opções interpretativas legítimas ao que estava apenas na mente do autor humano.[72] De forma significativa, Tomás jamais usou essa noção da pluralidade do sentido literal em sua exegese concreta para invocar um relativismo de "vale tudo". Em vez disso, ele a empregou para explicar mais modestamente "que uma diversidade legítima na compreensão teológica poderia muito bem ser a intenção do Espírito Santo e até mesmo do instrumento do Espírito, o autor humano das Escrituras".[73] As interpretações podem, portanto, ser viáveis se estiverem de acordo com o contexto ("a circunstância da letra") e o credo (a fé cristã). A interpretação de Gênesis 1 é um caso em questão. Agostinho e os pais gregos discordavam a respeito da matéria informe em geral ter sido criada antes das coisas formadas particulares. Tomás pensava que Gênesis 1 e o credo permitiam ambas as interpretações. Ele estava, portanto, aberto à possibilidade de que o Espírito concedeu a Moisés o conhecimento de ambas as verdades "sob uma letra, tal que qualquer um desses significados é o significado do autor [*sensus auctor*]".[74]

Tomás tratou do primeiro dia da criação em quatro artigos de sua *Summa Theologica*, perguntando se a luz é um "corpo" ou uma "qualidade".[75] A primeira coisa que ele queria saber era se o termo *luz* era usado literalmente ao se referir a coisas espirituais, como o conhecimento dos anjos. Sua resposta se encaixa com o que descrevemos como o sentido literal *estendido*: "Em seu significado primário [luz] significa aquilo que se manifesta ao sentido da visão; depois foi estendido

70. Veja Brown, *Days of Creation*, p. 66-79. Veja também o trabalho do século 13 de Robert Grosseteste, *On the Six Days of Creation*, trad. C. F. J. Martin (Oxford: Oxford University Press, 1996), que tentou sintetizar as várias visões.

71. Tomás de Aquino, *Summa Theologica* 1, 1, art. 10.

72. Ibidem 1, 1, art. 10. Note também que quando Tomás falava de intenção autoral, ele muitas vezes se referia ao ato de desejar certo fim, como em: "João evangelista pretende principalmente mostrar a divindade do Verbo encarnado". Isso se encaixa com o que eu disse na parte 1 sobre vincular o significado literal a todo o discurso – o que os autores dizem sobre algo a alguém de alguma forma – e não simplesmente às palavras em si.

73. Mark F. Johnson, "Another Look at the Plurality of the Literal Sense" [Outro olhar sobre a pluralidade do sentido literal], *Medieval Philosophy and Theology* 2 (1992), p. 141.

74. Tomás de Aquino, *De potentia* 4.1.

75. Tomás de Aquino, *Summa Theologica* 1, 67.

para aquilo que se manifesta à cognição de qualquer tipo".[76] Ambos os tipos de luz, física e espiritual, envolvem poder iluminativo.[77] É apropriado, pensou Tomás, que Deus tenha criado a luz primeiro. Pois a luz "é comum aos corpos terrestres e celestes" e "todas as outras coisas são manifestadas pela luz".[78] No entanto, enquanto para Agostinho a luz criada em Gênesis 1:3 pertencia ao conhecimento dos anjos, Tomás associava a luz à inteligência humana: o que é "visto" no olho da mente.[79] Assim, Tomás via a luz sensível que ilumina nossos olhos como uma imagem da luz inteligível que ilumina o olho de nossa mente. Fisicamente, a luz permite a visão física, mas também conhecemos as coisas "participando de uma luz interior inteligível, que Deus dá".[80]

Como outros comentaristas cristãos, Tomás de Aquino leu Gênesis 1:3 em conjunto com 1João 1:5: "Deus é luz, e nele não há treva alguma". Se a essência de Deus é luz, Tomás raciocinou, então nenhuma entidade criada poderia ter luz como uma propriedade essencial, pois isso a tornaria igual a Deus. Se o ser de Deus é luz, e se ser é estar em ato, então Deus é aquela fonte singular que ilumina ativamente a mente dos anjos e dos humanos. Tomás estava ciente, é claro, de que João 1:9 ("Estava chegando ao mundo a verdadeira luz, que ilumina todos os homens") também tem uma relação importante com a interpretação literal de Gênesis 1. A criação da luz antecipa a encarnação de Cristo. "Assim, Tomás de Aquino entende que a missão primária do Filho é a iluminação de nosso intelecto."[81] Cristo é a fonte essencial de luz para toda criatura inteligente que vem ao mundo, a Palavra que ilumina os intelectos obscurecidos por meio de seu Espírito. "Os atos da inteligência teológica cristã são uma obra natural da mente humana, e são 'espirituais' à medida que, como tais, são movidos por Deus, o Espírito Santo, a luz da mente."[82] Em suma, *a luz é o conhecimento que se origina e é ordenado ao Deus trino*. O que impressiona é que Tomás pretendia isso como uma

---

76. Ibidem 1, 67. Note, no entanto, que Tomás tomou a luz física como a linha de base e a luz espiritual como a extensão figurativa, enquanto Agostinho foi na outra direção, tomando a luz espiritual como o significado (literal) de linha de base. Para mais informações sobre como Tomás adaptou as visões de Aristóteles, veja o cap. 2, "The Physics of Light" [A física da luz], em David L. Whidden III, *Christ the Light: The Theology of Light and Illumination in Thomas Aquinas* (Minneapolis: Fortress, 2014), p. 47-68.

77. Cf. Comentário de Tomás de Aquino sobre Jó 37:3: "Entre todos os efeitos sensíveis, a luz é o mais espiritual". Tomás de Aquino, *The Literal Exposition on Job*, trad. Anthony Damico (Atlanta: Scholars, 1989), p. 405.

78. Tomás de Aquino, *Summa Theologica* 1, 67, art. 4.

79. Veja também Marie-Dominique Chenu, *Toward Understanding Saint Thomas* (Chicago: G. Regency, 1953), p. 171. Há um debate sobre a apropriação de Tomás de Aquino da noção de iluminação divina de Agostinho. A questão é se a luz divina cria uma capacidade cognitiva intrínseca (o "intelecto ativo" de Aristóteles, o poder de abstrair formas das coisas), ou funciona como uma influência extrínseca que confere conteúdo cognitivo real. Para um ensaio desse debate e um caso convincente para as credenciais agostinianas de Tomás, veja Lydia Schumacher, *Divine Illumination: The History and Future of Augustine's Theory of Knowledge* (Oxford: Wiley-Blackwell, 2011).

80. Whidden, *Christ the Light*, p. 143. Ao contrário dos humanos, que precisam abstrair as formas das coisas vistas, os anjos, por serem imateriais, conhecem as coisas mais de imediato.

81. Ibidem, p. 113.

82. John Webster, "Editorial", *International Journal of Systematic Theology 14*, n. 4 (2012), p. 379. Retornaremos à natureza trina da iluminação divina ao fim do capítulo.

interpretação literal de Gênesis 1:3, em contraste com a leitura alegórica que forneceu em outro lugar, segundo a qual "Haja luz" significa "Que Cristo nasça na igreja".[83]

Martinho Lutero

Como Agostinho antes dele, Martinho Lutero demonstrou uma obsessão semelhante à do capitão Ahab em perseguir o equivalente textual da grande baleia branca, o significado literal de Gênesis: "Dedicarei os anos restantes de minha vida a uma exposição dos Livros de Moisés".[84] Lutero pregou, ensinou e comentou sobre Gênesis por mais tempo do que qualquer outro texto bíblico, incluindo uma série de sermões de dezoito meses e oito volumes de palestras proferidas ao longo de um período de dez anos.[85][86] Em contraste com Agostinho, no entanto, o interesse principal de Lutero eram os capítulos posteriores, que, ao serem lidos de maneira literal, o capacitavam "a interpretar a própria vida do crente como uma luta pela fé e fidelidade".[87]

Lutero lia literalmente enquanto estava comprometido por completo em descobrir a "espiritualidade da letra", com o que ele queria dizer seu tema ou *escopo* real: Jesus Cristo.[88] Em seu "Prefácio ao Antigo Testamento" de 1523, ele expressou sua convicção de que o Antigo Testamento é Escritura cristã: "Aqui você encontrará os panos e a manjedoura na qual Cristo jaz".[89] Cristo aparece como uma *promessa literal* de Deus já em Gênesis 3:15, o *protoevangelho* ou primeira evidência do evangelho: "Ele ferirá a sua cabeça, e você lhe ferirá o calcanhar". Essas declarações, com outras promessas messiânicas, tornam Gênesis "um livro inteiramente evangélico".[90] Lutero leu Gênesis como um testemunho profético de Cristo, e sem esse tema cristológico, "até mesmo o conhecimento da língua é inócuo".[91]

---

83. Veja a discussão do comentário de Tomás de Aquino de Gálatas 4:7 em Whidden, *Christ the Light*, p. 214.

84. Lutero, *Lectures on Genesis Chapters 1—5*, p. ix.

85. Os oito primeiros volumes das *Luther's Works* publicados pela Concordia são todos dedicados às suas palestras sobre Gênesis.

86. Cf. em português: *Martinho Lutero: obras selecionadas* (São Leopoldo: Sinodal, 2025), 14 vols.

87. Mickey L. Mattox, "Faith in Creation: Martin Luther's Sermons on Genesis 1" [Fé na criação: sermões de Martinho Lutero em Gênesis 1], *Trinity Journal 39* (2018), p. 208. Mattox observa: "Se para Lutero há um livro de instruções para a vida cristã, Gênesis é esse livro" (p. 209).

88. A frase "espiritualidade da letra" é a maneira de Ocker descrever o objetivo da exegese medieval tardia com a qual ele associou Lutero. Christopher Ocker, *Biblical Poetics before Humanism and Reformation* (Cambridge: Cambridge University Press, 2002), p. 219.

89. Lutero, "Preface to the Old Testament" [Prefácio ao Antigo Testamento], em E. Theodore Bachmann (org.), *Luther's Works, vol. 35, Word and Sacrament I* (Minneapolis: Fortress, 1960), p. 236.

90. Lutero, "Preface to the Old Testament", p. 237. Cf. Adina Miriam Yoffie: "To the orthodox Lutherans [...] the Christological sense of Genesis 3:15 was its sensus literalis" [Para os luteranos ortodoxos [...] o sentido cristológico de Gênesis 3:15 era o *sensus literalis*] "Biblical Literalism and Scholarship in Protestant Northern Europe, 1630–1700" (Dissertação PhD, Harvard University, 2009), p. 183.

91. Lutero, "Preface to the Old Testament", p. 249. Para mais informações sobre os vários prefácios de Lutero para a Bíblia, veja William M. Marsh, *Martin Luther on Reading the Bible as Christian Scripture: The Messiah in Luther's Biblical Hermeneutic and Theology* (Eugene: Wipf & Stock, 2017), p. 28-161 [Cf. em português: *Da liberdade do cristão: prefácios à Bíblia* (São Paulo, Ed. UNESP, 1998)].

No que diz respeito a Gênesis 1, Lutero acreditava que Moisés falou literalmente sobre o que Deus faz no tempo, e o que ele fez levou tempo. Lutero concluiu: "O mundo, com todas as suas criaturas, foi criado em seis dias, de acordo com o texto".[92] Lutero comentou de forma áspera a ideia agostiniana de que Deus criara tudo instantaneamente: "Agostinho recorre a uma trivialidade extraordinária em seu tratamento dos seis dias, que ele faz serem dias místicos de conhecimento entre os anjos, não naturais".[93] No que diz respeito a Gênesis 1:3 em particular, o que mais impressionou Lutero foi a fala de Deus.[94] A luz vem a existir somente por meio da Palavra que estava com Deus e era Deus. "Portanto, no princípio e antes de toda criatura há a Palavra, e esta é tão poderosa que faz todas as coisas do nada."[95] Quanto à natureza da luz criada, Lutero reconheceu que era difícil dizer, embora pensasse que deveria ser "verdadeira e física", pois não se deve "sem razão se afastar das regras da linguagem ou [...] à força ler significados em palavras".[96] Luz é luz. Bem, não exatamente. Pois em conexão com o quarto dia da criação, ele disse que a "luz bruta do primeiro dia foi aperfeiçoada pela adição de novas criaturas: o sol, a lua, as estrelas etc".[97] Ele se recusou a dizer mais sobre a natureza dessa "luz bruta", exceto que "os astrônomos são os especialistas de quem é mais conveniente obter o que pode ser discutido sobre esses assuntos".[98] A interpretação literal de Lutero é, portanto, híbrida: o significado literal de "Haja luz" refere-se à luz "natural", enquanto o significado literal de "E Deus disse" pertence à Palavra pela qual todas as coisas foram feitas.

João Calvino

Embora seja um exagero apelidar João Calvino de fundador da exegese histórico-gramatical moderna, o treinamento humanista que recebeu o levou a dar prioridade ao significado verbal e à intenção autoral ao descrever a interpretação literal: "O verdadeiro significado da Escritura é o natural e simples".[99] Isso está de acordo

---

92. Lutero, *Lectures on Genesis*, p. 5. Robert Letham afirma que Lutero é "o primeiro dos principais exegetas" a ver os dias como vinte e quatro horas cada. Robert Letham, "'In the Space of Six Days': The Days of Creation from Origen to the Westminster Assembly" ['No Espaço de seis dias': os dias da criação de Orígenes à Assembleia de Westminster], *Westminster Theological Journal 61* (1999), p. 164. Deve ser notada, no entanto, a influência sobre Lutero da *Postilla litteralis* de 1322 de Nicolau de Lira (o primeiro comentário contínuo sobre a Bíblia a ser impresso). Lyra rejeitou a interpretação de Agostinho dos seis "dias" de conhecimento angélico como "distante do sentido literal", preferindo ver cada um como indicando um período de vinte e quatro horas, mesmo antes da criação do Sol. Veja C. Patton, "Creation, Fall and Salvation: Lyra's Commentary on Genesis 1—3" [Criação, queda e salvação: o comentário de Lyra de Gênesis 1—3], em Philip DW Krey e Lesley Smith (orgs.), *Nicholas of Lyra: The Senses of Scripture* (Leiden: Brill, 2000), p. 23.

93. Lutero, *Lectures on Genesis*, p. 4.

94. Sobre Lutero relacionado à criação como um ato de fala, veja Oswald Bayer, *Martin Luther's Theology: A Contemporary Interpretation* (Grand Rapids: Eerdmans, 2008), p. 101-4.

95. Lutero, *Lectures on Genesis*, p. 17.

96. Ibidem, p. 19.

97. Ibidem, p. 40.

98. Ibidem, p. 41.

99. João Calvino, *The Epistles of the Apostle Paul to the Galatians, Ephesians, Philippians, and Colossians*, trad. T. H. L. Parker (Grand Rapids: Eerdmans, 1965), p. 84-5 [Cf. em português: *Gálatas, Efésios, Filipenses e Colossenses* (São José dos Campos: Fiel, 2022)].

com a tendência de Calvino de ver Gênesis como uma obra "popular", escrita para que pessoas comuns pudessem entendê-la. Gênesis contém informações necessárias sobre as origens do cosmo e da aliança. Moisés escreveu "para tornar Deus [o invisível], por assim dizer, visível para nós em suas obras".[100] Em geral, Calvino está ansioso para evitar dois erros: por um lado, uma preocupação com a natureza que se esquece de Deus; por outro, uma especulação sobre a essência divina que se esquece das obras de Deus. O sentido literal serve a um propósito pedagógico, instruindo os fiéis na substância da fé. O propósito de Deus ao criar era, em última análise, pactual: formar um povo para si mesmo em, com e sob Cristo. "Somos companheiros dos patriarcas: pois, uma vez que eles tinham Cristo como penhor de sua salvação quando ainda não havia aparecido, assim também nós conservamos o Deus que anteriormente se manifestou a eles."[101]

Calvino vinculou sua teologia ao texto, à maneira pela qual as palavras funcionam. Isso reflete seu treinamento como humanista. Ele estava igualmente comprometido em ler a Bíblia como Escritura cristã.[102] Um exemplo de sua devoção à letra do texto é sua recusa em interpretar a menção de Deus em Gênesis 1:1 como se referindo à Trindade. Sim, o nome divino ("Elohim") está no plural, mas Calvino alertou os leitores "para tomarem cuidado com glosas violentas".[103] É "frívolo" ver uma referência a Cristo – pelo menos não até dois versículos depois, quando Calvino associou "Deus disse" (Gn 1:3) com "todas as coisas foram feitas por meio dele" (Jo 1:3)! Aparentemente, Calvino teve um vislumbre da Trindade pela primeira vez somente quando a Palavra atuou em Gênesis 1:3-5, ordenando o ser pela fala ao separar a luz das trevas: "O ato de distinguir sua sabedoria começa a ser conspícuo" somente com a criação da luz.[104] Na experiência humana, plantas e árvores precisam de luz solar para crescer. "A existência da luz é a condição *sine qua non* para a existência de qualquer outra coisa."[105] No entanto, a narrativa bíblica é tão ordenada que a criação do sol ocorre apenas no quarto dia, depois que a terra já havia produzido plantas e vegetação. Calvino pensou

---

100. João Calvino, *Genesis*, trad. John King (Edimburgo: Banner of Truth Trust, 1975), p. 58.

101. Calvino, *Genesis*, p. 66. Greene-McCreight observa que as interpretações literais de Calvino incluem leitura figurativa porque pessoas e acontecimentos na história de Israel são tipos de Cristo e da história da igreja. Kathryn Greene-McCreight, *Ad Litteram: How Augustine, Calvin, and Barth Read the "Plain Sense" of Genesis 1—3* (Nova York: Peter Lang, 1999), p. 98.

102. Stephen Edmondson identifica uma convergência entre a historiografia renascentista e a interpretação teológica buscada por Calvino na representação bíblica da história como a história do Mediador da aliança, Jesus Cristo. Stephen Edmondson, "Christ and History: Hermeneutical Convergence in Calvin and Its Challenge to Biblical Theology" [Cristo e a história: convergência hermenêutica em Calvino e seu desafio à teologia bíblica], *Modern Theology 21*, n. 1 (2005), p. 3-35. Rebekah Earnshaw destrincha as várias maneiras pelas quais Calvino poderia ser considerado um "teólogo bíblico". Rebekah Earnshaw, *Creator and Creation according to Calvin on Genesis* (Göttingen: Vandenhoeck & Ruprecht, 2020), p. 31-8.

103. Calvino, *Genesis*, p. 71.

104. Ibidem, p. 75. Karl Barth, ao ler Gênesis 1:3 e João 1:3 em conjunto, afirmou que os pais da igreja "estavam certos ao perceber vislumbres de todo o mistério da Trindade" na expressão "Haja luz". Barth, *Church Dogmatics* III.1 (Edimburgo: T&T Clark, 1958), p. 116.

105. Hamilton, *Book of Genesis*, p. 119.

que isso era intencional. Os humanos são propensos à idolatria, particularmente à adoração ao sol (e à astrologia), portanto a criação do sol é adiada para entendermos que a propriedade vivificante da luz pertence somente a Deus.[106] Devemos, disse Calvino, "referir todas as coisas a ele".[107]

Em um ponto de seu comentário, Calvino aludiu à astronomia ptolomaica, dizendo que "a Terra, como um pequeno globo, é colocada no centro [do circuito dos céus]".[108] No entanto, ele foi rápido em acrescentar que Moisés não estava falando como um filósofo ou astrônomo sobre esses assuntos. Moisés não estava fazendo afirmações científicas sobre o tamanho relativo do sol, da lua e das estrelas; em vez disso, estava falando de maneira fenomenológica, tendo em vista a maneira pela qual as coisas aparecem na experiência humana cotidiana: "Moisés aqui se dirige a nossos sentidos".[109] Calvino reconheceu que Gênesis 1 é um relato não científico da criação e o interpretou literalmente como tal. O propósito da narrativa da criação é fornecer orientação aos leitores comuns, não aos astrônomos. "Pois, como convinha a um teólogo, ele [Moisés] tinha respeito por *nós* e não pelas *estrelas*."[110] O quadro de referência que orientou a leitura de Calvino foi a própria narrativa bíblica, nada mais, e foi precisamente esse compromisso que salvou suas interpretações literais de serem vinculadas a qualquer teoria científica.[111]

Gordon J. Wenham

O comentário de Gordon Wenham, vários séculos após o de Calvino, é representativo de muitas abordagens evangélicas do século 20 que buscaram continuar e melhorar a maneira de interpretação literal dos reformadores. Wenham examina os capítulos iniciais de Gênesis em relação a várias formas de crítica bíblica, paralelos do Antigo Oriente Próximo, o resto da Bíblia e o pensamento moderno. Ele concorda com aqueles que veem Gênesis 1 como "uma polêmica contra os conceitos mítico-religiosos do antigo Oriente".[112] Deus não precisa lutar com matéria recalcitrante, mas estabelece a lei, por assim dizer, ordenando a criação por sua palavra autoritativa, sábia e poderosa.

A seção intitulada "comentário" na obra de Wenham aborda o significado verbal do texto, enquanto a seção "explicação" conecta Gênesis a discussões teológicas mais amplas.

106. A objeção de Calvino à astrologia é paralela à sua objeção à alegoria: em ambos os casos, a tentação é ler esses sinais "de acordo com nossa imaginação". *Genesis*, p. 84; cf. a discussão em Greene-McCreight, *Ad Litteram*, p. 129.

107. Calvino, *Genesis*, p. 82.

108. Ibidem, p. 61.

109. Ibidem, p. 85.

110. Ibidem, p. 85-6.

111. Greene-McCreight diz "Calvino parece querer proteger a leitura literal da necessidade de se comprometer com qualquer cosmovisão". *Ad Litteram*, p. 125.

112. Gordon J. Wenham, *Genesis 1—15. Word Biblical Commentary, vol. 1* (Nashville: Thomas Nelson, 1987), p. 37.

Há um aceno para a crítica da fonte, embora Wenham dedique a maior parte de sua discussão ao que é mais certo (a forma final) antes de abordar o menos certo (as várias fontes subjacentes e seu desenvolvimento). Seu objetivo primordial é a descoberta do significado inicial de Gênesis, ou seja, o que ele significou para seu editor final e primeiros leitores.[113]

Wenham descreve Gênesis 1 como "o majestoso capítulo de abertura" que introduz os dois principais temas de toda a Escritura: Deus, o Criador, e a humanidade, sua criatura (e a relação entre eles). Gênesis 1 prepara o cenário para todas as histórias que se seguem, identificando o Deus de Abraão, Isaque e Jacó como o Criador dos céus e da terra. Quanto à criação da luz, Wenham observa que Gênesis 1:3-5 contém, em sequência simples, a mesma fórmula sétupla encontrada em todos os seis dias da criação: (1) anúncio ("Deus disse"); (2) comando ("haja"); (3) cumprimento ("e houve"); (4) execução ("luz"); (5) aprovação ("era bom"); (6) uma palavra explicativa seguinte ("Deus chamou"); e (7) uma enumeração dos dias ("o primeiro dia"). Wenham vê na separação entre luz e trevas uma antecipação da eleição de Israel por Deus para ser uma nação santa (ou seja, separada): "Deus é, por assim dizer, preconceituoso em favor da luz".[114] Ele observa ainda que a luz, embora não seja divina em si mesma, representa metaforicamente a vida, a salvação, os mandamentos e a presença de Deus. Wenham não diz o que a luz é literalmente. No entanto, ele lamenta a maneira excessivamente literalista com que os seis dias foram interpretados, citando a dificuldade de explicar a luz antes da criação do sol.[115] Ele vê o esquema dos seis dias como um dispositivo narrativo que expressa a coerência e a intencionalidade da obra do Criador, não um relato cronológico ou científico do processo real. Como acontece com toda a linguagem que usamos para falar de Deus, os seis dias são analógicos.[116] Por fim, Wenham argumenta que o próprio texto desencoraja os leitores de interpretar Gênesis 1 com uma estrutura de referência científica: "Quando se permite que fale por si mesmo, Gênesis 1 olha além dessas minúcias".[117]

Gênesis 1 é principalmente sobre Deus: sua fala, ação e, em particular, seu ato de fala, todos os quais devem ser tomados literalmente, embora não literalisticamente. A luz veio a existir por consequência de um ato de fala distintamente divino (chame-o de "generativo") que traz à existência o que diz. Quanto ao que a luz assim criada é literalmente, nossa amostragem traz comentaristas representativos. O que resta a ser pensado é se a luz criada é física ou espiritual e, se for a última, o que ela é e envolve. Nossa pesquisa pode ter levantado mais perguntas do que respostas, embora também tenha fornecido a dica de um caminho promissor a seguir, algumas migalhas relativas

113. Ibidem, p. xlv.

114. Ibidem, p. 18.

115. Ibidem, p. 39; cf. p. 18.

116. Veja também a discussão de Collins sobre os dias analógicos como "dias de trabalho de Deus". Collins, *Genesis 1—4*, p. 124-5.

117. Wenham, *Genesis 1—15*, p. 40.

à relação entre luz física, conhecimento e a Palavra por meio da qual todas as coisas foram feitas, "a verdadeira luz, que ilumina todos os homens" (Jo 1:9).

Tornando conhecido: uma economia da luz ajustada por Deus

A parte 3 apresenta a Escritura e seus leitores como constituintes na história bíblica abrangente da luz, da criação à consumação. Fizemos exames cautelosos na história da exegese de Gênesis 1:3 a fim de obter auxílio para saber o que é luz. Agora nos voltamos para considerar o que a luz faz e o que Deus estava fazendo ao criar a luz. Nossa primeira tarefa, no entanto, é esclarecer a relação entre a luz criada e a luz incriada do próprio Deus. Só então podemos, em segundo lugar, explicar o significado literal de Deus criando a luz, um ato que marca o início da resplandecência do Deus trino. Esclarecer a maneira como Deus administra e comunica a luz fornece uma estrutura abrangente e convincente para ver a interpretação bíblica, em si, como uma participação na luz que Deus é: "Na tua luz, vemos a luz" (Sl 36:9).

Deus é literalmente luz? O ser de Deus *ad intra*

"Deus é luz" (1Jo 1:5) e Deus cria a luz (Gn 1:3), mas Deus não cria a si mesmo. Jesus disse: "Eu sou a luz do mundo" (Jo 8:12), mas é um erro flagrante dizer com Ário que, quando Deus criou a luz, também falou, chamando o Filho à existência como sua primeira e maior criatura. Deus é luz, e há luz no universo, mas não necessariamente a luz criada é um transbordamento ou emanação do ser de Deus. Os intérpretes literais de Gênesis 1 devem tomar cuidado, então, tanto para relacionar quanto para distinguir a luz que Deus é da luz que ele cria. Nas palavras de Irineu, "Ele pode ser mais apropriadamente denominado luz, mas ele não é nada como aquela luz com a qual estamos familiarizados".[118] Um teólogo mais recente expressa assim: "A luz criada não é divina. Pode até ser difícil compreender exatamente o que ela é, mas seja o que for, Deus não é simplesmente uma versão exponencialmente mais brilhante dela, como se fosse 'aquilo de que nada mais luminoso pode ser pensado'. O ser de Deus é estritamente incomensurável".[119] Deus é aquele que "habita em luz inacessível" (1Tm 6:16).

Afirmar que Deus *é* luz subentende Deus como a fonte do próprio ser. Deus ilumina tudo, mas nada ilumina. Aseidade se aplica à sua luminosidade como a todas as outras perfeições. Deus *é* luz, santa e completa luz. Como Criador, Deus é separado, moral e metafisicamente, de todas as coisas, visíveis e invisíveis. "Deus é luz" é uma declaração sobre a natureza e o caráter essenciais de Deus, o esplendor majestoso dele em si mesmo. Não houve tempo em que Deus não fosse luz, pois a luz do ser de Deus

118. Irineu, *Adversus Haereses* 2.13.14.

119. Ivor Davidson, "Divine Light: Some Reflections after Barth" [Luz divina: algumas reflexões após Barth], em Myk Habets e Phillip Tolliday (orgs.), *Trinitarian Theology after Barth* (Eugene: Pickwick, 2011), p. 62.

é uma perfeição divina *ad intra*. "A luz de Deus é sua glória trina em si mesmo, na plenitude das relações nas quais sua vida perfeita subsiste eternamente."[120] A vida de Deus em si mesmo – a Trindade imanente – é em si mesma gloriosa, e neste sentido podemos afirmar que Deus é luz. Assim como a luz branca contém todas as cores do arco-íris, a glória de Deus abrange todas as perfeições. A luz de Deus é sua glória, e esta é sua luz. A ausência de escuridão em Deus significa que ele não precisa de mais nada para ser plenamente ele mesmo; Deus é eternamente livre para ser tudo o que é em si mesmo.

Atanásio tomou o conceito de luz para explicar como o Filho se relaciona com o Pai na eternidade, assim como o esplendor da luz se relaciona com a fonte de luz: "Ele é a expressão da Pessoa do Pai, e Luz da Luz".[121] A glorificação mútua que caracteriza a relação do Pai e do Filho na eternidade é o esplendor interior da vida de Deus como luz (Jo 17:5). Cada uma das três pessoas da Trindade conhece e torna conhecida a glória das outras duas. Confessar que Deus habita em luz inacessível é reconhecer a plenitude perfeita da vida de Deus em si mesmo: uma fonte (Pai), esplendor (Filho) e iluminação (Espírito).[122] No entanto, em sua liberdade soberana, Deus também é livre para sair de si mesmo, por assim dizer, para brilhar ou compartilhar sua luz com o que não é Deus. Isso Deus faz ao criar por intermédio de seu Filho (Jo 1:3), o mesmo Filho que é "o resplendor da glória de Deus" (Hb 1:3), ou, como afirma o Credo Niceno, "luz da luz".

Isaías corrobora com a ideia de que a luz incriada de Deus difere das luzes criadas: "Nunca mais o sol será a sua luz de dia, [...] pois o Senhor será a sua luz para sempre" (Is 60:19). A descrição do livro do Apocalipse a respeito da nova Jerusalém apoia o movimento: "A cidade não precisa de sol nem de lua que brilhem sobre ela, pois a glória de Deus a ilumina, e o Cordeiro é a sua lâmpada" (Ap 21:23; cf. 22:5). Esse versículo explica a natureza da própria luz de Deus como o resplendor de sua glória.[123] O Filho não é apenas a luz do mundo, mas "o resplendor da glória de Deus", e o Filho irradia a luz de Deus porque o Filho é "a expressão exata do seu ser [de Deus]" (Hb 1:3). Uma luz sem brilho não é luz alguma, apenas escuridão, mas "Deus é luz e *nele não há treva alguma*" (1Jo 1:5, grifo meu). Aqueles que andam nas trevas, por contraste, não conhecem a Deus, pois não têm comunhão com ele (1Jo 1:6). Em outro lugar nas Escrituras, a luz aparece como uma fonte de vida (Jo 1:3), símbolo da verdade (Sl 43:3) e meio de conhecimento (Sl 119:130). Por sinal, há uma conexão especial entre luz e conhecimento: "Dizer que Deus é luz é confessar a presença efetiva e iluminadora de

120. Ivor Davidson, "Foreword" para Andrew R. Hay, *God's Shining Forth: A Trinitarian Theology of Divine Light* (Eugene: Pickwick, 2017), p. x.

121. Atanásio, *Apologia contra Arianos* 1.9. Jaroslav Pelikan explorou o imaginário da luz em Atanásio em seu *The Light of the World* (New York: Harper & Brothers, 1962).

122. Para um tratamento mais aprofundado deste tema, veja Hay, *God's Shining Forth*, p. 29-54.

123. Veja Ioan Chirila, "Let There Be Light! Gen. 1.3 in the Interpretation of the Primordial Light" [Haja luz! Gênesis 3:1 na interpretação da luz primordial], *Studia Universitatis Babes-Bolyai. Theologia Orthodoxa* 65, n. 1 (2020), p. 9.

Deus, o revelador".[124] O Deus que é luz, portanto, anima e ilumina todas as coisas por sua pura luminosidade e brilho, ou seja, criando luz.[125]

"Haja luz": a obra de Deus *ad extra*

O ato de fala generativo de Deus "Haja luz" é o ponto de conexão "entre o *opus ad extra* e o *opus ad intra* que o precede; ou seja, que Deus permanece em si mesmo no exato momento em que, em seu enunciado, procede a partir de si mesmo".[126] Que Deus cria luz ao falar, chamando à existência, é uma publicação externa da perfeição interna de Deus. Essa também é a glória de Deus, a saber, seu direito "para provar e declarar, para denotar e quase como que se tornar visível e em toda parte aparente como aquele que ele é".[127] A glória de Deus inclui a liberdade e o ato pelos quais Deus se faz conhecido e a soma de suas perfeições. "Eles são o surgimento da luz fora dele com base na luz dentro dele, que é ele mesmo."[128] Em resumo, a glória de Deus inclui tanto o "resplendor interno" quanto o resplandecer de sua luz. Deus é luz incriada, "arquetípica"; o que Deus fala para que seja é luz criada, "ectípica".

Ao criar, o Deus trino começa a agir *externamente*: não "Senhores, liguem seus motores", mas, sim, "Vamos (Pai, Filho e Espírito) começar nossas operações, nosso trabalho *ad extra*". Esse é um exemplo não de uma leitura da Trindade *em* Gênesis 1:3, mas, sim, *a partir* do texto. Não estamos forçando a Trindade em Gênesis; pelo contrário, somos sensíveis à pressão canônica em Gênesis 1.[129] Pois ler Gênesis 1:3 no contexto canônico é entender que aquele que é luz (Deus Pai) livre e graciosamente decide fornecer iluminação para algo diferente de si mesmo. A luz natural é um protótipo de revelação e uma nota promissória, pois o "Pai das luzes", de quem toda boa dádiva e todo dom perfeito do alto vem (Tg 1:17), eventualmente envia seu Filho, "luz da luz", ao mundo, sendo adicionalmente iluminado em momento posterior pelo Espírito. Nas palavras de Gregório de Nazianzo, "Recebemos a luz do Filho da luz do Pai na luz do Espírito [...] essa é a explicação clara e simples da Trindade".[130]

Por fim, estamos em posição de oferecer uma interpretação literal de "Haja luz". Bem no começo de suas obras maravilhosas, Deus torna conhecida *ad extra* a glória do próprio ser *ad intra*. O Deus que é luz eterna começa no princípio a brilhar luz.

---

124. John Webster, *Confessing God: Essays in Christian Dogmatics II* (Londres: T&T Clark, 2005), p. 40.

125. Veja "Light" [Luz], em Leland Ryken, James C. Wilhoit e Tremper Longman III (orgs.), *Dictionary of Biblical Imagery* (Downers Grove: InterVarsity, 1998), p. 509-12; e a discussão em Daniel L. Akin, *1, 2, 3 John, New American Commentary* (Nashville: B&H, 2001), p. 62-73.

126. Barth, *Church Dogmatics* III.1, p. 110.

127. Ibidem II.1, *Doctrine of God* (Edinburgh: T&T Clark, 1957), p. 641.

128. Ibidem, p. 647.

129. Sobre a noção de "pressão canônica" e sua relevância para a Trindade, veja C. Kavin Rowe, "Biblical Pressure and Trinitarian Hermeneutics" [Pressão bíblica e hermenêutica trinitariana] *Pro Ecclesia 11*, n. 3 (2002), p. 295-312.

130. Gregório de Nazianzo, *Fifth Theological Oration: On the Holy Spirit*, 31.3, em *On God and Christ* (Crestwood: St. Vladimir's University Press, 2002), p. 118.

Por que luz? Iluminar é tornar conhecido. Nas palavras de Agostinho, "A luz dá testemunho de si mesma. [...] É sua própria testemunha de si mesma para se tornar conhecida".[131] A luz, física e mental, é uma condição transcendental de visibilidade e inteligibilidade. A luz é a condição necessária para a própria possibilidade não apenas da percepção e concepção angélica (assim como Agostinho), mas também humana, a base para entender qualquer coisa. Sem luz, o mundo seria ininteligível, o livro da natureza ilegível e seu autor divino desconhecido.

Gênesis 1:3 narra o primeiro ato externo de autocomunicação de Deus, o momento no qual ele estabeleceu um universo inteligível, um meio ordenado de tornar conhecido algo da própria vida divina para criaturas que não são divinas.[132] A luz física ilumina – faz a si mesma e outras coisas conhecidas – de uma forma que imita a autorrevelação do Deus que é luz. É apropriado que o primeiro passo no processo de criação do mundo seja a criação da luz, pois esta, física e mental (ou seja, inteligência), é a condição para conhecer todo o resto. A criação da luz física é o meio pelo qual Deus mostra sua obra. Esse também é o propósito dos recursos visuais – os dois grandes luzeiros – criados no quarto dia. Outro propósito de ter dias e noites "é estabelecer os padrões alternados de escuridão e luz para permitir a progressão histórica e o drama da criação".[133] Isso também é crucial para o processo de tornar conhecida a glória de Deus: "Pois a luz é a revelação da vontade de Deus, e os corpos celestes, acima de tudo o sol, são seus servos no sentido de que indicam ao homem *as estações dadas a ele para o reconhecimento desta revelação*".[134] Deus estrutura o ser humano no tempo, iluminando (e escurecendo) o palco no qual o drama da criação, queda e redenção é encenado.

A Escritura narra a história do mundo considerando Deus concedendo luz a um povo que anda nas trevas, a ignorância deliberada do pecado. A luz que Deus dá é, sem dúvida, a força motriz por trás da criação e da redenção. O termo técnico que descreve essas obras do Deus trino *ad extra* é "economia" (do grego: *oikonomia*, "administração doméstica"; "plano" em Ef 1:10; 3:9). Por "economia da luz", então, quero dizer *a maneira pela qual Deus efetua seu propósito eterno de se fazer conhecido às criaturas no espaço e no tempo*. A economia da luz é o meio externo pelo qual Deus executa seu plano concebido "antes da fundação do mundo" (Ef 1:4) para se revelar, para "mostrar, nas eras por vir, a incomparável riqueza da sua graça, demonstrada na sua bondade para conosco em Cristo Jesus" (Ef 2:7). Gênesis 1:3 relata a fase de abertura desse plano ao descrever a criação da luz. Podemos parafrasear Gênesis 1:3

---

131. Agostinho, *Homilies on the Gospel of John 35*, p. 4, como citado em Jean-Louis Chrétien, *Under the Gaze of the Bible* (New York: Fordham University Press, 2015), p. 87.

132. Jonathan Yovel argumenta que ao dizer "Haja luz", Deus também cria a linguagem como um meio performático, outro instrumento de inteligibilidade, além da própria luz. "Creation of Language", p. 214-6.

133. Chambers, *Reconsidering Creation Ex Nihilo in Genesis 1*, p. 222.

134. Barth, *Church Dogmatics III.*1, p. 165 (grifo meu).

como "Haja uma economia de tornar conhecido", um lugar e tempo para mostrar a glória de Deus. Ou, mais claramente, "*Vamos revelar*". A criação da luz é uma declaração divina de intenção, uma declaração de iridescência: ser e agir no tempo de maneiras que correspondam a seu ser eterno.[135]

A criação é um teatro para a glória de Deus.[136] Ao criar a luz, o Deus trino começa a publicar (tornar públicas) suas perfeições. Deus viu que a luz era boa (Gn 1:4) porque essa bondade criatural – sua capacidade de revelar ou tornar conhecida – refletia, embora em menor grau, a própria bondade reveladora de Deus: "Pois, desde a criação do mundo, os atributos invisíveis de Deus – o seu eterno poder e sua natureza divina – têm sido vistos claramente, sendo compreendidos por meio das coisas criadas" (Rm 1:20). Oecolampadius disse algo semelhante, descrevendo a luz como "uma coisa que ilumina as mentes, que ensina a verdade. Deus criou a luz para que suas obras pudessem ser tornadas claras".[137] De acordo com Paul Blowers, "Gênesis 1 já era, para os exegetas patrísticos, um 'quadro' ou montagem de toda a economia divina e apontava para o mistério da salvação e o aparecimento da 'nova criação'".[138]

A luz falada por Deus marca o primeiro capítulo de uma história de revelação que abrange as Escrituras e envolve a primeira publicação das obras reunidas do Deus trino. Deus literalmente fala à luz para que ela seja, e a luz criada ilumina – fala de volta, por assim dizer: "A criação é um ato retórico, o anúncio externado do Deus eternamente falante".[139] Ao criar a luz, Deus torna conhecido e cria os meios para tornar ainda mais conhecido. "O que mais é a criação inteira", Lutero perguntou, "do que a Palavra de Deus proferida por Deus, ou estendida para o exterior?"[140] Barth similarmente viu a criação como "o análogo temporal, ocorrendo fora de Deus, daquele acontecimento no próprio Deus, pelo qual ele é o Pai do Filho".[141] A criação da luz se refere literalmente, então, à primeira obra da Trindade econômica, o estabelecimento em movimento temporal do plano eterno de Deus para tornar a si mesmo e sua glória conhecidos às criaturas que poderiam refletir sua glória de volta para ele.

135. Sobre "economia de luz", veja Kevin J. Vanhoozer e Daniel J. Treier, *Theology and the Mirror of Scripture: A Mere Evangelical Account* (Downers Grove: IVP Academic, 2015), p. 58-9, 85-90; e Ike Miller, *Seeing by the Light: Illumination in Augustine's and Barth's Readings of John* (Downers Grove: IVP Academic, 2020), p. 181-7. O estudioso do Novo Testamento Franz Overbeck foi o primeiro a empregar o termo "economia da luz", utilizando-o em seu estudo sobre como as diversas "luzes" (como João Batista, Jesus e o próprio evangelista João) funcionam e se relacionam entre si no Evangelho de João. Franz Overbeck, *Das Johannesevangelium: Studien zur Kritik seiner Erforschung* (Tübingen: JCB Mohr, 1911), p. 416-7.

136. Calvino muitas vezes se refere aos céus e à terra como um *theatrum* no qual percebemos a glória de Deus. Veja, por exemplo, *Institutes* 1.5.8, 1.6.2 e 1.14.20.

137. Iojannes Oecolampadius, *An Exposition of Genesis*, trad. Mickey L. Mattox (Milwaukee: Marquette University Press, 2013), p. 63.

138. Paul M. Blowers, *Drama of the Divine Economy: Creator and Creation in Early Christian Theology and Piety* (Oxford: Oxford University Press, 2012), p. 8.

139. Leithart, *Creator*, p. 237.

140. Lutero, *Lectures on Genesis*, p. 22.

141. Barth, *Dogmatics in Outline* (Londres: SCM, 1949), p. 52.

"Pois a luz que agora vemos é *literalmente*, não meramente analogicamente, 'um olhar para a glória de Deus'."[142]

A sugestão de que Gênesis 1:3 marca o início da obra de Deus *ad extra* dificilmente é um exercício fantasioso de exegese alegórica. Quando lida corretamente, com um quadro de referência teológico, a criação da luz em Gênesis 1:3 é literalmente sobre a ação divina, a saber, a criação de condições de inteligibilidade, atualizando a possibilidade do *conhecimento da criatura e da possibilidade de tornar Deus conhecido*.

A economia da luz como estrutura para interpretação bíblica

Neste capítulo, discuti o significado literal de "Haja luz" e tentei lançar luz sobre a literalidade ao fazê-lo. A ação autoral divina, isto é, Deus realizando coisas por meio de sua palavra, está por trás de ambas as noções. Deus literalmente fala à luz para que ela exista, e tanto a luz quanto a fala são meios de iluminação que permitem que as criaturas conheçam. "Pela fé, entendemos que o universo foi formado pela palavra de Deus" (Hb 11:3). Os comentaristas continuam a discutir se os seis dias de Gênesis 1 são metafóricos; neste ponto, há espaço para diversas interpretações. No entanto, no que diz respeito a Deus falando, devemos ler literalmente (embora não literalisticamente). Para fazer justiça à narrativa da criação, não é necessário insistir que Deus criou em seis dias de vinte e quatro horas, mas é preciso afirmar a criação *ex nihilo* e a criação *ex locutione* (a partir da fala [literal]), ou seja, comandos eficazes pelos quais Deus "chama à existência as coisas que não existem" (cf. Rm 4:17).[143]

Ao buscar essas conexões entre luz e literalidade, nos afastamos da hermenêutica cristã pura e simples? De forma alguma. A Bíblia *e sua interpretação* são, elas mesmas, ingredientes na economia da luz: "A tua palavra é lâmpada para os meus pés e luz para o meu caminho" (Sl 119:105). O que chamei de princípio material da hermenêutica cristã pura e simples (a luz/conhecimento de Deus que brilha em Cristo mediante o Espírito) sustenta o princípio formal (o significado literal da Bíblia), e isso por dois motivos. Primeiro, porque a Bíblia é um ingrediente na economia da luz, um auxiliar divino, criatural e separado, um ministro da luz, por assim dizer. Segundo, a interpretação da Bíblia é parte da economia da luz. Múltiplos quadros de referência são permitidos e encorajados, mas apenas à medida que contribuem para a iluminação do tema das Escrituras: o conhecimento da glória de Deus ou, em uma palavra, a luz de Cristo. Os leitores também desempenham um papel significativo na economia da luz.[144] Barth observou a conexão entre a maneira como a luz torna Deus conhecido e a maneira

142. Catherine Pickstock, "What Shines Between: The Metaxu of Light" [O que brilha entre: o *metaxu* da luz], em Thomas A. F. Kelley (org.), *Between System and Poetics: William Desmond and Philosophy after Dialectic* (Nova York: Routledge, 2016), p. 118-9 (grifo meu).

143. A fórmula do Gênesis "haja" é um ato de fala peculiar e exclusivo de Deus, que estou chamando aqui de "generativo", pois dá origem à realidade que descreve.

144. Veja o cap. 9 abaixo.

como os apóstolos tornam o evangelho conhecido: "A luz criada por Deus é implicitamente o que o ofício apostólico é explicitamente. [...] Quando cria a luz, Deus ergue esse sinal e ordena essa testemunha".[145] Quando posteriormente as Escrituras falam dos cristãos como "filhos da luz" (Ef 5:8; 1Ts 5:5), essas não são simplesmente figuras de linguagem, "mas representações altamente exatas do significado já dado à criação, existência e função da luz em Gênesis 1:3".[146]

Uma boa leitura da Bíblia consiste em colocar um número qualquer de quadros exegéticos de referência a serviço da economia da luz. Essa economia, em si, fornece um quadro hermenêutico para entender a história da luz comunicante de Deus na criação, na revelação e na redenção: (1) Ela nos lembra de que a iluminação de nossa mente é uma obra trina conjunta que se origina com o Pai (*fonte* da luz), procede por meio do Filho (*radiância* da luz) e é completada pelo Espírito Santo (*iluminação* da luz). (2) Ela fornece categorias teológicas para coordenar os vários quadros de referência e métodos exegéticos, permitindo que os intérpretes forneçam descrições densas do sentido literal estendido. (3) Ela nos orienta ao objetivo para o qual Deus nos concedeu as Escrituras em primeiro lugar, que está relacionado à formação de leitores para refletir a luz de Cristo, capazes de viver como "filhos da luz" (Ef 5:8). Ler a Bíblia teologicamente é participar dessa economia da luz, seguindo as palavras e a luz para onde elas levam. "O objetivo da leitura da Sagrada Escritura é conhecer a mente de Deus, seu principal autor e intérprete."[147] A compreensão da Bíblia como a palavra de Deus ocorre na economia da luz, ou não ocorre de forma alguma.

A transfiguração de Jesus é um tópico muitas vezes negligenciado na teologia ocidental. Isso é lamentável porque é um eixo na economia da luz. Consequentemente, a transfiguração serve, nos capítulos que virão, não simplesmente como mais um estudo de caso da história da exegese mas, antes e mais importante, como uma lente através da qual se pode pensar sobre o significado da leitura literal e teológica da Bíblia, ou seja, para compreender a letra do texto – e a luz do conhecimento da glória de Deus (2Co 4:6) que a ilumina.

145. Barth, *Church Dogmatics III*.1, p. 120.

146. Ibidem.

147. John Webster, "Illumination" [Iluminação], em *The Domain of the Word: Scripture and Theological Reason* (London: T&T Clark, 2012), p. 61.

CAPÍTULO 7

A TRANSFIGURAÇÃO DE CRISTO

LUZ REVELADA

Houve alegria para os Profetas e Apóstolos por esta subida da montanha. Os Profetas se alegraram quando viram sua humanidade, que eles não conheciam. Os Apóstolos também se alegraram quando viram a glória de sua divindade, que eles não conheciam [...] e eles olharam uns para os outros: os Profetas para os Apóstolos e os Apóstolos para os Profetas.

– Efrém, o Sírio, *Sermão sobre a transfiguração*[1]

QUAL A RELAÇÃO ENTRE A TRANSFIGURAÇÃO de Jesus e a interpretação bíblica, se é que há alguma? Obviamente, esse é um relato narrativo que, como outros textos bíblicos, exige interpretação, a qual na verdade fornecerei no devido tempo. Mas não é só isso, há muito mais. A transfiguração oferece algo completamente mais maravilhoso do que um exercício de hermenêutica bíblica. Subir o monte Tabor com os discípulos é adquirir um ponto de vista precioso tanto sobre a identidade de Jesus quanto sobre todo o processo de leitura literal e teológica da Bíblia. Essa não é uma afirmação autoevidente. Os leitores serão, portanto, perdoados se perguntarem, nas palavras de Nicodemos, "Como pode ser isso?" (Jo 3:9).

Como resposta, desenvolverei uma ideia inspirada no comentário de Jerônimo sobre Marcos 9:1-7. Já disse que a interpretação bíblica é como subir uma montanha, mas Jerônimo comparou isso a subir o monte Tabor em particular. Aqueles que não conseguem fazer a escalada, ele disse, "encontram Jesus lá embaixo", de acordo apenas com a letra nua. Eles não conseguem ver suas roupas ou rosto brilhantes. Nem os filósofos podem fazer o rosto ou as roupas de Jesus brilharem, porque "seus tratados são todos terrenos".[2]

---

1. "Of Our Venerable Father Ephrem the Syrian: Sermon on the Transfiguration of Our Lord and God and Saviour, Jesus Christ" [De nosso venerado pai Ephrem, o sírio: sermão da transfiguração de nosso Senhor e Deus Salvador, Jesus Cristo], *Wayback Machine*, última atualização em 03 de novembro de 2008, https://web.archive.org/web/20140225061435/http://anastasis.org.uk/on_the_transfiguration.htm.

2. Jerônimo, *The Homilies of St. Jerome, vol. 2*, trad. Marie Liguori Ewald (Washington: Catholic University Press of America, 1966), p. 164.

O caminho para Jesus é por meio da interpretação teológica da Bíblia. "Estamos na montanha com [Moisés e Elias] quando entendemos as Escrituras espiritualmente."[3] Em um movimento intrigante, Jerônimo comparou a interpretação espiritual à transfiguração de Jesus: "Pegue qualquer testemunho profético, qualquer parábola evangélica, se você considerar apenas a letra, não há nada brilhando nela".[4] Os monges da abadia medieval de São Vítor também viam o sentido literal como *pulchre lucens*, "transparente à luz divina".[5] No espírito de Jerônimo, e com os vitorianos e outros intérpretes católicos reformados, proponho, portanto, escalar a montanha hermenêutica mais uma vez para buscar a luz de Cristo brilhando, não separadamente do texto, mas em e por intermédio de suas letras.

O ônus deste capítulo, então, é situar a transfiguração de Jesus na economia da luz para esclarecer a tarefa da interpretação bíblica. Começamos explorando a "analogia da corporeidade" (*analogia corporis*), ou seja, a similaridade entre o corpo de Jesus e o "corpo" do texto bíblico. No cerne da analogia está o que a transfiguração – "a instância mais dramática de mudança [*metamorphosis*] no Novo Testamento"[6] – faz a cada corpo, respectivamente. Para esclarecer a natureza da mudança corporal de Jesus, examinamos a transfiguração nos Evangelhos Sinóticos, a história da exegese e, em uma reviravolta surpreendente, o Evangelho de João. O capítulo conclui estabelecendo cinco teses sobre a transfiguração de Jesus como um guia para ler a Bíblia literal e teologicamente. Para antecipar, a transfiguração, isto é, a mudança na *figura* de Jesus, é emblemática das mudanças necessárias em nossa leitura, e em nós como leitores, quando lemos a Bíblia teologicamente.

O significado da transfiguração e a transfiguração do significado

A teologia ocidental tem negligenciado de forma ampla a transfiguração de Jesus. A omissão é lamentável porque esse evento no topo da montanha é um eixo na economia da luz, um resumo encapsulado e clímax da história da autocomunicação de Deus *ad extra* que começou com a criação da luz.[7] Em contraste, a transfiguração aparece de maneira proeminente na teologia oriental, que a associa à divinização da humanidade de Jesus e à salvação como "deificação" ou *theosis*. A ortodoxia oriental nos lembra de que "certos tipos de atenção ao material são a melhor maneira de entender o

---

3. Ibidem, p. 165.
4. Ibidem, p. 163.
5. Beryl Smalley, *The Study of the Bible in the Middle Ages* (Oxford: Basil Blackwell, 1952), p. 370.
6. Ian Curran, "Transformed" [Transformados], *Christian Century*, 15 de julho de 2008, p. 26.
7. Patrick Schreiner, notando as ligações da transfiguração com a morte de Jesus e sua glória futura, diz que ela "é um microcosmo do evangelho. Ela revela o grande mistério do cristianismo". *The Transfiguration of Christ: An Exegetical and Theological Reading* (Grand Rapids: Baker Academic, 2024), p. 3.

'espírito'".[8] Os exegetas e teólogos ocidentais fazem bem em olhar para o leste no inverno de nosso descontentamento hermenêutico, para serem aquecidos pela luz do Filho, mesmo que continuem a sentir o frio crítico em suas costas.[9]

A transfiguração na economia da luz: que tipo de mudança?

Descrições importam. Há muitas maneiras não teológicas de descrever a interpretação bíblica que dependem mais de teorias extraídas, digamos, da psicologia, sociologia ou teoria literária do que da doutrina cristã. Quem pode descrever o processo de interpretação bíblica e o que torna algumas descrições melhores do que outras? Teorias críticas abundam, mas se quisermos evitar ler a Bíblia como qualquer outro livro, precisamos oferecer um relato bíblico e teológico acerca do que é ler a Bíblia como Escritura cristã. Duas convicções orientadoras estão por trás de minha proposta. (1) O tema da teologia, a economia da luz e os poderosos atos luminosos de Deus pelos quais ele se revela, deve orientar tanto nossa abordagem quanto a forma como falamos sobre ela. (2) A transfiguração, longe de ser uma nota de rodapé marginal (e um tanto estranha) à pessoa e obra de Jesus, produz uma visão particularmente fecunda sobre esse tema.

Por que transfiguração? Em primeiro lugar, a transfiguração de Jesus é sem dúvida o acontecimento mais importante entre a criação e a consumação na história bíblica da luz. A transfiguração pode não pertencer ao cerne do evangelho, mas ela "se coloca como uma porta de entrada aos acontecimentos salvadores do evangelho e é um espelho no qual o mistério cristão é visto em sua unidade. [...] Aqui os diversos elementos da teologia do Novo Testamento se encontram".[10] Aliás, de acordo com um comentarista, a transfiguração "apresenta o evangelho em microcosmo".[11] A transfiguração de Jesus é uma espécie de *resumo*, um "motivo de luz" de todo o drama da redenção.

Em segundo lugar, o posicionamento da transfiguração nas narrativas do Evangelho, entre a confissão de Pedro e a crucificação de Jesus, é significativa. Como Agostinho notou, a transfiguração é "uma lente através da qual se pode examinar toda a extensão da misericórdia divina da encarnação à crucificação".[12] A transfiguração também convida à reflexão sobre a relação da obra salvadora de Jesus (soteriologia) e a glória futura (escatologia), a terrena e a celestial. Em particular, ela destaca a natureza

8. Rowan Williams, *Looking East in Winter: Contemporary Thought and the Eastern Christian Tradition* (Londres: Bloomsbury Continuum, 2021), p. 6.

9. Estou me baseando em *Looking East in Winter*, de Rowan Williams, uma alusão a uma imagem usada pelo autor do século 5, Diádoco de Foticeia.

10. Arthur Michael Ramsey, *The Glory of God and the Transfiguration of Christ* (Londres: Longmans, Green and Co., 1949), p. 144.

11. Allison Trites, "The Transfiguration of Jesus: the Gospel in Microcosm" [A transfiguração de Jesus: o evangelho em microcosmo], *Evangelical Quarterly 51*, n. 2 (1979), p. 67-79. Veja também Allison A. Trites, *The Transfiguration of Christ: A Hinge of Holy History* (Hantsport: Lancelot, 1994).

12. Michael Cameron, "Transfiguration: Christology and the Roots of Figurative Exegesis in St. Augustine" [Transfiguração: cristologia e as raízes da exegese figurativa em Santo Agostinho], em E. A. Livingstone (org.), *Studia Patristica 33* (Leuven: Peeters, 1997), p. 44.

escatológica da luz de Cristo à medida que representa um momento "no qual o finito e o infinito, o presente e o futuro escatológico se sobrepõem em [...] uma epifania".[13] A transfiguração é uma prévia espaço-temporal da consumação do fim dos tempos, um vislumbre do "que acontece quando a realidade divina se manifesta plenamente na existência humana".[14]

Terceiro, a transfiguração fornece outro estudo de caso fascinante na história da exegese e uma oportunidade de pensar mais sobre o relacionamento da exegese e da teologia. Estudar a transfiguração lança luz (o termo operativo) sobre as maneiras pelas quais a exegese, a teologia histórica e a teologia sistemática se interrelacionam, bem como serve como um promontório promissor no qual leitores do Oriente e do Ocidente podem se encontrar, talvez para edificação mútua. Por todas essas razões, a transfiguração prova ser a pedra angular da hermenêutica cristã pura e simples.

A transfiguração também apresenta certos desafios, tanto no que diz respeito ao acontecimento em si quanto à sua influência na interpretação bíblica. O desafio exegético é afirmar do que se trata a transfiguração: o que *literalmente* ocorre com Jesus no monte Tabor? Minha proposta depende de como descrevemos a mudança em questão. Se envolvesse uma mudança substancial em Jesus, por exemplo, provaria ser um paradigma fatídico para a interpretação bíblica: mudar o significado da letra para algo completamente diferente causaria estragos na interpretação literal. Essa era precisamente a preocupação dos reformadores acerca da exegese alegórica, que lê o texto como significando algo *diferente* do que ele diz. No entanto, essa certamente não é a função da luz, que existe não para obscurecer, mas para esclarecer.

Do corpo de Jesus à letra do texto

Se é correto indagar sobre a luz de Cristo (referência) na letra do texto (sentido), então a transfiguração de Jesus é de interesse mais do que passageiro. Há uma certa analogia, uma *analogia corporis*, entre o que ocorre com o corpo de Jesus na transfiguração e o que acontece com a letra do texto bíblico na interpretação teológica. Por corpo do texto quero dizer tanto as letras que o compõem quanto seu conteúdo básico. A analogia implica que os leitores vivenciam algo similar, na interpretação bíblica, ao que os discípulos experimentaram na transfiguração de Jesus. Em poucas palavras: *a luz que brilha do rosto de Cristo é para seu corpo o que o sentido transfigural é para a letra do texto bíblico.*

Hans Frei estava certo ao discernir "uma forte interconexão" entre a Cristologia e o sentido literal.[15] Afinal, foi a história do evangelho, com seu clímax de Deus ressuscitando Jesus dos mortos, que levou os teólogos a reconhecer a prioridade e a autoridade

13. Williams, *Looking East in Winter*, p. 7.
14. Ian Curran, "Transformed", *Christian Century*, 15 de julho de 2008, p. 27.
15. Hans Frei, *Types of Christian Theology* (New Haven: Yale University Press, 1992), p. 5.

do sentido literal. A encarnação de Cristo – reconhecer que ele realmente viveu, realmente morreu e realmente ressuscitou dos mortos – é um pressuposto necessário para o entendimento correto (1Jo 4:2,3; 2Jo 7). Observe a ordem: primeiro a teologia, depois a hermenêutica. O trabalho de Frei documenta de forma brilhante o efeito cascata da modernidade tanto na cristologia quanto no sentido literal quando os estudiosos bíblicos começaram a ler os Evangelhos com quadros de referência imanentes.[16] Quem/o que dizemos que Jesus é *literalmente*? Priorizar quadros de referência extratextuais é revisar o sentido literal, e revisar o sentido literal é perder o tema acordado do cristianismo: a história do que Deus estava fazendo no e por meio do corpo de Jesus Cristo (Rm 8:3).

Frei entendeu a identidade de Jesus como uma função da história que os Evangelhos contam sobre ele. Por exemplo, a história da ressurreição identifica Jesus como *aquele que está vivo agora*. Curiosamente, Frei pouco produziu acerca da transfiguração como um elemento na descrição da identidade de Jesus. Isso é lamentável, pois, como parte do registro canônico, a transfiguração ocupa um lugar central em todas as três narrativas dos Evangelhos Sinóticos, oferecendo uma pista poderosa, se não decisiva, para sua identidade, como veremos a seguir. Além disso, se o destino da Cristologia e o sentido literal estão realmente ligados, como Frei corretamente acreditava, então vale a pena explorar se e em que medida o que acontece com o corpo de Jesus na transfiguração tem um efeito de contrapartida na letra do texto bíblico.[17]

Quanto à literalidade da pessoa de Jesus, os credos ortodoxos formalizaram o testemunho bíblico de que o Verbo eterno que estava com Deus assumiu uma natureza verdadeiramente humana, incluindo um corpo físico e carnal. As fórmulas nicenas e calcedônicas, ao afirmar Jesus Cristo como uma pessoa com duas naturezas, forneceram tanto um quadro de referência quanto regras para a leitura correta das narrativas do evangelho.[18] Curiosamente, Patrick Schreiner pensa que a transfiguração "pode ser o quadro narrativo mais evidente que temos das duas naturezas de Cristo em uma pessoa".[19] Ela revela a "dupla Filiação" de Jesus: ele é tanto o Filho eterno de Deus ("luz da luz") quanto o filho messiânico de Davi.[20] A transfiguração marca o momento no qual tanto a glória preexistente do Filho eterno quanto a glória futura do Filho messiânico

---

16. Veja Hans Frei, *The Eclipse of Biblical Narrative: A Study in Eighteenth and Nineteenth Century Hermeneutics* (New Haven: Yale University Press, 1974). Cf. minha discussão anterior de Frei e a literalidade retratada no cap. 4.

17. A correlação é ainda mais próxima quando se leva em conta os observadores/leitores: em ambos os casos, acreditar na interpretação pode ser uma condição para ver a luz. Retornaremos a esse ponto mais adiante ao discutir o papel dos discípulos na história da transfiguração.

18. Veja o princípio 6 de Jamieson e Wittman e as regras 7-9 em R. B. Jamieson e Tyler R. Wittman, *Biblical Reasoning: Christological and Trinitarian Rules for Exegesis* (Grand Rapids: Baker Academic, 2022), p. 126-78.

19. Schreiner, *Transfiguration of Christ*, p. 4.

20. Schreiner está convencido de que "não se pode entender a profundidade da transfiguração sem categorias dogmáticas" (*Transfiguration of Christ*, p. xii).

são reveladas juntas. Acredito que a letra do texto bíblico tem um caráter análogo de duplo aspecto em sua capacidade como discurso humano-divino.

A narrativa da transfiguração centra sua atenção no rosto de Jesus, que, de acordo com Mateus, "brilhou como o sol" (Mt 17:2). De acordo com Emmanuel Levinas, mesmo rostos pálidos e sem brilho escapam à nossa compreensão conceitual: "O rosto fala".[21] Esta é a percepção fundamental de sua ética: outras pessoas devem ser reconhecidas como tendo valor infinito; elas não devem ser teorizadas, tematizadas ou totalizadas – todas formas de rebaixar pessoas únicas, reduzindo-as a membros sem rosto de um conjunto. Se até mesmo rostos humanos comuns estão além da categorização racional, quanto mais o rosto brilhante do Deus-homem. Máximo, o Confessor, considerou o rosto de Jesus inefável porque é o *locus* mediante o qual a luz de Deus brilha. "Para Máximo, a revelação [...] na transfiguração, é o dom saturante do Logos divino."[22] Um fenômeno saturado, como o rosto brilhante de Jesus, é "tão avassaladoramente 'dado' [...] que desafia qualquer subjetividade humana 'intencional' e, portanto, também, por seu excesso, subverte a conceitualização".[23] Os rostos falam, e o rosto de Jesus o faz de forma absolutamente singular, mas podemos realmente falar sobre o seu rosto?

O termo francês para rosto é *la figure*. Sob essa luz, "trans-figural" poderia agora conotar tanto aquilo que atravessa (*trans-*) o rosto quanto um encontro face a face. Este lembra minha sugestão introdutória de que ler a Bíblia teologicamente é, em última análise, uma questão de anúncio divino e responsividade humana, em si um tipo de encontro face a face – especialmente quando lembramos que o "rosto" (do hebraico: *panim*) de Deus sinaliza a presença de Deus.[24] A combinação dos dois sentidos produz um novo significado sugestivo, com "trans-figural" indicando a maneira como a luz de Cristo brilha de seu rosto, por meio da letra do texto, em nosso rosto. Ler de modo trans-figural é, portanto, permitir que a luz do rosto de Cristo seja transferida para o nosso. Claro, os intérpretes bíblicos não veem literalmente o rosto do autor divino, mas eles ouvem sua voz. Se o rosto fala, poderíamos então dizer que a voz, e a letra que a transmite, também brilha?

Para postular uma analogia entre o corpo transfigurado de Jesus e a letra transfigurada do texto bíblico, devemos ser tão capazes de dizer o que literalmente acontece com

21. Emmanuel Levinas, *Totality and Infinity: An Essay on Exteriority* (Dordrecht: Kluwer Academic, 1991), p. 66.

22. Paul Blowers, "The Transfiguration of Jesus Christ as 'Saturated Phenomenon' and as a Key to the Dynamics of Biblical Revelation in Saint Maximus the Confessor" [A transfiguração de Jesus Cristo como "fenômeno saturado" e como uma chave para a dinâmica da revelação bíblica em São Máximo, o Confessor], em Matthew Baker e Mark Mourachian (orgs.), *What Is the Bible? The Patristic Doctrine of Scripture* (Minneapolis: Fortress, 2016), p. 91.

23. Blowers, p. 92-3. Veja também Merold Westphal, "Transfiguration as Saturated Phenomenon" [A transfiguração como fenômeno saturado], *Journal of Philosophy & Scripture 1*, n. 1 (Outono de 2003), p. 26-35.

24. O rosto de Deus é muitas vezes ligado ao favor de Deus. Examinaremos o encontro "face a face" de Jacó com Deus (Gn 32) no capítulo 9 mais adiante.

o rosto de Jesus quanto somos capazes de dizer o que significa para a letra bíblica servir como um canal de luz (espiritual).[25] O que exatamente acontece, então, com o Jesus transfigurado? Algo semelhante realmente ocorre com a letra do texto bíblico? Existe um paralelo entre os leitores que atendem ao corpo do texto e os discípulos que veem o Cristo glorificado?[26] Responder a essas perguntas é adquirir um precioso ponto de apoio em nossa ascensão interpretativa do sentido histórico-gramatical para o sentido escatológico-gramatical da Escritura.

Da letra textual à interpretação espiritual

Estamos explorando uma analogia "trans-figural", a saber, que a luz que brilha do rosto de Cristo é para seu corpo o que o sentido espiritual é para a letra do texto. Lembre-se de que a luz, *Deus fazendo conhecido*, é o princípio material da hermenêutica cristã pura e simples. Para ir da luz em geral para a luz que flui do rosto de Jesus, no entanto, devemos responder a duas perguntas: (1) O que exatamente aconteceu com Jesus (ou seja, o que significa transfiguração)? (2) A que a transfiguração da letra possivelmente se refere? O ônus do restante deste capítulo é investigar e responder a esse par de perguntas.

Alguns leitores ainda podem ter dúvidas acerca da sabedoria na atribuição de qualquer significado hermenêutico à transfiguração de Jesus, ou usá-la para justificar a interpretação espiritual. Vou declarar a objeção o mais fortemente possível: se há um paralelo entre o corpo de Jesus e o corpo do texto bíblico, então a transfiguração, porque envolve uma metamorfose de uma coisa em outra, forneceria uma garantia não para interpretação literal, mas *alegórica*, pois faria a letra significar algo *diferente* do que diz. Se esse fosse o objetivo de minha analogia, então, transfigurar a letra seria *desfigurá-la*. Claramente, o primeiro passo é esclarecer a natureza da metamorfose que está no cerne da transfiguração de Jesus.

O rosto de Jesus "fala". No entanto, o que ele diz? Se quisermos usar a transfiguração como uma estrutura para entender o que significa ler a Bíblia teologicamente, precisamos primeiro interpretar a narrativa da transfiguração em si. Aqui também descobrimos um conflito de interpretações. Isso não deveria ser nenhuma surpresa, dado o que descobrimos sobre o papel dos quadros de referência. *O desafio de ler a Bíblia teologicamente é encontrar quadros de referência que procedam e estejam de acordo com a economia da luz – quadros de referência que correspondam ao que a Bíblia é e de que ela trata.* A tendência geral entre os estudiosos modernos do Novo Testamento que leem com quadros de referência histórico-críticos é focar na experiência dos

25. De acordo com Henri de Lubac, tanto a Escritura quanto a encarnação são "incorporações" (ou seja, personificações) do *logos*. Veja o capítulo "The Incorporation of the Logos" [A incorporação do *logos*], em seu *History and Spirit: The Understanding of Scripture according to Origen* (São Francisco: Ignatius, 2007), p. 385-426.

26. Ao declarar isso, já se antecipa o debate sobre a transfiguração: teria sido uma mudança ocorrida em Jesus ou nos discípulos? Um evento objetivo, subjetivo ou uma combinação dos dois?

discípulos em vez de no próprio Jesus. No academicismo bíblico moderno, o rosto de Jesus tem pouco a dizer.

Henri de Lubac foi um dos poucos que pensou, como eu, que a transfiguração tinha significado hermenêutico.[27] De Lubac, um medievalista, prezava a interpretação espiritual e via a letra como o "sacramento do espírito".[28] Para ele, ler a Bíblia teologicamente era ler para o sentido espiritual, mais profundo e diferente do literal. Dada a analogia acima, eu me pergunto se é correto descrever a mudança no rosto de Jesus, ou na letra do texto quando lido teologicamente, como "sacramental". Essa sugestão transforma a transfiguração em um tipo de *transubstanciação*, na qual a letra do texto – o significado textual; o "pão" do discurso – poderia ser vista como passando por uma metamorfose "substancial", tornando-se algo que antes não era.[29] Os estudiosos bíblicos estariam certos em resistir a essa imagem, pois, nessa visão, a interpretação espiritual muda o significado histórico original em outra coisa, tornando a tentativa do exegeta de esclarecer o significado verbal uma busca pelos "acidentes", em vez da "substância", do texto. Felizmente, esse não é o tipo de interpretação espiritual que Henri de Lubac tinha em mente. Para ele, a interpretação espiritual se referia ao processo pelo qual Cristo usa a letra do texto para se tornar presente ao leitor. "O sentido espiritual *é* o próprio Cristo traduzido no sentido literal agindo como sujeito e objeto das Escrituras."[30] Cristo é tanto o agente quanto o conteúdo do processo. O que ainda precisa ser explicado, no entanto, é o que a interpretação espiritual faz ao sentido literal. Que tipo de mudança isso envolve?

Para responder a essa questão, passamos agora a considerar a evidência das Escrituras e de seus intérpretes em apoio à minha afirmação de que a transfiguração de Jesus fornece um quadro de referência valioso para a leitura teológica da Bíblia. Como todas as narrativas bíblicas, a transfiguração também levanta questões que exigem respostas teológicas. Por exemplo, o que aconteceu quando o rosto e as roupas de Jesus foram alterados? O que os três discípulos que estavam com Jesus realmente viram? Por que esse episódio é tão significativo que todos os três Evangelhos Sinóticos o relatam? Ao nos voltarmos para examinar essas e outras questões na história da exegese bíblica,

---

27. Como William Wright observa, Henri de Lubac apelou para a exegese cristã primitiva da transfiguração "como um símbolo biblicamente autorizado para a relação entre o Antigo Testamento e o Novo Testamento e, portanto, a interpretação cristã das Escrituras". William M. Wright, "The Literal Sense of Scripture according to Henri de Lubac: Insights from Patristic Exegesis of the Transfiguration" [O sentido literal das Escrituras conforme Henri de Lubac: *insights* da exegese patrística da transfiguração], *Modern Theology 28*, n. 2 (2012), p. 254.

28. Henri de Lubac, *Sources of Revelation* (Londres: Herder and Herder, 1968), p. 14.

29. A doutrina católica romana da transubstanciação sustenta que o pão e o vinho na Ceia do Senhor passam por uma mudança de substância enquanto mantêm sua forma externa ("acidentes"). Ou seja, eles parecem ser os mesmos elementos, mas na verdade se tornaram a substância do corpo e sangue de Cristo. Veja mais Brett Salkeld, *Transubstantiation: Theology, History, and Christian Unity* (Grand Rapids: Baker Academic, 2019).

30. Kevin Storer, "Theological Interpretation and the Spiritual Sense of Scripture: Henri de Lubac's Retrieval of a Christological Hermeneutic of Presence" [Interpretação teológica e sentido espiritual das Escrituras: a busca de Henri de Lubac de uma hermenêutica cristológica da presença], *Journal of Theological Interpretation 7*, n. 1 (2013), p. 95.

peço aos leitores que tenham em mente a possibilidade de que a narrativa da transfiguração "nos apresente um texto cujo significado literal *é* seu sentido espiritual".[31]

A transfiguração nos Evangelhos Sinóticos

O que está *literalmente* acontecendo naquele "alto monte" da transfiguração (Mt 17:1)? Que tipo de luz está envolvida e o que ela nos diz sobre Jesus? Primeiro, o básico. A história da transfiguração aparece em todos os três Evangelhos Sinóticos (Mt 17:1-8; Mc 9:2-10; Lc 9:28-36), cada vez no mesmo contexto narrativo, logo após Jesus perguntar aos discípulos quem eles acham que Jesus é. Após os discípulos responderem, "o Cristo", ele prediz sua morte e ressurreição e diz: "Em verdade lhes digo que alguns dos que aqui se acham de modo nenhum experimentarão a morte antes de verem o Filho do homem vindo no seu reino" (Mt 16:28; Mc 9:1; Lc 9:27). Jesus então convoca Pedro, Tiago e João e os leva até um alto monte, no qual ele é transfigurado. Há uma manifestação de luz, algumas aparições especiais, uma voz que sai da nuvem, e então tudo termina. O que realmente aconteceu?

Tendências interpretativas gerais

Os estudiosos bíblicos têm feito incursões frequentes na narrativa da transfiguração, em nítido contraste com a negligência dos teólogos.[32] F. W. Beare observou que "provavelmente não há nenhuma outra perícope nos Evangelhos que tenha recebido interpretações tão divergentes quanto a história da Transfiguração".[33]

Crítica da redação: uma transfiguração em três narrativas

Apesar das muitas semelhanças entre os três relatos sinóticos, os comentaristas modernos notaram uma série de diferenças significativas.[34] Por exemplo, Mateus e Lucas mencionam o rosto radiante de Jesus (Mt 17:2; Lc 9:29), enquanto Marcos não. Além disso, Mateus e Marcos utilizam o termo grego *metamorphoō* (Mt 17:2; Mc 9:2), mas Lucas não. Em Marcos, o nome de Elias vem antes do de Moisés (Mc 9:4); Mateus tem a ordem tradicional, colocando o nome de Moisés primeiro (Mt 17:3). Lucas revela o que Moisés e Elias estavam falando com Jesus (sua "partida" ou *exodus* de Jerusalém; Lc 9:31);

---

31. C. Clifton Black, "Transfigured Exegesis" [Exegese tranfigurada], em Peter Ochs e William Stacy Johnson (orgs.), *Crisis, Call, and Leadership in the Abrahamic Traditions* (New York: Palgrave Macmillan, 2009), p. 255.

32. Para uma lista de obras até 1981, veja Thomas F. Best, "The Transfiguration: A Select Bibliography" [A transfiguração: uma bibliografia selecionada] *Journal of the Evangelical Theological Society 24*, n. 2 (Junho de 1981), p. 157-61.

33. F. W. Beare, *The Earliest Records of Jesus* (Nashville: Abingdon, 1962), p. 141.

34. Veja, por exemplo, Simon Lee: "Os vários relatos da história da Transfiguração indicam como esses primeiros cristãos modificaram as [tendências judaicas e helenísticas da época] de maneiras que eram distintas de sua autoidentidade e que atendiam às suas necessidades comunitárias". *Jesus' Transfiguration and the Believers' Transformation* [Transfiguração de Jesus e a transformação dos fiéis], WUNT 2 (Tübingen: Mohr Siebeck, 2009), p. 2.

Mateus e Marcos não. Mateus especifica que a nuvem que os cobria era "resplandecente" (Mt 17:5); Marcos e Lucas não. O objeto do medo dos discípulos em Mateus é a voz divina (Mt 17:5,6); em Lucas, eles têm medo de entrar na nuvem (Lc 9:34), e em Marcos, o que eles temem não é especificado (Mc 9:6). Os comentaristas, em geral, explicam essas e outras discrepâncias recorrendo aos diferentes contextos culturais e filosóficos (como os mundos judaico e helenístico) que teriam sido familiares aos leitores originais, ou às distintas agendas teológicas dos três evangelistas. Por exemplo, Simon Lee diz que o relato de Mateus "funciona como uma lenda fundamental para sua comunidade e legitima a recente separação dessa comunidade do judaísmo tradicional".[35] Pouco é dito sobre o significado teológico do acontecimento em si.

Historicidade: um acontecimento com Jesus ou com os discípulos?

Dúvidas sobre a historicidade da transfiguração levaram a desacordos sobre seu significado literal. Vários comentaristas, incluindo Karl Barth, observam que "o milagre acontece com o próprio Jesus e não é algo realizado por ele".[36] A transfiguração foi um evento milagroso que ocorreu com Jesus, ou seja, uma manifestação física, ou foi algo que aconteceu com os discípulos, como uma experiência psicológica? Foi um evento objetivo ou uma visão subjetiva? Jesus instrui os discípulos: "Não contem a ninguém o que vocês viram, até que o Filho do homem tenha sido ressuscitado dentre os mortos" (Mt 17:9). A menção da visão complica qualquer distinção objetiva/subjetiva rígida e rápida. Uma visão subjetiva pode não ser melhor do que uma alucinação. Por outro lado, "Uma visão é um evento histórico e pode ser perfeitamente objetiva [...] no sentido de que nela vemos exatamente o que somos destinados (por Deus) a ver".[37] Alguns comentaristas se perguntam o que, se é que havia algo, um espectador teria visto. A transfiguração e a luz que brilhou no rosto e nas roupas de Jesus eram visíveis para qualquer um, ou apenas para os discípulos?[38] Aqui, também, a interpretação de alguém dependerá do(s) quadro(s) de referência escolhido(s). Por exemplo, J. W. C. Wand chamou a transfiguração de "uma visão verídica", mas falhou em especificar o que a tornava verdadeira.[39] Ele estava aberto à possibilidade de que foi um "fenômeno místico", acrescentando que essas experiências "são quase sempre capazes de uma explicação naturalista".[40] Em contraste, quando lemos essas narrativas literalmente

---

35. Ibidem, p. 7.
36. Karl Barth, *Church Dogmatics III.2* (Edimburgo: T&T Clark, 1960), p. 478.
37. Stephen Williams, "A transfiguração de Jesus Cristo (parte 1)", *Themelios 28*, n. 1 (Outono de 2002), p. 17.
38. Observe o possível paralelo com a "luz do céu" que brilhou sobre Paulo na estrada para Damasco, uma luz que Paulo disse que outros viram (At 22:9).
39. J. W. C. Wand, *Transfiguration* (Londres: Faith, 1967), p. 62.
40. Wand, p. 51. Cf. a discussão da posição de Wand em Donald Evans, "Academic Skepticism, Spiritual Reality and Transfiguration" [Ceticismo acadêmico, realidade espiritual e transfiguração], em L. D. Hurst e N. T. Wright (orgs.), *The Glory of Christ in the New Testament: Studies in Christology* (Oxford: Oxford University Press, 1987), p. 181-3.

(conforme definido na parte 2), em contexto canônico com um quadro de referência escatológico, fica claro que os discípulos foram testemunhas de um ato literal de Deus: o Pai confirmando de forma audível a identidade de Jesus como o Filho eterno na nuvem brilhante do Espírito (Mt 17:5).[41]

Relação com a ressurreição: antecipatória ou posterior ao fato?

Julius Wellhausen, famoso pela hipótese documental, recorreu à crítica das fontes para sugerir que a transfiguração era originalmente uma tradição oral descrevendo o Cristo ressuscitado, que mais tarde foi deslocada, fazendo parecer um evento na vida de Jesus.[42] Gerd Theissen, de forma semelhante, pensa que a transfiguração, com sua cena de glória celestial, é uma história de ascensão deslocada.[43] No entanto, essas teorias convenientemente ignoram que as narrativas da transfiguração incluem detalhes como a presença de Moisés e Elias e a voz do céu, que estão ausentes nos relatos da ressurreição e da ascensão.

Pode, no entanto, haver uma conexão textual legítima entre a transfiguração e esses eventos. Alguns comentaristas veem uma ligação explícita entre o relato da transfiguração de Marcos e seu relato abreviado da manhã de Páscoa. Como é bem sabido, o final mais curto e autêntico do Evangelho de Marcos carece de uma narrativa de ressurreição adequada, concluindo em vez disso com uma nota do medo das mulheres (Mc 16:8). O medo também recebe menção na história da transfiguração (Mc 9:6). Além disso, ambas as histórias apresentam roupas brancas: na transfiguração, as roupas de Jesus se tornam "de um branco resplandescente" (Mc 9:3), e no túmulo as mulheres encontram um jovem "vestido de roupas brancas" (Mc 16:5). Esse eco pode indicar que os dois relatos são mutuamente explicativos: "Marcos enfatiza a centralidade da ressurreição de Jesus ao colocar sua visão do Cristo ressuscitado não no final de seu Evangelho, *mas bem no meio*. Literalmente, o coração do Evangelho de Marcos, seu centro, é o relato da Transfiguração".[44]

Há alguma ironia em identificar a transfiguração como um relato equivocado da ressurreição. Como Patrick Schreiner observa, as narrativas do Evangelho não descrevem a ressurreição, mas os escritores do Evangelho descrevem a glória de Cristo

41. Schreiner comenta: "A unidade divina *ad intra* implica ações inseparáveis *ad extra*. A transfiguração revela Deus como esta luz tríplice – uma luz cristologicamente centrada, mas trinitariamente entendida" (*Transfiguration of Christ*, p. 58). Quanto à identificação do Espírito com a nuvem, ele observa que todos os evangelistas dizem "encobriu" (*episkazo*), o mesmo verbo usado para descrever a vinda do Espírito sobre Maria (Lc 1:35).

42. Julius Wellhausen, *Das Evangelium Marci: Übersetzt und erklärt*, 2ª ed. (Berlin: Reimer, 1909), p. 69. Ver também Rudolf Bultmann, *History of the Synoptic Tradition* (Nova York: Harper and Row, 1976), p. 259-61.

43. Gerd Theissen, *The Miracle Stories of the Early Christian Tradition* (Edimburgo: T&T Clark, 1983), p. 97.

44. Chris Knights, "Metamorphosis and Obedience: An Interpretation of Mark's Account of the Transfiguration of Jesus" [Metamorfose e obediência: uma interpretação do relato de Marcos da transfiguração de Jesus] *Expository Times 121*, n. 5 (2010), p. 221 (ênfase do original).

na transfiguração.[45] Os estudiosos bíblicos modernos estão um tanto perdidos em saber como explicar, ou o que fazer, com a glória da transfiguração de Jesus.

A natureza da transfiguração: que tipo de mudança?

Cada um dos Evangelhos Sinóticos descreve a transfiguração como uma mudança dramática na aparência externa de Jesus. O verbo grego em Marcos 9:2 é *metamorphoō*, levantando duas questões: O que metamorfose significava para os leitores originais e como os leitores contemporâneos devem entender a natureza da mudança que as traduções em inglês apresentam como *transfigurado*? Boa parte dos comentaristas bíblicos modernos insistem que devemos usar apenas quadros de referência judaicos e helenísticos para identificar o gênero literário. Mas esses não podem fazer justiça ao contexto canônico mais amplo ou a toda a economia da luz.[46] Vamos relembrar o que está em jogo: se há uma analogia entre o que acontece com Jesus e o que acontece com a letra do texto quando lido teologicamente, então devemos ter absoluta clareza sobre que tipo de mudança a transfiguração traz. As opções incluem o seguinte:

1. Uma mudança de natureza (transfiguração como mito)

Alguns intérpretes afirmam que a transfiguração marca o ponto em que Jesus se tornou algo que não era anteriormente, a saber, o Filho de Deus.[47] Metamorfose, aqui, significa mudança substancial. Essas leituras podem ter alguma plausibilidade se a história for lida como uma tradição independente, mas no contexto canônico é improvável, porque Jesus já é identificado como Filho de Deus anteriormente nos Evangelhos, pela voz do céu no batismo de Jesus (Mc 1:11).

2. Uma prévia do *status* futuro (transfiguração como Apocalipse)

A maioria dos estudiosos bíblicos modernos tende a usar um de dois quadros de referência: o apocalíptico ou o epifânico. De acordo com o primeiro, a transfiguração é um pequeno apocalipse, por assim dizer: uma visão do futuro reinado de Cristo. Nessa leitura, a transfiguração é a que Jesus estava se referindo quando disse que alguns de seus discípulos não morreriam "antes de verem o reino de Deus" (Mc 9:1). A transfiguração é, portanto, uma prévia da futura exaltação de Jesus, seja sua ressurreição, ascensão, sessão celestial ou *parousia* – em qualquer caso, algum futuro glorioso que envolve uma mudança, não da substância de Jesus, mas do *status*, da

---

45. Schreiner, *Transfiguration of Christ*, p. 25.

46. John Paul Heil afirma: "Devemos primeiro determinar o gênero literário se quisermos entender o que a história está comunicando a seu público implícito". *The Transfiguration of Jesus: Narrative Meaning and Function of Mark 9:2-8, Matt 17:1-8 and Luke 9:28-36* (Roma: Pontifical Biblical Institute, 2000), p. 35.

47. Veja W. P. Bradley, "The Transfiguration – Credential or Answer?" [A transfiguração: credencial ou resposta?], *CrozQ 12* (1935), p. 57-76.

humilhação para a exaltação.[48] O foco está "na aquisição de glória por Jesus após sua ascensão ao céu, não na manifestação dessa glória em sua descida do céu".[49] A transfiguração de Jesus "reflete ideias helenísticas e judaicas sobre o que acontecia com as pessoas que ascenderam ao mundo celestial".[50] De acordo com essa interpretação apocalíptica, a transfiguração não é uma revelação da divindade de Jesus, mas uma prévia de sua deificação. Quanto à luz da transfiguração, no quadro de referência greco-romano, aqueles como Hércules e Júlio César, quando se tornaram deuses, também se tornaram estrelas brilhantes, simbolizadas por suas vestes brancas e brilhantes.[51]

A luz e a brancura do rosto e das roupas de Jesus não são, portanto, detalhes incidentais, mas pistas quanto à natureza *celestial* do acontecimento. As Escrituras em geral descrevem seres angélicos vestindo branco (Dn 7:9; Mt 28:3; Ap 15:6; 19:14), e nada no *mundo* poderia produzir uma brancura tão intensa. Além disso, na tradição apocalíptica judaica, acreditava-se que Elias havia contornado a morte e alcançado o *status* angelical. Por fim, as montanhas figuram nos textos apocalípticos judaicos como "o lugar onde eventos escatológicos e messiânicos ocorrem, onde o conhecimento divino especial é comunicado com mediadores humanos e onde coisas ocultas são reveladas no fim dos tempos".[52] A transfiguração é, portanto, uma prévia das coisas boas que estão por vir: ressurreição, ascensão e até mesmo *parousia*. É, nas palavras de um comentarista, "como olhar para uma bola de cristal".[53]

3. Uma revelação do estado atual (transfiguração como epifania)

A outra interpretação principal vê a transfiguração não como um apocalipse, mas como uma epifania, uma manifestação tangível da identidade atual de Jesus como o divino Filho de Deus.[54] Nas palavras de um comentarista, "Jesus não se torna diferente do que era antes, mas por um momento sua aparência se torna um sinal divino para a

---

48. Por exemplo, Howard Clark Kee descreve a transfiguração como "uma visão proléptica da exaltação de Jesus" em "'The Transfiguration in Mark': Epiphany or Apocalyptic Vision?" ["A transfiguração em Marcos": epifania ou visão apocalíptica?], em John Reumann (org.), *Understanding the Sacred Text: Essays in Honor of Morton S. Enslin on the Hebrew Bible and Christian Beginnings* (Valley Forge: Judson, 1972), p. 149; e Ben Witherington III como "uma previsão da *parousia*", em "Transfigured Understanding: A Critical Note on Mark 9:.2-13 as a Parousia Preview" [Compreensão transfigurada: uma nota crítica sobre Marcos 9:2-13 como uma prévia da *parousia*], *Anglican Theological Journal* (1992), p. 88-91.

49. Delbert Burkett, "The Transfiguration of Jesus (Mark 9:2-8): Epiphany or Apotheosis?" [A transfiguração de Jesus (Marcos 9:2-8): epifania ou apoteose?], *Journal of Biblical Literature 138*, n. 2 (2019), p. 424.

50. Ibidem, p. 425.

51. Veja Ovídio, *Metamorphoses*, trad. Charles Martin (Nova York: Norton, 2004), IX.401 (p. 315) e XV.922 (p. 548) [Cf. em português: *Metamorfoses* (São Paulo: Editora 34, 2017)].

52. Lee, *Jesus' Transfiguration*, p. 20.

53. Dorothy Lee, *Transfiguration* (Nova York: Continuum, 2004), p. 123.

54. Uma declaração inicial dessa interpretação é J. B. Bernadin, "The Transfiguration", *Journal of Biblical Literature 52* (1933), p. 181-9. Deve ser notado que, embora Heil use o termo epifania, sua visão se assemelha muito à visão apocalíptica que acabamos de considerar (veja Heil, *Transfiguration of Jesus*, p. 78).

humanidade, o sinal de sua verdadeira identidade".[55] Os defensores dessa perspectiva notam que Jesus não ascende ao céu; em vez disso, Moisés e Elias (e eventualmente a nuvem da glória de Deus) descem sobre ele. O rosto e as vestes radiantes de Jesus não são antecipações de sua futura exaltação, mas uma revelação simbólica de quem ele já é.[56] Um detalhe é particularmente importante: o rosto de Jesus não reflete luz, como o de Moisés quando ele falou com Deus (Êx 34:34,35); em vez disso, a luz irradia de dentro do próprio Jesus. Ao contrário das teofanias do Antigo Testamento, a transfiguração se concentra na aparência da glória de Jesus, não de Deus. Nessa interpretação, a transfiguração não confere um novo *status* a Jesus, mas torna conhecido o *status* que Jesus já tem. Em um quadro de referência epifânico, a luz não é nem material nem celestial, mas reveladora, "como se o ar na montanha fosse mais claro para o observador e a percepção mais aguçada".[57] Os discípulos não viram uma luz física, mas a luz incriada, a mesma que começou a se revelar no primeiro dia da criação: luz da luz.

Acredito que precisamos de ambos os quadros de referência, apocalíptico e epifânico, para fazer justiça à letra do texto, particularmente em vista de sua dupla autoria.[58] No entanto, não precisamos presumir que os próprios autores humanos sempre escreveram com apenas um quadro de referência em mente. "O autor [Marcos] apresenta suas ideias em dois comprimentos de onda, um para aqueles mais familiarizados com as tradições judaicas e outro para aqueles mais familiarizados com o pensamento religioso grego."[59] Segue-se que Jesus pode aparecer em um único Evangelho como o profeta escatológico esperado por Israel e o Filho de Deus. "No esquema de Marcos, Jesus não é apenas um humano ou messias humano de baixo, mas também um ser divino de cima."[60] Schreiner concorda, observando que Jesus é tanto o Filho eterno que, como Deus, tem luz incriada em si mesmo e, como homem, é a luz messiânica que recebe glória de Deus.[61]

Não há, portanto, contradição em ler a transfiguração como se referindo tanto à futura entronização do Filho do Homem quanto à presente revelação do Filho de Deus.[62] Aliás, a escatologia do Novo Testamento requer tanto o já quanto o ainda não, uma tensão que Ramsey capturou de modo admirável: "No monte da Transfiguração, um véu é retirado, e a glória que os discípulos têm permissão de ver não é apenas a

55. François Bovon, *A Commentary on the Gospel of Luke 1:1—9:50* (Minneapolis: Fortress, 2002), p. 375.

56. Veja também Lee, *Jesus' Transfiguration*, p. 23.

57. Ibidem, p. 126.

58. No entanto, embora tenha incluído isso para fins de discussão, não acho que a primeira opção, de que a transfiguração se refere a Jesus se tornando algo que ele não era, tenha garantia canônica suficiente para ser considerada uma opção interpretativa viva.

59. Candida R. Moss, "The Transfiguration: An Exercise in Markan Accommodation" [A transfiguração: um exercício de adaptação marcana], *Biblical Interpretation 12* (2004), p. 76.

60. Lee, *Jesus' Transfiguration*, p. 45.

61. Schreiner, *Transfiguration of Christ*, p. 62.

62. Williams, "The Transfiguration of Jesus Christ (Part 2): Approaching Sonship" [A transfiguração: um exercício de adaptação marcana], *Themelios 28*, n. 2 (Spring 2003), p. 19.

glória de um acontecimento futuro, mas daquele que é o Filho de Deus".[63] A transfiguração emprega os quadros de referência presente e futuro: "Jesus *agora* na terra é o próprio Filho do Homem celestial que virá na *parousia futura*".[64] A transfiguração é, portanto, um acontecimento teológico sofisticado que supera tanto a divisão espacial do céu/terra quanto a divisão temporal do presente/futuro ao empregar quadros de referência duplos – o escatológico "já/ainda não" e o cosmológico terreno/celestial. Ambos os quadros são necessários para trazer à fala a realidade da transfiguração: o que aconteceu e o que isso significa.

Detalhes interpretativos particulares

Qualquer relato do significado da transfiguração deve lidar com os detalhes do texto. Cada um dos cinco elementos seguintes aparece em todos os três relatos sinóticos, com alguma variação.

O monte

Tanto na cosmologia judaica antiga quanto em toda a Escritura, os montes são os lugares nos quais a terra se aproxima mais do próprio reino de Deus. Eles simbolizam a presença e o domínio de Deus (cf. Êx 24:12,13; Sl 99:9; Is 56:7; Mt 28:16,17). A altura do monte o torna um "subúrbio do céu"[65] e um cenário apropriado para encontros humanos com Deus.[66] O texto de 2Pedro 1:18 se refere ao local da transfiguração como "o monte santo".

Os três discípulos

Pedro, Tiago e João são mais do que "extras" em uma cena com Jesus, pois todo o episódio é, sem dúvida, para o benefício deles. A presença deles serve a pelo menos dois propósitos. Primeiro, mostra o cumprimento da predição de Jesus de que alguns de seus discípulos "veriam o reino de Deus" (Mc 9:1) antes de morrerem. Segundo, a presença de duas ou três testemunhas enfatiza a autenticidade do testemunho.[67] E, como veremos, os discípulos nos representam, os espectadores/leitores da história.

A luz/brancura do rosto e das vestes de Jesus

"Ele foi transfigurado" (Mt 17:2; Mc 9:2) é uma ação passiva divina, um caso claro no qual o contexto sugere que a ação em questão foi feita por Deus. Essa ação envolveu

---

63. Ramsey, *Glory of God and the Transfiguration of Christ*, p. 119.

64. Lee, *Jesus' Transfiguration*, p. 46 (ênfase do original).

65. Robert H. Gundry, *Mark: A Commentary on His Apology for the Cross* (Grand Rapids: Eerdmans, 1993), p. 457.

66. De acordo com Terence Donaldson, o Evangelho de Mateus dá à montanha conotações apocalípticas, mosaicas e de entronização. *Jesus on the Mountain: A Study in Matthean Theology* (Sheffield: JSOT, 1985), p. 150-2.

67. Discuto o significado do testemunho ocular dos discípulos sobre a transfiguração (2Pe 1:16) no próximo capítulo.

fazer o rosto e as roupas de Jesus brilharem como luz ou branco deslumbrante (Mt 17:2 "se tornaram brancas como a luz"). Mateus diz que o rosto de Jesus "brilhou como o sol" (Mt 17:2); Lucas diz que "se transformou" (Lc 9:29). Os evangelistas recorrem a uma variedade de termos como "brilhou", "sol", "branco como a luz" (Mt 17:2), "brancas", "de um branco resplandecente" (Mc 9:3) e "resplandescentes" (Lc 9:29) para descrever o que entendo ser um momento-chave na economia da luz.[68] Esses efeitos especiais dificilmente são fortuitos; em vez disso, eles direcionam nossa atenção a um acontecimento de grande consequência teológica. A transfiguração proporcionou aos discípulos um vislumbre por trás do véu da carne de Jesus, revelando sua verdadeira identidade, uma manifestação externa de seu ser interior.[69] O rosto brilhante como o sol implica que a luz não estava *em* seu rosto, mas emanava *dele*. "Contemplar o rosto humano luminoso de Jesus é, literalmente, contemplar o rosto humano do Filho do Pai e, portanto, também o rosto do Pai."[70] Um comentarista descreve a transfiguração como uma revelação "de dentro para fora": "O que Jesus era *por dentro* foi outrora tornado visível por fora".[71] Foi uma revelação da realidade que Niceia articularia séculos mais tarde: "luz da luz".

Moisés e Elias

A presença de Moisés e Elias, assim como os outros detalhes, é para o benefício dos discípulos (e dos leitores). A presença deles acrescenta mais textura ao que já é um acontecimento rico. Eles estão conversando com Jesus, e Lucas observa que o tópico era a "partida" de Jesus (do grego: *exodos*) – uma referência à sua morte, ressurreição e ascensão (e à libertação de Israel do Egito por Deus) – que ele estava prestes a realizar em Jerusalém (Lc 9:31). Moisés representa a lei, enquanto Elias representa os profetas e é o arauto de uma nova ordem escatológica (Ml 4:5). Ambos tiveram experiências anteriores de Deus no topo da montanha (teofanias), o que pode explicar por que Lucas diz que eles "apareceram em glorioso esplendor" (Lc 9:31).[72] No entanto, os discípulos viram apenas a glória de Jesus (Lc 9:32). Moisés e Elias não são concorrentes de Jesus,

---

68. Lucas não diz "foi transfigurado" (μετεμορφώθη), mas "a aparência do seu rosto se transformou" (Lc 9:29), talvez para evitar dar a seu público grego uma impressão enganosa do tipo de mudança envolvida: "De acordo com Lucas, Jesus não se torna diferente do que era antes, mas por um momento sua aparência se torna um sinal divino para a humanidade, o sinal de sua verdadeira identidade" (Bovon, *A Commentary on the Gospel of Luke 1:1—9:50*, p. 375).

69. É precisamente disto que se trata a economia da luz: o anúncio aos outros do conhecimento que Deus tem de si mesmo.

70. Thomas G. Weinandy, *Jesus Becoming Jesus: A Theological Interpretation of the Synoptic Gospels* (Washington: Catholic University of America Press, 2018), p. 230.

71. Frederick Dale Bruner, *Matthew: A Commentary*, vol. 2, *The Churchbook*, rev. ed. (Grand Rapids: Eerdmans, 2004), p. 167 (ênfase do original).

72. "A correspondência entre Êxodo 33 e 1Reis 19 é misteriosa, sugerindo que Moisés e Elias aparecem no Monte da Transfiguração porque ambos ansiavam por ver a glória de Deus". Schreiner, *Transfiguration of Christ*, p. 86.

mas "contrastes para destacar que somente ele é o Filho amado de Deus a ser ouvido".[73] Isso também pode explicar a inaptidão (e a inépcia) da sugestão de Pedro de montar três tendas – uma para Moisés e uma para Elias, assim como para Jesus (Mt 17:4; Mc 9:5; Lc 9:33) – pois Jesus *já* estava "acampando" entre eles (cf. *eskēnōsen*, "habitar em uma tenda", em João 1:14), na condição de tabernáculo da glória divina feito carne. Libertação e glória viriam por meio de Jesus e sua cruz, ninguém ou nada mais.

A voz que sai da nuvem

A voz divina declarando Jesus como o Filho de Deus (Mt 17:5; Mc 9:7; Lc 9:35) é sem dúvida o clímax da transfiguração, articulando o que a luz exibe. É também o momento que faz os discípulos ficarem com medo (Lc 9:34). Na verdade, a nuvem brilhante e ofuscante, o brilhar e o falar, todos sinalizam a presença misteriosa e avassaladora de Deus.[74] Os leitores do Antigo Testamento estão familiarizados com Deus falando de nuvens espessas (Êx 19:9; 24:15; 33:9; 34:5). No entanto, a transfiguração marca apenas a segunda vez que Deus fala na totalidade dos Evangelhos Sinóticos, a outra instância sendo o batismo de Jesus, no qual ele pronuncia uma fórmula semelhante: "Este é o meu Filho amado" (Mt 3:17; Mc 1:11; Lc 3:22). Como Dale Bruner comenta, "Nos Evangelhos Sinópticos, Deus Pai fala diretamente à Terra apenas duas vezes e em ambas as vezes Deus diz exatamente a mesma coisa [...] *o fato mais importante que Deus deseja que a igreja e o mundo saibam*".[75] Cada evangelista também registra uma segunda declaração divina, o imperativo "Ouçam-no". Esse breve comando é, para Bruner, "sobre o que essa história é, em última instância".[76] Se Jesus é a luz de Deus que se tornou a luz do mundo, é apropriado que o ouçamos, e somente a ele. A história da transfiguração termina de maneira apropriada, com os discípulos vendo "somente Jesus" (Mt 17:8; Mc 9:8; Lc 9:36), lembrando-nos de que Jesus é a primeira e a última palavra de Deus, o Alfa e o Ômega (Ap 22:13).[77]

Transfiguração pela letra: uma exegese escatológico-gramatical

Descrições importam, particularmente quando o acontecimento é um ponto de virada fundamental na vida e no ministério de Jesus Cristo. As várias testemunhas da transfiguração – os três discípulos, os três evangelistas sinóticos, os estudiosos bíblicos que pesquisamos e os intérpretes anteriores dos quais ainda precisamos ouvir – empregam

---

73. Gundry, *Mark*, p. 458.

74. Patrick Schreiner diz que "a transfiguração é *a* teofania por excelência", *Transfiguration of Christ*, p. 88 (ênfase do original).

75. Bruner, *Matthew: A Commentary*, 2:172.

76. Ibidem, 2:173.

77. Veja também Kevin J. Vanhoozer, "Theological Commentary and the 'Voice from Heaven': Exegesis, Ontology, and the Travail of Biblical Interpretation" [Comentário Teológico sobre "A voz do céu": exegese, ontologia e o trabalho da interpretação bíblica], em Stanley E. Porter e Eckhard J. Schnabel (orgs.), *On the Writing of New Testament Commentaries* (Leiden: Brill, 2013), p. 269-98, esp. p. 285-95.

quadros de referência diferentes decorrentes dos respectivos contextos.[78] Alguns deles (a saber, histórico-crítico ou literário-ideológico) são incapazes de ver Cristo como a luz de Deus ou de ouvi-lo como a primeira e última Palavra de Deus. Eles são, portanto, incapazes de fazer justiça ao sentido literal dos evangelistas, uma função de seu quadro de referência apostólico.

A transfiguração de Jesus é um fenômeno saturado, um acontecimento audiovisual repleto de significado teológico. A abordagem escatológico-gramatical para interpretação literal estabelecida na parte 2 incorpora vários quadros de referência, incluindo um quadro de referência escatológico-doxológico sem o qual não podemos fazer justiça à transfiguração como uma demonstração da glória de Deus na face de Cristo. As próprias palavras de Jesus imediatamente anteriores à transfiguração, sobre os discípulos *verem o reino de Deus*, ou como Mateus coloca, verem "o Filho do homem vindo no seu reino" (Mt 16:28), pedem esse quadro de referência.

A transfiguração foi uma demonstração da glória já/ainda não de Jesus. A narrativa identifica Jesus como o Filho de Deus e o Filho do Homem, o homem nascido para reinar, mas que só alcançaria seu trono por meio do sofrimento e da morte. Os detalhes da história tornam a transfiguração uma lição objetiva para o benefício dos discípulos e nosso, uma resplandecente revelação de que as palavras e ações de Jesus constituem o reino vindouro de Deus em poder e glória, embora estejam momentaneamente ocultas sob o véu da carne de Jesus.[79] Todo o episódio constituiu um impressionante auxílio audiovisual ao difícil ensinamento de Jesus de que seu sofrimento e morte devem preceder a vinda de seu reino, uma prévia vívida da verdade do evangelho de que "Jesus se tornará verdadeiramente Jesus ao realizar o próprio êxodo".[80]

Lucas usa o termo glória (*doxa*) em conexão com a transfiguração, e ele o faz duas vezes, a primeira vez em conexão com Moisés e Elias. Lucas diz que eles "apareceram em glorioso esplendor" (Lc 9:31), o que não significa necessariamente que eles próprios eram gloriosos. Pois Lucas acrescenta, mais precisamente, que os discípulos "viram a glória de Jesus e os dois homens que estavam com ele" (Lc 9:32). Moisés e Elias estão a alguma distância da glória, indicando "que a glória presente na Transfiguração é melhor considerada como sendo própria somente de Jesus".[81] Os elementos-chave da transfiguração – o rosto brilhante, as roupas radiantes, a voz vinda da nuvem ofuscante – todos apontam para o *status* glorioso presente/futuro de Jesus.[82] Ver a glória de Jesus dessa maneira *é* ver a vinda do reino de Deus. Diremos mais no devido tempo sobre a natureza dessa

---

78. Poderia tê-lo dito com base em seus contextos gramaticais e culturais. Que o leitor entenda!

79. É importante corroborar que o cerne da lição objetiva diz respeito à glória e honra de Jesus, principalmente em2 Pedro 1:16,17, um texto que examinaremos com mais detalhes no próximo capítulo: "nós fomos testemunhas oculares de sua majestade"; "ele recebeu honra e glória de Deus Pai".

80. Weinandy, *Jesus Becoming Jesus*, p. 234.

81. Benjamin Thomas, *An Anglican Hermeneutic of the Transfiguration* (Nova York: Peter Lang, 2013), p. 24.

82. Por *status* glorioso, estou pensando mais na ascensão e segunda vinda de Jesus do que na ressurreição. De forma reveladora, aqueles que viram o Cristo ressuscitado não viram seu rosto brilhando como o sol.

glória e sua relação com o que estou chamando um quadro de referência escatológico-doxológico. Por enquanto, basta chamar a atenção para a relação entre glória e luz. Ambas estão relacionadas a um resplendor que se mostra; ambas tornam conhecido e permitem que algo seja visto. A transfiguração mostra e conta que Jesus é o Filho de seu Pai, "luz da luz", em forma humana.

Com o que se parece a "glória"? O que os discípulos literalmente viram? Os evangelistas acham difícil descrever essa luz, assim como acontece conosco em relação à luz incriada de Gênesis 1:3. Enquanto essa passagem diz respeito à luz protológica, os discípulos testemunharam a luz escatológica, um vislumbre da eternidade rompendo o tempo, dando ao rosto e às roupas de Jesus um brilho sobrenatural, revelando sua natureza divina e antecipando sua humanidade glorificada e senhorio na era vindoura. A transfiguração é um evento paradigmático que obrigou suas testemunhas a fazer conexões transfigurais com outras pessoas, lugares e eventos (por exemplo, o encontro de Moisés com Deus no monte Sinai) para comunicar seu significado e importância, conexões que dependem de uma imaginação biblicamente informada que nos permite ver *isso* como *aquilo*.

Quadros de referência históricos e literários são pontos de partida indispensáveis, mas não penetram na divisão do corpo e do espírito – as juntas e medula textuais nem nos permitem discernir os pensamentos e as intenções dos autores, humanos e divinos. A hermenêutica cristã pura e simples exige algo mais, um quadro de referência *canônico* e *católico* que reflita a perspectiva de uma nuvem de testemunhas: a Lei e os Profetas; cristãos do passado e do presente, do Oriente e do Ocidente.

A transfiguração na história da exegese

Voltamo-nos agora para ouvir vozes representativas da grande nuvem de intérpretes-testemunhas a fim de ver que luz adicional pode ser lançada sobre a transfiguração de Jesus. Em geral, leitores do Oriente e do Ocidente, ao longo dos séculos e tradições confessionais, concordam que a transfiguração é uma revelação da glória já/ainda não de Cristo, um episódio significativo na economia da luz na qual o Deus trino torna conhecido seu plano de salvação. Nossa preocupação imediata, no entanto, é ver se os leitores também concordam que há uma *analogia corporis*, uma correspondência textualmente baseada e hermeneuticamente significativa entre o corpo de Jesus e a letra do texto. Uma hermenêutica cristã pura e simples, se quiser fazer jus a seu nome, deve ser mais do que idiossincrática.

Patrística

Os pais gregos e latinos não tinham acesso ao que, graças ao academicismo bíblico moderno, agora sabemos sobre o contexto histórico e cultural dos evangelistas. No entanto, as leituras patrísticas da transfiguração obtiveram três ganhos essenciais – em teologia, escatologia e hermenêutica, respectivamente – graças em grande parte à sua disposição de ler com um quadro de referência sobrenatural. Primeiro, eles abordaram o texto como cristãos e com um quadro de referência niceno que os ajudou a interpretar a transfiguração como uma revelação da divindade de Cristo. "Sua preocupação existencial em vez de acadêmica, bem como sua orientação eclesiológica, fornecem aos Pais um princípio hermenêutico duplo: a fé pessoal [...] do exegeta e [...] a participação na experiência total da Igreja."[83] Segundo, eles entenderam a transfiguração como testemunho de uma realidade presente-futura, um acontecimento histórico e escatológico: a vinda do futuro reino de Deus na pessoa e obra de Jesus. E terceiro, eles entenderam que a transfiguração fornecia uma chave crucial para interpretar corretamente o Antigo Testamento. Essa terceira característica é meu foco especial aqui.[84]

Há uma riqueza de material patrístico sobre a transfiguração.[85] Irineu fez uma referência passageira, vendo-a como o cumprimento do pedido de Moisés em Êxodo 33:12-22 para ver a glória de Deus.[86] No entanto, o primeiro tratamento aprofundado é de Orígenes, particularmente seu comentário sobre Mateus.[87]

Orígenes

Orígenes estava alerta à luz de Cristo brilhando por intermédio da letra do texto. O Senhor revela "o esplendor de seus pensamentos em frases da Escritura".[88] Sim, mas o que os estudiosos bíblicos modernos devem fazer com a equiparação feita por Orígenes acerca das roupas brilhantes de Jesus com as Escrituras ("as palavras e letras dos Evangelhos"), ou sua sugestão de que o branco que os alvejantes podem alcançar (cf. Mc 9:3) é o equivalente em lavanderia à sabedoria dos leitores mundanos?[89]

Antes de rejeitar essas alegações como uma tolice alegórica, aqueles que se consideram hermeneuticamente sensatos e de mente justa fariam bem em lembrar as preocupações exegéticas e o quadro de referência de Orígenes. De forma consistente ele demonstrou duas preocupações abrangentes ao comentar sobre a transfiguração: primeiro, descrever a natureza dupla humano-divina de Jesus Cristo de tal forma que

83. Peter A. Chamberas, "The Transfiguration of Christ: A Study in the Patristic Exegesis of Scripture" [A transfiguração de Cristo: um estudo da exegese patrística das Escrituras], *St. Vladimir's Theological Quarterly* 14, n. 1-2 (1970), p. 62.

84. O melhor estudo das interpretações patrísticas da transfiguração é John Anthony McGuckin, *The Transfiguration of Christ in Scripture and Tradition* (Lewiston: Mellen, 1986).

85. Veja, por exemplo, Brian E. Daley, trad., *Light on the Mountain: Greek Patristic and Byzantine Homilies on the Transfiguration of the Lord* (Yonkers: St. Vladimir's Seminary Press, 2013).

86. Ireneu, *Against Heresies* 4.20.9.

87. Brian Daley observa que os comentários de Orígenes sobre Mateus 17:1-9 são representativos da interpretação patrística, e que eles tiveram uma influência significativa na interpretação patrística seguinte dessa passagem. Daley, "Introdução", *Light on the Mountain*, p. 24-25, 54.

88. Orígenes, *Commentary on Matthew* 12.39, como traduzido e citado em Daley, *Light on the Mountain*, p. 58.

89. Orígenes, *Commentary on Matthew* 12.38, em Daley, Light on the Mountain, p. 57. Ramsey cita esse fato como um exemplo notável da alegorização de Orígenes (*Glory of God and the Transfiguration of Christ*, p. 130).

a primeira revele unicamente a última; segundo, reconhecer a importância da maturidade espiritual para a percepção espiritual. A transfiguração reúne esses dois temas, descendência divina (encarnação) e ascensão humana (salvação). Em um ponto, Orígenes se referiu de modo sugestivo à transfiguração como "a *oikonomia* [= 'economia'] na montanha".[90] Ele não a chamou de economia da luz, mas se concentrou em Jesus sendo transfigurado "diante deles" (Mt 17:2; Mc 9:2), e no que a transfiguração permitiu que "eles" vissem. "A diferença entre aqueles que veem a Transfiguração e aqueles que não veem é uma questão de aptidão espiritual [...] nem mesmo todos os seguidores de Jesus são capazes de ver sua glória divina."[91] Algo semelhante se aplica aos leitores e ao sentido espiritual das Escrituras: "Para Orígenes, a santidade é realizada por meio de Cristo e é um pré-requisito para descobrir o significado espiritual das Escrituras".[92]

As qualificações para ver a luz de Cristo voltaram a ocupar o centro do palco quando Orígenes observou que os discípulos viram o rosto brilhante de Jesus enquanto ele conversava com Moisés e Elias, do que Orígenes deduziu que, embora seja bom entender quem é Jesus, é ainda melhor entender quem ele é em relação à Lei e aos Profetas: "Vimos 'Moisés e Elias em glória' quando os vemos com Jesus".[93] Eles estão com Jesus e, em certo sentido, são um com ele: "Pois Moisés, que era a lei, e Elias, que era a profecia, tornaram-se um só com Jesus, que é o Evangelho".[94] Jesus, o Evangelho em pessoa, está em sintonia com o significado espiritual da letra da Lei e dos Profetas, ou seja, do Antigo Testamento.

Para Orígenes, a transfiguração dizia respeito aos discípulos verem Jesus na forma de Deus (glória divina) em, sob e mediante sua forma corpórea (carne humana). Na transfiguração, "Jesus se tornou um símbolo da própria glória".[95] De novo, o que Orígenes achou mais significativo é que somente os discípulos que Jesus conduziu até a montanha receberam a visão. Aqueles que permaneceram no sopé da montanha não viram as "coisas celestiais acima", pois foram arrastados pelas "coisas mundanas abaixo". Orígenes traçou "um fio condutor entre a exegese bíblica e a experiência teofânica", alegando que os intérpretes bíblicos fazem uma ascensão semelhante.[96]

---

90. Orígenes, *Commentary on Matthew* 12.43, em Daley, *Light on the Mountain*, p. 65.

91. Thomas, *Anglican Hermeneutic of the Transfiguration*, p. 55. No contexto, a referência é a *Contra Celsum* 2.64-65 de Orígenes, mas o ponto também se aplica também a seu *Commentary on Matthew*.

92. John J. Allen, "'Go up onto a High Mountain' (Is 40:9): Theophanic Exegesis as Mystical Ascent in On First Principles" ["Suba uma alta montanha" (Is 40:9): exegese teofânica como ascensão mística], *Pro Ecclesia 29*, n. 1 (2020), p. 109.

93. Orígenes, *Commentary on Matthew*, 12.38. Citado em Daley, *Light on the Mountain*, p. 58.

94. Ibidem, 12.43. Ibidem, p. 65.

95. Paul M. Blowers, "Mystics and Mountains: Comparing Origen's Exegesis of the Transfiguration and Gregory of Nyssa's Exposition of the Sinai Theophany" [Místicos e montanhas: comparando a exegese de Orígenes da transfiguração e a exposição de Gregório de Nissa da teofania do Sinai], *Phronema 30*, n. 2 (2015), p. 3.

96. Allen, "Go up onto a High Mountain", p. 114.

Essa ascensão em direção à visão e à compreensão tem tanta relação com a ascese espiritual (isto é, abnegação e formação espiritual) quanto com a exegese gramatical.[97]

A exegese da transfiguração de Orígenes foi uma das influências na compreensão que de Henri de Lubac tinha sobre as relações entre o sentido literal e espiritual das Escrituras, e entre o Antigo e Novo Testamentos. Henri de Lubac viu a interpretação de Orígenes a respeito da transfiguração como uma demonstração exemplar de como o Antigo Testamento "passa por uma conversão e exaltação no Novo Testamento".[98] De particular interesse é o paralelo entre ver o rosto de Jesus brilhando como o sol e ler as Escrituras comunicando a voz de Deus. Jesus se veste de humanidade; a voz divina se veste de palavras humanas. Há um *Logos*, mas diferentes "incorporações". "A Escritura e a Encarnação são semelhantes, pois são ambas formas nas quais o *Logos* divino está presente no mundo."[99] Como afirma Henri de Lubac: "O significado histórico e o significado espiritual são, entre si, como a carne e a divindade do Logos".[100] Esta é uma declaração sucinta da *analogia corporis*: "O sentido literal e a carne de Jesus são semelhantes, pois são meios pelos quais o *Logos* se revela aos seres humanos".[101] A semelhança é analógica: a correspondência entre o corpo de Jesus e a letra do texto, longe de ser fantasiosa, está relacionada com a atividade do *Logos* na economia da luz.[102]

Jerônimo

Entre os pais da igreja ocidental, Jerônimo tratou da transfiguração e do paralelo entre o corpo de Jesus e a letra do texto de modo mais completo. Houve precedentes. Por exemplo, em seu comentário sobre Lucas, Ambrósio de Milão comparou as vestes de Jesus às palavras da Escritura, acrescentando que, a menos que alguém suba o monte e leia com fé, as palavras "aparecerão para você como a palavra do homem, velada em ditos ambíguos, não brilhando no poder do Espírito".[103] Na verdade, a ideia de correspondência das vestes (e rosto) de Cristo às palavras da Escritura tornou-se uma

---

97. Michael Allen desenvolve o tema da mortificação do leitor em seu "Dogmatics as Ascetics" [Dogmática como ascetismo], em Oliver D. Crisp e Fred Sanders (orgs.), *The Task of Dogmatics* (Grand Rapids: Zondervan, 2017), p. 189-209.

98. Henri de Lubac, *Medieval Exegesis*, vol. 1, *The Four Senses of Scripture*, trad. Marc Sebanc (Grand Rapids: Eerdmans, 1998), p. 252.

99. Wright, "Literal Sense of Scripture according to Henri de Lubac", p. 256. Veja também em Henri de Lubac, "The Incorporations of the Logos" [A incorporação do *logos*], em *History and Spirit: The Understanding of Scripture according to Origen*, trad. Anne England Nash e Juvenal Merrill (San Francisco: Ignatius, 2007), p. 385-426.

100. De Lubac, *History and Spirit*, p. 105.

101. Wright, "Literal Sense of Scripture according to Henri de Lubac", p. 257.

102. Espero que no que se segue fique claro que não estou propondo uma analogia encarnacional (natureza dupla), mas uma que seja especificamente transfigurada, pertencente especificamente à função da luz em "tornar conhecido" e "tornar glorioso".

103. Ambrósio, *Expositio in Lucam 7*, p. 12. Citado em McGuckin, *Transfiguration of Christ*, p. 267.

espécie de tropo patrístico, que Jerônimo explorou em seu comentário sobre Mateus mais do que qualquer outra pessoa.[104]

Jerônimo via a transfiguração como uma antecipação do futuro retorno de Jesus em glória. Ele era inflexível em dizer que não havia nenhuma mudança essencial na natureza humana de Jesus, esforçando-se para distinguir a transfiguração de Jesus das metamorfoses pagãs. Em contraste com as *Metamorfoses* de Ovídio, por exemplo, Jesus não foi transformado em algum outro tipo de criatura: "Quando o esplendor do rosto é mostrado, e o brilho das roupas é descrito, não é a substância removida, mas a glória é mudada (*non substantia tolliter sed gloria commutatur*). [...] A transformação acrescentou esplendor; não fez seu rosto desaparecer".[105] Essa é a refutação decisiva de Jerônimo para aqueles inclinados a espiritualizar demais o acontecimento. *O corpo transfigurado de Jesus foi glorificado, mas ainda era físico*: "Enquanto [a substância de Cristo] alterou em glória, o Filho de Deus permanece o mesmo".[106]

A homilia de Jerônimo sobre Marcos 9:1-7 foi descrita como "uma exposição de princípios hermenêuticos que usa a Transfiguração para demonstrar um método 'espiritual' de leitura das Escrituras".[107] Por sinal, essa homilia expõe "a formulação mais profunda de sua ideia de exegese cristã".[108] Jerônimo se recusou a espiritualizar a humanidade de Cristo (ou seja, o corpo de Jesus) ou o sentido literal (ou seja, a letra do texto). Interpretar espiritualmente não é anular a letra, mas aprofundar-se nela, para melhor determinar do que ela está falando e ver a luz de Cristo, o conhecimento e a glória de Deus.[109] Esse é o contexto em que Jerônimo comparou as vestes de Jesus às Escrituras, o brilho de suas roupas ao sentido espiritual das Escrituras. Jesus *é* o Filho de Deus e a Bíblia *é* a palavra de Deus, mas somente aqueles que sobem o monte e leem com fé – em meus termos, com um quadro de referência escatológico-gramatical – poderão perceber a luz de Cristo brilhando nas palavras do texto bíblico: "Pois aquele que segue a palavra de Deus e sobe o monte sobe ao topo; para ele, Jesus é

104. De forma surpreendente, Agostinho tinha relativamente pouco a dizer sobre a transfiguração e era um tanto solitário ao pensar que as vestes brilhantes de Jesus se referiam à igreja, e que sua brancura indicava a limpeza após o perdão dos pecados. Veja Agostinho, *Sermon 78*, em *The Works of St. Augustine*, trad. Edmund Hill, vol. 3, pt. 3 (Nova York: New City, 1991), p. 340-4. Veja também Andrew Louth, "St. Augustine's Interpretation of the Transfiguration of Christ" [A interpretação de Santo Agostinho da transfiguração de Cristo] *Studia Ephemeridis Augustinianum 68* (Roma: Institutum Patristicum Augustinianum 2000), p. 375-82.

105. Jerônimo, *Commentarium in Matthaeum in Hieronymus: Commentariorum in Matheum libri 4*, Corpus Christianorum Series Latina 77 (organizado por David Hurst e Marcus Adriaen) (Turnhout: Brepols, 1969), p. 147.

106. Jan Dominik Bogataj, "Jerome's Interpretation of the Transfiguration in Light of Some Recent Patristic Discoveries" [A interpretação de Jerônimo da transfiguração à luz de algumas descobertas patrísticas recentes] *Bogoslovni Vestnik / Theological Quarterly 81* (2021), p. 314.

107. Thomas, *Anglican Hermeneutic of the Transfiguration*, p. 65.

108. Pierre Jay, "Jerome (ca. 347-419/420)", em Charles Kannengiesser (org.), *Handbook of Patristic Exegesis: The Bible in Ancient Christianity*, vol. 2 (Leiden: Brill, 2004), p. 1109.

109. Jerônimo, *Homilies of St. Jerome*, vol. 2, p. 162. Jerônimo apela à leitura de Paulo do episódio de Sara e Hagar como a história de dois tipos de alianças para justificar a própria "explicação espiritual".

instantaneamente transfigurado e suas vestes brilham com intensidade".[110] Em outras palavras, o que se vê depende de onde se está e de quem se é. Leitores que interpretam a letra com um quadro de referência puramente histórico (imanente) não veem "nada brilhando nela".[111] Esse é um pensamento preocupante: leitores que se recusam a expandir seus horizontes referenciais, insistindo apenas no referente histórico imediato, acabam *não* seguindo "o caminho como as palavras funcionam".

Pois as palavras bíblicas *sobem*, e aqueles que as seguem, lendo como cristãos puros e simples, entendem que a luz de Cristo brilha na Lei e nos Profetas, bem como nos Evangelhos. Em contraste, aqueles que leem a Bíblia apenas "de baixo" conhecem Jesus apenas "do ponto de vista humano" (2Co 5:16). Jerônimo explicou o pedido de Pedro para construir três tendas como uma leitura "de baixo" de um fenômeno "do alto": Pedro não compreendeu que a Lei (Moisés) e os Profetas (Elias) são inseparáveis do Evangelho (Cristo).[112] Aqueles que leem *secundum litteram* (de acordo com a letra nua para o sentido gramatical apenas) são incapazes de dar sentido à narrativa bíblica como uma história unificada culminando em Cristo.[113] É somente quando alguém lê as Escrituras com fé – com um quadro de referência escatológico-gramatical em contexto canônico – que pode perceber seu significado *literal* mais verdadeiro: a glória de Deus revelada em Cristo. Isso explica por que a narrativa da transfiguração "nos apresenta um texto cujo significado literal é seu sentido espiritual",[114] e como a história direciona os leitores-discípulos a ascenderem a um ponto de vista no qual podem ver o mistério (revelado) na história (velada), o rosto deslumbrante de Cristo no tecido cintilante do texto canônico.

Medieval

Há outras evidências de que intérpretes posteriores leram a transfiguração como tendo significado hermenêutico? Sim, mas a documentação é incompleta porque, como mencionado anteriormente, a transfiguração nunca se tornou um tópico importante de controvérsia ou importância no Ocidente.

O Venerável Beda

O Venerável Beda, o pai da história da Igreja Inglesa, comentou e pregou sobre a transfiguração, muitas vezes citando Jerônimo. Assim como sua inspiração, Beda teve o cuidado de não confundir a transfiguração de Jesus com uma transformação em algo mais: "O salvador transfigurado não perdeu a substância da verdadeira carne"

110. Jerônimo, *Homilies of St. Jerome*, p. 163.

111. Ibidem.

112. Agostinho afirmou esse ponto em seu *Sermon* 78.3.

113. Cf. Wright: "Segundo Jerônimo, a característica definidora da compreensão 'segundo a letra' é que ela não admite ou percebe as relações mais profundas entre as realidades na Lei e nos Profetas e Cristo" ("The Literal Sense", p. 261).

114. Black, "Transfigured Exegesis", p. 255.

(do latim: *transfiguratus saluator non substantiam uerea carne amisit*).[115] No mínimo, podemos dizer que os primeiros teólogos medievais resistiram ao impulso de usar a transfiguração como uma garantia para a interpretação alegórica, fazendo com que o sentido literal significasse algo diferente do que diz.[116]

Tomás de Aquino

Tomás de Aquino foi um dos poucos escritores medievais a dar atenção contínua à transfiguração. Seu principal interesse em seus comentários dizia respeito ao significado da transfiguração de Jesus para a transformação do crente. Seu interesse primário nos tratados teológicos era, por contraste, mais escolástico, centrado em questões como: o que *é* transfiguração? O que ela significa? E como a glória divina pode se manifestar em carne humana? Seus contemporâneos fizeram perguntas semelhantes, embora coloridas com um grau de literalismo: como os discípulos sabiam que os dois homens eram Moisés e Elias? Eles viram a transfiguração com seus olhos ou em sua mente?[117] Como a transfiguração se relaciona com a visão beatífica?

Tomás dedicou quatro artigos em sua *Summa Theologica* à transfiguração. Ele claramente via essa ocasião como um momento-chave na história da redenção. Por quê? Porque era "adequado" que Jesus "mostrasse a seus discípulos a glória de sua clareza [...] para a qual ele configurará aqueles que são seus".[118] Em resumo, a transfiguração mostra aos discípulos de Jesus que eles também têm um futuro na economia da luz. A revelação de Jesus feita a Pedro, Tiago e João acerca da glória que se seguiria a seu sofrimento na cruz serve como um encorajamento aos discípulos em todos os lugares para perseverar no caminho cruciforme de Cristo. O sofrimento de Jesus foi um passo para o Pai "levar muitos filhos à glória" (Hb 2:10). A transfiguração serve, portanto, como uma nota promissória preciosa.

Tomás insistiu, com Jerônimo, que o brilho do rosto e das vestes de Jesus representa "não uma mudança de substância, mas um revestimento de glória".[119] Isso levou-o a colocar uma *quaestio* em vez de fazer um comentário, um que faz sentido quando nos lembramos de que Tomás estava a ler com um quadro de referência colorido por categorias ontológicas aristotélicas como "substância" e "acidente". Ele queria saber: Jesus adquiriu durante sua vida terrena as propriedades de um corpo glorificado, uma

115. Beda, *Opera Exegetica 3*. Em *Lucae Evangelism Expositio* (Turnhout: Brepols, 1960), p. 205.

116. Infelizmente, o próprio Beda às vezes caía na alegorização, como quando sugeriu que as vestes alteradas de Jesus se referiam à vestimenta de Cristo no batismo (veja a discussão em Thomas, *Anglican Hermeneutic of Transfiguration*, p. 89).

117. Veja também a discussão em Aaron Canty, *Light and Glory: The Transfiguration of Christ in Early Franciscan and Dominican Theology* (Washington: Catholic University of America Press, 2011). Veja também Kenneth Stevenson, "From Hilary of Poitiers to Peter of Blois: A Transfiguration Journey of Biblical Interpretation" [De Hilary de Poitiers a Peter de Blois: uma jornada de transfiguração da interpretação bíblica], *Scottish Journal of Theology 61*, n. 3 (2008), p. 288-306.

118. Tomás de Aquino, *Summa Theologica* Q. 45, art. 1.

119. Ibidem Q. 45, art. 1.

das quais era a "clareza"?[120] Sua pergunta é realmente sobre os propósitos da transfiguração de Jesus, a saber, "mostrar aos homens sua glória e despertar os homens para o desejo dela".[121] A luz que os discípulos testemunharam era uma manifestação visível da glória de Deus? A resposta de Tomás é sutil: "A clareza que Cristo assumiu em sua transfiguração foi a clareza da glória quanto à sua essência, mas não quanto a seu modo de ser".[122] Como Jesus ainda não havia ressuscitado dos mortos, seu corpo ainda não havia adquirido glória de modo permanente. Por consequência, a transfiguração registra uma iluminação milagrosa, embora apenas temporária, do corpo de Cristo, principalmente para o benefício dos discípulos.[123] Para os propósitos atuais, no entanto, a principal conclusão da discussão de Tomás é que o corpo humano de Jesus era o meio para a glória divina, assim como a letra do texto serve como um meio brilhante para o conhecimento de Jesus Cristo.

Reforma e os primeiros modernos

Em comparação às leituras da igreja primitiva anteriormente mencionadas, a interpretação dos reformadores a respeito do rosto brilhante de Jesus é bastante opaca. O veredito de Ramsey é tão justo quanto conciso: "A Reforma acrescentou pouco à interpretação da Transfiguração".[124] Os reformadores e seus sucessores protestantes contribuíram ainda menos para explorar o potencial hermenêutico da transfiguração. Há exceções. Por exemplo, Isaac Ambrose descreveu as Escrituras canônicas como "as faixas espirituais" do menino Jesus, pois Cristo é a substância de todas as figuras e tipos, e o evangelho "é a luz de Cristo".[125]

João Calvino

Dada a descrição de Calvino acerca de Cristo como a "única luz da verdade"[126] e sua propensão a ler a Bíblia como uma história unificada da aliança da graça se tornando

120. A *quaestio* é um dispositivo tipicamente escolástico, empregado quando, no curso de um comentário sobre um texto, um mestre precisava fazer uma pausa para abordar uma questão ou problema mais substancial. O problema era que os teólogos medievais ensinavam, com base em 1Coríntios 15:22-24, que o corpo ressuscitado teria quatro "dons", incluindo a impassibilidade, que Tomás temia que tornaria sua paixão impossível. Veja Jeremy Holmes, "Aquinas' Lectura in Matthaeum" [Leitura de Aquino em Mateus] em Thomas G. Weinandy, Daniel A. Keating e John P. Yocum (orgs.), *Aquinas on Scripture: An Introduction to His Biblical Commentaries* (Londres: T&T Clark, 2005), p. 90-1.

121. Tomás de Aquino, *Summa Theologica* Q. 45, art. 3.

122. Ibidem Q. 45, art. 2.

123. Cf. Tomás de Aquino: "It was not the clarity of a glorified body, since Christ's body was not as yet immortal" [Não era a clareza de um corpo glorificado, já que o corpo de Cristo ainda não era imortal]. *Summa Theologica* Q. 45, art. 2.

124. Ramsey, *Glory of God and the Transfiguration of Christ*, p. 140.

125. Isaac Ambrose, *Works* (1701), p. 201. Citado em J. I. Packer, *A Quest for Godliness: The Puritan Vision of the Christian Life* (Wheaton: Crossway, 1990), p. 103.

126. João Calvino, *Commentary on the Book of the Prophet Isaiah*, vol. 2, trad. William Pringle (Edimburgo: Calvin Translation Society, 1851), p. 322.

cada vez mais brilhante, é surpreendente que a transfiguração não figure de maneira mais proeminente na obra de Calvino. Ainda mais diante da contribuição inicial de Calvino para a noção da "ascensão da alma".[127] Nós "elevamos nossos corações" ao Senhor não por nossos próprios esforços, Calvino sugeriu, mas participando da ascensão de Jesus, *sua* humanidade glorificada. O objetivo é a comunhão com o Pai no Filho por meio do Espírito. A visão da ascensão espiritual por meio da ascensão de Jesus é inspiradora. Se torna ainda mais surpreendente, então, que não haja nenhuma entrada de índice para transfiguração na edição padrão de suas *Institutas*, seja por si só, ou em "Cristo, atos e vida". Em vez disso, Calvino via a transfiguração como uma das provas milagrosas da divindade de Cristo.[128]

Ele fez um comentário competente, embora um tanto cauteloso, sobre a transfiguração. Resistiu a entrar em disputas sutis sobre detalhes como o significado da brancura das vestes de Jesus, ou debates sobre Moisés e Elias estarem fisicamente presentes na montanha, ou serem meramente espectros. Em um ponto, porém, Calvino invocou sua importante ideia de acomodação divina (sem usar o termo) ao descrever a transfiguração: "Essa transformação não revelou Cristo absolutamente à vista de seus discípulos como ele agora está no céu, mas deu a eles um gostinho de sua glória infinita à medida que foram capazes de receber".[129] Isso se relaciona com a ideia mencionada anteriormente de ascensão espiritual à medida que Calvino reconheceu que não podemos perceber a glória de Cristo em sua plenitude resplandecente até que sejamos tornados semelhantes a ele (1Jo 3:2). No entanto, não há menção à relevância dessa percepção para a tarefa de interpretação bíblica. A contribuição dos reformadores ao projeto de transfiguração da interpretação bíblica produz apenas resultados escassos, embora concordem com a importância de ler o Antigo Testamento de modo cristológico.

Jonathan Edwards

Um teólogo protestante que contribuiu para minha tentativa de apropriar a transfiguração em prol da hermenêutica cristã pura e simples é Jonathan Edwards. Ele estava unicamente posicionado entre as eras, por assim dizer, com um pé na tradição cristã pré-crítica e outro no limiar da crítica bíblica e da modernidade iluminista. Douglas Sweeney observa: "Como muitos protestantes primitivos [...] Edwards praticava exegese literal e espiritual".[130] Ele foi herdeiro e inovador na tradição interpretativa reformada, e alguns o veem como uma figura ocidental com afinidades com

127. Julie Canlis, *Calvin's Ladder: A Spiritual Theology of Ascent and Ascension* (Grand Rapids: Eerdmans, 2010).

128. Veja a breve discussão em Stephen Edmondson, *Calvin's Christology* (Cambridge: Cambridge University Press, 2004), p. 198-9.

129. João Calvino, *Calvin's Commentaries: A Harmony of the Gospels: Matthew, Mark, and Luke*, vol. 2, trad. T. H. L. Parker (Grand Rapids: Eerdmans, 1972), p. 198.

130. Douglas A. Sweeney, *Edwards the Exegete: Biblical Interpretation and Anglo-Protestant Culture on the Edge of the Enlightenment* (Oxford: Oxford University Press, 2016), p. 48.

o Oriente.[131] Ele era resolutamente protestante, mas se destacou de seus pares do século 18 por causa de seu "compromisso completo com a exegese espiritual" e apreciação da "fecundidade" das Escrituras tanto quanto, se não mais, do que sua perspicácia.[132] O que "o maior teólogo dos Estados Unidos" tem a contribuir para nosso projeto?[133]

Devemos admitir de imediato que, assim como ocorreu com Calvino, há muito pouco que lide explicitamente com a transfiguração. A principal fonte primária é um sermão não sobre os Evangelhos, mas sobre 2Pedro 1:16: "[Mas nós] fomos testemunhas oculares de sua majestade". Edwards é, no entanto, útil à medida que ele leu *toda* a Escritura dentro de um quadro de referência semelhante ao que eu chamei de economia da luz. E o que ele *diz* sobre a transfiguração avança nossa compreensão do que significa ver a luz de Cristo na letra do texto.

Edwards escreveu frequente e copiosamente sobre luz e glória e sua relação com a interpretação bíblica: "De todas as semelhanças [usadas nas Escrituras] para nos descrever esse entendimento espiritual, a luz é a que mais completamente a representa e é muitas vezes usada".[134] Além disso, Edwards sustentou que o brilho glorioso de Deus está presente não apenas no evangelho, mas em toda a criação, levando um estudioso de Edwards a declarar: "O universo é o show de luzes de Deus".[135] Se Cristo é o coração da criação e o verdadeiro tema das Escrituras, devemos esperar que a interpretação bíblica produza "visão verdadeira" da glória de Deus: "Cristo é o luminar, ele é o sol; mas o espírito de Cristo é como os raios, como a própria luz. O sol não [*sic*] nos ilumina de imediato, mas pelos seus raios. [...] É o rosto de Cristo que brilha no coração, mas é o espírito de Cristo os raios pelos quais brilha neles".[136] Edwards aqui postulou tanto uma dimensão objetiva quanto uma dimensão subjetiva para a luz reveladora, dimensões que talvez possamos analisar, com Calvino, no que se refere a "palavra e Espírito".[137]

---

131. A nomenclatura de "herdeiro" e "inovador" vem de "Jonathan Edwards' Principles of Interpreting Scripture" [Os princípios de interpretação das Escrituras de Jonathan Edwards], de Stephen R. C. Nichols, em David P. Barshinger e Douglas A. Sweeney (orgs.), *Jonathan Edwards and Scripture: Biblical Exegesis in British North America* (Oxford: Oxford University Press, 2018), p. 34, 40.

132. Michael J. McClymond e Gerald R. McDermott, *The Theology of Jonathan Edwards* (Oxford: Oxford University Press, 2012), p. 175, 178.

133. George Marsden, seu biógrafo, refere-se à sua reputação como "o mais brilhante de todos os teólogos estadounidenses". *Jonathan Edwards: A Life* (New Haven: Yale University Press, 2003), p. 3.

134. Jonathan Edwards, "A Spiritual Understanding of Divine Things Denied to the Unregenerate" [Uma compreensão espiritual das coisas divinas negada aos não regenerados], em *Works of Jonathan Edwards* 14 (New Haven: Yale University Press, 1997), p. 77.

135. Richard B. Steele, "Transfiguring Light: The Moral Beauty of the Christian Life according to Gregory Palamas and Jonathan Edwards" [Luz transfigurada: a beleza moral da vida cristã de acordo com Gregory Palamas e Jonathan Edwards] *St. Vladimir's Theological Quarterly* 52 (2008), p. 429.

136. Jonathan Edwards, "A Sight of the Glory of Christ" (72. II Cor. 3:18 [1728]), em *Sermons, Series II, 1728–1729*, em *Works of Jonathan Edwards Online*, vol. 43, accessado em 08 de julho de 2022: http://edwards.yale.edu/archive?path=aHR0cDovL2Vkd2FyZHMueWFsZS5lZHUvY2dpLWJpbi9uZXdwaGlsby9nZXRvYmplY3QucGw/Yy40MToxNC53amVv.

137. Uma distinção que eventualmente foi analisada por Karl Barth com base em revelação "objetiva" e "subjetiva". *Church Dogmatics* I.1.

Edwards reconheceu uma analogia de glória entre a luz que brilha do rosto de Cristo e a que brilha dentro e por meio do texto bíblico. Ele comparou de maneira explícita ouvir a voz de Deus nas Escrituras com Pedro vendo a glória divina na transfiguração de Jesus: "Pedro, quando viu isso, [...] teve certeza de que Cristo era uma pessoa divina e santa, sem se sentar para raciocinar sobre o assunto". De forma semelhante, os santos são convencidos de que estão ouvindo a voz de Deus falando nas Escrituras, uma "lâmpada" da glória divina (Sl 119:105). A excelência das Escrituras é prova tão essencial de sua autoridade e verdade divinas quanto "Pedro vendo a glória exterior de Cristo em sua transfiguração".[138] Os cegos, pecadores mergulhados na escuridão da negação, não conseguem ver nem mesmo a verdade mais resplandecente. Por isso, é necessário distinguir entre os momentos objetivos e subjetivos na economia da luz.

Cristo é a luz do mundo, mas precisamos da iluminação do Espírito Santo – as "afeições" religiosas corretas – para ver a luz de Cristo. Uma dinâmica semelhante se obtém na leitura da Bíblia. Edwards supôs: "Espiritualmente, entender a Escritura é entender corretamente o que *está na* Escritura, e o que *estava nela* antes de ser compreendido [...] não [é] criar um novo significado".[139] A luz está objetivamente ali, no texto. Entretanto, uma pessoa que lê a Bíblia sem a iluminação do Espírito contempla as coisas espirituais vagamente, "mas aquele que vê pela luz divina é como um homem que contempla o jardim quando o sol brilha sobre ele".[140] Embora todos os leitores sejam responsáveis por suas interpretações, somente aqueles que têm o Espírito de entendimento interior são capazes de responder ao discurso divino como deveriam, com o entendimento da fé: "um homem pode saber como interpretar todos os tipos, parábolas, enigmas e alegorias na Bíblia, e não ter um raio de luz espiritual em sua mente".[141] Esse leitor entende a gramática, mas não a glória.

Edwards entendeu corretamente por que o Espírito é necessário na economia da luz. Uma compreensão técnica da gramática não é suficiente. Ler as Escrituras com correção requer certas disposições subjetivas, que Edwards discutiu em suas *Afeições religiosas* e no seu sermão de 1734: "Uma luz divina e sobrenatural".[142] Por luz sobrenatural, Edwards tinha em mente uma nova sensibilidade espiritual que o Espírito confere aos crentes. O que o Espírito comunica não é uma informação nova, mas "o poder necessário para apreciar a luz espiritual que irradia de Deus" (e sua palavra).[143] É um

138. Jonathan Edwards, *Misc.* No. 410, em "Miscelâneas", em *Works of Jonathan Edwards 13* (New Haven: Yale University Press, 1994), p. 470-1.

139. Jonathan Edwards, *Religious Affections, Works of Jonathan Edwards 2* (New Haven: Yale University Press, 1959), p. 280 [Cf. em português: *Afeições religiosas* (São Paulo: Vida Nova, 2018)].

140. Jonathan Edwards, *The Miscellanies:a–500, Works of Jonathan Edwards 13* (New Haven: Yale University Press, 1993), p. 470.

141. Edwards, *Religious Affections*, p. 278.

142. O texto desse sermão é a confissão de Pedro de que Jesus é o Cristo (Mt 16:16), que ocorreu pouco antes da transfiguração.

143. Marsden, *Jonathan Edwards*, p. 157.

poder afetivo que permite que seus destinatários sintam e apreciem – saboreiem, por assim dizer – o conteúdo teológico do texto. Eis como Edwards descreveu o intérprete espiritualmente iluminado: "Ele não acredita apenas racionalmente que Deus é glorioso, mas tem um senso da glória de Deus em seu coração".[144] Em suma, ler a Bíblia com entendimento requer mais do que competência filológica. Requer "luz divina e sobrenatural", o ministério iluminador do Espírito Santo em nossa mente e coração – não um novo conteúdo, mas a capacidade de ver e *saborear* a beleza divina, por assim dizer, do próprio sentido literal. Esse "novo senso do coração" – que estou descrevendo como uma nova sensibilidade interpretativa – foi apelidado de a ideia mais inicial em toda a teologia de Edwards.[145]

Edwards sustentava que os assuntos das Escrituras, acontecimentos do evangelho de Jesus Cristo, são na verdade gloriosos objetivamente, mas também acreditava que os leitores não seriam capazes de ver o que está diante de seus olhos, na letra do texto, sem a obra sobrenatural do Espírito. Graças à iluminação do Espírito, os leitores, ao contemplar os episódios do evangelho, ganham "uma visão clara de sua glória divina".[146] Isso é análogo à experiência dos discípulos acerca da transfiguração de Jesus. Em cada caso, o corpo de Jesus e o corpo do texto, a luz que está ali irradia para fora, mas pode ser vista apenas por aqueles que subiram o monte para serem iluminados pelo Espírito.[147] Somente um coração iluminado pelo Espírito pode perceber as glórias da palavra escrita de Deus: "A verdade de tudo [do evangelho] revelado na Escritura [...] aparece à alma, apenas ao transmitir aquele gosto espiritual da beleza divina".[148]

Ler na economia da luz, com um quadro de referência cristão, é dizer com Edwards (e com João, o Evangelista), "vimos a sua glória" (Jo 1:14). Aqueles que recebem a luz divina do Espírito "veem a divindade no evangelho [...] contemplam aquela glória incomparável, inefavelmente excelente e verdadeiramente divina brilhando nele".[149] Leitores que contemplam a glória de Cristo na letra do texto, como Pedro, Tiago e João após terem visto a glória da transfiguração, são mais do que simples intérpretes. Eles são testemunhas sob juramento, como todas as testemunhas, para dar um relato verdadeiro do que viram, ouviram e leram (At 4:20; 2Pe 1:18; 1Jo 1:1). Ler a Bíblia teologicamente é ser um comunicante na economia da luz.

---

144. Edwards, "A Divine and Supernatural Light" [Uma luz divina e sobrenatural], em *Sermons and Discourses 1730–1733, Works of Jonathan Edwards 17* (New Haven: Yale University Press, 1999), p. 413.

145. Veja E. Smith, "Editor's Introduction" a *Works of Jonathan Edwards 2:30*. Ver adicionalmente Ray S. Yeo, *Renewing Spiritual Perception with Jonathan Edwards: Contemporary Philosophy and the Theological Psychology of Transforming Grace* (Nova York: Routledge, 2016).

146. Edwards, *Religious Affections*, p. 298.

147. No caso da transfiguração, Edwards disse que os discípulos contemplaram a glória exterior de Jesus com seus olhos físicos, enquanto o Espírito manifestou a glória "espiritual" de Jesus para sua mente. Edwards, *Religious Affections*, p. 300. No caso da Escritura, contemplamos a letra com nossa mente natural, mas necessitamos da iluminação do Espírito para ver a luz de Cristo que irradia dela.

148. Edwards, *Religious Affections*, p. 302.

149. Ibidem, p. 306.

Oriental (ortodoxo)

Um quadro de referência cristão puro e simples para a leitura das Escrituras não pode ignorar a igreja oriental, pois os teólogos orientais deram importância central à transfiguração, tanto no aspecto doutrinário quanto litúrgico. A Festa da Transfiguração (6 de agosto) é tão importante para os ortodoxos quanto o Natal ou o Pentecostes. A transfiguração ressoa profundamente com o *ethos* teológico da Ortodoxia, particularmente sua ênfase na *theosis* (divinização): "Conectando a festa com a Cruz, a Ressurreição e a comunhão dos santos, os serviços [para a Festa da Transfiguração] a conectam também à luz primordial que brilhou na criação e com a luz da nova criação na qual todas as coisas são transformadas".[150] De acordo com Vladimir Lossky, a transfiguração é mais do que uma nota de rodapé na busca pelo Jesus histórico, pois lida com "a possibilidade da visão de Deus e a natureza dessa visão, e [...] a possibilidade da deificação no sentido real, e não metafórico, dessa palavra".[151] A transfiguração também orienta a iconografia oriental, uma representação pictórica da ideia teológica de que a glória de Deus brilha por meio de coisas materiais, incluindo a face de Jesus.[152] Nosso foco é menos litúrgico do que hermenêutico, na Bíblia como um ícone *verbal* mediante o qual brilha a luz de Cristo. Assim, do ocidente, olharemos e ouviremos duas homilias para a Festa da Transfiguração.[153]

João de Damasco (655–750)

João de Damasco pode ter feito sua homilia na Festa da Transfiguração em uma igreja no próprio monte Tabor, o local tradicional da transfiguração de Jesus.[154] A homilia combina ensino doutrinário com um apelo pastoral para a contemplação do mistério de Cristo. A linguagem é diferente, mas o sentimento é semelhante à insistência de Edwards de que a compreensão espiritual envolve as afeições do coração, não simplesmente as cogitações da mente.[155]

Para João de Damasco, a transfiguração está na interseção da teologia propriamente dita (*theologia*) e da economia da salvação (*oikonomia*). Jesus disse a seus discípulos que aqueles que o veem [agir] viram o Pai (Jo 15:24), e a transfiguração demonstra isso: "'E seu rosto brilhou como o sol', pois foi identificado de forma hipostática com a luz imaterial".[156] A transfiguração é uma manifestação da natureza divina que Jesus

---

150. Ramsey, *Glory of God and Transfiguration of Christ*, p. 138. Para um estudo que examina a transfiguração como um ícone para a transformação de todas as coisas, veja Paul M. Blowers, *Maximus the Confessor: Jesus Christ and the Transfiguration of the World* (Oxford: Oxford University Press, 2016).

151. Vladimir Lossky, *In the Image and Likeness of God* (Nova York: St. Vladimir's Seminary Press, 1974), p. 60.

152. Veja também Solrunn Nes, *The Uncreated Light: An Iconographical Study of the Transfiguration in the Eastern Church* (Grand Rapids: Eerdmans, 2007).

153. Para uma coleção abrangente dessas homilias, veja Daley, *Light on the Mountain*.

154. Daley, p. 203.

155. Curiosamente, João de Damasco antecipou a imagem preferida de Edwards de experimentar a doçura do mel quando se referiu ao nome de Jesus como "verdadeiramente o mais doce [...] dos nomes" (Daley, p. 206).

156. Citado em Daley, p. 211.

tinha desde o início: "A glória não veio sobre este corpo de fora, mas de dentro".[157] Mais uma vez, vemos que a transfiguração não envolve uma mudança no corpo de Jesus, mas apenas uma visão mais profunda do que já estava lá, abaixo da superfície: "A realidade divina domina e compartilha um pouco de sua luz e glória próprias com o corpo".[158]

Jesus permanece o mesmo, mas parece diferente. Em Jesus "toda a plenitude da divindade habita corporalmente" (Cl 2:9) antes e depois da transfiguração, mas ela se tornou visível de uma maneira especial. Jesus foi transfigurado "diante deles" (Mt 17:2; Mc 9:2) – os discípulos. Como vimos, esse é o aspecto subjetivo da transfiguração, *tornar-se visível para alguém*. Somente os discípulos que subiram o monte foram capazes de ver Cristo em sua glória. João de Damasco exorta seus ouvintes, da mesma forma, a subir "ao pico da virtude, o amor, e lá nos tornemos observadores de sua glória".[159] Temos uma convergência do Oriente e do Ocidente: ambos concordam que o próprio Jesus é a fonte da luz incriada e na necessidade de ter a visão espiritual para vê-la.

Gregório Palamas (1296–1357)

Gregório Palamas foi um dos monges "hesicastas" que buscavam experimentar, por meio da oração e contemplação mística, uma visão beatífica da luz divina e incriada de Deus, experimentada pelos discípulos na transfiguração de Jesus. Essa prática provocou críticas de outros teólogos ortodoxos, como Barlaão da Calábria, que argumentavam que, como Deus é incognoscível em si mesmo, os humanos não podem participar da luz de Deus. Em resposta, Gregório fez uma distinção entre a *essência divina* transcendente e incognoscível e o funcionamento imanente das *energias divinas*.[160] A distinção é semelhante, mas não idêntica, à distinção ocidental do ser de Deus *ad intra* e suas obras *ad extra*: "A *essência* divina é Deus em seu *ser*, e as *energias* divinas são Deus em suas *ações*".[161] De acordo com os ortodoxos, no entanto, as ações de Deus não são, estritamente falando, obras *externas*, como se ocorressem a uma distância de Deus; em vez disso, são Deus em sua atividade manifesta (mas não em sua essência oculta).[162] Os monges hesicastas visam participar, por meio da visão mística, das energias divinas da luz transfiguradora.[163]

---

157. Ibidem, p. 207.

158. Ibidem, p. 222.

159. Ibidem.

160. As respostas (estendidas) de Gregório a Barlaão estão reunidas numa colecção conhecida como *The Triads* (Mahwah: Paulista, 1983).

161. James R. Payton Jr., *Light from the Christian East: An Introduction to the Orthodox Tradition* (Downers Grove: IVP Academic, 2007), p. 79 (ênfase original).

162. Andrew Louth, ele próprio um teólogo ortodoxo, pensa que "atividade" é uma tradução melhor para *energiea* do que "energia". Andrew Louth, *Introducing Eastern Orthodox Theology* (Downers Grove: IVP Academic, 2013), p. 40.

163. Essa é uma das principais diferenças entre a teologia ocidental e a ortodoxa. *Veja* mais Louth, *Introducing Eastern Orthodox Theology*; e Robert Letham, *Through Western Eyes. Eastern Orthodoxy: A Reformed Perspective* (Ross-shire: Mentor, 2010). Gregório também enfatizou a necessidade do Espírito para o entendimento espiritual, insistindo que era o Espírito Santo que estava "brilhando por intermédio da nuvem brilhante". Gregory, "Homily 34", em Daley, *Light from the Mountain*, p. 357.

Os cristãos devem fazer uma ascensão espiritual com "olhos transformados pelo poder do Espírito Santo" antes que possam ver a "luz no monte".[164] De igual forma acontece com os leitores das Escrituras pois, como Jerônimo, Gregório identificou a letra do texto com as vestes brilhantes de Jesus. As letras bíblicas também estão brilhando, mas somente aqueles "que veem as coisas do Espírito no próprio espírito podem interpretar os ditos das Escrituras de uma forma divina".[165] Eles são capazes de ler (ou seja, "branquear") o texto de maneiras que "nenhum intérprete mais completo [leia-se:] na terra" pode, disse Gregório, citando 1Coríntios 2:14 ("O homem natural não aceita as coisas que vêm do Espírito de Deus, pois para ele são loucura; não é capaz de entendê-las, porque elas são discernidas espiritualmente."). Aqueles que veem a luz de Cristo brilhando na letra do texto começam a experimentar, e, assim, participar, do reino de Deus em toda a glória e poder transformador.[166]

Resumo das descobertas históricas

Nós pesquisamos apenas uma pequena amostra de destaques da história da exegese, mas descobrimos uma sobreposição considerável entre o Oriente e o Ocidente, e entre as interpretações patrísticas, medievais e da Reforma. Os pais da igreja concordavam que a transfiguração foi uma teofania, um vislumbre da luz que Deus é em si mesmo, mediada pela carne humana de Jesus, "uma manifestação de Jesus aos discípulos do próprio *status* divino".[167] Eles concordavam ainda que a transfiguração foi uma prévia de uma glória futura de Jesus, uma glória, além disso, da qual os crentes eventualmente compartilharão: "Os pais da igreja em geral estão mais preocupados com os acontecimentos históricos do passado, presente e futuro que estão relacionados à transfiguração do que com significados alegóricos".[168] Os pais da igreja também se viam nos discípulos: para ver a face de Cristo, eles também precisavam se tornar leitores que pudessem fazer a ascensão para perceber o referente espiritual do sentido literal: a luz de Cristo na letra do texto.

Quanto à interpretação medieval, os teólogos evangélicos Bobby Jamieson e Tyler Wittman tocam um acorde distintamente tomista quando invocam a visão beatífica em seu primeiro princípio de exegese bíblica: "A Sagrada Escritura pressupõe e promove leitores cujo fim *é a visão da glória de Cristo*".[169] Portanto, deve ser questionado se os

---

164. Daley, p. 364.

165. Gregório, "Homily 35", em Daley, *Light on the Mountain*, p. 371.

166. Daley comenta que as duas homilias de Gregório são realmente "um único tratado cuidadosamente construído sobre a divinização: a participação de seguidores humanos agraciados e disciplinados no brilho que resplandece em um grau único na humanidade de Jesus, mas que está enraizado no ser transcendente e inconcebível de Deus". Daley, *Light on the Mountain*, p. 353.

167. McGuckin, *Transfiguration of Christ*, p. 110.

168. Chamberas, "Transfiguration of Christ", p. 62.

169. R. B. Jamieson e Tyler R. Wittman, *Biblical Reasoning: Christological and Trinitarian Rules for Exegesis* (Grand Rapids: Baker Academic, 2022), p. 3 (grifo meu). Curiosamente, é notável a ausência da transfiguração em seu estudo, que de outra forma seria excelente.

protestantes deveriam entender a "clareza" da Escritura como significado não apenas de perspicácia, mas também de *luminosidade*.

Uma descoberta significativa em nossa pesquisa é que os comentaristas protestantes concordam com seus predecessores que a transfiguração não foi uma metamorfose no sentido pagão (uma mudança em algo fundamentalmente *diferente*), mas, em vez disso, uma revelação de quem Jesus já era. Dois pastores puritanos do século 17 destacaram esse ponto. Alexander Wedderburn concluiu sua série de vinte e dois sermões sobre a transfiguração dizendo: "Houve uma *mudança gloriosa real* sem *anular* as verdadeiras propriedades de seu corpo humano".[170] Da mesma forma, Thomas Manton, capelão de Oliver Cromwell, disse: "Somente a forma externa foi alterada, sendo mais cheia de glória e majestade do que costumava ser ou parecia ser".[171] Calvino e Edwards deixaram claro que os leitores precisam da iluminação do Espírito se quiserem ler com uma estrutura de referência doxológica que os capacite a ver que as Escrituras são, em última análise, sobre a glória do evangelho de Deus (Mc 1:14; Rm 1:1).

Já me desculpando com a sabedoria proverbial, o Oriente e o Ocidente às vezes *realmente* se encontram, como acontece no monte Tabor. Primeiro, há um consenso impressionante entre teólogos ao longo dos séculos e divisões confessionais de que a transfiguração de Jesus não mudou de modo substancial sua natureza humana. Precisamos apreciar a transfiguração "não como uma negação da encarnação, mas como seu cumprimento".[172] Assim como a transfiguração permitiu que a natureza divina aparecesse por intermédio da carne de Jesus, a interpretação espiritual nos permite ouvir a voz divina na letra humana do texto.

Em segundo lugar, os escritores cristãos, tanto do Oriente como do Ocidente, viam a vida cristã e a leitura das Escrituras no que se refere à subida, ou ascensão espiritual, envolvendo mortificação, regeneração e iluminação.[173] É por essa razão que a interpretação espiritual requer um tipo diferente de cultura de leitura, "uma maneira diferente de ver e ouvir".[174] Quando o Espírito ministra a palavra para que leitores de mente e coração retos leiam as Escrituras corretamente, o que muda não é a letra do texto, mas o quadro de referência do leitor. Ler para o sentido espiritual é, portanto, ler ao longo do modo do próprio texto bíblico, no contexto canônico, para o referente cristológico. Ler com esse quadro de referência cristão puro e simples é entrar na luz, um lugar iluminado pelo Espírito que permite aos leitores ver a luz de Cristo que

170. Alexander Wedderburn (1620–78), *Heaven upon Earth, or, The History of the Transfiguration of Jesus Christ Opened, and Practically Improven [sic] in Several Sermons* (Edimburgo: John Reid, 1703), p. 77.

171. Thomas Manton (1620–77), *Christ's Temptation and Transfiguration: Practically Explained and Improved in Several Sermons* (Londres: 1685), p. 48.

172. Andreas Andreopoulos, *This is My Beloved Son: The Transfiguration of Christ* (Brewster: Paraclete, 2012), p. 89.

173. A imagem da "subida" foi baseada na subida de Moisés, tema do capítulo seguinte.

174. Andreopoulos, *This is My Beloved Son*, p. 109.

sempre esteve/já estava lá, na letra do texto: "Na tua luz [palavra e Espírito] vemos a luz [Jesus Cristo]" (Sl 36:9).

O terceiro ponto decorre dos dois anteriores. A transfiguração é um acontecimento na economia trina da luz. Comunicar a luz divina – Deus tornando Deus conhecido – é a obra comum do Pai, Filho e Espírito. Heinrich Bullinger descreveu as operações inseparáveis do Deus trino com referência à luz: "É apenas um fogo, embora haja três coisas vistas nele: luz, brilho e calor. [...] E embora uma coisa seja atribuída à luz, outra ao brilho e uma terceira ao calor; ainda assim, elas trabalham de modo inseparável".[175]

Por último, há um consenso generalizado de que a transfiguração de Jesus se conecta diretamente à sua glorificação vindoura. Para repetir meu ponto principal: a mudança/alteração/metamorfose que ocorreu na face e nas roupas de Jesus não foi uma mudança de um tipo de coisa para outra, mas, sim, *um aumento em glória*. É precisamente por isso que a transfiguração é uma lente útil para pensar sobre a interpretação bíblica. *Ler transfiguralmente é discernir a glória da letra.* Entretanto, antes de prosseguirmos nesse caminho, um breve desvio no Evangelho de João pode ajudar a estabelecer uma conexão mais estreita entre a luz de Cristo e a letra do texto.

Transfiguração transposta: a glória de Cristo no quarto Evangelho

Alguns leitores podem questionar a centralidade da transfiguração para a interpretação bíblica, se a ocasião nem sequer é mencionada no Evangelho de João? Na verdade, acredito que o quarto Evangelho corrobora minha afirmação de que a transfiguração fornece um quadro de referência para entender o que significa ler a Bíblia literal e teologicamente. A afirmação é, à primeira vista, contraintuitiva de modo notável: não há narrativa de transfiguração no Evangelho de João, o que é irônico, pois o evangelista é nomeado como um dos três discípulos com Jesus no monte. Ainda assim, acredito que um exame minucioso mostrará quão importante a transfiguração foi para João. Começamos com a observação, feita por George Caird, sobre não haver necessidade de o quarto Evangelho narrar a transfiguração, "pois para João todo o ministério de Cristo, e a cruz em particular, era a revelação dessa glória".[176] Alfred Loisy concordou, observando que João não tem lugar para a transfiguração porque todo o Evangelho é "uma teofania perpétua" que exibe a luz de Cristo em todos os atos e discursos.[177] Arthur Ramsey disse de forma semelhante que a transfiguração não figura no quarto Evangelho, "não porque João não soubesse disso, mas porque

---

175. Sermon "Of the Holy Ghost" [Acerca do Espírito Santo], em *The Decades of Henry Bullinger*, trad. H. I. (Cambridge: Cambridge University Press, 1851): IV:7, p. 326. Devo essa referência a Fred Sanders (correspondência pessoal).

176. George Caird, "The Transfiguration" [A Transfiguração], *Expository Times 67*, n. 10 (1956), p. 294.

177. Alfred Loisy, *Le Quatrième Évangile* (Paris: Alphonse Picard et Fils, 1903), p. 104-5.

entendeu tão bem seu significado".[178] Na verdade, "João tira Jesus do topo do monte e o coloca no vale no qual os homens vivem, montando aqui sua tenda".[179] Por fim, Dorothy Lee, observando a frequência do simbolismo da luz e da glória, afirma que *todo* o Evangelho de João pode ser visto como uma narrativa de transfiguração: "João sabia algo sobre a transfiguração e optou por usá-la não como um único relato, mas como um motivo, uma série de símbolos que percorrem todo o Evangelho".[180] É uma visão intrigante e acredito que esteja correta.

Há espaço apenas para examinar as evidências. Começaremos com o prólogo, a abertura de João para todos os temas teológicos que virão. Examinaremos então os sinais que Jesus faz. Concluiremos examinando exemplos de personagens no quarto Evangelho que não entendem as próprias palavras de Jesus ou as Escrituras anteriores sobre ele. Em todos os casos, esse mal-entendido é uma função das pessoas que não conseguem ver a glória de Cristo. A interpretação errônea da palavra de Deus, ao que parece, decorre de uma incapacidade ou falha em ler transfiguralmente, isto é, com a transfiguração como quadro de referência, discernindo a glória de Cristo como objetivo.

Prólogo: uma palavra de luz

Um relato alternativo da transfiguração?

O texto de João 1:1-18 pode não ser uma narrativa da transfiguração, mas é um parente literário próximo. Considere os elementos comuns, a maioria dos quais chega ao auge na impressionante declaração temática "Aquele que é a Palavra tornou-se carne" (1:14).

"Estava chegando ao mundo a verdadeira luz" (1:9). Da mesma maneira que "Aquele que é a Palavra tornou-se carne", aquela declaração também se refere à encarnação. Ela fornece o pano de fundo mais amplo para a transfiguração, o momento em que a carne de Jesus revela suas verdadeiras cores como luz branca, o Verbo que era Deus (1:1).

"E habitou entre nós" (1:14 , NVT). O verbo grego traduzido por "habitou" também poderia ser traduzido por "tenda" (gr. *skene*) e, portanto, lembra a menção de Pedro às três tendas.

"Vimos a sua glória" (1:14). O "nós" lembra os três discípulos na montanha, embora sem dúvida haja também uma referência mais ampla. F. F. Bruce viu essa frase como indicativo do propósito de João em tornar todo o Evangelho em um comentário sobre a transfiguração. "'Vimos a sua glória', diz João, e se esforça para fazer seus leitores entrarem na experiência que foi concedida aos três no monte."[181]

---

178. Ramsey, *Glory of God and the Transfiguration of Christ*, p. 124.

179. Vernon H. Kooy, "The Transfiguration Motif in the Gospel of John", em James I. Cook (org.), *Saved by Hope: Essays in Honor of Richard C. Oudersluys* (Grand Rapids: Eerdmans, 1978), p. 67.

180. Lee, *Transfiguration*, p. 101.

181. F. F. Bruce, "The Transfiguration", *Inter-Varsity* (Summer Term 1961), p. 21.

"Pois a lei foi dada por intermédio de Moisés" (1:17). Moisés estava com Jesus na montanha, representando a Lei. Embora o prólogo não mencione Elias, o Evangelista nomeia João Batista, que alguns identificaram com Elias, esperado por muitos para preceder a vinda do Messias (Mc 9:11; Jo 1:21).

Resumo da economia da luz

A luz é um dos símbolos mais importantes e frequentes em todo o Evangelho de João. Eu sugeri anteriormente que "Haja luz" (Gn 1:3) se refere ao estabelecimento divino da economia da luz. É bem conhecido que o prólogo de João serve como um comentário sobre Gênesis 1. Aqui podemos lembrar a conexão da luz com o conhecimento da verdade. Jesus é a luz porque ele "media ao homem aquele conhecimento de Deus que é a vida eterna".[182] Uma maneira de interpretar a história da Bíblia é vê-la como o "drama da verdadeira luz chegando ao mundo",[183] um mundo que havia caído na escuridão do pecado. Certamente, a luz divina brilhou antes da encarnação de Jesus. Javé guiou Israel pelo deserto graças a uma coluna de fogo (Êx 13:21), e o salmista declarou: "A tua palavra é lâmpada para os meus pés e luz para o meu caminho" (Sl 119:105). No entanto, o clímax da história da salvação é o envio do Filho, e Jesus está bem ciente de sua missão: "Eu vim ao mundo como luz, para que todo aquele que crê em mim não permaneça nas trevas" (Jo 12:46). Como questão de interesse, foi o teólogo protestante alemão Franz Overbeck quem primeiro usou a frase "economia da luz", e ele o fez em conexão com seu trabalho sobre o Evangelho de João.[184]

"Eu sou a luz do mundo"

O motivo da transfiguração aparece com destaque em cada uma das duas partes do Evangelho de João: o "Livro dos Sinais" (caps. 2—11) e o "Livro da Paixão" (caps. 12—21), nos quais "glória" e "glorificar" também aparecem com destaque.[185] Na verdade, a glorificação de Jesus é o ponto de todo o evangelho (8:54; 12:23,28; 16:14; 17:1-5; 21:19). Richard Bauckham define a glória de Deus como "o esplendor de seu caráter, de sua bondade, de quem ele realmente é".[186] A glorificação é, portanto, a comunicação externa, a publicação ou a divulgação das perfeições divinas, uma exibição radiante da luz que Deus é.

---

182. C. H. Dodd, *The Interpretation of the Fourth Gospel* (Cambridge: Cambridge University Press, 1953), p. 204.

183. Ike Miller, *Seeing by the Light: Illumination in Augustine's and Barth's Readings of John* (Downers Grove, IL: IVP Academic, 2020), p. 153.

184. Franz Overbeck, *Das Johannesevangelium: Studien zur Kritik seiner Erforschung* (Tübingen: J. C. B. Mohr, 1911), p. 416-7. Citado em *Karl Barth, Witness to the Word; A Commentary on John* (Eugene: Wipf & Stock, 1986), p. 14.

185. Dodd, *Interpretation of the Fourth Gospel*, p. 289.

186. Richard Bauckham, *Gospel of Glory: Major Themes in Johannine Theology* (Grand Rapids: Baker Academic, 2015), p. 50.

Os sinais que Jesus faz

De acordo com George Ladd, "João difere dos Sinóticos ao fazer de todo o ministério de Jesus uma manifestação de glória".[187] O Evangelho de João organiza o que Jesus diz e faz em uma série de sete narrativas, cada uma com um discurso de acompanhamento no qual as palavras de Jesus explicam seus feitos: "As verdades enunciadas nos discursos recebem expressão dramática nas ações descritas".[188] Tanto os feitos quanto os discursos são luminosos, comunicando a vida e a luz que estão na Palavra (1:4). João descreve as obras de Jesus como "sinais" (*semeia*), ações que simbolizam a realidade explicada por Jesus em seu discurso de acompanhamento. Por exemplo, a cura de um cego de nascença (Jo 9) segue o discurso "Eu sou a luz do mundo" (Jo 8): o ato é uma lição simbólica prática que ilustra o ensinamento de Jesus de que ele fornece luz, visual (visão) e espiritual (verdade).

Todos os sete sinais, como a transfiguração, revelam a identidade gloriosa de Jesus como o Cristo enviado do céu.[189] João torna isso explícito no início de seu Evangelho quando completa o relato da transformação de água em vinho por Jesus dizendo: "Este sinal milagroso, em Caná da Galileia, foi o primeiro que Jesus realizou. Revelou, assim, a sua glória [...]" (2:11). Encontramos uma fórmula semelhante em conexão com o último dos sete sinais, a ressurreição de Lázaro. Quando Jesus ouve sobre a doença de Lázaro, ele diz: "Essa doença não acabará em morte; é para a glória de Deus, para que o Filho de Deus seja glorificado por meio dela" (11:4). Tudo o que Jesus faz no quarto Evangelho significa quem ele realmente é, levando um estudioso a comentar: "Os milagres de Jesus são uma transfiguração contínua – uma manifestação contínua de glória – para aqueles que puderam ler seu significado intenso e profundo".[190]

O sinal que Jesus sofre

João é inflexível quanto à Palavra revelar sua glória *na carne*. É na carne que a Luz "tabernacula" ou "habita em tendas" (do grego: *eskēnō*) entre nós (1:14). É na carne, João diz, que "vimos sua glória".[191] Isso é particularmente verdadeiro em relação à paixão de Jesus. Lembre-se de que nas versões sinóticas, a transfiguração serve como uma dobradiça conectando a confissão de Pedro e a previsão de Jesus sobre seu sofrimento e morte. A transfiguração confirma que Jesus é o Cristo e antecipa a cruz, pois sabemos por Lucas que o tópico da conversa de Jesus com Moisés e Elias era o "êxodo" que ele faria em Jerusalém (Lc 9:31).

---

187. George Ladd, *A Theology of the New Testament* (Grand Rapids; Eerdmans, 1993), p. 312.
188. Dodd, *Interpretation of the Fourth Gospel*, p. 384.
189. Veja também Lee, *Transfiguration*, p. 104-10.
190. Peter Riga, "Signs of Glory: The Use of 'Semeion' in St. John's Gospel" [Sinais da glória: uso de "*semeion*" no Evangelho de João], *Interpretation 17*, n. 4 (1963), p. 416.
191. Veja Luke Irwin, "Jesus' Body and Divine Glory in John's Gospel" [O corpo de Jesus e a glória divina no Evangelho de João], *Presbyterian 47*, n. 2 (2021), p. 69-72.

Ao longo de seu Evangelho, João estabelece uma conexão entre a morte (humilhação) e a glorificação (exaltação) de Jesus, muitas vezes com o termo "levantado" (do grego: *hupsoō*; veja 3:14; 8:28; 12:32). Jesus fala da "hora" para a qual veio cumprir sua missão e "ser glorificado" (12:23). Jesus então ora para que o Pai glorifique seu nome. É quando ele ouve uma voz do céu, que também figura na transfiguração. Aqui, no entanto, a voz diz: "Eu já o glorifiquei [o nome do Pai] e o glorificarei novamente" (12:28). Jesus menciona de forma enigmática o termo "levantado da terra", mas João agora fornece uma explicação concisa: "Ele disse isso para indicar o tipo de morte que haveria de sofrer" (12:33). João também torna explícito o que estava apenas implícito nos Sinóticos, a saber, que a hora da crucificação de Jesus é também a hora de sua glorificação.[192]

A morte de Jesus não apaga sua luz, mas, de modo paradoxal, a deixa brilhar ainda mais: ser "levantado" na cruz é, literal e figurativamente, uma exaltação a partir da terra. A obediência de Jesus até o ponto da morte, seu autossacrifício voluntário, é glorioso em sua expressão da profundidade, amplitude e extensão do amor de Deus pelo mundo. Dodd expressou isso de forma eloquente: "Nenhuma exaltação mais elevada, e nenhuma glória mais brilhante, deve ser concebida do que aquela que Cristo alcançou em sua auto-oblação, uma vez que é a expressão absoluta do *ágape* divino".[193] Sua paixão, ainda mais do que sua ação, manifesta o poder glorioso de Deus para nossa salvação.[194]

Nas mãos de João, então, a transfiguração não é simplesmente outro acontecimento na vida de Jesus, mas, ao contrário, a chave para entender toda a história, uma revelação de quem ele é e o que veio fazer. Pode ser por isso que João "distribui" a transfiguração por toda a narrativa, deixando o esplendor de Cristo brilhar do começo ao fim em seus feitos, discursos, morte e ressurreição. O Evangelho de João tem um propósito transfigurador: contar a história de tal forma a inculcar a fé salvadora em Jesus como a vida e a luz dos homens, a glória de Deus em forma humana. O julgamento de Jesus perante os sumos sacerdotes e autoridades romanas figura de modo proeminente no quarto Evangelho (18:19-38), mas em um sentido real são os leitores de João que estão em julgamento.[195] Nós, leitores contemporâneos, compreenderemos e seguiremos os sinais, a fim de também podermos confessar, com João: "Vimos a sua glória"?[196]

---

192. Há também múltiplas referências a Jesus glorificando ou sendo glorificado pelo Pai nos Discursos de Despedida de João 13—17. Veja também Jörg Frey, *The Glory of the Crucified One: Christology and Theology in the Gospel of John* (Waco, TX: Baylor University Press, 2019).

193. Dodd, *Interpretation of the Fourth Gospel*, p. 441.

194. Dodd comentou, citando João 12:23-28, 13:31 e 17:5: "Se há algum momento de 'transfiguração' [no quarto Evangelho], é aquele no qual [Jesus] se dedica à morte". *Interpretation of the Fourth Gospel*, p. 207n2.

195. Veja Andrew Lincoln, *Truth on Trial: The Lawsuit Motif in the Fourth Gospel* (Peabody: Hendrickson, 2000).

196. Riga comentou que "as *semeia* são judiciais, proféticas, messiânicas e escatológicas". "Signs of Glory", p. 403.

Sobre a importância de não entender mal os sinais

Em seu comentário sobre o quarto Evangelho, Raymond Brown discutiu várias características notáveis do estilo de João. Duas delas são de interesse especial: mal-entendidos e notas explicativas.[197]

O primeiro, mal-entendido, recebeu atenção considerável.[198] João muitas vezes descreve judeus e discípulos interpretando mal os sinais, incapazes de penetrar abaixo do significado superficial. O estudo de R. Alan Culpepper sobre o *design* literário do quarto Evangelho tem um capítulo intitulado "Comentário", no qual ele trata o mal-entendido como um recurso retórico que o evangelista usa para ensinar os leitores a ler seu Evangelho.[199] Esses mal-entendidos em geral envolvem um personagem dando uma interpretação excessivamente literal dos atos ou das palavras de Jesus. Por trás de cada falha está uma estrutura de referência escatológica anêmica. Como Culpepper aponta, o benefício desses mal-entendidos é que eles dão a Jesus (e ao autor) uma oportunidade adicional de explicar o significado das palavras proferidas. Por exemplo, quando Jesus diz a Nicodemos que não se pode ver o reino de Deus a menos que se nasça de novo, Nicodemos se pergunta como um homem pode entrar no ventre de sua mãe uma segunda vez, um mal-entendido literalista que fornece a ocasião para Jesus traçar uma distinção importante entre nascer da carne e nascer do Espírito (Jo 3:4-8). No final do episódio, fica claro que Nicodemos é cativo de um quadro de referência excessivamente material (ou seja, imanente).[200]

Esses mal-entendidos são o pano de fundo para um segundo recurso literário: o aparte autoral. Brown observou que há cerca de cinquenta intervenções em que João insere uma nota explicativa entre parênteses, seja para oferecer informações adicionais sobre nomes (Jo 1:41) e símbolos (Jo 12:33), seja para corrigir possíveis mal-entendidos. Por exemplo, após Jesus dizer: "Destruam este templo, e eu o levantarei em três dias", João 2:21 acrescenta: "Contudo, o templo ao qual ele se referia era o seu corpo". Essas observações autorais são declarações explícitas de intenção autoral, e o Evangelho de João deixa claro que confundir a intenção de um orador ou autor é entender mal o que é dito. Ler "de baixo", com quadros de referência imanentes apenas (incluindo o histórico-gramatical), fica aquém do entendimento que o evangelista busca:

---

197. Raymond E. Brown, *The Gospel according to John I–XII* (Garden City: Doubleday, 1966), p. cxxxv-cxxxvi.

198. Veja especialmente o apropriadamente chamado "Understanding Misunderstanding in the Fourth Gospel" [Entendendo mal-entendidos no quarto Evangelho] de D. A. Carson, *Tyndale Bulletin 33* (1982), p. 59-91, que identifica sessenta e quatro casos de mal-entendidos em João e oferece uma revisão completa dos estudos acadêmicos até 1980.

199. Veja R. Alan Culpepper, *Anatomy of the Fourth Gospel: A Study in Literary Design* (Filadélfia: Fortress, 1983), p. 152-64. O quadro de resumo (p. 161-2) dos dezoito mal-entendidos em João que são o assunto de seu livro é particularmente útil.

200. Veja também Martin de Jonge, "Nicodemus and Jesus: Some Observation on Misunderstanding and Understanding in the Fourth Gospel" [Nicodemos e Jesus: algumas observações sobre mal-entendidos e entendimento no quarto Evangelho], *Bulletin of the John Rylands Library 53* (1970/71), p. 337-59.

"O verdadeiro entendimento é uma questão de graça, um dom a ser concedido pelo próprio Deus, uma mudança interior sob o impulso do Espírito".[201]

O que exatamente os ouvintes de Jesus deixaram passar, e como os leitores contemporâneos das Escrituras podem evitar cometer erros interpretativos semelhantes? Os mal-entendidos mais sérios dizem respeito consistentemente à identidade e missão de Jesus.[202] É significativo que Nicodemos tenha ido a Jesus "à noite" (Jo 3:2), uma ampla dica de que, epistêmica e espiritualmente falando, ele estava no escuro: "A não percepção de Nicodemos é um produto de sua falha em entender até mesmo a revelação do Antigo Testamento".[203] Outros mal-entendidos são uma função do lugar dos personagens na história da salvação, antes da ressurreição: "A princípio, os seus discípulos não entenderam isso. Só depois que Jesus foi glorificado se lembraram de que essas que fizeram a ele estavam escritas a seu respeito" (Jo 12:16).[204] Presumivelmente, então, aqueles que interpretam do lado de cá da ressurreição estão em uma posição melhor para entender Jesus e sua missão. Bem, não exatamente, pois, como Carson observa, outros fatores também são necessários: "a obra do Espírito, o lugar da fé, a necessidade de graça eletiva ou de uma palavra explicativa".[205]

Se Culpepper estiver certo sobre o propósito das passagens mal-entendidas e dos apartes explicativos – "ensinar os leitores a ler o Evangelho"[206] – então que ensinamento(s) devemos extrair? Primeiramente, entendemos que os sinais de Jesus revelam sua glória. Cada milagre é uma transfiguração em ato, uma expressão contínua dessa glória, visível apenas para quem sabe ler seu significado profundo e carregado de mistério.[207] Segundo, aprendemos que a leitura correta discerne o significado espiritual por meio da letra. A maioria dos observadores judeus de Jesus viu apenas a "letra" do sinal, seu acontecimento físico; não atingiram o entendimento espiritual necessário para discernir a presença e a atividade gloriosas de Deus. Terceiro, aprendemos que o significado espiritual mais profundo que João anseia que vejamos resulta não da alegoria, mas de ler *transfiguralmente*, isto é, com um quadro de referência escatológico-doxológico que traz em foco a luz resplandecente (isto é, a glória) de Cristo. Afinal, o Filho não é uma "alegoria" do Pai, mas, sim, "o resplendor da glória de Deus, a expressão exata do seu ser" (Hb 1:3), a forma visível do conteúdo divino.

Para seguir o caminho pelo qual as palavras funcionam no quarto Evangelho e a direção para a qual os sinais apontam, os leitores precisam de fé – um quadro de referência cristão que corresponda ao assunto escatológico do Evangelho: "Embora a

201. De Jonge, "Nicodemus and Jesus", p. 359.

202. William T. Pyle, "Understanding the Misunderstanding Sequences in the Gospel of John" [Entendendo a sequência de mal-entendidos no Evangelho de João], *Faith and Mission 11*, n. 2 (1994), p. 33.

203. Riga, "Signs of Glory", p. 408.

204. Carson, "Understanding Misunderstandings", p. 79-81.

205. Carson, p. 84.

206. Culpepper, *Anatomy of the Fourth Gospel*, p. 165.

207. Riga, "Signs of Glory", p. 416.

glória de Jesus estivesse lá para ser vista em suas obras e palavras, ela era visível apenas para aqueles que tinham olhos de fé".[208] Por outro lado, entendemos mal as palavras e ações de Jesus, e as Escrituras em geral, quando as lemos literalmente, deixando assim de vê-las em toda a glória.

A transfiguração como estrutura interpretativa: cinco teses

Começamos este capítulo perguntando sobre o significado da transfiguração e sua significância para a interpretação bíblica. Em seguida, examinamos os relatos sinóticos da transfiguração e sua interpretação no Oriente e no Ocidente ao longo dos séculos. Por fim, argumentamos que o quarto Evangelho é uma narrativa de transfiguração estendida que usa os mal-entendidos de seus personagens para promover a causa do entendimento correto. Aqui, reunimos as linhas de nosso argumento em cinco teses resumidas. O próximo capítulo aplica essas teses a um exemplo prático: uma leitura literal e teológica da subida de Moisés ao monte Sinai em direção à própria "transfiguração" (Êx 33—34).

1. *A transfiguração tem significado hermenêutico, ajudando-nos a entender não apenas a identidade de Jesus, mas também o que significa ler a Bíblia literal e teologicamente.*

A transfiguração é, antes de tudo, uma confirmação surpreendente da confissão, feita por Pedro, de que Jesus é o Cristo (Mt 16:16). É epifania e apocalipse, uma revelação de quem Jesus sempre/já é e uma visão da glória futura na qual ele entra após sua paixão. A transfiguração é um momento "*eureka!*" , uma pista decisiva para entender a pessoa e a obra de Jesus. É mais do que apenas um episódio na vida deste. Ao olhar para trás, para a Lei e os Profetas, e para a frente, para a exaltação de Jesus, a transfiguração é um ponto crucial interpretativo das narrativas do Evangelho. Se a Escritura mapeia o caminho para o céu, então a transfiguração é "parte da legenda do mapa, o aparato de que precisamos para ler o mapa corretamente".[209] Em particular, a transfiguração fornece não apenas um exemplo claro de como discernir o teológico no histórico, mas uma garantia suficiente para fazê-lo. Como tal, é um acontecimento de ancoragem que clama pela exegese escatológico-gramatical, o projeto de leitura para discernir a luz de Cristo na letra do texto. "A transfiguração é a revelação aos apóstolos, e neles a toda a igreja e a toda a humanidade, da verdade e realidade final de todas as coisas. [...]

208. Kooy, "Transfiguration Motif in the Gospel of John", p. 66. Riga viu um paralelo entre a *semeia* que Jesus faz no quarto Evangelho e as parábolas que Jesus contou nos Sinóticos ("Signs of Glory", p. 407). Ambas são suscetíveis a mal-entendidos; ambas requerem um quadro de referência escatológico para discernir o reino vindouro de Deus para o qual apontam.

209. Andreopoulos, *This is My Beloved Son*, p. 17.

A luz que brilha sobre os apóstolos no monte da transfiguração é a luz que brilha na escuridão quando Deus criou o mundo, [...] a luz que brilhará da nova Jerusalém."[210]

A presença de Moisés e Elias no topo da montanha significa que os cristãos precisam ler o Antigo e o Novo Testamentos juntos, um ponto de considerável significado hermenêutico. Graças à conversa deles com Jesus, entendemos que o êxodo de Israel do Egito é uma figura ou tipo do êxodo mais glorioso que Jesus faz em Jerusalém (Lc 9:31). "Quando o conteúdo profético da transfiguração é cumprido, ele então se torna o comentário autoritativo que ilumina e realça o significado dos acontecimentos salvíficos que prefigurou."[211] Além disso, a maneira de João narrar seu Evangelho é transfigurada desde o início, ensinando-nos a ler a história de Jesus em seu contexto canônico mais amplo como a história da luz superando a escuridão. Ler transfiguralmente com João é empregar um quadro de referência interpretativo que se preocupa com os sinais da glória divina nos lugares menos esperados: a letra do texto do Antigo Testamento e a cruz de Cristo.

2. *A transfiguração sugere uma analogia* (analogia corporis) *entre o corpo humano de Cristo e a letra do texto bíblico, uma correspondência fundamentada no fato de ambos serem acomodações divinas da singular Palavra viva e eficaz de Deus.*

Jesus é verdadeiramente humano. As Escrituras também são. No entanto, há mais no corpo de Jesus, e no significado literal do texto bíblico, do que sua humanidade. Abaixo da superfície humana – em um caso, esqueleto e pele; no outro, letras escritas – jaz algo divino, tornando tanto a face de Jesus quanto o sentido literal das Escrituras condutores de luz.[212] *O corpo físico de Jesus é para sua glorificação o que a letra escrita é para seu sentido espiritual.* Este é o cerne da analogia transfigural: "Sua fisicalidade [...] torna-se o ícone de sua celestialidade. [...] Seu corpo não se dissolve ou se torna irreal, [...] sua humanidade permanece tangível, mesmo enquanto outra identidade a ilumina".[213] A transfiguração descreve o corpo humano de Jesus como um meio de luz divina. A analogia transfigural ensina os leitores a se aproximarem da Bíblia prontos para ouvir a voz de Deus brilhando no tecido canônico resplandecente que veste e apresenta Cristo.

210. Douglas Harink, *1 & 2 Peter*, em *Brazos Theological Commentary on the Bible* (Grand Rapids: Brazos, 2007), p. 156.

211. Weinandy, *Jesus Becoming Jesus*, p. 238.

212. Seria um erro confundir minha analogia transfigural com uma analogia encarnacional completa entre Cristo e a Escritura. Eu critico a última em meu "Triune Discourse: Theological Reflections on the Claim That God Speaks" [Discurso trino: reflexões teológicas sobre a alegação de que Deus fala], em David Lauber e Daniel Treier (orgs.), *Trinitarian Theology for the Church: Scripture, Community, Worship* (Downers Grove: InterVarsity, 2009), p. 35-41. Em resumo, não há nada na Escritura que corresponda à fórmula de "uma pessoa em duas naturezas" de Calcedônia. O foco de minha analogia transfigural está na maneira pela qual o corpo de Cristo e o sentido literal da Bíblia servem para tornar a glória de Cristo conhecida.

213. Lee, *Transfiguration*, p. 133.

3. *A interpretação transfigural não altera, mas, em vez disso, glorifica o significado literal.*

Como boa parte dos comentaristas corretamente notaram, a transfiguração não transforma Jesus em algo que ele não era, mas, ao contrário, deixa os discípulos verem o que estava lá o tempo todo sob o véu de sua humanidade. Lembre-se da formulação de Jerônimo: "Quando o esplendor da face é mostrado, e o brilho das vestes descrito, não é que a substância é removida, mas a glória é alterada. [...] A transformação acrescentou esplendor; não fez seu rosto desaparecer".[214] Os discípulos veem, de forma antecipatória, a glória de Deus em Cristo. Paulo em Filipenses 3:21 fala do "corpo glorioso" de Jesus, embora, no contexto, esteja se referindo ao Cristo ressuscitado. A transfiguração antecipa isso e mais: quem Jesus já é, bem como sua exaltação ainda por vir – ressurreição, sim, mas também ascensão, sessão celestial e *parousia.*

Antes da transfiguração, Jesus previu que alguns com ele não provariam a morte antes de verem o reino de Deus. A transfiguração foi esse gosto – e visão. Os discípulos viram o *é* escatológico, o reino já/ainda não de Cristo. "Contemplar a luminosa humanidade transfigurada de Jesus é simultaneamente contemplar o verdadeiro cordeiro pascal vivo e glorioso do sacrifício."[215] Claro, os discípulos precisavam de uma imaginação biblicamente informada e tipológica para ver *isso* como *aquilo*, precisamente o que obtemos do outro sentido de "trans-figural" (a trajetória cristológica das figuras ao longo do cânone) que foi o foco da parte 2 deste livro.

Ler transfiguralmente glorifica ou "magnifica" o significado literal em ambos os sentidos do termo: torna mais resplandecente e exalta a letra, intensificando sua clareza e ampliando sua estima. Ampliar o significado literal é ver que o objetivo da leitura transfigural não é o *sensus plenior*, mas o *sensus splendidior*, ou seja, o referente "quanto mais" glorioso da letra, a luz de Cristo. É uma forma de exegese gramatical com expectativas escatológicas, fotossensível a essa luz rompendo a superfície – de sua pele literal e da pele da letra textual. A leitura transfigural discerne o esplendor do sentido literal.[216]

4. *A interpretação transfigural é uma abordagem distintamente cristã da leitura e, portanto, pertence à hermenêutica especial e não à geral.*

Como seu nome, assim é sua natureza: a interpretação transfigural deriva da transfiguração de Jesus, um episódio central na autocomunicação de Deus na economia da luz.

214. Jerônimo, *Commentarium in Matthaeum*, p. 147.

215. Weinandy, *Jesus Becoming Jesus*, p. 234.

216. J. Gresham Machen concordou: "Os escritores da Bíblia [...] não conheciam o significado completo do que escreveram, mas conheciam parte do significado, e o significado completo não estava em contradição com o significado parcial, mas era seu glorioso desdobramento." "Do We Believe in Verbal Inspiration?" [Nós cremos na inspiração verbal?], em *The Christian Faith in the Modern World* (1936; reimpr., Grand Rapids: Eerdmans, 1947), p. 55.

Ela é uma forma de leitura que atende à luz que Cristo *é* (o Verbo que estava com Deus, é Deus e revela Deus Pai) e à luz que Cristo *dá* (o conhecimento do Filho sobre Deus Pai). Enquanto a interpretação alegórica tenta uma ascensão intelectual, localizando significado e verdade em algum sistema superior de ideias (por exemplo, o platonismo), a interpretação transfigural localiza significado e verdade na história de Cristo, razão pela qual se recusa a acabar com a letra. A interpretação transfigural discerne o sentido espiritual da letra, que não é algum *outro* sentido alegórico (do grego *allos*), mas um sentido distintamente cristológico. Daí minha tese: a hermenêutica cristã pura e simples lê para o sentido espiritual, mais bem entendido como a *glória* da letra. Isso explica a afirmação, de outro modo enigmática, de que "a narrativa da transfiguração nos apresenta um texto cujo significado literal *é* seu sentido espiritual".[217]

5. *A interpretação transfigural é de fé em fé, exigindo que os leitores tenham os "olhos do coração" iluminados pelo Espírito (Ef 1:18).*

A interpretação transfigural envolve uma maneira diferente de ver, ouvir e ler do que aquela oferecida por quadros de referência terrestres. Boa parte deles continuam úteis, até mesmo necessários, pois as palavras da Bíblia são tão completamente humanas quanto o corpo de Jesus, e a interpretação transfigural não deixa nenhum dos dois para trás. No entanto, ler a Bíblia transfiguralmente é estar em sintonia com as realidades escatológicas que unificam a histórias de Israel e Jesus e nos ajudam a entender sobre o que a Bíblia realmente trata: a glória de Deus em Cristo. Portanto, ler transfiguralmente é ler com um objetivo e interesse doxológicos: *magnificar* o sentido literal e o nome de seu autor divino (1Cr 17:24; Sl 34:3). Isso funciona como uma variação da regra de leitura de Agostinho: escolher a interpretação que melhor promova o amor a Deus e ao próximo.[218] A regra doxológica, parte integrante do quadro de referência transfigural de interpretação, é semelhante: *escolher a leitura que mais glorifica a Deus e que mais promove a luz de Cristo na vida do leitor.*[219] Esse também é o objetivo do Evangelho de João, contar a história de Jesus de uma forma que glorifique a Cristo e suscite fé: luz da luz, para a luz.

A interpretação transfigural é, em última análise, um exercício espiritual – um aspecto da obediência da fé e do anseio por esperança. Como os três discípulos que acompanharam Jesus ao monte Tabor, os intérpretes bíblicos precisam escalar para chegar ao topo da montanha, com a tarefa não menos importante de orar pela iluminação do Espírito. Aqueles que fizerem a subida encontrarão a atmosfera carregada de expectativa, a luz deslumbrante e a vista surpreendente.

217. Black, "Transfigured Exegesis", p. 255.
218. Agostinho, *On Christian Doctrine* 1.86.
219. Discuto a transfiguração do leitor no capítulo 9.

CAPÍTULO 8

TRANSFIGURANDO O LITERAL

LUZ REFRATADA

E talvez as vestes do Verbo sejam os discursos das Escrituras, vestindo, por assim dizer, o pensamento divino: pois assim como ele apareceu a Pedro, João e Tiago em outro aspecto, e sua vestimenta resplandecia de brancura, da mesma forma, aos olhos de sua mente, o significado das Escrituras divinas já está sendo esclarecido.
– Ambrósio, *Comentário sobre Lucas* (9:28-36)

UMA COISA É INTERPRETAR OS RELATOS DA transfiguração de Jesus; outra bem diferente é usá-los como uma lente através da qual o restante das Escrituras é lido. No capítulo 7, afirmei que a transfiguração tem significado hermenêutico porque descreve de modo analógico o que significa ler a Bíblia literal e teologicamente. Agora preciso dizer mais sobre o auxílio hermenêutico que ela oferece. Os leitores podem adotar uma atitude de "pegar ou largar" no que diz respeito à transfiguração? Os leitores devem empregar conscientemente a analogia transfigural para ler bem a Bíblia? Ou os leitores devem interpretar "transfiguralmente" para cumprir uma demanda implícita do próprio texto bíblico?[1] Em resumo, estou afirmando que os leitores *podem*, *precisam* ou *devem* ler a Bíblia transfiguralmente?[2]

O propósito deste capítulo é responder a essa questão, apelando a mais duas testemunhas apostólicas não menos importantes: Pedro e Paulo. Em particular, a interpretação de Paulo em 2Coríntios 3 a respeito da transfiguração de Moisés (Êx 34) fornece um caso instrutivo em questão tanto na visão paulina quanto na hermenêutica cristã pura e simples. Primeiro, ela faz parte do glossário de Paulo sobre "a letra mata, mas o Espírito vivifica" (2Co 3:6), um texto no epicentro das discussões sobre os

1. Leitores atentos podem ter notado que uso *trans-figural* quando me refiro a conectar figuras àquilo figurado, e *transfigural* quando penso de modo explícito sobre as implicações hermenêuticas da transfiguração de Jesus. Obviamente, Jesus é central para ambos os usos, embora o primeiro enfatize a letra do texto, enquanto o último evoca a luz de Cristo.

2. Sou grato a Dan Treier por formular a pergunta nestes três termos.

méritos relativos da interpretação literal versus espiritual, e que a estudiosa do Novo Testamento Margaret Mitchell descreve como "a Magna Carta da interpretação alegórica".[3] Segundo, ela convida a uma comparação entre a teofania ocorrida a Moisés no monte Sinai (o "monte do conhecimento de Deus" de Gregório de Nissa[4]) e a transfiguração de Jesus no monte Tabor.[5] Como Dale Allison comenta, "a transfiguração de Jesus move os pensamentos para trás e para frente no tempo: é uma repetição do Sinai e uma antecipação das coisas que virão [...] o monte da transfiguração foi, para os evangelistas, incluindo Mateus, um segundo Sinai, no qual um milagre antigo foi repetido".[6]

Terceiro, ela fala de luz e glória, sua relação com a letra e com Cristo. Por fim, a interpretação de Paulo de Êxodo 33—34 nos obriga a especificar como as interpretações cristãs do Antigo Testamento são cristológicas: são cristocêntricas, cristotélicas, cristoscópicas ou outra coisa? A questão é se os autores do Antigo Testamento *intencionam* se referir a Cristo. Se não, então os leitores cristãos deveriam importar pressupostos cristológicos de outros lugares e lê-los em retrospecto para os textos do Antigo Testamento, ou há uma alternativa que evite o que poderíamos chamar de "opção nuclear" da hermenêutica (ou seja, eisegese)? Esse era o dilema central da exegese bíblica cristã primitiva: "como manter unida a nova revelação de Deus em Cristo com a revelação antecedente de Deus nas Escrituras judaicas".[7] Como David Dockery e Malcolm Yarnell reconhecem, "continua difícil apontar para uma única imagem, padrão, motivo ou tema que possa expressar adequadamente a abordagem interpretativa dos apóstolos ao Antigo Testamento, além de enfatizar que eles fundamentaram sua exegese na [...] Cristologia".[8] É realmente possível ler o Antigo Testamento *literalmente* para a luz de Cristo e, se sim, como seria essa leitura? A resposta é sim, porque a transfiguração de Jesus é aquela imagem e acontecimento que encapsula, fundamenta e justifica a leitura transfigural do Antigo Testamento pelos apóstolos.

Como a luz física, o conhecimento de Deus que brilha na economia da luz nem sempre se move em linha reta. Quando viaja de um meio a outro (por exemplo, do ar para a água), essa luz muda de direção. É por isso que os lápis parecem dobrar quando colocados em um copo de água, ou por que um feixe de luz branca se divide em cores

---

3. Margaret M. Mitchell, *Paul, the Corinthians and the Birth of Christian Hermeneutics* (Cambridge: Cambridge University Press, 2010), p. 70.

4. *Veja* Gregório de Nissa, *The Life of Moses*, trad. Abraham J. Malherbe e Everett Ferguson, *Classics of Western Spirituality* (Nova York: Paulist, 1978), p. 152.

5. "A relação entre a teofania do Sinai e a transfiguração no Tabor foi de importância crucial para a teologia cristã primitiva". Bogdan G. Bucur, "Sinai, Zion, and Tabor: An Entry into the Christian Bible" [Sinai, Sião e Tabor: uma entrada na Bíblia cristã], *Journal of Theological Interpretation 4*, n. 1 (2010), p. 33.

6. Dale C. Allison, *The New Moses: A Matthean Typology* (Minneapolis: Fortress, 1993), p. 246-7.

7. T. J. Lang, "The Order of Christian Theology: Literal and Ecclesial Senses of the New Testament" [A ordem da teologia cristã: sentidos literal e eclesial do Novo Testamento], *Journal of Theological Interpretation 14*, n. 1 (2020), p. 120.

8. David S. Dockery e Malcolm B. Yarnell III, *Special Revelation and Scripture* (Brentwood: B&H Academic, 2024), p. 370.

diferentes após passar por um prisma. O termo técnico em física é "refração". No contexto da oftalmologia, a refração é a medição das características de foco do olho, vital para prescrever o tipo certo de lentes corretivas.[9] Calvino não era oftalmologista, mas descreveu as Escrituras como os "óculos" ou lentes corretivas da fé que ajudam os leitores a perceber o que há para ser conhecido de Deus.[10] O presente capítulo estende a imagem de Calvino, perguntando o que acontece com a luz da Palavra de Deus quando ela passa de um meio a outro: da "letra" para o "espírito", do "antigo" para o "novo" testamento/aliança, do véu que cobre a face de Moisés ao véu que cobre a mente do leitor. Ler Paulo a partir de uma leitura de Moisés nos permitirá resumir nossa proposta sobre as relações entre exegese e teologia, Novo Testamento e Antigo Testamento, e entre interpretação literal e espiritual. Colocaremos à prova exegética as cinco teses expostas no capítulo anterior, para melhor demonstrar que a interpretação transfigural não muda nem distorce, mas, em vez disso, *magnifica* o sentido literal, refratando a luz de Cristo "muito mais glorioso" (2Co 3:18).[11]

"A palavra profética tornada mais segura": transfigurar significa ler de trás para frente?

Tensões transculturais entre modos de leitura – pré-crítica e crítica, Oriente e Ocidente, exegética e teológica – têm se destacado em todo o estudo, assim como a tensão abrangente entre interpretação literal e espiritual. Os estudiosos bíblicos modernos são corretamente protetores do sentido literal, preocupados com o perigo sempre presente de ler os próprios preconceitos e crenças de volta no texto ("eisegese"), forçando assim as palavras a seguirem novas direções determinadas não mais pelo autor, mas pela comunidade interpretativa do leitor. I. Howard Marshall mencionou "nossa tentação moderna como cristãos" de ler as Escrituras do Antigo Testamento "como se tivessem sido inicialmente escritas como um livro cristão".[12] Por sua vez, os teólogos têm corretamente demonstrado preocupação com a leitura do sentido literal do autor divino, no contexto canônico. A interpretação transfigural tenta honrar ambas as preocupações ao interpretar o sentido literal como escatológico-gramatical (ou seja, trans-figural).

Alguns exegetas podem ainda não estar convencidos. Pode soar para eles como se eu fosse favorável à mudança do significado inicial, não apenas sua significância, lendo

9. Uma lente é um pedaço de vidro composto de duas superfícies esféricas, côncavas ou convexas, que ao refratar a luz podem focalizar ou ampliar objetos.

10. João Calvino, *Institutes*, 2 vols. (organizado por John T. McNeill) (Filadélfia: Westminster, 1960), I.6.1. John McNeil observa que essa comparação "é provavelmente a declaração decisiva de Calvino sobre o papel da Escritura em relação à revelação do Criador na criação" (*Institutes* vol. 1, 70n1).

11. Estou usando "magnificar" no sentido óptico de focar e intensificar, e no sentido bíblico de enaltecer ou exaltar (2Sm 7:26; Sl 34:3; Lc 1:46), não no sentido de ampliar ou exagerar.

12. I. Howard Marshall, *1 Peter, IVP New Testament Commentary* (Downers Grove: InterVarsity, 1991), p. 44.

algo no texto que não estava lá anteriormente.[13] Ler para trás, do Novo Testamento para o Antigo Testamento para a luz de Cristo, é legítimo? Boa parte dos estudiosos bíblicos acham a prática questionável com base no fato de que ela rebaixa ou desconsidera o testemunho discreto do Antigo Testamento, efetivamente abafando as próprias vozes dos profetas. Ler para trás é o melhor caminho para aqueles que desejam ler a Bíblia teologicamente, de acordo com o que ela realmente é, a palavra de Deus (1Ts 2:13)?

"Escrito para nos ensinar": o Antigo Testamento como livro da igreja

O apóstolo Pedro parece tomar como certo que os profetas – e certamente todo o Antigo Testamento – estavam falando do futuro messias, mesmo que não o tenham explicitamente chamado de Jesus Cristo.[14] Os profetas fizeram um esforço concentrado para determinar "o tempo e as circunstâncias para os quais apontava o Espírito de Cristo, que neles estava, quando predisse a vocês os sofrimentos de Cristo e as glórias que se seguiriam a esse sofrimento" (1Pe 1:11). Eles conheciam o *sentido* de suas palavras, mas não seu *referente*. Sua visão de como suas palavras se tornariam verdadeiras no futuro era turva. O que foi "revelado" (do grego: *apekaluphthē*) a eles foi que estavam ministrando não para si mesmos, mas para vocês" (1Pe 1:12) – não aos leitores originais, mas posteriores, incluindo aqueles a quem Pedro estava escrevendo.

Calvino diz que os profetas "serviram a mesa para outros poderem depois se alimentar das provisões colocadas sobre ela".[15] Os profetas não conseguiam ver o que agora é claro aos cristãos, "um véu como se estivesse sendo interposto", pois não era apropriado, enquanto Cristo ainda estava ausente, "para que a luz plena brilhasse como ao meio-dia".[16] No entanto, essa luz do evangelho, a luz da transfiguração, está "segundo as Escrituras" (1Co 15:3,4).

---

13. A distinção significado/significância deriva de *Validity in Interpretation* (New Haven: Yale University Press, 1967), de E. D. Hirsch, uma obra de crítica literária que se mostrou influente entre exegetas evangélicos. "Significado", para Hirsch, é fixo: é o que o autor pretendia comunicar. "Significância", por contraste, é o termo de Hirsch para a relevância mutável que o mesmo significado tem em outros contextos. John Farrell trabalha com uma distinção semelhante, entre significado imutável e "impacto" mutável. John Farrell, *The Varieties of Authorial Intention: Literary Theory beyond the Intentional Fallacy* (Londres: Palgrave Macmillan, 2017), p. 56-9. Veja mais em meu *Is There a Meaning in This Text? The Bible, the Reader, and the Morality of Literary Knowledge* (Grand Rapids: Zondervan, 1998), p. 259-62.

14. Alguns estudiosos, como E. G. Selwyn, afirmam que Pedro está se referindo a profetas cristãos contemporâneos dos apóstolos. Essa visão enfrenta sérias dificuldades. Veja mais J. N. D. Kelly, *A Commentary on the Epistles of Peter and Jude* (Londres: Adam and Charles Black, 1969), p. 59. Portanto, é preferível adotar a visão tradicional: esses são profetas do Antigo Testamento, uma rubrica que provavelmente abrange a Lei e os Escritos também. J. Ramsey Michaels comentou que "profetas cristãos" e "profetas do Antigo Testamento" não são categorias mutuamente exclusivas, pois há um sentido no qual os profetas do Antigo Testamento também são cristãos, à medida que "deram testemunho de Jesus Cristo antes do fato". *1 Peter, Word Biblical Commentary vol. 49* (Waco: Word, 1988), p. 43.

15. Calvino, *Commentary on the Catholic Epistles* (Edimburgo: Calvin Translation Society, 1855), p. 41.

16. Ibidem, p. 39.

As epístolas de Paulo também mostram muitas vezes que os escritos proféticos serviam ao benefício dos leitores.[17] Por exemplo, Paulo escreve: "Entretanto, tudo o que foi escrito no passado tinha o propósito de nos ensinar, de forma que, por meio da perseverança e do encorajamento das Escrituras, mantenhamos a nossa esperança" (Rm 15:4). Similarmente: "Essas coisas aconteceram a eles como exemplos e foram escritas como advertência para nós, sobre quem tem chegado o fim dos tempos" (1Co 10:11). O que a epístola de Pedro acrescenta é "a afirmação explícita de que os próprios profetas sabiam por revelação que suas profecias eram para um tempo posterior".[18] Todas essas profecias são em vão, no entanto, se o diagnóstico sóbrio de Brent Strawn estiver correto, de que o Antigo Testamento está "morrendo" porque os cristãos contemporâneos não sabem mais como dar sentido à sua linguagem.[19] Todavia, a verdadeira questão, como vimos na parte 2, diz respeito ao(s) *quadro(s) de referência* e à *gramática de leitura*, não à língua hebraica. Do ponto de vista cristão em Pedro, o Antigo Testamento não é um livro limitado no tempo, com mensagens destinadas apenas a seus leitores originais, mas um texto com uma orientação futura.[20] Alguns comentaristas reconhecem no Antigo Testamento um "padrão messiânico" tácito de sofrimento seguido de glorificação que se torna legível somente após o aparecimento do Messias, sugerindo uma "hermenêutica messiânica retrospectiva".[21] Outros resistem a qualquer tipo de movimento interpretativo retrospectivo, objetando que ele introduz suposições cristãs pela porta dos fundos exegética. John Goldingay expressa essa preocupação no título de um de seus livros, *Do We Need the New Testament? Letting the Old Testament Speak for Itself* [Precisamos do Novo Testamento? Deixando o Antigo Testamento falar por si mesmo], e por sua exortação no último capítulo, "Não seja centrado em Cristo".[22] Em resumo, não leia retrospectivamente! Boa parte dos estudiosos bíblicos concordam. J. R. Daniel Kirk opina: "Ser um trinitário é muito bom, mas como nenhum autor bíblico foi trinitário, trazer essa lente com você sempre obscurecerá mais do que iluminará quando se trata de entender o que o autor estava se esforçando para comunicar".[23]

A preocupação com a articulação teológica prematura não é nova e não está limitada ao Antigo Testamento. Os teólogos patrísticos tiveram que se defender de acusações

17. Veja também as afirmações semelhantes de Pedro em Atos 2:25-36; 3:18, 24.

18. Michaels, *1 Peter*, p. 46.

19. Brent A. Strawn, *The Old Testament Is Dying: A Diagnosis and Recommended Treatment* (Grand Rapids: Baker Academic, 2017).

20. Marshall, *1 Peter*, p. 48.

21. Douglas Harink, *1 & 2 Peter, Brazos Theological Commentary of the Bible* (Grand Rapids: Brazos, 2009), p. 50-2.

22. John Goldingay, *Do We Need the New Testament? Letting the Old Testament Speak for Itself* (Downers Grove, IL: InterVarsity, 2015).

23. J. R. Daniel Kirk, "Theological Interpretation and the Problem of Whiteness" [A Interpretação teológica e o problema do testemunho], *Patheos*, 04 de outubro de 2016, disponível em: http://www.patheos.com/blogs/storiedtheology/2016/10/04/theological-interpretation-and-the-problem-of-whiteness/.

de que a doutrina da Trindade "importa algum estranho [...] deus" para o Novo Testamento sem nenhuma base bíblica. Gregório de Nazianzo refutou essa acusação em sua *Quinta Oração Teológica*, na qual repreendeu seus acusadores por seu excessivo "amor pela letra".[24] Os teólogos cristãos estão condenados a ler em retrospecto apenas para serem acusados de usar, em vez de respeitar, a letra do texto? Aqui podemos lembrar o ponto de Machen de que, embora os autores do Antigo Testamento não conhecessem o significado completo do que escreveram, eles conheciam parte dele, e "o significado completo não estava em contradição com o significado parcial, mas era seu glorioso desdobramento".[25] A interpretação transfigural *é* o glorioso desdobramento do sentido literal. O que resta saber, no entanto, é se esse glorioso desdobramento envolve a leitura para a frente e/ou para trás.

"Não entre: via de mão única": como (não) ler de forma cristã

Pense na leitura para frente como um movimento progressivo de Gênesis para Apocalipse. Por outro lado, a leitura para trás começa a dar sentido ao Antigo Testamento a partir do fim, graças às "respostas" no final do livro (ou seja, o Novo Testamento).[26]

Lendo para frente

Há mais de uma maneira de ler para frente, pela simples razão de que nem todos os quadros de referência históricos são criados iguais. O que eles compartilham é um desejo de dar sentido ao que os autores originais estavam tentando comunicar a seus leitores originais em seu contexto inicial.

1a. Para frente "rígido" ("judaico")

Chame os exemplos mais extremos dessa abordagem de "para frente 'rígido'", em deferência à sua insistência estrita de que o único quadro de referência relevante é o contexto histórico original. Havia expectativas messiânicas voltadas para o futuro no judaísmo do Segundo Templo e no judaísmo rabínico posterior, mas também negações resolutas de que Jesus de Nazaré era o Messias há muito esperado. O quadro de referência operativo nesses casos era a tradição de fé mais ampla do judaísmo.[27] Mesmo embora a literatura midráshica "pesquisasse e indagasse com cuidado" à própria maneira, os rabinos nunca chegaram à conclusão de que Jesus era o Messias, ou que o "evangelho" substituía a

---

24. Gregório de Nazianzo, *Fifth Theological Oration: On the Holy Spirit* [Quinta oração teológica: sobre o Espírito Santo], em *On Gog and Christ* (Crestwood: St. Vladimir's University Press), p. 31.

25. Machen, "Do We Believe in Verbal Inspiration?", p. 55.

26. Os organizadores empregam a linguagem de "para trás" e "para a frente" em sua introdução a Brian J. Tabb e Andrew M. King (orgs.), *Five Views of Christ in the Old Testament* (Grand Rapids: Zondervan, 2022), p. 15.

27. Veja também Jon D. Levenson, *The Hebrew Bible, the Old Testament, and Historical Criticism* (Louisville: Westminster John Knox, 1993), especialmente o cap. 4, "Theological Consensus or Historicist Evasion? Jews and Christians in Biblical Studies".

autoridade da Torá.[28] Essa recusa em confessar Jesus como o Cristo levou os pais da igreja e os reformadores a descreverem as leituras judaicas como aprisionadas às letras.

1b. Para frente "rígido" ("crítico")

A crítica bíblica moderna é, sem dúvida, mais centrada em letras do que o judaísmo. Os críticos históricos do Iluminismo supõem que a leitura correta significa ler para a frente, levando em conta apenas o que o autor original e o público poderiam saber no momento da composição. Ao colocar entre parênteses pressupostos baseados na fé, a crítica histórica moderna provavelmente representa a forma mais pura de leitura para a frente, no sentido de prosseguir de modo estrito de acordo com a cronologia.

2. Para frente "flexível" ("cristão")

Os cristãos também leem para frente, acreditando ser a melhor maneira de respeitar o sentido literal, entendido como a intenção comunicativa do autor humano, e de fazer justiça à natureza progressiva da história da redenção. De acordo com Mark Noll, os evangélicos no final do século 20 e início do século 21 negociaram com sucesso o complexo fosso entre fé e crítica com uma abordagem integrada que ele chama de "crítica crente".[29] A estratégia, falando de forma ampla, envolve o uso de ferramentas críticas sem abrir mão de convicções fundamentadas na fé, ou seja, ler a Bíblia de forma acadêmica com a convicção adicional de que ela é inspirada por Deus. Nigel Cameron se pergunta, no entanto, se a "crítica crente" é um cavalo de Troia. Uma vez que o naturalismo metodológico é deixado na casa do intérprete, ele tende a assumir o controle, insistindo que todas as decisões interpretativas sejam tomadas em bases históricas e não teológicas. Embora os grandes exegetas bíblicos de Cambridge J. B. Lightfoot e B. F. Westcott tenham usado métodos críticos para defender conclusões conservadoras sobre datas, autoria e historicidade, o resultado na prática foi a promoção da viabilidade do método crítico.[30] Um século depois, o padrão pode estar se repetindo. Uma nova geração de estudiosos bíblicos evangélicos quer estar aberta em princípio à revisão de interpretações tradicionais à luz da crítica histórica, mas também manter "*que a crítica histórica não precisa pôr em risco nenhum dos princípios dogmáticos fundamentais do cristianismo*".[31] O sentimento é louvável, mas está longe de ser claro

28. Para um estudo da história, dos tipos e dos métodos do *midrash* judaico, *veja* Michael Fishbane (org.), *The Midrashic Imagination: Jewish Exegesis, Thought, and History* (Nova York: SUNY Press, 1993) e Jacon Neusner, *The Mishnah: An Introduction* (Lanham, MD: Rowman & Littlefield, 1989).

29. Mark A. Noll, *Between Faith and Criticism: Evangelicals, Scholarship, and the Bible in America* (Nova York: Harper & Row, 1986), p. 158.

30. Nigel Cameron, "Inspiration and Criticism: The Nineteenth Century Crisis" [Criticismo e inspiração: A crise do século 19], *Tyndale Bulletin 35* (1984), p. 129-59.

31. Christopher M. Hays, "Toward a Faithful Criticism", em Christopher B. Ansberry e Christopher M. Hays (orgs.), *Evangelical Faith and the Challenge of Historical Criticism* (Grand Rapids: Baker Academic, 2013), p. 5 (ênfase do original).

como atingir esse equilíbrio ou decidir o que conta como um princípio dogmático fundamental. Considere, por exemplo, a forma pela qual os críticos crentes entendem o êxodo de Israel do Egito. A crítica histórica os incita a ver qualquer menção a Deus como pertencente à "fé", não à história.[32] Críticos históricos rigorosos insistem que isso exclui atos literais poderosos de Deus, como libertar Israel do Egito, levantando questões sobre a coerência do projeto de "crítica crente". Certamente, não há nada de errado em empregar quadros de referência históricos. O problema surge apenas quando "histórico" é combinado com um quadro de referência imanente, que em geral é o preço de admissão na discussão crítica.

Uma segunda maneira pela qual os cristãos leem para frente é argumentando que o próprio Antigo Testamento aponta para Jesus Cristo. Benjamin Sargent diz que os autores do Novo Testamento não estão lendo para trás quando leem cristologicamente, porque a Escritura foi escrita não apenas para, mas também *aos* cristãos posteriores: "Pedro sugere a seus leitores que, ao lerem as Escrituras de Israel, eles estão lendo coisas que pertencem diretamente a eles mesmos [...] não porque falam a cada geração da mesma maneira, [mas] porque a Escritura é *para* eles em um sentido exclusivo".[33]

O Antigo Testamento, argumenta Sargent, não é tipologia, mas *kerygma*: "uma proclamação do sofrimento e das glórias de Cristo, de maneira antecipada, por meio dos Profetas cujas palavras não tinham outro significado senão se referir a este futuro".[34] Essa é a "única realidade escatológica" da qual a profecia trata, em última análise.[35] Para Sargent, então, não há lugar, ou necessidade, para tipologia, alegoria, *sensus plenior* ou transfiguração. Em vez disso, basta simplesmente esclarecer o único significado determinado dos profetas, como Jesus faz quando, por exemplo, ao discutir com as autoridades religiosas sobre a interpretação da declaração de Davi "O SENHOR disse ao meu Senhor" (Sl 110:1), ele deixa claro que Davi não está falando de nenhum rei terreno, mas do próprio Jesus.[36] O único significado determinado do discurso profético se relaciona diretamente com Jesus Cristo.

A principal preocupação dessa abordagem é insistir que os autores do Novo Testamento não estão lendo algo de volta para o Antigo Testamento; em vez disso,

---

32. Christopher B. Ansberry, "The Exodus: Fact, Fiction, or Both?", em *Evangelical Faith and the Challenge of Historical Criticism*, p. 72. Para uma resposta crítica aos críticos crentes, veja Robert Yarbrough, "Should Evangelicals Embrace Historical Criticism? The Hays-Ansberry Proposal" [Devem os evangélicos abraçar o criticismo histórico? A proposta de Hans-Ansberry], *Themelios 39* (2014), p. 37-52.

33. Benjamin Sargent, *Written to Serve: The Use of Scripture in 1 Peter* (Londres: Bloomsbury T&T Clark, 2015), p. 33.

34. Ibidem, p. 48.

35. Ibidem, p. 93.

36. Benjamin Sargent, "One Meaning of Many? A Study in New Testament Interpretation of Old Testament Texts" [Um dentre muitos significados: um estudo da interpretação de textos do Antigo Testamento no Novo Testamento], *Churchman 124*, n. 4 (2010), p. 358. Veja também Benjamin Sargent, *Written for Our Learning: The Single Meaning of Scripture in Christian Theology* (Eugene: Cascade, 2016).

estão recebendo, ou tornando explícito, algo já presente nos próprios textos do Antigo Testamento. Curiosamente, Sargent identifica a própria abordagem com a *theoria* antioquena: "É uma percepção construída sobre o significado histórico e gramatical do texto, e não um significado imposto ao texto [*à la*] leitura alegórica alexandrina".[37] Igualmente interessante é sua descrição do significado único determinado como "tanto escatológico quanto eclesiológico".[38] O que distingue Sargent de outros que leem o Antigo Testamento para frente é sua insistência de que os escritos proféticos "careciam de significado no próprio tempo".[39] É um resultado estranho, mas fundamentado, insistir em ler o Antigo Testamento para a frente enquanto também insiste que ele é literalmente sobre Cristo. O que Sargent quer evitar é a noção de que a Escritura possui dois referentes, o literal e o espiritual; o que ele deveria evitar é a ideia de que significado e referência são idênticos. Pois as palavras dos profetas tinham *sentido* mesmo quando eles não sabiam a quem ou a que eventualmente se *refeririam*.

Lendo para trás

Ler de trás para frente é interpretar passagens do Antigo Testamento com um quadro de referência posterior, indisponível para os autores originais. Boa parte dos estudiosos bíblicos modernos temem que ler *para trás* possa ser um eufemismo para ler *para dentro*, portanto, uma cortina de fumaça para *eisegesis*. No entanto, é importante não generalizar muito precipitadamente; há mais de uma maneira de ler para trás.

1. Para trás "rígido" ("grego")

Leitura para trás rígida é a nêmesis do estudioso bíblico moderno. Ela é um estratagema para impor ideias posteriores a textos infelizes do Antigo Testamento, uma imposição que, no limite, suprime com violência as vozes dos próprios autores do Antigo Testamento. "Grego" serve aqui como uma abreviação para qualquer tipo de leitura para trás que resulte no texto significando algo diferente do que diz. O resultado é que o sentido literal é rebaixado ou descartado.

2. Para trás "flexível" ("cristão")

A leitura do Antigo Testamento pelo Novo Testamento é diferente. Os autores do Novo Testamento não estão impondo quadros filosóficos de referência de volta ao texto; em vez disso, eles estão fazendo... o quê, exatamente? Richard Hays pensa que os autores do Novo Testamento estão oferecendo interpretações retrospectivas da Escritura de Israel à luz de novos acontecimentos reveladores, em particular, a cruz e a ressurreição de Jesus Cristo. O quadro de referência dos apóstolos é informado pela fé,

---

37. Sargent, *Written to Serve*, p. 180.
38. Ibidem, p. 187.
39. Ibidem, p. 193.

não pela filosofia.[40] Hays está interessado em compreender e recuperar as maneiras pelas quais os evangelistas e Paulo leem as Escrituras, ou seja, o Antigo Testamento, partindo do princípio de que suas suposições hermenêuticas cristãs devem ser também as nossas. "Uma hermenêutica moldada pelo evangelho necessariamente envolve *ler para trás*, reinterpretando as Escrituras de Israel à luz da história de Jesus."[41]

A interpretação teológica é o resultado da leitura conjunta das Escrituras do Antigo Testamento e da história de Jesus. O Antigo Testamento fornece as peças para entender quem é Jesus; este fornece a chave para juntar as peças do Antigo Testamento. Paulo e os evangelistas "fazem teologia" ao dar sentido conjunto ao Antigo Testamento e à história de Jesus, e seus métodos interpretativos "são paradigmáticos para a hermenêutica cristã".[42] De acordo com Hays, foi a experiência cristã de Paulo que o levou a ler as Escrituras do Antigo Testamento com correção. Paulo deveu sua percepção fundamental não a seu gênio criativo, mas a ter se tornado um leitor competente pelo Espírito Santo.

Hays observa as implicações de sua estratégia de leitura para a interpretação literal: "Para os evangelistas, o 'significado' dos textos do Antigo Testamento não estava confinado ao cenário histórico inicial do autor humano ou ao significado que poderia ter sido apreendido pelos leitores originais".[43] Ou os autores do Novo Testamento estavam errados sobre o significado do Antigo Testamento, ou os autores do Antigo Testamento "realmente previram intencionalmente os detalhes da vida de Jesus"[44] – um contraste que Hays compara a pintar a si mesmo em um canto hermenêutico. Há uma correspondência entre o que os autores do Antigo Testamento escreveram e seu cumprimento em Cristo, mas Hays atribui isso à intencionalidade divina e não humana – providência, não predição. Ele eventualmente admite ler para trás e para frente, de acordo com a própria prática dialética dos autores do Novo Testamento: "A proclamação de Paulo precisa da bênção das Escrituras, e o testemunho das Escrituras [...] julga todas as formulações do evangelho. Por outro lado, o testemunho da Escritura só ganha coerência escatológica à luz do evangelho".[45] Em última análise, porém, o que permite a leitura cristã para trás "não depende nem da investigação histórica nem da análise do academicismo literário, mas da atenção aos impulsos do Espírito, que revela o evangelho por meio das Escrituras de maneiras surpreendentes".[46]

---

40. Embora o contraste primário aqui seja hermenêutico, ou seja, entre uma leitura para frente e para trás, ele se relaciona com o contraste metodológico na cristologia: a abordagem "de cima", a partir da perspectiva dos crentes posteriores e do Cristo da fé, e a abordagem "de baixo", a partir da perspectiva histórica dos autores originais e do Jesus da história.

41. Richard B. Hays, *Echoes of Scripture in the Gospels* (Waco: Baylor University Press, 2016), p. 358.

42. Hays, *Echoes of Scripture in the Letters of Paul* (New Haven: Yale University Press, 1989), p. 183.

43. Ibidem, p. 358.

44. Ibidem, p. 359.

45. Hays, *Echoes of Scripture in the Letters of Paul*, p. 176-7. Veja também esta declaração: "Os Evangelhos nos ensinam a ler o Antigo Testamento e – ao mesmo tempo – este nos ensina a ler os Evangelhos". Hays, *Reading Backwards*, p. 4 (ênfase do original).

46. Hays, *Echoes of Scripture in the Letters of Paul*, p. 156.

A confissão hermenêutica de Pedro: "Temos ainda mais firme a palavra dos profetas" (2Pe 1:19)

O apóstolo Pedro cita os profetas que estavam servindo não a si mesmos, mas aos leitores cristãos "anteriormente testificando" (gr. *prophēteusantes*) da paixão e *parousia* de Cristo (1Pe 1:11,12 ACF). Como esse "falar antecipado" profético se conecta ao que Pedro diz mais tarde no contexto da própria experiência da transfiguração de Jesus: "Temos ainda mais firme a palavra dos profetas" (2Pe 1:19a)? O que Pedro quer dizer e qual a conexão com a transfiguração? Pedro exorta seus leitores a prestar atenção à palavra profética "como a uma lâmpada que brilha em um lugar escuro" (2Pe 1:19b), e a melhor maneira de fazer isso é relembrar o papel da transfiguração na economia da luz.

"Nós mesmos ouvimos essa voz vinda do céu quando estávamos com ele no monte santo" (2Pe 1:18). Esse relato de Pedro como testemunha ocular da transfiguração (v. 16-18) enfatiza a glória que Jesus recebe, a voz do céu e a localização do topo da montanha. Esses são os três elementos nos quais ele aposta sua reivindicação a respeito da majestade de Jesus e sobre a palavra profética atestando que Jesus foi "mais plenamente confirmado" (do grego: *bebaioteron*) por consequência do acontecimento da transfiguração. Pedro já havia confessado que Jesus era o Cristo (Mt 16:16). Aqui ele apela à historicidade da transfiguração como fundamento para sua confiança de que Jesus retornará (um tema central em toda a epístola), refutando a acusação de que a proclamação apostólica da segunda vinda (Pedro usa o termo usual *parousia* em 2Pe 1:16) nada mais segue do que "fábulas engenhosamente inventadas" (2Pe 1:16).[47] Para Pedro, a transfiguração proporcionou "uma visão do futuro da exaltação vindoura de Jesus, uma visão de sua segunda vinda com poder e glória".[48]

Pedro não menciona a face resplandecente de Jesus, preferindo acentuar a "honra e glória" que ele recebe de Deus Pai (2Pe 1:17). Em vez disso, ele destaca a voz que vem da "Suprema Glória" e a localização ("o monte santo"), possivelmente aludindo ao monte santo (monte Sião) de Salmos 2:6,7, um salmo de entronização.[49] Na narrativa de Pedro, a transfiguração se torna "uma cena de investidura".[50] O quadro de referência de Pedro para a leitura do Antigo Testamento é decididamente escatológico: "[a] identidade sublime [de Jesus] é em si a garantia da promessa de Deus. Assim, tudo nesta breve história serve para reforçar a mensagem ('profecia') da *parousia*, fundamentada

47. Para uma refutação da alegação de que Pedro está se referindo à primeira vinda de Jesus, veja Kelly, que observou que os escarnecedores aos quais Pedro aludiu perguntaram (2Pe 3:4): "Where is the promise of his coming [*parousia*]?" Kelly, *Commentary on the Epistles of Peter and Jude*, p. 317-8.

48. Peter H. Davids, *The Letters of 2 Peter and Jude, Pillar New Testament Commentary* (Grand Rapids: Eerdmans, 2006), p. 202. Cf. Ruth Anne Reese, que diz que a transfiguração "funciona como uma razão para esperar o retorno de Jesus". Ruth Anne Reese, *2 Peter and Jude, Two Horizons Commentary* (Grand Rapids: Eerdmans, 2007), p. 142.

49. "Monte santo" no Antigo Testamento sempre designa Sião (veja, por exemplo, Sl 48; Is 66:20; Jl 2:1; Zc 8:3).

50. Davids, *Letters of 2 Peter and Jude*, p. 204.

na identidade de Jesus".[51] Pedro está menos interessado na transfiguração como uma epifania da natureza divina oculta de Jesus do que em ser uma revelação celestial da nomeação de Deus de seu "vice-regente escatológico".[52] Para Pedro, a transfiguração não é um acontecimento único e estranho, mas uma confirmação integral e emblemática da pessoa e obra de Jesus. Como Douglas Harink resume de modo sucinto, "A transfiguração é um apocalipse profético da entronização escatológica de Jesus Cristo como Senhor".[53]

Por que me refiro a essa passagem como a confissão *hermenêutica* de Pedro? Como Hays e outros ressaltaram, os Evangelhos oferecem ampla documentação do testemunho de Jesus no Antigo Testamento. O relato de Pedro sobre a transfiguração importa porque faz o oposto: revela "que a transfiguração dá testemunho da validade permanente do Antigo Testamento".[54] De particular interesse é a menção de Pedro à luz, nosso conceito operativo, em conexão não com a face de Jesus, mas com a palavra profética, "como a uma lâmpada que brilha em um lugar escuro" (2Pe 1:19b). A palavra profética é mais segura porque Pedro *viu* sua luz na promessa resplandecente da glória de Jesus na ocasião e no seu aspecto futuro. Ele também *ouviu* a voz divina corroborando e interpretando as profecias do Antigo Testamento sobre o Messias (2Pe 1:18). Harink deriva uma inferência impressionante: "*A transfiguração é a própria exegese de Deus da palavra profética do salmo 2*, pois o próprio Deus declara que Jesus é aquele sobre quem as palavras dos salmos e dos profetas são escritas".[55] É por isso que Pedro tem uma compreensão "mais firme" ou mais definida da palavra profética – e do enredo do drama da redenção. À luz da transfiguração, Pedro agora sabe com certeza o que os profetas do Antigo Testamento estavam falando.

A epístola de Pedro acrescenta ainda outra camada à importância hermenêutica da transfiguração. Em uma reversão interessante, não é a profecia que explica a transfiguração, mas o contrário e, por sinal, também a todo o Antigo Testamento, como uma palavra agora tornada mais firme, sobre a gloriosa primeira e segunda vindas de Jesus Cristo. Não é exagero, então, dizer: "*A transfiguração nos revela a compreensão adequada da origem e interpretação da Sagrada Escritura*".[56] A transfiguração de Jesus é a interpretação espiritual de Deus da história das Escrituras, por assim dizer: *o desvelamento por Deus da glória do sentido literal do Antigo Testamento.*

A menção de "desvelamento" nos direciona a subir a um último topo do monte. Acabamos de ver como, nas mãos de Pedro, o monte Tabor representa o monte Sião.

---

51. Dorothy Lee, *Transfiguration* (Nova York: Continuum, 2004), p. 95.
52. Richard J. Bauckham, *Jude, 2 Peter, Word Biblical Commentary* (Waco: Word, 1983), p. 212.
53. Harink, *1 & 2 Peter*, p. 156.
54. Arthur Michael Ramsey, *The Glory of God and the Transfiguration of Christ* (Londres: Longmans, Green and Co., 1949), p. 126.
55. Harink, *1 & 2 Peter*, p. 159 (ênfase do original).
56. Harink, p. 160 (grifo meu).

Mas foi no monte Sinai que Moisés, conversando com Jesus na transfiguração deste, foi "transfigurado", tanto que precisou cobrir seu rosto: "É difícil descartar a ligação tipológica entre a transfiguração no 'monte santo' (1:18) e a entrega da lei no Sinai, tão popular na igreja primitiva e medieval, como um possível significado pretendido aqui em [2] Pedro, especialmente quando ele diz que, além dessas memórias de testemunhas oculares e auditivas, 'temos ainda mais firme a palavra profética' (v. 19)".[57]

Uma história de dois montes: Sinai e Tabor

A história da "transfiguração" de Moisés (Êx 34:29-35) fornece um estudo de caso fascinante sobre os méritos relativos da leitura para trás e para frente. O aparecimento de Moisés na transfiguração de Jesus pode ser visto como uma resposta tardia de Deus ao pedido de Moisés: "Peço-te que me mostres a tua glória" (Êx 33:18).[58] No entanto, a semelhança entre os dois rostos brilhantes, o de Moisés e o de Jesus, suscita a pergunta: Devemos ler o monte Sinai à luz do monte Tabor, ou vice-versa? Antes de examinar a abordagem do apóstolo Paulo, escutemos primeiro os estudiosos contemporâneos do Antigo Testamento.

O episódio da face resplandecente de Moisés ocorre em um ponto de virada fundamental na história bíblica do plano de Deus, a formação de "um reino de sacerdotes e uma nação santa" (Êx 19:6). O povo escolhido de Deus estava prestes a se tornar "não o povo de Deus" por causa de sua adoração idólatra de um bezerro de ouro (Êx 32:8). O momento deles foi terrível: violaram o primeiro mandamento pouco antes de Moisés descer da montanha com as duas tábuas da lei da aliança recém-cunhadas (v. 1-6), um pecado que Walter Moberly compara a "cometer adultério na noite de núpcias".[59] Quando Deus expressa sua ira, Moisés assume seu papel de mediador da aliança, não mais entregando a lei, mas implorando por misericórdia. Ele então desce da montanha, joga as tábuas no chão e pune o próprio Israel derretendo o bezerro e fazendo o povo beber a borra (v. 19,20).

O Senhor avisa Moisés sobre a consequência do pecado de Israel: embora as pessoas possam prosseguir para a terra prometida, Deus não irá com elas, pois sua santidade as consumiria (Êx 33:3). De novo, Moisés intercede por Israel, e o Senhor concede o pedido para que a companhia divina não os deixe. Moisés então pressiona pela ampliação de sua margem e pede ao Senhor: "Peço-te que me mostres a tua glória" (v. 18). Deus acede ao pedido, prometendo fazer sua "bondade" passar diante de

57. Kathryn Greene-McCreight, "He Spoke through the Prophets", em Christopher R. Seitz (org.), *Nicene Christianity: The Future for a New Ecumenism* (Grand Rapids: Brazos, 2001), p. 169.

58. *Veja* mais em Bogdan G. Bucur, que diz: "Relacionar a teofania do Sinai e a transfiguração no Tabor foi crucialmente importante para a teologia cristã primitiva". "Sinai, Zion, and Tabor", p. 33.

59. R. W. L. Moberly, "Exodus", em Kevin J. Vanhoozer (org.), *Dictionary for Theological Interpretation of the Bible* (Grand Rapids: Baker, 2005), p. 214.

Moisés, acrescentando uma qualificação importante: "Você não poderá ver a minha face, porque nenhum ser humano pode me ver e continuar vivo" (v. 20). É nesse ponto da narrativa que o Senhor instrui Moisés a subir o monte Sinai de novo para receber uma segunda cópia dos Dez Mandamentos. Deus ali renova a aliança e proclama seu nome, provando ser o Deus indicado por seu nome: "Deus compassivo e misericordioso, tardio em irar-se e cheio de amor e de fidelidade" (34:6). Moisés esteve com Deus no monte Sinai por quarenta dias. Quando desceu, ele "não sabia que o seu rosto resplandecia por ter conversado com o SENHOR" (v. 29).

Êxodo 32—34 é uma narrativa de embasamento teológico crucial.[60] O pecado de Israel e a santidade de Deus formam uma associação potencialmente explosiva, ecoando a queda de Adão e antecipando a necessidade urgente de sacrifício expiatório e, eventualmente, a cruz de Cristo. Talvez o tema teológico que mais se destaca seja a presença gloriosa de Deus. É o sinal tangível da bênção final da aliança ou, no caso de uma nação pecadora, da maldição final, isto é, da ira divina. Os leitores da Bíblia precisam saber certas coisas sobre Deus e Israel para entender o evangelho de Jesus Cristo, e essa passagem desempenha um papel fundamental em nos ajudar a entender o que está acontecendo à medida que lemos para frente.

O que devemos fazer com a face resplandecente de Moisés? Qual é seu significado teológico e como ele se relaciona com a transfiguração de Jesus? Em seu estudo de Êxodo 32—34, Moberly fornece uma dupla advertência útil: "A exegese teológica naturalmente corre o mesmo risco que a exegese literária de encontrar significado onde nenhum deveria ser encontrado. Mas isso não é menor do que o risco de negar o significado quando ele está presente".[61] Fred Sanders fornece um critério importante para discernir o significado teológico e uma diretriz para ler todo o Antigo Testamento teologicamente: "A única prática interpretativa pré-moderna crucial para a doutrina da Trindade é a atenção à economia da salvação como um todo coerente".[62] Com essas advertências e critérios em mente, vamos abordar a transfiguração de Moisés como um episódio na economia mais ampla, na verdade abrangente, da luz. Ao fazê-lo, faremos bem em lembrar a descrição adequada de B. B. Warfield do Antigo Testamento como "uma câmara ricamente mobiliada, *mas mal iluminada*".[63]

Assim como a transfiguração de Jesus, a narrativa de Moisés subindo o monte para receber a lei e encontrar Deus representa um momento-chave na economia da luz e na história da aliança de Israel. "O episódio da face resplandecente de Moisés é a

---

60. Moberly observa que o livro do Êxodo "é fundamental para a compreensão bíblica tanto de Deus [...] quanto do povo de Deus" ("Exodus", p. 211).

61. R. W. L. Moberly, *At the Mountain of God: Story and Theology in Exodus 32–34* [No monte de Deus: história e teologia em Êxodo 32—34], *JSOTSup 22* (Sheffield: JSOT, 1983), p. 39-40.

62. Fred Sanders, *The Triune God* (Grand Rapids: Zondervan, 2016), p. 180.

63. B. B. Warfield, "The Biblical Doctrine of the Trinity", em *Biblical and Theological Studies* (Philadelphia: Presbyterian and Reformed, 1952), p. 22 (grifo meu).

conclusão de todo o evento do Sinai."[64] Mas há garantia textual adequada para ver uma conexão entre o que acontece no monte Sinai (Deus proclamando seu nome, resultando na face resplandecente de Moisés) e o monte Tabor (a voz do céu que acompanha a face resplandecente de Jesus)? Podemos conectar os pontos canônicos e, se sim, é movendo-se da face de Moisés para a de Jesus, ou lendo na direção oposta? O processo, se não a prova, da interpretação transfigural está, em última análise, na leitura.

A face resplandecente de Moisés

O texto em questão (Êx 34:29-35) menciona a face de Moisés cinco vezes e em três ocasiões acrescenta o detalhe de seu rosto "resplandecente" (v. 29, 30, 35). Existe um significado neste rosto? Stephen Barton pensa assim: "Mais do que qualquer outra parte do corpo, a face é o lugar, e encarar é a ação, no qual o indivíduo recebe e expressa sua identidade, seu caráter e seus valores, especialmente nas *relações da face*, incluindo relações que, como dizemos, são 'face a face'".[65]

O que acabara de ocorrer levou o povo a ter "medo de se aproximar dele" (Êx 34:30). Os estudiosos debatem o que o povo deve ter visto para provocar essa reação. Uma sugestão, baseada em uma antiga estrutura de referência cultural do Oriente Próximo, é que Moisés usava uma máscara ritual assustadora. Mas, nesse caso, por que colocar um véu e não remover a máscara? Outra sugestão se baseia na filologia para argumentar que o hebraico *qrn* não significa "brilho", mas "chifre". Algumas traduções mais antigas, como a Vulgata, dizem que Moisés não sabia que a pele de seu rosto "era chifruda" (Êx 34:29), uma interpretação que levou vários artistas, incluindo Michelangelo, a retratar Moisés com chifres em sua famosa escultura.

A insistência de que a mudança ocorreu na "pele do seu rosto" é problemática para ambas as teorias da máscara e dos chifres (Êx 34:30,35). Consequentemente, William Propp sugere que a proximidade de Moisés com *Yahweh*, um fogo consumidor (Dt 4:24), resultou em efeitos colaterais prejudiciais e desfiguração hedionda: "Presumivelmente, isso foi algum tipo de queimadura de luz ou calor [...] [talvez] ceratose, uma endurecimento da camada da pele chamada queratina (do grego: *keras*, 'chifre') que pode ser causado por superexposição drástica à luz solar".[66] Nessa visão, a interpretação literal é que a pele de Moisés desenvolveu pequenas saliências (ou seja, pequenos "chifres"), comparáveis a erupções cutâneas causadas pelo calor. A face resplandecente de Moisés é, portanto, um sinal não de sua glória crescente, mas de sua

64. Joshua M. Philpot, "Exodus 34:29-35 and Moses' Shining Face" [Êxodo 34:29-35 e a face resplandecente de Moisés], *Bulletin for Biblical Research 23*, n. 1 (2013), p. 2.

65. Stephen C. Barton, "The Metaphor of the Face in Paul", em J. Gordon McConville e Lloyd K. Pietersen (orgs.), *Conception, Receptions, and the Spirit: Essays in Honor of Andrew T. Lincoln* (Eugene: Cascade, 2015), p. 136-7.

66. William H. Propp, "The Skin of Moses' Face–Transfigured or Disfigured?" [A pele da face de Moisés - transfigurada ou desfigurada?], *Catholic Biblical Quarterly 49* (1987), p. 385.

imunidade crescente ao brilho divino: "Como Aquiles e Siegfried, Moisés tem uma pele anormalmente grossa, mas sua virtude é aparente no culto, não no campo de batalha".[67] Essa leitura pode ser interessante para apresentar em uma conferência médica, mas seu quadro de referência hiperliteral não está de acordo com o contexto narrativo mais amplo do Êxodo.

Seth Sanders é outro comentarista que emprega um antigo quadro de referência do Oriente Próximo em uma tentativa de ter tanto a luz quanto o chifre, argumentando que os astrônomos da Mesopotâmia estariam bastante familiarizados com o fenômeno do que parecia chifres de luz aparecendo, digamos, quando havia um eclipse solar: "A face de Moisés podia, literalmente, *irradiar* chifres".[68] Essas interpretações grosseiras conflitantes são intrigantes, mas podem levar os leitores apenas até certo ponto: "Quaisquer que sejam os antigos paralelos do Oriente Próximo, pode haver pouca disputa de que o texto, como está agora, não está descrevendo uma máscara sacerdotal ou chifres".[69] Os leitores têm uma chance melhor de se concentrar no significado literal praticando uma leitura canônica atenta, prestando atenção aos detalhes, sim, mas também empregando quadros de referência mais amplos que colocam esses detalhes textuais em um contexto literário maior.

A história mais ampla, da qual o episódio da transfiguração de Moisés é parte integrante, diz respeito à preparação de Israel pelo Senhor para ser "um reino de sacerdotes e uma nação santa" (Êx 19:6), apto a habitar na santa "casa" de Deus e diante de sua presença divina.[70] A complicação nessa história, que percorre todo o Antigo Testamento, é que o povo é "obstinado" (Êx 32:9; 33:3,5; 34:9). No contexto da narrativa bíblica mais ampla, o leitor entende que a entrega da lei sinaítica é uma provisão graciosa que possibilita a um povo pecador viver na presença de Deus (ou seja, diante de sua "face"). As Escrituras destacam Moisés como o único profeta "a quem o SENHOR conheceu face a face" (Dt 34:10). Conversar com Deus face a face, "como quem fala com um amigo" (Êx 33:11), era o privilégio supremo do mediador da aliança, e não uma punição. A intercessão de Moisés por Israel no monte Sinai é, sem dúvida, o ponto alto, geográfica e dramaticamente, do livro do Êxodo. Sem a mediação de Moisés no topo da montanha, não haveria habitação na presença de Deus, nenhuma tenda do encontro, nenhum tabernáculo.[71] Michael Morales apresenta um argumento convincente para ver o tabernáculo como uma extensão do monte Sinai, o lugar no

67. Ibidem, p. 386.

68. Seth L. Sanders, "Old Light on Moses' Shining Face" [Luz antiga sobre a face resplandecente de Moisés], *Vetus Testamentum 52*, n. 3 (2002), p. 405.

69. Moberly, *At the Mountain of God*, p. 107.

70. Assim como L. Michael Morales, *Who Shall Ascend the Mountain of the Lord? A Biblical Theology of the Book of Leviticus* (Downers Grove: InterVarsity, 2015), p. 23. Cf. Peter Enns: "Todo o propósito do Êxodo era que Deus e seu povo estivessem juntos". Peter Enns, Exodus, *NIV Application Commentary* (Grand Rapids: Zondervan, 2000), p. 578.

71. Ibidem, p. 92.

qual Deus se encontra e fala com seu povo escolhido: "O propósito do tabernáculo, então, será perpetuar a experiência do Sinai de envolvimento com Deus – a habitação de YHWH no meio de Israel sendo a própria essência da aliança".[72]

Esse quadro de referência narrativo bíblico-teológico lança uma luz diferente sobre a face resplandecente de Moisés. Ela é o resultado da mediação bem-sucedida da aliança de Moisés e de sua sobrevivência à santa presença de Deus: "Ele trouxe a glória de Deus de volta ao meio de Israel em um semblante humano. Foi um sinal visível do perdão do Senhor, da presença e da comunicação restaurada com Israel por meio de Moisés".[73] Walter Brueggemann aponta que a face resplandecente de Moisés fica no meio do caminho entre dois outros textos que apresentam a glória de Deus, o anterior descrevendo a comunhão de Moisés com Deus na nuvem de glória (Êx 24:15-18), o outro tendo relação com a glória de Deus entrando no tabernáculo (Êx 40:34-38): "Então a glória se move da montanha para o tabernáculo por meio de Moisés. Portanto, a descida de Moisés da montanha é um dispositivo para a vinda impressionante da glória celestial para habitar no meio de Israel".[74]

A transfiguração de Moisés no Sinai é um momento crucial na economia da luz, um acontecimento-chave na história maior da habitação pacífica do Deus que é luz gloriosa com aqueles que habitam na escuridão inglória. Talvez seja esse o motivo de lermos que a glória divina refratada na face de Moisés era tão intimidadora e assustadora para o povo quanto o trovão e o relâmpago que se seguiram à primeira ascensão de Moisés (Êx 20:18,19). Pode ser por isso que Moisés, em contraste com Jesus, esconde seu rosto resplandecente sob um véu?

A face velada de Moisés

Até mesmo Calvino achou "confusa" a passagem sobre o véu e a revelação de Moisés.[75] O texto em questão, Êxodo 34:33-35, parece descrever não um acontecimento único, mas uma prática contínua de velar e desvelar sempre que Moisés entrava "perante o Senhor, para falar com ele" (34:34, ARC), presumivelmente a tenda do encontro (Êx 33:11). Moisés tirou o véu quando falou com Deus, então o colocou de volta após terminar de transmitir ao povo o que Deus lhe disse (34:33,35).[76] O que devemos fazer com isso?

Brevard Childs explicitou o desafio interpretativo: "Qual era o propósito da máscara senão cobrir a face resplandecente de Moisés, que continuava a causar ansiedade

---

72. Ibidem, p. 96.

73. James K. Bruckner, *Exodus, Understanding the Bible Commentary* (Grand Rapids: Baker, 2008), p. 311.

74. Walter Brueggemann, "Exodus", em Terence E. Fretheim, Walter C. Kaiser e Leander E. (orgs.), *Genesis to Leviticus, The New Interpreter's Bible*, 12 vols. (Nashville: Abingdon, 1994), 2:954.

75. João Calvino, *Harmony of the Four Last Books of Moses*, vol. 3, trans. Charles William Bingham (Edimburgo: Calvin Translation Society, 1854), p. 393.

76. Para uma visão geral de sua interpretação, *veja* Mariah Case, "A Brief Reception History of Exodus 34:29-35" [Uma breve exposição de Êxodo 34:29-35], *Journal of Theta Alpha Kappa 44*, n. 1 (2020), p. 37-56.

no povo?"[77] Não faltaram sugestões aos comentaristas. Embora os termos para o véu de Moisés e a cortina no templo não sejam os mesmos, alguns intérpretes veem uma conexão. Assim como a cortina do templo impedia os israelitas de contemplar a glória de Deus no santo dos santos, o véu os impedia de ver a glória de Deus brilhando na face de Moisés. "[Moisés] tornou-se, portanto, a personificação do tabernáculo; seu papel como mediador atingiu um nível e uma profundidade ainda não alcançados."[78] Outros discordam, preferindo, em vez disso, ver o brilho como uma confirmação "de que é a palavra de Deus que está sendo falada ao povo quando veem a luz irradiando da face de Moisés".[79] O véu era um meio que Moisés usava "para evitar que as próprias palavras fossem confundidas com a revelação do Senhor".[80] Ambas as sugestões são interessantes; ambas carecem de suporte textual explícito.

Thomas White, lendo para frente, vê Moisés atuando ao longo de Êxodo 33—34 como um tipo ou figura de Cristo. Moisés medie a aliança, intercede por Israel, desfruta de uma conversa "face a face" com Deus (33:11) e, eventualmente, experimenta uma espécie de visão beatífica das "costas" de Deus (33:20-23).[81] O encontro próximo de Moisés com a glória de Deus faz seu rosto brilhar, o que White interpreta literalmente como "uma qualidade misteriosa de luz" que irradia a face de Moisés.[82] A luz é boa, um sinal da misericórdia de Deus. Por que, então, o véu? A resposta de White: "para ocultar a graça excepcional dada a ele [Moisés] somente".[83] Mas por que ocultar algo cujo propósito é revelar (a saber, um sinal)?

Cada uma dessas interpretações tenta dar sentido ao véu lendo para frente. Há um amplo consenso de que Êxodo 33—34 descreve Moisés como um mediador da aliança da gloriosa presença de Deus, mas poucos comentaristas bíblicos relacionam a face resplandecente de Moisés à transfiguração de Jesus. Pelo menos um diz: "A transfiguração de Moisés foi a base para a compreensão da transfiguração de Jesus".[84] Outros falam do significado tipológico mais profundo da passagem: "A radiância do esplendor que brilha do corpo de Moisés é uma prefiguração da glória escatológica

---

77. Childs, *The Book of Exodus: A Critical, Theological Commentary, Old Testament Library* (Louisville: Westminster John Knox, 1974), p. 618.

78. Enns, *Exodus*, p. 587.

79. Menehem Haran, "The Shining of Moses' Face: A Case Study in Biblical and Ancient Near Eastern Iconography" [O brilho da face de Moisés: um estudo de caso na iconografia bíblica e do Antigo Oriente Próximo], em W. Barrick e John R. Spencer (orgs.), *In the Shelter of Elyon: Essays on Ancient Palestinian Life and Literature, in Honor of G. W. Ahlstrom, JSOTSup 31* (Sheffield: JSOT, 1983), p. 162.

80. Bruckner, *Exodus*, p. 312.

81. Tomás de Aquino pensava que "voltar" simbolizava uma visão beatífica momentânea (*Summa Theologica* 1–2.98.3, ad. 2.

82. Thomas Joseph White, *Exodus, Brazos Theological Commentary on the Bible* (Grand Rapids: Brazos, 2016), p. 284.

83. White, p. 284.

84. Bruckner, *Exodus*, p. 312. Veja também R. Alan Cole, que usou o termo em conexão com Moisés e Jesus, ambos servindo como mediadores da aliança. *Exodus, Tyndale Old Testament Commentary* (Downers Grove: IVP Academic, 1974), p. 243.

do corpo humano ressuscitado no *eschaton*".[85] Foi o apóstolo Paulo, no entanto, quem melhor leu o relato da transfiguração de Moisés *transfiguralmente*.

Letra e Espírito: a leitura de Paulo da glória velada de Moisés

Êxodo 34:29-35 tem um dos mais fascinantes "ecos" das Escrituras nas cartas de Paulo: 2Coríntios 3:6-16, um dos textos mais difíceis de Paulo – "o único texto no qual a reflexão hermenêutica de Paulo sobre a leitura da antiga aliança vem à tona".[86] Um comentarista de 2Coríntios observa: "O capítulo 3 tem sido especialmente complicado para os intérpretes".[87] Outro chama essa passagem de "o pesadelo do estudante e o *playground* do exegeta".[88] Outro ainda o chama (falando de montanhas ascendentes) de "o monte Everest dos textos paulinos no que diz respeito à dificuldade".[89] Morna Hooker concorda, observando que o capítulo "está cheio de problemas, ambiguidades e armadilhas".[90] Ela também admite que, após ver como os autores do Novo Testamento leem textos bíblicos anteriores, ela é muitas vezes tentada a exclamar: "Seja qual for o significado inicial da passagem do Antigo Testamento, certamente não era isso!"[91] Fazer sentido da interpretação de Paulo acerca do véu de Moisés em Êxodo 34, então, é tarefa difícil, levando Richard Hays a lamentar, com ironia: "É difícil escapar da impressão de que, até hoje, quando 2Coríntios 3 é lido, um véu cobre nossa mente".[92]

Apesar de seu alto grau de dificuldade, os intérpretes cristãos não podem evitar mergulhar no fundo da interpretação de Paulo acerca do véu de Moisés, e não apenas por causa de suas possíveis conexões com a transfiguração de Jesus. Margaret Mitchell afirma que a carta de Paulo aos Coríntios teve um profundo impacto na exegese cristã primitiva, possivelmente dando origem a uma hermenêutica distintamente cristã.[93] Ela argumenta que Paulo traça um caminho intermediário entre a exegese literal e alegórica, uma afirmação que exploraremos e aperfeiçoaremos à medida que nosso capítulo avança. Mitchell também afirma, de forma menos convincente, que Paulo,

---

85. White, *Exodus*, p. 285.

86. Scott J. Hafemann, *Paul, Moses, and the History of Israel: The Letter/Spirit Contrast and the Argument from Scripture in 2 Corinthians 3* (Peabody: Hendrickson, 1996), p. 459.

87. George H. Guthrie, *2 Corinthians, Baker Exegetical Commentary* (Grand Rapids: Baker Academic, 2015), p. 153.

88. Edith Humphrey, "2 Corinthians", em *Dictionary for Theological Interpretation of the Bible*, p. 138.

89. A. T. Hanson, "The Midrash in II Corinthians 3: A Reconsideration" [O *Midrash* em 2 Coríntios 3: Um Reexame], *Journal for the Study of the New Testament 9* (1980), p. 19.

90. Morna D. Hooker, "Beyond the Things That Are Written? St. Paul's Use of Scripture" [Além das coisas que estão escritas? O uso que Paulo faz das Escrituras], *New Testament Studies 27* (1981), p. 296.

91. Hooker, p. 295.

92. Hays, *Echoes of Scripture in the Letters of Paul*, p. 123.

93. Margaret M. Mitchell, *Paul, the Corinthians and the Birth of Christians Hermeneutics* (Cambridge: Cambridge University Press, 2010). Sou grato a Don Treier por chamar minha atenção para este livro.

por seu exemplo em Coríntios e em outros lugares, encorajou os primeiros cristãos a ler retoricamente: *utilizar* o texto para propósitos *estratégicos* convenientes no âmbito pastoral, em vez do propósito propriamente *comunicativo* de tentar determinar o que o autor estava dizendo.[94] Em suma, Mitchell pensa que Paulo estava menos interessado em descrever o que os autores do Antigo Testamento estavam fazendo com suas palavras do que em fazer coisas novas com suas palavras.[95]

Apresentar Paulo como alguém que utiliza as Escrituras do Antigo Testamento para os próprios propósitos pastorais é confirmar o medo dos estudiosos bíblicos de que, ao ler para trás, o apóstolo impõe as próprias preocupações cristãs a um texto judaico relutante – assim como outros intérpretes teológicos, sistemáticos contemporâneos em particular.[96] Essa não é uma interpretação caridosa, nem corresponde à forma como eu leio Paulo. Pois, como veremos, Paulo faz justiça ao sentido literal graças a uma estrutura interpretativa que o capacita a perceber sua glória mais profunda.[97]

Letra/Espírito (2Co 3:6): que tipo de contraste?

Paulo prefacia seu envolvimento com Êxodo 34:29-35 com um adágio que lançou mil navios hermenêuticos: "Porque a letra mata, mas o Espírito vivifica" (2Co 3:6; cf. Rm 2:29).[98] Paulo diz isso ao defender suas credenciais apostólicas. Enquanto seus detratores coríntios ostentam cartas de recomendação impressionantes, Paulo rebate que os próprios coríntios são sua "carta de recomendação", uma carta (gr. *epistole*) de Cristo escrita pelo Espírito do Deus vivo no coração, não o tipo de carta (gr. *gramma*) gravada em tábuas de pedra como a lei mosaica (2Co 3:1-3).

Princípios de salvação ou interpretação?

Já examinamos o sentido literal de luz. Qual é o sentido literal de "letra"? Paulo não está se referindo à Escritura, pois *gramma* não é o mesmo que *graphe* (a palavra usual do Novo Testamento para os escritos das Escrituras). Nem Paulo está contrastando a própria Torá, a lei judaica, com o Espírito de Cristo, pois em outro lugar ele diz que "a lei é espiritual"

---

94. Paulo era "um intérprete pastoral e taticamente variável". Mitchell, p. 3.

95. A própria Mitchell contrasta *comentar sobre* e *comentar com* um texto e descreve a própria abordagem como "ler Paulo para frente e para trás". Mitchell, p. ix.

96. Matthew L. Halsted afirma que Paulo "dialogicamente reescreve" textos do Antigo Testamento, alterando o significado inicial: "O horizonte cristológico de Paulo se fundiu com o horizonte inicial do texto, criando um significado fresco e radicalmente novo". *Paul and the Meaning of Scripture: A Philosophical-Hermeneutic Approach to Paul's Use of the Old Testament* (Eugene: Pickwick, 2022), p. 105.

97. Enquanto boa parte dos estudiosos modernos comparam as estratégias interpretativas de Paulo às de seus contemporâneos judeus, Matthew Bates propõe "situar a exegese de Paulo no contexto da hermenêutica cristã primitiva". *The Hermeneutics of Apostolic Proclamation: The Center of Paul's Method of Scripture Interpretation* (Waco: Baylor University Press, 2012), p. 330. Sou grato a Josh Jipp por chamar minha atenção para o importante trabalho de Bates.

98. Scott Hafemann comenta que esse contraste entre letra e espírito "é uma das passagens mais difíceis de entender dentro do *corpus* paulino". Hafemann, *Paul, Moses, and the History of Israel*, p. 1.

(Rm 7:14). Uma possibilidade é que "letra" represente a lei como um elemento definidor da antiga aliança, enquanto "Espírito" representa o aspecto vivificante da nova aliança. Essa visão *soteriológica* da distinção letra/espírito se concentra na lei e no Espírito como princípios contrastantes da administração da aliança, com ênfase especial na relativa impotência da antiga aliança para garantir a obediência em contraste com o poder vivificante da nova.[99] O foco dessa interpretação soteriológica está no desenvolvimento progressivo desse contraste na história da redenção.

Orígenes popularizou uma interpretação *hermenêutica* alternativa do contraste *gramma/pneuma*, alegando que Paulo não está distinguindo lei e evangelho mas, sim, dois sentidos da Escritura: o literal e o espiritual.[100] Essa leitura desenvolve o contraste de Paulo na "Magna Carta da interpretação alegórica", uma licença não para matar, mas para dar o beijo da vida a interpretações "letradas" sem vida.[101] A alternativa de Orígenes levou Calvino a protestar vigorosamente contra o que ele considerava ser a implicação óbvia, a saber, que o texto bíblico seria inútil, uma letra morta, por assim dizer, a menos que fosse alegorizado. Segundo Calvino, "esse erro foi a fonte de muitos males".[102]

Um meio termo?

Nesta seção, talvez para mediar, quero abordar duas vertentes contrastantes de Paulo como intérprete do Antigo Testamento, e fazê-lo com o objetivo de esclarecer o conceito e a prática de transfigurar a interpretação bíblica: o projeto de ler a Escritura como a palavra de Deus para o conhecimento de Deus (ou seja, a luz de Cristo) com um quadro de referência escatológico-gramatical no contexto canônico.

Há, por um lado, um consenso emergente de que Paulo interpreta o Antigo Testamento com o zelo de um novo convertido, "com pouca consideração por seu contexto inicial e contrário a seu significado canônico".[103] Richard Hays é um bom

---

99. Bernardin Schneider denomina o que estou chamando de soteriológico de visão "realista", e a contrasta com a interpretação "formalista" comum entre os pais da igreja, o que chamo aqui de alternativa "hermenêutica". "The Meaning of St. Paul's Antithesis 'The Letter and the Spirit'" [O significado da antítese de São Paulo "A letra e o Espírito"], *Catholic Biblical Quarterly 15* (1953), p. 164. Cf. Michael Wolters, que faz um contraste entre os entendimentos "teológico" e "hermenêutico". "'Spirit' and 'Letter' in the New Testament", em Paul S. Fiddes (org.), *The Spirit and the Letter: A Tradition and a Reversal* (Londres: Bloomsbury, 2013), p. 34.

100. O quadro é, na verdade, mais complexo. Como Morwenna Ludlow aponta, Orígenes trabalhou com uma distinção sutil, mas significativa, entre ler "de acordo com a letra" e ler "de acordo com a mera letra". "Spirit and Letter in Origen and Augustine", em Fiddes (org.), *Spirit and the Letter*, p. 91-2. Veja também Wai-Shing Chau, *The Letter and the Spirit: A History of Interpretation from Origen to Luther* (Nova York: Peter Lang, 1995); e a digressão de Mark A. Seifrid sobre "letter and spirit in recent interpretation", em *The Second Letter to the Corinthians* (Grand Rapids: Eerdmans, 2014), p. 130-50.

101. Mitchell, *Paul, the Corinthians and the Birth of Christian Hermeneutics*, p. 70. Para uma história mais completa da recepção de 2Coríntios 3:6 desde os tempos antigos até os modernos e pós-modernos, veja os ensaios em Fiddes (org.), *Spirit and the Letter*.

102. João Calvino, *Commentary on the Epistles of Paul the Apostle to the Corinthians* (Edinburgh: Calvin Translation Society, 1848), p. 174 [Cf. em português: *2Coríntios* (São José dos Campos: Fiel, 2022)].

103. Hafemann, *Paul, Moses, and the History of Israel*, p. 452 (descrevendo uma tendência com a qual ele discorda).

representante dessa abordagem, alegando que "uma nova competência de leitura nasce no convertido cristão".[104] No entanto, os críticos de Hays protestam que esse cenário faz Paulo passar por cima do significado literal do texto em sua pressa de lê-lo com uma hermenêutica cristã. Ele, portanto, passa a se assemelhar ao pior tipo de intérprete teológico. Em contraste, Scott Hafemann insiste que Paulo é um leitor competente que, ao contrário de Hays, lê Êxodo 34 (e o restante do Antigo Testamento) no contexto, de acordo com sua intenção canônica.[105] Hafemann também insiste que devemos derivar nossa compreensão do contraste letra/espírito do que Paulo realmente faz com ele no contexto de 2Coríntios 3.[106] Hays, portanto, representa aqueles que leem Paulo lendo o Antigo Testamento principalmente para trás (ou seja, da perspectiva da história de Cristo e da fé cristã), enquanto Hafemann representa aqueles que leem Paulo como alguém que lê o Antigo Testamento principalmente para frente, em sintonia com a letra do texto do Êxodo.

O que, então, Paulo quer dizer literalmente com "a letra mata" (2Co 3:6)? Uma coisa é certa: a frase tem conotações negativas, pois Paulo a contrasta com "doadora de vida". C. K. Barrett associou "letra" com "religião feita pelo homem em geral".[107] Que a letra "mata" pode ser uma forma metafórica de dizer que os esforços dos humanos para se tornarem justos com Deus (o que a religião pretende fazer) falham em última análise. Isso é semelhante à noção de "letra" de Agostinho como "lei sem graça".[108] A "letra que mata", portanto, diz respeito *à leitura e ao uso da lei com apenas um quadro de referência religioso*, sob a suposição equivocada de que podemos, por meio de nossas obras, tornar-nos aceitáveis a Deus.[109] Ler a lei "religiosamente" é distorcer sua verdadeira intenção: "'Letra' é, antes, o que resta ao legalista por consequência de seu mal-entendido e mau uso da lei. É a letra da lei em separação do Espírito".[110]

Lembre-se de que Paulo está envolvido em uma disputa sobre as credenciais de seu ministério apostólico. Sua afirmação ousada é que sua "suficiência", a capacidade de realizar sua missão, não é autossuficiência, mas "de Deus" (2Co 3:5). Paulo se declara ministro de uma nova aliança vivificante, fortalecido pelo Espírito vivificante. A doação de vida pelo Espírito aos coríntios é, para Paulo, prova de que seu ministério da nova aliança é o cumprimento da profecia do Antigo Testamento (Ez 11:19,20; 36:26). O ministério de Paulo não é simplesmente "novo e melhorado", mas *escatologicamente* novo e *pneumaticamente* melhorado. Paulo, portanto, se apresenta

---

104. Hays, *Echoes of Scripture in the Letters of Paul*, p. 124.

105. Hafemann, *Paul, Moses, and the History of Israel*, p. 453.

106. Ibidem, p. 33.

107. C. K. Barrett, *The Second Epistle to the Corinthians* (Grand Rapids: Baker Academic, 1993), p. 113.

108. Veja Agostinho, *On the Spirit and the Letter*.

109. Cf. Guthrie, que diz que a "letra" se refere "a uma tentativa de ministrar ou envolver as Escrituras sem levar em conta a obra da nova aliança do Espírito" (*2 Corinthians*, p. 199).

110. C. E. B. Cranfield, *The Epistle to the Romans, International Critical Commentary* (Edimburgo: T&T Clark, 1975), p. 339-40.

como mediador de uma nova aliança supercarregada, "a contrapartida escatológica do papel de Moisés".[111]

Antes de tudo, 2Coríntios 3 é uma defesa do ministério da nova aliança em Paulo, não um manual sobre como fazer exegese. No entanto, continua sendo "uma discussão de hermenêutica porque a base das dúvidas sobre o apostolado de Paulo eram questões sobre o *status* de seu *logos*".[112] O ministério apostólico de Paulo tem uma dimensão hermenêutica, de modo que o contraste letra/espírito paira sobre toda a leitura paulina de Êxodo 34. Hays, portanto, brinca que Stephen Westerholm, ao descrever o contraste letra/espírito como "a chave para a ética paulina, não a hermenêutica paulina",[113] está certo no que afirma, mas não no que nega.

A "nova aplicação hermenêutica" de Robert Morgan do contraste letra/espírito de Paulo também é digno de menção, não menos importante por inverter as polaridades hermenêuticas. Ao contrário daqueles que igualam "letra" às leituras religiosas do Antigo Testamento, Morgan a iguala a interpretações *não religiosas*, em contraste ao "espírito", que ele diz se referir a interpretações explicitamente *religiosas* (isto é, confessionais, teológicas). Como um estudioso bíblico moderno, Morgan é um proponente da interpretação literal. No entanto, ele acha que o contraste letra/espírito de Paulo traz à tona uma divisão nos estudos bíblicos modernos que não ousa se identificar, entre aqueles que leem com fé religiosa e aqueles que não o fazem. "Um academicismo bíblico marcado pela 'letra' *fechada* em princípio a significados teológicos ('espírito') é problemática para os cristãos."[114] Ao mesmo tempo, Morgan insiste que "o trabalho da 'letra' é um pré-requisito necessário da interpretação do 'espírito'."[115] Ele, portanto, defende a letra à medida que ela pode permanecer "aberta ao espírito".

Com alguns estudiosos bíblicos identificando a letra que mata com leituras "religiosas" do Antigo Testamento e outros com "não religiosas", agora nos encontramos no que grandes intérpretes bíblicos como Laurel e Hardy podem descrever como "outra bela confusão exegética". Quanto à proposta de Morgan, tudo depende do que ele quer dizer com a letra sendo "aberta" ao espírito. A interpretação "espiritual" deve fazer mais do que introduzir sistemas doutrinários pela porta dos fundos textual. A cautela de João continua salutar: "Amados, não creiam em qualquer espírito, mas examinem os

---

111. Hafemann, *Paul, Moses and the History of Israel*, p. 33.

112. Mitchell, Paul, the *Corinthians, and the Birth of Christian Hermeneutics*, p. 145n49. Seifrid concordou: "Embora 'letra' e 'Espírito' sejam termos materiais e teológicos para Paulo, eles têm implicações hermenêuticas." *Second Letter to the Corinthians*, p. 128. Veja também Matthew W. Bates, que concorda que 2Coríntios 3:6b é "hermeneuticamente crucial." *Hermeneutics of the Apostolic Proclamation: The Center of Paul's Method of Scriptural Interpretation* (Waco: Baylor University Press, 2019), p. 162.

113. Citado em Hays, *Echoes of Scripture in the Letters of Paul*, p. 131. Veja Stephen Westerholm, "Letter and Spirit: The Foundation of Pauline Ethics" [Letra e Espírito: a fundação da ética paulina], *New Testament Studies 30* (1984), p. 220-48.

114. Robert Morgan, "Spirit and Letter: Mapping Modern Biblical Interpretation", em Paul S. Fiddes (org.), *Spirit and the Letter*, p. 49.

115. Ibidem, p. 55.

espíritos para ver se eles procedem de Deus, porque muitos falsos profetas têm saído pelo mundo" (1Jo 4:1). Claro, há apenas um verdadeiro espírito de Deus: o Espírito de Jesus Cristo. Ernst Käsemann estava, portanto, no caminho certo ao sugerir que "espírito" em 2Coríntios 3:6 se refere a uma leitura cristológica do Antigo Testamento que vai além da *gramma* da lei para recuperar "sua intenção divina original".[116]

"Letra" e "espírito" representam, antes de tudo, "duas alianças diferentes com descrições, demandas e resultados diferentes"[117] – e talvez também significância interpretativa. Hays está pensando sobre a última quando pergunta: "Essa competência ministerial da nova aliança implica uma nova forma de competência do leitor?"[118] Em outras palavras, a nova aliança implica uma nova hermenêutica? Isso, é claro, levanta uma questão anterior: o que, exatamente, há de *novo* na nova aliança? Em outro lugar, Paulo insiste que a lei não se opõe às promessas de Deus (Gl 3:21), comparando a lei a um tutor ou professor (do grego: *paidagogos*) "até a chegada de Cristo" (v. 24), o que sugere que a diferença entre o antigo e o novo pode não ser referente ao conteúdo. Afinal, o próprio Jesus insiste que a Lei e os Profetas eram sobre ele (Lc 24:27; Jo 5:46).

Calvino pensava que a diferença entre as duas alianças dizia menos respeito ao conteúdo do que à *forma*: a antiga e a nova aliança são uma em substância – ambas participam da única aliança da graça –, mas "diferem no modo de dispensação".[119] Manter em mente a ideia de que a diferença entre as duas alianças e o contraste entre letra e espírito pode pertencer à forma e não ao conteúdo será importante no que se segue. Calvino acreditava que Cristo era conhecido pelo povo de Deus do Antigo Testamento "sob a Lei".[120] Israel tinha luz, mas não era tão resplandecente quanto a luz encarnada. Pensar teologicamente sobre a interpretação bíblica, argumentei, é empregar um quadro de referência teológico de compreensão que traça a obra do Deus trino em comunicar luz. Há uma luz, mas diferentes graus de brilho. Lembre-se de que a luz se refrata ao passar de um meio, por exemplo, da antiga aliança, para outro, como a nova aliança.

Com a face velada: lendo os comentaristas, lendo Paulo, lendo Moisés (2Co 3:7-13)

Já examinamos algumas das maneiras pelas quais os comentaristas leem Êxodo 34:29-35 para frente, com apenas o conhecimento e o quadro de referência que estariam disponíveis aos leitores no momento da composição. Agora voltamos nossa atenção à interpretação

116. Ernst Käsemann, "The Spirit and the Letter", em Ernst Käsemann (org.), *Perspectives on Paul* (London: SCM, 1971), p. 155.

117. Christopher W. Morgan e Robert A. Peterson, *The Glory of God and Paul: Texts, Themes, and Theology* (Downers Grove: IVP Academic, 2022), p. 104.

118. Hays, *Echoes of Scripture in the Letters of Paul*, p. 123.

119. Calvino, *Institutes* II.10.2. Calvino adicionou um capítulo à sua edição de 1559, no qual sublinhou o ponto: Cristo era conhecido sob a lei, mas foi claramente revelado apenas no evangelho (*Institutes* II.9). Calvino continuou a elaborar as diferenças entre os testamentos sob quatro títulos (*Institutes* II.11).

120. Ibidem II.9.

do apóstolo Paulo sobre Êxodo 34, particularmente a luz e a glória associadas à face de Moisés. Aquele antigo "ministério que trouxe a morte foi gravado com letras em pedras" (2Co 3:7), embora glorioso, diz Paulo, está chegando a um fim, em contraste com o próprio ministério "do Espírito" (v. 8), permanente e com glória insuperável (v. 10,11).[121] Ele então contrasta a ousadia do próprio ministério com a prática de cobrir seu rosto adotada por Moisés.

Em sua recontagem da história da transfiguração de Moisés e suas consequências, Paulo está lendo para frente ou para trás? Sua leitura conta como interpretação textual, ou ele está simplesmente usando o Antigo Testamento para os próprios propósitos estratégicos? Estaria ele nos dizendo o que *ele* desejava dizer se tivesse escrito Êxodo 34, agora que sabe que a história termina com o Cristo ressuscitado? Exploraremos ambas as opções, representadas por Hafemann e Hays respectivamente, bem como a possibilidade de que Paulo esteja lendo transfiguralmente, com um quadro de referência de compreensão informado pela economia da luz, permitindo-lhe ver o "quanto mais" do que já existe na letra do texto. Os comentários de Paulo sobre velar e desvelar servem como pedra de toque para essas diversas interpretações. Em particular, precisamos saber duas coisas: (1) O que Paulo faz do véu de Moisés, ao qual ele se refere duas vezes: primeiro, em relação à glória na face de Moisés (2Co 3:13) e, segundo, em relação ao véu sobre o coração dos leitores que obscurece o significado do texto de Moisés (v. 15)? (2) Qual é, segundo Paulo, a razão por trás das ações mosaicas de velar e desvelar?

Glória recessiva: uma glória que está acabando

Paulo apresenta duas informações que faltam no próprio Êxodo 34: (1) que a glória na face de Moisés era "desvanecente" ou "levada a um fim" (2Co 3:7); e (2) que Moisés colocou um véu sobre a face para impedir que os israelitas olhassem fixamente para o que estava desaparecendo (2Co 3:13). Childs diz que esses detalhes não têm "nenhuma base no Antigo Testamento".[122] Se este estava correto, podemos continuar a descrever Paulo como lendo para frente, ou essas duas inserções provam que ele lê para trás, afirmando sua posição privilegiada como leitor cristão, talvez erguendo um véu de ignorância para descobrir uma verdade alegórica?

Ler comentários modernos sobre 2Coríntios 3 é entrar em um conflito de interpretações sobre a interpretação de Paulo. A controvérsia é parcialmente filológica. Uma indústria exegética caseira se ocupou em esclarecer o significado de *katargeō* (2Co 3:7), sem dúvida o termo-chave na passagem. A ideia tradicional ainda popular de que a glória da antiga aliança está "desvanecendo" está, ela mesma, desvanecendo. Estudiosos bíblicos e traduções normalmente entendem isso como se a glória de Moisés fosse

---

121. Garland descreve 2Coríntios 3:12-18 de uma forma que mostra claramente que Paulo estava citando Êxodo 34 nos versículos 13a, 16 e 18 e fornecendo comentários em 13b-15, 17 e 18. David E. Garland, *2 Corinthians, New American Commentary* (Nashville: Broadman and Holman, 1999), p. 179.

122. Childs, *Exodus*, p. 621.

apenas temporária, caso em que o propósito do véu é esconder de Israel a verdade sobre a glória desaparecida da antiga aliança. Contando contra essa visão está a evidência na literatura judaica pós-bíblica de que a glória na face de Moisés era considerada permanente, não desvanecendo.[123]

A filologia importa. Paulo usa o termo *katargeō* quatro vezes (2Co 3:7,11,13,14); essa é a chave para entender a distinção que ele está fazendo entre o ministério de Moisés e o dele. Embora algumas traduções continuem a dizer "desvanecendo" ou "passando", muitas agora rejeitaram essa expressão, insistindo que não há evidência lexical para ela. Traduções alternativas são "tornado ineficaz", "tornado inoperante" ou "anulada".[124] Hafemann observa que Paulo usa o termo em contextos que estão relacionados com a descontinuidade entre esta era e a vindoura: "Seu contexto é consistentemente escatológico".[125] Paulo está dizendo que a glória na face de Moisés, que era tão gloriosa "que os israelitas não podiam fixar os olhos" (3:7), já estava em processo de ser anulada *antes* de Moisés colocar o véu.

Paulo toma o véu de Moisés como símbolo e sintoma da distinção entre a antiga e nova aliança, e como a razão para a inferioridade do ministério de Moisés em oposição ao de Paulo. O véu claramente tem relação com glória – mas o quê, e de quem? Quanto a de quem, só pode haver uma resposta, pois só há uma fonte: "É a glória do Senhor na face de Moisés".[126] Paulo está dizendo que Moisés colocou o véu sobre a face para os israelitas não poderem olhar para o "fim" da glória sendo posta de lado ou tornada inoperante (3:13). "Fim" (do grego: *telos*) é o outro termo-chave que Paulo introduz. Ele também marca uma bifurcação interpretativa na qual os comentaristas divergem. O véu esconde a expiração (ou seja, um fim *temporal*) ou a culminação (ou seja, um fim *proposital*) da glória da antiga aliança que estava sendo anulada? O tipo de resposta a essa questão também influencia a compreensão do motivo de Moisés para cobrir seu rosto, pois o véu e sua função de velar estão no cerne da disputa interpretativa.

Aqueles que veem o *telos* como proposital enxergam o véu como a representação da incapacidade de Israel para enxergar como a lei aponta para Cristo como seu

---

123. Para documentação deste ponto, veja Linda Belleville, "Tradition or Creation? Paul's Use of the Exodus 34 tradition in 2 Corinthians 3:7-18" [Tradição ou criação: o uso de Paulo da tradição de Êxodo 34 em 2Coríntios 3:7-18], em Craig A. Evans e James A. Sanders (orgs.), *Paul and the Scriptures of Israel, JSNTSup 83* (Sheffield: Sheffield Academic, 1993), p. 165-86.

124. Veja esp. William R. Baker, "Did the Glory of Moses' Face Fade? A Reexamination of καταργέω in 2 Corinthians 3:7-18" [A glória do rosto de Moisés desapareceu? Um reexame de καταργέω em 2Coríntios 3:7-18], *Bulletin for Biblical Research 10*, n. 1 (2000), p. 3-5; Duane E. Garrett, "Veiled Hearts: The Translation and Interpretation of 2 Corinthians 3" [Corações velados: tradução e interpretação de 2Coríntios 3], *JETS 53*, n. 4 (2010), p. 729-72; George H. Guthrie, "Katargeo and the People of the Shining Face (2 Corinthians 3:7-18)" [Katargeo e o povo da face resplandecente (2 Coríntios 3:7-18)], *Southern Baptist Journal of Theology 19*, n. 3 (2015), p. 41-60.

125. Scott J. Hafemann, "Paul's Argument from the Old Testament and Christology in 2 Corinthians 1—9", em R. Bieringer (org.), *The Corinthian Correspondence* (Louvain: Leuven University Press, 1996), p. 288.

126. Baker, "Did the Glory of Moses' Face Fade?", p. 8.

objetivo final (cf. Rm 10:4: "Porque o fim [*telos*] da lei é Cristo"). Por exemplo, Cirilo de Alexandria disse que, ao se velar, Moisés estava ensinando a Israel "que eles não eram fortes o suficiente para ver a verdadeira face da lei (isto é, Cristo). Em vez disso, eles estavam atendendo ao que equivale à sua segunda face, a sombra que não tem glória [...] e assim Cristo, a glória velada de Moisés, era 'o fim da lei' que foi posta de lado".[127] Em contraste, aqueles que veem o *telos* como temporal dizem que Moisés se velou para impedir que o povo visse a glória esmaecida e a natureza frágil da antiga aliança. Moisés foi reticente em deixar Israel ver a glória transitória por medo de que eles o vissem também, "como sendo de importância não mais do que temporária".[128] É como se o dia e a dispensação de Moisés estivessem chegando a um fim (embaraçoso): "O que o véu esconde dos olhos judeus é o caráter temporário – não das escrituras, mas da aliança mosaica".[129] Ralph Martin chama a atenção para o *olhar* intenso de Israel para a face resplandecente de Moisés (2Co 3:13), um sintoma de sua relutância em reconhecer que a antiga aliança estava a caminho do fim.[130]

Hays vê Paulo oferecendo não uma exegese de Êxodo 34, mas, sim, "uma homilia alusiva baseada em incidentes bíblicos".[131] Ele leva a sério o comentário do apóstolo sobre as coisas que aconteceram com Israel sendo "escritas como advertência para nós, sobre quem tem chegado o fim dos tempos" (1Co 10:11), alegando que "a história de Israel é uma metáfora para a experiência cristã".[132] Paulo é para Hays um exemplar da nova competência de leitura que é parte integrante da membresia da nova aliança, e 2Coríntios 3.7-18 fornece a garantia final para a leitura cristã de Paulo sobre o Antigo Testamento, à medida que aborda seus objetivos e métodos interpretativos, além de fornecer um exemplo concreto de sua hermenêutica.

De acordo com Hays, Paulo lê Êxodo 34 como uma mensagem velada (por assim dizer) sobre o futuro povo da aliança de Deus: a igreja. Que a glória na face de Moisés estava desaparecendo ou inoperante (Hays prefere "transitória") é o julgamento *retrospectivo* de Paulo sobre seu significado.[133] O próprio Moisés entendeu o verdadeiro propósito da lei e desfrutou, ainda que temporariamente, "*do conhecimento escatológico de Deus por meio de um encontro pessoal*",[134] daí seu rosto radiante. No entanto, o véu que esconde a glória é para Hays a chave para toda a passagem. O foco intenso dos israelitas no próprio

---

127. Cirilo de Alexandria, *Commentaries on Romans, 1—2 Corinthians, and Hebrews, Ancient Christian Texts* (organizado por Joel C. Elowsky) (IVP Academic, 2022), p. 92.

128. Barrett, *Second Epistle to the Corinthians*, p. 119. Thiselton e Belleville dizem algo similar nos respectivos comentários.

129. Hooker, "Beyond the Things That Are Written?", p. 304.

130. Ralph Martin, *2 Corinthians, Word Bible Commentary*, 2ª ed. (Grand Rapids: Zondervan, 2014), p. 211.

131. Hays, *Echoes of Scripture in the Letters of Paul*, p. 132.

132. Ibidem, p. 95.

133. Hays sublinha a importância ao longo de sua obra da "coerência figurativa discernida retrospectivamente entre o Antigo Testamento e o Novo", em Hays, *Reading with the Grain of Scripture* (Grand Rapids: Eerdmans, 2020).

134. Barton, "Metaphor of the Face in Paul", p. 138 (ênfase do original).

véu, isto é, na "letra" ou no roteiro da aliança em vez de sua substância, os impediu de ver o *telos* da aliança, representado pela face resplandecente de Moisés: a comunhão com Deus em Cristo. Moisés teve um vislumbre disso durante seus encontros sem véu; portanto, ele "é tanto o paradigma para a experiência direta do Espírito pelo cristão quanto o símbolo da antiga aliança à qual essa experiência é colocada em antítese".[135]

Em contraste com a leitura abertamente cristã (retroativa) de Hays, Hafemann argumenta que Paulo está na verdade lendo *para frente*, "de acordo com as Escrituras", baseando-se em pressupostos cristãos distintivos, sim, mas também lendo o texto em linha com o contexto original. Hafemann acredita que o brilho na face de Moisés é prova de que a presença gloriosa de Deus ainda está com o povo, mediada por Moisés.[136] Essa não é uma glória domesticada, no entanto, mas potencialmente destrutiva; um povo de partes do corpo impuras, sejam lábios ou coração, não pode suportar estar na presença de um Deus inteiramente santo e justo (cf. Is 6:5). O véu de Moisés *protege*, portanto, o povo dos efeitos potencialmente destrutivos da glória do Senhor. Quando Moisés se cobre, não é para esconder sua glória "desvanecente"; em vez disso, é para proteger o povo de ser destruído pela incandescência refratada de um Deus três vezes santo.[137] O véu não está escondendo nem o término da antiga aliança nem seu cumprimento em Cristo (coisas que o autor do Êxodo não poderia saber); em vez disso, o véu está "tornando inoperante" o que teria sido o fim inevitável ou resultado negativo dessa glória: a destruição. Hafemann acha que isso faz mais sentido em relação ao contraste que Paulo está fazendo entre o ministério de Moisés e o dele: "Paulo é consequentemente ousado em seu ministério porque sabe que a glória de Deus pode agora alcançar seu povo sem o medo do julgamento".[138] Na leitura de Hafemann, as inserções de Paulo não são imposições; elas servem simplesmente para tornar explícita uma pressuposição não expressa que dá sentido a Êxodo 34 em seu contexto original.[139]

Aqui terminam as leituras para trás e para frente da palavra de Deus. Voltamo-nos agora para minha alternativa transfigural. Tim Savage observa com astúcia que boa parte dos comentaristas "tendem a ficar atolados nos detalhes desconcertantes do texto

135. Hays, *Echoes of Scripture in the Letters of Paul*, p. 143.

136. Nesta segunda entrega da lei, somente Moisés experimenta a glória de Deus, de modo diverso da primeira vez, quando "todo o povo viu os trovões e as chamas dos relâmpagos" (Êx 20:18), pois agora os israelitas se tornaram idólatras.

137. Veja Hafemann, *Paul, Moses, and the History of Israel*, p. 223.

138. Hafemann, *Paul, Moses, and the History of Israel*, p. 361. Os críticos de Hafemann apontam que isso não explica por que o povo às vezes conseguia olhar para a face desvelada de Moisés sem ser destruído. Nem está claro que Paulo realmente torna esse propósito explícito. Veja Sigurd Grindheim, "The Law Kills but the Gospel Gives Life: The Letter-Spirit Dualism in 2 Corinthians 3:5-18" [A Lei mata, mas o evangelho traz vida: o dualismo Letra-Espírito em 2Coríntios 3:5-18], *Journal for the Study of the New Testament 84* (2001), p. 100.

139. Para uma versão mais curta do argumento de Hafemann, veja seu "The Glory and Veil of Moses in 2 Cor 3:7-14: An Example of Paul's Contextual Exegesis of the Old Testament: A Proposal" [A glória e o véu de Moisés em 2Coríntios 3:7-14: um exemplo da exegese contextual de Paulo do Antigo Testamento de Paulo: uma proposta], *Horizons in Biblical Theology 14*, n. 1 (1992), p. 31-49.

e raramente se concentram nos contornos mais amplos do pensamento de Paulo".[140] O quadro geral em 2Coríntios diz respeito à natureza do ministério de Paulo, que ele contrasta com o de Moisés. Por que se referir a Moisés, particularmente a um público gentio? Paulo esperava que eles seguissem seu argumento, ou estava se referindo ao véu para propósitos estratégicos (ou seja, retóricos) em vez de propósitos propriamente interpretativos?[141] Savage afirma que Moisés foi a figura judaica mais conhecida e respeitada na antiguidade greco-romana e no judaísmo palestino, em grande parte por causa de seu encontro com Javé no monte Sinai e seu resultante rosto resplandecente. De acordo com um texto rabínico, "Se uma abertura fosse feita no túmulo de Moisés, o mundo inteiro não suportaria a luz".[142]

Para ler Paulo lendo Moisés, é um auxílio ter em mente que Paulo é essencialmente "um *intérprete* do evangelho"[143] e que o avanço do evangelho da glória de Deus – seu progresso iluminador na economia da luz – é o tema central de 2Coríntios 3. Mantendo em mente o chamado de Savage para persistir com o grande quadro paulino em mente, acredito que Paulo lê Moisés com uma preocupação pelo conhecimento de Deus e pela luz de Cristo. É lógico que o apóstolo estaria preocupado com a luz de Cristo dada a própria experiência de conversão, inundada com "uma luz do céu, mais resplandecente que o sol" (At 26:13; cf. 9:3; 22:6,9,11).[144] Em outro lugar, Paulo usa a criação da luz como um modelo para a proclamação do evangelho a um mundo em trevas.[145] Portanto, seria uma surpresa se Paulo *não* analisasse o contraste letra/espírito em termos da economia da luz. E é exatamente isso que o encontramos fazendo em 2Coríntios 3.

Tanto Moisés como Paulo são ministros da glória de Deus, mas "o ministério de Paulo é muito mais glorioso do que o de Moisés"[146] – mas não porque Paulo tivesse uma luz diferente. Pelo contrário: a mesma luz divina que emanava da face de Jesus brilhou na de Moisés. No entanto, a glória de Moisés era apenas um reflexo do Deus que é a própria luz, enquanto a luz na face de Jesus vinha de dentro. Além disso, a antiga aliança, representada por Moisés, embora fosse iluminada pela mesma luz, tinha

140. Timothy B. Savage, *Power through Weakness: Paul's Understanding of the Christian Ministry in 2 Corinthians*, *Society for New Testament Studies Monograph Series* (Cambridge: Cambridge University Press, 1996), p. 105.

141. Veja Mitchell, "The Mirror and the Veil: Hermeneutics of Occlusion", cap. 4 em *Paul, the Corinthians and the Birth of Christian Hermeneutics*.

142. Citado em Savage, *Power through Weakness*, p. 109n38.

143. J. Christiaan Beker, *The Triumph of God: The Essence of Paul's Thought* (Minneapolis: Fortress, 1990), p. 118.

144. Paulo usa imagens de luz para descrever tanto sua experiência de encontro com Cristo quanto o poder transformador do evangelho (Ef 5:8), o que sugere que ele vê uma conexão entre a luz como uma revelação divina da verdade e a natureza escatológica dessa luz.

145. Veja também G. L. Borchert, "Light and Darkness", em Gerald F. Hawthorne, Ralph P. Martin, Daniel G. Reid (orgs.), *Dictionary of Paul and His Letters* (Downers Grove: InterVarsity, 1993), p. 555-7.

146. Savage, *Power Through Weakness*, p. 110.

apenas uma glória *recessiva*, que era inoperante da mesma forma que um gene recessivo é fraco, não conseguindo produzir seu efeito fenotípico pretendido. A antiga aliança ("letra") era recessiva porque, ausente a presença e o ministério do Espírito no coração pecaminoso, não conseguia produzir seu efeito pretendido da forma pela qual a nova aliança pode e faz. Uma descrição melhor pode ser a descrição da glória da antiga aliança como escatologicamente recessiva, pois "até então [no tempo de Moisés] o Espírito ainda não tinha sido dado" (Jo 7:39).

Por causa do pecado do povo, o arranjo da antiga aliança estava condenado assim que começou. A glória de Moisés – da antiga aliança que Moisés personificou e mediou – estava sendo anulada pelo próprio Deus. "Deus remove e desloca o que é transitório para abrir caminho para coisas melhores e duradouras."[147] Paulo contrasta o glorioso ministério da lei com o próprio "ministério da justiça", um termo que ele ecoa de Isaías 58:8, "onde 'justiça' é associada com 'luz', ou seja, o esplendor da obra salvadora do Senhor".[148] Parece, portanto, que Paulo está contrastando dois estágios na economia divina da luz. Seu ministério apostólico ofusca o de Moisés assim como o sol ofusca a lua, um contraste que Paulo emprega em outro lugar para contrastar a glória relativa dos corpos natural e espiritual (1Co 15:40-44).[149] O "ministério de condenação" de Moisés (2Co 3:9) tem apenas a glória da "luz menor" que governou a noite da infidelidade à aliança de Israel.

Voltemos ao significado do véu e sua função. Para Hays, o olhar de Israel para o véu representa o foco do povo na letra, em vez daquilo para o qual ela aponta. Para Hafemann, o véu simboliza a graça de Deus em poupar Israel do fulgor total de sua glória sagrada. Estou propondo que situemos o véu na economia da luz, na qual ele marca um estágio particular no progresso da iluminação divina. O véu tem significado histórico-redentivo, eu afirmo, servindo como uma barreira permeável, por assim dizer, entre a antiga e a nova alianças. Paulo capitaliza o que Moisés *faz* com o véu, efetivamente transformando-o em ação profética simbólica semelhante ao uso de um tijolo, por Ezequiel, para representar o cerco de Jerusalém pela Babilônia (Ez 4:1—5:4): "Para Paulo, o véu foi projetado para separar os israelitas em dois grupos, aqueles que entendiam a intenção parabólica mais profunda por trás da 'letra' (2Co 3:6b) – isto é, por trás do 'sentido literal' [...] – e aqueles que não o faziam".[150] Na visão de Paulo, aqueles que entendiam o que Moisés estava fazendo também entenderiam que a antiga aliança estava sendo anulada, encorajando-os a esperar por um arranjo ainda mais glorioso.

---

147. Moises Silva, "καταργέω", em *New International Dictionary of New Testament Theology and Exegesis*, 2ª ed., vol. 2 (Grand Rapids: Zondervan, 2014), p. 641.

148. Seifrid, *Second Letter to the Corinthians*, p. 158.

149. Cf. Wolfgang Musculus: "What else was the letter of the law in the old covenant than what the brightness of the moon is in the night" [O que mais era a letra da lei na antiga aliança do que o brilho da lua é na noite]. Citado em Scott M. Manetsch (org.), *2 Corinthians, Reformation Commentary on Scripture* (Downers Grove: InterVarsity, 2022), p. 88.

150. Bates, *Hermeneutics of the Apostolic Proclamation*, p. 169.

A letra "mata" porque os israelitas falharam em discernir o que Moisés estava fazendo com o véu: apontando, como João Batista, para a necessidade de sua "diminuição" para abrir espaço para o aumento da glória de Cristo que viria (cf. Jo 3:30).

Algum tipo de véu sempre separa os pecadores do Deus três vezes santo (Ap 4:8). Paulo vê o véu de Moisés como a barreira entre o povo da aliança e a gloriosa promessa da aliança de que Deus habitará em seu meio (cf. Êx 25:8). A cobertura de Moisés com um véu demonstra que a antiga aliança não chegou à conclusão, o que incluirá a glorificação não apenas de Moisés, mas também do povo (cf. Êx 33:16). Foi por causa do pecado de Israel que esse fim "foi abreviado e não levado à conclusão".[151] O véu, portanto, indica o *acesso limitado à presença gloriosa de Deus* que marca o estágio mosaico da economia da luz. A esse respeito, o véu sobre a face de Moisés serviu ao mesmo propósito que a cortina no templo que isolava o santo dos santos.[152] O ponto principal da comparação de Paulo é que a "letra", isto é, a lei antes da vinda de Cristo, por mais gloriosa que fosse, não podia cumprir a promessa da aliança. A glória peculiar da letra da lei era, nas palavras de Melanchthon, apenas "o poder de matar".[153]

Glória excessiva: uma glória maior

Independentemente de outras incertezas exegéticas, todos concordam que Paulo está contrastando a glória menor do ministério de Moisés, da antiga aliança, com a glória maior do ministério de Paulo, da nova.[154] A glória do Espírito que dá vida excede em muito a glória do poder de apagar a vida da letra nua que se tornou nula e sem efeito. O contraste real entre letra e espírito se desenrola considerando seus diferentes graus de glória (*doxa*), um termo que Paulo usa oito vezes no intervalo de apenas cinco versículos (2Co 3:7-11).[155] Paulo emprega o familiar *qal wahomer* judaico (lit. "leve e pesado"; do menor para o maior) para construir um argumento "quanto mais". A antiga aliança era na verdade gloriosa, refletindo a bondade, a santidade e outras perfeições de Deus. No entanto, por si só, ela só poderia expor, não resolver, as deficiências de Israel. O ministério de Paulo é mais glorioso porque é vivificante (3:6), comunica justiça em vez de condenação (3:9), é permanente (3:11) e mais ousado (3:12): "Nessas conclusões *'a minori ad maius'* ["do menor para o maior"] Paulo conclui que a glória desta nova aliança deve exceder em muito a da antiga".[156] Morna Hooker concorda: "Se alguém

---

151. Guthrie, *2 Corinthians*, p. 221.

152. Seifrid, *Second Letter to the Corinthians*, p. 164. Estou ciente de que os termos gregos para a cortina usada no templo e o véu que cobria a face de Moisés são diferentes; no entanto, suas funções são semelhantes.

153. Citado em Manetsch, *2 Corinthians*, p. 83.

154. Thomas Schreiner acredita que o centro da teologia de Paulo é o desejo de "magnificar" Deus em Cristo, e "iluminar" (*photisai*) a todos a respeito do mistério que ele proclama (Ef 3:9) de que, em Cristo, Deus cumpriu seu plano de salvação para o louvor da glória de Deus. *Paul, Apostle of God's Glory in Christ: A Pauline Theology*, 2 ed. (Downers Grove: IVP Academic, 2020).

155. Seguindo Garland, *2 Corinthians*, p. 167-9.

156. W. C. Van Unnik, "'With Unveiled Face' An Exegesis of 2 Corinthians 3:12-18" ["Com a face descoberta": uma exegese de 2Coríntios 3:12-18], *Novum Testamentum 6* (1963), p. 158.

pudesse medir a força da glória com o instrumento apropriado – um "doxômetro" talvez? – a glória vista na face de Moisés não é nada em comparação".[157]

A glória comparativa era precisamente a questão entre Paulo e seus oponentes coríntios. Esses estavam pensando na glória de Moisés com quadros de referência mundanos, como a glória de Roma. A alegação contracultural de Paulo, de que seu ministério do Espírito tem "ainda mais glória" (3:8), faz sentido apenas no contexto do lugar de Moisés na economia da luz. Como vimos, a luz na face de Moisés é refratada, filtrada mediante a antiga aliança e por meio do véu. Em contraste, Paulo ministra com a face descoberta (3:16). É isso que está por trás da ousadia de Paulo (3:12): é a *maior glória* da nova aliança que lhe dá esperança e fortalece seu discurso. A ousadia de Paulo, portanto, não é "como Moisés, que colocava um véu sobre a face" (3:13).[158] Moisés viu a Deus indiretamente; Paulo encontrou o Cristo ressuscitado, a própria imagem de Deus, e "somente em Cristo [o véu] é removido" (3:14).

Paulo sabe que o que aconteceu a Israel, incluindo os acontecimentos de Êxodo 34, foi escrito para a instrução de seus leitores, "sobre quem tem chegado o fim dos tempos" (1Co 10:11). Paulo acreditava que a morte e ressurreição de Cristo foram "segundo as Escrituras" (1Co 15:3,4), e que as Escrituras representam o anúncio divino de Deus para o presente.[159] A glória excessiva da nova aliança diz respeito ao novo quadro de referência que faz parte da escatologia paulina já/ainda não. O quadro de referência espiritual de Paulo, isto é, sua consciência de que a ressurreição de Jesus inaugura uma nova era, permite que ele veja a antiga aliança pelo que ela realmente era: uma carta que não pode praticar o que prega, uma carta sem o Espírito que dá vida. A diferença crucial entre o ministério de Moisés e o de Paulo por fim se resume à "atividade, ou falta de atividade, do Espírito Santo dentro do coração humano".[160] É uma diferença na economia da luz: Paulo está escrevendo para aqueles sobre os quais o Espírito iluminador foi derramado. Sua semelhança com Moisés, o mediador da gloriosa antiga aliança, é, portanto, qualificada por uma dessemelhança ainda maior, o "quanto mais" glorioso ministério da nova aliança, uma função do dom escatológico do Espírito Santo.

O coração velado de Israel: uma glória obscurecida (2Co 3:14-16)

A decisão de Paulo em usar Êxodo 34 para afastar as objeções coríntias a seu ministério apostólico dificilmente foi arbitrária. A seção anterior explicou o contraste letra/espírito em termos da diferença entre uma glória recessiva e uma excessiva, uma

157. Hooker, "Beyond the Things That Are Written?", p. 297.

158. Van Unnik diz que Paulo estava pensando em aramaico e fez uma conexão inconsciente entre a expressão idiomática aramaica para ousadia, "descobrir o rosto". Van Unnik, "'With Unveiled Face'", p. 161.

159. Veja David Lincicum, "How Did Paul Read Scripture?", em Bruce W. Longenecker (org.), *The New Cambridge Companion to St. Paul* (Cambridge: Cambridge University Press, 2020), p. 231.

160. Thomas E. Provence, "'Who Is Sufficient for These Things?,' An Exegesis of 2 Corinthians ii:14—iii:18" ["Quem é suficiente para estas coisas?": Uma exegese de 2Coríntios 2:14—3:18], *Novum Testamentum 24*, n. 1 (1982), p. 77.

diferença que sinaliza uma mudança escatológica da guarda (ou seja, da velha era da lei para a nova era do Espírito) e um novo estágio na economia da luz. Nesta seção, nós extraímos o significado hermenêutico do contraste ao considerar a interpretação teológica de Paulo do véu de Moisés.[161]

No mundo por trás do texto (ou seja, o contexto histórico original), o véu é um objeto físico que impede os israelitas de verem a face resplandecente de Moisés. Nas mãos de Paulo, no entanto, "o mesmo véu" (2Co 3:14) muda de registro; sua luz refrata "do concreto para o simbólico".[162] Ele não é simplesmente um objeto físico, mas "uma condição espiritual".[163] O véu que antes obscurecia Moisés da visão física de Israel é agora uma "barreira que ainda esconde a verdade do leitor judeu do Antigo Testamento".[164] O autovelamento de Moisés continua sendo uma ação simbólica profética, mas agora em um nível metafórico: "O véu – a barreira que impede que algo seja visto – anda de mãos dadas com a recusa de enxergar a verdade".[165] Para Paulo, "não ver o objetivo da antiga aliança que está desaparecendo e ter uma mente endurecida são dois lados da mesma ideia".[166] A falha é espiritual e moral: "O problema do significado do véu não é, portanto, uma capacidade *cognitiva* [...] mas uma inescapável incapacidade *volitiva* por consequência de um coração endurecido e intocado pelo poder transformador do Espírito".[167] A consequência hermenêutica da leitura velada é a incapacidade de ver a gloriosa nota promissória da carta, o "fim" da lei.

O elo entre o véu literal que Moisés usava e o véu espiritual que obscurece o entendimento é mais do que arbitrário. Paulo declara de forma explícita que é "o mesmo véu" (3:14). O véu literal escondia a face de Moisés; no tempo de Paulo, o véu espiritual esconde o significado de Moisés. Paulo "equipara a incapacidade dos israelitas de chegar a um acordo com a face resplandecente de Moisés com a incapacidade de seus oponentes de compreender o significado da nova aliança".[168] O problema não é filológico, mas psicológico: uma negação da verdade. Primeiro, os israelitas e agora os oponentes de Paulo falham em entender a "gramática" da glória, em particular, seu tempo verbal. Ambos estão olhando para a glória de Deus com o quadro de referência (temporal) errado, pensando que o passado (um estágio anterior na economia da luz) ainda está presente. Esse é o "endurecimento" que Paulo afirma permanecer até o presente: é uma questão de estar no lugar errado, espiritual e intelectualmente, para interpretar as Escrituras corretamente.[169]

161. Seifrid, *Second Letter to the Corinthians*, p. 165.
162. Hafemann, *Paul, Moses, and the History of Israel*, p. 371.
163. Provence, "Who Is Sufficient for These Things?", p. 77.
164. Martin, *2 Corinthians*, p. 217.
165. Hooker, "Beyond the Things That Are Written?", p. 300.
166. Provence, "Who Is Sufficient for These Things?", p. 76.
167. Hafemann, *Paul, Moses, and the History of Israel*, p. 374.
168. Garrett, "Veiled Hearts", p. 771.
169. Veja também a discussão em Bates, *Hermeneutics of the Apostolic Proclamation*, p. 173-9.

O que, então, é o véu de Moisés? A interpretação "espiritual" de Paulo do véu é uma extensão de seu sentido literal: um impedimento à visão/compreensão correta. O véu – *a maneira pela qual um apego obstinado a um quadro de referência obsoleto e estágio anterior na economia da luz limita o acesso de alguém ao poder transformador da glória de Deus* – é o que Cristo remove ou torna inoperante.[170] A lei não conseguiu cumprir a promessa da aliança para Deus habitar com todo o Israel porque não conseguiu transformar coração de pedra em coração de carne. O véu representa a barreira – visual, espiritual e interpretativa – que impede as pessoas de compreender o verdadeiro fim da lei: "No véu de Moisés, a mente carnal dos israelitas foi deixada sem entendimento espiritual; quando Moisés colocou um véu sobre sua face [...] eles foram impedidos de perceber a verdadeira importância da glória na face de Moisés – que o objetivo final de Deus era que seu povo da aliança experimentasse sua presença e, portanto, sua glória".[171] Nas palavras de Heinrich Bullinger, "O véu é a letra, por sinal, aquela estupidez da mente, descrença e ignorância de Cristo".[172]

O caso de Paulo para a superioridade de seu ministério apostólico conclui com a alegação de que somente "quando alguém se converte ao Senhor" o véu é removido (3:16). Paulo está aludindo à prática de Moisés de tirar o véu quando ia falar com o Senhor, bem como à conversão cristã: "A própria experiência de Paulo foi uma prova viva da validade e força dessa 'exegese escatológica' do Antigo Testamento, que, por meio dos olhos cristãos, assume uma dimensão adicional".[173] Em um interessante jogo de palavras, Paulo diz que o véu que anulou a glória da antiga aliança é ele próprio anulado em Cristo, sendo novamente usado o termo grego *katargeō* (2Co 3:14). A negação é recusada graças ao progresso da redenção na economia da luz: "O véu é real para aqueles que *não* estão "em Cristo", mas o véu foi abolido para aqueles [...] que abraçaram [...] a *orientação* hermenêutica 'desvelada' fornecida pela pregação apostólica".[174] A remoção do véu por Cristo na conversão demonstra que Paulo não estava lendo para trás, afinal: "O leitor velado falha hermeneuticamente porque não vê que o texto literal das escrituras mosaicas *em si* testifica a natureza transitória da aliança mosaica".[175] Esta é a tese: que podemos ler o Antigo Testamento literalmente, à luz de Cristo e para a luz de Cristo. Essa é a essência da interpretação transfiguradora.[176]

---

170. Cf. Garland: "O véu vem para representar essa condição endurecida que impede aqueles que podem valorizar, defender e estudar com diligência a lei de apreender a verdadeira glória de Deus." *2 Corinthians*, p. 191.

171. Ibidem, p. 224.

172. Heinrich Bullinger, comentário em 2Coríntios 3:12,13. Citado em Manetsch, *2 Corinthians*, p. 91.

173. Martin, *2 Corinthians*, p. 217. Paulo deixou claro que, de modo diverso de Moisés, os cristãos não podem desvelar a si mesmos. A conversão requer a graça do Espírito operando por meio da fé.

174. Bates, *Hermeneutics of the Apostolic Proclamation*, p. 182 (ênfase do original).

175. Ibidem, p. 175.

176. Lembre-se de que a luz pode ser uma fonte, meio e resultado da iluminação (isto é, chegar ao conhecimento da verdade), assim como Cristo, a Palavra iluminadora de Deus.

A letra desvelada: a interpretação transfiguradora glorifica o sentido literal

Segundo Robert Wilken, os pais da igreja não precisaram alegorizar o Novo Testamento porque "ele fala diretamente sobre Cristo. [...] O significado espiritual dos eventos do Novo Testamento é o significado literal".[177] De acordo com Henri de Lubac, a situação com o Antigo Testamento é diferente: "O Antigo Testamento é a 'letra' para a qual o Novo Testamento é seu 'Espírito' alegórico complementar".[178] Alguns descrevem a abordagem proposta por de Lubac como "interpretação teológica das Escrituras", na qual pressupostos cristãos derivados da nova realidade do Cristo ressuscitado são retrospectivamente impostos ao Antigo Testamento, efetivamente "cristianizando-o". Do ponto de vista do academicismo do Antigo Testamento, no entanto, essa alegorização (o equivalente de "cristianizar") é, na verdade, um tipo de evangelismo coercitivo, uma tomada violenta que negligencia ou suprime o testemunho e as vozes discretas do povo do antigo Israel.

Neste capítulo, temos perguntado se a interpretação de Êxodo feita por Paulo exemplifica a leitura para frente ou para trás e, se para trás, se ela vai a favor ou contra a corrente da interpretação literal.[179] Já estabelecemos que o Antigo Testamento *realmente* fala sobre Cristo. É suficiente aqui relacionar o que disse antes sobre quadros de referência com o que agora quero dizer sobre ler transfiguralmente, em seu duplo sentido: (1) ler *por meio* de figuras bíblicas no contexto canônico como fizemos na parte 2 (ou seja, *trans-figuralmente*), seguindo a maneira pela qual as figuras funcionam (por exemplo, do monte Sinai ao monte Tabor) de acordo com a intenção autoral divina; e (2) lendo *a partir* do monte da transfiguração na economia da luz (ou seja, *transfiguralmente*), agora sabendo, em última análise, do que trata (a luz de Cristo) e para que é (comunicar a luz de Cristo) a Escritura. Eu afirmei que ler Êxodo 34, e o resto do Antigo Testamento, transfiguralmente é *ler para a glória de Cristo na letra do texto, uma glória que sempre esteve lá, embora velada.*[180] Estamos agora em posição de dizer que o

---

177. Robert Louis Wilken, "In Defense of Allegory" [Em Defesa da Alegoria], *Modern Theology 14* (1998), p. 201.

178. Lang, "Order of Christian Theology", p. 122 (descrevendo a posição proposta por de Lubac).

179. Richard Hays, meu paradigma escolhido de alguém que lê para trás, resiste à implicação de que ele está lendo contra a corrente (veja o título do livro dele no final desta nota). Se continuarmos usando essa metáfora, então, seria útil esclarecer qual é o "grão" em questão. Hays identifica um de seus temas recorrentes como "a coerência figural *discernida retrospectivamente* entre o Antigo Testamento e o Novo Testamento". Hays, "Introduction: Gathering the Wheat" [Introdução: reunindo o trigo], *Reading with the Grain of Scripture* (Grand Rapids: Eerdmans, 2020), ênfase adicionada. Uma coisa é discernir algo retrospectivamente, outra é criá-lo. Uma leitura caridosa de Hays deve ser preferida: o que se vê na leitura para trás, com o véu removido, é um significado que já estava lá, embora velado.

180. Note que "letra" aqui é um indicativo do sentido literal, corretamente entendido, diferente de "letra" no contraste letra/espírito de Paulo. O capítulo final buscará um terceiro sentido de transfigural, segundo o qual a leitura para a luz de Cristo na letra do texto tem como objetivo final a transfiguração do leitor.

que está em jogo em última análise na dicotomia letra/espírito de Paulo é a interpretação transfigural. A "letra" que mata é o sentido literal *não transfigurado*, que vela a luz de Cristo. O "espírito" que dá vida é o sentido literal *transfigurado*, o sentido revelado pelo Espírito, que a luz de Cristo ilumina.[181]

Glorificando o sentido literal (parte 1): exaltando o referente cristológico

Transfigurar a interpretação bíblica é a solução para o dilema cristão primitivo de saber como a nova revelação de Deus em Cristo é coerente com a revelação antecedente de Deus nas Escrituras judaicas. Diante da perspectiva de um literalismo judaico que se recusasse a reconhecer Cristo, ou de um literalismo marcionita que se recusasse a reconhecer a validade do Antigo Testamento, os intérpretes cristãos patrísticos e medievais, embora não abandonassem o sentido literal, deram sua bênção a vários modos de interpretação figural e espiritual.[182]

Jesus afirma que as Escrituras anteriores testemunham a seu respeito (Jo 5:39), acrescentando "ele [Moisés] escreveu a meu respeito" (v. 46). Como devemos entender isso? Talvez os autores do Antigo Testamento estivessem fornecendo predições literais de Cristo (ou seja, falando de algo antes que acontecesse). Outra possibilidade é que Cristo cumpra as Escrituras, embora isso possa ser conhecido apenas retrospectivamente. Outra abordagem começa do outro lado, vendo Cristo como o arquétipo e a lei mosaica como sua testemunha: "Embora Cristo tenha seguido a Lei no tempo, entende-se que ele a precedeu e a ordenou".[183] John Behr diz: "Para Irineu, o Jesus Cristo crucificado [...] estava presente antes da paixão como o conteúdo velado de a Escritura".[184] Cristo é antes de todas as coisas, e nele todos os livros bíblicos se mantêm unidos (cf. Cl 1:17), razão pela qual, nessa visão, a leitura cristológica não vai "além do que está escrito" (1Co 4:6). Cada uma dessas visões é, de uma forma ou de outra, "centrada em Cristo". Isso força a questão: *como* exatamente os textos do Antigo Testamento são "sobre" Cristo?

O estudioso patrístico romeno Bogdan Bucur lança luz sobre a questão quando descreve as duas transfigurações que aqui consideramos – a de Moisés no monte Sinai e a de Jesus no monte Tabor – como uma "porta de entrada" para a Bíblia cristã.[185] Ele se inspira nos pais da igreja que viam a transfiguração de Jesus como o cumprimento

181. Como veremos no próximo capítulo, a luz de Cristo é transformadora de uma forma que a "letra", a lei não transfigurada de Moisés, não era.

182. Essa é uma generalização ampla. Alguns, como Tomás de Aquino, consideram que os profetas do Antigo Testamento podem empregar linguagem figurativa, como em "Um ramo surgirá do tronco de Jessé" (Is 11:1), para se referir literalmente a Cristo: "O princípio é importante para Tomás de Aquino: Cristo pode ser falado literalmente no Antigo Testamento." John Boyle, *Aquinas on Scripture* (Steubenville: Emmaus Road Academic, 2022), p. 134.

183. Hooker, "Beyond the Things That Are Written?", p. 306-7.

184. John Behr, *Way to Nicaea* (Nova York: St. Vladimir's Seminary Press, 2001), p. 119-20.

185. Bucur, "Sinai, Zion, and Tabor", p. 33-52.

do pedido de Moisés ao Senhor: "Peço-te que me mostres a tua glória" (Êx 33:18). Moisés viu o Senhor apenas indiretamente, levando Irineu a sugerir que a visão face a face havia sido adiada para mais tarde.[186] Claro, isso só faz sentido se foi o Filho quem prometeu a Moisés em primeiro lugar: "o 'rosto de Deus' que Moisés deseja ver é, aliás, o Filho".[187] Se isso estiver certo, talvez possamos imaginar o Jesus transfigurado cumprimentando Moisés com as palavras: "Nós nos encontramos de novo!" Em qualquer caso, vale a pena ponderar o comentário de Pseudo-Efrém sobre o significado da presença de Moisés e de Elias com Jesus e seus três discípulos na transfiguração: "Ali, os autores da antiga aliança viram os autores da nova".[188]

Bucur expandiu sua percepção em um livro sobre exegese "cristofânica".[189] Ele acha que o academicismo bíblico moderno falhou em apreciar o significado da crença dos primeiros cristãos de que Cristo estava "realmente presente" em eventos narrados no Antigo Testamento. Bucur tem uma base textual para o que pode inicialmente parecer uma ideia contraintuitiva: os melhores manuscritos identificam explicitamente não *Yahweh*, mas Jesus como o agente que "salvou um povo da terra do Egito" (Jd 5).[190] O que outros estudiosos chamam de "teofanias" (aparições de Deus) os pais da igreja consideravam aparições do Filho: "cristofanias". Segue-se que o Filho não é simplesmente o *telos* para o qual a antiga aliança aponta (o Ponto Ômega), mas aquele que estava lá desde o princípio: "o Alfa e o Ômega" (Ap 1:8; 21:6; 22:13).[191] Se essa hipótese estiver correta, então a tipologia e a alegoria não são suficientes como categorias para explicar o uso de Antigo Testamento. A rigor, este não prenuncia Cristo com tipos "velados"; em vez disso, o Antigo Testamento se *refere* diretamente ao Filho como uma presença pessoal falante.[192] Considere: se o Logos-a-ser-encarnado realmente apareceu a Moisés no Sinai, então não há necessidade de alegorizar o texto para encontrar Cristo. O Filho está diretamente presente em várias formas divinamente acomodadas, antes mesmo de encarnar, seja uma sarça ardente, uma coluna de fogo ou uma nuvem de glória. Em 2Coríntios 3, Paulo pode, portanto, estar fornecendo uma interpretação literal-*cum*-cristológica da teofania do Sinai.

A adequação na utilização da economia da luz como um quadro de referência para entender o processo de interpretação bíblica deve agora ser evidente. Que Cristo foi

186. Irineu, *Against Heresies* 4.20.9.

187. Bucur, "Sinai, Zion, and Tabor", p. 35.

188. Éfren da Síria, "Sermon on the Transfiguration of our Lord." Citado em Bucur, "Sinai, Zion, and Tabor", p. 37; veja também "Of Our Venerable Father Ephrem the Syrian."

189. Bogdan Bucur, *Scripture Re-Envisioned: Christophanic Exegesis and the Making of a Christian Bible* (Leiden: Brill, 2018).

190. Insistir que foi realmente o Filho quem apareceu aos patriarcas e a Moisés foi um ponto importante na polêmica antiariana dos pais da igreja.

191. Atanásio disse explicitamente: "Moisés contemplou Deus", e então especificou o Logos. *Contra Arianos* 3.24.13-14.

192. Kelly, comentando em 1Pedro 1:11, disse que era o próprio Cristo preexistente que falou por meio dos profetas. *Commentary on the Epistles of Peter and Jude*, p. 61.

o autor/revelador/comunicador do Antigo Testamento pode ter sido uma ideia nova para os primeiros cristãos, mas isso não joga contra sua realidade. Paul Blowers explica a importância do trabalho de Bucur para entender a hermenêutica cristã primitiva: "A interpretação implicava um encontro com o autor divino presente dentro e por trás dos textos, algo que poderia acontecer não simplesmente extraindo significado desses textos de forma mecânica ou escolástica, mas engajando-os 'performativamente' na esfera da vida e da adoração da Igreja".[193]

A verdade da interpretação patrística se aplica "quanto mais" à hermenêutica paulina. Paulo também acreditava que a narrativa do Antigo Testamento reconta a ação literal de Jesus Cristo como um agente literal, como é evidente em sua notável afirmação sobre a peregrinação de Israel pelo deserto: "Pois bebiam da rocha espiritual que os acompanhava, e essa rocha era Cristo" (1Co 10:4).

Se Cristo é em algum aspecto idêntico a *Yahweh*, de modo que as teofanias são cristofanias, então não há razão para ler Cristo "de volta" ao Antigo Testamento: ele já está lá. Paulo pode muito bem estar interpretando relatos do Antigo Testamento sobre teofanias "como manifestações do Filho de Deus antes de encarnar".[194] A sarça ardente não é, nessa visão, um *tipo* do brilho na face de Jesus transfigurado como uma *forma* da glória do Filho, pois Cristo é "diretamente *identificado* com o 'Senhor' na narrativa do Antigo Testamento".[195] A manifestação de Cristo a Moisés no monte Tabor ecoa ou completa sua aparição anterior a Moisés no monte Sinai: "O que Moisés viu na escuridão, ele agora vê, no Tabor, na luz resplandecente da Transfiguração".[196] Bucur dificilmente está sozinho em sua afirmação de que muitas passagens do Antigo Testamento são *literalmente* sobre Jesus Cristo. O Antigo Testamento atesta da maneira clara a realidade de um único Deus (Dt 6:4), mas deixa um tanto em aberto a questão crucial sobre o referente do "*Deus fora do texto* a quem essas palavras nos dirigem".[197]

Podemos dizer que o Antigo Testamento é sobre o Deus trino, ou atribuímos isso ao negócio de importação/exportação da teologia sistemática? C. Kavin Rowe fala de "pressão bíblica" nos levando "à conclusão de que YHWH não é o Pai sozinho".[198] O nome YHWH revelado a Moisés do meio da sarça ardente (Êx 3:13-15) "permite ao leitor perceber o sujeito atributivo do Antigo Testamento como o único Deus,

---

193. Paul Blowers, "Foreword" to Bucur, *Scripture Re-Envisioned*, p. viii.

194. Larry Hurtado, *Lord Jesus Christ: Devotion to Jesus in Earliest Christianity* (Grand Rapids: Eerdmans, 2005), p. 565-6.

195. Bucur, *Scripture Re-Envisioned*, p. 137.

196. Bucur, "Christological Exegesis of Theophanies and the Making of Early Christian Theology" [Exegese cristológica das teofanias e a formação da teologia cristã primitiva], *Concordia Theological Quarterly 86* (2022), p. 113.

197. C. Kavin Rowe, "Biblical Pressure and Trinitarian Hermeneutics" [Pressão bíblica e hermenêutica trinitariana], *Pro Ecclesia 11 n. 3* (2002), p. 311.

198. Rowe, p. 303.

conhecido pelos cristãos como Pai, Filho e Espírito Santo".[199] É importante que o Antigo Testamento seja sobre o mesmo Deus que o Novo Testamento. Childs afirma: "A luta da igreja com a Trindade não foi uma batalha *contra* o Antigo Testamento, mas, sim, uma batalha *pelo* Antigo Testamento".[200] Não há necessidade de alegorizar o Antigo Testamento se ele já é sobre Cristo. Podemos, portanto, dizer que YHWH *sempre* se referiu ao único Deus que é Pai, Filho e Espírito, mesmo que os autores do Antigo Testamento ainda não tivessem um conceito desenvolvido da Trindade. Os usos bíblicos sobrepostos de "luz" para o Deus único (1Jo 1:5, "Deus é luz"), para o "Pai" das luzes (Tg 1:17), para o Filho que é a luz do mundo (Jo 8:12) e para o Espírito que faz brilhar a luz de Cristo em nosso coração (2Co 4:6) atestam a identidade trina do referente divino.

Glorificando o sentido literal (parte 2): iluminando a letra

Todos os intérpretes sérios da Bíblia precisam lidar com o sentido literal – e com sua transfiguração. Os editores de *A Manifesto for Theological Interpretation* [Um manifesto em prol da interpretação teológica] corretamente encorajam os leitores a "pressionar por intermédio do sentido verbal/gramatical do texto até seu tema teológico", acrescentando: "Idealmente, o comentário teológico revela a relação orgânica entre o sentido literal da Escritura e seu sentido figural".[201] Talvez, mas destrinchar a "hermenêutica orgânica" é tão desafiador quanto explicar a química orgânica.

Voltemos por um momento ao véu que complica nossa leitura. Ralph Martin afirma que remover esse véu da leitura das Escrituras, resultado de nos voltarmos ao Senhor (2Co 3:16), permite uma "exegese escatológica" do Antigo Testamento, por meio da qual "Cristo em todas as Escrituras" é dado a conhecer.[202] Essa exegese escatológica lê para o que poderíamos chamar de *está* escatológico, no qual *está* não identifica algo totalmente presente ou real, mas, em vez disso, algo que *está vindo a ser em Cristo*, um estado de coisas já/ainda não. Claro, para fazer isso, você precisa de um quadro de referência escatológico. É precisamente isso que argumentei que a transfiguração fornece: um quadro de referência escatológico para relacionar o Antigo e o Novo Testamentos considerando *quão mais glorioso*. A transfiguração é *literalmente* (isto é, historicamente) uma degustação e visão de um acontecimento do "fim dos tempos", que permite àqueles sobre quem o fim dos tempos chegou – ou seja, todos depois dos apóstolos, incluindo os leitores de hoje – entender de forma mais profunda o que aconteceu de antemão àqueles

---

199. Andrea D. Saner, "Too Much to Grasp": Exodus 3:13-16 and the Reality of God ["Muito para apreender": Êxodo 3:13-16 e a realidade de Deus]. *Journal of Theological Interpretation Supplements 11* (Winona Lake: Eisenbrauns, 2015), p. 229.

200. Brevard Childs, *Biblical Theology of the Old and New Testaments: Theological Reflections on the Christian Bible* (Minneapolis: Fortress, 1992), p. 376 (ênfase do original).

201. Craig G. Bartholomew e Heath A. Thomas, "A Manifesto for Theological Interpretation", em *A Manifesto for Theological Interpretation* (Grand Rapids: Baker Academic, 2016), p. 23-4.

202. Ralph Martin, *2 Corinthians*, p. 217.

que aguardavam o fim.[203] Paulo diz que essas coisas (histórias do Antigo Testamento) foram escritas com o propósito de instruir aqueles "sobre quem tem chegado o fim dos tempos" (1Co 10:11), um grupo cujos membros incluem Paulo e todos os intérpretes seguintes, incluindo cristãos contemporâneos. Nem todos os cristãos compartilham o mesmo contexto histórico, mas todos nós compartilhamos o mesmo contexto escatológico: entre os tempos da primeira e segunda vindas de Cristo.

A transfiguração fixa nossa atenção no momento preciso no qual o quadro de referência muda: da "letra" ao "espírito"; da velha para a nova era. *Ela o faz iluminando, não cancelando, a letra do Antigo Testamento, revelando a glória do sentido literal do Antigo Testamento.* O que torna a transfiguração um quadro de referência de compreensão adequadamente cristã é sua combinação de continuidade narrativa (a história está "de acordo com as escrituras", representadas por Moisés e Elias) e descontinuidade apocalíptica (a ressurreição e a ascensão de Cristo, com a vinda do Espírito Santo, inauguram uma nova era, simbolizada por uma luz ainda mais gloriosa). Lembre-se também de que Moisés e Elias falam sobre a morte de Jesus, a "partida dele" (cf. Lc 9:31), mesmo quando sua divindade é revelada e sua exaltação antecipada. É como se a transfiguração servisse como uma sinopse de toda a história da criação, queda, redenção e consumação. Nas palavras de Vern Poythress, "O primeiro céu e a primeira terra não contêm seu significado completo em si mesmos. Eles estão destinados à transfiguração. Essa transfiguração mostra de forma aberta e climática para o que eles foram destinados o tempo todo. Então, no que se refere ao propósito, o objetivo é mais 'ontologicamente básico' do que o ponto de partida incompleto".[204]

Então, quão hermeneuticamente central é a transfiguração? Ler o Antigo Testamento à sua luz envolve ler para frente ou para trás? Quero abordar essas questões em diálogo com o estudo de Matthew Bates sobre a hermenêutica apostólica. De acordo com Bates, o que governa o uso das Escrituras por Paulo é uma "narrativa protocredal cristocêntrica" que é querigmática (ou seja, uma proclamação cristã central), apostólica (ou seja, mantida em comum por todos os apóstolos) e econômica (ou seja, o resultado da "providência administrativa" de Deus). Bates identifica dois protocredos (Rm 1:1-6 e 1Co 15:3-11), nos quais Paulo afirma que a morte e a ressurreição de Cristo são "segundo as escrituras" e que Deus "prometeu previamente".[205] Somente aqueles familiarizados com a "narrativa querigmática mestra de oito estágios", no entanto, têm a chave interpretativa que desvela o verdadeiro significado do Antigo Testamento.[206]

---

203. Concordo com Bates que o plural "fins dos tempos" é melhor compreendido como "a era escatológica solitária na qual todas as eras precedentes encontram seu término" (Bates, *Hermeneutics of the Apostolic Proclamation*, p. 132).

204. Vern Poythress, *The Mystery of the Trinity: A Trinitarian Approach to the Attributes of God* (Phillipsburg, NJ: P&R, 2020), p. 240.

205. Bates, *Hermeneutics of the Apostolic Proclamation*, p. 107.

206. Os oito estágios incluem a criação, o pecado, a aliança com Israel, o nascimento do Messias, o ministério de Jesus, a morte, a ressurreição e a comissão dos apóstolos para espalhar o evangelho.

A tese de Bates é que Paulo utiliza o querigma apostólico como sua estrutura interpretativa para ler o Antigo Testamento.

A abordagem de Bates é preferível àqueles que localizam a chave interpretativa na experiência da comunidade cristã, particularmente quando alguns insistem que o Espírito *continua* a conduzir a igreja de maneiras que vão *além* do Novo Testamento, assim como o Novo Testamento vai além do Antigo Testamento.[207] Essas abordagens dão origem ao "sentido eclesial" do Novo Testamento, ou seja, a maneira pela qual a experiência atual da igreja com o Espírito a leva a "refratar" as Escrituras. David Ford descreve isso como uma "leitura para frente" guiada pelo Espírito na vida da igreja.[208] Na visão de Bates, no entanto, o critério para a leitura para trás não é a experiência cristã contemporânea (algo pós-canônico), mas o querigma apostólico. A história de Cristo serve como a lente primária de Paulo para interpretar a economia divina unificada, incluindo o Antigo Testamento. É a história de Cristo, não a adesão à interpretação tipológica ou alegórica, que governa a leitura de Paulo do Antigo Testamento: "Paulo não raciocina para frente a partir do tipo bíblico para a aplicação presente, mas, sim, para trás, a partir das realidades atualmente conhecidas para o texto".[209] De acordo com Bates, não é a hermenêutica de Paulo, mas sua *retórica* tipológica: "Para Paulo [...] a seleção de um tropo adequado [por exemplo, 'tipo'] [...] ocorre *logo após* a ligação das imagens mentais" [210]

Há muito a admirar no relato de Bates sobre a abordagem de Paulo à interpretação bíblica, particularmente sua ênfase no papel normativo do querigma apostólico. Com Hafemann, Bates afirma o "respeito de Paulo pelo contexto". No entanto, contra Hafemann, Bates argumenta que "o primeiro movimento hermenêutico para Paulo não é um envolvimento sequencial com o Pentateuco, mas uma história sobre Cristo que já foi julgada como estando de acordo com as escrituras".[211] O raciocínio hermenêutico de Paulo viaja principalmente da proclamação apostólica do evento de Cristo para o texto do Antigo Testamento, não do texto do Antigo Testamento para o evento de Cristo.[212] Isso leva Bates a defender, com Hays, a leitura para trás: "Paulo lê as escrituras a partir de sua localização do evento pós-Cristo".[213] Ao mesmo tempo, Bates discorda da afirmação de Hays de que a competência do leitor é garantida pela presença do Espírito. Pelo contrário, o que mais importa é ler a história de Israel e de nossa própria vida, à luz da história de Cristo proclamada de

---

207. Veja Luke Timothy Johnson, *Scripture and Discernment: Decision Making in the Church* (Nashville: Abingdon, 1996).

208. Veja a discussão em Lang, "Order of Christian Theology", especialmente p. 123 e 137.

209. Bates, *Hermeneutics of Apostolic Proclamation*, p. 332.

210. Ibidem, p. 340.

211. Ibidem, p. 351. Ele está aqui respondendo a Francis Watson, mas o ponto que levanta se aplica a Hafemann também.

212. Ibidem, p. 352.

213. Ibidem, p. 353.

maneira apostólica. Os riscos são altos, pois Bates descreve Paulo como "o fundamento da hermenêutica cristã seguinte", uma norma para toda leitura cristã.[214] Se Paulo é, na verdade, o pai da hermenêutica cristã pura e simples, como fica a interpretação literal?

Permita-me expor três pontos em resposta.

Primeiro, a transfiguração é notável por sua ausência no resumo do querigma de Bates; ela não figura em sua narrativa apostólica reconstruída, ou em sua hermenêutica embutida. Como vimos, no entanto, todos os três Evangelhos Sinóticos a incluem, e o quarto Evangelho é indiscutivelmente uma narrativa estendida da transfiguração. Não estou dizendo que a transfiguração é um evento salvador, essencial do evangelho; em vez disso, estou sugerindo que a transfiguração é um evento de significância hermenêutica à medida que revela a natureza divina do Filho, explica a missão deste (por meio das coordenadas da Lei e dos Profetas) e revela o propósito final de sua pessoa e obra (a saber, aquecer-se na gloriosa presença de Deus). *A transfiguração ostenta uma hermenêutica incorporada.*

O segundo ponto diz respeito à alegação de Bates de que, embora Deus tenha sido o autor do "significado interno" ou *res* das Escrituras (ou seja, a história da salvação que ela conta), Paulo escolhe os tropos retóricos ou *verba* que expressam a "correspondência natural" entre o Antigo Testamento, o acontecimento Cristo e os acontecimentos pós-Cristo. Bates diz que Paulo "não raciocina para frente, dos tipos da escritura para a aplicação presente, mas, sim, para trás, das realidades atualmente conhecidas para o texto".[215] A negação do raciocínio para frente põe em questão a *verdade* das correspondências tipológicas que Paulo discerne entre o Antigo Testamento e a história de Cristo: elas são *descobertas* ou *inventadas*? Por um lado, Bates quer dizer que elas estão realmente lá, inscritas na história pelo autor divino da economia; por outro lado, ele quer dizer que essas correspondências são inventadas, um produto da retórica de Paulo. Por exemplo, em conexão com a alegoria de Paulo a respeito de Sara e Hagar em Gálatas 4, Bates escreve: "Deus orquestrou [...] a realidade metatextual mais profunda, mas não a acomodação linguística precisa".[216] Por contraste, argumentei que Deus é o autor tanto da história (da salvação) quanto do discurso (bíblico) que a reconta. Se Deus é autor e retor, então Paulo está meramente imaginando as figuras de Deus após ele.

Terceiro, Bates interpreta mal a hermenêutica de Paulo quando a identifica como uma espécie de leitura para trás. A realidade é mais complexa. Pois os eventos do Antigo Testamento são, em si mesmos, voltados para o futuro – esse é o cerne da alegação de que eles *antecipam deliberadamente* o acontecimento Cristo. Claramente, a economia divina

214. Ibidem, p. 353-4.
215. Ibidem, P. 353-4.
216. Ibidem, p. 353-4.

é orientada para o futuro.[217] Pessoas, coisas e acontecimentos do Antigo Testamento *realmente* figuram seu cumprimento em Cristo: eles podem ser descobertos retrospectivamente, mas não são inventados. O uso de figuras tipológicas por Paulo é menos uma invenção retórica do que epistemológica, um instrumento (como o telescópio) sem o qual ele não poderia ver o que realmente está lá no discurso divino do Antigo Testamento. Quando se trata de tipologia, a fórmula correta é "a ontologia determina a epistemologia". Chamar Jesus de "o último Adão" (1Co 15:45) é mais do que uma inteligente frase de efeito. É um pedaço de gramática teológica, uma maneira de dizer o que algo *é*.[218] Aqui, também, a transfiguração endireita nosso caminho interpretativo, permitindo-nos pensar com correção sobre o sentido literal das Escrituras à luz de Cristo. Como vimos, a transfiguração de Jesus não mudou o que ele era, "a plenitude da divindade" (Cl 2:9), mas o revelou de forma mais clara. Da mesma forma, ler transfiguralmente não muda o significado do Antigo Testamento ao ler de volta algo que não estava inicialmente nele, mas discerne mais do que já estava lá.

Não podemos mais adiar a resposta à pergunta: os cristãos devem ler o Antigo Testamento para frente e para trás? Sim! Entender a hermenêutica de Paulo requer um movimento de volta *e* à frente "desde os primeiros dias, nos quais Cristo era visto através das lentes das escrituras, até a convicção de que as escrituras devem ser vistas através das lentes de Cristo".[219] Richard Gaffin corretamente observa: "Há uma diferença entre ler o Novo Testamento de volta ao Antigo Testamento e ler o Antigo Testamento à luz do Novo. O primeiro está errado; o último não é apenas legítimo, mas também necessário".[220] Na seção "Contexto do Novo Testamento" de seu comentário sobre Êxodo 34, Brevard Childs diz que Paulo aborda o texto a partir da perspectiva do evangelho cristão, mas também lê Paulo como insistindo "que o Antigo Testamento já testemunha a vinda do novo".[221] Paulo está lendo para frente e para trás. Sim, ele traz "uma estrutura de teologia cristã" para o texto, mas também "dá evidências de uma luta séria com o texto bíblico em um esforço para penetrar o conteúdo do testemunho".[222] Há, diz Childs, um genuíno vaivém interpretativo: "[Paulo] traz *para* o texto a perspectiva da fé que aprendeu a esperar em Cristo, mas ele traz *do* texto um testemunho que, inversamente, forma seu entendimento".[223]

---

217. Há um sentido real no qual a escatologia do Novo Testamento tem sua base na protologia da narrativa da criação. Veja Geerhardus Vos, *The Eschatology of the Old Testament* (Phillipsburg: P&R, 2001).

218. Cf. Ludwig Wittgenstein: "Grammar tells what kind of object anything is. (Theology as grammar)." Em *Philosophical Investigations*, trad. G. E. M. Anscombe (Nova York: Macmillan, 1953), parte 1, seção 371.

219. Morna Hooker, resenha da obra de Bates, *Hermeneutics of the Apostolic Proclamation*, em *Journal of Theological Studies 67*, n. 1 (2016), p. 250.

220. Richard B. Gaffin Jr., "Biblical Theology at Westminster Theological Seminary", em Peter A. Lillback (org.), *Seeing Christ in All of Scripture: Hermeneutics at Westminster Theological Seminary* (Filadelfia: Westminster Seminary Press, 2016), p. 84.

221. Childs, *Exodus*, p. 624.

222. Ibidem.

223. Ibidem.

Paulo lê a história da transfiguração de Moisés tanto para frente quanto para trás – muito parecido com o acontecimento da transfiguração, que olha para trás (para Moisés e Elias) para enxergar à frente (para a exaltação de Cristo). Paulo não está alegorizando ou forçando pressuposições cristãs em Êxodo 34. Em vez disso, interpreta as figuras, a moeda do discurso divino, com um quadro de referência que lhes permite assumir seu próprio valor como testemunhas da luz de Cristo. *Paulo fornece uma interpretação transfiguradora do que essas figuras significavam inicialmente, colocando-as em um quadro de referência que torna mais explícita a glória intrínseca, embora velada, que elas tinham o tempo todo.* Paulo lê para trás, do monte da transfiguração, por assim dizer, para ler para a frente corretamente. Ele olha para trás com a face descoberta para ver para onde as palavras estavam correndo o tempo todo. Pense em ler para trás, da maneira transfigurada que estou sugerindo aqui, como uma maneira de ler para frente que *glorifica* a letra. Claro, apenas os leitores a quem o Espírito revela percebem a luz de Cristo na letra da lei mosaica.[224] Se quisermos ler a Bíblia como cristãos, com Paulo, devemos ler com rosto, coração e mente desvelados – em uma palavra, *transfiguralmente*.[225]

Glorificando o sentido literal (parte 3): "sentindo" Cristo em todas as Escrituras

Interpretações equivocadas ocorrem. Muitas vezes, os intérpretes percebem no texto algo que não está presente. No entanto, aqueles que encontram Cristo "em todas as Escrituras" (Lc 24:27) não estão sofrendo de alucinações hermenêuticas. Resta apenas especificar de que maneira a interpretação transfiguradora "sente" Cristo em todas as Escrituras. Ela é cristocêntrica, cristotélica, cristofânica, ou outra coisa?

A terminologia utilizada para distinguir diferentes visões é confusa: *cristocêntrica* e *cristotélica* são termos muitas vezes usados de forma intercambiável, e há mais de uma variedade da última. Por exemplo, Daniel Block usa *cristotélica* para indicar que entendemos as Escrituras apenas à luz de seu fim/objetivo (*telos*): "Nem todo texto aponta para Jesus Cristo como Messias, mas todo texto apresenta uma parte vital dessa história de Jesus".[226] Em contraste, Peter Enns não acha que os autores do Antigo Testamento "previram" Jesus; em vez disso, Jesus e sua ressurreição foram um "final surpreendente" que os autores do Antigo Testamento não poderiam ter previsto. De acordo com Enns, os autores do Novo Testamento tiram os textos do Antigo

---

224. Do mesmo modo Peter Balla: "A 'letra' do Antigo Testamento não mata se for lida por intermédio do Espírito, que nos leva a Cristo e a uma leitura cristológica do Antigo Testamento." "2 Coríntios", em G. K. Beale e D. A. Carson (orgs.), *Commentary on the New Testament Use of the Old Testament* (Grand Rapids: Baker Academic, 2007), p. 761.

225. Falarei mais sobre o que está envolvido na leitura transfigurada no próximo capítulo.

226. Daniel I. Block, "Christotelic Preaching: A Plea for Hermeneutical Integrity and Missional Passion" [Pregação cristotélica: um apelo por integridade hermenêutica e paixão missional], *Southern Baptist Journal of Theology 22*, n. 3 (2018), p. 14.

Testamento de seu contexto inicial, lendo-os não nos próprios termos, mas criativamente, para corresponderem ao evangelho.[227]

A ênfase de Bucur na natureza "cristofânica" do Antigo Testamento é intrigante, mas relativamente recente e, até o momento, exegeticamente não comprovada. Portanto, prefiro associar a interpretação transfigural que identifiquei como apostólica, joanina e paulina com a leitura "cristoscópica" de Oecolampadius, com sua ênfase em Cristo como o *scopus* ("objetivo; meta") de todas as Escrituras e sua preocupação em preservar tanto a letra (história) quanto o espírito (mistério) do texto.[228] A interpretação cristoscópica não busca Cristo em cada detalhe da Escritura (em contraste com algumas formas de pregação cristocêntrica); em vez disso, ela situa cada passagem em relação à história abrangente de Cristo, seu sofrimento e seu reino glorioso, que, como vimos, é o clímax da história abrangente da comunicação trina da luz divina e sobrenatural.[229]

Estamos agora em uma posição melhor para apreciar a verdade do comentário irônico de Warfield sobre a decoração interior das Escrituras: o Antigo Testamento é "uma câmara ricamente mobiliada, *mas mal iluminada*".[230] Graças ao Espírito iluminador, Paulo vê mais desse "mobiliário" do Antigo Testamento quando lê com seu rosto cristão desvelado na luz da transfiguração. Seu contraste entre letra e espírito não é uma depreciação do sentido literal do Antigo Testamento. Pelo contrário, a interpretação espiritual, ler teologicamente com a face desvelada, é outra forma de dizer *ler para a glória do sentido literal.* Em acordo com de Lubac, "O Antigo Testamento vive, transfigurado, no Novo".[231]

Assim como a transfiguração de Jesus revela sua verdadeira natureza e identidade, o Novo Testamento revela o que os autores do Antigo Testamento estavam falando em suas referências veladas à sabedoria de Deus e ao futuro de Israel. A interpretação transfigurada do Antigo Testamento pelo Novo Testamento não distorce, mas, ao contrário, *glorifica* o significado literal, exaltando a letra ao intensificar seu brilho. Algo como interpretação transfigural – ler com um quadro de referência escatológico-gramatical no contexto canônico com a face descoberta voltada para Cristo – é necessário se quisermos fazer justiça total ao significado literal da Bíblia. Para Paulo, "a letra mata"

227. Enns diz sobre os autores do Novo Testamento: "Esses escritores não se preocupavam em se ater ao roteiro bíblico." *The Bible Tells Me So... Why Defending Scripture Has Made Us Unable to Read It* (Nova York: HarperOne, 2015), p. 199. Veja também Kyle Dunham, "Challenges to Intertextuality and Christotelism: A New Model of Canonical-Linguistic Priming" [Desafios à intertextualidade e ao cristotelismo: um novo modelo de *priming* linguístico-canônico], *Journal of the Evangelical Theological Society 64*, n. 2 (2021), p. 287-301.

228. Veja a discussão no capítulo 5 acima.

229. Cf. Iain M. Duguid: "Isso não significa que cada versículo tomado isoladamente contenha uma alusão oculta a Cristo, mas que o impulso central de cada passagem nos leva de alguma forma à mensagem central do evangelho" ("Old Testament Hermeneut", em *Seeing Christ in All of Scripture*, p. 19).

230. Warfield, "The Biblical Doctrine of the Trinity", p. 22 (grifo meu).

231. Henri de Lubac, *Scripture in the Tradition* (Nova York: Crossroad, 2000), p. 175.

somente "quando não é acompanhada por uma compreensão da intenção divina mais profunda por trás da letra".[232] É precisamente isto que minha proposta coloca em foco: intérpretes transfigurados leem *para frente* enquanto traçam a economia da luz por meio das figuras bíblicas até seu referente final; intérpretes trans-figuradores leem *para trás* enquanto empregam seu referente desvelado, Cristo, para iluminar a câmara mal iluminada. Não importa a direção, a leitura transfigural atende ao discurso divino que faz dos muitos textos uma Escritura canônica unificada. Ao fazê-lo, ela "sente" Cristo e ouve a voz de Deus brilhando por intermédio da letra, ordenando-nos: "Ouçam-no", a luz do mundo, deslumbrante no tecido canônico do texto.

232. Bates, *Hermeneutics of the Apostolic Proclamation*, p. 333

CAPÍTULO 9

TRANSFIGURANDO O LEITOR

LUZ REFLETIDA

Subamos o monte, participemos da contemplação, sejamos transformados com ele e irradiemos luz com ele.

– Leo, o Sábio[1]

A maneira pela qual escolhemos ler, como nos submetemos, questionamos ou resistimos aos termos estabelecidos pelo escritor são escolhas que moldam os hábitos de nossa mente e os hábitos de nosso coração.

– Marilyn McEntyre[2]

A INTERPRETAÇÃO TRANSFIGURAL GLORIFICA EM VEZ DE distorcer o sentido literal. Mas qual é o papel dos leitores e das culturas de leitura que os formam em um quadro de referência transfigural de entendimento? Como os leitores da Bíblia devem responder ao discurso divino que revela o sentido literal glorificado? O que estes devem fazer quando estiverem face a face diante da glória de Deus, na face de Jesus Cristo que irradia o texto?

Você poderia manter distância e olhar *para* a luz, como o crítico no galpão de ferramentas de Lewis. Leitores que adotam essa abordagem permanecem fora da luz, no escuro, cientes das letras flutuando no texto, mas incapazes de segui-las até seu referente final. Leitores contentes em manter sua distância crítica, apenas olhando para a luz, podem seguir a *historia* literal, mas não a *theoria* espiritual, para usar a distinção patrística tradicional.[3] De modo alternativo, os leitores podem entrar na luz e olhar

1. Imperador Leão VI, "Homilia 10." Citado em Brian E. Daley, trad., *Light on the Mountain: Greek Patristic and Byzantine Homilies on the Transfiguration of the Lord* (Yonkers: St. Vladimir's Seminary Press, 2013), p. 238.

2. Marilyn McEntyre, *Caring for Words in a Culture of Lies*, 2 ed. (Grand Rapids: Eerdmans, 2021), p. 69.

3. Para reafirmar a distinção em termos do presente trabalho, leitores críticos podem conhecer o sentido histórico-gramatical, mas não o referente escatológico-gramatical. Estou trabalhando com o sentido antioquiano em vez do alexandrino de *theoria*, segundo o qual o significado "outro" é uma função do cumprimento tipológico futuro, ou o que neste trabalho estou chamando de sentido transfigural.

ao longo dela para contemplar o referente deslumbrante do texto. Ambos os tipos de leitura podem expandir nosso conhecimento, mas não da mesma forma e não acerca da mesma coisa. Outros leitores podem ser tentados a esconder o rosto, como Moisés fez quando teve medo de olhar para Deus (Êx 3:6). O ponto é que a interpretação bíblica é uma prática autoenvolvente. Há algo existencialmente em jogo, a saber, nosso senso de identidade no mundo e em relação a Deus. Toda interpretação bíblica é espiritual no sentido de que é profundamente pessoal, expandindo e testando nosso espírito humano (cf. 1Jo 4:1).

Guigo II, um monge do século 12, recomendou uma leitura "espiritual" das Escrituras, cujo objetivo era conhecer Deus.[4] Gregório de Nissa, em seu *Vida de Moisés*, comentou que o "conhecimento de Deus é uma montanha íngreme e difícil de escalar – a maioria das pessoas mal chega à sua base".[5] Ao escalar, ou seja, ao ler, podemos descobrir Deus? René van Woudenberg argumenta que a leitura é uma fonte genuína de conhecimento, diferente de outras fontes, como a razão, a percepção ou a memória.[6] A leitura produz três tipos diferentes de conhecimento: proposicional, procedural e pessoal. Podemos vir a conhecer certos fatos (conhecimento *que*), aprender certas habilidades (conhecimento *como*) ou nos familiarizar com coisas ou pessoas (conhecimento *de*). De particular interesse é como, ao ascender o monte do texto bíblico, os leitores conseguem ver "a iluminação do conhecimento da glória de Deus na face de Jesus Cristo" (2Co 4:6). Que tipo de conhecimento mediado textualmente é *esse*? Quais são as condições para esse conhecimento e seus efeitos?

Este capítulo se concentra no leitor a respeito da economia da luz, naquele espaço escatológico no qual os leitores ficam face a face, por assim dizer, com a figura de Cristo, brilhando atrás, dentro e na frente do mundo do texto. Aqui, também, a transfiguração tem significado hermenêutico. Leão Magno forneceu uma pista sobre o que é isso ao notar que o acontecido no monte Tabor lançou uma base para a esperança da igreja de que todos os cristãos teriam "uma parte naquela honra que já havia brilhado em sua Cabeça".[7] Nas palavras do apóstolo Paulo, "Todos seremos transformados" (1Co 15:51). Daí a tese do presente capítulo: *a interpretação transfigural transfigura o intérprete*. Ler a Bíblia teologicamente, na economia da luz, é contemplar a glória de Deus de uma maneira transformadora, de modo que leitores atentos passem a refletir a própria luz que veem: "Nós nos tornamos como aquilo que contemplamos".[8]

---

4. Guigo II, *The Ladder of Monks*, trad. Edmund Colledge e James Walsh (Kalmazoo, MI: Cistercian, 1979).
5. Gregório de Nissa, *The Life of Moses*, trad. Abraham J. Malherbe e Everett Ferguson, *Classics of Western Spirituality* (Nova York: Paulist, 1978), p. 93.
6. René van Woudenberg, *The Epistemology of Reading and Interpretation* (Cambridge: Cambridge University Press, 2021).
7. Leão Magno, *Sermon 51*.
8. Jeremy M. Kimble, *Behold and Become: Reading Scripture for Transformation* (Grand Rapids: Kregel Academic, 2023), p. 36.

Ler a Bíblia teologicamente envolve ascender, contemplar e refletir a luz que vemos. Ao ascender e contemplar, os leitores se abrem para o anúncio divino. Nas palavras de Ephraim Radner, "A interpretação teológica [...] [é] uma atitude de receptividade".[9] Ela lembra a abordagem "fé em busca de entendimento" para a teologia, de Anselmo, uma busca que ele conduziu *como* oração: "Eu busco tua face; tua face, Senhor, eu desejo".[10] Ler a Bíblia teologicamente, isto é, atender ao anúncio divino com o propósito de conhecer Deus na face de Cristo, é também, de modo semelhante, uma forma de oração. A interpretação teológica das Escrituras se assemelha mais ao diálogo com seu autor divino vivo do que a uma operação realizada em letras mortas. Ler a Bíblia teologicamente é abordar o texto na expectativa de entrar na presença comunicativa do Deus vivo. Ler teologicamente é entrar no domínio da palavra de Deus, permanecer com outros em solo sagrado – um topo de montanha envolvido por uma nuvem de glória.

John Webster convoca os intérpretes bíblicos a se concentrarem menos em quais métodos interpretativos devem usar e mais em que tipo de pessoas devem ser: "É mais importante expor uma antropologia do leitor do que estabelecer um conjunto de diretrizes metodológicas para a leitura".[11] Esse pensamento nos leva de volta a meu experimento de abertura na crítica bíblico-teológica. A interpretação transfigural não é um método discreto, mas um grupo de sensibilidades que, tomadas em conjunto, promovem certo tipo de cultura de leitura (e leitor). Enquanto a crítica secular de resposta do leitor constrói o texto como um *playground* para a criatividade do leitor, essa crítica distintamente teológica de resposta do leitor é mais como um campo de provas que testa a prontidão e aptidão do leitor. Como a Bíblia é o discurso divino, a interpretação bíblica é melhor vista como o "discurso de resposta" do leitor, a descrição concisa da oração de Eugene Peterson.[12] Isso sugere que a interpretação transfigural é uma espécie de crítica de "resposta do leitor" na qual a resposta não é constitutiva do significado textual, mas sintomática da condição espiritual do leitor.

Tal como os protagonistas das histórias bíblicas que eles interpretam, os leitores participam na economia da luz: "Nós também podemos e devemos orar com consciência de nosso lugar no enredo bíblico, de acordo com nosso 'ato' no drama de Deus".[13] Este capítulo, portanto, contrasta o leitor como *sujeito soberano* – alguém que opera no texto bíblico como um cirurgião em um paciente indefeso – com o leitor como *servo*

---

9. Ephraim Radner, "'I Contain Multitudes': The Divine Basis for the Theological Interpretation of Scripture" [Eu contenho multidões: a base divina para a interpretação teológica das Escrituras], *Pro Ecclesia 31*, n. 2 (2022), p. 145.

10. Anselmo, *An Address (Proslogion)*, cap. 1, em Eugene R. Fairweather (org.), *A Scholastic Miscellany: Anselm to Ockham* (Philadelphia: Westminster, 1956), p. 70.

11. John Webster, *The Culture of Theology* (Grand Rapids: Baker Academic, 2019), p. 73.

12. *Veja* Eugene H. Peterson, *Answering God: The Psalms as Tools for Prayer* (São Francisco: Harper & Row, 1989), p. 6.

13. Daniel J. Brendsel, *Answering Speech: The Life of Prayer as Response to God* (Wheaton, IL: Crossway, 2023), p. 105.

santificado: "As diferenças entre 'Aqui estou' e 'Eu vejo' são óbvias. Em um, eu me coloco à disposição do Senhor da aliança [...] no outro, eu estou em posição de posse".[14]

Como a oração, a interpretação bíblica é uma forma de discurso de resposta. Como a oração, a interpretação bíblica pode ser uma luta – uma batalha de honestidade com Deus. Os leitores lutam com textos e outros leitores, mas, em última análise, consigo mesmos diante de Deus. Na análise final, o contexto mais importante para a interpretação espiritual é o contexto do leitor em ser abordado pelo Deus vivo. Segue-se que o maior obstáculo para a compreensão da Bíblia não é a distância histórica, mas espiritual. Isso nos leva a examinar a relação da interpretação espiritual e da formação espiritual, e o papel do Espírito Santo em promover leitores de mente e coração corretos. Os últimos leem com rostos descobertos e, ao fixar o olhar na luz de Cristo, começam a refleti-la.

Lutando com textos (e outros leitores): a luta pela compreensão

Conforme anteriormente mencionado no capítulo 5, o filósofo hermenêutico Paul Ricoeur descreveu a leitura como, antes de tudo, "uma luta com o texto".[15] Em pé "na frente" do texto, os leitores lutam com a distância histórica e cultural, diferentes quadros de referência e dificuldades de tradução. Os leitores da Bíblia lutam com uma dificuldade adicional: um chamado para serem praticantes e não apenas ouvintes, talvez para morrer para si mesmos. De acordo com Ricoeur, os textos muitas vezes pedem a "despossessão" do ego: as histórias buscam "refigurar" nossa existência, para efetuar uma mudança em crenças, valores ou comportamento que cultivamos.[16] Lutar com o texto e sua proposta de modo de ser no mundo é muitas vezes um envolvimento em um conflito de vida ou morte ou, no mínimo, uma luta para preservar a identidade e o modo de vida anteriores.

Se os textos em geral são um espelho de nossa condição humana, quanto mais as Escrituras o são. Søren Kierkegaard, relembrando a imagem do texto bíblico como um espelho (Tg 1:23), disse: "*Você não deve olhar para o espelho* [...] *mas deve ver a si mesmo no espelho*".[17] Esse é na verdade o desafio existencial da interpretação bíblica. Pois não estamos lendo simplesmente sobre ações de pessoas que já se foram há muito tempo; estamos olhando para pessoas como nós. Não, estamos olhando para tipos de

14. Michael Horton, *The Christian Faith: A Systematic Theology for Pilgrims on the Way* (Grand Rapids: Zondervan, 2011), p. 85.

15. Paul Ricoeur, *A Ricoeur Reader: Reflection and Imagination* (organizado por Mario J. Valdés) (New York: Harvester Wheatsheaf, 1991), p. 494.

16. Veja também Paul Ricoeur, *Time and Narrative*, vol. 3 (traduzido por Kathleen Blamey e David Pellauer) (Chicago: University of Chicago Press, 1988).

17. Søren Kierkegaard, "What Is Required in Order to Look at Oneself with True Blessing in the Mirror of the Word" [O que é necessário para olhar para si mesmo com a verdadeira bênção no espelho da Palavra], em Søren Kierkegaard, *For Self-Examination* e *Judge for Yourself!* (organizado e traduzido por Howard V. Hong e Edna H. Hong) (Princeton: Princeton University Press, 1990), p, 25 (ênfase original).

nós mesmos em relação a Deus. Essa nem sempre é uma bela visão. Kierkegaard estava profundamente ciente de nossa tendência de ler a Bíblia para "defender [o leitor] contra a Palavra de Deus".[18] É claro que um desejo de apagar a luz de Cristo e seu brilho assustador dificilmente é uma invenção moderna. A história de Israel foi em grande parte resistente à palavra de Deus: "A quem posso falar ou advertir? Quem me escutará? Os ouvidos deles são obstinados, e eles não podem ouvir" (Jr 6:10).

A história de Jacó lutando a noite toda com uma figura misteriosa (Gn 32:22-32) é uma ilustração adequada da luta na leitura da Bíblia. Ela sugere que a compreensão (a bênção buscada) é muitas vezes obtida apenas por meio de algum tipo de luta existencial com o texto. Ela também levanta a questão: Com quem/o que exatamente os leitores estão lutando? A luta envolve mais do que infelicidades gramaticais ou *hapax legomena*. Parafraseando o apóstolo Paulo, "Pois não lutamos contra verbo e substantivo, mas contra os autores, contra os vários quadros de referência, contra leitores espirituais em seus lugares contextuais". Essa seção começa, então, com uma pesquisa das várias lutas que os leitores da Bíblia têm, mas depois continua argumentando que a maior delas é interna, entre encarar a luz de Cristo e o desejo pecaminoso de se esconder na escuridão (Mt 6:23; Jo 3:19).

Lutando com textos (e suas dificuldades)

Como os textos bíblicos são "difíceis"?[19] Deixe-me enumerar esses modos! Em primeiro lugar, sua distância histórica e cultural muitas vezes torna difícil aos leitores contemporâneos forjar conexões significativas. Segundo, os textos apocalípticos são igualmente desconhecidos, utilizando imagens que muitas vezes confundem a mente. Terceiro, alguns leitores acham o conteúdo de certos textos eticamente questionável ou intelectualmente suspeito. Tremper Longman identifica várias dessas áreas no Antigo Testamento, incluindo a evolução e o aparente conflito entre a Bíblia e a ciência, a ordem divina para Israel causar violência a Canaã nas narrativas de conquista, e a exclusividade do casamento heterossexual e a condenação da homossexualidade.[20]

A verdadeira luta nesses últimos casos é entre o texto e as sensibilidades morais do leitor, como um estudioso bíblico moderno deixa bem claro: "Se seguirmos as descrições de Deus feitas pelos escritores bíblicos no mundo antigo, resta apenas uma conclusão razoável: Deus é sexista e racista".[21]

---

18. Kierkegaard, p. 34. Para mais informações sobre o próprio Kierkegaard como leitor das Escrituras, veja Timothy Polk, *The Biblical Kierkegaard* (Macon, GA: Mercer University Press, 1997), e Kevin Storer, *Reading Scripture with Kierkegaard: Kierkegaard's Upbuilding Hermeneutic of Scripture in the Discourses* (Frankfurt: Peter Lang, 2022).

19. Cf. George Steiner, *On Difficulty and Other Essays* (Oxford: Oxford University Press, 1978).

20. Tremper Longman III, *Confronting Old Testament Controversies: Pressing Questions about Evolution, Sexuality, History, and Violence* (Grand Rapids: Baker, 2019).

21. Jonathan L. Walton, *A Lens of Love: Reading the Bible from Its World for Our World* (Louisville: Westminster John Knox, 2018), p. 96.

Phyllis Trible chama a atenção para "textos de terror", como ela nomeia os obscuros textos bíblicos que documentam o abuso de mulheres. Ezequiel 16:35-42 é um desses textos, pois descreve Deus como um marido devoto, mas exasperado, que expõe a nudez da infiel Jerusalém e a abandona à loucura de uma multidão que a corta em pedaços. Um comentarista opina: "De acordo com essa imagem, os principais atributos de Deus são domínio masculino, poder e controle".[22] Trible compara a leitura desses textos à história da luta de Jacó, embora ela se imagine nas garras não de anjos, mas de algo mais sinistro: "Contar e ouvir histórias de terror é lutar com demônios à noite, sem um Deus compassivo para nos salvar".[23]

Esses e outros "textos tóxicos" das Escrituras "funcionam como um espelho que revela [...] nosso hábito de projetar nossas próprias imagens não cristãs em Deus, especialmente na forma de violência religiosa".[24] Claro, Jesus também pode ser "difícil" e, às vezes, até assustador. Sua indignada derrubada das mesas dos cambistas no templo (Jo 2:14-17) não foi uma limpeza habitual do ambiente, e nem sua condenação dos fariseus (Mt 23) nem seu ensino sobre o inferno (Mt 5:22,29; 10:28) indicam um inclusivismo tolerante.

Acrescenta-se a essas dificuldades, bem como àquelas que tocam em questões de sexualidade e gênero, a tensão entre os quadros de referência moral dos leitores contemporâneos (e imaginário social) e os quadros de referência que encontramos nas Escrituras. Considere, por exemplo, a questão mais difícil de todas: o problema do mal. Como os leitores podem reconciliar o Deus todo-bom e todo-poderoso do texto bíblico com a realidade inegável do sofrimento injusto no mundo e a própria experiência? A equipe autoral pai-filho Bill e Will Kynes confronta com precisão esse dilema em seu livro apropriadamente intitulado *Wrestling with Job* [Lutando com Jó]: "O livro de Jó é, de muitas maneiras, um livro difícil [...] porque não nos dá as respostas que desejamos".[25] Os leitores se identificam com Jó, que luta ele próprio com o problema. Cada um dos amigos de Jó representa um quadro de referência moral diferente, e nenhum deles consegue enfrentar a dificuldade, propondo, em vez disso, que o sofrimento de Jó deve ser merecido.

A questão central é se Jó e seus leitores confiarão em Deus, aconteça o que acontecer.[26] Acreditar que Deus é digno de adoração, mesmo diante do sofrimento, é adotar um quadro de referência escatológico que vira nossos cálculos morais típicos de cabeça para baixo. O livro de Jó não fornece uma "resposta"; em vez disso, ele

---

22. Ibidem, p. 108.
23. Phyllis Trible, *Texts of Terror: Literary-Feminist Readings of Biblical Narratives*, edição de 40º aniversário (Minneapolis: Fortress, 2022), p. 4.
24. Bradley Jersak, *A More Christlike Word: Reading Scripture the Emmaus Way* (New Kensington: Whitaker House, 2021), p. 58.
25. Will Kynes e Bill Kynes, *Wrestling with Job: Defiant Faith in the Face of Suffering* (Downers Grove: IVP Academic, 2022), p. 1.
26. Kynes and Kynes, p. 3-4.

pede aos leitores que respondam ao Deus que fala do redemoinho com uma fé que suporta sua provação ardente. A "solução" requer que os leitores rejeitem o quadro de referência que dá origem ao problema em primeiro lugar. Os leitores passam a "conhecer" Deus como confiável por meio da leitura de Jó, mas não no modo de explicação teórica. Em vez disso, passam a conhecer apenas quando têm o quadril, ou seja, sua estrutura de referência moral, desarticulado. A bênção que Jó recebe é um novo quadro de referência que mostra que Deus é soberano e confiável, mesmo quando as aparências são contrárias.

Lutando com os autores (e suas intenções)

Outra fonte de dificuldade são autores com os quais podemos discordar ou que resistem a dizer o que gostaríamos. De quem é o texto, afinal? Os direitos autorais protegem os direitos legais dos autores modernos como criadores de suas obras, mas não lhes dão o direito exclusivo de dizer o que suas obras significam. Esse privilégio foi apropriado por uma casta profissional sacerdotal: o crítico literário (e mais tarde bíblico). O famoso ensaio de Matthew Arnold, escrito em 1869, "Culture and Anarchy" [Cultura e anarquia], descreve o crítico como um observador desinteressado de obras literárias e da cultura como um todo. A crítica literária era, para Arnold, uma qualificação para a crítica da própria sociedade.[27] Enquanto os leitores anteriores eram filólogos cujo objetivo principal era simplesmente seguir a forma pela qual as palavras funcionam, esses leitores profissionais posteriores muitas vezes presumem saber *melhor* ou *mais* do que os autores. Alguns críticos bíblicos até pensam que podemos dispensar completamente os autores.[28]

Professing Criticism [Professando a crítica], de John Guillory, é uma análise minuciosa (e mordaz) do papel do estudo literário na universidade contemporânea. Ele é relevante para a presente discussão por duas razões: primeiro, por causa dos paralelos significativos entre a crítica literária e a bíblica; segundo, por causa de sua preocupação abrangente sobre a maneira pela qual as instituições educacionais, e a crítica literária em particular, moldam as culturas de leitura. Guillory observa a ironia de nossa situação: enquanto a literatura "é *estudada* na universidade, a crítica é *professada*".[29] Ele lamenta que os estudantes de literatura inglesa estejam aprendendo não literatura, mas *crítica*, uma maneira particular de ver e falar sobre literatura. Além disso, a crítica hoje se tornou o domínio dos profissionais, embora "durante a maior parte de sua história, o estudo literário tenha sido um conjunto de práticas com muitos locais diferentes, tanto

27. Matthew Arnold, *Culture and Anarchy and Other Writings* (organizado por Stefan Collini) (Cambridge: Cambridge University Press, 1993), p. 53-211.

28. *Veja* ensaios por Clar, Dinkler, Strømmen e Moore em Clarissa Breu (org.), *Biblical Exegesis without Authorial Intention? Interdisciplinary Approaches to Authorship and Meaning* (Leiden: Brill, 2019).

29. John Guillory, *Professing Criticism: Essays on the Organization of Literary Study* (Chicago and London: University of Chicago Press, 2022), p. vii (ênfase do original).

dentro quanto fora da universidade".[30] O resultado final, tanto em estudos literários quanto bíblicos, é a supremacia do discurso secundário (isto é, crítico) sobre o primário (isto é, autoral). Corpo docente do seminário, tomem nota: vocês estão ensinando os alunos a serem leitores ou críticos?

No clima cultural atual, as ciências humanas tornaram-se difíceis de se vender, uma opção sem fins lucrativos para uma mera fração da população. Um comentarista social diz que agora vivemos em "uma era duplamente secularizada, pós-religiosa e pós-canônica": perdemos a fé na religião e nas ciências humanas em grande parte porque a crítica se tornou uma ferramenta para expor e desconstruir os valores, tanto explícitos quanto implícitos, na literatura atendendo a grupos de interesses especiais.[31] Ao professar o estudo da literatura, em vez disso, depositamos fé em formas de crítica, métodos que têm como missão a crítica textual e da sociedade, muitas vezes com o objetivo de redistribuir o poder político. Os leitores "professores" de hoje provavelmente são, na verdade, críticos ideólogos, menos interessados em interpretar o mundo do texto do que em transformar o mundo à sua frente.

Este não é o lugar para uma revisão abrangente das inúmeras formas de crítica bíblica.[32] No entanto, o *status* da intenção autoral em estudos bíblicos merece menção especial à luz da tendência de leitores profissionais em professar tipos de crítica que são lidos contra a corrente ou anulam as intenções comunicativas do autor. É uma questão urgente: até que ponto a exegese bíblica sem intenção autoral é possível? A questão é mais do que hermenêutica; em última análise, está relacionado à possibilidade dos leitores estarem dispostos a encarar os autores cujas obras leem – e se estão dispostos a deixar a face (do autor) falar.

Afirmar que o autor está morto, não mais ali para determinar ou esclarecer o significado textual é uma conclusão precipitada em muitas teorias literárias pós-modernas.[33] Na melhor das hipóteses, boa parte dos críticos tratam a voz do autor, à medida que pode ser recuperada, como apenas uma testemunha do significado textual, não uma autoridade. Na pior das hipóteses, consideram o autor como um mero porta-voz das ideologias culturais da época, caso em que a tarefa do crítico é descobrir o que está *por trás* da intenção aparente do autor. Nas palavras de um estudioso do Novo Testamento, "É impossível recuperar a intenção inicial de um autor que morreu há muito tempo (e, portanto, não pode corroborar ou contradizer nossas percepções), e mesmo se pudéssemos falar com autores antigos, eles podem não conhecer as próprias motivações e intenções

---

30. Ibidem, p. ix.

31. Simon During, "Losing Faith in the Humanities" [Perdendo a fé nas ciências humanas], em *The Chronicle of Higher Education*, 18 de dezembro de 2019, em: http://www.chronicle.com/article/losing-faith-in-the-humanities/.

32. Para uma pesquisa sobre os tipos de crítica bíblica, veja Stanley E. Porter (org.), *Dictionary of Biblical Criticism and Interpretation* (Nova York: Routledge, 2007).

33. Para a versão longa, veja meu *Is There a Meaning in This Text? The Bible, the Reader, and the Morality of Literary Knowledge* (Grand Rapids: Zondervan, 1998), caps. 1-3.

por completo".[34] Além disso, o contexto histórico inicial do autor não é mais privilegiado do que qualquer outro porque, uma vez escritos, os textos têm uma existência nômade, "desviando" aqui e ali, dentro e fora de várias comunidades de leitura nas quais, como antigos *hippies*, eles podem "descobrir" a si mesmos.[35] Se a exegese é uma "condução para fora" do significado textual, os críticos bíblicos que questionam a utilidade da intenção autoral querem que as pessoas saibam que é o leitor, não o autor, quem faz a condução.[36]

Os rumores sobre a morte do autor foram, no entanto, muito exagerados. Um remanescente de intérpretes orientados ao autor permanece. É incontestável que os textos bíblicos foram produzidos por pessoas históricas, e saber quem eram essas pessoas, onde e quando viveram, nos ajuda a situar seus textos em termos de linguagem, cultura e contexto histórico. "Autores são pessoas [...] e entendendo suas intenções mediante a leitura de seus textos, conhecemos seres humanos [...] esses encontros com autores são um dos principais benefícios das ciências humanas".[37] Observe também que a própria noção de autoria, mesmo que subdesenvolvida, estava ligada à autoridade apostólica na igreja primitiva: "A importância duradoura de um texto dependia de sua autoria".[38]

Ler com a suspeita de que os autores são meramente instrumentos das ideologias predominantes de sua época implica que os críticos sabem mais: "A crítica glorifica a própria agência, mas oculta a agência do autor".[39] Ignorar o que um autor disse/fez ao expressar certas intenções comunicativas na arena publicamente acessível da escrita nega ou tenta reescrever o passado. "Uma vez que o autor se foi, o contexto vai com ele e o leitor está inteiramente por conta própria."[40] Isso não pode ser assim, pois "ações tomadas no passado, incluindo declarações artísticas, não podem mudar, por mais que nossa compreensão delas [possa]".[41] A ética da interpretação obriga os leitores a reconhecer as intenções comunicativas de um autor, mesmo que não concordem com elas. "Podemos ouvir, mas ainda assim discordar."[42] Além disso, se nem mesmo tentarmos recuperar a intenção do autor e respeitar a própria integridade

34. Michal Beth Dinkler, "Between Intention and Reception: Textual Meaning-Making in Intersubjective Perspective" [Entre intenção e recepção: produção de sentido textual na perspectiva intersubjetiva], em Breu, *Biblical Exegesis without Authorial Intention?*, p. 75.

35. Brennan Breed, *Nomadic Text: A Theory of Biblical Reception History* (Bloomington: Indiana University Press, 2014).

36. "A exegese tradicional quer rejeitar as influências do leitor sobre o significado textual em busca da objetividade acadêmica" (Dinkler, "Between Intention and Reception", p. 77).

37. Oda Wishmeyer, "Author–Text–Intention: A Case Study on the Letter of James" [Autor-texto-intenção: um estudo de caso na Carta de Tiago], em Breu, *Biblical Exegesis without Authorial Intention?*, p. 37.

38. Ibidem, p. 26.

39. John Farrell, *The Varieties of Authorial Intention: Literary Theory beyond the Intentional Fallacy* (Londres: Palgrave Macmillan, 2017), p. ix.

40. Ibidem, p. 81.

41. Ibidem, p. 241.

42. Ibidem, p. 241. Na verdade, Farrell fala das "variedades" da intenção autoral precisamente para distinguir a tarefa de *compreender* um texto de sua *avaliação*, na qual esta envolve julgar a qualidade do que o autor esperava alcançar, nomeadamente, os "efeitos práticos da obra que constituem seu impacto" (*Varieties of Authorial Intention*, p. 239).

comunicativa, "só ouviremos o eco de nossas próprias vozes ou, como Narciso, veremos nossos próprios rostos no espelho do texto".[43] Infelizmente, não há bênção nem compreensão a ser obtida em considerar o próprio reflexo no espelho do texto bíblico. Um espírito hermenêutico altivo precede a ação interpretativa mal-intencionada.

Lutando com os leitores (e seus contextos)

As mais dolorosas lutas interpretativas do leitor não são com o texto ou com o autor, mas com outros leitores e comunidades de leitura. Stanley Fish fala da "autoridade" das comunidades interpretativas, grupos de pessoas que compartilham o mesmo contexto ou interesse interpretativo – isto é, *quadro de referência* e *cultura de leitura*.[44] Quadros de referência típicos que distinguem uma comunidade interpretativa de outra podem ser disciplinares, denominacionais, éticos ou sociopolíticos. Como o significado depende do contexto, Fish afirma que o significado de um texto muda à medida que entra em diferentes contextos de leitura.[45] O conflito de interpretações se resume a diferenças entre comunidades interpretativas, cada uma com o próprio interesse interpretativo e método correspondente. O conflito de interpretações rapidamente se torna um conflito de autoridade interpretativa entre comunidades interpretativas rivais, um conflito eventualmente transformado em guerras de culturas de leitura em larga escala, uma característica distintiva do contexto contemporâneo.

Uma coisa é ver a leitura como uma fonte de conhecimento, e outra bem diferente é decidir *qual* leitura é justificada ou não. A obra seminal de Jean-François Lyotard, *The Postmodern Condition: A Report on Knowledge* [A condição pós-moderna: um relatório acerca do conhecimento], identifica corretamente o principal desafio para os leitores ocidentais da Bíblia ou de qualquer outro texto: como responder à crise de legitimação na interpretação.[46] Qual compreensão conta, e por quê? Qual leitura conta como conhecimento em vez de uma tomada hostil, uma apropriação de significado para poder político? Leituras que empregam quadros de referência diferentes daqueles usados pelo autor podem ser descritas como *extratextuais*.[47] Essas leituras normalmente buscam respostas para questões que o texto não aborda e são, portanto, exemplos de uma *compreensão distorcida* pelo excesso (*overstanding*). Esses exercícios seriam bons se a interpretação fosse apenas acerca da opinião, e não sobre conhecimento. Leitores cristãos da Bíblia querem mais do que opinião, no entanto: "Queremos que nossas

---

43. Wishmeyer, "Author–Text–Intention", p. 38.

44. Stanley Fish, *Is There a Text in This Class? The Authority of Interpretive Communities* (Cambridge: Harvard University Press, 1980).

45. Obviamente, é uma questão controversa saber qual(is) contexto(s) determina(m) o significado, se apenas o do autor ou também o dos leitores posteriores.

46. Jean-François Lyotard, *The Postmodern Condition: A Report on Knowledge* (Minneapolis: University of Minnesota Press, 1984), p. 6-8.

47. Woudenberg emprega um termo semelhante, descrevendo interpretações que usam um quadro de referência diferente daquele do autor externalista (*Epistemology of Reading and Interpretation*, p. 210).

interpretações sejam explicativas. Queremos que elas nos digam como o texto realmente adquiriu as características que tem e o que pretendiam significar".[48] A alternativa para a compreensão correta resume-se em cada leitor fazer o certo aos próprios olhos. A subjetividade acontece, e os leitores da Bíblia não são exceção. Como Rhyne Putman diz, "Há evidências de viés de confirmação em procedimentos teológicos de rotina, como exegese e uso de textos-prova".[49]

O contexto cultural do intérprete pesa muito na escolha do quadro de referência a ser privilegiado. Até mesmo o alardeado método histórico-crítico é um produto de seu tempo e lugar: "Longe de ser um método objetivo e neutro, a prática da crítica histórica sempre esteve ligada a preocupações ideológicas, religiosas e políticas, especialmente aquelas priorizadas no Iluminismo europeu".[50] Os leitores de hoje estão profundamente cientes de que "a localização histórica e cultural, bem como a agenda de determinado intérprete [são] tão consequentes quanto a da obra que está sendo interpretada".[51] Essa hiperconsciência da natureza contextualmente contingente da crítica histórica, com outras estruturas interpretativas, enfraquece toda e qualquer reivindicação de superioridade, alimentando ainda mais a crise de legitimação.

Atualmente, "interpretação bíblica contextual" serve como um termo genérico que descreve abordagens que priorizam a localização étnica ou sociocultural do intérprete em detrimento de outras localizações e contextos, incluindo o contexto histórico inicial, à medida que contribuiu para a supressão de vozes minoritárias. A exegese contextual "integra explicitamente o pensamento sobre a situação contextual do leitor".[52] Por exemplo, a crítica bíblica pós-colonial é escrita da perspectiva dos colonizados – aqueles que, como os cananeus, perderam suas terras para os conquistadores europeus ou permanecem sob a influência de antigas potências coloniais que usaram textos bíblicos para justificar sua posse de terras.[53] Esse é apenas um exemplo entre as inúmeras estruturas interpretativas hoje disponíveis, incluindo abordagens geográficas (como diversas teologias asiáticas e africanas), de gênero (como a teologia feminista e mulherista), étnicas e de libertação (como a teologia mujerista e minjung), entre outras.

---

48. Farrell, *Varieties of Authorial Intention*, p. 79.

49. Rhyne R. Putman, *When Doctrine Divides: An Evangelical Approach to Theological Diversity* (Wheaton, IL: Crossway, 2020), p. 155.

50. Ian Boxall e Bradley C. Gregory, "Introduction", *The New Cambridge Companion to Biblical Interpretation* (Cambridge: Cambridge University Press, 2023), p. 2.

51. Ibidem, p. 3.

52. Peter-Ben Smit e Klaas Spronk, "Contextual Biblical Interpretation: A Theological Necessity" [Interpretação bíblica contextual: uma necessidade teológica], *Concilium 58*, n. 3 (2022), p. 15. Para um apelo apaixonado para não impor métodos de leitura ocidentais ao resto do mundo, *veja* Larry W. Caldwell, "Towards the New Discipline of Ethnohermeneutics: Questioning the Relevance of Western Hermeneutical Methods in the Asian Context" [Em direção a uma nova disciplina étnico-hermenêutica: questionando a relevância dos métodos hermenêuticos ocidentais no contexto asiático], *Journal of Asian Mission 1*, n. 1 (1999), p. 21-43.

53. *Veja* também, Jin Young Choi, "Postcolonial Interpretation", em *New Cambridge Companion to Biblical Interpretation*, p. 210-27.

William Blake antecipou essa variedade em seu poema "The Everlasting Gospel", no qual descreveu de forma vívida o conflito das estruturas interpretativas judaicas e cristãs:

> A visão do Cristo que tu vês
> É a maior inimiga de minha visão.
> A tua tem um grande nariz adunco como o teu,
> A minha tem um nariz redondo como o meu
> [...]
> Ambos lemos a Bíblia noite e dia,
> Mas tu lias negro onde branco eu lia.[54]

Blake estava inadvertidamente à frente de seu tempo ao falar de "ler o negro" e "ler o branco". Mark Noll descreve a Guerra Civil como uma crise teológica, mas ela foi igualmente hermenêutica: os antiabolicionistas liam a Bíblia como se esta apoiasse a escravidão; os abolicionistas protestavam que a escravidão era um mal ao qual o evangelho se opunha.[55] Parafraseando a trágica conclusão de Noll: coube àqueles intérpretes bíblicos consumados, os generais Ulysses S. Grant e William Sherman, decidir como a Bíblia seria lida dali em diante. Aos vencedores vão os despojos interpretativos!

Reading While Black [Uma leitura negra], de Esau McCaulley, é um importante *cri de coeur* de alguém que habita o contexto eclesial afro-americano. Ele se baseia na experiência da igreja negra para destacar certas questões (por exemplo, sobre policiamento e política) que os intérpretes brancos normalmente não levantam.[56] No entanto, ao contrário de muitos intérpretes contextuais, McCaulley não cai na armadilha de simplesmente afirmar a superioridade de seu quadro de referência, nem permite que o próprio contexto supere o texto bíblico: "Proponho, em vez disso, que adotemos a atitude de Jacó e nos recusemos a abandonar o texto até que ele nos abençoe".[57] McCaulley faz o que eu gostaria que todos os leitores que habitam seus contextos particulares fizessem. Ele percebe que há "uma diferença entre reconhecer a localização social da interpretação e deixar que essa localização eclipse o próprio texto".[58] Em suma, ele percebe que as comunidades interpretativas não devem perseguir apenas os próprios interesses interpretativos estreitos. "Os anões são pelos anões",[59] como C. S. Lewis declarou em *A Última Batalha*, mas na igreja de Jesus Cristo, não deve ser o caso de que os

54. William Blake, *The Complete Poems* (organizado por Alicia Ostriker) (Londres: Penguin Classics, 1978), p. 851.

55. Veja Mark A. Noll, *The Bible Civil War as a Theological Crisis* (Chapel Hill: University of North Carolina Press, 2006), p. 31-50.

56. Esau McCaulley, *Reading While Black: African American Biblical Interpretation as an Exercise in Hope* (Downers Grove: IVP Academic, 2020) [Cf. em português: *Uma leitura negra: interpretação bíblica como exercício de esperança* (São Paulo: Mundo Cristão, 2021)].

57. Ibidem, p. 21.

58. Ibidem, p. 182.

59. C. S. Lewis, *The Last Battle* (Nova York: Puffin, 1964), p. 111 [Cf. em português: *A Última Batalha* (Rio de Janeiro: Thomas Nelson Brasil, 2023)].

negros são para os negros, ou os brancos para os brancos, e assim por diante. Portanto, McCaulley corretamente pede que as variadas comunidades interpretativas se voltem "para o texto em diálogo umas com as outras a fim de discernir a mente de Cristo".[60]

As diferenças podem ser ameaçadoras, especialmente para leitores que são muito seguros ou inseguros em suas identidades. O amor perfeito pelo texto bíblico deve expulsar o medo interpretativo. Nem toda diferença precisa ser divisiva. Algumas diferenças são salutares, permitindo-nos ver mais cores na luz branca de Cristo que brilha do texto. Leitores sábios reconhecerão com honestidade as limitações dos próprios contextos: "Alguns dos hábitos que nós, leitores do Ocidente, trazemos para a Bíblia podem nos cegar para interpretações que o público inicial e os leitores de outras culturas veem naturalmente".[61] A história da igreja está igualmente repleta de contextos diversos: "Prestar atenção à história da recepção é, portanto, também uma forma de exegese contextual".[62] O caminho a seguir, então, para além do conflito de contextos e comunidades interpretativas, é recuperar uma *catolicidade contextual e uma contextualidade católica* – a amplitude dos leitores cristãos ao longo do tempo e do espaço – enquanto simultaneamente reconhece a primazia do contexto canônico. Intérpretes cristãos puros e simples devem se esforçar para se tornar o tipo de leitores que escutam o que outros, em contextos diferentes dos seus, ouviram nas Escrituras: "Entender como outras pessoas, em diferentes eras, culturas e locais, receberam e usaram a Bíblia pode tornar os intérpretes mais autoconscientes da própria contingência e promover o entendimento entre as comunidades de leitura".[63] Não há um contexto privilegiado, apenas uma comunidade de leitura: a igreja una, santa, católica e apostólica, manifestada em suas muitas expressões locais.[64]

Lutando com Deus? Lendo Jacó em Jaboque

A luta final que impede a leitura teológica da Bíblia e a reflexão da luz de Cristo percebida por essa leitura é a luta do leitor com Deus, ou melhor, consigo mesmo diante da palavra de Deus. Parafraseando Calvino: a soma da sabedoria hermenêutica consiste em duas partes, a leitura da Palavra de Deus e de nós mesmos. Sem conhecimento de si mesmo, não há leitura de Deus; sem conhecimento de Deus, não há leitura

60. McCaulley, p. 22.

61. E. Randolph Richards e Brandon J. O'Brien, *Misreading Scripture with Western Eyes: Removing Cultural Blinders to Better Understand the Bible* (Downers Grove: IVP Books, 2012), p. 15.

62. Smit e Spronk, "Contextual Biblical Interpretation", p. 18.

63. Boxall and Gregory, "Introduction", *New Cambridge Companion to Biblical Interpretation*, p. 10.

64. Para dois exemplos recentes acerca dessa catolicidade canônica (duas teses de doutorado sob minha supervisão), veja Isuwa Y. Atsen, *A Tapestry of Global Christology: Weaving a Three-Stranded Theological Cord* (Carlisle: Langham Monographs, 2022); e Taimaya Ragui, *Confessing Community: An Entryway to Theological Interpretation in North East India* (Minneapolis: Fortress, 2023). Veja também as cinco teses de Stephen T. Pardue em seu *Why Evangelical Theology Needs the Global Church* (Grand Rapids: Baker, 2023).

de si mesmo. No entanto, boa parte dos leitores, como Adão e Eva, podem ser tentados a se esconder da voz – a presença falante – do Senhor. Ler teologicamente envolve mais do que procedimentos metodológicos; também diz respeito à nossa atitude espiritual, isto é, nossa relação com o Espírito Santo.[65]

A luta entre Jacó e o *ish* ("homem") que Gênesis 32:22-32 registra não parece ser sobre leitura, à primeira vista, embora os comentaristas modernos sejam rápidos em confessar que isso *ocasiona* alguma luta – com o texto – para entendê-lo.[66] No nível literal, a história, embora estranha, não é difícil de ser acompanhada: Jacó passa a noite perto de um riacho chamado Jaboque, luta com um estranho, pede ao estranho que fale seu nome e o abençoe, perde a luta, mas recebe uma bênção e um novo nome do mesmo jeito. Quem era o oponente de Jacó? Era o anjo da guarda de Esaú, o próprio Esaú, um anjo do Senhor, o alter ego de Jacó ou o próprio Deus? Por que Jacó insistiu tanto em aprender seu nome? Identificar esse estranho requer e fornece um quadro de referência, tornando-se a chave para a compreensão. A história é relevante para os propósitos atuais tanto porque Jacó, ou pelo menos seu nome, é "transfigurado", quanto porque vários intérpretes, passados e presentes, relacionam a história a ouvir e/ou ver Deus, o próprio objetivo da interpretação transfiguradora.[67]

Fílon apresenta Jacó como "uma mente em treinamento", um buscador de sabedoria que passou por uma variedade de exercícios espirituais em sua busca pela virtude, e isso influenciou os primeiros leitores cristãos.[68] Fílon contrastou Jacó, alguém que se envolve em práticas ascéticas que levam à sabedoria, com Esaú, a personificação da paixão e tolice.[69] As experiências de Jacó eram uma forma de *paideia*, um processo educacional que visava "à luz da alma".[70] Fílon pensava que as histórias de Jacó são sobre o bem dos exercícios espirituais, em particular o bem de ver Deus, o que explicaria a mudança de nome de Jacó no versículo 28: o "suplantador" (Jacó), por meio de sua busca pela

---

65. Gordon D. Fee fez um argumento apaixonado e convincente para traduzir referências do Novo Testamento para "espiritual" (*pneumatikos*) como tendo relação com a presença e atividade do Espírito Santo, fornecendo assim uma nova compreensão teológica do que se entende por sentido espiritual e interpretação espiritual. "On Getting the Spirit Back into Spirituality", em Jeffrey P. Greenman e George Kalantzis (orgs.), *Life in the Spirit: Spiritual Formation in Theological Perspective* (Downers Grove: IVP Academic, 2010), p. 36-44.

66. Veja, por exemplo, Henry F. Knight, "Meeting Jacob at the Jabbok: Wrestling with a Text; A Midrash on Genesis 32:22-32" [Encontrando Jacó no Jaboque: lutando com o Texto. Um *midrash* sobre Gênesis 32:22-32], *Journal of Ecumenical Studies 29*, n. 3-4 (1992), p. 451-60.

67. Veja também Frederick C. Holmgren, "Holding Your Own against God! Genesis 32:22-32 (in the Context of Genesis 31—33)" [Aguentando firme contra Deus! Gênesis 32:22-32 (no Contexto de Gênesis 31—33)], *Interpretation 44*, n. 1 (1990), p. 5-17.

68. Elisa Uusimäki, "A Mind in Training: Philo of Alexandria on Jacob's Spiritual Exercises" [Uma mente em treinamento: Fílon de Alexandria sobre os exercícios espirituais de Jacó], *Journal for the Study of the Pseudepigrapha 27*, n. 4 (2018), p. 265-88.

69. Veja Fílon, "Who Is the Heir of Divine Things", em *The Works of Philo Judaeus*, vol. 1, trad. Charles Duke Yonge (Londres: Bohn, 1854-90), p. 252-3.

70. Fílon, *Allegorical Interpretation*, em *The Works of Philo Judaeus* 3.167.

sabedoria, torna-se "aquele que vê a Deus", a interpretação típica de Fílon para "Israel".[71] Essa imagem de Jacó como alguém que está em treinamento para ver a Deus fez todo o sentido para os pais da igreja, que também associaram a mudança de nome de Jacó a seu crescimento espiritual.[72] Gênesis 32:22-32 tornou-se, portanto, na igreja primitiva "um veículo para a transmissão de uma teoria da vida espiritual".[73] "Aquele que vê a Deus" é uma descrição adequada para aqueles que querem ler a Bíblia teologicamente em busca de uma bênção.

Agostinho pensou que o novo nome de Jacó, com sua alusão a ver Deus, "será a recompensa de todos os santos no fim do mundo".[74] O que recomenda Jacó como um exemplar de disciplina espiritual é sua recusa, mesmo estando ferido, em deixar seu oponente. Como Ambrósio disse: "O que é lutar com Deus senão entrar na luta pela virtude?"[75] Jacó claramente suspeita que seu parceiro de treino não é um mero humano; ele quer saber o nome de seu adversário (como Moisés queria ver a face de Deus) e se recusa a deixar ir até receber uma bênção.[76] Clemente de Alexandria identificou o "homem" com quem Jacó luta como o mestre Pedagogo, o *Logos* de Deus, que treina Jacó na luta contra o mal e o vício.[77] Nenhuma bênção ou novo nome é dado, no entanto, até que Jacó confesse e revele seu antigo nome/sua natureza – o suplantador/enganador. Não menos importante, Jacó deve lutar consigo mesmo por sua bênção: o privilégio de ver Deus.

Como Gordon Wenham corretamente observa, a chave para entender o relato diz respeito ao novo nome de Jacó e a renomeação do lugar: "A ênfase da história está nos nomes Israel e Peniel".[78] Uma complicação na interpretação patrística, no entanto, é que os estudiosos bíblicos agora concordam que "Israel" não significa "aquele que vê Deus", mas, sim, "aquele que luta com Deus" (ou "Deus luta"). Que o oponente de Jacó era realmente Deus é explicitado em Oseias 12:3: "Em seu vigor, [Jacó] lutou com Deus [do hebraico: *elohim*]". Jacó confirma que sabia quem era seu oponente ao chamar o lugar

71. Veja Fílon, *De Mutatione Nominum*, p. 81, em *Philo 5*, trad. F. H. Colson (Cambridge: Loeb Classical Library, 1945), p. 183. Os comentaristas modernos rejeitam essa tradução do hebraico. Fílon parece tê-la tirado do versículo 31 e de sua convicção de que Israel simboliza aqueles que buscam ver ou contemplar Deus. Veja também C. T. R. Hayward, "Philo, the Septuagint of Genesis 32:24-32 and the Name 'Israel': Fighting the Passions, Inspiration, and the Vision of God" [Fílon, a versão dos LXX de Gênesis 32:24-32 e o nome de "Israel": lutando contra as paixões, a inspiração e a visão de Deus], *Journal of Jewish Studies 51*, n. 2 (2000), p. 209-26.

72. Veja também Mark Sheridan, "Jacob and Israel: A contribution to the history of an interpretation", em *From Nile to the Rhone and Beyond: Studies in Early Monastic Literature and Scriptural Interpretation* (Rome: Pontificio Ateneo Sant'Anselmo, 2012), p. 315-34.

73. Sheridan, "Jacob and Israel", p. 317.

74. Agostinho, *City of God* 16:39. Citado em Mark Sheridan (org.), *Ancient Christian Commentary on Genesis 12—50* (Downers Grove: InterVarsity, 2002), p. 222.

75. Ambrósio, *Jacob and the Happy Life* 7.30. Citado em *Ancient Christian Commentary on Genesis 12—50*, p. 219.

76. James McKeown nota a comparação com a história de Moisés. *Genesis, Two Horizons Old Testament Commentary* (Grand Rapids: Eerdmans, 2008), p. 154.

77. Clemente, *The Pedagogue* I.7.57.1 [Cf. em português: *O pedagogo* (São Paulo: Ecclesiae, 2014)].

78. Gordon J. Wenham, *Genesis 16—50, Word Biblical Commentary* (Grand Rapids: Zondervan, 2015), p. 295.

de "Peniel" ("face de *El* [Deus]"), acrescentando "Vi Deus face a face; todavia, a minha vida foi poupada" (Gn 32:30). Embora Fílon e os pais apostólicos tenham interpretado mal o significado hebraico do novo nome de Jacó, eles o identificaram corretamente como vendo, ou pelo menos ficando "face a face" com Deus. Sua interpretação pode não ser filologicamente atualizada, mas *é* baseada no texto. Como Jacó, então, aqueles que leem a Bíblia teologicamente podem se encontrar face a face com Deus, talvez para lutar.

De acordo com Oseias 12:4, Jacó "lutou com o anjo [Deus] e venceu". Deus acaba sendo tanto oponente quanto aliado, alguém que fere e abençoa. Pois é somente por meio de sua luta com Deus que Jacó faz progresso espiritual. Derek Kidner comenta corretamente: "Foi contra ele, não Esaú ou Labão, que estava colocando sua força, como ele agora descobriu; no entanto, a iniciativa tinha sido de Deus, como foi esta noite, para castigar seu orgulho e desafiar sua tenacidade".[79] Jacó está lutando não apenas contra Deus, mas contra si mesmo diante de Deus. A luta de Jacó é reconhecer, diante de Deus, quem ele realmente é, alguém que confiou no próprio engano para obter a bênção de seu pai e o direito de primogenitura de seu irmão, enquanto, ao mesmo tempo, se apega à promessa de Deus de fazer de sua descendência uma grande nação. A luta de Jacó é enfrentar seu verdadeiro eu diante da face de Deus.

Existe alguma evidência textual para apoiar a alegação de que Jacó mudou, se arrependeu e fez progresso espiritual por consequência de sua luta? Afinal, "Quando Moisés viu Deus face a face, seu rosto brilhou. [...] Quando Jacó encontra Deus, ele sai mancando".[80] Curiosamente, Bruce Waltke diz que a fórmula em Gênesis 32:28 que precede o novo nome de Jacó ("não será mais chamado") indica uma "metamorfose espiritual".[81] "Metamorfose", podemos lembrar, é o termo grego que Mateus usa para a transfiguração de Jesus (Mt 17:2). Na narrativa de Jaboque, no entanto, Jacó não sai com a face brilhante; o resultado físico de seu encontro com Deus é um quadril deslocado. Ainda assim, o texto *realmente* menciona a luz. Como Cirilo de Alexandria observou, a luta cessa ao amanhecer (Gn 32:26) porque "não há luta para aqueles que já vivem na luz".[82]

Kierkegaard pensou que a história de Jacó é indiretamente sobre a luta do leitor para entender a si mesmo diante das Escrituras. Em um nível formal, assemelha-se à situação em Tiago 1:23-25 quando os leitores olham para o espelho do texto da Bíblia. Olhar para o espelho das Escrituras pode se tornar uma espécie de luta livre, uma luta espiritual na qual o leitor se esforça para manter não a face divina, mas sua *voz*, a uma distância crítica. No entanto, também pode se tornar o tipo de luta que produz

79. Derek Kidner, *Genesis, Tyndale Old Testament Commentary* (Downers Grove: InterVarsity, 1967), p. 169.

80. James McKeon, *Genesis, Two Horizons Old Testament Commentary* (Grand Rapids: Eerdmans, 2008), p. 156.

81. Bruce K. Waltke, *Genesis: A Commentary* (Grand Rapids: Zondervan, 2001), p. 446. Waltke toma a ideia de metamorfose espiritual de Moshe Weinfeld, "Jeremiah and the Spiritual Metamorphosis of Israel" [Jeremias e a metamorfose espiritual de Israel], *Zeitschrift für die alttertestamentliche Wissenschaft 88*, n. 1 (1976), p. 17-56.

82. *Galphyra on Genesis 5.3*. Citado em *Ancient Christian Commentary on Genesis 12—50*, p. 220.

entendimento e resulta na transfiguração do leitor, como sugiro a seguir.[83] Kierkegaard sabe que os leitores da Bíblia são sujeitos responsáveis que fazem mais do que responder de modo intelectual a mensagens impessoais: "Para interpretar as Escrituras *na verdade*, o cristão deve interpretá-las *diante de Deus* como uma mensagem *de Deus*".[84] Como Jacó, os leitores da Bíblia invariavelmente lutam consigo mesmos diante de Deus, agarrados como estão por seu discurso vivo, ativo e "deslocador de quadril".

Ler bem a Bíblia é, em última análise, permitir que você mesmo, com seu falso eu e suas ideologias idólatras, seja questionado. Engajar-se no texto coloca cada leitor em treinamento vigoroso, como Jacó, buscando sabedoria. Confessar a Bíblia como a palavra de Deus é reconhecê-la como o meio divinamente designado pelo qual Deus molda e santifica uma coleção heterogênea de enganadores-suplantadores em uma nação santa. É lendo e lutando com as Escrituras que os leitores aprendem a lidar com seus verdadeiros nomes, rostos e identidades. Portanto, é importante resistir às tentações gêmeas da leitura infiel: entender demais a palavra de Deus, dobrando-a para nossos próprios propósitos, ou abandonar a tentativa de fazer sentido dela por completo. Em contraste, a leitura fiel envolve discernir *o que o texto significa* (nossa interpretação) e a tarefa mais difícil de discernir a *nós mesmos em relação ao texto* (nossa resposta vivida). Uma coisa é ler sobre Jacó, outra bem diferente é ler a história de Jacó como se fosse a nossa. A hermenêutica cristã pura e simples exige que os intérpretes façam mais do que iluminar o texto com suas lanternas metodológicas. Ela exige uma disposição para se expor à luz incandescente que emana da majestosa voz divina. Para ler as Escrituras corretamente, precisamos perguntar não apenas o que o texto significa, mas, melhor que isso, quem sou eu, e o que minha situação significa, quando vista no próprio quadro de referência das Escrituras, na luz reveladora do anúncio divino?

Variedades de interpretação espiritual

Lutamos para compreender o texto bíblico não só por causa da sua complexidade, mas também porque nosso próprio coração é complexo e difícil de entender. Os críticos às vezes assassinam para dissecar, mas em outras vezes estremecem para inspecionar, por medo de que possam se tornar responsáveis pelo que encontram. *Orgulho e Preconceito* de Jane Austen não é simplesmente evidência para sua proposição de abertura ("É uma verdade universalmente reconhecida, que um jovem com uma fortuna deve estar precisando de uma esposa"[85]), mas um desafio ao próprio orgulho e/ou preconceito persistente do leitor,

---

83. Iben Damgaard, "Kierkegaard's Rewriting of Biblical Narratives: The Mirror of the Text", em Lee. C. Barrett e Jon Stewart (orgs.), *Kierkegaard and the Bible. Tome I: The Old Testament* (Londres: Routledge, 2016), p. 209 (ensaio p. 207-30).

84. Andrew Torrance, "A Kierkegaardian Guide to Reading Scripture" [Um guia kierkegaardiano para ler as Escrituras], *New Blackfriars 97*, n. 1071 (Setembro de 2016), p. 630.

85. Jane Austen, *The Oxford Illustrated Jane Austen, vol. 2, Pride and Prejudice* (organizado por R. W. Chapman) (Oxford: Oxford University Press, 1988), p. 3.

a saber, a tendência de julgar os outros de forma muito dura e precipitada. Até mesmo livros não bíblicos podem ocasionar o que Paul Ricoeur chamou de "desapropriação do ego",[86] isto é, uma rendição da autocompreensão anterior de alguém ou, em termos bíblicos, uma morte para si mesmo (Cl 3:3).

Ler as Escrituras corretamente é uma luta espiritual que corta as articulações e a medula da identidade pessoal. Os pais da igreja entenderam corretamente que o objetivo da interpretação bíblica é a formação espiritual do leitor – a capacidade de ver e viver para Deus graças à presença e atividade do Espírito na vida de alguém. Em sua carta a Marcelino, Atanásio recomendou a leitura diária do Saltério, bem ciente da função crucial dos Salmos na reforma do eu.[87] Se o que os leitores veem nos textos é em parte uma função do tipo de pessoa que são, então devemos fazer uma busca honesta da alma: somos o tipo de pessoa que anda no conselho do cínico, permanece no caminho dos céticos e se assenta na roda dos críticos (cf. Sl 1:1)? Se for assim, não nos deleitaremos na lei do Senhor ou no evangelho. Isso oferece uma nova guinada no círculo hermenêutico. O antigo círculo hermenêutico dizia respeito à maneira pela qual as partes de um texto influenciam a compreensão do todo (e vice-versa). A interpretação espiritual está mais relacionada com o círculo hermenêutico *especial* que reconhece a necessidade de santificação para ler as Escrituras corretamente e a maneira na qual essa leitura correta das Escrituras contribui para nossa santificação.

O processo de se tornar o tipo certo de leitor, no entanto, não é algo que os leitores podem fazer por si mesmos. Ler a Bíblia diariamente pode ser salutar, mas chegar ao entendimento não é alcançado *ex opere operato* – simplesmente pela leitura em si. É tentador ler o texto de maneiras que promovam o interesse próprio. Billy Collins imagina alguns leitores não santificados amarrando o texto a uma cadeira com uma corda para "arrancar mediante tortura uma confissão dele".[88] A academia às vezes forma esses críticos. Em contraste, a formação de leitores de mente e coração corretos é um fenômeno teológico, um processo pelo qual o Espírito Santo tira o véu, dando visão aos cegos.[89]

86. Paul Ricoeur, *Interpretation Theory: Discourse and the Surplus of Meaning* (Fort Worth: Texas Christian University Press, 1976), p. 94.

87. Veja Atanásio, "A Letter to Marcellinus", em *The Life of Antony and The Letter to Marcellinus* (traduzido por Robert C. Gregg) (New York: Paulist, 1980), p. 101-30. Veja também Paul R. Kolbet, "Athanasius, the Psalms, and the Reformation of the Self" [Atanásio, os Salmos e a reforma do eu], *Harvard Theological Review 99*, n. 1 (2006), p. 85-101.

88. Billy Collins, "Introduction to Poetry", *The Apple That Astonished Paris* (Fayetteville: University of Arkansas Press, 1988), p. 58.

89. Veja também Angela Harvey, *Spiritual Reading: A Study of the Christian Practice of Reading Scripture* (Eugene: Cascade, 2015); e Chris EW Green, *Sanctifying Interpretation: Vocation, Holiness, and Scripture* (Cleveland: CPT, 2015). Green se preocupa que os evangélicos protestantes se concentrem em conhecer o conteúdo objetivo das Escrituras como revelação divina. Sua contraproposta é atender à utilidade de Escritura para a santificação, como ela é divinamente adequada "para operar nossa transfiguração na vida humana divina de Deus" (*Sanctifying Interpretation*, p. 161). Como espero que tenha ficado claro, ou que ficará, minha própria proposta tenta englobar as duas coisas, atendendo tanto à letra quanto ao Espírito.

Os primeiros cristãos tinham como certo que ler a Bíblia era um exercício espiritual, uma luta consigo mesmo diante de Deus. Eles sabiam que ao se envolver com as Escrituras "não é apenas o texto, mas também o cristão que é interpretado".[90] De novo, no cerne da leitura teológica está um encontro dialógico com Deus: anúncio divino, resposta humana.[91] As culturas de leitura predominantes no Ocidente pós-Iluminismo transformaram o que deveria ser uma casa de oração em uma sala acadêmica. Um dos encorajadores desenvolvimentos recentes na hermenêutica bíblica tem sido a tentativa de recuperar e reintegrar uma preocupação espiritual – pelo sentido espiritual do texto, a condição espiritual do leitor (os dois andam juntos) e a obra do Espírito Santo. Será útil discutir algumas dessas abordagens para a interpretação espiritual antes de expor meus próprios pensamentos sobre a transfiguração do leitor.

Lendo virtuosamente

Qualquer pessoa familiarizada com as fábulas de Esopo sabe que as histórias ensinam às crianças (e adultos) a diferença entre o certo e o errado, a tolice e a sabedoria. Por exemplo, aprendemos ao ler "A lebre e a tartaruga" que é melhor perseverar em velocidade lenta do que prosseguir aos trancos e barrancos. Histórias com essas morais formam o caráter.[92] Ler não apenas descreve e ensina virtudes, mas também as requer. É preciso resistência para chegar ao fim de *Guerra e Paz* de Tolstói, paciência para apreciar poesia e atenção para seguir a narrativa complexa e as alusões multicamadas de James Joyce. Essas e outras virtudes interpretativas semelhantes são úteis ao ler qualquer literatura, incluindo a Bíblia.

Ler as Escrituras corretamente requer não apenas os procedimentos metodológicos adequados, mas também as virtudes interpretativas que caracterizam leitores de cabeça e coração retos que querem ser ouvintes e praticantes da palavra de Deus, não simplesmente fornecedores das próprias ideias e agendas. Em períodos de crise de legitimação, como o presente, quando é difícil saber qual interpretação conta e por quê, as virtudes interpretativas se tornam indispensáveis. Uma virtude interpretativa é uma característica, disposição ou hábito do leitor que favorece a compreensão do texto.[93] Reconhecer a necessidade de virtudes interpretativas é perceber que a santificação do leitor pode ser tão ou mais importante do que a competência em

90. Hans Boersma, *Scripture as Real Presence: Sacramental Exegesis in the Early Church* (Grand Rapids: Baker Academic, 2017), p. 251.

91. "A leitura das Escrituras é uma das formas mais tangíveis pelas quais essa cooperação entre Deus e o crente pode ocorrer, como no esforço humano de ler a Bíblia [...] tanto o trabalho do indivíduo quanto o trabalho de Deus são operantes" (Harvey, *Spiritual Reading*, p. 9).

92. Para uma excelente discussão sobre a literatura como formadora de virtude, veja Karen Swallow Prior, *On Reading Well: Finding the Good Life through the Great Books* (Grand Rapids: Brazos, 2018).

93. "*Uma virtude interpretativa é uma disposição da mente e do coração que surge da motivação para a compreensão, para o contato cognitivo com o significado do texto*" (Vanhoozer, *Is There a Meaning in This Text?*, p. 376 (ênfase do original).

crítica literária ou bíblica. Virtudes interpretativas como honestidade, paciência, caridade e humildade auxiliam os leitores em sua luta para entender o texto e entender a si mesmos diante do texto. Muitas histórias bíblicas apresentam ou exigem várias virtudes interpretativas.[94] Ler como uma pessoa de virtude interpretativa é adquirir sabedoria, "a capacidade de ver o mundo como Deus quer que o vejamos".[95] Em contraste, sem virtudes como fé, honestidade e humildade, leitores pecadores voltados a si mesmos resistirão a ver o mundo e a si mesmos na perspectiva de Deus, falhando assim em ver ou viver de acordo com a realidade.[96] Os leitores não podem querer que sua cegueira desapareça, muito menos acrescentar fé, simplesmente se esforçando. A prática pode levar à perfeição ao aprender escalas no piano, mas não pode levantar o véu do mal-entendido. Somente a iluminação do Espírito pode fazer isso. O ponto é que se tornar uma pessoa de virtude interpretativa é mais uma maneira de os leitores participarem da economia da luz. O que você vê e entende depende do tipo de pessoa que é e de como está participando da economia da luz. Ler a Bíblia teologicamente requer recursos além daqueles da hermenêutica geral, além até mesmo das virtudes interpretativas seculares. Na análise final, ler a Bíblia corretamente requer as virtudes interpretativas *teologais* – fé, esperança e amor – e um quadro de referência teológico. As virtudes interpretativas particulares proporcionais à leitura ao sentido espiritual requerem formação espiritual, ou seja, a obra santificadora do Espírito Santo.[97]

Lendo pneumatologicamente

Há uma conexão óbvia e importante entre o sentido espiritual, a interpretação espiritual, a formação espiritual e o Espírito Santo. Especificar em que consiste essa relação, no entanto, é menos óbvio. Os relatos protestantes da iluminação do Espírito se concentram na obra deste no leitor, não no texto: "O papel do Espírito Santo na interpretação não consiste em dar ao intérprete cognição do que a Bíblia está dizendo, o que envolveria dispensar informações adicionais, além dos dados histórico-gramaticais. [...] Em vez disso, o papel do Espírito Santo é mudar o coração do intérprete, para ele amar a mensagem transmitida pelos dados histórico-gramaticais".[98]

---

94. Richard S. Briggs, *The Virtuous Reader: Old Testament Narrative and Interpretive Virtue* (Grand Rapids: Baker Academic, 2010).

95. Richard S. Briggs, *Reading the Bible Wisely* (Grand Rapids: Baker Academic, 2003), p. 111.

96. Veja também J. De Waal Dryden, *A Hermeneutic of Wisdom: Recovering the Formative Agency of Scripture* (Grand Rapids: Baker Academic, 2018).

97. Veja também Robert Eby, *Virtue Hermeneutics: New Horizons in Textual Understanding* (Eugene: Pickwick, 2022). Além das virtudes interpretativas já mencionadas, Radner pede uma atitude interpretativa que seja adequada para responder à fala divina, uma atitude que inclui atenção absoluta e total abertura ("I Contain Multitudes'", p. 151-3).

98. Daniel P. Fuller, "The Holy Spirit's Role in Biblical Interpretation", em W. Ward Gasque e William S. LaSor (orgs.), *Scripture, Tradition, and Interpretation* (Grand Rapids: Eerdmans, 1978), p. 189.

Boa parte dos estudiosos pentecostais em meados do século 20 assumiram essa compreensão do papel do Espírito na interpretação bíblica. Mais recentemente, no entanto, alguns se preocuparam que isso subordinasse o Espírito à palavra escrita.[99]

"A leitura pneumática" descreve abordagens pentecostais mais recentes que tentam romper com seu "cativeiro aos princípios hermenêuticos evangélicos".[100] Elas compartilham um interesse especial em "uma negociação tridática por significado entre o texto bíblico, a comunidade pentecostal e o Espírito Santo".[101] Vários trabalhos recentes exploram esse tráfego interpretativo de três vias, mais notavelmente *Spirit-Word-Community: Theological Hermeneutics in Trinitarian Perspective*, de Amos Yong.[102] De acordo com essa "trialética", o Espírito que inspirou as Escrituras é ativo na formação de toda a comunidade interpretativa. "O intérprete pentecostal foi formado de tal forma que a expectativa da intervenção do Espírito é parte da cosmovisão ou estrutura interpretativa".[103] A hermenêutica pneumática acrescenta uma nota distintamente teológica ao que, de outra forma, poderia equivaler a uma crítica comum de resposta do leitor. "A comunidade tem um papel dentro do processo interpretativo e o Espírito Santo trabalha por intermédio dessa comunidade, *inspirando-a* a tomar decisões corretas (At 15)."[104]

O texto de Atos 15 desempenha um papel central na hermenêutica pneumática ao registrar um precedente importante: "A inspiração para interpretar as Escrituras é a consequência primária de ser cheio do Espírito Santo em Atos".[105] Assim como o Espírito ajudou a igreja de Jerusalém a navegar por caminhos desconhecidos, também está ativo hoje. "A experiência do Espírito molda a compreensão da comunidade sobre as Escrituras, enquanto a obra deste na comunidade é interpretada por meio da estrutura das Escrituras."[106] O objetivo da hermenêutica pneumática não é recuperar o significado inicial do texto inspirado "de uma vez por todas". Em vez disso, todas as três partes, "a comunidade, a Escritura e o Espírito devem negociar o significado

99. Veja também Kenneth J. Archer, *A Pentecostal Hermeneutic: Spirit, Scripture, and Community* (Cleveland: CPT, 2005), p. 209-11.

100. Leulseged Philemon, *Pneumatic Hermeneutics: The Role of the Holy Spirit in the Theological Interpretation of Scripture* (Cleveland: CPT, 2019), p. 208.

101. Archer, *Pentecostal Hermeneutic*, p. 6.

102. Amos Yong, *Spirit-Word-Community: Theological Hermeneutics in Trinitarian Perspective* (Burlington, VT: Ashgate, 2002). Veja também Amos Yong, "The Hermeneutical Trialectic: Notes toward a Consensual Hermeneutic and Theological Method" [Uma hermenêutica trialética: notas para um método hermenêutico e teológico consensual], *Heythrop Journal 45* (2004), p. 22-39; e os ensaios em Kevin L. Spawn e Archie T. Wright (orgs.), *Spirit and Scripture: Examining a Pneumatic Hermeneutic* (Londres: T&T Clark, 2012).

103. John Christopher Thomas, "'What the Spirit Is Saying to the Church' – the Testimony of a Pentecostal in New Testament Studies", em *Spawn and Wright, Spirit and Scripture*, p. 129.

104. Mark J. Cartledge, "Text-Community-Spirit: The Challenges Posed by Pentecostal Theology to Evangelical Theology", em *Spawn and Wright, Spirit and Scripture*, p. 133 (grifo meu).

105. Philemon, *Pneumatic Hermeneutics*, p. 191-2. Philemon também examina o sermão "inspirado" de Pedro no Dia de Pentecostes em Atos 2:14-41 e a interpretação "inspirada" de Filipe de Isaías 53 para o eunuco etíope em Atos 8:26-39 (p. 190-4).

106. Ibidem, p. 167.

no contexto da práxis fiel".[107] Como outro autor pentecostal coloca, "O Espírito que inspirou os textos antigos, e continua a inspirar tradições de leitura, permite que 'significado e aplicação' surjam na dinâmica entre eles".[108]

Com certeza, a igreja não é como outras comunidades de leitura. Em vez disso, é "uma comunidade interpretativa pneumatológica"[109] – uma "comunhão do Espírito Santo" (2Co 13:14). É também o contexto "no qual o significado acontece por meio da leitura das Escrituras à luz da experiência, testemunho e obra do Espírito Santo".[110] O que precisamente o Espírito Santo *faz* na comunidade que contribui para a interpretação bíblica? A resposta que os leitores pneumáticos dão, até onde consigo discernir, tem mais relação com o Espírito falando na e por meio da *comunidade* do que com o Espírito falando nas e por meio das *Escrituras*.[111] A atividade inspiradora do Espírito é uma espécie de atividade *autoral*, na qual o significado é gerado por meio da leitura humana? Se não, qual é a natureza da atividade do Espírito? E, por fim, para levantar mais uma vez uma das questões-chave do presente trabalho: qual é a relação do Espírito com o sentido literal da Escritura?

Walter Moberly afirma que a hermenêutica pneumática se preocupa em esclarecer o papel do Espírito, mas acredita que a questão crucial, explicar como o Espírito atua como mediador do significado contemporâneo do texto antigo das Escrituras, permanece em aberto: "É importante saber que a palavra e o Espírito devem ser combinados [...] mas isso me deixa pelo menos um pouco mais sábio sobre *como* eles devem ser combinados".[112] A outra questão que fica em aberto é saber em *qual* comunidade o Espírito está inspirando atualmente. De quem é a interpretação pneumática que conta, e como podemos reconhecê-la como genuinamente pneumática? A questão é difícil, mas inevitável, pois, embora a igreja seja uma, atualmente parece ser muitas: uma miscelânea de comunidades interpretativas diferentes, muitas vezes divididas.[113]

Lendo sobrenaturalmente

A proposta de John Piper para ler "sobrenaturalmente" representa outro tipo de interpretação espiritual, mesmo que ele não utilize o termo. Seu livro começa com

107. Archer, *Pentecostal Hermeneutic*, p. 260.

108. Mark J. Cartledge, "Pneumatic Hermeneutics: A Reply to Respondents", em Spawn and Wright, *Spirit and Scripture*, p. 186.

109. Philemon, *Pneumatic Hermeneutics*, p. 208.

110. Ibidem, p. 167.

111. O construtivo capítulo final de Archer dedica sete páginas à "Palavra", cinco páginas e meia ao "Espírito" e vinte e três páginas à "Comunidade" (veja Archer, *Pentecostal Hermeneutic*, p. 212-60).

112. R. W. L. Moberly, "Pneumatic Biblical Hermeneutics: A Response", em *Spawn and Wright, Spirit and Scripture*, p. 165.

113. Para mais sobre a hermenêutica pneumática, *veja* meu "The Spirit of Light after the Age of Enlightenment: Renewing/Reforming Pneumatic Hermeneutics via the Economy of Illumination", em Jeffrey Barbeau e Beth Felker Jones (orgs.), *Spirit of God: Christian Renewal in the Community of Faith* (Downers Grove: InterVarsity, 2015), p. 149-67.

uma citação do estimado Jonathan Edwards sobre o que é "entender as Escrituras espiritualmente".[114] A visão de Edwards antecipa muito do que quero dizer sobre interpretação transfigurada. Concordamos que a letra do texto irradia a "excelência" de Cristo. A luz deste está e sempre esteve na Bíblia, "e teria sido vista antes, se não fosse pela cegueira".[115] Entender as Escrituras espiritualmente, disse Edwards, é contemplar a luz de Cristo, e isso pode ser feito sem alterar o sentido nem acrescentar um novo significado às palavras das Escrituras.

A suposição do trabalho de Piper é que as perfeições gloriosas são tão claras para se ver nas Escrituras como elas são na natureza, embora em ambos os casos seja necessário que os olhos do coração estejam abertos para vê-las, para não permanecermos "obscurecidos no [nosso] entendimento" (Ef 4:18). A resplandecência da glória de Deus "brilha por toda a Bíblia, mas encontra seu mais belo esplendor na pessoa e obra de Jesus Cristo".[116] A Escritura é um livro humano (letra) fulgurante com a glória divina (a luz de Cristo). Portanto, ela exige uma leitura natural e sobrenatural: "A glória de Deus não flutua sobre a Bíblia como um gás. [...] *Ela é vista dentro e por meio do significado dos textos*".[117]

A abordagem de Piper concorda bem com o argumento presente, assim como o que ele considera ser o *telos* da interpretação bíblica. Lemos a Bíblia para perceber o valor e a beleza infinitos de Deus, para melhor exaltá-lo. Esse objetivo doxológico exige uma leitura sobrenatural "já que ver a glória divina em palavras humanas não é a maneira comum de ler um livro".[118] Como Edwards, Piper anseia que os leitores da Bíblia não compreendam simplesmente o sentido das palavras, mas *percebam* (espiritualmente) a excelência de seu referente. O ponto é "ser *transformado* por este ver e saborear".[119] Em termos do presente trabalho, o propósito da leitura em favor do sentido literal transfigurado, isto é, espiritual, é a transfiguração do leitor (veja adiante).

A tese de Piper é que "*uma leitura adequada da Bíblia é um ato sobrenatural*".[120] A frase é intrigante. Ele quer dizer que ler é um ato de Deus, como um terremoto ou um tsunami? Não. Ele quer dizer que a leitura da Bíblia não é uma atividade humana comum, mas requer a ação do Espírito Santo. Ele tem o cuidado de insistir que o ato sobrenatural de ver a luz de Cristo não acontece *à parte* do ato "natural" de ler a letra. A letra do texto é o meio *natural* que Deus designa para servir a seu propósito *sobrenatural*: comunicar sua glória, a resplandecente concentração das perfeições divinas,

114. John Piper, *Reading the Bible Supernaturally: Seeing and Savoring the Glory of God in Scripture* (Wheaton: Crossway, 2017), p. 154 [Cf. em português: *Lendo a Bíblia de modo sobrenatural: provando e vendo a glória de Deus nas Escrituras* (São José dos Campos: Fiel, 2018)].

115. De Jonathan Edwards, *Religious Affections* (organizado por John E. Smith e Harry S. Stout), Coleção *The Works of Jonathan Edwards*, vol. 2, ed. rev. (New Haven: Yale University Press, 2009), p. 281.

116. Piper, *Reading the Bible Supernaturally*, p. 26.

117. Edwards, *Religious Affections*, p. 299 (ênfase do original).

118. Piper, *Reading the Bible Supernaturally*, p. 38.

119. Ibidem, p. 39.

120. Ibidem, p. 179 (ênfase do original).

por intermédio da luz que flui da face de Cristo. A leitura espiritual não é "contra a natureza", então, mas emprega os poderes naturais do leitor de uma forma sobrenatural (iluminação) para um fim sobrenatural (transformação).[121]

Com rostos desvelados: leitura pela luz do Cordeiro

> A cidade não precisa de sol nem de lua que brilhem sobre ela, pois a glória de Deus a ilumina, e o Cordeiro é a sua lâmpada. (Ap 21:23)

A presente seção completa nosso caso para transfigurar a interpretação bíblica ao mostrar como ela explica teologicamente a leitura espiritual ou teológica das Escrituras, para a *glória* do sentido literal. Como vimos, a interpretação bíblica envolve uma luta não apenas para dar sentido, digamos, ao contraste letra/espírito de Paulo, mas também ao senso de si mesmo em relação a Deus. Consequentemente, retornaremos à discussão de Paulo em 2Coríntios 3—4 para completar nosso relato de leitores na economia trina da luz, com atenção especial ao novo contexto escatológico que corresponde ao dom do Espírito. A obra do Espírito em e sobre os leitores os capacita a ler com uma estrutura de referência escatológico-gramatical para o sentido trans-figural e, eventualmente, a refletir a luz de Cristo em uma transfiguração própria. Começamos com alguns comentários sobre a leitura na economia da luz. Em seguida, consideramos a maneira pela qual o Espírito capacita uma leitura iluminada. Por fim, examinamos o efeito da leitura em contexto escatológico sobre o leitor, face a face com a voz divina falando nas Escrituras.

Lendo na economia da luz

A economia da luz se refere às missões do Filho e do Espírito em tornar conhecido o Deus do evangelho e o evangelho de Deus. Um relato teológico da Bíblia e a interpretação bíblica pertencem a essa economia, pois tanto a Escritura quanto sua leitura são elementos na comunicação da luz que o Pai é mediante a luz que o Filho brilha pelo Espírito, abrindo nossos olhos para ver a "a iluminação do conhecimento da glória de Deus" (2Co 4:6).[122] Vimos como a criação falada à existência por Deus ("Haja luz") foi apenas a abertura em um espetáculo de luzes contínuo que culmina na

121. Craig Bartholomew faz um ponto semelhante, mas com termos diferentes: "Na leitura devocional da Bíblia [...] o coração domina enquanto a cabeça permanece engajada. No estudo bíblico acadêmico, a cabeça domina enquanto o coração permanece – ou deveria permanecer – engajado". Craig G. Bartholomew, *Listening to God: An Introduction to Interpreting the Bible* (Grand Rapids: Baker Academic, 2023), p. 8. Bartholomew continua dizendo que se ele tivesse que privilegiar uma abordagem, seria a devocional ou espiritual "porque ela se especializa em receber a Bíblia como o que é: a Palavra de Deus, seu discurso para nós em nosso coração" (p. 9).

122. Como tal, meu relato complementa as descrições de John Webster sobre a leitura das Escrituras na economia da graça. Veja em especial seu "Reading in the Economy of Grace", cap. 3 de *Holy Scripture: A Dogmatic Sketch* (Cambridge: Cambridge University Press, 2003).

transfiguração de Jesus. Que a face de Jesus "brilhou como o sol" (Mt 17:2) antecipa a consumação da redenção, quando Jesus será revelado como o Alfa e o Ômega, com seu rosto de novo "como o sol quando brilha em todo o esplendor" (Ap 1:16). É certamente significativo que a Bíblia termine, como começa, com uma referência a Deus e à luz. A nova Jerusalém, a morada de Deus com a humanidade na nova terra, "não precisa de sol nem de lua que brilhem sobre ela, pois a glória de Deus a ilumina, e o Cordeiro é a sua lâmpada" (Ap 21:23). Não haverá escuridão, pois não haverá mais noite. Aqueles que habitam com Deus "não precisarão da luz de lâmpada nem da luz do sol, pois o Senhor Deus os iluminará" (Ap 22:5).

Toda a Bíblia é sobre a revelação da luz de Deus em si mesmo, para a criação e seu povo da aliança, Antigo e Novo Testamentos, e é por isso que a transfiguração de Jesus representa um ponto culminante na história. Como vimos no capítulo 7, a transfiguração lembra a revelação nebulosa de Deus a Israel no Sinai e antecipa o brilho resplandecente que virá na nova Jerusalém. A luz, notavelmente, é tanto o que é dado a conhecer (a glória de Deus, a soma total de todas as perfeições divinas) quanto o processo de dar a conhecer (a autocomunicação de Deus): é "um poder que manifesta e que, ao manifestar, manifesta a si mesmo".[123] A transfiguração nos obriga a pensar sobre a identidade de Jesus em relação, por um lado, à Lei e aos Profetas (representados por Moisés e Elias) e, por outro, ao Pai e ao Espírito (representados pela voz e pela nuvem). A economia da luz é, portanto, um quadro de referência hermenêutico cristão puro e simples adequado para pensar teologicamente sobre a interpretação transfigural, tanto a ação do leitor sobre o texto quanto seu efeito correspondente sobre o leitor.

Ler a Bíblia teologicamente requer pensamento sobre o autor, o texto e os leitores das Escrituras em termos teológicos, em particular com relação à economia da luz. *A presença e atividade luminosa e iluminadora de Deus – a luz de Cristo; em uma palavra, transfiguração – é um fator essencial no contexto tanto do texto quanto do leitor.* Deus ilumina a letra do texto direcionando suas palavras para revelar Cristo; ilumina os leitores abrindo seus olhos para a iluminação do texto. Ele capacita os leitores a penetrar além da letra até seu tema – o que Piper descreve como a "ajuda sobrenatural de Deus no ato natural da leitura".[124] Esse esclarecimento difere completamente do que Spinoza tinha em mente quando afirmou que o verdadeiro método para interpretar as Escrituras "não requer nenhuma outra luz além daquela da razão natural".[125] A razão crítica seria apropriada se o texto bíblico fosse apenas um objeto natural, como qualquer outro texto: "Se o objetivo é compreender o significado inicial do texto, a pneumatologia é dispensável".[126] No entanto, o Espírito é indispensável, se o objetivo é remover o véu

123. Chrétien, *Under the Gaze of the Bible*, p. 87.
124. Piper, *Reading the Bible Supernaturally*, p. 392.
125. Baruch Spinoza, *Theological-Political Treatise* (Cambridge: Cambridge University Press, 2007), p. 111.
126. Darren Sarisky, *Scriptural Interpretation: A Theological Exploration* (Malden: Wiley-Blackwell, 2012), p. 211.

que impede os leitores de discernir a luz de Cristo na letra do texto (cf. 2Co 3:14-16). A Bíblia é mais do que um objeto natural; é um componente criatural divinamente inspirado na economia divina da luz, um meio natural pelo qual Deus torna conhecida sua realidade sobrenatural.

Tanto o texto quanto o leitor são, portanto, apanhados na atividade reveladora e redentora do Deus trino. Aqueles que estão obscurecidos, de coração duro e de vontade forte – que não se voltaram para o Senhor e não receberam o Espírito – podem ser capazes de dar sentido à letra, mas não conseguem ver a glória, a luz de Cristo. O Espírito permite uma leitura transfigural que corresponda ao sentido literal transfigurado (ou seja, escatológico-gramatical). A interpretação bíblica transfigurada vê que a história da salvação recontada nas Escrituras foi recapitulada na própria história pessoal do leitor: "Ler a Sagrada Escritura é participar da história do pecado e sua superação".[127]

Lendo escatologicamente: a iluminação do Espírito

Ler com rostos descobertos é desfrutar com outros pecadores reconciliados um benefício primordial da obra regenerativa e reparadora do Espírito. É habitar uma nova condição interpretativa, completamente escatológica, nova porque representa um novo estágio diferente na economia da luz, inaugurada pelo dom do Espírito de Cristo. "A metafísica, a ética e a hermenêutica estão todas sob a mesma regra: 'As coisas antigas já passaram; eis que se fizeram novas!' (2Co 5:17)."[128] Essa nova situação escatológica demanda uma exegese escatológica que discerne a luz do novo *na* letra do antigo.[129]

A luz objetiva de Deus e do evangelho brilha em Cristo, e nas Escrituras do Antigo Testamento que dão testemunho dele; no entanto, essa luz não pode ser vista até que o véu seja levantado do coração e mente caídos.[130] O véu, que representa a resistência pecaminosa e a recusa do discurso divino e suas implicações, faz com que os leitores lutem com o texto. Ele incita os leitores ansiosos a proteger as próprias identidades carnais a compelir e, às vezes, violar o texto para fazê-lo servir aos próprios interesses egoístas, étnicos ou ideológicos. Esse véu de mal-entendido é removido pelo Espírito, que "nos resgatou do domínio das trevas e nos transportou para o reino do seu Filho amado" (Cl 1:13). O ministério de nova vida do Espírito vem com benefícios hermenêuticos: ler com o rosto descoberto é ficar face a face com o semblante resplandecente de Cristo.

---

127. Webster, *Holy Scripture*, p. 87.

128. John Webster, "Reading Scripture Eschatologically (1)", em David F. Ford e Graham Stanton (orgs.), *Reading Texts, Seeking Wisdom: Scripture and Theology* (Grand Rapids: Eerdmans, 2003), p. 248.

129. Ralph Martin fala da "exegese escatológica" que resulta da leitura do Antigo Testamento, como Paulo, com rostos descobertos. Ralph Martin, *2 Corinthians, Word Bible Commentary*, 2 ed. (Grand Rapids: Zondervan, 2014), p. 217.

130. David Whidden tem o aspecto objetivo em mente quando diz: "A iluminação de nossa mente é principalmente a missão do Filho". David L. Whidden III, *Christ the Light: The Theology of Light and Illumination in Thomas Aquinas* (Minneapolis: Fortress, 2014), p. 8.

O conceito de "economia" chama a atenção para as operações inseparáveis do Deus que é luz ao comunicar a luz que ele é para o mundo. O Pai vive "em luz inacessível" (1Tm 6:16); o Filho resplandece (revela) essa luz para o mundo como "o resplendor da glória de Deus" (Hb 1:3). O Espírito não é uma fonte independente de luz, mas, no entanto, desempenha um papel essencial na economia. A iluminação do Espírito é uma descrição teológica do que acontece na leitura da Bíblia quando, como o apóstolo Paulo na estrada para Damasco, alguém de repente "vê" além da letra para o referente glorioso do qual o sentido literal dá testemunho.

Vários teólogos buscaram apresentar essa obra invisível, porém esclarecedora, do Espírito e sua relação com a luz de Cristo. Em seu tratado seminal *Sobre o Espírito Santo*, Basílio, o Grande, descreveu Cristo, a imagem do Deus invisível, como uma luz que age como mediador do conhecimento de Deus visto somente quando o Espírito "fornece àqueles que amam ver a verdade o poder de ver a imagem em si mesmo".[131] A revelação divina procede do Pai por meio do Filho pelo Espírito, mas o caminho de volta a Deus mediante o conhecimento humano "é a partir do único Espírito, por intermédio do único Filho, para o único Pai".[132] Para Basílio, ler as Escrituras espiritualmente é comparável a Moisés falando face a face com Deus. Como Sarisky explica, "Voltar-se para o Senhor durante a leitura significa seguir a referência final, embora indireta, do texto a Deus".[133] O Espírito abre os olhos dos leitores para a verdade da lei mosaica, permitindo que vejam além de sua letra para discernir do que se trata o mistério de Cristo.[134] A iluminação do Espírito não é desculpa para não analisar verbos ou ignorar o gênero literário. O Espírito não fornece milagrosamente *insights* nem sobre filologia nem sobre o contexto histórico inicial. Em vez disso, o Espírito permite que os leitores prestem atenção ao que Deus está falando por meio do texto: "Assim como o Pai é visto no Filho, assim o Filho é visto no Espírito".[135] Esse é o contexto no qual Basílio citou o Salmos 36:9: "Na tua luz, vemos a luz".

A Escritura também faz parte da economia da luz porque, como Calvino disse, ao testemunhar a Cristo ela apresenta a luz do evangelho. Palavra e Espírito são pilares gêmeos na economia, momentos objetivos e subjetivos da luz, respectivamente. Por isso, Calvino insistiu que o Espírito não acrescenta nenhuma substância nova ao que foi escrito, apelando ao próprio ensinamento de Jesus: "Não falará de si mesmo; falará apenas o que ouvir" (Jo 16:13). A economia da luz segue o padrão geral que representa as operações inseparáveis da Trindade: o Pai inicia, o Filho implementa, "mas ao

131. Basílio, *On the Holy Spirit*, trad. Stephen Hildebrand (Yonkers: St. Vladimir's Seminary Press, 2011), 18.47. Basílio assume a teoria óptica de sua época, segundo a qual deve haver uma semelhança entre a luz percebida e os olhos que a veem, o que explicaria por que alguém precisa ser espiritual para conhecer os pensamentos de Deus, que é Espírito (cf. 1Co 2:10-14).

132. Basílio, *On the Holy Spirit* 18.47.

133. Sarisky, *Scriptural Interpretation*, p. 97.

134. Basílio, *On the Holy Spirit* 18.47.

135. Ibidem 26.64.

Espírito é atribuído o poder e a eficácia dessa atividade".[136] O Espírito, poderíamos dizer, é a eficácia da palavra, ou seja, *a eficácia da luz de Cristo na letra do texto*. Calvino, comentando sobre 2Coríntios 4:6, disse: "Deus, pelo seu Espírito, abriu os olhos de nosso entendimento, para torná-los capazes de receber a luz do evangelho".[137] O Espírito nos restaura a nossos sentidos adequados para podermos ver a luz de Cristo na letra do texto – chame-o de sentido literal *glorificado*.

John Owen também via as Escrituras como "uma lâmpada que brilha em um lugar escuro" (2Pe 1:19), acrescentando que o fato de existirem cegos não é uma crítica à luz. Dada a capacidade do Espírito na abertura do que Paulo descreve como "os olhos do coração" (Ef 1:18), Owen designou o Espírito como a "principal causa eficiente" do entendimento: "Os homens podem ter conhecimento de *palavras* e do *significado* de proposições nas Escrituras, sem que tenham conhecimento das *coisas em si mesmas* projetadas neles".[138] A iluminação envolve restaurar os leitores a seus sentidos corretos, não dispensar novas informações: "[O Espírito] irradia a mente com uma luz espiritual, pela qual é capacitada a discernir a glória das coisas espirituais".[139] Embora o Espírito seja a "causa" do entendimento, a leitura natural (como Piper a chama) era para Owen o "meio" do entendimento. A iluminação, portanto, não é desculpa para fugir do trabalho duro da exegese. Ela pertence, antes, à parte mais *difícil* do entendimento, a saber, responder corretamente ao que se lê nas Escrituras com toda a mente, coração e alma.[140]

O ensaio de John Webster sobre iluminação continua de onde Owen parou, lembrando-nos de que "o fim da leitura da Sagrada Escritura é conhecer a mente de Deus".[141] O termo *iluminação* nos lembra de que a obra do Espírito serve ao propósito da luz divina: tornar conhecida a mente de Deus. O Espírito é o doador de luz e vida; seu ministério não violenta, mas restaura a natureza humana, colocando os pecadores em sua mente certa, despertando seu intelecto criado.[142] Deus é a causa primária de nossa compreensão, e iluminação é uma abreviação para a obra de graça interpretativa do Espírito, pela qual ele concede aquilo de que precisamos para entender o que estamos lendo: os olhos para discernir a luz de Cristo (a *res* divina) na letra do texto (o *signum* textual). Uma vez que compreendemos o lugar apropriado da iluminação na

---

136. João Calvino, *Institutes* I.xiii.18.

137. João Calvino, *Commentary on the Epistles of Paul the Apostle to the Corinthians* (Edinburgh: Calvin Translation Society, 1848), p. 200.

138. Veja Owen, "Causes, Ways, and Means of Understanding the Mind of God", em *The Reason of Faith* (Glasgow: Falconer, 1801), 215 (grifo meu).

139. John Owen, *The Works of John Owen* (organizado por William H. Goold), vol. 4 (Edimburgo: T&T Clark, n.d.), p. 57.

140. J. I. Packer, ele próprio um aluno de Owen, disse bem: "O Espírito não é dado para tornar o estudo da Bíblia desnecessário, mas para torná-lo eficaz". J. I. Packer, *Fundamentalism and the Word of God* (Grand Rapids: Eerdmans, 1958), p. 112.

141. John Webster, "Illumination", em *The Domain of the Word: Scripture and Theological Reason* (Londres: T&T Clark, 2012), p. 61.

142. Ibidem, p. 55.

economia da luz, vemos que ela evita "tanto o naturalismo hermenêutico, no qual as atuações da mente, impassíveis de fora, reivindicam suficiência para si mesmas, quanto a imediatez hermenêutica, na qual a apreensão pelo Espírito interrompe o exercício da inteligência e a interpretação se torna arrebatamento".[143]

Foi Edwards, no entanto, quem chegou mais perto do que quero dizer sobre a transfiguração da interpretação bíblica. Ele não usou o termo "economia da luz", mas tinha muito a dizer sobre isso, especialmente em seu sermão "A Divine and Supernatural Light" [Uma luz divina e sobrenatural].[144] Edwards primeiro declarou o que a luz divina da iluminação não é: mera convicção de pecado ou afeto emocional, muito menos nova revelação. Em vez disso, é "um verdadeiro senso da excelência divina das coisas reveladas na palavra de Deus".[145] É como se o Espírito abrisse um sexto sentido, um sentido espiritual: a capacidade de perceber a glória de Deus. A razão natural é incapaz de ver ou apreciar a beleza e a sabedoria de Cristo crucificado; ao contrário, a cruz, quando não iluminada pela fé, parece feia, trágica e *sem sentido*. Nem as palavras da Bíblia sozinhas podem iluminar: as palavras trazem as coisas à mente, mas não podem conferir o senso de sua excelência divina. Há uma diferença entre ter uma opinião sobre a santidade de Deus e ter um *senso* espiritual dessa santidade: "Há uma diferença entre ter um julgamento racional de que o mel é doce e ter um senso de sua doçura".[146] A iluminação do Espírito concede não apenas visão espiritual, mas *gosto* espiritual: "Provem e vejam como o Senhor é bom" (Sl 34:8). A interpretação espiritual da Escritura lê para esse sentido espiritual, o sentido da excelência do texto. *Transfigurar* a interpretação bíblica é sentir a *excelência espiritual* do sentido literal.

Como vimos, graças ao dom do Espírito Santo, os leitores iluminados encontram-se em uma nova situação escatologicamente carregada. A luz do evangelho que o Espírito faz brilhar em nosso coração e mente "é a luz há muito esperada do *eschaton*".[147] Assim como a transfiguração de Jesus revela o Filho e antecipa sua glória futura, a vivificação do Espírito renova nossa mente (Rm 12:2) e antecipa nossa própria glorificação: "A iluminação é uma metáfora da nova criação, expressando como os leitores se alinham com a renovação da criação de Deus por meio de Cristo".[148] A iluminação é, portanto, uma abreviação para toda a estrutura escatologicamente carregada de compreensão pela qual aqueles com rostos descobertos leem as Escrituras. Temos explorado a natureza dessa leitura, mas ainda há mais luz por vir. Passamos agora a discutir as consequências da interpretação transfiguradora.[149]

---

143. Ibidem, p. 61.

144. Em *The Sermons of Jonathan Edwards: A Reader* (organizado por Wilson J. Kimnach, Kenneth P. Minkema e Douglas A. Sweeney) (New Haven: Yale University Press, 1999).

145. Ibidem, p. 126.

146. Ibidem, p. 126.

147. Timothy B. Savage, *Power through Weakness: Paul's Understanding of the Christian Ministry in 2 Corinthians, Society for New Testament Studies Monograph Series* (Cambridge: Cambridge University Press, 1996), p. 126.

148. Sarisky, *Scriptural Interpretation*, p. 219.

149. *Veja* também a análise detalhada de John Feinberg sobre as várias nuances conceituais e fundamentos bíblicos da doutrina da iluminação em seu *Light in a Dark Place: The Doctrine of Scripture* (Wheaton: Crossway, 2018), p. 576-608.

Leitura que reflete a luz: a glória da interpretação bíblica

Basílio descreveu o objetivo de ler a Bíblia teologicamente, com a face descoberta, como "contemplação espiritual" (*pneumatike theoria*).[150] Ele estava comentando sobre 2Coríntios 3:18: "Assim, todos nós, que com a face descoberta contemplamos a glória do Senhor, estamos sendo transformados segundo a sua imagem com glória cada vez maior". Quando os cristãos leem o Antigo Testamento, como Moisés eles contemplam algo que os transforma: "Aquele que claramente fixa seu olho no Espírito é, de alguma forma, transformado pela glória do Espírito em algo mais brilhante, pois seu coração é iluminado pela verdade do Espírito, como se por uma luz".[151] O texto de Paulo, com o comentário de Basílio, levanta duas questões importantes, ambas pertencentes à transfiguração do leitor. A primeira diz respeito à *contemplação*: sua causa, objeto e a natureza. O segundo diz respeito ao resultado pretendido dessa contemplação: *ser transformado*.

Contemplando a glória

A seção anterior tratou da causa do que contemplamos nas Escrituras. Graças à iluminação do Espírito, os leitores são capazes de entender não apenas as palavras, mas o significado delas, em última análise: seu sentido literal transfigurado e referente. O apóstolo Paulo descreve, em expressões marcantes e progressivamente mais expansivas, aquilo que contemplamos ao ler com o rosto descoberto: "a glória do Senhor" (2Co 3:18), "a luz do evangelho da glória de Cristo" (2Co 4:4) e "a iluminação do conhecimento da glória de Deus na face de Jesus Cristo" (2Co 4:6), cada uma delas digna de reflexão mais aprofundada.

"*A glória do Senhor*." Não é de surpreender que o conteúdo do discurso divino nas Escrituras seja a própria glória de Deus, pois desde o princípio ele tem resplandecido, iluminando e esclarecendo o mundo. O autor divino publicou dois livros – criação e Escritura – nos quais e por meio dos quais se faz conhecido, comunicando a luz que é em si mesmo às suas criaturas humanas por meio de mais luz. Como o sol, a luz que Deus é não pode ser vista diretamente; ela é ofuscantemente brilhante. No entanto, de novo como o sol, a luz que Deus irradia é aquela por meio da qual vemos todo o resto. A glória de Deus é a exibição externa das perfeições divinas, seu "esplendor visível".[152] De acordo com Edwards, exibir sua glória é o fim para o qual Deus criou o mundo em primeiro lugar.[153] Não há nada mais teológico do que "luz da luz"! Toda a história da Bíblia, particularmente a economia da luz, "é, em grande parte, o drama da glória

150. Basílio, *On the Holy Spirit* 21.52.

151. Ibidem.

152. Richard Bauckham, *Gospel of Glory: Major Themes in Johannine Theology* (Grand Rapids: Baker Academic, 2015), p. 44.

153. Jonathan Edwards, *The End for Which God Created the World*, em *The Works of Jonathan Edwards*, vol. 8, *Ethical Writings* (New Haven: Yale University Press, 1989).

de Deus".[154] Ler a Bíblia teologicamente, então, é contemplar a glória do Senhor na letra do texto e por meio dela.

"*A luz do evangelho da glória de Cristo.*" A superioridade do ministério de Paulo deriva da eminência de seu objeto. A glória de Cristo é a própria glória de Deus, como Paulo ressalta ao identificar Cristo como "a imagem de Deus" (2Co 4:4) e ao se referir à "glória de Deus na face de Jesus Cristo" (2Co 4:6). A glória de Cristo é seu reflexo semelhante a um espelho da glória de Deus. Paulo fala da *luz* do evangelho porque a morte e ressurreição de Jesus são os acontecimentos pelos quais Deus torna sua glória cruciforme conhecida (Rm 6:4; Hb 2:9). A luz do evangelho é a luz da nova criação inaugurada pela obra de Cristo. Trata-se de um evangelho de glória, pois tanto o meio, a cruz, quanto o fim, os corpos dos fiéis ressuscitados em poder (1Co 15:42–44), manifestam o esplendor incomparável de Deus: "É a luz há muito esperada do *eschaton*, anunciando uma nova criação e iniciando o dia da salvação."[155] O que o leitor espiritual contempla na letra do texto é, portanto, um vislumbre da realidade escatológica já/ainda não da era vindoura – uma glória e um destino, brevemente revelados na transfiguração de Jesus. Quando Paulo fala, então, da "luz do evangelho da glória de Cristo", ele está dizendo que "o conteúdo do evangelho é o próprio Cristo glorioso."[156]

"*A luz do conhecimento da glória de Deus na face de Cristo.*" Essa é a melhor descrição que se pode fazer da transfiguração de Jesus. No contexto, no entanto, Paulo está se referindo ao resultado da iluminação do Espírito, o que este "brilhou em nossos corações" (2Co 4:6). Paulo também pode estar pensando na própria experiência de conversão da luz de Cristo (At 9:4; 22:6; 26:13) e da bênção dada aos israelitas: "O SENHOR faça resplandecer o seu rosto sobre você e lhe conceda graça" (Nm 6:25). O ponto é este: o que os leitores iluminados contemplam e passam a conhecer ao ler as Escrituras é a glória de Deus na face de Cristo.[157] Esse é um conhecimento pessoal do qual nada maior ou melhor pode ser concebido. É um conhecimento que nasce do encontro com uma pessoa, ou ao menos da presença viva e falante dessa pessoa, como aconteceu com Paulo em sua conversão: "Saulo, Saulo, por que você me persegue?" (At 9:4; 22:7; 26:14). A face de Jesus Cristo é a presença falante de Deus. A face fala luz/conhecimento, um anúncio pessoal resplandecente.

Isso nos leva à resposta do leitor e à natureza da contemplação deste. Isso também faz parte da interpretação transfiguradora. Mesmo leitores sem véu veem a face gloriosa de Cristo no espelho do evangelho apenas vagamente, como Paulo diz em 1Coríntios 13:12, em comparação com a visão "face a face" *não mediada* a ser desfrutada

154. Veja também Christopher W. Morgan e Robert A. Peterson, *The Glory of God and Paul: Texts, Themes, and Theology* (Downers Grove: IVP Academic, 2022), p. 31.

155. Savage, *Power through Weakness*, p. 126.

156. Morgan e Peterson, *Glory of God and Paul*, p. 120.

157. Para um estudo do tema em formato de livro, veja David H. Wenkel, *Shining Like the Sun: A Biblical Theology of Meeting God Face to Face* (Wooster: Weaver, 2016).

no fim dos tempos.[158] A contemplação presente não deve ser confundida nem com a conversão passada nem com a visão "face a face" futura. O que, então, é para os leitores contemplar a glória de Deus na face de Cristo? Como a *leitura* pode ser um tipo de *contemplação*?

Em primeiro lugar, uma leitura contemplativa "é decididamente mais do que uma atividade visual ou intelectual. Ela deve estar relacionada com aquele confronto existencial contido na pregação do evangelho"[159] – e com a luta de Jacó com Deus. A contemplação é uma dimensão da resposta do leitor ao anúncio divino nas Escrituras. Lembre-se de que Deus se dá, como luz, para contemplar ao falar.[160] Paulo afirma em 2Coríntios 4:6 que Deus disse: "Das trevas resplandeça a luz", e agora esse mesmo Deus brilhou luz em nosso coração para comunicar conhecimento. Paulo compara de forma impressionante a luz física falada por Deus à existência com sua luz resplandecente no coração humano em trevas: "A palavra falada de Deus cria luz. [...] A luz do evangelho e da glória de Deus em Cristo vem para nós por meio de nossos ouvidos".[161] O sentido literal da Bíblia é o meio luminoso mediante o qual Deus comunica seu nome e natureza.

Os comentaristas têm razão em destacar o aspecto *verbal* dessa contemplação. O encontro de Moisés com o Senhor, o episódio sobre o qual Paulo comenta, é apresentado em Êxodo, fundamentalmente, como uma troca verbal, ainda que envolva também um encontro visual.[162] Lembre-se também de que Paulo emprega a metáfora do véu para descrever a incapacidade de Israel de *ler* a antiga aliança corretamente. Quando Paulo menciona "contemplar a glória do Senhor", está usando "ver" como uma metáfora sintética para a sensação física e espiritual: "nossa 'visão' atual é 'ouvir'".[163] O "cegar" de Satanás à mente dos descrentes descreve aqueles que leem o texto bíblico, mas não conseguem "ouvir" a luz brilhando na letra do texto bíblico.

O conhecimento da glória do evangelho de Deus é tudo a que se resumem o ministério apostólico de Paulo e, sem dúvida, a hermenêutica cristã pura e simples. C. K. Barrett observou que o ministério apostólico de Paulo "se assemelha à criação da luz"[164] à medida que também faz parte da economia da luz – parte do plano de Deus de espalhar sua luz para as nações (cf. Is 9:2; 42:6; 60:3; Ap 21:24). O foco desse plano,

---

158. N. T. Wright sugere que o espelho em questão não é o texto ou o evangelho, mas companheiros cristãos que estão sendo transformados na gloriosa imagem de Cristo: "É a glória peculiar do Espírito vista quando alguém olha para seus companheiros cristãos". "Reflected Glory: 2 Corinthians 3:18", em L. D. Hurst e N. T. Wright (orgs.), *The Glory of Christ in the New Testament: Studies in Christology* (Eugene: Wipf & Stock, 2015), p. 145.

159. Jan Lambrecht, "Transformation in 2 Cor 3:18" [Transformação em 2Co 3:18], *Biblica 64*, n. 2 (1983), p. 250-1.

160. Veja também Jeremy M. Kimble, *Behold and Become: Reading Scripture for Transformation* (Grand Rapids: Kregel Academic, 2023), cap. 1.

161. Mark A. Seifrid, *The Second Letter to the Corinthians* (Grand Rapids: Eerdmans, 2014), p. 200, 204.

162. Ibidem, p. 178.

163. Ibidem, p. 182.

164. C. K. Barrett, *The Second Epistle to the Corinthians* (Grand Rapids: Baker Academic, 1993), p. 135.

e o eixo da economia, é a luz que flui da face de Cristo. Ler as Escrituras com a face descoberta é, portanto, ficar cara a cara com Deus, como Jacó fez em Jaboque, como Moisés fez no Sinai e como os três discípulos fizeram no monte Tabor. De acordo com Paulo, aqueles que estão contemplando a glória de Cristo, incluindo os leitores de seu evangelho, estão "sendo transformados [...] com glória cada vez maior" (2Co 3:18). O fim último da economia da luz é a transfiguração do leitor: "Porque somos livres, não temos véu, somos ousados para refletir o esplendor de Cristo e somos assim transfigurados por seu Espírito."[165]

Refletindo a glória

Algumas traduções de 2Coríntios 3:18 [como a NVT, por exemplo] apresentam Paulo dizendo que os cristãos "refletem" a glória do Senhor, em vez de "contemplá-la". Nessa visão, os rostos dos leitores, não o de Cristo, são os que espelham a glória de Deus. Para os propósitos atuais, é um ponto discutível, pois Paulo continua dizendo explicitamente que os leitores cristãos "estão sendo transformados na mesma imagem" que estão contemplando. O verbo *katoptrizomenoi* pode não significar "refletindo como um espelho faz", mas reflexão (tornar-se como a imagem que se está contemplando) ainda é o resultado final da maneira de Paulo ler Moisés, o tema de 2Coríntios 3.[166] E o verbo que Paulo escolhe para significar o que acontece com aqueles que leem as Escrituras corretamente está relacionado com a transfiguração do leitor.

Aqueles que leem a Bíblia com rostos descobertos, diz Paulo, "estão sendo transformados [*metamorphoumetha*]" na imagem de Cristo. É contemplando uma imagem refletida (a glória de Deus na face de Cristo) que alguém gradualmente chega a refletir essa imagem ("transformado na mesma imagem de um grau [...] para outro"). Já nos deparamos com esse verbo para transformação (*metamorphoō*) antes. Mateus e Marcos o usam em seus relatos da transfiguração de Jesus (Mt 17:2; Mc 9:2). Sua única outra aparição no Novo Testamento é em Romanos 12:2: "Não vos amoldeis ao esquema deste mundo, mas *sede transformados* pela renovação da sua mente" (A21, grifo meu). Ambos os usos levantam a questão: Quem é o agente dessa transformação? A resposta em ambos os casos é "o Espírito", embora, como observou Cranfield, os cristãos "ainda assim tenham uma responsabilidade real na questão – deixar-se transformar, responder à condução e pressão do Espírito de Deus".[167] Para os propósitos atuais, no entanto, a questão mais urgente é: O que significa ser "metamorfoseado"?

Estudiosos bíblicos observam que a LXX não usa o termo *metamorphoō*. Alguns dizem que Paulo o tomou emprestado da literatura de metamorfose greco-romana

---

165. Brevard Childs, *The Book of Exodus: A Critical, Theological Commentary, Old Testament Library* (Louisville: Westminster John Knox, 1974), p. 624.

166. "O contexto de nossa passagem é a razão pela qual boa parte dos comentaristas continuam a preferir 'refletir'." Lambrecht, "Transformation in 2 Cor 3:18", p. 247.

167. C. E. B. Cranfield, *The Epistle to the Romans*, vol. 2 (Edimburgo: T&T Clark: 1979), p. 607.

(por exemplo, Ovídio). No entanto, o apóstolo não diz que somos transformados *em* Cristo; em vez disso, somos transformados em sua imagem, gradualmente.[168] Embora não exclua a possibilidade de que Paulo possa ter tido a transfiguração de Jesus em mente, o contexto sugere que é mais provável que ele pense na mudança que levou à face resplandecente de Moisés, uma experiência auditiva em vez de visual. Embora Moisés tenha encontrado a presença de Deus na forma de uma voz, a menção de seu rosto sem véu sugere que ele estava realmente na presença de Deus, e que essa foi a causa de sua transformação. Algo semelhante acontece com leitores que, com rostos sem véu, encontram a glória da face de Cristo na letra do texto. Eles também se expõem à pura luminosidade do discurso divino, pois o Deus que criou a luz "brilhou no nosso coração, para a iluminação do conhecimento da glória de Deus na face de Jesus Cristo" (2Co 4:6). É esse brilho, fruto de ouvir o evangelho e da iluminação do Espírito, que transforma.

O argumento de Paulo sobre a superioridade de seu ministério apostólico do Espírito que dá vida chega ao clímax na afirmação de que os Coríntios são sua carta de recomendação (2Co 3:2) precisamente porque eles estão sendo transformados de um grau de glória para outro. Como devemos entender esse fenômeno notável? O que realmente acontece com os coríntios e conosco, leitores dos textos de Paulo, quando lemos o evangelho com rostos descobertos? Ler a Bíblia teologicamente é expor-se à luz sobrenatural, à autopublicação do Deus que é a própria luz, por meio de uma luz menor, as letras do texto bíblico. Como Jacó, Moisés e o próprio Paulo, aqueles que se encontram face a face com Deus e ouvem sua voz não sairão inalterados. Contemplar a glória de Deus na face de Cristo é ser transformado, pois é por meio da contemplação que Deus faz brilhar sua luz em nosso coração (2Co 4:6). J. I. Packer disse: "Por meio da agência do Espírito Santo, nos tornamos semelhantes àquele para quem olhamos ao absorver a palavra do evangelho".[169] O ministério de Paulo superou o de Moisés porque resultou em uma transformação de seus ouvintes, enquanto o de Moisés não.

Podemos ver essa transformação de glória em glória como uma transfiguração? Michael Kibbe pensa assim, e estou inclinado a concordar. Todos os ingredientes estão presentes: a face resplandecente de Moisés; rostos desvelados; contemplação da glória de Deus; a luz da glória de Deus na face de Jesus Cristo; e, claro, o termo-chave, *meta-morphoō*. Kibbe também observa a alusão de Lucas à glória de Moisés (Lc 9:30,31), a tendência dos sinóticos "de retratar a transfiguração em termos sinaísticos", e, claro, a frase "glória de Deus na face de Jesus Cristo", uma alusão óbvia à transfiguração de Jesus.[170]

---

168. Joseph A. Fitzmyer concordou que *metamorphoō* é um motivo greco-romano, mas argumentou que Paulo o infundiu com uma nuance que ele derivou do judaísmo palestino encontrado em Qumran. Veja seu "Glory Reflected on the Face of Christ (2 Cor 3:7—4:6) and a Palestinian Jewish Motif" [Glória refletida na face de Cristo (2Co 3:7—4:6) e um motivo judaico palestino], *Theological Studies 42*, n. 4 (1981), p. 638-9.

169. J. I. Packer, *Rediscovering Holiness* (Ann Arbor: Servant, 1992), p. 171.

170. Michael Kibbe, "From Glory to Glory: Transfiguration and New Creation in 2 Corinthians 2:14—4:6", em Stanley E. Porter (org.), *Christian Origins and the Formation of the Early Church* (Leiden, Brill, forthcoming).

Paulo amplia a sugestão de Mateus de que a glória transfigural de Jesus será também nossa, conectando a descrição compartilhada em Mateus 17:2, onde a face de Jesus brilhou "como o sol", e Mateus 13:43, que afirma que os justos brilharão "como o sol" no reino de seu Pai. Kibbe corretamente observa a diferença entre a transfiguração de Jesus e a do cristão: sua glória é inata; a nossa é refletida.

A afirmação de Paulo deveria nos fazer refletir. É uma ideia impressionante que a interpretação bíblica – ler à luz de Cristo na letra do texto – "é um veículo pelo qual os seres humanos se aproximam de seu *telos*, um meio pelo qual se tornam seus verdadeiros eus".[171] A transfiguração de Jesus – e o conhecimento que vem da contemplação da glória fluindo de seu rosto resplandecente – traz à realização a promessa velada da face de Moisés e antecipa a característica gloriosa que aguarda todos os cristãos. A glorificação é a bênção mencionada em Apocalipse 1:3, para aqueles que leem, ouvem e guardam a palavra profética. Talvez a ideia de que a interpretação bíblica é transformadora não deva ser surpreendente. Pois estamos lendo a Sagrada Escritura, palavras humanas separadas para um propósito divino, palavras que mediam a presença pessoal de Deus e criam a cultura escatológica que caracteriza o domínio da palavra de Deus.

Nas páginas iniciais deste livro, perguntei: "A interpretação bíblica pode mudar o mundo?" Sim, pode, pois é o meio designado por Deus para revelar, refratar e refletir a luz sobrenatural divina, com a capacidade de iluminar e transformar. A interpretação transfiguradora culmina na transformação do leitor efetuada pela contemplação da glória de Deus na face de Cristo. Contemplar essa face é o privilégio e a responsabilidade de todos aqueles que leem a Bíblia como Escritura cristã. Além disso, todos os leitores que se importam com a interpretação literal também devem se importar com a interpretação espiritual ou transfigural – ler para a *glória* do sentido literal – pois é um meio para o conhecimento de Deus e a chave para o significado de toda a Bíblia, na verdade, de toda a história.

Quase tudo o que quero dizer sobre transfigurar o leitor pode ser encontrado em 2Coríntios 3:18. De acordo com Paulo, o Espírito permite a interpretação *espiritual*, ou seja, a capacidade de contemplar a glória do Senhor na face de Cristo, uma contemplação que tem um efeito *transfigurativo* à medida que transforma o leitor, gradualmente, na mesma imagem gloriosa: "Nós nos tornamos como o que contemplamos; o que nos cativa nos molda".[172] Parafraseando o personagem Digory de C. S. Lewis: "Está tudo em Paulo, tudo em Paulo. Por Deus, o que eles ensinam nessas escolas teológicas?".[173] Ler a Bíblia teologicamente envolve de modo considerável mais do que mover os olhos da esquerda para a direita, pois ao olhar para dentro e ao longo do texto, entramos em

171. Sarisky, *Scriptural Interpretation*, p. 98. Veja também Howell R. Jones, *Transfiguration and Transformation* (Edimburgo: Banner of Truth Trust, 2021).

172. Kimble, *Behold and Become*, p. 36.

173. No original: "Está tudo em Platão, tudo em Platão. Mas que coisa, o que ensinam a eles [às crianças] nessas escolas?!" de Lewis, *The Last Battle*, p. 154.

sua luz, para comungar com o iluminador e vivificante Deus trino. A beleza gloriosa de Deus nos chama a responder com glórias e aleluias.

A iluminação do Espírito diz respeito a mais do que cognição. Para Paulo, o tornar-se que se segue à contemplação envolve uma mudança não na aparência externa, mas no homem interior. Richard Sibbes declarou: "A própria contemplação de Cristo é uma visão transformadora. [...] Um homem não pode olhar para o amor de Deus e de Cristo no evangelho sem que isso o transforme para ser como Deus e Cristo".[174] Edwards concordou, dizendo: "Esta luz é tal que influencia efetivamente a inclinação e muda a natureza da alma. Ela assimila nossa natureza à divina e transforma a alma em uma imagem da mesma glória contemplada".[175] Piper diz analogamente que a contemplação de Cristo capacitada pelo Espírito na letra do texto é "uma visão com sabor".[176] A leitura transfigurada fala da eficácia da economia da luz: "Deus cria o cristão fiel ao mostrar a uma pessoa a glória dele na face de Cristo".[177] Podemos nos lembrar do papel especial do Espírito na economia trina: completar e aperfeiçoar as obras de Deus *ad extra*, neste caso, a autocomunicação luminosa de Deus. O Espírito nos capacita a sentir, não apenas a ver, mas a ser transfixados e transfigurados pela luz de Cristo na letra do texto. Os leitores que discernem a glória do Senhor na face de Cristo passam a entender e a se deleitar na verdade do evangelho.

A filologia e a exegese desempenham um papel importante, com certeza, mas não são transformadoras por si mesmas. A Bíblia é uma lâmpada, mas precisamos do Espírito para ver por sua luz: "O papel do Espírito – ou objetivo – na interpretação é permitir que o intérprete entenda o texto de tal forma que o texto transforme o intérprete na imagem de Cristo".[178] O Espírito faz a luz de Cristo brilhar em nosso coração tão completamente que começa a caracterizar também o que está em nós. Iluminar os olhos do coração de seus leitores (Ef 1:18) também é o fardo de Paulo: ele diz aos Gálatas que está sofrendo dores de parto por causa deles até que Cristo seja formado neles (Gl 4:19). O termo grego para descrever essa "formação" é *morphothe*, e está relacionado ao "sendo transformado" (*metamorphoumetha*) de 2Coríntios 3:18. Ler a Bíblia teologicamente com Paulo é, em última análise, um meio de formação espiritual e transformação para a semelhança de Cristo: em uma palavra, *transfiguração*.[179]

---

174. Richard Sibbes, "A Description of Christ", em *The Works of Richard Sibbes* (Edimburgo: James Nichol, 1862-64), p. 1:14.

175. Jonathan Edwards, "Divine and Supernatural Light" [Luz divina e sobrenatural], *WJE* 19:405-26.

176. Piper, *Reading the Bible Supernaturally*, p. 145.

177. Peter Balla, "2 Corinthians", em G. K. Beale e D. A. Carson (orgs.), *Commentary on the New Testament Use of the Old Testament* (Grand Rapids: Baker Academic, 2007), p. 764.

178. Gary L. Nebeker, "The Holy Spirit, Hermeneutics, and Transformation: From Present to Future Glory" [O Espírito Santo, a hermenêutica e a transformação: da glória presente à futura], *Evangelical Review of Theology* 27 (2003), p. 47.

179. Cf. a descrição de C. S. Lewis dos santos nos céus como "pessoas brilhantes". *The Great Divorce* (New York: HarperCollins, 2001), p. 59.

A metamorfose peculiar da qual Paulo fala é transfigurativa porque o que os leitores vêm a conhecer nas Escrituras faz com que reflitam a luz de Cristo. Um leitor iluminado "começa a refletir aquilo a que foi exposto, e sua semelhança começa a ser formada nele".[180] Ao nos tornarmos mais semelhantes a Cristo, não perdemos, mas nos tornamos nosso verdadeiro eu – a imagem de Deus na qual fomos inicialmente criados: "Deus criou os humanos para serem pessoas de imagem que refletem sua glória".[181] A queda de Adão impediu temporariamente essa intenção autoral, mas uma promessa de salvação foi feita, e "o evangelho é a notícia sobre essa intervenção e essa restauração".[182] A economia da luz revela e redime: em Cristo estava a vida, "e esta era a luz dos homens" (Jo 1:4). Nas palavras de Jonathan Edwards, "Os raios de glória vêm de Deus, e são algo de Deus, e são devolvidos de novo a seu inicial. De modo que o todo é *de Deus*, *em* Deus e *para* Deus; e Deus é o começo, o meio e o fim nesse assunto".[183]

Contemplar a glória do Senhor para ser transfigurado nessa mesma imagem é a vocação e o destino supremos da criatura humana: "Nosso futuro é revelado na face de Jesus".[184] Aqueles que, graças à iluminação do Espírito, contemplam o esplendor da verdade de Deus feita carne, o brilho cintilante do amor de Deus derramado em Cristo, não podem deixar de ser impactados. O *locus* da própria transfiguração do leitor, no entanto, não é o rosto, mas o coração e a mente. Os leitores que contemplam a luz de Cristo na letra do texto começam a experimentar "*uma participação no conhecimento do Filho sobre o Pai pelo poder do Espírito Santo*".[185] Esta é a bênção máxima de ler com uma hermenêutica cristã pura e simples: aquecer-se diante da glória do Senhor e, mantendo companhia com ele, tornar-se cada vez mais como ele. Ler a Bíblia como a Escritura cristã de dois testamentos é, portanto, um tema completamente teológico, um meio de vir a conhecer Deus enquanto ele brilha em Cristo por meio do Espírito para cultivar a piedade, o que significa dizer, a semelhança com Cristo.

A interpretação bíblica transfigurada, a capacidade dada pelo Espírito de sentir a luz de Cristo na letra do texto, destaca mais uma variação do celebrado círculo hermenêutico. Pois há uma dimensão hermenêutica para a santificação e uma dimensão santificadora para a hermenêutica, cada uma dizendo respeito à contemplação da glória do Senhor. Como a santificação, a transfiguração do leitor é similarmente progressiva, "com glória

180. Thomas A. Smail, *Reflected Glory: The Spirit in Christ and Christians* (Londres: Hodder and Stoughton, 1975), p. 26.

181. G. K. Beale, *We Become What We Worship: A Biblical Theology of Idolatry* (Downers Grove: InterVarsity, 2008), p. 16.

182. Graham A. Cole, *Glorification: An Introduction* (Wheaton: Crossway, 2022), p. 45. Veja também Haley Goranson Jacob, *Conformed to the Image of His Son: Reconsidering Paul's Theology of Glory in Romans* (Downers Grove: IVP Academic, 2018).

183. Edwards, *Ethical Writings*, p. 531.

184. Patrick Schreiner, *The Transfiguration of Christ: An Exegetical and Theological Reading* (Grand Rapids: Baker Academic, 2024), p. 124.

185. Ike Miller, *Seeing by the Light: Illumination in Augustine's and Barth's Readings of John* (Downers Grove: IVP Academic, 2020), p. 5 (ênfase do original).

cada vez maior" (2Co 3:18). Por outro lado, aqueles que persistem em ler a Bíblia com rostos velados (e formas de crítica) deixarão de ver a glória de Cristo, ou seja, o verdadeiro tema das Escrituras, uma falha espiritual e hermenêutica.[186] Não se engane: deixar de contemplar a glória de Cristo fica aquém não apenas da interpretação espiritual, *mas também da interpretação literal*, à medida que essas leituras falham em discernir a *glória* do sentido literal. O anúncio divino na Escritura recai sobre ouvidos surdos nessa penumbra, causando um curto-circuito na economia da luz e perdendo a razão de ser da própria Escritura. Pois, como adverte Webster, "a Escritura não é um evento comunicativo fechado em si mesmo e totalmente finalizado, mas um instrumento na comunhão entre a Palavra reveladora e seus destinatários".[187]

A economia da luz começa e termina em glória. A luz que Deus chamou à existência na criação brilha de novo da face de Cristo para o coração daqueles que leem com rostos descobertos. Deus traz esses leitores à glória (Hb 2:10), constituindo-os "filhos da luz" (Ef 5:8; 1Ts 5:5) à medida que são progressivamente transfigurados na imagem de Cristo (Rm 8:29; 1Co 15:49; Cl 3:10). Os intérpretes bíblicos devem tomar muito cuidado, no entanto, para não começarem a glorificar a si mesmos e as próprias leituras. A hermenêutica cristã pura e simples ajuda os leitores a encontrar glória na letra do texto, *não* nas próprias interpretações vangloriosas. Elevar o interesse interpretativo, ou método interpretativo, ou interpretação particular sobre o texto, é professar algum tipo de crítica, não Cristo.[188]

A verdadeira vocação dos leitores cristãos, e dos seres humanos em geral, é refletir a glória de Cristo, não uma glória de si mesmos. Pedro diz explicitamente a seus leitores que eles foram chamados "das trevas para a maravilhosa luz [de Deus]" para "anunciar as grandezas daquele que os chamou" (1Pe 2:9). É assim, por fim, que a interpretação bíblica muda o mundo: é o meio divinamente designado para chamar as pessoas à luz e, vivendo como filhos da luz (Ef 5:8), espalhá-la ainda mais. O que poderia muito bem servir como declaração de missão de Paulo para seu ministério apostólico é também o lema para a hermenêutica cristã pura e simples: "Não pregamos a nós mesmos, mas a Jesus Cristo, o Senhor" (2Co 4:5). Intérpretes transfigurados da Bíblia devem ir e fazer o mesmo, não como sujeitos soberanos, mas como servos santificados da palavra.

---

186. Cf. Samuel E. Parkison: "Para Paulo, há uma antítese absoluta: ou os leitores de Moisés leem à luz da glória de Cristo e, portanto, leem verdadeiramente e com 'rosto descoberto', ou leem com mente e coração envoltos em um véu que obscurece a glória de Cristo e, portanto, leem erroneamente". *Irresistible Beauty: Beholding Triune Glory in the Face of Jesus Christ* (Ross-shire: Mentor, 2022), p. 192.

187. Webster, *Domain of the Word*, p. 24.

188. Para uma crítica de "professar crítica", veja John Goldingay, "Reading Rahab: How Criticism Serves Itself or Eats Itself" [Lendo Rahab: Como a crítica serve a si mesma e alimenta-se de si mesma], *Scottish Journal of Theology* 76, n. 1 (2023), p. 24-30. Goldingay usa a história de Rahab para ilustrar como os intérpretes podem ler os próprios interesses em um texto enquanto fingem ignorar os interesses comunicativos do próprio texto. Esses críticos não estão lendo tanto quanto usando o texto, encontrando nele a confirmação dos próprios preconceitos.

CONCLUSÃO: LIÇÃO BEATÍFICA

TRANSFIGURANDO CULTURAS DE LEITURA CRISTÃ

O esplendor do semblante divino, que até o apóstolo chama de "inacessível" [1Tm 6:16], é para nós como um labirinto inexplicável, a menos que sejamos conduzidos a ele pelo fio da Palavra; de modo que é melhor mancar por esse caminho do que correr a toda velocidade para fora dele.

– Calvino, *Institutas* I.6.3

Pois somos apenas criaturas: nosso papel deve ser sempre o do paciente para o agente [...] do espelho para a luz, do eco para a voz. Nossa mais elevada atividade deve ser a resposta, e não a iniciativa.

– C. S. Lewis, *O problema da dor*

Nossa escalada está quase completa. É hora de refazer nossa jornada, avaliar sua significância, responder a uma possível objeção e indicar um caminho a seguir.

Resultados do experimento: um breve relatório do topo da montanha

Ao longo deste livro, adotei o tropo patrístico de ver a interpretação bíblica como uma subida ao que Gregório de Nissa se referiu em sua *Vida de Moisés* como "a montanha do conhecimento de Deus".[1] Gregório reconheceu que o conhecimento de Deus "é uma montanha íngreme e difícil de escalar, e a maioria das pessoas mal chega à sua base".[2] Começamos na parte 1 montando acampamento, examinando o terreno e medindo a montanha diante de nós, ou seja, o desafio de ler a Bíblia para ouvir e encontrar Deus em uma era de culturas de leitura desordenadas e divididas. Argumentei ali que subidas

1. Gregório de Nissa, *The Life of Moses*, p. 15.
2. Ibidem, p. 158.

bem-sucedidas requerem os serviços de exegetas e teólogos. As duas partes seguintes, que constituem a maior parte do presente livro, são paralelas às duas maneiras pelas quais Gregório examinou a vida de Moisés, primeiro a *historia* (o que aconteceu), depois a *theoria* ("o entendimento espiritual que corresponde à história").[3]

A parte 2, nossa primeira subida, focou no princípio formal da mera hermenêutica cristã: a letra do texto; o sentido literal e sua interpretação. O desafio aqui consistia em conferir à letra a devida diligência, uma descrição teológica suficientemente densa, que demandava múltiplos quadros de referência e um contexto canônico, e não apenas uma exegese literal-gramatical no contexto histórico original. Ler a Bíblia como discurso divino, argumentei, é seguir a maneira pela qual as palavras divinamente direcionadas funcionam de uma figura para outra por meio da história redentora (daí "trans-figural") para o que elas são, em última análise – seu referente cristológico plenamente figurado. Apesar dos diversos conceitos de literalidade que pesquisamos, afirmei que poderíamos discernir um consenso, em todos os períodos da tradição da igreja e em todos os segmentos da igreja, sobre o significado literal das Escrituras, incluindo acontecimentos no presente imediato do autor humano (a ocasião histórica) e seu cumprimento futuro (a realização escatológica). Transfigurar a letra, eu disse, é ler com um quadro de referência escatológico e estratégia hermenêutica trans-figural, em contexto canônico, com visão cristoscópica. A interpretação trans-figuradora, portanto, dá origem a uma prática de leitura caracterizada por leitura canônica atenta, seguindo a maneira pela qual suas figuras funcionam nas Escrituras em direção a Jesus Cristo, sua Estrela Polar.

A parte 3 seguiu um caminho diferente montanha acima, focando no princípio material da hermenêutica cristã pura e simples: a luz de Cristo ou, de modo mais expansivo, o conhecimento de Deus na face de Cristo. Esse é o princípio material da hermenêutica cristã pura e simples porque é sobre isso que a Bíblia, quando interpretada literalmente (ou seja, trans-figuralmente) é, em última análise. Aqui, também, a transfiguração fez um trabalho pesado, referindo-se não simplesmente à interpretação trans-figural mas, em vez disso, ao acontecimento histórico que justifica, em última análise, essa figuração: a transfiguração de Jesus. A principal proposição que apresentei aqui é que a transfiguração de Jesus revela, em vez de distorcer, quem ele realmente é. A interpretação transfigural, analogamente, não distorce nem muda o sentido literal, mas, em vez disso, à semelhança da transfiguração de Jesus, magnifica e glorifica o corpo do texto, permitindo aos leitores discernir nele a luz de Cristo (abreviação para o que Deus torna conhecido).

Cada subida da montanha constituiu um estágio em meu experimento bíblico-teológico em crítica, segundo o qual julgamos a correção de uma interpretação não com base no método crítico que emprega, mas em que tipo de leitura teológica, cultura de leitura e leitor ela produz. Ao contrário do que ocorre na academia, na qual métodos

3. Ibidem, p. 15.

críticos atendem a uma variedade de interesses interpretativos, nosso experimento propôs medir a adequação de uma abordagem crítica determinando se, e em que medida, ela permite que os leitores percebam a luz de Cristo: "As práticas exegéticas são subordinadas à natureza do texto, e seu fim é a atenção à direção do texto".[4] O resultado do experimento foi uma nova apreciação por uma maneira católica reformada de ler a Bíblia que discerne as profundezas do sentido literal.

A razão de lermos a Bíblia teologicamente, para obter uma bênção, deve ser claro. (1) Nós nos beneficiamos mais da luz das Escrituras quando as lemos não nos silos disciplinares solitários da academia, ou no conforto relativo de nossos guetos étnicos ou denominacionais, mas com todos os santos, incluindo exegetas, teólogos e historiadores da igreja dos tempos pré-modernos e modernos, do Oriente e do Ocidente, do Norte industrial e do Sul global. (2) Fazemos mais justiça ao sentido literal da Bíblia quando a lemos espiritualmente, para seu referente glorioso, com um quadro de referência escatológico-gramatical em contexto canônico. Abordagens hermenêuticas que falham em ver a luz de Cristo na letra do texto causam um curto-circuito na intenção autoral divina, ignoram o contexto canônico e perdem o quadro de referência redentivo-histórico-escatológico. Deixar de ver a luz de Cristo na letra do texto é fazer uma injustiça à letra.

Em suma, "transfigurar" a interpretação bíblica refere-se tanto a *uma transfiguração do processo* de interpretação bíblica (ou seja, um repensar do que está envolvido na leitura teológica) quanto a *um processo interpretativo que transfigura.* Nós transfiguramos o processo ao repensar os meios e fins da interpretação bíblica em termos da economia da luz. Esse processo interpretativo então se transfigura ao ler na e para a luz de Cristo, glorificando tanto o sentido literal quanto o leitor. Aliás, os leitores são "figurados" de duas maneiras: primeiro, ao se verem como os destinatários divinos, parte do povo de Deus cuja história a Bíblia narra ou *con*figura; segundo, ao olharem para a face de Cristo e refletirem a luz que o Espírito faz brilhar em seu coração, o que é parte de sua *trans*figuração na semelhança de Cristo. A igreja, da mesma forma, deve ser uma figura de Cristo brilhando em dez mil lugares e uma cultura de leitura transfiguradora que forma leitores para ler transfiguralmente.

Por que chamar todo esse processo de "hermenêutica cristã pura e simples"? Aqui estão quatro razões: (1) A interpretação bíblica transfigurada pratica uma maneira de leitura literal que toda a igreja concordou ser básica para a fé. (2) Essa cultura de leitura eclesial não privilegia nem exclui nenhum método crítico em particular, embora alerte contra a redução do significado textual a qualquer quadro de referência único. (3) Essa cultura de leitura eclesial não privilegia nem exclui nenhuma comunidade teológica particular, embora critique aqueles que não respeitam o sentido literal ou tentam

---

4. John Webster, "Resurrection and Scripture", em *The Domain of the Word: Scripture and Theological Reason* (Londres: T&T Clark, 2012), p. 47.

reduzi-lo a um único quadro de referência. (4) Essa cultura de leitura eclesial forma seus membros para serem sujeitos responsivos, de mente e coração retos, responsáveis e receptivos ao discurso divino do texto bíblico.

"Ouçam-no": atendendo (e respondendo) à luz

Para leitores modernos treinados para pensar sobre interpretação bíblica em matéria de métodos exegéticos e tipos de crítica, a característica mais surpreendente do presente livro é provavelmente sua ênfase na questão do *porquê* em vez do *como*: Por que ler a Bíblia como *Escritura* cristã? *Para que* serve a leitura da Bíblia? Com Gregório, argumentei que os leitores devem seguir Moisés até a montanha para ouvir a voz de Deus, aprender virtude, adquirir sabedoria e se tornar semelhantes a Cristo.

Gregório vê toda a vida de Moisés como uma ascensão ao monte da perfeição e o vê como um modelo de virtude a ser imitado: "O SENHOR falava com Moisés face a face, como quem fala com um amigo" (Êx 33:11a). Da mesma forma, propus que a vida cristã é em grande parte uma resposta ao anúncio divino nas Escrituras, e que os cristãos devem ler a Bíblia para ver nela a face de Cristo e, ao vê-la, tornar-se mais como ele, conhecendo Deus como seu Pai. Desse patamar, a exegese parece ser menos sobre a reconstrução da situação histórica original e mais sobre a restauração da vocação adâmica original: "A Escritura é instrumental para restaurar a vida humana à sua forma adequada".[5] O principal propósito de ler a Bíblia teologicamente é aprender Cristo – o que envolve muito mais do que aprender *sobre* Cristo. Ler a Bíblia transfiguralmente é um meio importante para cumprir nossa vocação de criatura como homens e mulheres criados à imagem de Deus (Gn 1:28) para sermos conformados à imagem consumada de Jesus Cristo.

Vale a pena fazer uma pausa no final de nossa jornada para refletir sobre um paradoxo que mencionei de passagem, mas não examinei. A luz é algo para ser visto, não lido, e a transfiguração em si foi algo que os discípulos não leram, mas viram. O que um livro sobre interpretação bíblica está fazendo empregando metáforas relativas à visão e à luz? O paradoxo é mais agudo e irônico na própria narrativa da transfiguração, pois, embora Jesus em outro lugar se identifique como a luz do mundo (Jo 8:12), no exato momento em que seu rosto brilha como o sol, ele não diz quase nada.[6] A passagem conclui, no entanto, com a voz divina que fala da nuvem, que diz: "Ouçam-no" (Mt 17:5; Mc 9:7; Lc 9:35). Como alguém ouve ou lê para a luz de Cristo? Como um discurso visual pode provocar uma resposta auditiva? A resposta está à vista de todos: "ver a luz" é uma figura de linguagem, uma metáfora para obter

5. Darren Sarisky, *Scriptural Interpretation: A Theological Exploration* (Malden: Wiley-Blackwell, 2012), p. 34.

6. Em Mateus 17:7, após os discípulos caírem com o rosto em terra, assustados pela voz divina, Jesus lhes diz: "Levantem-se! Não tenham medo!".

conhecimento, em geral ouvindo ou lendo. Ao longo deste trabalho, argumentei que a luz e a iluminação são figuras bíblicas importantes para Deus em sua autorrevelação e presença manifesta. A luz ilumina e, ao fazê-lo, mostra a si mesma e outras coisas. Deus fala luz, e a luz "fala".

Relatos da voz audível de Deus são extremamente raros no Novo Testamento. É digno de nota, então, que a voz que fala da nuvem na transfiguração de Jesus diga: "Ouçam-no!". Os discípulos certamente entenderam que a voz os estava instruindo a atender Jesus e não Moisés ou Elias (o que pode ser o motivo pelo qual a voz interrompeu o plano de Pedro de fazer *três* tendas).[7] A voz do céu também sugere como ver e ouvir se relacionam: é porque somente Cristo é a manifestação visível de Deus, a glória de Deus em carne, que os discípulos devem somente ouvi-lo. Por sinal, como observa Pierre-Yves Brandt, as narrativas da transfiguração identificam não apenas Jesus, mas também seus discípulos. Pois fica claro no monte da transfiguração que o verdadeiro discípulo é aquele que ouve somente Jesus.[8] Aqueles que atendem somente a Cristo contemplam a glória do Senhor e são eles mesmos transfigurados em sua gloriosa semelhança. A descrição de Paulo desses leitores iluminados da Bíblia é impressionante: eles "são luz no Senhor" (Ef 5:8), cidadãos da luz que produzem o "fruto da luz" (Ef 5:9).[9] O leitor transfigurado é um canal de luz porque Cristo brilhou sobre eles, na e mediante a letra dos textos que dão testemunho dele (Jo 5:39).

A voz do céu direciona os leitores-discípulos a ouvir aquele que é a luz do mundo. A face resplandecente de Cristo Jesus fala muito, muito mais do que qualquer intérprete pode compreender. Nós somos os mestrandos, não os mestres, desse rosto brilhante. É sua presença manifesta, sua voz falante, que se dirige a nós nas Escrituras e por meio delas, como fez com o apóstolo Paulo na estrada para Damasco: "Eu sou Jesus" (At 9:5). As palavras da Palavra são "vivas e eficazes" (Hb 4:12), fótons reveladores na economia da luz, um meio comunicativo daquele que é, ele próprio, resplandecente e eloquente. Como Webster corretamente salienta, nada é mais fundamental na interpretação bíblica do que isto: "Cristo é Deus, e ele está falando".[10] A voz e a face de

---

7. Thorvald B. Madsen diz que o contexto sugere que os discípulos devem confiar em particular no que Jesus diz sobre a necessidade de sua morte iminente, um ditado duro: "O comando, 'ouçam-no', [...] provavelmente tem as previsões da paixão em vista". "Listen to Him: The Exhortation of Matthew 17:5 in the Context of the Transfiguration Narrative" [Ouçam-no: a exortação de Mateus 17:5 no contexto da narrativa da transfiguração], *Midwestern Journal of Theology 15*, n. 2 (2016), p. 129.

8. Veja Pierre-Yves Brandt, *L'identité de Jésus et l'identité de son disciple. Le récit de la transfiguration comme clef de palestra de l'Évangile de Marc* (Göttingen: Vandenhoeck & Ruprecht, 2002), parte 4. Oecolampadius afirmou de modo similar que o tema principal de Hebreus é a importância de ouvir a Cristo: "Consideramos que o propósito da epístola era fazer com que os hebreus, que até então eram ouvintes da lei e dos profetas, não ouvissem mais a Moisés do que a Cristo". Citado em Jeff Fisher, *A Christoscopic Reading of Scripture: Johannes Oecolampadius on Hebrews* (Göttingen: Vandenhoeck & Ruprecht, 2016), p. 93.

9. "Aqueles que Deus chamou das trevas são agora eles próprios 'luminares'." S. M. Baugh, *Ephesians: Evangelical Exegetical Commentary* (Bellingham: Lexham, 2016), p. 429.

10. Webster, "Resurrection and Scripture", p. 49.

Cristo que falam e brilham a partir dos textos bíblicos são o foco resplandecente da economia trina da luz, o *locus* e o fulcro no qual e pelo qual o Pai brilhou e continua a brilhar o conhecimento do Filho de Deus no coração dos leitores pelo Espírito. A interpretação bíblica transfigurada é, em última análise, um "relato teológico do ser de textos e intérpretes no domínio da presença reveladora de Cristo".[11]

A face fala, a voz brilha. Para grande parte da tradição cristã, ver Deus, a visão beatífica, era considerado o principal objetivo, a bênção suprema reservada para o céu. Essa foi a conclusão de Gregório ao contemplar a ascensão de Moisés à montanha do conhecimento de Deus. A glória que Moisés pediu para ver, e a glória que ele progressivamente experimentou, foi o primeiro fruto da visão beatífica. Como constatamos no capítulo 9, contemplar a glória do Senhor na face de Cristo é um importante meio de santificação. John Owen estava, portanto, certo em destacar a centralidade de Cristo na visão beatífica, pois é na forma humana deste que vemos mais plenamente a glória do Senhor: "Portanto, a visão abençoada e abençoadora que teremos de Deus será sempre 'na face de Jesus Cristo'".[12] Mais especificamente, como Suzanne McDonald aponta, é para Owen "*a pessoa de Jesus Cristo, em sua humanidade ascendida e glorificada*, que está no cerne da visão beatífica".[13] Essa visão é completamente transfigurada à medida que a transfiguração é tanto a revelação da divindade de Jesus quanto uma antecipação de sua exaltação, ela própria uma nota promissória da futura glorificação do crente. Claro, deste lado da glória nós, como Moisés, só podemos olhar para a terra prometida da visão beatífica de uma distância: "Ainda não se manifestou o que haveremos de ser. Mas sabemos que, quando ele se manifestar, seremos semelhantes a ele, pois o veremos como ele é" (1Jo 3:2).

Os teólogos às vezes debatem o "como" da visão beatífica: envolverá uma visão intelectual, os olhos do coração, uma visão física glorificada?[14] Este não é o lugar para marcar uma posição. Em vez disso, deixe-me sugerir que contemplar a glória de Deus na face de Cristo, seja lá o que isso envolva, é o verdadeiro fim da interpretação bíblica transfigurada. Ler teologicamente é, portanto, almejar uma *lição* beatífica: uma contemplação, por meio da leitura, da face radiante de Cristo na letra do texto e, na face humana de Cristo, a própria face de Deus.[15] É *lição* porque envolve ver, ouvir e

11. Ibidem, p. 38.

12. John Owen, "Meditations and Discourses on the Glory of Christ in His Person, Office, and Grace", em *The Works of John Owen* (organizado por William H. Goold), vol. 1 (Londres: Johnstone and Hunter, 1850), p. 292-3.

13. Suzanne McDonald, "Beholding the Glory of God in the Face of Jesus Christ: John Owen and the 'Reforming' of the Beatific Vision", em Kelly M. Kapic e Mark Jones (orgs.) *The Ashgate Research Companion to John Owen's Theology* (Burlington: Ashgate, 2012), p. 153 (ênfase do original).

14. Veja também Peter Anthony, *Patristic Perspectives on Luke's Transfiguration: Interpreting Vision, The Library of New Testament Studies* (Londres: T&T Clark, 2022).

15. Também podemos falar de uma *audição* beatífica em relação a culturas orais ou pré-letradas. Para uma pesquisa abrangente da visão beatífica, veja Hans Boersma, *Seeing God: The Beatific Vision in Christian Tradition* (Grand Rapids: Eerdmans, 2018).

conhecer por meio da leitura ("Ouçam-no"); é *beatífica* porque por meio da leitura atendemos à autoapresentação do Cristo que brilha e nos abrimos à bênção de contemplar seu rosto e nos tornarmos como ele.[16] John Owen expressou ideia semelhante em suas *Meditations and Discourses on the Glory of Christ* [Meditações e discurso sobre a glória de Cristo], onde exortava os cristãos a lerem as Escrituras contemplando a glória de Cristo, quem ele é, o que ele fez e o que continua a fazer, que agora conhecemos pela fé ao ouvir sua palavra, como um antegosto da visão beatífica.[17]

Falar de lição beatífica nos lembra de que leitores responsáveis sentirão admiração na presença manifesta e discursiva de Cristo, a voz e a face de Deus. Essa admiração é "o sentimento de ser diminuído na presença de algo maior do que o eu",[18] uma percepção de uma transcendência "que expande de modo dramático o quadro de referência usual do observador".[19] Exatamente. Atender a Cristo falando nas Escrituras requer um quadro de referência especial, que descrevi como escatológico, cristoscópico, trans-figural e transfigurador. Cada termo transmite uma nuance ligeiramente diferente, mas eles têm em comum uma resistência à leitura apenas em quadros de referência estreitos que são curvados sobre si mesmos, imanentes e encerrados em si mesmos. Em contraste, o ponto central da minha descrição dos quadros de referência que tornam a leitura da Bíblia verdadeiramente teológica é sua abertura à transcendência, ao discurso divino por meio do qual Deus revela e comunica sua glória.

Ao ler a Bíblia da maneira trans-figural/transfiguradora conforme tenho recomendado, não suprimimos a voz dos autores humanos; em vez disso, de modo transfigural, ouvimos antes de tudo a voz viva e ativa de Cristo nas Escrituras, brilhando por intermédio da letra do texto. É isso que qualifica a transfiguração de Jesus para servir como o quadro de referência adequado da compreensão teológica: "Ser espiritualmente inclinado e ver o Cristo glorioso não é ser míope [...] mas enxergar todas as coisas em luz transfigurada".[20] Essa é uma grande afirmação que levanta uma possível objeção: a leitura beatífica identificada como o objetivo da interpretação teológica não é uma instância que excede a compreensão, e não apenas compreende, o texto bíblico? É realmente verdade que os leitores cristãos devem olhar para o espelho do texto bíblico para ver o rosto de Jesus, a fim de apenas ouvi-lo?

---

16. "Ler a luz" não é uma locução mais estranha do que "ver a voz" (Ap 1:12, ACF). Ambas são tentativas de descrever a experiência de estar na presença autocomunicativa de Cristo.

17. Veja também Suzanne McDonald, "John Owen on the Beatific Vision: Historic Reformed 'Spirituality' in Action" [John Owen sobre visão beatífica: espiritualidade histórica reformada em ação], *Theology Matters*, 30 de maio de 2023, em: https://www.theologymatters.com/articles/theology/2023/john-owen-on-the-beatific-vision-historic-reformed-spirituality-in-action/.

18. Paul K. Piff, Pia Dietze, Matthew Feinberg, Daniel M. Stancato, e Dacher Keltner, "Awe, the Small Self, and Prosocial Behavior" [Espanto, o Pequeno eu e o comportamento pró-social], *Journal of Personality and Social Psychology 108*, n. 6 (2015), p. 883.

19. Ibidem, p. 884.

20. Michael Allen, *Grounded in Heaven: Recentering Christian Hope and Life on God* (Grand Rapids: Eerdmans, 2018), p. 98.

De quem é essa canção? Sobre buscar (e encontrar) Cristo nos lugares "errados"

Isaías encoraja os leitores que "Busquem o SENHOR enquanto é possível achá-lo" (Is 55:6), e Jesus diz: "Busquem e vocês encontrarão" (Mt 7:7), mas alguns exegetas ainda podem estar cautelosos em procurar a face de Cristo em cada texto do Antigo Testamento. John Goldingay expressa essa preocupação da seguinte forma: "O Antigo Testamento é sobre Deus; não sobre Cristo. [...] O significado espiritual do Antigo Testamento é o significado de sua superfície. Esse significado é seu significado espiritual".[21] Ele se preocupa que leitores que esperam encontrar Cristo em cada página percam o que o texto realmente diz. Essa é uma preocupação válida. Ao discutir a interpretação espiritual do Antigo Testamento, é importante distinguir trajetórias tipológicas em larga escala de inventários alegóricos detalhados.[22] Uma coisa é seguir figuras através do cânone com um quadro de referência escatológico-gramatical em direção a seu referente cristológico, mas outra bem diferente é compilar uma lista elaborada de correspondências entre figuras e aquilo a que elas supostamente se referem, de acordo com algum esquema extracanônico. Frederic Farrar temia, com razão, que ao alegorizar alguém pudesse "fazer qualquer coisa de qualquer coisa".[23] No entanto, procurei distinguir esse tipo de alegorização arbitrária de uma abordagem biblicamente disciplinada e centrada em Cristo para a leitura figural. Aqui, limito-me a especificar o que significa buscar e ver Cristo por meio da interpretação transfigural.

Declarando a questão sem rodeios, os leitores estão errados ao encontrar Cristo no livro de Cânticos? Afinal, este é um dos dois únicos livros da Bíblia nos quais não há referência explícita a Deus (o outro é Ester). Isso não impediu que os intérpretes pré-modernos lessem Cânticos de maneira figurativa, como uma ode ao amor de Cristo pela igreja. Aliás, houve um consenso ininterrupto por quase dezenove séculos, tanto que se poderia dizer que a interpretação "cristã pura e simples" de Cânticos era cristológica. Em nítido contraste, a maioria dos intérpretes modernos vê Cânticos como uma ode ao amor erótico, uma abordagem que pode ser sintomática das culturas de leitura modernas que treinam os alunos a empregar apenas quadros de referência imanentes.[24] Observe bem: a discordância não é sobre o que Cânticos *diz* (ou seja,

21. John Goldingay, "Review Article: What Theologians and Biblical Scholars Wish the Others Knew" [Resenha de artigo: o que a erudição bíblica e teológica deseja que os outros saibam], *Journal of Theological Interpretation 16*, n. 1 (2022), p. 139.

22. Kevin J. Vanhoozer, "Ascending the Mountain, Singing the Rock: Biblical Interpretation Earthed, Typed, and Transfigured" [Subindo a montanha, cantando a rocha: interpretação bíblica terrena, tipológica e transfigurada], *Modern Theology 20*, n. 4 (2012), p. 789-90.

23. Frederic W. Farrar, *History of Interpretation: Eight Lectures Preached before the University of Oxford in the Year MDCCCLXXXV on the Foundation of the Late Rev. John Bampton* (Londres: Macmillan, 1886), p. 32.

24. Veja também Annette Schellenberg e Ludger Schwienhorst-Schönberger orgs., *Interpreting the Song of Songs: Literal or Allegorical?* (Leuven: Peeters, 2016).

sentido, conteúdo semântico), mas, sim, *sobre o que* ele é (ou seja, referência, tema). Marvin Pope falou pelo academicismo moderno ao sugerir que os comentaristas pré-modernos alegorizaram Cânticos porque não conseguiram reconhecer que ele é patentemente sobre a sexualidade humana: "Intérpretes que ousaram reconhecer o sentido claro de Cânticos foram atacados como inimigos da verdade e da decência".[25]

Mais uma vez, a verdadeira disputa é sobre quais quadros de referência são legítimos e apropriados, e por quê. Eu entendo e simpatizo com a frustração dos estudiosos bíblicos sobre interpretações alegóricas rebuscadas que encontram significado em cada detalhe textual, como a afirmação de Hipólito de que "seus dois seios são como filhotes de corça" (Ct 4:5) se refere ao Antigo e Novo Testamentos.[26] Por que dois Testamentos em vez de outros pares, como batismo e Ceia do Senhor, lei e graça, ou presbíteros e diáconos, todos os quais poderiam ser amplamente interpretados considerando glândulas mamárias espirituais? Os estudiosos bíblicos modernos insistem em interpretar Cânticos em seu quadro de referência inicial, a antiga poesia de amor do Oriente Próximo.[27] Deixe-me fazer dois comentários em resposta a essa preocupação que espero que esclareçam por completo o que significa ler Cânticos transfiguralmente.

Em primeiro lugar, Cânticos é uma poesia de amor, uma celebração do amor conjugal e da intimidade sexual, e os leitores devem honrar a intenção comunicativa de seu autor humano (ou seja, seu sentido literal). No entanto, como Chloe Sun argumentou, há uma série de detalhes textuais intrigantes que sugerem que algo mais está acontecendo: "O cenário principal de Cânticos é um jardim, que faz alusão ao Jardim do Éden como o templo de Deus".[28] Além disso, Cânticos é contado do ponto de vista da mulher, e um de seus temas principais é o desejo fervoroso de união com seu amado. Seu anseio só aumenta quando ela nota a ausência do amado: "É ela quem o procura e o deseja".[29] Sun observa que isso "tem semelhanças surpreendentes com a teologia da ausência divina nos salmos de lamento, nos quais uma parte anseia e busca a presença do outro em sua ausência".[30] Deus é, portanto, notável por sua ausência: "Cânticos apresenta um amante masculino ausente (Deus) [...] um Deus oculto sob o disfarce de um amor feroz e de um jardim ascético".[31]

25. Marvin H. Pope, *Song of Songs: A New Translation with Introduction and Commentary*, Anchor Bible 7C (Garden City: Doubleday, 1977), p. 17.

26. Veja Tremper Longman, *Song of Songs*, New International Commentary on the Old Testament (Grand Rapids: Eerdmans, 2001), p. 28.

27. Veja também Arthur Holder, "Christian Reception of the Song of Songs Since 1800", em Timothy H. Robinson (org.), *A Companion to the Song of Songs in the History of Spirituality* (Leiden: Brill, 2021), p. 359-60.

28. Chloe T. Sun, *Conspicuous in His Absence: Studies in the Song of Songs and Esther* (Downers Grove: IVP Academic, 2021), p. 10. Veja também Tim Chester, "Introduction", *Meeting Christ in the Garden: A Devotional of Classic Writing on the Song of Song* (Ross-shire: Christian Focus, 2023), p. 12.

29. Ibidem, p. 232.

30. Ibidem, p. 52.

31. Ibidem, p. 81.

Ainda assim, se tivéssemos de dar sentido ao Cânticos por si só, há pouco que nos impeça de lê-lo como acerca de "amor sexual, ou amor livre desenfreado, ou mesmo pornografia suave".[32] No entanto, também há bases interbíblicas e canônicas para pensar que Cânticos retrata de modo simbólico o relacionamento de Deus com Israel. Sabemos, por exemplo, que outros livros bíblicos descrevem a nação de Israel como uma noiva muitas vezes infiel e YHWH como um marido sempre fiel (Os 2:16-20). Além disso, a forma como Cânticos retrata a mulher com imagens de vinha (Ct 1:6) remete às representações canônicas de Israel como a vinha de Deus, conforme exemplificado em Isaías 5:1,7. Sun também observa inúmeras alusões à história do Êxodo, começando com o amante comparando a mulher a "uma égua entre as carruagens do faraó" (Ct 1:9) e, mais tarde, ao incenso e à mirra (Ct 4:6), ambos encontrados no tabernáculo: "Não é de admirar que os comentaristas judeus pensassem acerca das mulheres de Cânticos metaforicamente como a personificação de Israel".[33] Ellen Davis acredita que Cânticos, apesar de sua falta de menção a Deus, é o "mais bíblico" de todos os textos bíblicos porque lida com temas que abordam o relacionamento conturbado de Deus com Israel, sua noiva inconstante, e porque suas cenas de amor no jardim retratam "a reversão daquele exílio primordial do Éden".[34] À luz dessas indicações textuais, não há necessidade de recorrer a esquemas alegóricos extravagantes para ler Cânticos teologicamente.

Em segundo lugar, o livro de Cânticos é um discurso bíblico e, portanto, parte do discurso de Deus a seu povo da aliança. Richard Swinburne argumenta que, se Deus é na verdade o autor supremo, e se ele está se dirigindo às gerações futuras, bem como aos destinatários originais, então contextos posteriores, incluindo aqueles do Novo Testamento, são relevantes para determinar o significado do Cânticos.[35] Ler esse livro bíblico transfiguralmente, então, é buscar um literalismo no nível da totalidade do cânone, perguntando o que o autor *divino* estava fazendo ao inserir poesia de amor humano na coleção de escritos sagrados de Israel. Uma interpretação transfiguradora de Cânticos, portanto, se envolve em um *literalismo espiritual* que atende à intenção do Espírito Santo, seu autor supremo. Quando lido no contexto canônico, há todas as razões para acreditar que o sentido literal divinamente pretendido é o sentido figurado, no qual a noiva representa Israel, particularmente nos momentos nos quais ela sentiu que Deus estava ausente ou a tinha abandonado.[36] Cânticos deve ser lido em mais de um nível, com mais de um quadro de referência.

32. Ibidem, p. 265.

33. Ibidem, p. 237.

34. Ellen F. Davis, *Proverbs, Ecclesiastes, and the Song of Songs* (Louisville: Westminster John Knox, 2000), p. 232.

35. Richard Swinburne, *Revelation: From Metaphor to Analogy*, 2.ed. (Oxford: Oxford University Press, 2007), p. 266.

36. Sun escreve: "Quando os dois textos [Jeremias e Cânticos] são lidos juntos, formam um diálogo de amor, perda e desejo. É como se a mulher de Cânticos respondesse ao seu Deus/marido em Jeremias 31:20: 'Seu coração se agita por mim. Meu coração se agita por você também'". *Conspicuous in His Absence*, p. 253.

Os reformadores protestantes provam ser intérpretes cristãos puros e simples exemplares nas próprias leituras cristológicas de Cânticos. Sem renegar seu compromisso com a prioridade do sentido literal, eles foram capazes, em boa consciência interpretativa, de ler Cânticos em seu sentido canônico simples, isto é, transfiguralmente, como se apontassem de forma tipológica para o amor de Deus por seu povo e, por extensão, o amor de Cristo pela igreja. A opinião de Teodoro Beza é representativa: "O Espírito Santo, desejando assim representar para nós o que é em si mesmo incompreensível, a saber, o vínculo espiritual mais próximo possível de Jesus Cristo com a alma fiel [...] não poderia ter escolhido nem uma semelhança melhor, nem um padrão e modelo mais vívidos dessa comunhão".[37] O casamento, visto tipologicamente, é para Beza a figura perfeita do vínculo indissolúvel do amor da aliança: "Pois, em verdade, pode e deve ser dito que o Filho de Deus nos beijou [...] quando se uniu tão intimamente à nossa natureza".[38] Charles Spurgeon descreveu Cânticos como "o Lugar Santíssimo", o santuário interno do cânon, porque nele encontramos Cristo.[39] Essa é a afirmação crucial e o ponto de discórdia com os estudiosos bíblicos modernos que dizem que, em relação a Cânticos, o Filho não pode ser encontrado em lugar nenhum.

Já deve estar claro como tudo na interpretação bíblica depende do quadro de referência de alguém e dos critérios que alguém fornece para preferir um quadro de referência e não outro. Argumentei que esses critérios são baseados no que a Bíblia é (ontologia) e para o que ela serve (teleologia). Os exegetas estabelecem a legitimidade de um quadro de referência específico mostrando como, sem ele, somos incapazes de fazer justiça a algum aspecto do discurso bíblico. Por consequência, justificamos a leitura transfigural demonstrando que a interpretação do Antigo Testamento como Escritura cristã é incompleta a menos e até que o leiamos cristoscopicamente, cientes de que o significado histórico da Bíblia é orientado para um objetivo escatológico: "Tudo o que foi escrito nas Escrituras era sobre [Cristo] e para o benefício de sua igreja".[40] A interpretação transfigural não é sobre a distorção de versículos individuais para de alguma forma corresponderem a aspectos ou momentos específicos da pessoa e obra de Jesus. Pelo contrário, tem relação com o conhecimento de que a totalidade das Escrituras é, em última análise, sobre um ou outro aspecto do glorioso reino de Deus para formar um povo que fosse a posse preciosa de Deus, o corpo de Cristo. Como Arnold Huijgen explica, Jesus não é o centro de

37. Teodoro Beza, *Sermons sur les trois premiers chapitres du Cantique des Cantiques, de Salomon* (Genebra: Jehan le Preux, 1586), p. 10 (minha tradução). Veja também exemplos em David Fink (org.), *Proverbs, Ecclesiastes, Song of Songs, Reformation Commentary on Scripture* (Downers Grove: IVP Academic, 2023).

38. Ibidem, p. 37 (minha tradução).

39. C. H. Spurgeon, *The Most Holy Place: Sermons on the Song of Solomon* (Ross-shire, Scotland: Christian Focus, 1996).

40. Fisher, *Christoscopic Reading of Scripture*, p. 53.

cada texto bíblico, pois "ele mesmo não é um texto, mas uma pessoa [...] o centro externo das Escrituras, ao qual todas se referem, o que influencia todas as partes".[41]

De volta ao livro de Cânticos. Sabemos por Efésios 5:32 que Deus pretendia que o casamento humano representasse o amor de Cristo pela igreja, uma figura que continua no livro do Apocalipse, com suas várias referências à ceia das bodas do Cordeiro (Ap 19:7-9; 21:2,9; 22:17). Isso corrobora minha hipótese de trabalho: os detalhes de Cânticos não devem ser interpretados literal ou alegoricamente. Em vez disso, devem ser tomados juntos como uma descrição figurativa do amor de Cristo pela igreja e do desejo da igreja pela união com Cristo. Longe de ser uma interpretação fantasiosa, contemplar Cristo no livro de Cânticos é simplesmente reconhecer que, desde o início, as letras sempre apontaram para ele, o cumprimento pleno do amor da aliança de Deus por seu povo. Focar apenas na letra e não ver a luz de Cristo é deixar de fazer justiça à letra. Nas palavras de Gregório, o Grande: "É mais estúpido do que apenas estúpido aquele que presta tanta atenção às cores da imagem que ignora o sujeito retratado".[42]

Uma ascensão contínua: a hermenêutica cristã pura e simples como testemunho e adoração

Como, então, nós – estudiosos bíblicos, teólogos, clérigos e leigos – devemos ler? A resposta envolve mais do que seguir um manual detalhado. Procedimentos exegéticos são úteis, mas também podem dar aos leitores a impressão de que estão no controle do processo. Não é bem assim. A qualificação mais importante para a interpretação bíblica, e a vocação primária do leitor cristão, é ser "canonicamente consciente e redentivamente responsável"[43] – estar alerta ao propósito da Escritura como um todo e preparado para responder ao chamado divino de seguir as palavras aonde elas levam. Mais do que conhecer procedimentos exegéticos (ou mesmo as línguas originais), os leitores devem permanecer diante do texto como certos tipos de pessoas: ouvintes iluminados.[44] Estar diante do texto, ou seja, diante da presença manifesta de Deus, é muitas vezes uma luta, com o texto e consigo mesmo diante de Deus, razão pela qual os teólogos ao longo dos

41. Arnold Huijgen, Koert van Bekkum e Hans Burger, "Biblical Exegesis and Systematic Theology: Toward Mutual Benefit" [Exegese Bíblica e teologia sistemática: rumo a um benefício mútuo], *Journal of Reformed Theology 16* (2022), p. 190. Huijgen também observa: "É notável que nenhuma metodologia elaborada para cooperação entre estudos bíblicos e teologia sistemática exista até o momento" (p. 187).

42. Gregório, o Grande, *On the Song of Songs* (traduzido por Mark DelCogliano) (Collegeville: Liturgical, 2012), p. 110-1.

43. Essa é minha perspectiva cristã da fórmula de Henry James para uma boa leitura: ser "finamente consciente e ricamente responsável". Veja Martha C. Nussbaum, "'Finely Aware and Richly Responsible': Literature and the Moral Imagination", em *Love's Knowledge: Essays on Philosophy and Literature* (Oxford: Oxford University Press, 1990), p. 148-67.

44. Acerca da escuta e a interpretação bíblica, veja Craig G. Bartholomew, *Introducing Biblical Hermeneutics: A Comprehensive Framework for Hearing God in Scripture* (Grand Rapids: Baker Academic, 2015), p. 17-50.

séculos compararam a vida cristã e a interpretação bíblica a uma subida à montanha. É preciso esforço para ler a Bíblia teologicamente, em particular o esforço de abandonar nossos véus e nossas máscaras egoístas. Boa parte de nós nas terras baixas interpretativas ainda podemos não estar prontos ou aptos para ouvir a palavra de Deus.

Kierkegaard é conhecido por sua preocupação "de que o academicismo bíblico 'objetivo' estava minando a possibilidade de a vida subjetiva de um leitor ser impactada, desafiada e provocada por sua mensagem".[45] A teologia também pode sufocar a capacidade de as Escrituras nos desafiarem se ela encorajar os leitores a simplesmente assumir uma estrutura doutrinária particular em vez de estarem abertos a ter seus preconceitos questionados em vez de confirmados. Superar as patologias potenciais das disciplinas teológicas, bem como a divisão disciplinar que muitas vezes mantém a exegese e a teologia separadas, tem sido uma de minhas principais preocupações, principalmente neste livro. Argumentei que tanto a exegese quanto a teologia são necessárias – e que ambas, por si só, têm limitações. O caminho para o topo da interpretação bíblica é que a exegese bíblica e a teologia sistemática trabalhem em conjunto, lendo para a glória do sentido literal com quadros de referência históricos e escatológicos, ao mesmo tempo plenamente filológicos e cristológicos, como convém à figuração teológica: em suma, *trans-figural e transfigurante*.

Além de apelar a uma parceria renovada entre exegetas e teólogos, a transfiguração da interpretação bíblica é um apelo à reforma das culturas de leitura da igreja e do seminário, comunidades cuja própria existência está inextricavelmente ligada à leitura da Bíblia. A saída dos impasses modernos e pós-modernos na interpretação bíblica envolve uma recuperação de práticas teológicas anteriores de leitura da Bíblia – maneiras de ler para ouvir, conhecer e encontrar Deus, e para conhecer a si mesmo diante de Deus. "Hermenêutica cristã pura e simples" é minha designação escolhida para o conjunto dessas práticas.[46] Esse conjunto inclui suposições interpretativas que caracterizaram grandes faixas da tradição cristã histórica – do pré-moderno ao moderno, do Oriente ao Ocidente e do protestante ao católico romano. A transfiguração de Jesus fundamenta e exemplifica o que essas práticas de leitura têm em comum: a convicção de que, ao atender ao corpo do texto bíblico (a letra), os leitores que foram iluminados pelo Espírito com rostos descobertos contemplarão a glória do conhecimento de Deus na face de Jesus (a luz de Cristo).

A cultura cultiva, e as culturas de leitura cultivam certos tipos de leitores. A questão, então, é que tipo de leitores e que tipo de alfabetização nossas comunidades

---

45. Andrew Torrance, "A Kierkegaardian Guide to Reading Scripture" [Um guia kierkegaardiano para a leitura bíblica], *New Blackfriars* 97, n. 1071 (September 2016), p. 624.

46. Para exemplos e a exploração dessas práticas, veja Daniel J. Treier, *Introducing Theological Interpretation of Scripture: Recovering a Christian Practice* (Grand Rapids: Baker Academic, 2008); J. Todd Billings, *The Word of God for the People of God: An Entryway to the Theological Interpretation of Scripture* (Grand Rapids: Eerdmans, 2010); Eugene Peterson, *Eat This Book: A Conversation in the Art of Spiritual Reading* (Grand Rapids: Eerdmans, 2006).

interpretativas estão produzindo. Cada um de nós pertence a uma ou mais culturas de leitura, sejam elas disciplinares, denominacionais ou ideológicas. Em que tipo de comunidade de leitura estamos socializando estudantes de seminário e frequentadores de igreja, e com quais quadros de referência? Estamos ensinando os alunos a ler para o sentido canônico simples? Estamos ajudando os congregantes a se tornarem canonicamente conscientes e redentivamente responsáveis? Estamos ajudando os discípulos a ler para a bênção da transfiguração, tornando-se pequenos Cristos?

Argumentei que quadros de referência históricos, literários e escatológicos são todos necessários, pois as palavras da Bíblia são tão completamente humanas quanto a face de Jesus, e que a transfiguração não distorce, mas glorifica ambos. Ainda assim, uma cultura de leitura cristã deve ser considerada um fracasso se os leitores gerados por ela não forem capazes de andar e ler como filhos da luz (Ef 5:8; 1Ts 5:5). Pois Deus, o Pai das luzes, está buscando leitores que testemunhem e o adorem em Espírito e verdade (Jo 4:24), à luz de Cristo e de acordo com a letra.[47] Como vimos, a vinda de Cristo ao mundo foi um ponto alto na economia da luz, principalmente porque a luz de Cristo "ilumina a todos" (Jo 1:9). Os leitores da Bíblia também receberam o privilégio e a responsabilidade de participar dessa economia da luz, o meio designado por Deus de difundir o conhecimento de Deus aos "que vivem nas trevas" (Lc 1:79). A vocação dos intérpretes bíblicos é paralela à de João Batista: "Ele veio como testemunha para testificar acerca da luz, a fim de que por meio dele todos os homens cressem. Ele próprio não era a luz, mas veio como testemunha da luz" (Jo 1:7,8). Ler a Bíblia teologicamente é dar testemunho da luz de Cristo na letra do texto.

Nenhum método exegético singular captura tudo o que há no discurso bíblico. Algo semelhante pode ser dito sobre as próprias culturas de leitura. Nenhuma delas, seja pré-moderna ou moderna, ocidental ou não ocidental, vê tudo o que há para ver. São necessários muitos feixes no espectro de culturas de leitura para ver a luz branca de Cristo. Refletir sobre qual "cor" própria, seja a abordagem exegética, a localização étnica ou social, o objetivo ou o interesse interpretativo, constitui a luz inteira, é tão tolo quanto focar apenas nas cores de uma imagem, sem perceber o que elas retratam. A Escritura é uma unidade na diversidade, um manto de muitas cores canônicas; assim como a comunidade da igreja que a lê. Podemos adaptar o sábio comentário de Andrew Walls sobre missiologia à hermenêutica. De acordo com ele, cada recepção fiel ou contextualização transcultural do evangelho é um presente para a igreja como um todo, ampliando sua compreensão do texto compartilhado: "É como se o próprio Cristo realmente crescesse por meio do trabalho da missão".[48] Da mesma forma, toda prática de leitura cristã deve contribuir para nossa compreensão das Escrituras, para

47. Webster nos lembra de que Deus designou a Escritura para uma função sagrada, para servir "como arauto da presença autocomunicativa do ressuscitado". "Resurrection and Scripture", p. 32.

48. Andrew F. Walls, *The Missionary Movement in Christian History: Studies in the Transmission of Faith* (Maryknoll: Orbis, 1996), p. xvii.

podermos dizer: "É como se o próprio Cristo realmente se tornasse mais resplandecente por meio do trabalho da interpretação bíblica". Cada cultura de leitura local tem um papel a desempenhar na economia da luz. Stephen Pardue esclarece: "As teologias contextuais evangélicas devem buscar discernir a plenitude das riquezas de Cristo por meio do cultivo do testemunho cristão autêntico em todas as culturas, ao mesmo tempo que buscam a unidade do Espírito ao rejeitar teologias locais que não conseguem envolver a igreja mundial".[49]

Paulo descreve seus leitores coríntios como, eles próprios, cartas de Cristo escritas com o Espírito (2Co 3:2,3). Se combinarmos essa imagem paulina com sua outra de cristãos como filhos da luz (Ef 5:8; 1Ts 5:5; cf. Fp 2:15), o resultado é uma imagem da igreja composta de uma série de cartas brilhantes. A própria transfiguração dos leitores também é parte de seu testemunho. A igreja não é como outras comunidades de leitura ou outros povos do livro; em vez disso, ao ler para contemplar e refletir a luz de Cristo, a própria igreja se torna uma espécie de manuscrito iluminado – uma interpretação litúrgica vivida, um lecionário beatífico.

Podemos ir além. A igreja é um manuscrito iluminado e iluminador à medida que sua cultura de leitura gera filhos da luz. A metáfora não é rebuscada nem antibíblica. Jesus compara seus discípulos a uma cidade de luz situada no topo de uma montanha, cuja vocação é fornecer luz para o mundo (Mt 5:14-16). "A tua palavra é lâmpada para os meus pés e luz para o meu caminho" (Sl 119:105). Amém, e esse é também o chamado da igreja em relação ao mundo. O índice da profundidade de compreensão textual de uma comunidade é todo o modo de vida dela. Se a luz pela própria natureza comunica luz, então a igreja, uma cultura de leitura que participa da economia da luz, é um meio pelo qual a palavra e o Espírito de Deus estão agora mesmo superando a escuridão, transfigurando o mundo.[50] Cada igreja local é chamada a dar testemunho da luz de Cristo no próprio lugar, de modo que o que foi dito de Jesus pudesse, idealmente, ser dito das comunidades de seus discípulos: "O povo que vivia nas trevas viu uma grande luz" (Mt 4:16). O livro do Apocalipse descreve as igrejas locais como candelabros erguidos no templo sagrado de Deus, uma imagem adequada para comunidades de leitura como comunidades vocacionadas a serem portadoras de luz.[51] "Na tua luz, vemos a luz" (Sl 36:9). Em sua luz, lemos e refletimos a luz. Que assim seja.

A hermenêutica cristã pura e simples é, em última análise, uma visão para formar culturas de leitura que, por sua vez, formam leitores que podem dar testemunho da luz ao proclamar as excelências daquele que nos chamou para sua maravilhosa luz

49. Stephen T. Pardue, *Why Evangelical Theology Needs the Global Church* (Grand Rapids: Baker, 2023). Este é o quarto de seus cinco temas básicos sobre a teologia evangélica contextual.

50. Evangelização e testemunho profético são duas luzes que a igreja usa para banir a escuridão. Veja também Michael H. Kibbe, "Light that Conquers the Darkness: Oscar Romero on the Transfiguration of Jesus" [Luz que vence as trevas: Oscar Romero sobre a transfiguração de Jesus], *Theology Today* 75, n. 4 (2019), p. 447-57.

51. See Brian H. Tabb, *All Things New: Revelation as Canonical Capstone* (Downers Grove: IVP Academic, 2019), p. 95-7, 110.

(1Pe 2:9). Esse testemunho continua até aquele dia, antecipado pela transfiguração de Jesus, quando a cidade da luz "não precisar[á] de luz de lâmpada nem da luz do sol, pois o Senhor Deus os iluminará" (Ap 22:5). Nas palavras fascinantes de Agostinho:

> Quando esse dia estiver próximo, lâmpadas não serão necessárias. Um profeta não será lido para nós, o livro do Apóstolo não será aberto; não buscaremos o testemunho de João, não precisaremos do próprio evangelho. Portanto, todas as Escrituras serão tiradas de nosso meio, as quais estavam queimando como lâmpadas para nós na noite deste mundo, para não permanecermos na escuridão. Com todas essas retiradas [...] o que veremos? [...] Você verá a luz em sua forma desvelada.[52]

Nesse ínterim, igrejas e seminários devem fazer tudo o que puderem para criar culturas de leitura teológica enquanto ainda é *hoje*, enquanto ainda podemos ler, ouvir e responder à voz de Deus (Hb 3:15). A hermenêutica cristã pura e simples convoca essas culturas de leitura, de toda a comunhão dos santos e estudiosos, a reunir seus recursos, decidindo formar intérpretes competentes e testemunhas fiéis que leiam as Escrituras *hoje* pela graça do Senhor Jesus Cristo, pelo amor de Deus e pela comunhão do Espírito Santo, na esperança da grande transfiguração que ainda está por vir.

---

52. Agostinho, *Tractates on the Gospel of John 28–54, 35.9*, em *The Fathers of the Church*, trad. John W. Rettig (Washington: Catholic University of America Press, 1993), p. 79.

BIBLIOGRAFIA SELECIONADA

ABELARDO, Pedro. *Sic et Non: A Critical Edition*. Organizado por Blanche Beatrice Boyer e Richer Peter McKeon. Chicago: University of Chicago Press, 1978.

ABERNETHY, Andrew T. (org.). *Interpreting the Old Testament Theologically: Essays in Honor of Willem A. VanGemeren*. Grand Rapids: Zondervan, 2018.

AGOSTINHO. *Confessions*. Traduzido por Maria Boulding. Nova York: New City, 1997.

_________. *Expositions of the Psalms: 1—32*. Traduzido por Maria Boulding. Nova York: New City, 2000.

_________. *The Retractions*. Traduzido por M. Inez Bogan. Coleção *Fathers of the Church*. Vol. 60. Washington: Catholic University of America Press, 1968.

_________. *Sermons*. Vol. 2. Traduzido por Edmund Hill. Hyde Park: New City, 2009.

_________. "Sermon 78." Em *The Works of St. Augustine*. Traduzido por Edmund Hill. Vol. 3. Parte 3. Nova York: New City, 1991.

_________. *Teaching Christianity: De Doctrina Christiana*. Traduzido por Edmund Hill. Nova York: New City, 2014.

_________. *Tractates on the Gospel of John, 28—54*. Traduzido por John W. Rettig. Washington: Catholic University Press of America, 1993.

_________. *The City of God against the Pagans*. Traduzido por R.W. Dyson. Cambridge: Cambridge University Press, 1998.

_________. *The Literal Meaning of Genesis*. Traduzido por John Hammond Taylor. Vol. 1. Nova York: Paulist, 1982.

AKIN, Daniel L. *1, 2, 3 John. New American Commentary*. Nashville: B&H, 2001.

ALLEN, John J. "'Go up onto a High Mountain' (Is 40.9): Theophanic Exegesis as Mystical Ascent in On First Principles." *Pro Ecclesia 29*, n. 1 (2020), p. 104-15.

ALLEN, Michael; SWAIN, Scott R. *Reformed Catholicity: The Promise of Retrieval for Theology and Biblical Interpretation*. Grand Rapids: Baker Academic, 2015.

ALLEN, Michael; LINEBAUGH, Jonathan A. (orgs.). *Reformation Readings of Paul: Explorations in History and Exegesis*. Downers Grove: IVP Academic, 2015.

ALLEN, Michael. "Dogmatics as Ascetics." Em CRISP, Oliver D.; SANDERS, Fred (orgs.). *The Task of Dogmatics*. Grand Rapids: Zondervan, 2017. p. 189-209

_________. *Grounded in Heaven: Recentering Christian Hope and Life on God*. Grand Rapids: Eerdmans, 2018.

ALLERT, Craig. *Early Christian Readings of Genesis One: Patristic Exegesis and Literal Interpretation*. Downers Grove: IVP Academic, 2018.

ALLISON, Dale C. *The New Moses: A Matthean Typology*. Minneapolis: Fortress, 1993.

ALSTON, William. *Divine Nature and Human Language: Essays in Philosophical Theology*. Ithaca: Cornell University Press, 1989.

ALTER, Robert. *The Art of Biblical Narrative*. Nova York: Basic, 1981.

_________. *The Art of Bible Translation*. Princeton: Princeton University Press, 2019.

ALTIERI, Charles. *Act and Quality: A Theory of Literary Meaning and Humanistic Understanding*. Amherst: University of Massachusetts Press, 1981.

AMOS, N. Scott. *Bucer, Ephesians and Biblical Humanism: The Exegete as Theologian*. Cham: Springer, 2015.

ANDREWS, James A. *Hermeneutics and the Church: In Dialogue with Augustine*. Notre Dame: Notre Dame University Press, 2012.

ANDREOPOULOS, Andre. *This Is My Beloved Son: The Transfiguration of Christ.* Brewster: Paraclete, 2012.

ANSBERRY, Christopher B.; HAYS, Christopher M. (orgs.). *Evangelical Faith and the Challenge of Historical Criticism*. Grand Rapids: Baker Academic, 2013.

ANSELMO. *An Address* (*Proslogion*). Em *A Scholastic Miscellany: Anselm to Ockham*. Organizado por Eugene R. Fairweather. Philadelphia: Westminster, 1956.

ANTHONY, Peter. *Patristic Perspectives on Luke's Transfiguration: Interpreting Vision*. Nova York: T&T Clark, 2022.

AQUINO, Tomás. *Summa Theologica*. 5 vols. Notre Dame: Christian Classics, 1981.

_________. *The Literal Exposition on Job*. Traduzido por Anthony Damico. Atlanta: Scholars, 1989.

ARCHER, Kenneth J. *A Pentecostal Hermeneutic: Spirit, Scripture, and Community*. Cleveland: CPT, 2005.

ARNOLD, Matthew. *Culture and Anarchy and Other Writings*. Organizado por Stefan Collini. Cambridge: Cambridge University Press, 1993.

ATANÁSIO. *The Life of Antony and the Letter to Marcellinus*. Traduzido por Robert C. Gregg. Nova York: Paulist, 1980.

ATSEN, Isuwa Y. *A Tapestry of Global Christology: Weaving a Three-Stranded Theological Cord*. Carlisle: Langham Monographs, 2022.

ATWELL, James E. *The Sources of the Old Testament: A Guide to the Religious Thought of the Hebrew Bible*. Londres: T&T Clark, 2004.

AUERBACH, Erich. "Figura." Em *Scenes from the Drama of European Literature, 11—76*. Gloucester: Peter Smith, 1973.

_________. *Mimesis: The Representation of Reality in Western Literature*. Princeton: Princeton University Press, 1968.

AYRES, Lewis. *Nicaea and its Legacy: An Approach to Fourth-Century Trinitarian Theology*. Oxford: Oxford University Press, 2004.

_________. "The Soul and the Reading of Scripture: A Note on Henri de Lubac." *Scottish Journal of Theology 61*, n. 2 (2008), p. 173-90.

_________. "'There's Fire in That Rain': On Reading the Letter and Reading Allegorically." *Modern Theology 28*, n. 4 (2012), p. 616-34.

_________. "The Word Answering the Word: Opening the Space of Catholic Biblical Interpretation." Em NELSON, R. David; SARISKY, Darren; STRATIS, Justin (orgs.). *Theological Theology: Essays in Honour of John Webster*. Londres: Bloomsbury T&T Clark, 2015. p. 37-53.

_________. "Seven Theses on Dogmatics and Patristics in Catholic Theology." *Modern Theology 38*, n. 1 (2022), p. 36-62.

BAKER, David L. *Two Testaments, One Bible: The Theological Relationship Between the Old and New Testaments*. 3 ed. Downers Grove: IVP Academic, 2010.

BAKER, William R. "Did the Glory of Moses' Face Fade? A Reexamination of καταργέω in 2 Corinthians 3:7-18." *Bulletin for Biblical Research 10*, n. 1 (2000), p. 1-15.

BARNETT, Randy E. *Our Republican Constitution: Securing the Liberty and Sovereignty of We the People*. Nova York: HarperCollins, 2016.

BARR, James. *The Bible in the Modern World*. Londres: SCM, 1973.

_________. *Fundamentalism*. Philadelphia: Westminster, 1978.

_________. *Holy Scripture: Canon, Authority, Criticism*. Philadelphia: Westminster John Knox, 1983.

_________. *Escaping from Fundamentalism*. Londres: SCM, 1984.

_________. "Literality." *Faith and Philosophy 6* (1989), p. 412-28.

BARRETT, C. K. "The Eschatology of the Epistle to the Hebrews." Em DAVIES, W. D.; DAUBE, D. (orgs.). *The Background of the NT and Its Eschatology*. Cambridge: Cambridge University Press, 1956. p. 363-93.

_________. *The Second Epistle to the Corinthians*. Grand Rapids: Baker Academic, 1993.

Barrett, Matthew. *The Reformation as Renewal: Retrieving the One, Holy, Catholic, and Apostolic Church*. Grand Rapids: Zondervan, 2023.

Barth, Karl. *Church Dogmatics*. Organizado por G. W. Bromiley e T. F. Torrance. Traduzido por Geoffrey Bromiley et al. 4 vols. Edimburgo: T&T Clark, 1937–77.

_________. *Dogmatics in Outline*. Londres: SCM, 1949.

_________. *Witness to the Word: A Commentary on John*. Eugene: Wipf & Stock, 1986.

Bartholomew, Craig G. *Introducing Biblical Hermeneutics: A Comprehensive Framework for Hearing God in Scripture*. Grand Rapids: Baker Academic, 2015.

_________. *Listening to Scripture: An Introduction to Interpreting the Bible*. Grand Rapids: Baker Academic, 2023.

Bartholomew, Craig G.; Thomas, Heath A. (orgs.). *A Manifesto for Theological Interpretation*. Grand Rapids: Baker Academic, 2016.

Barton, John. *The Nature of Biblical Criticism*. Louisville: Westminster John Knox, 2007.

_________. *The Old Testament: Canon, Literature, and Theology; Collected Essays of John Barton*. Nova York: Routledge, 2016.

Barton, Stephen C.; Wilkinson, David (orgs.). *Reading Genesis after Darwin*. Oxford: Oxford University Press, 2009.

_________. "The Transfiguration of Christ according to Mark and Matthew: Christology and Anthropology." Em Avemarie, Friedrich; Lichtenberger, Hermann (orgs.). *Auferstehung–Resurrection*. Tübingen: Mohr Siebeck, 2001. p. 231-46.

_________. "The Metaphor of the Face in Paul." Em McConville, J. Gordon; Pietersen, Lloyd K. (orgs.). *Conception, Receptions, and the Spirit: Essays in Honor of Andrew T. Lincoln*. Eugene: Cascade, 2015. p. 136-53.

Basílio de Cesareia. *Hexaëmeron 1—9*. Em *St Basil: Exegetic Homilies*. Traduzido por Agnes Claire Way. Coleção *Fathers of the Church*. Vol. 46. Washington: Catholic University of America Press, 1963.

_________. *On the Holy Spirit*. Traduzido por Stephen Hildebrand. Yonkers: St. Vladimir's Seminary Press, 2011.

Bates, Matthew W. *The Hermeneutics of Apostolic Proclamation: The Center of Paul's Method of Scripture Interpretation*. Waco: Baylor University Press, 2012.

Bauckham, Richard J. *Jude, 2 Peter*. Em *Word Biblical Commentary*. Waco: Word, 1983.

_________. *Gospel of Glory: Major Themes in Johannine Theology*. Grand Rapids: Baker Academic, 2015.

Bauckham, Richard J.; Mosser, Carl (orgs.). *The Gospel of John and Christian Theology*. Grand Rapids: Eerdmans, 2008.

Bauckham, Richard J.; Driver, Daniel R.; Hart, Trevor A.; MacDonald, Nathan, (orgs.) *The Epistle to the Hebrews and Christian Theology*. Grand Rapids: Eerdmans, 2009.

Baugh, S. M. *Ephesians: Evangelical Exegetical Commentary*. Bellingham: Lexham, 2016.

Bayer, Oswald. *Martin Luther's Theology: A Contemporary Interpretation*. Grand Rapids: Eerdmans, 2008.

Beale, G. K. *We Become What We Worship: A Biblical Theology of Idolatry*. Downers Grove: IVP, 2008.

Beale, G. K.; Carson, D. A. (orgs.). *Commentary on the New Testament Use of the Old Testament*. Grand Rapids: Baker Academic, 2007.

Beare, F. W. *The Earliest Records of Jesus*. Nashville: Abingdon, 1962.

Beda. *Opera Exegetica 3*. Em *Lucae Evangelism Expositio*. Turnhout: Brepols, 1960.

Behr, John. *The Way to Nicaea: The Formation of Christian Theology*. Vol. 1. Nova York: St. Vladimir's Seminary Press, 2001.

Beker, J. Christiaan. *The Triumph of God: The Essence of Paul's Thought*. Minneapolis: Fortress, 1990.

Belleville, Linda. "Tradition or Creation? Paul's Use of the Exodus 34 Tradition in 2 Corinthians 3:7-18." Em Evans, Craig A.; Sanders, James A. (orgs.). *Paul and the Scriptures of Israel*. JSNTSup 83. Sheffield: Sheffield Academic Press, 1993. p. 165-86.

Bender, Kimlyn J. *1 Corinthians*. Grand Rapids: Brazos, 2022.

Berger, Peter; Luckmann, Thomas. *The Social Construction of Reality: A Treatise in the Sociology of Knowledge*. Nova York: Anchor, 1967.

Bernardin, J. B. "The Transfiguration." *Journal of Biblical Literature 52* (1933), p. 181-9.

Best, Thomas F. "The Transfiguration: A Select Bibliography." *Journal of the Evangelical Theological Society 24*, n. 2 (Jun. 1981), p. 157-61.

Beza, Teodoro. *Sermons sur les trois premiers chapitres du Cantique des Cantiques, de Salomon*. Geneva: Jehan le Preux, 1586.

Billings, J. Todd. *The Word of God for the People of God: An Entryway to the Theological Interpretation of Scripture*. Grand Rapids: Eerdmans, 2010.

Black, C. Clifton. "Transfigured Exegesis." Em Ochs, Peter; Johnson, William State (orgs.). *Crisis, Call, and Leadership in the Abrahamic Traditions*. Nova York: Palgrave Macmillan, 2009. p. 243-58.

Blocher, Henri. *In the Beginning: The Opening Chapters of Genesis*. Downers Grove: IVP, 1984.

Block, Daniel I. "Christotelic Preaching: A Plea for Hermeneutical Integrity and Missional Passion." *Southern Baptist Journal of Theology 22*, n. 3 (2018), p. 7-34.

Blomberg, Craig. *Interpreting the Parables*. Downers Grove: InterVarsity, 1990.

Bloom, Lackland H. *Methods of Interpretation: How the Supreme Court Reads the Constitution*. Oxford: Oxford University Press, 2009.

Blowers, Paul M. "Mystics and Mountains: Comparing Origen's Exegesis of the Transfiguration and Gregory of Nyssa's Exposition of the Sinai Theophany." *Phronema 30*, n. 2 (2015), p. 1-18.

_________. *Maximus the Confessor: Jesus Christ and the Transfiguration of the World*. Oxford: Oxford University Press, 2016.

_________. *Drama of the Divine Economy: Creator and Creation in Early Christian Theology and Piety*. Oxford: Oxford University Press, 2012.

_________. "The Transfiguration of Jesus Christ as 'Saturated Phenomenon' and as a Key to the Dynamics of Biblical Revelation in Saint Maximus the Confessor." Em Baker, Matthew; Mourachian, Mark (orgs.). *What is the Bible? The Patristic Doctrine of Scripture*. Minneapolis: Fortress, 2016. p. 83-102.

Blowers, Paul M.; Martens, Peter W. (orgs.). *Oxford Handbook of Early Christian Biblical Interpretation*. Oxford: Oxford University Press, 2019.

Bock, Darrell L. "Single Meaning, Multiple Contexts and Referents." Em Berding, Kenneth; Lunde, Jonathan (orgs.). *Three Views on the New Testament Use of the Old Testament*. Grand Rapids: Zondervan, 2007. p. 105-51.

Bockmuehl, Marcus. *Seeing the Word: Refocusing New Testament Study*. Grand Rapids: Baker, 2006.

Boersma, Hans. *Five Things Theologians Wish Biblical Scholars Knew*. Downers Grove: IVP, 2021.

_________. *Heavenly Participation: The Weaving of a Sacramental Tapestry*. Grand Rapids: Eerdmans, 2011.

_________. *Nouvelle Théologie and Sacramental Ontology: A Return to Mystery*. Oxford: Oxford University Press, 2009.

_________. *Scripture as Real Presence: Sacramental Exegesis in the Early Church*. Grand Rapids: Baker Academic, 2017.

_________. *Seeing God: The Beatific Vision in Christian Tradition*. Grand Rapids: Eerdmans, 2018.

Boersma, Hans; Levering, Matthew (orgs.). *Heaven on Earth? Theological Interpretation in Ecumenical Dialogue*. Oxford: Blackwell, 2013.

Bogataj, Jan Dominik. "Jerome's Interpretation of the Transfiguration in Light of Some Recent Patristic Discoveries." *Bogoslovni Vestnik/Theological Quarterly 81* (2021), p. 309-23.

Bokedal, Tomas; Jansen, Ludger; Borowski, Michael (orgs.). *Scripture and Theology: Historical and Systematic Perspectives*. Berlin: De Gruyter, 2023.

Bonhoeffer, Dietrich. *Theological Education at Finkenwalde: 1935-1937*. Organizado por Mark Brocker e H. Gaylon Barker. Minneapolis: Fortress, 2013.

Bornkamm, Heinrich. *Luther and the Old Testament*. Minneapolis: Fortress, 1969.

Bovon, Francois. *A Commentary on the Gospel of Luke 1:1—9:50*. Minneapolis: Fortress, 2002.

Bowald, Mark Allan. *Rendering the Word in Theological Hermeneutics: Mapping Divine and Human Agency*. Burlington: Ashgate, 2007.

BOXALL, Ian; GREGORY, Bradley C. (orgs.). *The New Cambridge Companion to Biblical Interpretation*. Cambridge: Cambridge University Press, 2023.

BOYARIN, Daniel. "Origen as Theorist of Allegory: Alexandrian Contexts." Em COPELAND, Rita; STRUCK, Peter T. (orgs.). *The Cambridge Companion to Allegory*. Cambridge: Cambridge University Press, 2010. p. 39-54.

BOYLE, John. *Aquinas on Scripture*. Steubenville: Emmaus Road Academic, 2022.

BRADLEY, W. P. "The Transfiguration: Credential or Answer?" *CrozQ 12* (1935), p. 57-76.

BRANDT, Pierre-Yves. *L'identité de Jésus et l'identité de son disciple. Le récit de la transfiguration comme clef de lecture de l'Évangile de Marc*. Göttingen: Vandenhoeck & Ruprecht, 2002.

BRANDT, Ryan A.; FREDERICK, John. *Theological Interpretation of Scripture as Spiritual Formation*. Leiden: Brill, 2022.

BREED, Brennan. *Nomadic Text: A Theory of Biblical Reception History*. Bloomington: Indiana University Press, 2014.

BRENDSEL, Daniel J. *Answering Speech: The Life of Prayer as Response to God*. Wheaton: Crossway, 2023.

BREU, Clarissa (org.). *Biblical Exegesis without Authorial Intention? Interdisciplinary Approaches to Authorship and Meaning*. Leiden: Brill, 2019.

BRIGGS, Richard S. *Reading the Bible Wisely*. Grand Rapids: Baker Academic, 2003.

_________. *The Virtuous Reader: Old Testament Narrative and Interpretive Virtue*. Grand Rapids: Baker, 2010.

_________. *Theological Hermeneutics and the Book of Numbers as Christian Scripture*. Notre Dame: University of Notre Dame Press, 2018.

_________. "Premodern Interpretation and Contemporary Exegesis." Em BOXALL, Ian; GREGORY, Bradley C. (orgs.). *The New Cambridge Companion to Biblical Interpretation*. Cambridge: Cambridge University Press, 2023. p. 301-17.

BROWN, Andrew J. *The Days of Creation: A History of Christian Interpretation of Genesis 1:1—2:3*. Dorset: Deo, 2014.

BROWN, Raymond E.; FITZMEYER, Joseph A.; MURPHY, Roland E. (orgs.). *The New Jerome Biblical Commentary*. Englewood Cliffs: Prentice Hall, 1990.

BRUCE, F. F. "The Transfiguration." *Inter-Varsity* (Summer Term 19610), p. 19-21.

BRUCKNER, James K. "Exodus." *Understanding the Bible Commentary*. Grand Rapids: Baker, 2008.

BRUEGGEMANN, Walter. "Exodus." Em FRETHEIM, Terence E.; KAISER, Walter C.; KECK, Leander E. (orgs.). *Genesis to Leviticus NIB 2*. Nashville: Abingdon, 1994.

_________. *Theology of the Old Testament: Testimony, Dispute, Advocacy*. Minneapolis: Augsburg, 1997.

BRÜMMER, Vincent. *What Are We Doing When We Pray?* Aldershot: Ashgate, 2008.

BRUNER, Frederick Dale. *Matthew: A Commentary*. Vol. 2. The Churchbook. Rev. ed. Grand Rapids: Eerdmans, 2004.

BRUNO, Clifton. "Discerning the Literal Sense: Bringing together Biblical Scholarship and Dogmatic Theology." *Nova et Vetera 19*, n. 1 (2021), p. 251-67.

BUBER, Martin. *I and Thou*. Nova York: Scribner's, 1970.

BUCKLEY, Michael J. *At the Origins of Modern Atheism*. New Haven: Yale University Press, 1987.

BUCUR, Bogdan G. "Christological Exegesis of Theophanies and the Making of Early Christian Theology." *Concordia Theological Quarterly 86* (2022), p. 97-124.

_________. *Scripture Re-Envisioned: Christophanic Exegesis and the Making of a Christian Bible*. Leiden: Brill, 2018.

_________. "Sinai, Zion, and Tabor: An Entry into the Christian Bible." *Journal of Theological Interpretation 4*, n. 1 (2010), p. 33-52.

BULTMANN, Rudolf. "Is Exegesis without Presuppositions Possible?" Em *Existence and Faith*. Londres: Hodder and Stoughton, 1961. p. 289-96.

BURGER, Hans. "Quadriga without Platonism." Em BOKEDAL, Tomas; JANSEN, Ludger; BOROWSKI, Michael (orgs.). *Scripture and Theology: Historical and Systematic Perspectives*. Berlin: De Gruyter, 2023. p. 375-96.

BURKETT, Delbert. "The Transfiguration of Jesus (Mark 9:2-8): Epiphany or Apotheosis?" *Journal of Biblical Literature 138*, n. 2 (2019), p. 413-32.

BURNETT, Richard. "John Calvin and the Sensus Literalis." *Scottish Journal of Theology 57*, n. 1 (2004), p. 1-13.

BYASSEE, Jason. *Praise Seeking Understanding: Reading the Psalms with Augustine*. Grand Rapids: Eerdmans, 2007.

CAIRD, G. B. "The Transfiguration." *Expository Times 67*, n. 10 (1956), p. 291-4.

CALVINO, João. *Institutes of the Christian Religion*. 2 vols. Organizado por John T. McNeill. Philadelphia: Westminster, 1960.

_________. *Gospel according to John 1—10*. Em *Calvin's New Testament Commentaries*. Vol. 4. Grand Rapids: Eerdmans, 1995.

_________. *Harmony of the Four Last Books of Moses*. Vol. 3. Traduzido por Charles William Bingham. Edimburgo: Calvin Translation Society, 1854.

_________. *Calvin's Commentaries: A Harmony of the Gospels; Matthew, Mark, and Luke*. Vol. 2. Traduzido por H. L. Parker. Grand Rapids: Eerdmans, 1972.

_________. *Commentary on the Catholic Epistles*. Edimburgo: Calvin Translation Society, 1855.

_________. *Commentary on the Epistles of Paul the Apostle to the Corinthians*. Edimburgo: Calvin Translation Society, 1848.

_________. *Commentary on the Epistles of Paul to the Galatians and Ephesians*. Traduzido por William Pringle. Edimburgo: Thomas Clark, 1856.

_________. *The Epistles of the Apostle Paul to the Galatians, Ephesians, Philippians, and Colossians*. Traduzido por T. H. L. Parker. Grand Rapids: Eerdmans, 1965.

CAMERON, Michael. "Transfiguration: Christology and the Roots of Figurative Exegesis in St. Augustine."*Studia Patristica 33*. Organizado por A. Livingstone. Leuven: Peeters, 1997. p. 40-7.

CANLIS, Julie. *Calvin's Ladder: A Spiritual Theology of Ascent and Ascension*. Grand Rapids: Eerdmans, 2010.

CANTY, Aaron. *Light and Glory: The Transfiguration of Christ in Early Franciscan and Dominican Theology*. Washington: Catholic University of America Press, 2011.

CARSON, D. A. "Understanding Misunderstanding in the Fourth Gospel." *Tyndale Bulletin 33* (1982), p. 59-91.

_________. "Theological Interpretation of Scripture: Yes, But..." Em ALLEN, R. Michael (org.). *Theological Commentary: Evangelical Perspectives*. Nova York: T&T Clark International, 2011. p. 187-207.

CARTER, Craig. *Interpreting Scripture with the Great Tradition: Recovering the Genius of Premodern Exegesis*. Grand Rapids: Baker Academic, 2018.

CASE, Mariah. "A Brief Reception History of Exodus 34:29-35." *Journal of Theta Alpha Kappa 44*, n. 1 (2020), p. 37-56.

CASSEDY, Steven. *What Do We Mean When We Talk about Meaning?* Oxford: Oxford University Press, 2022.

CERTEAU, Michel de. *The Practice of Everyday Life*. 3 ed. Berkeley: University of California Press, 1984.

CHAMBERAS, Peter A. "The Transfiguration of Christ: A Study in the Patristic Exegesis of Scripture." *St. Vladimir's Theological Quarterly 14*, n. 1-2 (1970), p. 48-65.

CHAMBERS, Nathan J. *Reconsidering Creation Ex Nihilo in Genesis 1*. Winona Lake: Eisenbrauns, 2020.

CHARLES, J. Daryl (org.). *Reading Genesis 1—2: An Evangelical Conversation*. Peabody: Hendrickson, 2013.

CHASE, Mitchell L. *40 Questions about Typology and Allegory*. Grand Rapids: Kregel, 2020.

CHAU, Wai-Shing. *The Letter and the Spirit: A History of Interpretation from Origen to Luther*. Nova York: Peter Lang, 1995.

CHENU, Marie-Dominique. *Towards Understanding Saint Thomas*. Chicago: Regency, 1953.

CHESTER, Tim. *Introduction to Meeting Christ in the Garden: A Devotional of Classic Writing on the Song of Song*. Ross-shire: Christian Focus, 2023.

CHILDS, Brevard S. "Allegory and Typology in Biblical Interpretation." Em R., Christopher; RICHARDS, Kent Harold (orgs.). *The Bible as Christian Scripture*. Atlanta: Society of Biblical Literature. p. 299-311.

_________. *Biblical Theology in Crisis*. Philadelphia: Westminster, 1970.

________. *Biblical Theology of the Old and New Testaments: Theological Reflections on the Christian Bible*. Minneapolis: Fortress, 1992.

________. *The Book of Exodus: A Critical, Theological Commentary*. Coleção *Old Testament Library*. Louisville: Westminster John Knox, 1974.

________. *Isaiah*. Louisville: Westminster John Knox, 2001.

________. "The Old Testament as Scripture of the Church." *Concordia Theological Monthly 43* (1972), p. 709-22.

________. "The Sensus Literalis of Scripture: An Ancient and Modern Problem." Em Donner, H. (org.) *Beiträge zur alttesta- mentlich Theologie*. Göttingen: Vandenhoeck & Ruprecht, 1977. p. 80-93.

________. *The Struggle to Understand Isaiah as Christian Scripture*. Grand Rapids: Eerdmans, 2004.

________. "Toward Recovering Theological Exegesis." *Ex Auditu 16* (2000), p. 121-9.

Chirila, Ioan. "Let There Be Light! Gen. 1:3 in the Interpretation of the Primordial Light." *SUBBTO 65*, n. 1 (2020), p. 5-22.

Chrétien, Jean-Louis. *Under the Gaze of the Bible*. Nova York: Fordham University Press, 2015.

Cirilo de Alexandria. *Commentaries on Romans, 1—2 Corinthians, and Hebrews*. Organizado por Joel C. Elowsky. Coleção *Ancient Christian Texts*. Downers Grove: IVP Academic, 2022.

Clarke, Bridget. "Iris Murdoch and the Prospects for Critical Moral Perception." Em Broackes, Justin. *Iris Murdoch, Philosopher*. Oxford: Oxford University Press, 2012. p. 227-54.

Clausewitz, Carl von. *On War*. Organizado e traduzido por Michael Howard e Peter Paret. Princeton: Princeton University Press, 1984.

Clifford, W. K. *Lectures and Essays*. Londres: Macmillan, 1886.

Cockayne, Joshua. *Contemporary with Christ: Kierkegaard and Second-Personal Spirituality*. Waco: Baylor University Press, 2020.

Cole, R. Alan. *Exodus: An Introduction and Commentary*. Coleção *Tyndale Old Testament Commentaries*. Downers Grove: IVP Academic, 1974.

Cole, Graham A. *Glorification: An Introduction*. Wheaton: Crossway, 2022.

Collett, Don C. *Figural Reading and the Old Testament: Theology and Practice*. Grand Rapids: Baker Academic, 2020.

Collins, Billy. "Introduction to Poetry." *The Apple that Astonished Paris*. Fayetteville: University of Arkansas Press, 1988.

Collins, John C. *Genesis 1—4: A Linguistic, Literary, and Theological Commentary*. Phillipsburg: P&R, 2006.

________. *Reading Genesis Well: Navigating History, Poetry, Science, and Truth in Genesis 1—11*. Grand Rapids: Zondervan, 2018.

Collins, John J. *The Apocalyptic Imagination: An Introduction to Jewish Apocalyptic Literature*. 3 ed. Grand Rapids: Eerdmans, 2016.

Coolman, Boyd Taylor. *The Theology of Hugh of St. Victor: An Interpretation*. Cambridge: Cambridge University Press, 2010.

Copeland, Rita; Struck, Peter T. (orgs.). *The Cambridge Companion to Allegory*. Cambridge: Cambridge University Press, 2010.

Cranfield, C. E. B. *The Epistle to the Romans. International Critical Commentary*. Edimburgo: T&T Clark, 1975.

Crapanzano, Vincent. *Serving the Word: Literalism in America from the Pulpit to the Bench*. Nova York: New Press, 2000.

Crisp, Oliver D. *Analyzing Doctrine: Toward a Systematic Theology*. Waco: Baylor University Press, 2019.

Crisp, Oliver D.; Rea, Michael C. (orgs.). *Analytic Theology: New Essays in the Philosophy of Theology*. Oxford: Oxford University Press, 2009.

Culpepper, R. Alan. *Anatomy of the Fourth Gospel: A Study in Literary Design*. Philadelphia: Fortress, 1983.

Cummings, Brian. "Literally Speaking, or, the Literal Sense from Augustine to Lacan." *Paragraph 21*, n. 2 (1998), p. 200-26.

________. *The Literary Culture of the Reformation: Grammar and Grace*. Oxford: Oxford University Press, 2002.

CURRAN, Ian. "Transformed." *Christian Century*, 15 de julho de 2008, p. 26-31.
DALEY, Brian E. *God Visible: Patristic Christology Reconsidered*. Oxford: Oxford University Press, 2020.
DALEY, Brian E. (org. e trad.). *Light on the Mountain: Greek Patristic and Byzantine Homilies on the Transfiguration of the Lord*. Yonkers: St Vladimir's Seminary Press, 2013.
DALEY, Brian E.; KOLBET, Paul R. (orgs.). *The Harp of Prophecy: Early Christian Interpretation of the Psalms*. Notre Dame: University of Notre Dame Press, 2015.
DALFERTH, Ingolf. "Die Mitte ist außen: Anmerkungen zum Wirklichkeitsbezug evangelischer Schriftauslegung." Em LANDMESSER, Christof (org.). *Jesus Christus als die Mitte der Schrift: Studien zur Hermeneutik des Evangeliums*. Berlin: Walter de Gruyter, 1997. p. 173-98.
DAMGAARD, Iben. "Kierkegaard's Rewriting of Biblical Narratives: The Mirror of the Text." Em BARRETT, Lee. C.; STEWART, Jon (orgs.). *Kierkegaard and the Bible. Tome I: The Old Testament*. Nova York: Routledge, 2016. p. 207-30
DANIÉLOU, Jean. *The Bible and the Liturgy*. Notre Dame: University of Notre Dame Press, 1956.
_________. *From Shadows to Reality: Studies in the Biblical Typology of the Fathers*. Londres: Burns & Oates, 1960.
_________. "Les orientations présentes de la pensée religieuse." *Études 249* (1946), p. 5-21.
_________. *Origen*. Londres: Sheed and Ward, 1955.
DAVIDS, Peter H. *The Letters of 2 Peter and Jude*. Em *Pillar New Testament Commentary*. Grand Rapids: Eerdmans, 2006.
DAVIDSON, A. B. "The Book of Isaiah Ch. XLff." *The Expositor*, series 2, vol. 8. Londres: Hodder and Stoughton, 1884. p. 358-9.
DAVIDSON, Ivor. "Divine Light: Some Reflections after Barth." Em HABETS, Myk; TOLLIDAY, Phillip (orgs.). *Trinitarian Theology After Barth*. Eugene: Pickwick, 2011. p. 48-69
DAVIES, Jamie. *The Apocalyptic Paul: Retrospect and Prospect*. Eugene: Cascade, 2022.
DAVIS, Ellen F. *Proverbs, Ecclesiastes, and the Song of Songs*. Louisville: Westminster John Knox, 2000.
Dawson, David. *Christian Figural Reading and the Fashioning of Identity*. Berkeley: University of California Press, 2001.
DEVER, William G. *What Did the Biblical Writers Know and When Did They Know It? What Archaeology Can Tell Us about the Reality of Ancient Israel*. Grand Rapids: Eerdmans, 2001.
DIODORO DE TARSO. *Commentary on Psalms 1—51*. Traduzido por Robert C. Hill. Atlanta: SBL, 2005.
DILLEY, Frank B. "Does the 'God Who Acts' Really Act?" Em THOMAS, Owen C. (org.). *God's Activity in the World: The Contemporary Problem*. Chico: Scholars, 1983. p. 45-60.
DOCKERY, David S.; YARNELL III, Malcolm B. *Special Revelation and Scripture*. Brentwood: B&H Academic, 2024.
DODD, C. H. *According to the Scriptures: The Substructure of New Testament Theology*. Londres: Nisbet, 1952.
_________. *The Interpretation of the Fourth Gospel*. Cambridge: Cambridge University Press, 1953.
_________. *The Parables of the Kingdom*. Londres: Nisbet, 1935.
DONALDSON, Terence L. *Jesus on the Mountain: A Study in Matthean Theology*. Sheffield: JSOT Press, 1985.
DRIVER, Daniel R.; CHILDS, Brevard. *Biblical Theologian: For the Church's One Bible*. Grand Rapids: Baker Academic, 2010.
DRYDEN, J. De Waal. *A Hermeneutic of Wisdom: Recovering the Formative Agency of Scripture*. Grand Rapids: Baker Academic, 2018.
DUCKWORTH, Alistair M. (org.). *Emma: A Case Study in Contemporary Criticism*. Boston/Nova York: Bedford/ St. Martin's, 2002.
DUNHAM, Kyle. "Challenges to Intertextuality and Christotelism: A New Model of Canonical-Linguistic Priming." *Journal of the Evangelical Theological Society 64*, n. 2 (2021), p. 287-301.
DURING, Simon. "Losing Faith in the Humanities." *The Chronicle of Higher Education*, 18 de dezembro de 2019.
DYKSTRA, Craig. *Vision and Character: A Christian Educator's Alternative to Kohlberg*. Nova York: Paulist, 1981.
EARNSHAW, Rebekah. *Creator and Creation according to Calvin on Genesis*. Göttingen: Vandenhoeck & Ruprecht, 2020.

East, Brad. "The Hermeneutics of Theological Interpretation: Holy Scripture, Biblical Scholarship and Historical Criticism." *International Journal of Systematic Theology 19*, n. 1 (2017), p. 30-52.

Eby, Robert. *Virtue Hermeneutics: New Horizons in Textual Understanding*. Eugene: Pickwick, 2022.

Eco, Umberto. *The Limits of Interpretation*. Bloomington: Indiana University Press, 1990.

Edmondson, Stephen. *Calvin's Christology*. Cambridge: Cambridge University Press, 2004.

_________. "Christ and History: Hermeneutical Convergence in Calvin and Its Challenge to Biblical Theology." *Modern Theology 21*, n. 1 (2005), p. 3-35.

Edwards, Jonathan. *Religious Affections*. Organizado por John E. Smith. Coleção *The Works of Jonathan Edwards*. Vol. 2. New Haven: Yale University Press, 2009.

_________. "The End for which God Created the World." Em *Ethical Writings*. Organizado por Paul Ramsey. Coleção *The Works of Jonathan Edwards*. Vol. 8. New Haven: Yale University Press, 1989.

Ehrman, Bart. *Lost Christianities: The Battles for Scripture and the Faiths We Never Knew*. Oxford: Oxford University Press, 2003.

_________. *Lost Scriptures: Books That Did Not Make It Into the New Testament*. Oxford: Oxford University Press, 2003.

Eklund, Rebekah Ann. "The Goods of Reading: Theological Interpretation and Scripture Reasoning." *Journal of Scriptural Reasoning 9*, n. 1 (2010), disponível em https://jsr.shanti.virginia.edu/back-issues/vol-9-no-1-december-2010-the-fruits-of-scriptural-reasoning/the-goods-of-reading-theological-interpretation-and-scriptural-reasoning/.

Ellis, E. Earle. *The Old Testament in Early Christianity: Canon and Interpretation in the Light of Modern Research*. Grand Rapids: Baker, 1992.

Enns, Peter. *The Bible Tells Me So: Why Defending Scripture Has Made Us Unable to Read It*. Nova York: HarperOne, 2015.

_________. *How the Bible Actually Works*. Nova York: HarperOne, 2019.

Evans, G. R. *Old Arts and New Theology: The Beginnings of Theology as an Academic Discipline*. Oxford: Oxford University Press, 1980.

_________. *The Language and Logic of the Bible: The Earlier Middle Ages*. Cambridge: Cambridge University Press, 1984.

Evans, G. R. (org.). *The First Theologians: An Introduction to Theology in the Early Church*. Oxford: Blackwell, 2004.

Fabiny, Tibor. *Figura and Fulfillment: Typology in the Bible, Art, and Literature*. Eugene: Wipf & Stock, 2016.

Farley, Edward. *Theologia: The Fragmentation and Unity of Theological Education*. Minneapolis: Augsburg Fortress, 1994.

Farrell, John. *The Varieties of Authorial Intention: Literary Theory beyond the Intentional Fallacy*. Londres: Palgrave Macmillan, 2017.

Farrar, Frederic W. *History of Interpretation: Eight Lectures Preached Before the University of Oxford in the Year MDCCCLXXXV on the Foundation of the Late Rev. John Bampton*. Londres: Macmillan, 1886.

Fee, Gordon D. "On Getting the Spirit Back into Spirituality." Em Greenman, Jeffrey P.; Kalantzis, George (orgs.). *Life in the Spirit: Spiritual Formation in Theological Perspective*. Downers Grove: IVP Academic, 2010. p. 36-44.

Feinberg, John S. *Light in a Dark Place: The Doctrine of Scripture*. Wheaton: Crossway, 2018.

Felski, Rita. *The Limits of Critique*. Chicago: University of Chicago Press, 2015.

Ferguson, Everett. *The Rule of Faith: A Guide*. Eugene: Cascade, 2015.

Feuerbach, Ludwig. *The Essence of Christianity*. Traduzido por George Eliot. Buffalo: Prometheus, 1989.

Fiddes, Paul S.; Bader, Günter (orgs.). *The Spirit and the Letter: A Tradition and a Reversal*. Nova York: Bloomsbury T&T Clark, 2013.

Fílon de Alexandria. "On the Creation." Em *The Works of Philo: Complete and Unabridged*. Traduzido por C. D. Yonge. Peabody: Hendrickson, 1993. p. 1-51.

Fink, David (org.). *Proverbs, Ecclesiastes, Song of Songs. Reformation Commentary on Scripture*. Downers Grove: IVP Academic, 2023.

Finkelstein, Israel; Mazar, Amihai. *The Quest for the Historical Israel: Debating Archaeology and the History of Early Israel*. Atlanta: Society of Biblical Literature, 2007.

Fish, Stanley. *Is There a Text in This Class? The Authority of Interpretive Communities*. Cambridge: Harvard University Press, 1980.

Fishbane, Michael (org.). *The Midrashic Imagination: Jewish Exegesis, Thought, and History*. Albany: SUNY Press, 1993.

Fiorenza, Elisabeth Schüssler. *Bread Not Stone: The Challenge of Feminist Biblical Interpretation*. ed. rev. Boston: Beacon, 1995.

_________. "The Ethics of Interpretation: Decentering Biblical Scholarship." *Journal of Biblical Literature 107* (1988), p. 101-15.

Fisher, Jeff. *A Christotopic Reading of Scripture: Johannes Oecolampadius on Hebrews*. Göttingen: Vandenhoeck & Ruprecht, 2016.

Fitzgerald, Allan D. (org.). *Augustine through the Ages: An Encyclopedia*. Grand Rapids: Eerdmans, 1999.

Fitzmeyer, Joseph A. "Glory Reflected on the Face of Christ (2 Cor 3:7—4:6) and a Palestinian Jewish Motif." *Theological Studies 42*, n. 4 (1981), p. 630-44.

Fowl, Stephen. *Engaging Scripture: A Model for Theological Interpretation*. Oxford: Blackwell, 1998.

_________. "Christian Theological Interpretation." Em Boxall, Ian; Gregory, Bradley C. (orgs.). *The New Cambridge Companion to Biblical Interpretation*. Cambridge: Cambridge University Press, 2023. p. 173-90.

Frege, Gottlob. "On Sense and Reference." Em Geach, Peter; Black, Max. *Translations from the Philosophical Writings of Gottlob Frege*. 3 ed. Oxford: Blackwell, 1980. p. 56-78.

Frei, Hans. *The Eclipse of Biblical Narrative: A Study in Eighteenth and Nineteenth Century Hermeneutics*. New Haven: Yale University Press, 1974.

_________. "The 'Literal Reading' of Biblical Narrative in the Christian Tradition: Does It Stretch or Will It Break?" Em McConnell, Frank (org.). *The Bible and the Narrative Tradition*. Oxford: Oxford University Press, 1986. p. 36-77.

_________. *Types of Christian Theology*. New Haven Yale University Press, 1992.

Frey, Jörg. *The Glory of the Crucified One: Christology and Theology in the Gospel of John*. Waco: Baylor University Press, 2019.

Froelich, Karlfried. *Biblical Interpretation in the Early Church*. Philadelphia: Fortress, 1984.

_________. "'Always to Keep the Literal Sense in Holy Scripture Means to Kill One's Soul': The State of Biblical Hermeneutics at the Beginning of the Fifteenth Century." Em Miner, Earl (org.). *Literary Uses of Typology from the Late Middle Ages to the Present*. Princeton: Princeton University Press, 1977. p. 20-48

Gadamer, Hans-Georg. "The Universality of the Hermeneutical Problem." Em *Philosophical Hermeneutics*. Berkeley: Universality of California Press, 1976. p. 3-17.

_________. *Truth and Method*. Traduzido por Joel Weinsheimer e Donald G. Marshall. Londres: Sheed and Ward, 1989.

Gallie, W. B. "Essentially Contested Concepts." *Proceedings of the Aristotelian Society 54* (1956), p. 167-98.

Garland, David. E. *2 Corinthians: An Exegetical and Theological Exposition of Holy Scripture*. Nashville: Holman Reference, 1999.

Garrett, Duane E. "Veiled Hearts: The Translation and Interpretation of 2 Corinthians 3." *JETS 53*, n. 4 (2010), p. 729-72.

Gasque, W. Ward; Lasor, William S. (orgs.). *Scripture, Tradition, and Interpretation*. Grand Rapids: Eerdmans, 1978.

George, Timothy. *Reading Scripture with the Reformers*. Downers Grove: IVP Academic, 2011.

Gentry, Kenneth L. *As It Is Written: The Genesis Account Literal or Literary? Dismantling the Framework Hypothesis*. Green Forest: Master, 2016.

Gignilliat, Mark. "Paul, Allegory, and the Plain sense of Scripture: Galatians 4:21-31." *Journal of Theological Interpretation 2*, n. 1 (2008), p. 135-46.

________. *Reading Scripture Canonically: Theological Instincts for Old Testament Interpretation.* Grand Rapids: Baker Academic, 2019.

Goldingay, John. *Do We Need the New Testament? Letting the Old Testament Speak for Itself.* Downers Grove: IVP, 2015.

________. "Review Article: What Theologians and Biblical Scholars Wish the Others Knew." *Journal of Theological Interpretation 16*, n. 1 (2022), p. 132-47.

________. "Reading Rahab: How Criticism Serves Itself or Eats Itself." *Scottish Journal of Theology 76*, n. 1 (2023), p. 24-30.

Goppelt, Leonhard. *Typos: The Typological Interpretation of the Old Testament in the New Testament.* Grand Rapids: Eerdmans, 1982.

Gordon, Bruce. *Calvin.* New Haven: Yale University Press, 2009.

Gorman, Michael. *Elements of Biblical Exegesis: A Basic Guide for Students and Ministers.* 3 ed. Grand Rapids: Baker Academic, 2020.

Graham, David. "Defending Biblical Literalism: Augustine on the Literal Sense." *Pro Ecclesia 25*, n. 2 (2016), p. 173-99.

Green, Chris E. W. *Sanctifying Interpretation: Vocation, Holiness, and Scripture.* Cleveland: CPT, 2015.

Greene, Colin J. D. *Christology in Cultural Perspective: Marking Out the Horizons.* Grand Rapids: Eerdmans, 2003.

Greene-McCreight, Kathryn. *Ad Litteram: How Augustine, Calvin, and Barth Read the "Plain Sense" of Genesis 1—3.* Nova York: Peter Lang, 1999.

________. "He Spoke through the Prophets." Em Seitz, Christopher R. (org.) *Nicene Christianity: The Future for a New Ecumenism.* Grand Rapids: Brazos, 2001. p. 167-75.

Greenwood, Kyle R. (org.). *Since the Beginning: Interpreting Genesis 1 and 2 through the Ages.* Grand Rapids: Baker Academic, 2018.

Gregório, o Grande. *On the Song of Songs.* Traduzido por Mark DelCogliano. Collegeville: Liturgical, 2012.

Gregório de Nazianzo. *On God and Christ.* Crestwood: St. Vladimir's University Press, 2002.

Gregório de Nissa. *The Life of Moses.* Traduzido por Abraham J. Malherbe e Everett Ferguson. Nova York: Paulist, 1978.

Gregory, Brad S. *The Unintended Reformation: How a Religious Revolution Secularized Society.* Cambridge: Belknap Press of Harvard University Press, 2012.

Greschat, Martin. *Martin Bucer: A Reformer and His Times.* Louisville: Westminster John Knox, 2004.

Grey, Thomas C. "The Constitution as Scripture." *Stanford Law Review 37*, n. 1 (1984), p. 1-25.

Grice, H. P. "Logic and Conversation." Em *Studies in the Ways of Words.* Cambridge: Harvard University Press, 1989. p. 22-40.

Griffiths, Jonathan I. *Hebrews and Divine Speech.* Nova York: Bloomsbury T&T Clark, 2014.

Griffiths, Paul. *Song of Songs.* Coleção *Brazos Theological Commentary on the Bible.* Grand Rapids: Brazos, 2011.

Grindheim, Sigurd. "The Law Kills but the Gospel Gives Life: The Letter-Spirit Dualism in 2 Corinthians 3:5-18." *Journal for the Study of the New Testament 84* (2001), p. 97-115.

Grosseteste, Robert. *On the Six Days of Creation.* Traduzido por C. F. J. Martin. Oxford: Oxford University Press, 1996.

Guigo II. *The Ladder of Monks.* Traduzido por Edmund Colledge e James Walsh. Kalamazoo: Cistercian, 1979.

Guillory, John. *Professing Criticism: Essays on the Organization of Literary Study.* Chicago: University of Chicago Press, 2022.

Gundry, Robert H. *Mark: A Commentary on His Apology for the Cross.* Grand Rapids: Eerdmans, 1993.

________. *Jesus the Word according to John the Sectarian.* Grand Rapids: Eerdmans, 2002.

________. "To Plato or Not to Plato?" *Books & Culture 17* (Mar-Abr 2011), p. 25-6.

Guthrie, George. "Boats in the Bay: Reflections on the Use of Linguistics and Literary Studies in Biblical Studies." Em Porter, Stanley E.; Carson, D. A. (orgs.). *Linguistics and the New Testament: Critical Junctures.* Sheffield: Sheffield Academic Press, 1999. p. 23-35.

_________. "*Katargeo* and the People of the Shining Face (2 Corinthians 3:7-18)." *Southern Baptist Journal of Theology 19*, n. 3 (2015), p. 41-60.

_________. *2 Corinthians. Baker Exegetical Commentary*. Grand Rapids: Baker Academic, 2015.

HABETS, Myk. "Theological Theological Interpretation of Scripture." *International Journal of Systematic Theology 23*, n. 2 (2021), p. 235-58.

HAFEMANN, Scott J. "The Glory and Veil of Moses in 2 Cor 3:7-14: An Example of Paul's Contextual Exegesis of the OT - A Proposal." *Horizons in Biblical Theology 14*, n. 1 (1992), p. 31-49.

_________. *Paul, Moses, and the History of Israel: The Letter/Spirit Contrast and the Argument from Scripture in 2 Corinthians 3*. Peabody: Hendrickson, 1996.

HAHN, Scott W.; WIKER, Benjamin. *Politicizing the Bible: The Roots of Historical Criticism and the Secularization of Scripture, 1300–1700*. Nova York: Crossroad, 2013.

HAHN, Scott W.; MORROW, Jeffery L. *Modern Biblical Criticism as a Tool of Statecraft (1700–1900)*. Steubenville: Emmaus Academic, 2020.

HAIDT, Jonathan. *The Righteous Mind: Why Good People Are Divided by Politics and Religion*. Nova York: Vintage, 2013.

HAINS, Todd R. *Martin Luther and the Rule of Faith: Reading God's Word for God's People*. Downers Grove: IVP Academic, 2022.

HALL, Christopher A. *Reading Scripture with the Church Fathers*. Downers Grove: IVP, 1988.

HALLO, W. W.; YOUNGER, K. L. (orgs.). *The Context of Scripture*. 3 vols. Leiden: Brill, 1997–2002.

HALSTED, Matthew L. *Paul and the Meaning of Scripture: A Philosophical-Hermeneutic Approach to Paul's Use of the Old Testament*. Eugene: Pickwick, 2022.

HAMILTON, James M. *What Is Biblical Theology? A Guide to the Bible's Story, Symbolism, and Patterns*. Wheaton: Crossway, 2014.

HAMILTON, Victor P. *The Book of Genesis, Chapters 1—17*. NICOT. Grand Rapids: Eerdmans, 1990.

HANSON, R. P. C. *Allegory and Event: A Study of the Sources and Significance of Origen's Interpretation of Scripture*. Richmond: John Knox, 1959.

HANSON, A. T. "The Midrash in II Corinthians 3: A Reconsideration." *Journal for the Study of the New Testament 9* (1980), p. 2-28.

HARAN, Menahem. "The Shining of Moses' Face: A Case Study in Biblical and Ancient Near Eastern Iconography." Em BARRICK, W.; SPENCER, John R. (orgs.). *In the Shelter of Elyon: Essays on Ancient Palestinian Life and Literature, in Honor of G. W. Ahlstrom*. JSOTSup 31. Sheffield: JSOT Press, 1983. p. 159-73.

HARDY, Nicholas. *Criticism and Confession: The Bible in the Seventeenth Century Republic of Letters*. Oxford: Oxford University Press, 2017.

HARINK, Douglas. *1 and 2 Peter. Brazos Theological Commentary on the Bible*. Grand Rapids: Brazos, 2007.

HART, David Bentley. "Ad Litteram." Em *A Splendid Wickedness and Other Essays*. Grand Rapids: Eerdmans, 2016. p. 274-7.

HARVEY, Angela. *Spiritual Reading: A Study of the Christian Practice of Reading Scripture*. Eugene: Cascade, 2015.

HARVEY, Van. *Feuerbach and the Interpretation of Religion*. Cambridge: Cambridge University Press, 1995.

HAUSER, Alan J.; WATSON, Duane F. (orgs.). *A History of Biblical Interpretation. Vol. 1. The Ancient Period*. Grand Rapids: Eerdmans, 2003.

HAWTHORNE, Gerald F.; MARTIN, Ralph P.; REID, Daniel G. (orgs.). *Dictionary of Paul and His Letters*. Downers Grove: IVP, 1993.

HAY, Andrew R. *God's Shining Forth: A Trinitarian Theology of Divine Light*. Eugene: Pickwick, 2017.

HAYES, John H.; HOLLADAY, Carl R. *Biblical Exegesis: A Beginner's Handbook*. 4 ed. Louisville: Westminster John Knox, 2022.

HAYS, Richard B. *Echoes of Scripture in the Letters of Paul*. New Haven: Yale University Press, 1989.

_________. "Knowing Jesus: Story, History and the Question of Truth." Em PERRIN, Nicholas; HAYS, Richard B. (orgs.). *Jesus, Paul and the People of God: A Theological Dialogue with N. T. Wright*. Downers Grove: IVP Academic, 2011. p. 41-65.

________. *Reading Backwards: Figural Christology and the Fourfold Gospel Witness*. Waco: Baylor University Press, 2014.

________. *Echoes of Scripture in the Gospels*. Waco: Baylor University Press, 2016.

________. "Figural Exegesis and the Retrospective Recognition of Israel's Story." *Bulletin for Biblical Research 29* (2019), p. 32-48.

________. *Reading with the Grain of Scripture*. Grand Rapids: Eerdmans, 2020.

HAYWARD, C. T. R. "Philo, the Septuagint of Genesis 32:24-32 and the Name 'Israel': Fighting the Passions, Inspiration, and the Vision of God." *Journal of Jewish Studies 51*, n. 2 (2000), p. 209-26.

HEIL, John Paul. *The Transfiguration of Jesus: Narrative Meaning and Function of Mark 9:2-8, Matthew 17:1- 8 and Luke 9:28-36*. Roma: Pontifical Biblical Institute, 2000.

HENRY, Carl F. H. *God, Revelation, and Authority*. Vol. 2. Waco: Word, 1976.

HERINGER, Seth. "Preparing to Read: Theological Presuppositions and Biblical Interpretation." *Journal of Theological Interpretation 17*, n. 1 (2023), p. 130-1.

HERRMANN, Erik. "Luther's Absorption of Medieval Biblical Interpretation." Em KOLB, Robert; DINGEL, Irene; BATK, L'Ubomir (orgs.). *The Oxford Handbook of Martin Luther's Theology*. Oxford: Oxford University Press, 2014. p. 71-90.

HIESTAND, Gerald; WILSON, Todd. *The Pastor Theologian: Resurrecting an Ancient Vision*. Grand Rapids: Zondervan, 2015.

HILBER, John W. *Old Testament Cosmology and Divine Accommodation: A Relevance Theory Approach*. Eugene: Cascade, 2020.

HILDEBRAND, Stephen M. *Basil of Caesarea*. Grand Rapids: Baker Academic, 2014.

HILL, Robert C. *Reading the Old Testament in Antioch*. Atlanta: SBL, 2005.

HIRSCH, E. D. *Validity in Interpretation*. New Haven: Yale University Press, 1967. Hodge, Charles. *Systematic Theology*. Vol. 1. Grand Rapids: Eerdmans, 1979.

HOGAN, Patrick Colm (org.). *The Cambridge Encyclopedia of Language Sciences*. Cambridge: Cambridge University Press, 2010.

HOLDER, Arthur. "Christian Reception of the Song of Songs Since 1800." Em ROBINSON, Timothy H. (org.). *A Companion to the Song of Songs in the History of Spirituality*. Leiden: Brill, 2021. p. 358-80.

HOLMES, Jeremy. "Aquinas' Lectura in Matthaeum." Em WEINANDY, Thomas G.; KEATING, Daniel A.; YOCUM, John P. (orgs.). *Aquinas on Scripture: An Introduction to His Biblical Commentaries*. Nova York: T&T Clark International, 2005. p. 73-98.

HOLMGREN, Frederick C. "Holding Your Own Against God! Genesis 32:22-32 (in the Context of Genesis 31—33)." *Interpretation 44*, n. 1 (1990), p. 5-17.

HOOKER, Morna. "Beyond the Things That Are Written? St. Paul's Use of Scripture." *New Testament Studies 27* (1981), p. 295-309.

________. "Review of Matthew Bates, Hermeneutics of the Apostolic Proclamation." *Journal of Theological Studies 67*, n. 1 (2016), p. 249-50.

________. "'What Doest Thou Here, Elijah?' A Look at St Mark's Account of the Transfiguration." Em HURST, L. D.; WRIGHT, N. T. (orgs.). *The Glory of Christ in the New Testament: Studies in Christology*. Oxford: Oxford University Press, 1987. p. 59-70.

HORTON, Michael. *The Christian Faith: A Systematic Theology for Pilgrims on the Way*. Grand Rapids: Zondervan, 2011.

HOULDEN, J. L. (org.). *The Interpretation of the Bible in the Church*. Londres: SCM, 1995.

HUGO DE SÃO VITOR. *The Didascalicon of Hugh of Saint Victor: A Medieval Guide to the Arts*. Traduzido por Jerome Taylor. Nova York: Columbia University Press, 1991.

HUIJGEN, Arnold; VAN BEKKUM, Koert; BURGER, Hans. "Biblical Exegesis and Systematic Theology: Toward Mutual Benefit." *Journal of Reformed Theology 16* (2022), p. 173-93.

________. "Reinventing the Quadriga." Em BOKEDAL, Tomas; JANSEN, Ludger; BOROWSKI, Michael. *Scripture and Theology: Historical and Systematic Perspectives*. Berlin: De Gruyter, 2023. p. 397-414.

HURST, L. D.; WRIGHT, N. T. (orgs.). *The Glory of Christ in the New Testament: Studies in Christology*. Oxford: Oxford University Press, 1987.

HURTADO, Larry W. *Lord Jesus Christ: Devotion to Jesus in Earliest Christianity*. Grand Rapids: Eerdmans, 2005.

ILLICH, Ivan. *In the Vineyard of the Text: A Commentary on Hugh's Didascalicon*. Chicago: University of Chicago Press, 1993.

INGRAFFIA, Brian D. *Postmodern Theology and Biblical Theology: Vanquishing God's Shadow*. Cambridge: Cambridge University Press, 1996.

INMAN, Ross. "Theology in the Second Person: Christian Dogmatics as a Mode of Prayer." Em CRISP, Oliver D.; ARCADI, James M.; WESSLING, Jordan (orgs.). *Analyzing Prayer: Theological and Philosophical Studies*. Oxford: Oxford University Press, 2022. p. 116-35.

IRINEU. *On the Apostolic Preaching*. Traduzido por John Behr. Crestwood: St. Vladimir's Seminary Press, 1997.

IRVINE, Martin. *The Making of Textual Culture: "Grammatica" and Literary Theory 350–1100*. Cambridge: Cambridge University Press, 2006.

IRWIN, Luke. "Jesus' Body and Divine Glory in John's Gospel." *Presbyterian 47*, n. 2 (2021): p. 69-72.

JACOB, Haley Goranson. *Conformed to the Image of His Son: Reconsidering Paul's Theology of Glory in Romans*. Downers Grove: IVP Academic, 2018.

JACOBS, A. J. *The Year of Living Biblically: One Man's Humble Quest to Follow the Bible as Literally as Possible*. Nova York: Simon & Schuster, 2007.

JAMIESON, R. B.; Wittman, Tyler R. *Biblical Reasoning: Christological and Trinitarian Rules for Exegesis*. Grand Rapids: Baker Academic, 2022.

JANZEN, David. *The Liberation of Method: The Ethics of Emancipatory Biblical Interpretation*. Minneapolis: Fortress, 2021.

JAY, Pierre. "Jerome (ca. 347–419/420)." Em KANNENGIESSER, Charles (org.). *Handbook of Patristic Exegesis: The Bible in Ancient Christianity*. Vol. 2. Leiden: Brill, 2004. p. 1094-1133.

JERÔNIMO. *Commentarium in Matthaeum in Hieonymus: Commentariorum in Matheum libri 4*. Em *Corpus Christianorum Series Latina 77*. Organizado por David Hurst e Marcus Adriaen. Turnhout: Brepols, 1969.

_________. *The Homilies of St. Jerome*. Vol. 2. Traduzido por Marie Liguori Ewald. Washington: Catholic University Press of America, 1966.

JERSAK, Bradley. *A More Christlike Word: Reading Scripture the Emmaus Way*. New Kensington: Whitaker, 2021.

JIPP, Joshua W. *The Messianic Theology of the New Testament*. Grand Rapids: Eerdmans, 2020.

JOHNSON, Elliot. "Author's Intention and Biblical Interpretation." Em RADMACHER, Earl; PREUS, Robert D. (orgs.). *Hermeneutics, Inerrancy, and the Bible*. Grand Rapids: Zondervan, 1984. p. 409-29.

JOHNSON, Luke Timothy. *Hebrews: A Commentary*. Louisville: Westminster John Knox, 2006.

_________. *Scripture and Discernment: Decision Making in the Church*. Nashville: Abingdon, 1992.

JOHNSON, Mark F. "Another Look at the Plurality of the Literal Sense." *Medieval Philosophy and Theology 2* (1992), p. 117-41.

JONES, Howell R. *Transfiguration and Transformation*. Edimburgo: Banner of Truth Trust, 2021.

JONGE, Martin de. "Nicodemus and Jesus: Some Observation on Misunderstanding and Understanding in the Fourth Gospel." *Bulletin of the John Rylands Library 53* (1970/71), p. 337-59.

JORDAN, James B. *Creation in Six Days: A Defense of the Traditional Reading of Genesis One*. Moscow: Canon, 1999.

JOSEFO, Flávio. *Jewish War*. Loeb Classical Library. Cambridge; Harvard University Press, 1927.

JOWETT, Benjamin. *The Interpretation of Scripture and Other Essays*. Londres: George Routledge, 1907.

KANT, Immanuel. *Critique of Pure Reason*. 2 ed. Traduzido por Norman Kemp Smith. Londres: Macmillan, 1933.

_________. *Foundations of the Metaphysics of Morals and What Is Enlightenment?* Traduzido por Lewis White Beck. Nova York: Liberal Arts, 1959.

_________. *Religion and Rational Theology*. Organizado e traduzido por Allen W. Wood e George Di Giovanni. Cambridge: Cambridge University Press, 1996.

KAPIC, Kelly M. *Communion with God: The Divine and the Human in the Theology of John Owen*. Grand Rapids: Baker Academic, 2007.

KÄSEMANN, Ernst (org.). *Perspectives on Paul.* Londres: SCM, 1971.

KEE, Howard Clark. "'The Transfiguration in Mark': Epiphany or Apocalyptic Vision?" Em REUMANN, J. (org.). *Understanding the Sacred Text: Essays in Honor of Morton S. Enslin on the Hebrew Bible and Christian Beginnings.* Valley Forge: Judson, 1972. p. 135-52.

KELLY, J. N. D. *A Commentary on the Epistles of Peter and Jude.* Londres: Black, 1969.

KELSEY, David. *The Fabric of Paul Tillich's Theology.* New Haven: Yale University Press, 1967.

KIBBE, Michael H. "Light That Conquers the Darkness: Oscar Romero on the Transfiguration of Jesus." *Theology Today 75*, n. 4 (2019), p. 447-57.

_________. "From Glory to Glory: Transfiguration and New Creation in 2 Corinthians 2:14—4:6." Em PORTER, Stanley E., *Christian Origins and the Formation of the Early Church.* Leiden: Brill, 2024.

KIDNER, Derek. *Genesis.* Downers Grove: Inter-Varsity Press, 1979.

KIERKEGAARD, Søren. *For Self-Examination and Judge for Yourself!* Organizado e traduzido por Howard V. Hong e Edna H. Hong. Princeton: Princeton University Press, 1990.

KIM, Yoon Kyung. *Augustine's Changing Interpretations of Genesis 1—3: From De Genesi contra Manichaeos to De Genesi ad litteram.* Lewiston: Edwin Mellen, 2006.

KIMBLE, Jeremy M. *Behold and Become: Reading Scripture for Transformation.* Grand Rapids: Kregel Academic, 2023.

KIMNACH, Wilson J.; MINKEMA, Kenneth P.; SWEENEY, Douglas A. (orgs.). *The Sermons of Jonathan Edwards: A Reader.* New Haven: Yale University Press, 1999.

KIRK, J. R. Daniel. "Colonizing Biblical Interpretation." *Storied Theology (blog).* 26 de abril de 2016. Disponível em http://www.patheos.com/blogs/storiedtheology/2016/04/22/colonizing-biblical-interpretation/.

KLEIN, Elizabeth. *Augustine's Theology of Angels.* Cambridge: Cambridge University Press, 2018.

KLEIN, Ezra. *Why We're Polarized.* Nova York: Avid Reader, 2020.

KNIGHT, Henry F. "Meeting Jacob at the Jabbok: Wrestling with a Text; A Midrash on Genesis 32.22-32." *Journal of Ecumenical Studies 29*, n. 3-4 (1992), p. 451-60.

KNIGHTS, Chris. "Metamorphosis and Obedience: An Interpretation of Mark's Account of the Transfiguration of Jesus." *Expository Times 121*, n. 5 (2010), p. 218-22.

KOLBET, Paul R. "Athanasius, the Psalms, and the Reformation of the Self." *Harvard Theological Review 99*, n. 1 (2006), p. 85-101.

KOOY, Vernon H. "The Transfiguration Motif in the Gospel of John." Em COOK, James I. (org.). *Saved by Hope: Essays in Honor of Richard C. Oudersluys.* Grand Rapids: Eerdmans, 1978. p. 64-78.

KORT, Wesley A. "Calvin's Theory of Reading." *Christianity & Literature 62*, n. 2 (2013), p. 189-202.

KUGEL, James L.; Greer, Rowan A. *Early Biblical Interpretation.* Philadelphia: Westminster, 1986.

KUHN, Thomas. *The Structure of Scientific Revolutions.* Chicago: University of Chicago Press, 1962.

KYNES, Bill; KYNES, Will. *Wrestling with Job: Defiant Faith in the Face of Suffering.* Downers Grove: IVP Academic, 2022.

LAANSMA, Jon; TREIER, Daniel J. (orgs.). *Christology, Hermeneutics, and Hebrews: Profiles from the History of Interpretation.* Londres: Bloomsbury T&T Clark, 2012.

LADD, George. *A Theology of the New Testament.* Grand Rapids; Eerdmans, 1993.

LAMBRECHT, Jan. "Transformation in 2 Cor 3:18." *Biblica 64*, n. 2 (1983), p. 243-54.

LANG, T. J. "The Order of Christian Theology: Literal and Ecclesial Senses of the New Testament." *Journal of Theological Interpretation 14*, n. 1 (2020), p. 129-39.

LARSEN, Timothy. *Every Leaf, Line, and Letter: Evangelicals and the Bible from the 1730s to the Present.* Downers Grove: IVP Academic, 2021.

LASH, Nicholas. *The Beginning and End of "Religion."* Cambridge: Cambridge University Press, 1996.

LECLERCQ, Jean. *The Love of Learning and the Desire for God: A Study of Monastic Culture.* Nova York: Fordham University Press, 1982.

LEE, Dorothy. *Transfiguration.* Londres e Nova York: Continuum, 2004.

LEE, Gregory W. *Today When You Hear His Voice: Scripture, the Covenants, and the People of God.* Grand Rapids: Eerdmans, 2016.

LEE, Jihye. *A Jewish Apocalyptic Framework of Eschatology in the Epistle to the Hebrews*. Londres: Bloomsbury T&T Clark, 2021.

LEE, Simon S. *Jesus' Transfiguration and the Believers' Transformation*. WUNT 2, n. 265. Tübingen: Mohr Siebeck, 2009.

LEGASPI, Michael. *The Death of Scripture and the Rise of Biblical Studies*. Oxford: Oxford University Press, 2011.

_________. "The Consolation of Philology." *First Things*. Outubro de 2015, p. 66.

LEINSLE, Ulrich G. *Introduction to Scholastic Theology*. Washington: Catholic University of America Press, 2010.

LEITHART, Peter J. *Creator: A Theological Interpretation of Genesis 1*. Downers Grove: IVP Academic, 2023.

_________. *Deep Exegesis: The Mystery of Reading Scripture*. Waco: Baylor University Press, 2009.

_________. "The Quadriga or Something Like It: A Biblical and Pastoral Defense." Em HUSBANDS, Mark; GREENMAN, Jeffrey P. (orgs.). *Ancient Faith for the Church's Future*. Downers Grove: IVP Academic, 2012. p. 110-25.

_________. *Theopolitical Reading*. West Monroe: Theopolis, 2020.

LENNOX, John. *Seven Days that Divide the World: The Beginning according to Genesis and Science*. Grand Rapids: Zondervan, 2011.

LENTRICCHIA, Frank; DUBOIS, Andrew (orgs.). *Close Reading: The Reader*. Durham: Duke University Press, 2003.

LETHAM, Robert. "'In the Space of Six Days': The Days of Creation from Origen to the Westminster Assembly." *Westminster Theological Journal 61* (1999), p. 175-207.

_________. *Through Western Eyes. Eastern Orthodoxy: A Reformed Perspective*. Ross-shire: Mentor, 2010.

LEVENSON, Jon D. *The Hebrew Bible, the Old Testament, and Historical Criticism: Jews and Christians in Biblical Studies*. Louisville: Westminster John Knox, 1993.

LEVERING, Matthew. *Participatory Biblical Exegesis: A Theology of Biblical Interpretation*. Notre Dame: University of Notre Dame Press, 2008.

LEVIN, Yuval. *A Time to Build: From Family and Community to Congress and the Campus, How Recommitting to our Institutions Can Revive the American Dream*. Nova York: Basic, 2020.

LEVINAS, Emmanuel. *Totality and Infinity: An Essay on Exteriority*. Dordrecht: Kluwer Academic, 1991.

LEVY, Ian Christopher. *Introducing Medieval Biblical Interpretation: The Senses of Scripture in Premodern Exegesis*. Grand Rapids: Baker Academic, 2018.

LEWIS, C. S. *Experiment in Criticism*. Cambridge: Cambridge University Press, 1961.

_________. *God in the Dock: Essays on Theology and Ethics*. Grand Rapids: Eerdmans, 1970.

_________. "Is Theology Poetry?" Em *Weight of Glory: And Other Addresses*. Nova York: HarperCollins, 2001. p. 116-40.

_________. *Mere Christianity*. San Francisco: HarperSanFrancisco, 2001.

_________. *Miracles: A Preliminary Study*. Nova York: Macmillan, 1947.

_________. *A Preface to Paradise Lost*. Londres: Oxford University Press, 1942.

_________. *Studies in Words*. 2 ed. Cambridge: Cambridge University Press, 1967.

LILLBACK, Peter A. (org.). *Seeing Christ in All of Scripture: Hermeneutics at Westminster Theological Seminary*. Philadelphia: Westminster Seminary Press, 2016.

LINCOLN, Andrew J.; PADDISON, Angus (orgs.). *Christology and Scripture: Interdisciplinary Perspectives*. Nova York: T&T Clark, 2008.

_________. *Truth on Trial: The Lawsuit Motif in the Fourth Gospel*. Peabody: Hendrickson, 2000.

LINDBECK, George A. *The Nature of Doctrine: Religion and Theology in a Postliberal Age*. Philadelphia: Westminster, 1984.

_________. "Two Kinds of Ecumenism: Unitive and Interdenominational." *Gregorianum 70*, n. 4 (1989): p. 647-60.

_________. "Postcritical Canonical Interpretation: Three Modes of Retrieval." Em SEITZ, Christopher; GREENE-MCCREIGHT, Kathryn (orgs.). *Theological Exegesis: Essays in Honor of Brevard S. Childs*. Grand Rapids: Eerdmans, 1999. p. 26-51.

Loisy, Alfred. *Le Quatrième Évangile*. Paris: Alphonse Picard et Fils, 1903.

Long, V. Philips. "Irenaeus, Scripture, and the 'Rule of Truth': Of Kings, Foxes, and Mosaics." *Crux 54*, n. 2 (2018), p. 13-25.

Longenecker, Bruce W. (org.). *The New Cambridge Companion to St. Paul*. Cambridge: Cambridge University Press, 2020.

Longenecker, Richard. *Biblical Exegesis in the Apostolic Period*. 2 ed. Grand Rapids: Eerdmans, 1999.

Longman, Tremper. *Song of Songs*. Coleção *New International Commentary on the Old Testament*. Grand Rapids: Eerdmans, 2001.

_________. *Confronting Old Testament Controversies: Pressing Questions about Evolution, Sexuality, History, and Violence*. Grand Rapids: Baker, 2019.

Lossky, Vladimir. *In the Image and Likeness of God*. Nova York: St. Vladimir's Seminary Press, 1974.

Louth, Andrew. *Discerning the Mystery: An Essay on the Nature of Theology*. Oxford: Clarendon, 1983.

_________. "St. Augustine's Interpretation of the Transfiguration of Christ." *Studia Ephemeridis Augustinianum 68*. Roma: Institutum Patristicum Augustinianum, 2000. p. 375-82.

_________. *Introducing Eastern Orthodox Theology*. Downers Grove, IL: IVP Academic, 2013.

Lubac, Henri de. *Sources of Revelation*. Londres: Herder and Herder, 1968.

_________. *Medieval Exegesis*. Vol. 1. *The Four Senses of Scripture*. Traduzido por Marc Sebanc. Grand Rapids: Eerdmans, 1998.

_________. *Scripture in the Tradition*. Nova York: Crossroad, 2000.

_________. *History and Spirit: The Understanding of Scripture according to Origen*. San Francisco: Ignatius, 2007.

Lundeen, Erik. "In Search of the Literal Sense. Johannes Oecolampadius (1482–1531) and the Exegetical Tradition on Isaiah." Tese de doutorado. Baylor University, 2022.

Lutero, Martinho. *Luther's Works. Vol. 1. Lectures on Genesis Chapters 1—5*. Organizado por Jaroslav Pelikan. Saint Louis: Concordia, 1958.

_________. *Luther's Works. Vol. 8. Lectures on Genesis Chapters 45—50*. St. Louis: Concordia, 1968.

_________. *Luther's Works. Vol. 35. Word and Sacrament I*. Organizado por E. Theodore Bachmann. Minneapolis: Fortress, 1960.

_________. "On the Bondage of the Will." Em *Luther and Erasmus: Free Will and Salvation*. Traduzido por Ernest Gordon Rupp e Philip S. Watson. Philadelphia: Westminster, 1959.

_________. "To the Councilmen of all Cities in Germany That They Establish and Maintain Christian Schools." Em *Martin Luther's Basic Theological Writings*. Organizado por Timothy E. Lull. Minneapolis: Fortress, 1989. p. 704-35.

Luxon, Thomas, *Literal Figures: Puritan Allegory and the Reformation Crisis in Representation*. Chicago: University of Chicago Press, 1995.

Luz, Ulrich. *Matthew 8—20*. Minneapolis: Fortress, 2001.

Lyotard, Jean-François. *The Postmodern Condition: A Report on Knowledge*. Minneapolis: University of Minnesota Press, 1984.

Machen, J. Gresham. *The Christian Faith in the Modern World*. Grand Rapids: Eerdmans, 1947.

Madsen, Thorvald B. "Listen to Him: The Exhortation of Matthew 17:5 in the Context of the Transfiguration Narrative." *Midwestern Journal of Theology 15*, n. 2 (2016), p. 119-30.

Malcolm, Matthew. *From Hermeneutics to Exegesis: The Trajectory of Biblical Interpretation*. Nashville: B&H Academic, 2018.

Manetsch, Scott M. (org.). *2 Corinthians. Reformation Commentary on Scripture*. Downers Grove: IVP, 2022.

Manton, Thomas. *Christ's Temptation and Transfiguration: Practically Explained and Improved in Several Sermons*. Londres: [s.n.], 1685.

Mann, Jeremy R. "Sacramental Ontology and Calvin: Toward a Re-enchanted World." *Bulletin of Ecclesial Theology 4*, n. 2 (2017), p. 19-38.

_________. "Is the World Sacramental? Ontology, Language, and Scripture." Em Hiestand, Gerald; Wilson, Todd (orgs.). *Creation and Doxology: The Beginning and End of God's Good World*. Downers Grove: IVP Academic, 2018. p. 79-98.

MARSDEN, George M. *Jonathan Edwards: A Life*. New Haven: Yale University Press, 2003.

MARSH, William. *Martin Luther on Reading the Bible as Christian Scripture: The Messiah in Luther's Biblical Hermeneutic and Theology*. Eugene: Pickwick, 2017.

MARSHALL, I. Howard. *1 Peter.* Série *IVP NT Commentary*. Downers Grove: IVP, 1991.

MARTENS, Peter W. "Revisiting the Allegory/Typology Distinction: The Case of Origen." *Journal of Early Christian Studies 16*, n. 3 (2008): p. 283-317.

________. *Origen and Scripture: The Contours of the Exegetical Life*. Oxford: Oxford University Press, 2012.

________. *Adrian's Introduction to the Divine Scriptures: An Antiochene Handbook for Scriptural Interpretation*. Oxford: Oxford University Press, 2017.

MARTIN, Ralph. *2 Corinthians. Word Bible Commentary*. 2 ed. Grand Rapids: Zondervan, 2014.

MATTOX, Mickey L. "Faith in Creation: Martin Luther's Sermons on Genesis 1." *Trinity Journal 39* (2018), p. 199-219.

MAY, Herbert Gordon. "The Creation of Light in Genesis 1:3-5." *Journal of Biblical Literature 58*, n. 3 (1939), p. 203-11.

MCCALL, Thomas H. *An Invitation to Analytic Christian Theology*. Downers Grove: IVP, 2015.

MCCAULLEY, Esau. *Reading While Black: African American Biblical Interpretation as an Exercise in Hope*. Downers Grove: IVP Academic, 2020.

MCCLENDON, James W. *Systematic Theology*. Vol. 2. Doctrine. Nashville: Abingdon, 1994.

MCCLYMOND, Michael J.; MCDERMOTT, Gerald R. *The Theology of Jonathan Edwards*. Oxford: Oxford University Press, 2012.

MCDONALD, Suzanne. "Beholding the Glory of God in the Face of Jesus Christ: John Owen and the 'Reforming' of the Beatific Vision." Em KAPIC, Kelly M.; JONES, Mark (orgs.). *The Ashgate Research Companion to John Owen's Theology*. Burlington: Ashgate, 2012. p. 141-58.

________. "John Owen on the Beatific Vision: Historic Reformed 'Spirituality' in Action." *Theology Matters*. 30 de maio de 2023.

MCENTYRE, Marilyn Chandler. *Caring for Words in a Culture of Lies*. Grand Rapids: Eerdmans, 2009.

MCGILCHRIST, Iain. *The Master and his Emissary: The Divided Brain and the Making of the Western World*. ed. exp. New Haven: Yale University Press, 2019.

MCGUCKIN, John Anthony. *The Transfiguration of Christ in Scripture and Tradition*. Lewiston: Edwin Mellen, 1986.

________. "Patterns of Biblical Exegesis in the Cappadocian Fathers: Basil the Great, Gregory the Theologian, and Gregory of Nyssa." Em KIMBROUGH, S. T. (orgs.). *Orthodox and Wesleyan Scriptural Understanding and Practice*. Nova York: St. Vladimir's Seminary Press, 2005. p. 37-54.

MCKENZIE, Steven L. (org.). *Oxford Encyclopedia of Biblical Interpretation*. 2 vols. Oxford: Oxford University Press, 2013.

MCKEOWN, James. *Genesis. Two Horizons Old Testament Commentary*. Grand Rapids: Eerdmans, 2008.

MCKIM, Donald K. (org.). *Dictionary of Major Biblical Interpreters*. Downers Grove: IVP Academic, 2007.

MCKNIGHT, Scot. *The King Jesus Gospel: The Original Good News Revisited*. Grand Rapids: Zondervan, 2011.

________. *Five Things Biblical Scholars Wish Theologians Knew*. Downers Grove: IVP Academic, 2021.

MICHAELS, J. Ramsey. *1 Peter. Word Biblical Commentary 49*. Waco: Word, 1988.

MILLER, Ike. *Seeing By the Light: Illumination in Augustine's and Barth's Readings of John*. Downers Grove: IVP Academic, 2020.

MITCHELL, David C. *The Songs of Ascents: Psalms 120 to 134 in the Worship of Jerusalem's Temples*. Newton Mears: Campbell, 2015.

MITCHELL, Margaret M. *Paul, the Corinthians and the Birth of Christian Hermeneutics*. Cambridge: Cambridge University Press, 2010.

MOBERLY, R. W. L. *At the Mountain of God: Story and Theology in Exodus 32—34. JSOTSuppl22*. Sheffield: JSOT, 1983.

________. *The Bible, Theology, and Faith: A Study of Abraham and Jesus*. Cambridge: Cambridge University Press, 2000.

_________. "Exodus." Em Vanhoozer, Kevin J. (org.). *Dictionary for Theological Interpretation of the Bible*. Grand Rapids: Baker, 2005. p. 211-6.

_________. *The Old Testament of the Old Testament: Patriarchal Narratives and Mosaic Yahwism*. Minneapolis: Fortress, 1992.

_________. *Old Testament Theology: Reading the Hebrew Bible as Christian Scripture*. Grand Rapids: Baker Academic, 2013.

_________. "What Is Theological Interpretation of Scripture?" *Journal of Theological Interpretation 3*, n. 2 (2009), p. 161-78.

Monson, John. "Contextual Criticism as a Framework for Biblical Interpretation." Em Block, Daniel (org.). *Israel: Ancient Kingdom or Late Invention?* Nashville: B&H, 2008. p. 25-55.

Morales, Michael L. *Who Shall Ascend the Mountain of the Lord? A Biblical Theology of the Book of Leviticus*. Downers Grove: IVP, 2015.

Morgan, Christopher W.; Peterson, Robert A. (orgs.). *The Glory of God and Paul: Texts, Themes, and Theology*. Downers Grove: IVP, 2022.

Morgan, Robert; Barton, John. *Biblical Interpretation*. Oxford: Oxford University Press, 1988.

_________. "Spirit and Letter: Mapping Modern Biblical Interpretation." Em Fiddes, Paul S. (org.). *The Spirit and the Letter*. Nova York: Bloomsbury, 2013. p. 47-73.

Morrow, Jeffrey L. "The Politics of Biblical Interpretation: A 'Criticism of Criticism.'" *New Blackfriars 91* (2010), p. 528-45.

Moscicke, Hans. "The Theological Presuppositions of Ancient Christian Exegesis: G. K. Beale and Henri de Lubac in Conversation." *Journal of Theological Interpretation 10*, n. 1 (2016), p. 125-43.

Moss, Candida A. "The Transfiguration: An Exercise in Markan Accommodation." *Biblical Interpretation 12* (2004), p. 69-89.

Muller, Richard A. *Post-Reformation Reformed Dogmatics: The Rise and Development of Reformed Orthodoxy, ca. 1520 to ca. 1725*. 4 vols. 2 ed. Grand Rapids: Baker Academic, 2003.

_________. "Biblical Interpretation in the Sixteenth and Seventeenth Centuries." Em McKim, Donald K. (org.) *Dictionary of Major Biblical Interpreters*. Downers Grove: IVP Academic, 2007. p. 22-44.

Muller, Richard A.; Thompson, John L. (orgs.). *Biblical Interpretation in the Reformation Era*. Grand Rapids: Eerdmans, 1996.

Murdoch, Iris. *The Sovereignty of Good*. Londres: Routledge & Kegan Paul, 1970.

Nagel, Thomas. *The View from Nowhere*. Oxford: Oxford University Press, 1986.

Nassif, Bradley. "The 'Spiritual Exegesis' of Scripture: The School of Antioch Revisited." *Anglican Theological Review 75*, n. 4 (1993), p. 437-70.

_________. "Antiochene Theoria in John Chrysostom's Exegesis." Em Hovhanessian, Vahan S. (org.). *Exegesis and Hermeneutics in the Churches of the East*. Nova York: Peter Lang, 2009.

Nebeker, Gary L. "The Holy Spirit, Hermeneutics, and Transformation: From Present to Future Glory." *Evangelical Review of Theology 27* (2003), p. 47-54.

Nes, Solrunn. *The Uncreated Light: An Iconographical Study of the Transfiguration in the Eastern Church*. Grand Rapids: Eerdmans, 2007.

Neusner, Jacob. *The Mishnah: An Introduction*. Lanham, MD: Rowman & Littlefield, 1989.

Nichols, Stephen R. C. "Jonathan Edwards' Principles of Interpreting Scripture." Em *Jonathan Edwards and Scripture: Biblical Exegesis in British North America*. Organizado por David P. Barshinger e Douglas A. Sweeney. Oxford: Oxford University Press, 2018. p. 32-50.

Noble, Paul. "The Sensus Literalis: Jowett, Childs, and Barr." *Journal of Theological Studies 54* (1993), p. 1-23.

Noll, Mark A. *Between Faith and Criticism: Evangelicals, Scholarship, and the Bible in America*. Nova York: Harper & Row, 1986.

_________. *The Civil War as a Theological Crisis*. Chapel Hill: The University of North Carolina Press, 2006.

_________. *America's Book: The Rise and Decline of a Bible Civilization, 1794–1911*. Oxford: Oxford University Press, 2022.

NUSSBAUM, Martha C. *Love's Knowledge: Essays on Philosophy and Literature*. Oxford: Oxford University Press, 1990.

OBERMAN, Heiko. *Forerunners of the Reformation: The Shape of Late Medieval Thought Illustrated by Key Documents*. Philadelphia: Fortress, 1981.

OECOLAMPADIUS, Iojannes. *An Exposition of Genesis*. Traduzido por Mickey L. Mattox. Milwaukee: Marquette University Press, 2013.

OCKER, Christopher. *Biblical Poetics before Humanism and Reformation*. Nova York: Cambridge University Press, 2002.

O'COLLINS, Gerald; MEYERS, Mary Ann (orgs.). *Light from Light: Scientists and Theologians in Dialogue*. Grand Rapids: Eerdmans, 2012.

O'KEEFE, John J.; RENO, Russell R. (orgs.). *Sanctified Vision: An Introduction to Early Christian Interpretation of the Bible*. Baltimore: Johns Hopkins University Press, 2005.

OPITZ, Peter. "Exegetical and Hermeneutical Work of Oecolampadius, Zwingli and Calvin." Em SAEBØ, Magne. *Hebrew Bible, Old Testament: The History of Its Interpretation*. Vol. 2. Göttingen: Vandenhoeck & Ruprecht, 2008. p. 407-13.

ORÍGENES. *Treatise on the Passover; and, Dialogue with Heraclides*. Traduzido por Robert J. Daly. Mahwah: Paulist, 1992.

________. *Homilies on Luke*. Traduzido por Joseph T. Lienhard. Washington: Catholic University of America Press, 1996.

________. *On First Principles*. Traduzido por George W. Butterworth. Notre Dame: Ave Maria, 2013.

ORTLUND, Dane C. "Christocentrism: An Asymmetrical Trinitarianism?" *Themelios 34*, n. 3 (novembro de 2009), p. 309-21.

ORTLUND, Gavin. *Retrieving Augustine's Doctrine of Creation: Ancient Wisdom for Current Controversy*. Downers Grove: IVP Academic, 2020.

OTT, Craig; NETLAND, Harold A. (orgs). *Globalizing Theology: Belief and Practice in an Era of World Christianity*. Grand Rapids: Baker Academic, 2006.

OVERBECK, Franz. *Das Johannesevangelium: Studien zur Kritik seiner Erforschung*. Tübingen: Mohr, 1911.

OVÍDIO. *Metamorphoses*. Traduzido por Charles Martin. Nova York: Norton, 2004.

OWEN, John. "Meditations and Discourses on the Glory of Christ in His Person, Office, and Grace." Em *The Works of John Oweni*. Vol. 1. Organizado por William H. Goold. Londres: Johnstone and Hunter, 1850. p. 2-417

________. "The Causes, Ways, and Means of Understanding the Mind of God, as Revealed in His Word." Em *The Reason of Faith*. Glasgow: Falconer, 1801. p. 161-320.

PACKER, J. I. *Fundamentalism and the Word of God*. Grand Rapids: Eerdmans, 1958.

________. *The Quest for Godliness: The Puritan Vision of the Christian Life*. Wheaton: Crossway, 1990.

________. *Rediscovering Holiness*. Ann Arbor: Servant, 1992.

PAGELS, Elaine. *The Gnostic Gospels*. Nova York: Random House, 1979.

PAK, G. Sujin. *The Judaizing Calvin: Sixteenth-Century Debates over the Messianic Psalms*. Oxford: Oxford University Press, 2010.

PALAMAS, Gregório. *The Triads*. Mahwah, NJ: Paulist, 1983.

PARDUE, Stephen T. *Why Evangelical Theology Needs the Global Church*. Grand Rapids: Baker, 2023.

PARKER, Brent E. "Typology and Allegory: Is There a Distinction? A Brief Examination of Figural Reading." *Southern Baptist Journal of Theology 21*, n. 1 (2017), p. 57-83.

PARKER, T. H. L. *Calvin's Old Testament Commentaries*. Louisville: Westminster John Knox, 1993.

PARKISON, Samuel E. *Irresistible Beauty: Beholding Triune Glory in the Face of Christ*. Ross-shire: Mentor, 2022.

PATTON, Corrine. "Creation, Fall and Salvation: Lyra's Commentary on Genesis 1—3." Em KREY, Philip D. W.; SMITH, Lesley (orgs.). *Nicholas of Lyra: The Senses of Scripture*. Leiden: Brill, 2000. p. 19-43.

PAYTON, James R., Jr. *Light from the Christian East: An Introduction to the Orthodox Tradition*. Downers Grove: IVP Academic, 2007.

PECKHAM, John C. *Canonical Theology: The Biblical Canon, Sola Scriptura, and Theological Method*. Grand Rapids: Eerdmans, 2016.

PELIKAN, Jaroslav. *The Light of the World*. Nova York: Harper, 1962.

_________. *The Preaching of Chrysostom: Homilies on the Sermon on the Mount*. Philadelphia: Fortress, 1967.

_________. *Interpreting the Bible and the Constitution*. New Haven: Yale University Press, 2004.

PENNINGTON, Jonathan. *Reading the Gospels Wisely: A Narrative and Theological Introduction*. Grand Rapids: Baker Academic, 2012.

PERHAI, Richard J. *Antiochene Theoria in the Writings of Theodore of Mopsuestia and Theodoret of Cyrus*. Minneapolis: Fortress, 2015.

PERRY, Tim (org.). *The Theology of Benedict XVI: A Protestant Appreciation*. Bellingham: Lexham, 2019.

PETERSON, Eugene H. *Answering God: The Psalms as Tools for Prayer*. São Francisco: Harper & Row, 1989.

_________. *Eat This Book: A Conversation in the Art of Spiritual Reading*. Grand Rapids: Eerdmans, 2006.

PHILEMON, Leulseged. *Pneumatic Hermeneutics: The Role of the Holy Spirit in the Theological Interpretation of Scripture*. Cleveland: CPT, 2019.

PHILPOT, Joshua M. "Exodus 34:29-35 and Moses' Shining Face." *Bulletin for Biblical Research 23*, n. 1 (2013), p. 1-17.

PICKSTOCK, Catherine. "What Shines Between: The Metaxu of Light." Em KELLEY, Thomas A. F. (org.). *Between System and Poetics: William Desmond and Philosophy after Dialectic*. Nova York: Routledge, 2016. p. 107-22.

PIFF, Paul K.; DIETZE, Pia; FEINBERG, Matthew; STANCATO, Daniel M.; KELTNER, Dacher. "Awe, the Small Self, and Prosocial Behavior." *Journal of Personality and Social Psychology 108*, n. 6 (2015), p. 883-99.

PIPER, John. *Reading the Bible Supernaturally: Seeing and Savoring the Glory of God in Scripture*. Wheaton: Crossway, 2017.

PITKIN, Barbara. *Calvin, the Bible, and History: Exegesis and Historical Reflection in the Era of Reform*. Oxford: Oxford University Press, 2020.

POLANYI, Michael. *Personal Knowledge: Towards a Post-Critical Philosophy*. Chicago: University of Chicago Press, 1958.

POLK, Timothy Houston. *The Biblical Kierkegaard: Reading by the Rule of Faith*. Macon: Mercer University Press, 1997.

POPE, Marvin H. *Song of Songs: A New Translation with Introduction and Commentary*. Anchor Bible 7C. Garden City: Doubleday, 1977.

PORTER, Stanley E. (org.). *Dictionary of Biblical Criticism and Interpretation*. Nova York: Routledge, 2007.

PORTER, Stanley E.; MALCOLM, Matthew R. (orgs.). *The Future of Biblical Interpretation: Responsible Plurality in Biblical Hermeneutics*. Downers Grove: IVP Academic, 2013.

POWELL, Mark Allen (org.). *Methods for Matthew*. Cambridge: Cambridge University Press, 2009.

POYTHRESS, Vern. "Divine Meaning of Scripture." *Westminster Theological Journal 48* (1986), p. 241-79.

_________. "Typology and Christocentricity in the Hermeneutics of Johannes Oecolampadius." *Westminster Theological Journal 81* (2019), p. 295-304.

_________. *Interpreting Eden: A Guide to Faithfully Reading and Understanding Genesis 1—3*. Wheaton: Crossway, 2019.

_________. *The Mystery of the Trinity: A Trinitarian Approach to the Attributes of God*. Phillipsburg: P&R, 2020.

PREUS, James Samuel. *From Shadow to Promise: Old Testament Interpretation from Augustine to the Young Luther*. Cambridge: Belknap, 1969.

PRINCIPE, Lawrence M. *Scientific Revolution: A Very Short Introduction*. Oxford: Oxford University Press, 2011.

PRIOR, Karen Swallow. *On Reading Well: Finding the Good Life through the Great Books*. Grand Rapids: Brazos, 2018.

PROPP, William H. "The Skin of Moses' Face-Transfigured or Disfigured?" *Catholic Biblical Quarterly 49* (1987), p. 375-86.

PROVAN, Iain. *The Reformation and the Right Reading of Scripture*. Waco: Baylor University Press, 2017.

PROVENCE, Thomas E. "'Who Is Sufficient for These Things?' An Exegesis of 2 Corinthians ii.14—iii.18." *Novum Testamentum 24*, n. 1 (1982), p. 54-81.

PUCKETT, David L. *John Calvin's Exegesis of the Old Testament*. Louisville: Westminster John Knox, 1995.

PUTMAN, Rhyne R. *When Doctrine Divides: An Evangelical Approach to Theological Diversity*. Wheaton: Crossway, 2020.

PYLE, William T. "Understanding the Misunderstanding Sequences in the Gospel of John." *Faith & Mission 11*, n. 2 (1994), p. 26-47.

PYPER, Hugh S. *The Joy of Kierkegaard: Essays on Kierkegaard as a Biblical Reader*. Nova York: Routledge, 2011.

RAD, Gerhard von. "Typological Interpretation of the Old Testament." *Interpretation 15* (1961), p. 174-92.

________. *Genesis: A Commentary. Old Testament Library*. ed. rev. Louisville: Westminster John Knox, 1973.

RADNER, Ephraim. *Time and the Word: Figural Reading of the Christian Scriptures*. Grand Rapids: Eerdmans, 2016.

________. "'I Contain Multitudes': The Divine Basis for the Theological Interpretation of Scripture." *Pro Ecclesia 31*, n. 2 (2022), p. 142-59.

RADNER, Ephraim; NEY, David (orgs.). *All Thy Lights Combine: Figural Reading in the Anglican Tradition*. Bellingham: Lexham, 2022.

RAGUI, Taimaya. *Confessing Community: An Entryway to Theological Interpretation in North East India*. Minneapolis: Fortress, 2023.

RAKOVE, Jack N. *Original Meanings: Politics and Ideas in the Making of the Constitution*. Nova York: Vintage, 1996.

RAMM, Bernard. *Protestant Biblical Interpretation*. 3 ed. Grand Rapids: Baker, 1970.

RAMSEY, Arthur Michael. *The Glory of God and the Transfiguration of Christ*. Eugene: Wipf & Stock, 2009.

RASMUSSEN, Joel D. S. "Kierkegaard the Reader of Scripture." Em EDWARDS, Aaron P.; GOUWENS, David J. (orgs.). *T&T Clark Companion to the Theology of Kierkegaard*. Nova York: T&T Clark, 2020. p. 111-38.

RATZINGER, Joseph. "Biblical Interpretation in Crisis: On the Question of the Foundations and Approaches of Exegesis Today." Em *Biblical Interpretation in Crisis: The Ratzinger Conference on Bible and Church*i. Organizado por Richard John Neuhaus. Grand Rapids: Eerdmans, 1989. p. 1-23.

REESE, Ruth Anne. *2 Peter and Jude. Two Horizons Commentary*. Grand Rapids: Eerdmans, 2007.

RENO, R. R. *The End of Interpretation: Reclaiming the Priority of Ecclesial Exegesis*. Grand Rapids: Baker Academic, 2022.

REYNOLDS, Benjamin E.; STUCKENBRUCK, Loren T. (orgs.). *The Jewish Apocalyptic Tradition and the Shape of New Testament Thought*. Minneapolis: Fortress, 2017.

RIBBENS, Benjamin J. "Typology of Types: Typology in Dialogue." *Journal of Theological Interpretation 5*, n. 1 (2011, p. 81-96.

________. "Hebrews as Participatory Exegesis." *Journal of Theological Interpretation 15*, n. 1 (2021): p. 101-20.

RICHARDS, E. Randolph; O'BRIEN, Brandon J. *Misreading Scripture with Western Eyes: Removing Cultural Blinders to Better Understand the Bible*. Downers Grove: IVP Books, 2012.

RICOEUR, Paul. *The Symbolism of Evil*. Boston: Beacon, 1969.

________. *The Conflict of Interpretations: Essays in Hermeneutics*. Organizado por D. Ihde. Evanston: Northwestern University Press, 1974.

________. *Hermeneutics and the Human Sciences: Essays on Language, Action, and Interpretation*. Cambridge: Cambridge University Press, 1981.

________. *Time and Narrative*. Vol. 3. Traduzido por Kathleen Blamey e David Pellauer. Chicago: University of Chicago Press, 1988.

RIGA, Peter. "Signs of Glory: The Use of 'Semeion' in St. John's Gospel." *Interpretation 17*, n. 4 (1963): p. 402-24.

ROBERTSON, Duncan. *Lectio Divina: The Medieval Experience of Reading*. Collegeville: Liturgical, 2011.

ROGERSON, J. W.; Lieu, Judith M. (orgs.). *Oxford Handbook of Biblical Studies*. Oxford: Oxford University Press, 2008.

ROREM, Paul. *Hugh of Saint Victor*. Oxford: Oxford University Press, 2009.

ROSEMANN, Philipp W. *The Story of a Great Medieval Book: Peter Lombard's Sentences*. Toronto: University of Toronto Press, 2013.

ROSS, Hugh. *Navigating Genesis: A Scientist's Journey through Genesis 1—11*. Covina: RTB Press, 2014.

ROWE, C. Kavin. "Biblical Pressure and Trinitarian Hermeneutics." *Pro Ecclesia 11*, n. 3 (2002), p. 295-312.

ROWE, C. Kavin; HAYS, Richard. "Biblical Studies." Em WEBSTER, John; TANNER; Kathryn; TORRANCE, Iain (orgs.). *Oxford Handbook of Systematic Theology*. Oxford: Oxford University Press, 2007. p. 435-55.

ROWLAND, Christopher. *The Open Heaven: A Study of Apocalyptic in Judaism and Early Christianity*. Nova York: Crossroad, 1982.

RYKEN, Leland; WILHOIT, James C.; LONGMAN III, Tremper (orgs.). *Dictionary of Biblical Imagery*. Downers Grove: IVP, 1998.

SANDERS, Seth L. "Old Light on Moses' Shining Face." *Vetus Testamentum 52*, n. 3 (2002), p. 400-7.

SALKELD, Brett. *Transubstantiation: Theology, History, and Christian Unity*. Grand Rapids: Baker Academic, 2019.

SANDYS-WUNSCH, John; ELDREDGE, Laurence. "J. P. Gabler and the Distinction between Biblical and Dogmatic Theology: Translation, Commentary, and Discussion of His Originality." *Scottish Journal of Theology 33* (1980), p. 133-58.

SANDERS, Fred. *The Triune God*. Grand Rapids: Zondervan, 2016.

SANER, Andrea D. "Too Much to Grasp": Exodus 3:13-16 and the Reality of God. *Journal of Theological Interpretation Supplements 11*. Winona Lake: Eisenbrauns, 2015.

SARGENT, Benjamin. "One Meaning or Many? A Study in New Testament Interpretation of Old Testament Texts." *Churchman 124*, n. 4 (2010), p. 357-65.

_________. *Written to Serve: The Use of Scripture in 1 Peter*. Nova York: Bloomsbury T&T Clark, 2015.

_________. *Written for Our Learning: The Single Meaning of Scripture in Christian Theology*. Eugene: Cascade, 2016.

SARISKY, Darren. *Reading the Bible Theologically*. Cambridge: Cambridge University Press, 2019.

_________. *Scriptural Interpretation: A Theological Exploration*. Malden: Wiley-Blackwell, 2012.

SAVAGE, Timothy B. *Power through Weakness: Paul's Understanding of the Christian Ministry in 2 Corinthians*. Série *Society for New Testament Studies Monograph*. Cambridge: Cambridge University Press, 1996.

SCALISE, Charles J. *Hermeneutics as Theological Prolegomenon: A Canonical Approach*. Macon: Mercer University Press, 1994.

SCHAFF, Philip. "Calvin as a Commentator." *Presbyterian and Reformed Review 3* (1892), p. 462-9.

SCHELLENBERG, Annette; SCHWIENHORST-SCHÖNBERGER, Ludger (orgs.). *Interpreting the Song of Songs: Literal or Allegorical?* Leuven: Peeters, 2016.

SCHNEIDER, Bernardin. "The Meaning of St. Paul's Antithesis 'The Letter and the Spirit.'" *Catholic Biblical Quarterly 15* (1953), p. 163-207.

SCHNEIDERS, Sandra. *The Revelatory Text: Interpreting the New Testament as Sacred Scripture*. 2 ed. Collegeville: Liturgical, 1999.

SCHENCK, Kenneth. *A Brief Guide to Philo*. Louisville: Westminster John Knox, 2005.

SCHINDLER, D. C. *Freedom from Reality: The Diabolical Character of Modern Liberty*. Notre Dame: University of Notre Dame Press, 2017.

SCHLEIERMACHER, Friedrich. *The Christian Faith*. Edimburgo: T&T Clark, 1928.

SCHREINER, Patrick. *The Transfiguration of Christ: An Exegetical and Theological Reading*. Grand Rapids: Baker Academic, 2024.

SCHREINER, Thomas. *Paul, Apostle of God's Glory in Christ: A Pauline Theology*. 2 ed. Downers Grove: IVP Academic, 2020.

SCHUMACHER, Lydia. *Divine Illumination: The History and Future of Augustine's Theory of Knowledge*. Oxford: Wiley-Blackwell, 2011.

SEIFRID, Mark A. *The Second Letter to the Corinthians*. Em *Pillar New Testament Commentary*. Grand Rapids: Eerdmans, 2014.

SEITZ, Christopher. *Figured Out: Typology and Providence in Christian Scripture*. Louisville: Westminster John Knox, 2001.

_________. *Prophecy and Hermeneutics: Toward a New Introduction to the Prophets*. Grand Rapids: Baker, 2007.

_________. *Convergences: Canon and Catholicity*. Waco: Baylor University Press, 2020.

_________. *The Elder Testament: Canon, Theology, Trinity*. Waco: Baylor University Press, 2021.

SETERS, John van. *In Search of History: Historiography in the Ancient World and the Origins of Biblical History*. New Haven: Yale University Press, 1983.

SHEAD, Andrew H. *A Mouth Full of Fire: The Word of God in the Words of Jeremiah*. Downers Grove: IVP, 2012.

SHERIDAN, Mark. "Jacob and Israel: A Contribution to the History of an Interpretation." Em *From Nile to the Rhone and Beyond: Studies in Early Monastic Literature and Scriptural Interpretation*. Roma: Pontificio Ateneo Sant'Anselmo, 2012. p. 315-34.

SIBBES, Richard. "A Description of Christ." Em *The Works of Richard Sibbes*. Edimburgo: James Nichol, 1862–64.

SILVA, Moises (org.). *New International Dictionary of New Testament Theology and Exegesis*. 2 ed. Grand Rapids: Zondervan, 2014.

SKILLEN, James W. "Reengaging Figural Interpretation: The Impact of Erich Auerbach." *Calvin Theological Journal 52*, n. 2 (2017), p. 181-203.

SMAIL, Thomas A. *Reflected Glory: The Spirit in Christ and Christians*. Londres: Hodder and Stoughton, 1975.

SMALLEY, Beryl. *The Study of the Bible in the Middle Ages*. Oxford: Basil Blackwell, 1952.

SMIT, Peter-Ben; SPRONK, Klaas. "Contextual Biblical Interpretation: A Theological Necessity." *Concilium 58*, n. 3 (2022), p. 15-24.

SMITH, Brandon D. *Taught by God: Ancient Hermeneutics for the Modern Church*. Brentwood: B&H Academic, 2024.

SMITH, Mark. *The Priestly Vision of Genesis 1*. Minneapolis: Fortress, 2010.

SNOW, C. P. *The Two Cultures*. Cambridge: Cambridge University Press, 1993.

SOSKICE, Janet. "Why Creatio *ex nihilo* for Theology Today?" Em ANDERSON, Gary A.; BOCKMUEHL, Markus (orgs.). *Creation* ex nihilo*: Origins, Development, Contemporary Challenges*. Notre Dame: Notre Dame University Press, 2018. p. 37-54.

SOULEN, Richard N.; SOULEN, R. Kendall. *Handbook of Biblical Criticism*. 4 ed. Louisville: Westminster John Knox, 2011.

SPARKS, Kenton. "Genesis 1—11 as Ancient Historiography." Em HALTON, Charles (org.). *Genesis: History, Fiction, or Neither? Three Views on the Bible's Earliest Chapters*. Grand Rapids: Zondervan, 2015. p. 110-39.

SPAWN, Kevin L.; WRIGHT, Archie T. (orgs.). *Spirit and Scripture: Examining a Pneumatic Hermeneutic*. Nova York: T&T Clark International, 2012.

SPELLMAN, Ched. *Toward a Canon-Conscious Reading of the Bible: Exploring the History and Hermeneutics of the Canon*. Sheffield: Sheffield Phoenix Press, 2014.

SPELLMAN, Ched; LEE, Jason K. (orgs.). *The Seminary as a Textual Community: Exploring John Sailhamer's Vision for Theological Education*. Dallas: Fontes, 2021.

SPINKS, Christopher D. *The Bible and the Crisis of Meaning: Debates on the Theological Interpretation of Scripture*. Nova York: T&T Clark, 2007.

SPERBER, Dan; WILSON, Deirdre. "Pragmatics." Em JACKSON, Frank; SMITH, Michael (orgs.). *The Oxford Handbook of Contemporary Philosophy*. Oxford: Oxford University Press, 2007. p. 468-95.

SPINOZA, Baruch. *Theological-Political Treatise*. Cambridge: Cambridge University Press, 2007.

SPRINGS, Jason A. *Toward a Generous Orthodoxy: Prospects for Hans Frei's Postliberal Theology*. Eugene: Wipf & Stock, 2016.

SPURGEON, C. H. *The Most Holy Place: Sermons on the Song of Solomon*. Ross-shire: Christian Focus, 1996.

STANGLIN, Keith D. *The Letter and Spirit of Biblical Interpretation: From the Early Church to Modern Practice*. Grand Rapids: Baker Academic, 2018.

STARLING, David I. *Hermeneutics as Apprenticeship: How the Bible Shapes our Habits and Practices*. Grand Rapids: Baker Academic, 2016.

STEELE, Richard B. "Transfiguring Light: The Moral Beauty of the Christian Life According to Gregory Palamas and Jonathan Edwards." *St. Vladimir's Theological Quarterly 52* (2008), p. 403-39.

STEINER, George. *On Difficulty and Other Essays*. Oxford: Oxford University Press, 1978.

STEINMETZ, David C. "The Superiority of Pre-Critical Exegesis." *Theology Today 37* (1980), p. 27-38.

_________. "Divided by a Common Past: The Reshaping of the Christian Exegetical Tradition in the Sixteenth Century." *Journal of Medieval and Early Modern Studies 27* (Primavera de 1997), p. 245-64.

STENDAHL, Krister. "Biblical Theology, Contemporary." Em BUTTRICK, George Arthur (org.). *Interpreter's Dictionary of the Bible*. Vol. 1. Nova York: Abingdon, 1962. p. 418-32.

STERNBERG, Meir. *The Poetics of Biblical Narrative: Ideological Literature and the Drama of Reading*. Bloomington: Indiana University Press, 1985.

STEVENSON, Kenneth. "From Hilary of Poitiers to Peter of Blois: A Transfiguration Journey of Biblical Interpretation." *Scottish Journal of Theology 61*, n. 3 (2008), p. 288-306.

STOCK, Brian. *Augustine the Reader: Meditation, Self-Knowledge, and the Ethics of Interpretation*. Cambridge: Belknap, 1996.

Storer, Kevin. "Theological Interpretation and the Spiritual Sense of Scripture: Henri de Lubac's Retrieval of a Christological Hermeneutic of Presence." *Journal of Theological Interpretation 7*, n. 1 (2013), p. 79-96.

_________. *Reading Scripture with Kierkegaard: Kierkegaard's Upbuilding Hermeneutic of Scripture in the Discourses*. Frankfurt: Peter Lang, 2022.

STRAWN, Brent A. *The Old Testament Is Dying: A Diagnosis and Recommended Treatment*. Grand Rapids: Baker Academic, 2017.

SUGIRTHARAJAH, R. S. *Postcolonial Criticism and Biblical Interpretation*. Oxford: Oxford University Press, 2002.

SUGIRTHARAJAH, R. S. (org.). *Exploring Postcolonial Biblical Criticism: History, Method, Practice*. Oxford: Wiley-Blackwell, 2011.

SUN, Chloe T. *Conspicuous in His Absence: Studies in the Song of Songs and Esther*. Downers Grove: IVP Academic, 2021.

SWAIN, Scott R. *Trinity, Revelation, and Reading: A Theological Introduction to the Bible and Its Interpretation*. Nova York: T&T Clark, 2011.

SWEENEY, Douglas A. *Edwards the Exegete: Biblical Interpretation and Anglo-Protestant Culture on the Edge of the Enlightenment*. Oxford: Oxford University Press, 2016.

SWINBURNE, Richard. *Revelation: From Metaphor to Analogy*. 2 ed. Oxford: Oxford University Press, 2007.

TABB, Brian H. *All Things New: Revelation as Canonical Capstone*. Downers Grove: IVP Academic, 2019.

TABB, Brian H.; KING, Andrew M. (orgs.). *Five Views of Christ in the Old Testament*. Grand Rapids: Zondervan, 2022.

TANNER, Kathryn. "Theology and the Plain Sense." Em GREEN, Garrett. *Scriptural Authority and Narrative Interpretation*. Philadelphia: Fortress, 1987. p. 59-78.

TATE, W. Randolph. *Biblical Interpretation: An Integrated Approach*. ed. rev. Peabody: Hendrickson, 1997.

TAYLOR, Charles. *A Secular Age*. Cambridge: Belknap, 2007.

_________. *The Language Animal: The Full Shape of the Human Linguistic Capacity*. Cambridge: Belknap, 2016.

TAYLOR, Derek W. *Reading Scripture as the Church: Dietrich Bonhoeffer's Hermeneutic of Discipleship*. Downers Grove: IVP Academic, 2020.

THATCHER, Adrian. "The Literal Sense of Scripture: A Hermeneutical Disaster." *Modern Believing 53*, n. 1 (2012), p. 5-12.

TEODORO DE MOPSUÉSTIA. *Commentary on the Minor Pauline Epistles*. Traduzido por Rowan A. Greer. Atlanta: SBL, 2010.

THIESSEN, Gerd. *The Miracle Stories of the Early Christian Tradition*. Edimburgo: T&T Clark, 1983.

THISELTON, Anthony C. *Hermeneutics: An Introduction*. Grand Rapids: Eerdmans, 2009.

_________. *Promise and Prayer: The Biblical Writings in the Light of Speech-Act Theory*. Eugene: Cascade, 2020.

THOMAS, Benjamin. *An Anglican Hermeneutic of the Transfiguration*. Nova York: Peter Lang, 2013.

THOMPSON, J. W. *The Beginnings of Christian Philosophy: The Epistle to the Hebrews*. Washington: Catholic Biblical Association of America, 1982.

THOMPSON, Thomas L. *The Historicity of the Patriarchal Narratives: The Quest for the Historical Adam*. Harrisburg: Trinity Press International, 2002.

TILLICH, Paul. *Systematic Theology*. Vol. 1. Chicago: University of Chicago Press, 1951.

________. *Biblical Religion and the Search for Ultimate Reality*. Chicago: University of Chicago Press, 1955.

TORJESEN, Karen J. *Hermeneutical Procedure and Theological Method in Origen's Exegesis*. Berlin: de Gruyter, 1985.

TORRANCE, Andrew. "A Kierkegaardian Guide to Reading Scripture." *New Blackfriars 97*, n. 1071 (Setembro 2016), p. 624-39.

TORRANCE, Andrew; McCALL, Thomas H. (orgs.). *Knowing Creation: Perspectives from Theology, Philosophy, and Science*. Grand Rapids; Zondervan, 2018.

TORRANCE, Thomas F. *Divine Meaning: Studies in Patristic Hermeneutics*. Edimburgo: T&T Clark, 1995.

TRACY, David. "Literary Theory and the Return of the Forms for Naming and Thinking God in Theology." *Journal of Religion 74* (1994), p. 302-19.

________. *On Naming the Present: God, Hermeneutics, and Church*. Maryknoll: Orbis, 1994.

TREIER, Daniel J. *Introducing Theological Interpretation of Scripture: Recovering a Christian Practice*. Grand Rapids: Baker Academic, 2008.

________. "Heavenly Participation: The Weaving of a Sacramental Tapestry – A Review Essay." *Christian Scholar's Review 41* (2011), p. 67-71.

________. "Keeping Time: Human Finitude and Figural Interpretation." *Pro Ecclesia 27*, n. 3 (2018), p. 289-99.

________. "'Christian Platonism' and Christological Interpretation." *Reformed Faith & Practice 5*, n. 3 (2020), p. 40-54.

TREIER, Daniel J.; SWEENEY, Douglas A. (orgs.). *Hearing and Doing the Word: The Drama of Evangelical Hermeneutics*. Nova York: T&T Clark, 2021.

TRIGG, Joseph Wilson. *Origen: The Bible and Philosophy in the Third-Century Church*. Atlanta: John Knox, 1983.

TRITES, Allison A. "The Transfiguration of Jesus: the Gospel in Microcosm." *Evangelical Quarterly 51*, n. 2 (1979), p. 67-79.

________. *The Transfiguration of Christ: A Hinge of Holy History*. Hantsport: Lancelot, 1994.

TRIBLE, Phyllis. *Texts of Terror: Literary-Feminist Readings of Biblical Narratives*. Aniversário da 40ª edição. Minneapolis: Fortress, 2022.

TROELTSCH, Ernst. *The Social Teaching of the Christian Churches*. 2 vols. Nova York: Harper Row, 1960.

TSAI, Lee-Chen A. "The Development of Luther's Hermeneutics in His Commentaries on the Psalms." Tese de doutorado. University of Aberdeen, 1989.

TURNER, James. *Philology: The Forgotten Origins of the Modern Humanities*. Princeton: Princeton University Press, 2014.

UUSIMÄKI, Elisa. "A Mind in Training: Philo of Alexandria on Jacob's Spiritual Exercises." *Journal for the Study of the Pseudepigrapha 27*, n. 4 (2018), p. 265-88.

VALDÉS, Mario J. (org.). *A Ricoeur Reader: Reflection & Imagination*. Nova York: Harvester Wheatsheaf, 1991.

VANHOOZER, Kevin J. "Ascending the Mountain, Singing the Rock: Biblical Interpretation Earthed, Typed, and Transfigured." *Modern Theology 20*, n. 4 (2012), p. 781-803.

________. "The Apostolic Discourse and its Developments." Em BOCKMUEHL, Markus; TORRANCE, Alan (orgs.). *Scripture's Doctrine and Theology's Bible: Studies in the New Testament's Normativity for Christian Dogmatics*. Grand Rapids: Baker, 2008. p. 191-207.

________. *Biblical Authority after Babel: Retrieving the Solas in the Spirit of Mere Protestant Christianity*. Grand Rapids: Brazos, 2016.

________. *Biblical Narrative in the Philosophy of Paul Ricoeur: An Essay in Hermeneutics and Theology.* Cambridge: Cambridge University Press, 1990.

________. "Expounding the Word of the Lord: Joseph Ratzinger on Revelation, Tradition, and Biblical Interpretation." Em Perry, Tim (org.). *The Theology of Benedict XVI: A Protestant Appreciation.* Bellingham: Lexham, 2019. p. 66-86.

________. "Holy Scripture." Em Swain, Scott; Allen, Michael (orgs.). *Christian Dogmatics: Reformed Theology for the Church Catholic.* Grand Rapids: Zondervan, 2016. p. 30-56.

________. "Holy Scripture." Em Allen, Michael (org.). *The New Cambridge Companion to Christian Doctrine.* Cambridge: Cambridge University Press, 2023. p. 119-38.

________. *Is There a Meaning in This Text? The Bible, the Reader, and the Morality of Literary Knowledge.* Grand Rapids: Zondervan, 1998.

________. "The Origin of Paul's Soteriology: Election, Incarnation, and Union with Christ in Ephesians 1:4 (with Special Reference to Evangelical Calvinism)." Em Reynolds, Benjamin E.; Lugioyo, Brian; Vanhoozer, Kevin J. (orgs.). *Reconsidering the Relationship between Biblical and Systematic Theology in the New Testament.* Tübingen: Mohr Siebeck, 2014. p. 177-212.

________. *Pictures at a Theological Exhibition: Scenes of the Church's Worship, Witness, and Wisdom.* Downers Grove: IVP Academic, 2016.

________. "The Reader in New Testament Study." Em Green, Joel B. (org.). *Hearing the New Testament: Strategies for Interpretation.* 2 ed. Grand Rapids: Eerdmans, 2010. p. 301-28.

________. *Remythologizing Theology: Divine Action, Passion, and Authorship.* Cambridge: Cambridge University Press, 2012.

________. "The Spirit of Light after the Age of Enlightenment: Renewing/Reforming Pneumatic Hermeneutics via the Economy of Illumination." Em Barbeau, Jeffrey; Jones, Beth Felker (orgs.). *Spirit of God: Christian Renewal in the Community of Faith.* Downers Grove: IVP, 2015. p. 149-67.

________. "Staurology, Ontology, and the Travail of Biblical Narrative: Once More unto the Biblical Theological Breach," *Southern Baptist Journal of Theology 23*, n. 2 (2019), p. 7-33.

________. "T. F. Torrance: Christ the Key to Creation and Theological Science." Em Fulkerson, Geoffrey H.; Chopp, Joel Thomas (orgs.). *Science and the Doctrine of Creation.* Downers Grove: IVP Academic, 2021. p. 121-47.

________. "Theological Commentary and the 'Voice from Heaven': Exegesis, Ontology, and the Travail of Biblical Interpretation." Em Porter, Stanley E.; Schnabel, Eckhard J. (orgs.). *On the Writing of New Testament Commentaries.* Leiden: Brill, 2013. p. 269-98.

________. "Triune Discourse: Theological Reflections on the Claim that God Speaks." Em Lauber, David; Treier, Daniel (orgs.). *Trinitarian Theology for the Church: Scripture, Community, Worship.* Downers Grove: InterVarsity, 2009. p. 25-78.

Vanhoozer, Kevin J. (org.). *Dictionary for Theological Interpretation of the Bible.* Grand Rapids: Baker Academic, 2005.

Vanhoozer, Kevin J.; Treier, Daniel J. *Theology and the Mirror of Scripture: A Mere Evangelical Account.* Downers Grove: IVP Academic, 2015.

Vanhoozer, Kevin J.; Stracham, Owen. *The Pastor as Public Theologian: Recovering a Lost Vision.* Grand Rapids: Baker Academic, 2015.

Van Unnik, W. C. "'With Unveiled Face,' An Exegesis of 2 Corinthians iii:12-18," *Novum Testamentum 6* (1963), p. 153-69.

Venard, Olivier-Thomas (org.). *Le sens littéral des Écritures.* Paris: Cerf, 2009.

Vincent, Gilbert. *Exigence éthique et interprétation dans l'oeuvre de Calvin.* Geneva: Labor et Fides, 1984.

Volf, Miroslav. *Captive to the Word of God: Engaging the Scriptures for Contemporary Theological Reflection.* Grand Rapids: Eerdmans, 2010.

________. *Exclusion and Embrace: A Theological Exploration of Identity, Otherness, and Reconciliation.* ed. rev. Nashville: Abingdon, 2019.

Wacker, Grant. "The Demise of Biblical Civilization." Em Hatch, Nathan O.; Noll, Mark A. (orgs.). *The Bible in America: Essays in Cultural History.* Oxford: Oxford University Press, 1982. p. 121-38.

WALLACE, Daniel B. *Greek Grammar Beyond the Basics: An Exegetical Syntax of the New Testament.* Grand Rapids: Zondervan, 1996.

WALLS, Andrew F. *The Missionary Movement in Christian History: Studies in the Transmission of Faith.* Maryknoll: Orbis, 1996.

WALTKE, Bruce K. *Genesis: A Commentary.* Grand Rapids: Zondervan, 2001.

WALTKE, Bruce K.; Zaspel, Fred. *How to Read and Understand the Psalms.* Wheaton: Crossway, 2023.

WALTON, John H. *The Lost World of Genesis One: Ancient Cosmology and the Origins Debate.* Downers Grove: IVP Academic, 2009.

________. *Ancient Near Eastern Thought and the Old Testament: Introducing the Conceptual World of the Hebrew Bible.* 2 ed. Grand Rapids: Baker Academic, 2018.

WALTON, Jonathan L. *A Lens of Love: Reading the Bible from Its World for Our World.* Louisville: Westminster John Knox, 2018.

WAND, J. W. C. *Transfiguration.* Londres: Faith, 1967.

WARD, Timothy. *Words of Life: Scripture as the Living and Active Word of God.* Downers Grove: IVP Academic, 2009.

WARFIELD, B. B. "Inspiration." Em ORR, James (org.). *The International Standard Bible Encyclopedia.* Vol. 3. Chicago: Howard-Severance, 1915. p. 1473-83.

________. *Biblical and Theological Studies.* Philadelphia: Presbyterian and Reformed, 1952.

WATSON, Bruce. *Light: A Radiant History from Creation to the Quantum Age.* Nova York: Bloomsbury, 2016.

WATSON, Francis. "Hermeneutics and the Doctrine of Scripture: Why They Need Each Other." *International Journal of Systematic Theology 12*, n. 2 (2010), p. 118-43.

WEBSTER, John. *Confessing God: Essays in Christian Dogmatics II.* Londres: T&T Clark, 2005.

________. *The Culture of Theology.* Grand Rapids: Baker Academic, 2019.

________. *The Domain of the Word: Scripture and Theological Reason.* Londres: T&T Clark, 2012.

________. "Editorial." *International Journal of Systematic Theology 14,* n. 4 (2012), p. 379-80.

________. *Holy Scripture: A Dogmatic Sketch.* Cambridge: Cambridge University Press, 2003.

________. *Word and Church: Essays in Christian Dogmatics.* Edimburgo & Nova York: T&T Clark, 2001.

WEDDERBURN, Alexander. *Heaven upon Earth, or, The History of the Transfiguration of Jesus Christ Opened, and Practically Improven in Several Sermons.* Edimburgo: Reid, 1703.

WEINANDY, Thomas G. *Jesus Becoming Jesus: A Theological Interpretation of the Synoptic Gospels.* Washington: Catholic University of America Press, 2018.

WEINFELD, Moshe. "Jeremiah and the Spiritual Metamorphosis of Israel." *Zeitschrift für die alttertestamentliche Wissenschaft 88*, no. 1 (1976), p. 17-56.

WELLHAUSEN, Julius. *Das Evangelium Marci: Übersetzt und erklärt.* 2 ed. Berlin: Reimer, 1909.

WENGERT, Timothy J. *Word of Life: Introducing Lutheran Hermeneutics.* Minneapolis: Fortress, 2019.

WENHAM, Gordon J. *Genesis 1—15. Word Biblical Commentary.* Vol. 1. Nashville: Thomas Nelson, 1987.

________. *Genesis 16—50. Word Biblical Commentary.* Grand Rapids: Zondervan, 2015.

WENKEL, David H. *Shining Like the Sun: A Biblical Theology of Meeting God Face to Face.* Wooster: Weaver, 2016.

WESLEY, John. *The Works of John Wesley.* Vol 1. Nashville: Abingdon, 1984.

WESTERHOLM, Stephen. "Letter and Spirit: The Foundation of Pauline Ethics." *New Testament Studies 30* (1984), p. 220-48.

WESTPHAL, Merold. "On Reading God the Author." *Religious Studies 37* (2001), p. 271-91.

________. "Transfiguration as Saturated Phenomenon." *Journal of Philosophy & Scripture 1*, n. 1 (Outono de 2003), p. 26-35.

WHITE, Thomas Joseph. *Exodus. Brazos Theological Commentary on the Bible.* Grand Rapids: Brazos, 2016.
Williams, Rowan. "The Literal Sense of Scripture." *Modern Theology 7* (1990), p. 121-34.

________. *Looking East in Winter: Contemporary Thought and the Eastern Christian Tradition.* Nova York: Bloomsbury Continuum, 2021.

WILLIAMS, Stephen. "The Transfiguration of Jesus Christ (Part 1)." *Themelios 28*, n. 1 (Outono de 2002), p. 13-25.

________. "The Transfiguration of Jesus Christ (Part 2): Approaching Sonship." *Themelios 28*, n. 2 (Primavera de 2003), p. 16-27.

WITHERINGTON, Ben, III. "Transfigured Understanding: A Critical Note on Mark 9:2-13 as a Parousia Preview." *Anglican Theological Journal* (1992): p. 88-91.

WOOD, Arthur S. *Luther's Principles of Biblical Interpretation*. Londres: Tyndale, 1960.

WOUDENBERG, René van. *The Epistemology of Reading and Interpretation*. Cambridge: Cambridge University Press, 2021.

WRIGHT, William M., IV. "The Literal Sense of Scripture according to Henri de Lubac: Insights from Patristic Exegesis of the Transfiguration." *Modern Theology 28*, n. 2 (2012): p. 252-77.

WRIGHT, N. T. *Justification: God's Plan & Paul's Vision*. Downers Grove: IVP, 2009.

________. "Historical Paul and 'Systematic Theology': To Start a Discussion." Em WALSH, Carey; ELLIOTT, Mark W. (orgs.). *Biblical Theology: Past, Present, and Future*. Eugene: Cascade, 2016.

________. "Responding to Exile." Em SCOTT, James M. (org.). *Exile: A Conversation with N. T. Wright*. Downers Grove: IVP Academic, 2017.

YARBROUGH, Robert. "Should Evangelicals Embrace Historical Criticism? The Hays-Ansberry Proposal." *Themelios 39* (2014), p. 37-52.

YEAGO, David S. "The NT and the Nicene Dogma: A Contribution to the Recovery of Theological Exegesis." Pro Ecclesia 3 (1994), p. 152-64.

YEO, Ray S. *Renewing Spiritual Perception with Jonathan Edwards: Contemporary Philosophy and the Theological Psychology of Transforming Grace*. Nova York: Routledge, 2016.

YOFFIE, Adina Miriam. "Biblical Literalism and Scholarship in Protestant Northern Europe, 1630–1700." Tese de doutorado. Harvard University, 2009.

YONG, Amos. *Spirit-Word-Community: Theological Hermeneutics in Trinitarian Perspective*. Burlington: Ashgate, 2002.

________. "The Hermeneutical Trialectic: Notes Toward a Consensual Hermeneutic and Theological Method." *Heythrop Journal 45* (2004), p. 22-39.

YOVEL, Jonathan. "The Creation of Language and Language without Time: Metaphysics and Metapragmatics in Genesis 1." *Biblical Interpretation 20* (2012), p. 205-25.

YOUNG, Frances M. *Biblical Exegesis and the Formation of Christian Culture*. Cambridge: Cambridge University Press, 1997.

ZACHMANN, Randall C. "Calvin as Analogical Theologian." *Scottish Journal of Theology 51*, n. 2 (1998), p. 162-87.

________. *John Calvin as Teacher, Pastor, and Theologian: The Shape of His Writings and Thought*. Grand Rapids: Baker Academic, 2006.

ZINN, Grover. "The Augustinian Tradition of Sacred and Secular Reading Revised." Em ENGLISH, Edward (org.). *Reading and Wisdom: The* De doctrina christiana *of Augustine in the Middle Ages*. Notre Dame: University of Notre Dame Press, 1995. p. 61-83.

GLOSSÁRIO

alegoria: Nesta obra, uma interpretação figurativa que significa "outro" (do grego: *allos*) em relação ao que é dito e que, portanto, vai além do sentido literal graças à leitura com um quadro de referência retirado de algum lugar diferente do próprio texto bíblico (por exemplo, neoplatonismo ou existencialismo).

analogia corporis: a ideia de que há uma analogia entre a cristologia e o sentido literal, especificamente, entre o que acontece com o corpo de Jesus na transfiguração e o que acontece com a letra do texto bíblico quando lido teologicamente.

cristoscópico: qualquer abordagem de interpretação que considera o objetivo ou propósito final da Bíblia (do grego: *skopos*) como sendo a comunicação de Cristo.

cultura de leitura: o conjunto de valores, práticas textuais e hábitos de leitura que caracteriza uma comunidade interpretativa e forma seus membros; um lugar comunitário que socializa os indivíduos em certos hábitos e atitudes de leitura.

discurso: o que alguém diz/escreve sobre algo para alguém em algum momento, de alguma forma, para algum propósito.

economia da luz: o processo pelo qual o Deus trino compartilha a luz de si mesmo (ou seja, seu auto conhecimento) com o povo da aliança; a maneira ordenada pela qual Deus se faz conhecido pelo Pai, brilhando sua luz (ou seja, revelando-se) por meio do Filho, pelo Espírito.

exegese escatológico-gramatical: uma maneira de ler o sentido trans-figural das Escrituras, combinando um interesse gramatical na maneira pela qual as palavras são proferidas (sentido literal) com um interesse escatológico naquilo a que elas se referem em última instância (tema cristológico).

figura: nesta obra, mais do que uma figura de linguagem; um meio de falar de algo no que se refere a outro; o resultado de uma intenção divina no estabelecimento de uma relação de correspondência entre duas ou mais coisas, pessoas ou acontecimentos, de modo que o anterior indique o posterior.

filologia: o amor pelas palavras; também, a disciplina integrativa que mantém unidas as humanidades; neste livro, uma imagem para o interesse comum dos estudos bíblicos e da teologia sistemática para dar sentido à maneira pela qual as palavras funcionam na Bíblia.

hermenêutica: a arte ou ciência de discernir o discurso no texto; uma descrição teórica e justificada do que se considera as melhores práticas na interpretação textual.

hermenêutica cristã pura e simples: princípios usados em todos os lugares e em todos os momentos por aqueles que leem a Bíblia como Escritura, cujo princípio "formal" é o sentido literal trans-figurado e cujo princípio "material" é a luz de Cristo (ou seja, o conhecimento de Deus na face de Cristo).

imaginário social: termo atribuído a Charles Taylor para a história (secular) que enquadra as crenças e práticas cotidianas dos homens e mulheres modernos; termo para a história (escriturística) que deve enquadrar as crenças e práticas cotidianas dos cristãos em todos os tempos e lugares.

interpretação trans-figural: leitura que segue a maneira pela qual as palavras bíblicas funcionam ou vão além das (trans)figuras para as realidades que essas figuras prenunciam e antecipam.

interpretação transfigural: leitura atenta à centralidade de Cristo na economia da luz; leitura que discerne a glória de Cristo na letra do texto; também, leitura que adota de forma consciente a transfiguração de Jesus como seu quadro de referência.

leitura canônica rigorosa : uma abordagem para entender a Bíblia que lê cada texto no contexto de todo o cânon bíblico, atentando tanto para a contribuição distintiva do texto quanto para seu lugar na narrativa mais ampla.

lição beatífica: descreve uma leitura teológica que contempla Cristo (e a glória de Deus em seu rosto radiante) e gera semelhança com ele.

naturalismo metodológico: a limitação da explicação científica a causas naturais e materiais; neste livro, a noção de que a Bíblia deve ser lida como qualquer outro livro cultural e historicamente condicionado, livre de todos os pressupostos teológicos.

quadro de referência: o conjunto de suposições, políticas (como feministas e pós-coloniais), críticas (como as de fonte, forma e redação) ou confessionais (como luterana, reformada ou católica romana), que influenciam ou determinam a forma como se interpreta o tema tratado pelo texto; ou seja, o conjunto de pressupostos que condicionam a percepção do sentido literal pelos leitores.

quadro de referência de compreensão: uma maneira de ordenar e coordenar vários quadros de referência privilegiando uma história, imagem ou esquema conceitual específico (por exemplo, naturalismo, sobrenaturalismo, platonismo cristão); uma estrutura interpretativa; neste livro, a economia da luz, cuja chave é a transfiguração de Jesus.

quadro de referência imanente: termo atribuído a Charles Taylor para a imagem secular de um mundo natural fechado em si mesmo, do qual toda transcendência é removida; neste livro, o quadro de referência preferido no estudo moderno da Bíblia "acadêmica", que tende ao naturalismo metodológico.

sentido/referência: uma maneira de distinção entre dois aspectos do discurso: "o que alguém diz" (sentido) e aquilo sobre o qual algo é dito (referência), ambos os quais compreendem o significado literal.

sentido canônico simples: neste livro, uma descrição do "sentido simples" das Escrituras quando lidas no contexto canônico; o sentido literal denso e trans-figural.

sentido literal: um termo muitas vezes usado cuja familiaridade desmente sua complexidade; na história da interpretação bíblica, o nível direto, superficial ou não figurativo do significado da letra textual; neste livro, o significado do discurso bíblico humano-divino quando lido de forma gramatical-escatológica no contexto canônico e da norma da interpretação teológica.

táticas versus estratégias, exegéticas: neste livro, apresenta-se uma maneira de contrastar os meios e fins da interpretação bíblica, diferenciando processos e técnicas interpretativas (as "táticas", ou o como) dos objetivos e metas interpretativas (as "estratégias", ou o para quê).

ÍNDICE BÍBLICO

Gênesis

1........220-225, 227-228, 230-231, 233-234, 237, 239-240, 243, 246, 285,
1–2............................220, 221
1–3................ 144, 219, 222, 238, 243,
1:1–3...........................222, 224,
1:1.................223-225, 231-232, 238,
1:3 ....37, 39, 49, 238, 241, 285, 219-20, 225-226, 229, 233, 235-238, 243-244, 246-247
1:3–5 .... 225, 238, 240
1:4 245
1:6–8 232
1:11............................. 229
1:14–19........................... 85
1:14.............................231
1:28 382
2:3.............................. 96
3:9......................... 39, 40
3:9–10 39
3:15 ....37, 212, 236
12:2–3 36
15:1.............................31
16–21 87
17:4–8 36,
22:1 .... 39, 44
26:3 .... 37, 226
32:22–32 ....345, 354-55
32:26 356,
32:28 .... 354, 356
32:30 356
50:20 182

Êxodo

3:6.............................. 342
3:13–15.......................... 332
6:7 57
12:9 83
12:26–27 57
13:21............................ 285
17:6 195
19:5 36
19:6 ....36, 57, 164, 223, 307, 310
19:9 265
20:1–17........................... 36
20:3 52
20:18–19.........................311
24:12–13......................... 263
24:15–18.........................311
24:15 265
25:8 325
29:44 46
32–34............................ 308
32:1–6 307
32:8 307
32:9 310
32:19–20 307
33–34.....................290, 296, 312
33:3 ....307, 310
33:5 310
33:9 265
33:11.....................310-312, 382
33:12–22 268
33:16 325
33:18 ....307, 331
33:20–23 312
33:20 307
33-34.....................290, 296, 312
34 ...... 295, 313, 316-317, 319, 321-322, 326, 329, 337-338
34:5 265
34:6 308
34:9 310
34:29–35 ....307, 309, 311, 313-314, 318
34:29 308-309
34:30 309
34:33-35 311
34:33 311
34:34–35 ....262, 309, 311
34:34............................311
34:35 ....311, 309
40:34–38 311

Levítico
26:12 36,

Números
6:25 371
20:11 195

Deuteronômio
4:7–8 57
4:9–24 32
4:24 309
5:22 226
5:24 31
5:26 32
6:4 332
6:20–24 57
7:6 36
8:1 44
18:22 37
19:15 144
26:18 58
30:1–10 32
34:10 310

Josué
4:21–24 57

Juízes
16:7 109

1 Samuel
15:1 226
15:10 31

2 Samuel
22:2 177
22:31 37

1Reis
18:1 31

1Crônicas
17:13 207
17:24 293
22:10 207

Neemias.
8:4–5 39

Ester
1–10 . . . . . . 150, 386

Jó
1–42 346-47
1:21 39
37:3 235
38:7 232

Salmos
1–150 . . . . . . 45, 123, 198, 213
1 84
1:1 358
2 . . . . . . 306, 196
2:6–7 305
18:30 37
22:1 210
24:3 46
27:1 218
33:6 . . . . . . 223, 226
33:9 223
34:3 . . . . . . 293, 297
34:8 369
36:9 . . . . . . 241, 283, 367, 393
43:3 242
80:1 177
84:11 177
95:7–11 33
99:9 263
110:1 302
119:105 . . . . . . 246, 277, 285, 393
119:130 242
120–34 46

Eclesiastes
1:9 105

Cântico dos Cânticos
1–8 . . . . . . 386, 390
1:6 388
1:9 388
4:5 387
4:6 388

Isaías
1:11 46
1:18 45
2:3 50
5:1, 7 388
6:5 322
6:8 39
9:2 372
38:4 31
40-18 208
42–53 159
42:6 372
44:28 208
45:1 208
52:13–53:12 160
55:6 386
55:11 226
56:7 263
58:8 324

60:3 . . . 372
60:19 . . . 242
61 . . . 158
66:1 . . . 164

Jeremias
1:4 . . . 226
6:10 . . . 345
15:16 . . . 65

Ezequiel
4:1–5:4 . . . 324
11:19–20 . . . 316
16:35–42 . . . 346
17:24 . . . 36
36:26 . . . 316

Daniel
6:26 . . . 32
7:9 . . . 261

Oseias
2:16–20 . . . 388
12:3 . . . 355
12:4 . . . 356

Miqueias
4:2 . . . 50

Zacarias
1–14 . . . 211
7:9–10 . . . 42
7:11–12 . . . 42
9:9 . . . 192

Malaquias
4:5 . . . 264

Mateus
1–28 . . . 16, 27 ,134
3:17 . . . 265
4:16 . . . 393
5:1 . . . 46
5:14–16 . . . 393
5:22, 29 . . . 346
5:35 . . . 164
6:23 . . . 345
7:7 . . . 386
10:28 . . . 346
12:33 . . . 43
12:39 . . . 84
13:43 . . . 375
14:23 . . . 46
15:29 . . . 46
16:16 . . . 32, 290, 305
16:28 . . . 257, 266
17:1–8 . . . 257
17:1 . . . 257
17:2 . . . 254, 257, 263-64, 269, 280, 356, 365, 373, 375
17:3 . . . 257
17:4 . . . 265
17:5–6 . . . 258
17:5 . . . 6, 258-259, 265, 382,
17:8 . . . 265
17:9 . . . 258
22:37–40 . . . 93
22:41–45 . . . 198
23 . . . 346
26:26 . . . 96
28:3 . . . 261
28:16–17 . . . 263

Marcos
1–16 . . . 27, 135
1:11 . . . 260, 265
1:14 . . . 282
6:52 . . . 42
7:4 . . . 82
8:17 . . . 42
9:1-7 . . . 249, 271
9:1 . . . 257, 260, 263
9:2–10 . . . 257
9:2 . . . 257,260, 263, 269, 280, 373
9:2-13 . . . 261
9:2-8 . . . 261
9:3 . . . 259,264, 268
9:4 . . . 257
9:5 . . . 265
9:6 . . . 47, 258-259
9:7 . . . 265, 382
9:8 . . . 265
9:11 . . . 285
12:10 . . . 233
16:5 . . . 259
16:8 . . . 259

Lucas
1:35 . . . 259
1:38 . . . 39
1:13 . . . 259
1:46 . . . 297
1:79 . . . 392
4:20–21 . . . 158
4:21 . . . 166
7:30 . . . 58
9:20 . . . 59
9:27 . . . 257
9:28–36 . . . 257, 295

9:29 . . . 257, 264
9:30–31 . . . 374
9:31 . . . 179, 257, 264, 266, 286, 291, 334
9:32 . . . 264, 266
9:33 . . . 47, 265
9:34 . . . 258, 265
9:35 . . . 265, 382
9:36 . . . 265
10:26 . . . 58
22:20 . . . 58
24:27 . . . 192, 318, 338
24:49 . . . 37

João

1-21 . . . 124, 283, 291
1:1-18 . . . 136, 284
1:1 . . . 225, 284,
1:3 . . . 232, 238, 242
1:4 . . . 218, 286, 377
1:7-8 . . . 392
1:9 . . . 49, 235, 241, 284, 392
1:11 . . . 165
1:14 . . . 228, 265, 278, 284-86
1:17 . . . 285
1:21 . . . 285
1:29 . . . 184
1:41 . . . 288
2-11 . . . 285
2:11 . . . 286
2:14-17 . . . 346
2:21 . . . 288
3:2 . . . 289
3:4-8 . . . 288
3:9 . . . 158, 249
3:14 . . . 287
3:19 . . . 345
3:30 . . . 325
4:10 . . . 195
4:24 . . . 71, 227, 392
5:17 . . . 96
5:39 . . . 59, 166, 330, 383
5:46 . . . 159, 166, 183, 318, 330
6:68 . . . 47
7:38-39 . . . 195
7:39 . . . 324
8. . . . 286
8:12 . . . 233, 20, 230, 232, 241, 333, 382,
8:28 . . . 287
8:43 . . . 70
8:54 . . . 285
8:56 . . . 161
9. . . . 286
9:5 . . . 49
10:6 . . . 192
11:4 . . . 286
12-21 . . . 149, 285
12:15 . . . 192
12:16 . . . 192, 289
12:21 . . . 149-151
12:23 . . . 285-287
12:28 . . . 285-287
12:32 . . . 287
12:33 . . . 287, 288
12:40 . . . 42
12:46 . . . 285
13-17 . . . 287
14:21, 24 . . . 136
14:26 . . . 37
15:24 . . . 279
16:13 . . . 367
16:14 . . . 285
17:1-5 . . . 285
17:5 . . . 242
17:8 . . . 44,
18:19-38 . . . 287
19:34 . . . 195
20:31 . . . 44
21:19 . . . 285
21:25 . . . 27

Atos

1:4 . . . 37
2:33 . . . 37
4:20 . . . 278
6:7 . . . 226
9:3 . . . 323, 371
9:4 . . . 60, 371
9:5 . . . 383
9:15 . . . 32
15 . . . 361
15:28 . . . 174
22;6 . . . 323, 371
22:7 . . . 371
22:9, 11 . . . 323
26:13 . . . 323, 371
26:14 . . . 371

Romanos

1:1-6 . . . 334
1:1 . . . 282
1:20 . . . 245
2:29 . . . 314
3:2 . . . 31
3:4 . . . 37
4:17 . . . 224, 226, 246
5:14 . . . 184

6:4 .371
7:14 .315
8:3 . 253
8:29 . 378
9. .178
9:5 . 385
10:4 .321
11 .178
12:2 . 369, 373
14:9 . 32
15:4. 299

1Coríntios
2:10 .84,
2:14 .281
4:6 . 330
10:4 .195, 332
10:6 .184, 192
10:11. 66, 71, 165, 299, 321, 326, 334
10:23 . 28
13:12. .371
14:8 . 40
15:3–4 . 298, 326
15:3–11 . 334
15:28 . 164
15:40–44 . 324
15:42–44 .371
15:45 . 337
15:49 . 378
15:51. 342

2Coríntios
3. .295, 313, 316, 319, 323, 331, 373
3–4. 364
3:1–3 .314
3:2–3 . 393
3:2 . 374
3:5 .316
3:6–16 .313
3:6 . 58, 83, 93, 295, 314, 316, 318, 325
3:6b . 324
3:7–11. 325
3:7–13 .318
3:7–18 .321
3:7 . 319-320
3:8 .319, 326
3:9 . 324, 325
3:10–11 .319
3:11. 320, 325
3:12 . 326
3:13 . 319-21, 326
3:14–16. 326, 366
3:14 . 42, 320, 326-28,
3:15 .319
3:16 .326-328, 333
3:18 .297, 370, 373, 375, 376-378
4:4 .370, 371
4:5 . 378
4:6 . 20, 247, 371-72, 333, 342, 364, 368, 370-71, 374
5:16 . 272
5:17 .173, 366
13:14. 362

Gálatas
2:20 . 179,
3:21 . 318,
3:24 . 318,
4. .87-88, 336
4:4–5 .167
4:19 . 376
4:22–31 . 83
4:22 .211
4:24 . 82, 184, 211
5:1 .173

Efésios
1:4 .192, 244
1:10. .164, 199, 244
1:18. 293, 368, 376
2:7 .244,
2:19 . 53, 58
3:4 .214
3:9 . 244
3:11. .193
4:5 .102
4:12 .173
4:13 .173
4:18 . 363
4:20 . 64
5:8 .218, 247, 378, 383, 392-93,
5:9 . 383
5:23 . 57
5:32 . 390

Filipenses
1:27 . 58
2:15 . 230, 393
3:20 . 56, 58
3:21 . 292
.

Colossenses
1:13. 49, 366
1:16. .156
1:17. .136, 330
1:18. 57

2:9 .... 280, 337
3:3 358
3:10 378

1Tessalonicenses
2:13 .... 30, 298,
5:5 .... 247, 378, 392-93
5:23 .... 61, 83

2Tessalonicenses
1:4 110

1Timóteo
6:16 .... 241, 367, 379

2Timóteo
3:15 173
3:16–17 59

Hebreus
1–13 .... 33, 42, 157-58, 209
1:1 31
1:2 163
1:3 .... 22, 242, 289, 367
2:5 163
2:9 37,
2:10 .... 273, 378
3:7 .... 33, 165
3:15 .... 165, 394,
4:1 33,
4:7 33
4:12 .... 33, 203, 383
5:7 165
5:12–13 61
6:17 .... 37, 226,
8:5 .... 161-162, 184, 242
8:6 37
9:15 37
9:28 163
10:1 163
10:13 164
11:3 .... 224, 246
13:20 37

Tiago
1:3 110,
1:17 .... 20, 223, 243, 333
1:22–25 40
1:23–25 356
1:23 344

1Pedro
1:11 .... 161, 298, 305
1:12 .... 298, 305
2:9 .... 56, 58, 125, 127, 164, 173, 223, 378, 394,
2:10 59

2Pedro
1:16–18 395
1:16 .... 276, 305
1:17 305
1:18 .... 263, 278, 305-307
1:19 .... 305-307, 368
3:18 28

1João
1:1 278
1:5 .... 220, 235, 241, 242, 333
1:6 242
3:2 .... 275, 384
4:1 .... 28, 318, 342
4:2–3 253

2João
7 253

Judas
5 331

Apocalipse
1:3 375
1:8 331
1:16 365
4:8 325
5:10 223
13:8 83
15:6 261
19:7–9 390
19:14 261
21:2 390
21:6 331
21:9 390
21:23 .... 49, 242, 364-365
21:24 372
22:1 195
22:5 .... 242, 365, 394
22:13 .... 265, 331
22:17 390
22:20 37

ÍNDICE DE NOMES PRÓPRIOS

Abelardo, Pedro, 97
Agostinho, 45, 63, 64, 80, 92, 93, 94, 96, 102, 108, 117, 123, 134, 138, 142, 145, 147, 173, 189, 217, 219, 225, 230, 231, 232, 233, 234, 235, 236, 237, 244, 251, 271, 272, 293, 316, 355, 394, 395
Allison, Dale C., 296
Alston, William, 227
Alter, Robert, 44, 120
Ambrósio de Milão, 270, 295, 355
Ambrósio, Isaac, 274,
Anselmo, 343
Aquino, Tomás, 97, 117, 118, 131, 137, 148, 198, 202, 214, 220, 233, 234, 235, 236, 273, 274
Aristóteles, 96, 117, 118
Arnold, Matthew, 347
Atanásio, 208, 209, 242, 331, 358
Auerbach, Erich, 180
Austen, Jane, 32, 148, 149, 357
Ayres, Lewis, 17, 51, 62, 89, 137, 144
Barr, James, 18, 31, 113, 134, 142, 227
Barrett, C. K., 163, 316, 372
Barth, Karl, 145, 238, 241, 243, 245, 246, 258, 276, 285
Barton, John, 34, 133, 168
Barton, Stephen, 217, 309
Basílio, o Grande, 229, 230, 367, 370
Bates, Matthew W., 314, 317, 334-337
Bauckham, Richard J., 124, 162, 285, 306, 370
Baxter, Richard, 21
Beare, F. W., 257
Beda, 233, 272
Behr, John, 155, 330
Bento XVI, papa (Joseph Ratzinger), 30, 100, 171-172
Berger, Peter, 152
Beza, Teodoro, 389
Blake, William, 352
Block, Daniel I., 113, 338
Blomberg, Craig, 102
Blowers, Paul M., 209, 245, 254, 269, 279, 332
Bockmuehl, Markus, 35, 121, 224,
Boersma, Hans, 20, 85, 86, 104, 154, 155, 156, 157, 201, 359,
Bonhoeffer, Dietrich, 137
Brandt, Pierre-Yves, 383
Brown, Raymond E., 288
Bruce, F. F., 284
Brueggemann, Walter, 122, 159, 311
Bruner, Frederick Dale, 264, 265
Bucer, Martin, 208, 212-214
Buckley, Michael J., 109
Bucur, Bogdan, 296, 300, 307, 330, 331, 332, 339
Bullinger, Heinrich, 283, 323, 328,
Bultmann, Rudolf, 69
Byassee, Jason, 189
Caird, George, 283
Calvino, João, 38, 40, 65-66, 80, 143, 145, 208-212, 214, 237, 238, 239, 274-276, 282, 297, 298, 311, 315, 318, 353, 367, 379
Cameron, Nigel, 301
Carpanzo, Vincent, 141, 142
Carson, D. A., 288, 289, 338, 376
Carter, Craig, 86, 154
Cavadini, John C., 81
Childs, Brevard, 36, 41, 131, 139, 143, 144, 167, 168, 187, 311, 333, 337, 373
Cipriano de Cartago, 64
Cirilo de Alexandria, 321, 356
Clausewitz, Carl von, 169, 170
Clemente de Alexandria, 355
Clifford, W. K., 108, 110
Collett, Don C., 146, 181-183, 195, 197, 199, 205
Collini, Stefan, 79
Collins, Billy, 358
Cranfield, C. E. B., 316, 373
Crisóstomo, João, 86-89
Crisp, Oliver D., 96, 121, 122, 270
Cromwell, Thomas, 213
Culpepper, R. Alan, 288-289,
Cummings, Brian, 65, 67, 131
Daley, Brian E., 20

Damião, Pedro, 68
Daniélou, Jean, 85, 154, 185, 186, 190, 217
Davidson, A. B., 159
Davis, Ellen F., 388
Diodoro de Tarso, 86, 88
Dockery, David S., 296
Dodd, C. H., 102, 192, 285
Donne, John, 129
Dostoiévski, Fiodor, 73
Ebeling, Gerhard, 25
Edwards, Jonathan, 275-278, 363, 369, 376, 377
Éfrem, o Sírio, 249
Enns, Peter, 32, 310, 338
Erasmo, 132, 133, 141, 208
Evans, G. R., 82, 97, 100
Farrar, Frederic W., 386
Feuerbach, Ludwig, 109
Fílon de Alexandria, 82, 83, 185, 229, 354-355
Fish, Stanley, 350
Fisher, Jeff, 208, 209, 383
Ford, David F., 335
Francisco, papa, 125
Frege, Gottlob, 147
Frei, Hans, 101, 142, 143, 146, 152, 153, 180, 252, 253
Gabler, J. P., 110-111
Gadamer, Hans-Georg, 27-28
Gaffin Jr., Richard B., 337
Gesenius, Wilhelm, 159
Gignilliat, Mark S., 191, 197, 198, 201
Goldingay, John 299, 378, 386
Goppelt, Leonhard, 184
Gorman, Michael, 70
Greene-McCreight, Kathryn, 139, 144-145, 176, 209, 238-239, 307
Greer, Rowan A., 87, 151
Gregório de Nazianzo, 243, 300
Gregório de Nissa, 25, 46, 230, 269, 296, 342, 379
Gregório, o Grande, 390
Guigo II, 95, 342
Guillory, John, 347
Gundry, Robert, H., 136, 163, 263, 265
Habets, Myk, 110, 241
Hafemann, Scott J., 313, 315, 316, 317, 319, 320, 322, 324, 335
Hahn, Scott W., 172
Haidt, Jonathan, 103
Hamilton, James M., 176, 177, 238
Hanson, R. P. C., 186
Hardy, Nicholas, 110
Harink, Douglas, 291, 299, 306
Hart, David Bentley, 118, 138
Harvey, Angela, 62, 95, 358, 359
Harvey, Van A., 108, 109, 110
Hays, Richard B., 114-116
Hirsch, E. D., 29, 55, 298
Hodge, Charles, 78
Hooker, Morna D., 313, 325, 337
Hopkins, Gerard Manley, 193
Hugo de São Vítor, 63, 80
Huijgen, Arnold, 111, 157, 165, 202, 389, 390
Hunnius, Aegidius, 210
Inocêncio III, papa, 85
Irineu, 151, 155, 159, 241, 268, 330 -331
Jacobs, A. J., 138
Jamieson, R. B., 67, 145, 253, 281
Janzen, David, 145, 171
Jenson, Robert W., 115
Jerônimo, 49, 160, 229, 233, 249, 250, 270, 271, 272, 273, 281, 292
João de Damasco, 279, 280
Johnson, Luke Timothy, 138, 311
Kant, Immanuel, 107, 108, 109
Käsemann, Ernst, 318
Kibbe, Michael, 374
Kidner, Derek, 356, 222
Kierkegaard, Søren, 32, 75, 344
Kirk, J. R. Daniel, 151, 299
Klein, Ezra, 123
Kuhn, Thomas, 152
Kynes, Bill, 346
Kynes, Will, 346
Ladd, George, 286
Lash, Nicholas, 109
Leclercq, Jean, 67, 95
Lee, Dorothy, 261, 284, 306
Lee, Simon, 257, 258
Lefèvre d'Étaples, Jacques, 199, 207
Legaspi, Michael, 100, 134
Leithart, Peter, 137, 167, 202
Léo, o Grande, 342
Leo VI, imperador, 341
Levenson, Jon, 160, 172
Levering, Matthew, 20, 106, 154,
Levin, Yuval, 125
Levinas, Emmanuel, 254
Lewis, C. S., 21, 29, 30, 38, 44, 68, 74-78, 103, 116, 135, 136, 205, 341, 352, 375, 376, 379
Lindbeck, George, 36, 175, 186
Lombard, Peter,
Lombardo, Pedro 96, 213
Longenecker, Richard, 43
Longman III, Tremper, 222, 243, 345
Lossky, Vladimir, 279, 230
Louth, Andrew, 89, 155, 188, 271, 280

Lubac, Henri de, 62, 89, 154, 168, 185, 186, 188, 255, 256, 270, 329
Lundeen, Erik, 207, 208, 211
Lutero, Martinho 56, 96, 105, 167, 206, 226, 236
Luxon, Thomas, 187
Luz, Ulrich, 40, 41
Lyotard, Jean-François, 350
Machen, J. Gresham, 292
Manetsch, Scott, 211
Mann, Jeremy R., 157
Manton, Thomas, 282
Marshall, Bruce D., 41
Marshall, I. Howard, 297
Martens, Peter, 43, 187
Martin, Ralph, 321, 333, 366
Marx, Karl, 17
Máximo, o Confessor, 254
McCaulley, Esau, 352
McClendon, James W., 175, 176
McDonald, Suzanne, 384, 385
McEntyre, Marilyn, 341
McKnight, Scot, 101, 104, 115
Melanchthon, Philip, 325
Mitchell, Margaret M., 296, 313
Moberly, R. W. L., 55, 92, 94, 69, 307, 308, 317, 362
Monson, John, 112-113
Morales, L. Michael, 46, 310
Morgan, Robert, 34, 317
Nicolau de Lira, 207
Noble, Paul R., 143
Noll, Mark A., 17, 301, 352
Nussbaum, Martha C., 134, 390
O'Keefe, John J., 60, 103
Oberman, Heiko, 149
Oecolampadius, Johannes, 207, 208, 383
Orígenes, 43, 61, 81, 82-87, 90, 102, 180, 186, 187, 189, 190, 229, 237, 268-270, 315
Overbeck, Franz, 245, 285
Owen, John, 34, 45, 368, 384, 386
Packer, J. I., 34, 274, 368, 374,
Pak, G. Sujin, 210, 410
Palamas, Gregório, 280
Pardue, Stephen T., 393
Peckham, John, 145
Pelikan, Jaroslav, 56, 86, 226, 242
Perhai, Richard J., 88, 89
Peterson, Eugene H., 25, 343, 391
Pio XII, papa, 137
Piper, John, 198, 362, 363
Pitkin, Barbara, 210, 212
Polanyi, Michael, 152
Pope, Marvin H., 387
Poythress, Vern, 199, 208, 222, 223,334
Propp, William H., 309
Provan, Iain, 26, 85, 156, 195, 201
Puckett, David, 210
Putman, Rhyne R., 351
Rad, Gerhard von, 184, 225
Radner, Ephraim, 182, 343
Ramm, Bernard, 81, 85, 133
Ramsey, Arthur Michael, 23, 251, 262, 263, 267, 274, 279, 283, 284, 298, 306
Reno, R. R., 60, 103, 119
Ricoeur, Paul, 75, 76, 112, 169, 194, 344, 358
Rowe, C. Kavin, 67, 116, 243, 332
Sanders, Fred, 270, 283, 308
Sanders, Seth L., 310
Sargent, Benjamin, 302
Sarisky, Darren, 35, 69, 144, 365, 382
Savage, Timothy B., 322, 323, 369, 371
Schaff, Philip, 93, 210
Schindler, D. C., 172
Schleiermacher, Friedrich, 109, 197
Schneiders, Sandra, 169, 227
Schreiner, Patrick, 250, 377
Schreiner, Thomas, 49, 325
Schüssler Fiorenza, Elizabeth, 171
Seitz, Christopher R., 36, 155, 168, 176, 179, 180
Sibbes, Richard, 376
Smalley, Beryl, 194, 214, 250
Smith, Brandon D., 41, 80
Snow, C. P., 77-79
Soskice, Janet, 224
Spinoza, Baruch, 365
Spurgeon, C. H., 389
Steinmetz, David, 80, 123, 212
Stock, Brian, 63
Strawn, Brent A., 299
Sun, Chloe T., 387, 388
Swain, Scott R., 33, 175
Sweeney, Douglas A., 275, 276, 369
Swinburne, Richard, 388
Taylor, Charles, 44, 52, 104, 105, 106, 110, 152, 425, 426
Taylor, Derek W., 51
Teodoreto de Ciro, 88
Teodoro de Mopsuéstia, 87
Thiessen, Gerd, 259
Thompson, James W., 162
Tillich, Paul, 117, 118
Tracy, David, 118
Treier, Daniel J., 40, 127, 157, 162, 182, 245, 391
Trible, Phyllis, 346
Troeltsch, Ernst, 109

Turner, James, 132-133
Turretin, Francis, 214, 215
Venard, Olivier-Thomas, 145, 146
Vincent, Gilbert, 38, 66
Volf, Miroslav, 18, 123, 124, 125, 127
Wallace, Daniel B., 68-69
Walls, Andrew F., 392
Waltke, Bruce K., 45, 198, 222, 356
Walton, John, 31, 221
Wand, J. W. C., 258
Warfield, B. B., 137, 308, 339
Webster, John, 32, 39, 53, 99, 116, 136, 343, 364, 366, 368, 381
Wedderburn, Alexander, 282
Wellhausen, Julius, 259
Wenham, Gordon J., 239, 355
Wesley, John, 52
Westerholm, Stephen, 317
White, Thomas Joseph, 312
Wilken, Robert Louis, 329
Williams, Rowan, 142, 251
Williams, William, 179
Wittman, Tyler R., 67, 145, 253, 281
Woudenberg, René van, 160, 342
Wright, N. T., 113, 114, 213, 229, 256, 258, 270, 272, 372
Yarnell III, Malcolm B., 296, 361
Yong, Amos, 361
Young, Frances M., 147, 186

ÍNDICE DE TEMAS

Academia de Genebra, 65
ação
  literal *versus* unívoca (Alston), 227
alegoria, alegorização
  como quadro de referência, 92
  contraste com tipologia, 183-191
  "cristianizando", 329
  definição, 81-82, 425
  desenfreada, 85-86, 186, 188, 386
  estudos bíblicos modernos rejeitam, 102
  forma moderna de, 115
  lógica por trás, 103
  Louth sobre, 188
  "Magna Carta" da (Mitchell), 296, 315
  Oecolampadius sobre, 208
  Orígenes sobre, 83, 102, 189
  sacramental (Boersma), 155-156
  simbólico-figural, 91
  Tillichiana, 117
  versus interpretação transfigural, 255
  Veja também leitura figural; tipologia
alfabetização
  bíblica, 56, 64
  cultural, 55-58
  linguística *versus* literária, 69
anagoge
  Calvino sobre, 211-212
analogia corporis, 252-255, 267, 270, 291, 425
anjos
  conhecimento dos (Agostinho), 234-235
  criação dos (Agostinho), 232
Antigo Testamento
  "câmera ricamente mobiliada, mas mal iluminada" (Warfield), 308, 339
  "transfigurado, no Novo" (Lubac), 339
  e quadros de referência, 149-151, 299
  escrito para os cristãos (Sargent), 302
  interpretações cristãs do, 301-302, 329
  leituras do Novo Testamento sobre o, 150, 159, 299, 303-304, 306, 313, 332, 337, 339
  literalmente sobre Cristo, 332
  Paulo como intérprete do, 315-329
  prefigura Cristo, 181-183, 298-299
  várias interpretações cristológicas do, 296, 330-331, 338, 386
ato de fala divina
  e voz que sai da nuvem, 265
  inaugura economia da luz, 245
  literal, 225-229, 237, 240, 246
  questionado por estudiosos bíblicos modernos, 227
atos de fala
  autoral, 141
  divino, 31, 222-223, 225-229, 240, 243
  humano, 228
autoria divina
  discurso bíblico e, 198, 337
  excluída pelo quadro de referência histórico imanente, 116
  figuração como função da, 183, 337
  da história, 178-179
beatífica
  lição, 385, 426
  visão, 384
Bíblia
  "acadêmica" *versus* Escritura cristã, 100
  analogia com a Constituição, 56
  autoria divina da, 106
  autoridade da, 137
  como cadáver, 34
  como discurso divino, 31-36, 122, 165, 359
  como discurso humano-divino, 146
  como documento da universidade moderna, 101
  "como qualquer outro texto", 20, 70
  dificuldades na, 345-346
  história natural da, 116
  ingrediente na economia da luz, 247
  literalmente sobre Jesus Cristo, 158
  parte do padrão de comunicação divina, 32
  poder figurativo da, 179
  propósito divino da, 36-37, 127
  recursos para reformar a imaginação cristã, 62
  uma lâmpada, 376
cânone; canônico
  como contexto, 195-197, 199, 210
  como espaço para extensão figurativa do sentido literal, 181

como regra de leitura, 144
"processo" (Waltke), 198
Veja também intencionalidade
Cântico dos Cânticos
alegorização pré-moderna de, 387
interpretação transfigural de, 388-389
leituras cristológicas de, 386-388
texto "mais bíblico" (Davis), 388
Catolicidade
contextual, 353
e política de identidade, 174
"reformada", 168, 175, 191, 200, 204
Cidade do Homem (Agostinho), 172-173
ciência; científico, 150
definição do século 19, 78
círculo hermenêutico, 70, 358, 377
civilização bíblica
fim da, 17, 101
comentários bíblicos
infinidade de escolhas confusas para pastores, 121
sobre Isaías, 158-160
complexo acadêmico-industrial de comentários, 121
comunidades interpretativas
conflito de, 352-353
diversos quadros de referência distinguem, 350
pneumatológicas, 362
conhecer a Deus
comunhão por consequência de, 44
contexto; contextos 71, 112, 148
canônico, 113
contemporâneo, 116-120
escatológico, 165, 334
histórico, 113-115
inicial, 112
relevante, 160
criação, doutrina da
ex nihilo, 224-225, 228
visão da terra jovem, 221
Cristianismo
bíblico, 17
terceira pessoa, 32
crítica
"crente" (Noll), 301
da crítica (Ratzinger), 30n20, 172
da fonte, 259
da redação, 257-258
deserto da, 76-77
filológica, 135
Kant como pai da, 107
literária, 347-348
moderna, 108
o experimento de Lewis na, 29
críticas bíblicas; crítica
da redação, 135
e hermenêutica da suspeita, 108
e intenção autoral, 348
moderna , 78
paralelo com a crítica literária, 347-348
cultura
cristã, 60
escatológica, 60, 122
secular, 105
culturas de leitura, 62, 152
a intenção de Orígenes, 189
Agostinho e, 63
Antioquia e Alexandria como, 81-93
artes e ciências como polarizadas, 77-78
círculo hermenêutico e, 70
como terreno fértil para intuições hermenêuticas, 103
cristã, 71, 217
cristológica, 151
definição, 55, 70, 425
e no imaginário social, 149
e quadro de referência transfiguradora de compreensão, 341, 343
eclesial, 381-382
escatológica, 66, 71, 158
escolástica, 95-97
estranheza do pré-moderno, 103
estratégias para relacionar Deus e gramática, 68
exegese e, 69
gramatical, 68
guerras, 79, 350
igreja como, 204, 381
igreja e seminário como, 26, 53, 70, 98, 111, 124, 126, 129, 217, 391-394
moderna, 386
monástica, 94-95
cerne de, 134
polarizado, 120-124
prevalecente no Ocidente pós-iluminista, 359
reformando, 125
tensão recorrente entre dois tipos de, 73, 80, 120
variedade de, 73
Veja também interpretação bíblica; quadros de referência; imaginário social
Deus
autorrevelação de, 244
como agente figurativo, 178, 199
Criador, 221, 224-225, 242
e o problema do mal, 346-347
essência *versus* energias, 280
fala literalmente, 226
faz coisas com palavras, 229, 265

"fundamento de nosso ser" (Tillich), 117
glória de, 243-246, 363
luta do leitor com, 354-357
luz como essência de, 235, 241-242
presença gloriosa de, 308
visão de, 355
voz de, 383
discurso
Bíblia como, 35, 165
definição, 35, 133, 147, 425
Erasmo sobre, 132
humano e divino como analógico, 228
importância de determinar de quem é, 194-195
ligado a Cristo, 165, 195
profético, 161
disputatio, 96, 97
distinção criador-criatura, 52, 67, 224-225
distinção entre letra e espírito
aponta para diferentes graus de glória, 325
interpretação hermenêutica da, 315
interpretação soteriológica da, 315
interpretação transfigural da, 330
relação com a economia da luz, 323
segundo Agostinho, 93
segundo Frances Young, 90
segundo Paulo, 314-319
doutrina
como auxílio à leitura da Bíblia, 65
economia da luz
começa e termina em glória, 378
como obra do Deus trino, 243-246, 364, 367
como quadro de referência para interpretação bíblica, 218, 241, 246-247, 276, 332, 365
curto-circuito da, 377
definição, 245, 425
duas etapas da, 324
e interpretação transfigurada, 339
estágio mosaico da, 325, 328
leitura na, 364-366
papel do Espírito na, 277, 366-369
papel do leitor na, 342
prólogo do Evangelho de João como resumo da, 285
eisegese, 123, 296-297, 303
Emma (Austen), 148
entendimento
como atenção conjunta, 45
como responsividade, 39
e mal-entendidos, 284, 288-290, 338, 360, 367
iluminação e, 278
coisas essenciais, 41
luta por, 344-345, 349-350
o Espírito como "principal causa eficiente" (Owen) de, 368
obstáculo para, 344
pressuposto para o direito de, 253
quadro de referência para, 209, 219, 247, 255, 283, 332
textual, 28, 43, 51, 69, 132, 193, 359
verdadeiro, 40
véu como impedimento para, 328
escatologia; escatológico
contexto do leitor, 73, 366
definição, 157
exegese, 334, 366
forma e conteúdo das Escrituras, 158
norte verdadeiro da história bíblica, 166
transfiguração de Jesus e, 262
Veja também quadros de referência
escolasticismo, 95
Escrituras
"ecos" nas cartas de Paulo, 313
elemento na economia trina da luz, 364, 368
luminosidade da, 282, 363
espelho das, 75, 344, 350, 357
multicamadas, 152
escopo da, 209, 339
imaginário social da, 175
alma da teologia, 175
"óculos" das, 65, 297
tema da, 247, 251
Espírito Santo,
abre um sexto sentido, 369
doador de vida, 326, 367
eficácia da luz de Cristo na carta do texto, 368, 376
iluminação do, 277-278, 282, 326, 360, 368-369
indispensabilidade do, 366
ministra a palavra, 282, 366
papel da interpretação bíblica, 360-362; 366-370
permite a leitura transfigurada, 366, 375-376
"principal causa eficiente" do entendimento (Owen), 368
estudos bíblicos (modernos)
centrado na letra, 301
como cultura de leitura, 101-108
e filologia, 134-137
e intenção autoral, 348-350
e o mundo "por trás" do texto, 112-115
foca em táticas exegéticas, 170
tensão com a teologia sistemática, 110-112, 120-124
evangelho
cidadão do, 58, 126
nenhum grupo tem monopólio sobre, 205
notícias sobre a restauração da imagem de Deus, 376

primeira indicação do, 236
relação da transfiguração de Jesus com, 251
"soteriano" *versus* "Rei Jesus" (McKnight), 115
exegese
como "tática", 168-170
confessional *versus* científica, 146
"cristofânica" (Bucur), 331
definição, 70
intenção autoral na, 348-350
protestante, 99
visão beatífica e, 282
Veja também exegese escatológico-gramatical; exegese histórico-gramatical
exegese e teologia
Bucer atende a ambos, 214
como culturas de leitura contrastantes, 79n25
interesse comum em ler literalmente, 137
necessidade de ambas, 391
polarização da, 127, 185
exegese escatológico-gramatical
definição, 425
faz justiça ao discurso divino da Escritura, 130
segue a forma pela qual as palavras funcionam para o referente cristológico, 166
representativa de Lutero, 207
lugar na hermenêutica cristã pura e simples, 127
precedentes protestantes da, 211
e sentido literal transfigurado, 203-204, 205
a transfiguração de Jesus exige, 291
exegese histórico-gramatical
academicamente respeitável, 43
compatível com o quadro de referência imanente, 289
relação com o escatológico-gramatical, 48, 203, 255
problema com, 154, 204
face
de Cristo, 205, 208, 218, 367, 371-373, 377, 384
de Deus, 40, 217, 310, 356
de Moisés velada, 311-312, 319-325
o brilho de Jesus, 253-257, 263-264, 270-272, 292, 384
o brilho de Moisés, 307-311, 319-321, 322
revelada, 366-367, 370, 373-374
fariseus
intérpretes da lei, 58-59
figura
definição, 178
do discurso, 193
termo francês para "rosto", 254
filologia
Cristologia e, 155, 166, 210
definição, 132, 425
etimologia da, 136
dissolução da, 133
importância em Antioquia, 86
Lewis sobre, 135-136
"rainha das ciências" (Turner), 133
fins interpretativos, 170-174
fundamentalistas, 18
sobre o significado literal, 142
galpão de ferramentas
C. S. Lewis, 74-77, 341
glória
como tema principal no Evangelho de João, 284-290
contemplando a, 370-371, 377
de Cristo, 260, 262, 264, 266-267, 274, 278-280, 282, 286-287, 370-373, 374, 385
de Deus, 243-246, 277, 311, 370-371
definição, 286, 370
"desvanecimento" de Moisés, 319-321, 322
excessiva da nova aliança, 325-326
"quanto mais" da nova aliança, 326
recessiva, 324
refletindo, 373-377
relação com a luz, 267
gramática
canônica, 71n66
fundação para alfabetização, 67
objetivação moderna da, 69
regras de leitura, 67
trinitária, 67
Hebreus, livro de
estudo de caso para diálogo entre exegese e teologia, 162
dualismo em, 163
mundo do, 165
visão de mundo platônica do, 162
hermenêutica
Agostinho sobre, 93
apostólica (Bates), 335-337
católica reformada, 168, 177
cinco tipos de Provan, 85
definição, 51, 425
distintamente cristã, 314
e o mundo "atrás", "dentro" e "na frente" do texto, 111-120
e suspeita moderna, 109
estratégica em vez de tática, 170
geral, 83n40
geral *versus* especial, 19, 292
"grande reversão" em (Frei), 101, 152
implícita na vida do cristão, 25
intuições na, 103
questões de, 80
"pneumática", 361-362
sacramental, 155
Veja também hermenêutica bíblica

hermenêutica bíblica
  científica, 52
  dogma como pressuposto necessário da, 115
  polarizações sobre, 100
hermenêutica cristã pura e simples
  a atuação e a fala divinas como bases gêmeas da, 223
  a transfiguração de Jesus como pedra angular da, 252
  como apelo à reforma, 127
  contornos da, 166
  contraste com "paroquial", 205
  coração e alma da, 177
  credo da, 168
  definição, 17, 381, 425
  distingue a figuração "ruim" ou "boa", 190
  e conhecimento da glória do evangelho de Deus, 371
  e passar do sentido literal para o referente espiritual, 91, 201
  foco da, 41
  imaginário escritural como marca registrada da, 177
  imparcialidade disciplinar da, 115
  loucura da, 21
  objetivo da, 70
  objetivo incorporativo da, 174
  principalmente sobre estratégia e não sobre táticas, 170, 174
  princípios formais *versus* materiais da, 48, 218, 247, 380
  uma prática de leitura católica reformada, 204-205, 391
  visão para a formação de culturas de leitura luminosas, 394
Hermes, 52
hipótese, 151
historia
  Collett sobre, 182
  e sentido literal, 166, 341, 380
  em Agostinho, 142
  na interpretação antioquena, 86-88, 92
história
  aberta à transcendência, 106
  achatada pelo quadro imanente, 106-107
  natural, 116
  uso moderno contrastado com *historia*, 64n68
Humanidades, 348-349
Igreja
  Bíblia como constituição da, 58
  criatura da palavra, 168
  como cultura de leitura, 126, 168, 173, 353, 381-382, 393
  diferente de outras comunidades de leitura, 362, 393
  polarização na, 125
  propósito da, 127
  vocação como portadora da luz, 393
iluminação
  da letra textual, 365
  do leitor, 365
  dos intelectos dos anjos, 232-233
  Edwards sobre, 369
  ministério trino da, 218
  Veja também Espírito Santo
imaginação
  biblicamente informada, 267, 292
  conversão da, 152
  cristã, 62
  narrativa, 76, 176
  Veja também imaginário social
imaginário social
  definição, 52, 105, 425
  escritural, 62, 105, 112, 164, 168, 175-176, 193
  gera e governa culturas de leitura, 105
  modernos, 104-110
  sacramental, 153-154
  secular, 152-153, 175
inspiração bíblica
  doutrina da, 33
instituições
  como formas de vida duráveis, 126
intenção autoral
  e atenção, 44
  e exegese bíblica, 358-360
  humana e/ou divina, 141, 197
  "variedades" de (Farrell), 349n42
intencionalidade
  canônica, 195-198
interesses interpretativos
  pluralidade de, 28, 170
interpretação
  alegórica, 85
  conciliadora, 174
  conflito de, 168-170, 229
  constitucional, 56
  crise de legitimação na, 350, 359
  defesa em, 171
  espiritual, 84
  ética de, 349
  figurativa, 193
  literal, 26
  "pluralidade pentecostal" sobre, 205
  trans-figural, 68n85, 192
  transfiguração, 49
interpretação antioquena, 86-91
interpretação bíblica
  a transfiguração de Jesus como estrutura para, 290-293
  alegórica, 83-85, 90

aspectos objetivos e subjetivos da, 97
como caso de segunda pessoa, 32
como dialógica, 44, 343
como discurso de escuta e resposta, 25, 344
como exercício de piedade, 95
como formativa da cultura, 63
como obra de restauração humana, 64
como teológica, 71, 174
contextual, 351
critérios de correção da, 29-30, 37, 43, 61, 343, 380-381
dimensão ética da, 66
dois termos em, 42
esnobismo cronológico na, 103
formas de, 26
função pedagógica da, 60
história da, 80
ingrediente na economia da luz, 247
luta da, 344
meios de realizar o *telos* humano, 375
moderna, 106, 172
objetivo libertador da, 171-172
pode transformar o mundo, 17, 375, 378
política de identidade e, 122
pós-colonial, 119
pré-moderna, 81n28, 103
primeiro mandamento da, 77
princípio filológico da, 136
propósito final da, 73, 382
quadro de referência crucial para, 389
questão-chave da, 91
raiz de conflitos sobre, 168
subir uma montanha, 47, 249, 270-271, 293
tensão recorrente em, 81, 110, 122
uma prática autoenvolvida, 342
vocação da, 59
Veja também culturas de leitura

interpretação espiritual
comparado por Jerônimo à transfiguração de Jesus, 250
de Lubac sobre, 256, 270
do véu de Moisés, 328
e o papel do Espírito Santo, 360-362
e *theoria* antioquena, 88
e transubstanciação, 256
Edwards sobre, 363-364
não "contra a natureza", 364
necessidade de teste, 318
paralelo com a transfiguração de Jesus, 282
transfiguradora, 339
variedades de, 357-364

interpretação literal
atende a todos os aspectos do discurso, 195
Bucer sobre, 212-214
Calvino sobre, 210-211, 237
como trans-figural, 199-204
do Antigo Testamento, 159
exemplos representativos de interpretação "cristã pura e simples", 205-215
imaginários sociais em mudança, função de, 152
importância dos quadros de referência para, 146
maneiras de glorificar, 330-340
não literalista, 138, 161, 203
Provan sobre, 156, 196
reformadores como modelos de, 205
requer descrição densa, 160
verdadeira fonte de confusão em, 147

interpretação teológica da Bíblia
a natureza da Bíblia exige, 36
analogia bíblica com a transfiguração de Jesus, 252
avaliações da, 19
como desenvolvimento significativo, 18
como meio de formação espiritual, 376
contemplação e reflexão da luz, 343
definição de, 51, 55
entra em solo sagrado, 53
exegese e teologia como abordagens diferentes para, 110n47
lê o Antigo Testamento e a história de Jesus juntos, 304
leitura beatífica como objetivo da, 386
Henri de Lubac sobre, 329
manifesto para, 333
objetivo incorporativo da, 173
sentido literal como norma da, 129-130, 166
sermão como paradigmático para, 93
suspeita dos exegetas bíblicos da, 118, 136
transfigural da, 375
"uma atitude de receptividade" (Radner), 343

interpretação transfigural
amplia o significado literal, 293
definição, 316, 425
discerne a glória da letra, 283, 292, 330
dois significados da, 381
espécies de resposta do leitor, 343
fomenta a cultura da leitura teológica, 343
glorifica o sentido literal, 334, 338, 340, 380
leitura revelada e capacitada pelo Espírito, 338, 369
meta da, 354, 384
Paulo como padrão da, 315-329
regra doxológica da, 293
tese da, 329
transfigura leitores, 343, 375
um exercício espiritual, 293
versus alegórico, 293

interpretação trans-figural
definição, 192-193, 425

desdobramento glorioso do sentido literal, 300, 338
diferente de transfigurado, 295n1, 330
e quadriga medieval, 201
estende o sentido literal, 194, 210
necessidade da, 295
paralelo com tipológica, 201
leituras literais e espirituais, 201, 292, 329-333
resumida, 380
segue a intenção divina do autor, 199
uma prática católica reformada, 205
Veja também exegese, gramatical-escatológica; interpretação transfigural
Isaías, livro de
comentários sobre, 158-160
interpretação literal do, 160-161
"quinto Evangelho" (Jerônimo), 160
Israel
como nação santa, 57-58
Jesus Cristo
centro externo da Escritura, 165, 390
chave para entender o Antigo Testamento, 304
como leitor do Antigo Testamento, 151, 158, 165-166, 192
como referente (literal) do Antigo Testamento, 302, 332
como referente (último) do Antigo Testamento, 149, 162, 306, 330
duas questões mais importantes de, 58
escopo das Escrituras, 208-209, 236
"êxodo" de, 179, 264, 287
fala e é falado sobre, 136
identidade de, 253, 261, 286
identificado com *Yahweh*, 332-333
ilumina intelecto, 236
luz de, 218, 277, 280, 284-285, 293
ministério de, 286
rosto brilhante e roupas de, 254, 262-264, 270-271, 277, 365, 370-373, 383
sujeito e soberano das Escrituras, 129
verdadeiros discípulos de, 383
Veja também transfiguração (de Jesus)
lei mosaica, 59
leitores
alfabetizados, 71
cegos, 277-278
como participantes do drama da redenção, 43, 343
como pessoas responsivas, 38-39, 217, 390
contexto escatológico dos cristãos, 334
de coração duro, 42, 357
importância da antropologia dos, 343
importância da santificação dos, 360
localização social dos, 352
lugar na economia da luz, 342, 360
"professando" (Guillory), 347-348
refletem a glória do Senhor, 373-378
sujeito soberano *versus* servo santificado, 344
transfiguração dos, 370, 372, 374, 377
verdadeira vocação dos cristãos, 378
leitura
acontece em solo sagrado, 41
certa *versus* errada, 26, 28, 43
como uma espécie de contemplação, 371-373
contextos de, 350-351
cristoscópica, 339
cristotélica, 339
e "desapropriação do ego" (Ricoeur), 358
"espiritual" (Guigo II), 342
ética, 171
"figurada", 181
figural, 191-193
fonte de conhecimento, 342
"luta com o texto" (Ricoeur), 169, 344-347
luta consigo mesmo diante da palavra de Deus, 354-358
no contexto canônico, 200, 380
para frente, 300-303, 312, 316, 319, 322, 337
para trás, 298-299, 303-304, 314, 316, 322, 336-337
"pneumática", 361-362
prática católica reformada da, 191, 204-215
propósito da, 44
regras para, 293
"regulada", 144-146
retórica (Mitchell), 314
"sobrenaturalmente" (Piper), 362-364
tentações gêmeas da leitura infiel, 357
teológica, 29, 256, 279, 343-344, 365, 371
Veja também virtudes, interpretativas
leitura figurativa, 177-183
alegoria e tipologia como duas espécies de, 177, 183, 190
Auerbach sobre, 180
Collett sobre, 182-183
como extensão do literal, 180
de Cânticos, 386-390
"erro protestante" de eliminar, 205
Hays sobre, 181
"literalismo no nível da totalidade da história bíblica" (Frei), 195-196
necessidade de critérios para a correta, 191
princípio cristão puro e simples de, 178
perigo de arbitrariedade, 183
"simbólica" *versus* "icônica" (Young), 189
letra (do texto)
amor excessivo pela, 300
canal de luz, 255, 283, 292
"cheia" (Steinmetz), 212

"espiritualidade" da, 191, 236
importância de capacitar para completar seu curso, 195
"mata" (2Co 3:6), 316-317, 325
"nua" (Jerônimo), 272, 325
paralelo com o corpo transfigurado de Jesus, 252, 270-271
"porta trancada" (Orígenes), 84
"sacramento do espírito" (Lubac), 256
liberdade
cristã, 173
em relação a *versus* para, 172
lição beatífica, 385-386, 426
linguagem
existe para comunicar, 135
linguística, 68
literal, literalidade
Barr sobre, 141
conceito elusivo de, 26, 139, 212
contraste com literalista, 138, 214, 227-228, 290
definição de, 204
e "a maneira pela qual as palavras funcionam", 194
e luz, 219
nenhum consenso sobre, 146
tipologia quíntupla de, 139-146
um conceito essencialmente contestado, 131
usado para ênfase, 138
livros "Magic Eye", 161
luz
arquetípica *versus* ectípica, 243
conhecimento dado por Deus, 236, 255
criada *versus* não criada, 241-242, 280
da mente, 235
da palavra profética, 306
economia da, 20, 48, 241-247, 273, 285, 323
espiritual, 232
glória e, 267, 276-277, 370-373
literal *versus* metafórica, 233, 241
não há necessidade na nova Jerusalém, 365
no quarto Evangelho, 285-286
protológica e escatológica, 267
questões de Agostinho sobre, 231
refração da, 297, 319
reveladora, 262
simboliza conhecimento, 243, 383
sobrenatural (Edwards), 277-278
transfigural, 261, 264
trina, 218
Veja também glória; luz de Cristo; transfiguração (de Jesus)
luz, criação da
Agostinho sobre, 231-233
antecipa a encarnação de Jesus, 235
Aquino sobre, 233-236
Basílio sobre, 229-230
Calvino sobre, 237-239
inicia a economia da revelação, 246
Lutero sobre, 236-237
paralelo com a iluminação divina, 371
Wenham sobre, 239-240
luz de Cristo
a preocupação de Paulo com a, 323
Bíblia como ícone verbal da, 279
brilha da letra do texto bíblico, 268, 276-278, 281-283, 290, 330
brilha do rosto humano, 254-255, 262-264, 324
conhecimento e glória de Deus, 271, 380
Edwards sobre, 363
escatológica, 267
referente final do sentido literal das Escrituras, 252-253
verdadeira, 233, 274
metamorfose
como aumento na glória, 283
e transubstanciação, 256
em Ovídio, 271
espiritual, 356, 376
resultado da contemplação da luz de Cristo na letra do texto, 373, 376
significado de, 260, 271, 282
Veja também transfiguração (de Jesus)
método de correlação, 117
método exegético
definição, 27
e culturas de leitura, 69
ruim *versus* bom, 29
método histórico-crítico
contexto moderno do, 351
fontes gêmeas do, 112
influente nos estudos bíblicos modernos, 119
limitado por quadro de referência imanente, 194, 256, 266
não cumpre sua promessa, 172, 351
modernidade
ateísmo e, 109
como eclipse da agência de Deus, 109
como revolução no imaginário social, 104
crítica como marca registrada da, 75, 172
gera cultura de leitura, 47
influencia a relação dos estudos bíblicos e da teologia, 111, 120, 122
naturalismo e, 116
polariza academia e igreja, 100, 124
secular, 17, 154
uma revolução copernicana na interpretação bíblica, 152
Veja também quadro imanente

Moisés
  e Elias com Jesus na montanha, 264-266, 269, 275, 287, 291
  figura de Cristo, 312
  glória menor de, 325-326
  mediador da aliança, 307, 310, 312
Monte
  escalada como metáfora para a leitura teológica da Bíblia, 46-47, 218, 249-250, 281, 342, 379
  como lugar de encontro com Deus, 46, 261, 263, 311
  Sinai como antecipação do Tabor, 296
mundo "do" texto, 120
  vítima das guerras culturais da leitura, 122
mundo "na frente" do texto, 120
mundo "por trás" do texto
  reconstrução de Wright, 114
narrativa bíblica
  e historicidade, 221
  eclipse da (Frei), 152, 175
  produz questões, respostas da ontologia, 157
  relata a história verdadeira de Deus e do mundo, 176, 228-229
naturalismo
  metafísico, 116
  metodológico, 116, 301, 426
olhar
  ao longo, 74-77, 80, 341-342
ontologia
  da Bíblia, 150
  determina epistemologia, 35n44, 52n3, 337
  do leitor, 44
  sacramental, 154-157
oração
  como "discurso de resposta" (Peterson), 25n2, 343-344
  como aspecto da *lectio divina*, 94
  lendo a Bíblia teologicamente como, 39, 343
Paulo
  à luz do evangelho, 371
  como intérprete transfigurador por excelência, 319, 323-329, 338
  como leitor de Êxodo 58, 313-329
  contraste letra/espírito de, 314-318
  e a hermenêutica cristã pura e simples, 336
  ministério apostólico assemelha-se à criação da luz, 372
  ministério da nova aliança de, 317 323, 325, 373
  uso do querigma apostólico para interpretar o Antigo Testamento, 335-336
platonismo
  cristão, 86, 104, 154, 157, 162, 187
polarização
  disciplinar, 110-124, 127
  institucional, 122, 126
  Klein sobre, 123
  epocal, 101-110
política de identidade, 122-123, 126
  conflito de interpretação sobre, 173
  estar em Cristo e, 174
  interesses interpretativos e, 170-171
pré-moderno
  definição, 81n28
promessa
  divina, 37
providência (doutrina da)
  como regra gramatical, 179
providência divina
  princípio da leitura figurativa, 178, 182
quadro de referência imanente
  característica da modernidade, 108, 171, 205
  Charles Taylor sobre, 105-107
  compatível com a exegese histórico-gramatical, 203, 289
  definição, 426
  domínio nos estudos bíblicos modernos, 113, 116, 253, 302, 386
  e imaginário social secular, 132, 152-153
  inadequado para entender o quarto Evangelho, 289
  inóspito à leitura figurativa, 180
  leva ao historicismo, 111
  muda o tema da teologia, 115-116
quadro(s) de referência, 147-148
  a transfiguração de Jesus como, 284, 385
  alegórico *versus* tipológico, 186
  apocalíptico, 260-261
  bíblico, 121
  científico, 221-222, 240
  como funções de culturas de leitura, 149
  confessional, 118-119
  contexto e, 160
  de Isaías, 160
  de Jesus, 161n142
  definição, 91-92, 102, 426
  dos apóstolos, 304
  doxológico, 282
  e Antigo Oriente Próximo, 309-310
  e doutrina da criação, 221-222
  e economia da luz, 256
  e interpretação literal, 132, 146
  em *Emma* (Austen), 148
  em física, 147
  epifânico, 262
  escatológico, 130, 158, 163-165, 201-204, 212, 266, 288, 334, 347
  escolha influenciada pela cultura da leitura, 164, 352
  estereoscópico, 161

existencialista, 117
extratextual, 350
filosófico, 118
históricos, 112-116, 300, 302
ideia de, 146-147
identidade, 119
imanente, 115-116, 203, 302
Interpretação do Antigo Testamento e, 149
intratextual, 153
judeu, 149, 300-301
libertador, 173
Moberly sobre, 150, 151
moderno, 104-107
moral, 346-347
narrativo, 153, 311
Niceno, 268
Paulo "espiritual" e o, 326
platônico cristão, 154, 157
primos das estruturas fiduciárias, 152
raiz do conflito de interpretação, 173
religioso, 316
saturado, 103
skopos (Atanásio) e, 208
"soteriano," 115
teológico, 122, 223
transcendente, 153-154
transfigural, 385
visões "internas", 75
quarto Evangelho
apartes do autor no, 288-289
casos de mal-entendidos no, 288-289
como narrativa de transfiguração, 283-287
luz e glória no, 285-288
realismo
figural e trans-figural, 194
reducionismo
metodológico, 28
referência
como sobre o que é o discurso, 146
sentido e (Frege), 147
Veja também quadro(s) de referência
referens plenior, 161
regra de fé
de Irineu, 151, 151n95, 159
quadro de referência cristão, 161-162
resumo executivo das Escrituras, 151, 175
revolução copernicana (kantiana), 107
segunda ingenuidade, 76-77
senso/sentido literal
acadêmicos bíblicos protetores do, 297
anagoge e, 212
autoral, 140-141
Ayres sobre, 144
base da doutrina cristã, 131, 137, 220
Calvino sobre, 210-212
canônico simples, 200, 426
Childs sobre, 143
Collet sobre, 182-183, 197
como "a maneira pela qual as palavras funcionam" (Aquino), 89, 137, 148, 193, 199
como escatológico-gramatical, 298
como referente histórico, 141-142
como sentido "regulado", 143-144
como verbal, 139-140
conectado a Cristo, 165-166
contestado pelos reformadores, 214
de interesse para exegetas e teólogos, 131
definição de, 201, 218, 426
definição padrão de, 141
destino ligado à Cristologia, 153, 253
"duplo", 196
e realismo trans-figural, 192-194
e referência, 147
e sentido literário (Frei), 142-143
elementos na compreensão densa do,
glória do, 49, 364, 375, 377, 391
glorificado, 368
instrumentalização do, 195
Lutero sobre, 206-207
modernização do, 205
norma de interpretação teológica da Escritura, 130
Oecolampadius sobre, 208-209
Orígenes sobre, 61, 90
"profético", 199
pluralidade do (Aquino), 234
"teológico" (Gerson), 197n134
theoria antioquena e, 88
"transparente à luz divina", 250
Turretin sobre, 214
vítima de guerra, 169
sensus plenior, 160, 197-198, 293
sentido
simples ou "regulado", 143-144, 146, 167
e referência, 137, 147, 303, 426
etimologia de, 136
sentido espiritual
como escatológico, 202
como plenitude do sentido literal, 192, 203
Edwards sobre, 369
e *theoria* antioquena, 89
glória da letra, 292-293
Orígenes sobre, 84-85
paralelo com o rosto brilhante de Cristo, 254-256
Veja também alegoria; tipologia
significado literal
definição, 203
e o mundo atrás, dentro e na frente do texto, 112

"lar" do, 183
mais verdadeiro, 272
teologicamente *espesso*, 203
significados
ação comunicativa proposital, 140
conceito de, 28, 169
dois níveis de, 84
e significância, 298n13
transfiguração dos, 250
um caso de providência, 182
Veja também significado literal
subindo/escalando montanhas
como tropo para conhecer Deus, 46, 261, 311
como tropo para a leitura da Bíblia, 46-47, 218, 249-250, 281, 343, 379
táticas *versus* estratégias, 168-171, 426
teologia
a leitura da Bíblia como alma da, 51
moderna, 109, 116-120
na universidade medieval, 96
parceira da exegese, 214, 391
teologia bíblica
tarefa da, 176
versus teologia dogmática, 110-111
teologia sistemática
esquemas conceituais em, 118
moderna, 117
parceria com estudos bíblicos, 202, 390n41, 391
tensão com estudos bíblicos, 81, 101, 110n47, 111, 121-122, 124, 136
texto
como ação multinível, 34
"discurso fixado pela escrita" (Ricoeur), 194
natureza, função e propósito do, 27, 30
realidade complexa e estratificada, 28
semelhante a um cadáver, 34, 38
Veja também letra (do texto)
"textolibertos", 127
"textoplanistas", 127
theoria
e compreensão espiritual, 380
e narrativa bíblica, 91
e tipologia, 89
na interpretação antioquena, 88-89, 303
tipificação, 192
tipologia, tipológico
como esquiva protestante, 187
e *theoria*, 89
Daniélou sobre, 185
Goppelt sobre, 184
Hays sobre, 184
modo de pensar, 193
uma construção moderna, 186
verdade das correspondências, 336-337
versus alegoria, 89n75, 183-191
von Rad sobre, 184
Young sobre, 186, 189
totus sensus, 200
transfiguração (de Jesus)
a negligência da teologia ocidental sobre a, 250
Aquino sobre a, 273-274
Calvino sobre a, 275
cena de investidura da, 306
como "metamorfose", 255
como a interpretação de Deus do Antigo Testamento, 307
como estrutura para interpretação bíblica, 290-293, 385
e quarto Evangelho, 283-290
e voz da nuvem, 265, 383
"evangelho em microcosmo", 251
Edwards sobre a, 275-278
acontecimento na economia da luz, 250-255, 264, 283, 293, 305
exibe a glória de Cristo, 266, 273, 282
história de ascensão deslocada, 259
historicidade da, 258-259
interpretação apocalíptica da, 260-261
interpretação epifânica da, 261-262
Jerônimo sobre a, 270-272
João Damasceno sobre a, 279-280
justifica a leitura cristã do Antigo Testamento, 296, 334
Moisés e Elias na, 264-265, 269, 331
na Ortodoxia Oriental, 279
natureza da mudança na, 260-263, 272
necessidade de um quadro de referência correto, 258
Orígenes sobre a, 268-270
ostenta hermenêutica incorporada, 336
"três leis do movimento hermenêutico", 29

Este livro foi impresso pela Vozes,
em 2025, para a Thomas Nelson Brasil.
O papel do miolo é Ivory 65g/m^2
e o da capa é Cartão 250g/m^2.